中国移民史

第五卷 明时期

葛剑雄 主编

曹树基 著

复旦大学出版社

目录

第一章 明时期移民的社会和自然背景 ⋯⋯ 1
第一节 疆域和政治 ⋯⋯ 1
　一 边疆态势对移民的影响 ⋯⋯ 1
　二 明朝政治对移民的影响 ⋯⋯ 5
第二节 社会与经济 ⋯⋯ 9
　一 社会变迁对移民的影响 ⋯⋯ 9
　二 经济发展与移民运动 ⋯⋯ 12
第三节 气候与自然灾害 ⋯⋯ 15

第二章 洪武大移民：京师篇 ⋯⋯ 18
第一节 京城中的特殊移民 ⋯⋯ 19
　一 官吏及其家属 ⋯⋯ 19
　二 军籍移民 ⋯⋯ 21
　三 力士、富户、仓脚夫和工匠 ⋯⋯ 23
第二节 从苏州到苏北 ⋯⋯ 28
　一 扬州府 ⋯⋯ 29
　二 淮安府 ⋯⋯ 34
　三 徐州府 ⋯⋯ 37
第三节 淮河：南北移民的分界 ⋯⋯ 39

一	淮河两岸		39
二	皖江南北		53
第四节	小结		68

第三章　洪武大移民：湖广篇（上） … 72

第一节	湘北区的人口补充	76
第二节	湘南区的人口补充	82
第三节	湘中区的人口重建	88
一	长沙府	88
二	常德府	99
三	宝庆府	103
第四节	湘西的土著和移民	107
第五节	小结	111

第四章　洪武大移民：湖广篇（下）
　　　　——兼论湖广填四川 … 115

第一节	江西填湖广	115
一	黄州府	116
二	武昌府	120
三	德安府	123
四	荆州、汉阳和沔阳	126
五	襄阳及其他	130
第二节	湖广填四川	134

第五章　洪武大移民：山东篇 … 143

第一节	东昌府的山西人	143
一	《明实录》记载的移民史	144
二	土著里（社）与移民屯	148
三	自然村与移民史	149
第二节	兖州府：西部重建，东部补充	154

一	兖州西区		154
二	兖州东区		159
第三节	青州府：人口的对流		162
一	青州南区		162
二	青州北区		166
第四节	胶东半岛上的军人世界		170
第五节	济南移民：洪洞人和枣强人		179
一	济南北区		180
二	济南南区		186
第六节	小结		188

第六章　洪武大移民：北平、河南篇　191

第一节	北平的山后移民和山西移民	191
一	北平府	191
二	永平府	199
三	河间府	200
四	保定府与真定府	206
五	广平府和大名府	208
六	小结	212
第二节	河南的山西移民	215
一	彰德府、卫辉府和怀庆府	215
二	开封府	221
三	河南府	225
四	南阳府	226
五	汝宁府	229
六	小结	232

第七章　洪武大移民：边疆篇　235

第一节	辽东都司（附北平行都司）	236
一	辽东军卫	236

二	辽东军人	....	239
三	辽东军人的构成	....	243
四	辽东土著	....	247
五	北平行都司	....	249

第二节　山西行都司 250
    一　宣府地区 251
    二　大同地区 252

第三节　陕西都司和陕西行都司 256
    一　陕西都司 256
    二　陕西行都司 264

第四节　四川都司和四川行都司 267
    一　四川都司 267
    二　四川行都司 268

第五节　云南都司和贵州都司 269
    一　云南都司 269
    二　贵州都司 276

第六节　东南边疆 280
    一　两广地区 280
    二　福建和浙江 281

第七节　小结 282

第八章　永乐移民 284

第一节　"靖难之役"与人口死亡 285
    一　北平、蓟州、怀来战役 285
    二　雄县、莫州、真定之役 286
    三　永平、北平、郑村坝战役 287
    四　白沟河、济南之役 287
    五　沧州、东昌之役 288
    六　夹河、藁城之役 288
    七　征京师之役 289

第二节　河北的再次移民 ………………………………………… 289
　　一　北京城和顺天府 …………………………………………… 290
　　二　隆庆州和保安州 …………………………………………… 300
　　三　永平府 ……………………………………………………… 301
　　四　河间府 ……………………………………………………… 304
　　五　保定府 ……………………………………………………… 307
　　六　真定府 ……………………………………………………… 311
　　七　顺德府 ……………………………………………………… 316
　　八　广平府和大名府 …………………………………………… 318
第三节　山东的新移民 …………………………………………… 320
　　一　东昌府和兖州府 …………………………………………… 320
　　二　济南府 ……………………………………………………… 323
　　三　莱州和登州 ………………………………………………… 324
第四节　其他地区的移民活动 …………………………………… 325
　　一　河南 ………………………………………………………… 325
　　二　江西 ………………………………………………………… 325
　　三　福建 ………………………………………………………… 327
　　四　南京 ………………………………………………………… 328
　　五　辽东 ………………………………………………………… 329
第五节　小结 ……………………………………………………… 330

第九章　流民与客民 ……………………………………………… 333
第一节　荆襄流民运动 …………………………………………… 334
　　一　流民的聚集 ………………………………………………… 334
　　二　流民起义 …………………………………………………… 338
　　三　流民安置 …………………………………………………… 340
　　四　成化以后的流民问题 ……………………………………… 346
第二节　荆襄附近地区的流民 …………………………………… 348
　　一　湖广地区 …………………………………………………… 349
　　二　四川地区 …………………………………………………… 352

三	河南地区	353
第三节	辽东地区	356
第四节	南方山区的流民	359
一	赣南山区	359
二	粤北和粤东山区	362
三	西南地区	364
第五节	工商业移民	366
一	工商业者的迁移	366
二	城市化移民	372

第十章	民族人口迁徙	378
第一节	少数民族部落迁移	380
一	蒙古兀良哈部	380
二	蒙古瓦剌部	384
三	蒙古鞑靼部	385
四	蒙古其他部落	390
五	女真部落	391
第二节	少数民族人口内迁	392
一	北京城中的内附者	392
二	关西诸卫的内迁	398
三	明代内迁的回回人口	403
四	交趾人的内迁	409
第三节	殖民者和传教士	414
一	东南沿海的殖民者	414
二	传教士的进入	415

第十一章	移民与人口、经济和文化	417
第一节	移民与人口	417
一	移民人口总数的分析	418
二	移民人口的增长——以若干氏族为例	426

第二节　移民与经济 ………………………………………… 429
　一　移民与土地垦殖 ……………………………………… 430
　二　移民与土地利用和区域经济 ………………………… 437
第三节　移民与文化 ………………………………………… 448
　一　雅文化的消长 ………………………………………… 448
　二　俗文化的传播 ………………………………………… 455
　三　传教士与西方文化的传入 …………………………… 463
第四节　明代移民运动的特点 ……………………………… 464

附　录 ………………………………………………………… 466
　一　洪武二十六年(1393年)全国分府人口 ……………… 466
　二　"瓦屑坝"移民：传说还是史实 ……………………… 475

参考文献 ……………………………………………………… 501

卷后记 ………………………………………………………… 515

再版卷后记 …………………………………………………… 523

表目

表 2-1　安徽省宿松县氏族的迁入时代和原籍 ……………… 55
表 2-2　宿松县氏族1921年所含人口 ……………………… 56
表 2-3　宿松县氏族人口年平均增长率 …………………… 58
表 2-4　贵池等四县方言动词、形容词与南昌方言的比较 … 63
表 2-5　巢湖地区氏族的迁入时代和原籍 ………………… 65
表 2-6　洪武时期京师地区接受的各类移民 ……………… 68
表 2-7　洪武时期京师地区非军籍移民的原籍分布 ……… 69
表 3-1　湖南地区氏族资料一览 …………………………… 74
表 3-2　湘北三县氏族的迁入时代和原籍 ………………… 77
表 3-3　湖南省平江县氏族1947年所含人口 ……………… 79

表 3-4	平江县氏族人口的年平均增长率	80
表 3-5	湘北地区人口年平均增长率(‰)	81
表 3-6	湘南四县氏族的迁入时代和原籍	83
表 3-7	湖南省汝城县氏族1931年所含人口	86
表 3-8	汝城县氏族人口的年平均增长率	86
表 3-9	湘南地区人口年平均增长率(‰)	88
表 3-10	长沙地区氏族的迁入时代和原籍	89
表 3-11	长沙地区清以前历代迁入氏族的比例(%)	90
表 3-12	湖南省醴陵县氏族1948年所含人口	91
表 3-13	醴陵县氏族人口的年平均增长率	92
表 3-14	湖南省益阳县氏族1944年所含人口	95
表 3-15	益阳县氏族人口的年平均增长率	95
表 3-16	湖南省安化县氏族的迁入时代和原籍	97
表 3-17	湖南省汉寿县氏族的迁入时代和原籍	99
表 3-18	湖南省桃源县氏族1948年所含人口	100
表 3-19	桃源县氏族人口的年平均增长率	101
表 3-20	宝庆府五县氏族的迁入时代和原籍	104
表 3-21	平江等地明初以前历代氏族比例的比较(%)	105
表 3-22	湖南人口补充式移民地区各类氏族人口年平均增长率	106
表 3-23	湘西地区氏族的迁入时代和原籍	109
表 3-24	湖南地区元末明初(洪武)接受的各类移民	111
表 3-25	湖南地区元末明初(洪武)外来移民氏族的原籍分布	112
表 3-26	湖南地区元末明初(洪武)江西移民氏族的原籍(府)分布	113
表 4-1	黄州府氏族的迁入时代和原籍	117
表 4-2	黄州府和宿松县明初以前历代氏族比例的比较(%)	118
表 4-3	黄州府氏族1922年的人口估测	119
表 4-4	平江等五县土著氏族与洪武氏族人口的比值(倍)	122
表 4-5	荆州、汉阳、沔阳移民氏族的迁入	129
表 4-6	元末明初(洪武)湖北地区接受的各类移民	132

表4-7	四川地区洪武年间降级的州和撤并的县	136
表5-1	洪武时期东昌府属七县的屯、里分布	149
表5-2	山东省茌平县(茌平部分)自然村建村时代和原籍	151
表5-3	山东省茌平县不同原籍的移民屯与自然村比较	151
表5-4	山东省聊城市自然村建村时代和原籍	153
表5-5	山东省梁山县自然村建村时代和原籍	155
表5-6	山东省郓城县、定陶县自然村建村时代和原籍	157
表5-7	山东省兖州等四市、县自然村建村时代和原籍	160
表5-8	山东省莒县氏族的迁入时代和原籍	163
表5-9	山东省莒县自然村建村时代和原籍	164
表5-10	山东省莒县氏族、自然村原籍比例比较(%)	164
表5-11	洪武年间青州南部部分地区自然村原籍比例比较(%)	165
表5-12	山东省临淄县自然村建村时代和原籍	166
表5-13	山东省淄博市博山区自然村建村时代和原籍	167
表5-14	山东省潍县氏族迁入时代和原籍	171
表5-15	山东省昌邑县自然村建村时代和原籍	171
表5-16	山东省莱西、招远二县自然村建村时代和原籍	172
表5-17	山东省德州市自然村建村时代和原籍	182
表5-18	山东省齐河县自然村建村时代和原籍	183
表5-19	山东省滨县自然村建村时代和原籍	185
表5-20	山东阳信、沾化二县自然村建村时代和原籍	185
表5-21	山东省肥城县自然村建村时代和原籍	186
表5-22	山东省淄博市张店、淄川两区自然村建村时代和原籍	187
表5-23	洪武年间山东各府接受的各类移民	188
表5-24	洪武时期山东外来民籍移民的原籍分布	189
表6-1	洪武四年254屯移民在北平各州县的分布	195
表6-2	洪武八年宛平等五县增长户数与所设屯户数比较	197
表6-3	嘉靖年间河间府所属州县屯、社名称	200
表6-4	广平府九县的土著社与移民屯(社)	209

表6-5	洪武时期北平地区接受的各类移民	213
表6-6	洪武时期北平地区外来民籍移民的原籍分布	214
表6-7	河南省获嘉县氏族的迁入时代和原籍	217
表6-8	河南省卫辉市自然村建村时代和原籍	217
表6-9	河南省封丘县氏族的迁入时代和原籍	222
表6-10	河南省商丘县自然村建村时代和原籍	223
表6-11	河南省禹州等五市、县自然村建村时代和原籍	224
表6-12	河南省南阳等四市、县自然村建村时代和原籍	228
表6-13	洪武二十四年南阳府分县户口	229
表6-14	河南省西平县氏族迁入时代和原籍	230
表6-15	洪武时期河南地区接受的各类移民	232
表7-1	洪武年间辽东卫所的设置	238
表7-2	嘉靖年间辽东各卫的兵员和人口数	240
表7-3	万全都司卫所设置的年代及其归属	251
表7-4	山西行都司大同地区卫所的设置与变化	253
表7-5	陕西行都司所属卫所的设置	264
表7-6	洪武年间云南卫所的设立年代及分布	271
表7-7	洪武年间贵州地区各卫的设立年代及分布	277
表7-8	洪武时期边卫地区的军籍移民	283
表8-1	河北省香河等六县自然村建村时代和原籍	298
表8-2	河北省玉田、丰南二县自然村建村时代和原籍	298
表8-3	永平府属县的社、屯数	302
表8-4	河北省抚宁、迁安、迁西三县自然村建村时代和原籍	303
表8-5	河北省南皮等7县自然村建村时代和原籍	305
表8-6	安州等12州、县的社屯数	308
表8-7	河北省高阳等8县自然村建村时代和原籍	309
表8-8	嘉靖《真定府志·图经》中的里社	313
表8-9	河北省行唐等8县自然村建村时代和原籍	314
表8-10	乾隆《顺德府志》卷2中的里社	317
表8-11	河北省平乡等5县自然村建村时代和原籍	319

表8-12	山东省武城、馆陶、聊城和临清4市、县自然村建村时代和原籍	321
表8-13	德州卫、德州左卫111屯的分布	323
表8-14	江西省瑞昌、德安二县自然村建村时代和原籍	326
表8-15	永乐时期各地接受的民籍移民和军籍移民	330
表9-1	明代中期辽东各卫的寄籍人口	356
表9-2	明代江南市镇的分布	373
表9-3	明代及清初江南若干市镇的人口规模	374
表10-1	明代北京城中少数民族人口的内附	393
表10-2	关西诸卫的民族构成及其东迁	402
表10-3	明代交趾人移入内地职官表	409
表11-1	洪武时期非边卫地区移民人口的分布	418
表11-2	长沙地区五个移民氏族人口的年平均增长率	427
表11-3	赣中地区聂氏、习氏二族明代人口年平均增长率	428

图目

图2-1	宿松县氏族人口的变化	59
图2-2	洪武时期京师地区移民的迁入与分布	71
图3-1	平江县氏族人口的变化	81
图3-2	汝城县氏族人口的变化	87
图3-3	醴陵县氏族人口的变化	93
图3-4	益阳县氏族人口的变化趋势	96
图3-5	桃源县氏族人口的变化	102
图3-6	洪武时期湖南地区移民的迁入与分布	114
图4-1	洪武时期湖北地区移民的迁入与分布	133
图5-1	洪武时期山东地区移民的迁入与分布	190
图6-1	洪武时期北平地区移民的迁入与分布	214
图6-2	洪武时期河南地区移民的迁入与分布	234
图8-1	永乐时期移民的迁移与分布	332
图11-1	洪武时期各地移民人口在总人口中的比例	421

第一章

明时期移民的社会和自然背景

第一节

疆域和政治

一 边疆态势对移民的影响

1. 边疆的盈缩

朱元璋推翻了元朝的统治,建立了明朝,却未能继承元朝的全部政治遗产,直接统治区较元朝大大缩小。

明代中原王朝的辖区除京师、南京两京外,还有山东、山西、河南、陕西、四川、江西、浙江、福建、湖广、广东、广西、云南和贵州共 13 个布政使司,亦即通常所说的 13 省。其中,云南设于洪武十五年(1382年),贵州则设于永乐十一年(1413 年),是为明朝的一级行政区。

北撤的蒙古人仍占据着大片的土地,拥有强大的武装,对明朝构成极大的威胁。洪武三年(1370年),元顺帝死后,蒙古贵族陷于激烈的内部纷争,结果分裂为三部,统一的政治集团瓦解了。尽管如此,明王朝仍然没有力量将蒙古草原纳入自己的辖境。随着蒙古各部力量的强弱变化,明朝的北部边境也在盈缩之中。

蒙古兀良哈部住在西辽河以北的嫩江流域;鞑靼部住在斡难河(鄂嫩河)、胪朐河(克鲁伦河)和贝加尔湖以南地区;瓦剌部则活跃在今科布多河和额尔齐斯河流域及其以南的准噶尔盆地。洪武年间(1368—1398年),明朝的北界在今内蒙古阴山和锡林郭勒盟及西拉木伦河一线。

洪武二十二年(1389年),朱元璋在兀良哈设置三卫,确立了羁縻关系。趁朱棣在"靖难之役"中将大宁诸卫兵力南调而造成大宁地方空虚的机会,兀良哈部逐渐南下,实际上造成了这一段国境线的南移。永乐年间,鞑靼与瓦剌二部数次与明朝发生冲突,朱棣几次亲征,终于迫使鞑靼与瓦剌臣服。明王朝的这一段边境,得以稍稍向外拓展。然而,这二部辖境的大部分,仍不在中原王朝的版图之中,虽然他们每年向明朝遣使进贡,但明王朝对于这二部蒙古人,仅是羁縻而已。

明代初年西域地区仍处于蒙古贵族的统治之下。察哈台后王驻于别失八里,大小蒙古贵族充任各地的军事行政长官,他们成为地方割据势力,各自为政,互不统属。直到洪武二十四年(1391年),别失八里才向明朝称臣纳贡。永乐十六年(1418年),察哈台后裔歪思自立为王,将统治中心迁至亦力把里(今新疆伊宁),因以地名国。亦力把里以伊犁河为中心,辖境东起吐鲁番、蒲昌海,与哈密等卫接界;西逾葱岭,达今阿富汗北境,北至巴尔喀什湖和额尔齐斯河,与瓦剌和鞑靼相邻,南及喀喇昆仑,与乌斯藏都司相接。尽管所辖大部向明王朝称臣奉表,但明王朝对于这一广阔的区域从不曾实施过有效的统治。

在东北地区,明王朝的有效统治虽一度远达黑龙江以北、外兴安岭以南区域,但长期稳定的管辖区仅局限于辽东。辽东属于山东布政使司的一部分,却是就其民政管理而言,但也没有什么实际的意义。因为,明代初年辽东地区地广人稀,民政清简;其北部则时有少数民族骚扰,军务繁重,故撤州县而广置卫所,所设辽东都指挥使司与山东都司并无统辖关系。通过强化军事管理,明政府稳定了辽东,对辽东以北的地区却显得力不从心。永乐元年(1403年),女真三大部前来投附,其中居住在今松花江一带的称为海西女真;居住在长白山北部、牡丹江、绥芬河流域的是建州女真;居住于黑龙江及乌苏里江流域的为野人女真。明政府在女真辖境中设立卫所,永乐七年(1409年)设立奴儿干都指挥使司,共辖372卫、20所,除都司为中央委派外,卫所长官皆由女真氏族部落的酋长担任,以此体现明政府对东北地区少数民族的安抚与怀柔。

类似的例子可见西藏。明政府不再像元朝那样设置宣政院实施直接的有效的统治,而是设乌斯藏和朵甘两个都指挥使司。它们与奴儿干都司性质相同。

在南境,明王朝也没有拓展疆土的雄心壮志。永乐元年(1403年),明成祖册封安南国王,确立羁縻关系,不久安南国内乱,明成祖遣师平乱,在安南国王失踪的情况下,才设置交趾布政使司统辖其地。在东南海外,朱元璋也废除了元代以来一直设立的澎湖巡检司。

唯有在西南边疆明王朝接受了元朝的遗产。元宪宗三年(1253年)元兵攻入大理,灭段氏得云南地后,设云南行省,结束了西南少数民族政权长达数百年的割据。明洪武十四年(1381年),明兵攻克云南,次年设云南布政使司,云南成为和内地各省相同的一级行政区。元政府经营西南边陲的长期努力,终究没有白费。

由此可见,明朝的统治仍带有强烈的汉人政治的色彩,在力所不能企及的非汉人居住区,并不努力建立直接的统治,这与蒙古人入主中原建立起来的大帝国不可同日而语。总体来说,明代初年中原王朝的直接统治区比元朝小得多。

从明英宗时代(1457—1464年)开始,随着周边民族及部落力量的不断增强、明王朝自身力量的衰落,明朝的疆域不断缩小,国境线内移。在北方,瓦剌和鞑靼出入长城,如同出入无人之境;在东北,明政府撤奴儿干都司,放弃羁縻关系,女真各部统一后,大举侵明;在西北,吐鲁番、准噶尔相继兴起,明朝的西界不逾嘉峪关;在南境,宣德三年

(1428年),明政府废交趾布政使司,还政于黎氏,使之重建越国。明朝对于交趾的放弃属于一种主动的行为,整个过程可以说是安静与平和的,以后南疆也不再出现类似北疆地区不断出现的种种民族纠葛与冲突。相对来说,明代200多年的历史是北部边境动荡不安的历史,也是北部国境线不断内缩的历史。明朝的疆域构成了明时期汉族人口活动的基本范围,也构成了这一时期汉族移民的基本范围。

明朝的疆域仅仅指中原王朝的辖境而言,在中原王朝的辖境之外,各少数民族政权的辖区也属于中国的疆域。这些区域中人口的迁移,也是中国移民的一部分。在本卷第十章,有关少数民族人口的迁移将有尽可能详细的论述。

2. 边疆态势对移民的影响

在明朝建立的最初几年里,元朝的官制和政府还在草原上保留着,史称"北元"。他们梦想有朝一日卷土重来,恢复失去的江山。就是在元顺帝死后蒙古贵族分裂的情况下,蒙古人仍保持着强大的军事力量,形成对明朝的威胁。因此,明朝始终将北边的防务当作头等重要的大事。洪武年间,北方边卫即相当密集。以都司计者,就有辽东都司、北平行都司、山西行都司和陕西行都司。北平都司及陕西都司的部分卫所也与边境防务有关。卫所战士或是从征而来,或是征集而至,或是由投降的故元将士所组成,他们的驻防事实上构成了一次规模庞大的移民。明代的军卫战士必须携家属前往戍地,更使军籍移民的规模扩大,从而形成北方边境地区庞大的移民社会。明代中期以后,随着北方边境地区形势的紧张,军卫的数量又有所增加,移民的规模也随之扩大。

在西南边境,虽然明王朝并没有感觉到来自境外的压力,但是,这毕竟是在结束长达数百年少数民族政权包括蒙古人的统治后,中原汉人第一次有效地实施了对这一区域的行政管理。汉人的入滇带有强烈的军事色彩,其目的是为了对付当地少数民族可能发生的反抗。事实上,与北部边疆的态势相比,西南边疆的局势要平和得多。明代初年迁入的军人及其家属大多于当地安家落户,成为土著。虽然明代以前历代皆有汉人的迁入,但大多是零星的,人口不多,久之则融合于当地各少数民族之中。明代的军籍移民人口多于当地土著,从此,云南成为以汉族居民为主的地区。

明代初年东部海疆的形势也不平和。14世纪初,日本进入南北朝分裂时期,在长期战乱中失败的南朝封建主组织武士、浪人在明朝沿海一带走私抢掠,进行海盗活动。洪武时期,明政府加强海防建设,于沿海地区设置大量卫所,以防倭寇的骚扰。由于东部沿海诸省人口较多,卫所战士多自当地居民中征取,如浙江和福建即是。为了便于对军队的控制和指挥,政府仍推行非原籍政策,将闽、浙军人互徙,并由此形成军籍人口的迁移。胶东半岛是个例外,按照明初文献的记载,山东登州和莱州应为人口密集之区,然而从本卷的研究来看,至少在明代弘治以降,两地的土著已十分稀少,当地人口的大部分是来自外地的军人。土著人口大量减少的原因,尚不得而知。

明朝北部境外的民族众多,部落纷杂,游牧与征战往往混杂为一,征战与移民也往往混杂为一,构成与明王朝内地移民运动不同类型的人口迁移。在南方,由于越国与中国之间长期存在的特殊关系,使得有明一代,越国人民始终将中国视为宗主国,交趾人口的内徙长期延续而不间断。这种内徙与北方边境地区民族的内徙和移动很不相同,交趾人的入迁是和平的,求职、经商、求学皆是他们内徙的理由。

二 明朝政治对移民的影响

明代初年是朱氏所代表的汉族政权建立和巩固的时期。在中央机构中,朱元璋废去元代的中书省和丞相,分相权于六部,使六部直属于皇帝。在地方机构中,则废除行中书省和丞相,把各省的兵、民、钱、谷分别由布政使、按察使、都指挥使管理,并设立监察机构,代皇帝出巡地方,弹劾官吏,监察民情。中央集权制度在明初得到了加强,皇帝的权威以及皇帝对中央各部门及地方的控制能力大大增强了。

明初中央集权的加强还表现为政府对异己力量的打击,其中最著名的例子是朱元璋打击江南地方豪强势力。在元代末年的群雄纷争当中,江南地区的豪强充当了各种割据势力或武装集团的社会基础。如陈友谅依靠鄂东豪强与朱元璋争夺对长江中游的控制权;张士诚则凭借长江三角洲一带豪强与富民的雄厚财力、物力与朱元璋抗衡;方国珍以浙东沿海为依托,也离不开当地富人的支持。可以说,在推翻元朝、建立明朝的过程中,朱元璋对各路豪强斗争中所耗费的力量远甚于对蒙古人的战争。因此,消灭异己富民是朱元璋以及朱棣的一贯政策,富民的迁移也就成为明初政府的一项国策,这给明初政治带来了深刻的影响。事实上,打击的对象却并不囿于江南一隅,而是遍及长江以南甚至岭南诸省。数以万计的富民及其家属被迁往南京和临濠,构成明初历史上独特的富民迁移。

明初政府的整饬吏治也表现得特别残酷。朱元璋曾敕谕刑部:"官吏受赃,并罪通贿之人,徙其家于边。著为令";"凡官吏人等犯枉法赃者,不分南北,俱发北方边卫充军"[1]。《明律》中规定:"凡诸衙门官吏,若与内官及近侍人员互相交结,漏泄事情,夤缘作弊,而符同奏启者,皆斩,妻子流二千里安置。"[2] 官吏犯罪,全家迁徙。洪武十五年"空印案"中被杀的各衙门主印官多达数百人,佐贰官数倍之,受杖戍边者又数千人。犯罪官吏及家属的迁徙构成明初历史上另一种独特的人口迁移。

首都是皇宫和国家政府机构所在地,是国家权力的象征。选择合适的地点建立首都,是明初政治史上的一件大事。明太祖初即位,都应天府。后欲迁都北宋故都开封府,以其为北京,应天府为南京。此外,还曾一度在朱元璋的故乡临濠建造中都,但不久即废。直到朱棣"靖难"夺位,定都城于北平府,明朝的首都才算最后确定下来。在南京和北京,大批的皇室成员、文武百官及吏员和京卫将士就成为当然的移民。又因元末战乱之后,无论是南京还是北京,原有的土著所剩不多,首都建设所需的工匠、仓脚夫都由移民充任。富民被迁入京畿,一方面补充地方人口,另一方面达到监视富民的目的。临濠作为未完成的都城,除了军卫人口的迁入外,从江南迁入的人口大都成为当地

---

1 《明史》卷93《刑法志一》。
2 《明律集解附例》卷2《吏律》。

的农民了。

为了加强国家的武装力量,朱元璋创设了卫所制度。卫所遍布全国各地,大抵5 600人为一卫,1 120人为一千户所,军士皆别立户籍,叫做军户。军户世袭,一经签为兵,就不能随意脱籍。军户由国家分给土地,令其屯田自给,三分屯种,七分操守。卫所军人的家属必须随军,称为"军余"或"舍丁"。军人退伍或死,从家属中勾补,若无家属,则从本籍族亲中勾补。军人家属实际上也和军人一道成为移民,卫所所在地一般也就是他们的居住地。明代前期,本籍军户一般不在本地卫所从军,北方卫所的军人来自南方,南方卫所的军人来自北方,这样就造成军籍移民的超长距离,构成明代移民历史的独特篇章。

为了保证专制主义国家机器的有效运转,朱元璋和他的臣属用了二十多年的时间制定了"大明律",对一切藐视或不服从专制皇权的行为和个人实施严厉的惩罚。其五种刑罚分别为笞、杖、徒、流、死。流刑是对罪犯实施的一种强迫移民,分为三等,即二千里、二千五百里和三千里,均为超长距离的迁移。迁移的方式,据《明史·刑法志》称:"流有安置,有迁徙(去乡一千里,杖一百,准徒二年),有口外为民,其重者曰充军。充军者,明初唯边方充种。后定制,分极边、烟瘴、边远、边卫、沿海、附近。军有终身,有永远。"从中可见,流刑一旦与军籍制度结合,就成为除死刑之外最严厉的惩罚。受罚者中除有贪赃枉法的官吏、为霸一方的豪强以及拥有富裕资产却不愿与政府合作的富民外,也有自视清高不愿加入仕途的知识分子以及因种种原因得罪政府的各色人等。这批罪犯人口众多,以致构成明代移民的一个非常重要的组成部分,史称"流人"。至今在华东、华北、西南、西北的许多地区,都流传着关于先祖流徙而至的动人传说。这些传说所具有的某些细节的相似性,使人相信这是当年某种制度的产物。

明初政府还采取种种措施实现对民众的直接控制,对人民实行严格的户籍管理。洪武十四年(1381年)明朝政府进行人口普查,编制黄册,详细登记各地居民的人口及产业情况,每年由政府审定一次。洪武二十年(1387年),政府普遍丈量土地,编制鱼鳞册,详细记载每乡每户土地的亩数和方圆四至,并绘制成图。在此基础上又实行里甲制和关津制。里甲在初设时以一百一十户为一里,一里分为十甲,里设里长,甲设甲长。里甲内的人民都要互相知保,不得隐藏户口,也不能任意迁移;关津制则在全国的"冲要去处"分设巡检司盘查行人,没有政府的许可不能放行,越渡者以逃民律论。这一系列的措施把人民牢固地束缚在土地上,任何未经许可的迁徙都是违法的行为。

然而,这并不是说,除了军籍移民和流放移民以外,不存在一般民众的迁移。专制政权的特点在于,法律为皇权服务,皇帝许可的迁移则是合法的。明代初年的各种移民活动,是中央政府组织实施的,这当然包括经济意义上的大规模的农业人口的迁移。上述一系列法律、制度的意义在于,移民在政府的组织下到达新地之后,必须服从法律的约束,不得再作自由的迁移。明代初年的移民运动,印上了强烈的专制主义的色彩。尽管如此,却仍然存在着非政府组织的自发的移民,这是强烈的经济利益的驱动所致。地少人多地区的人口自发地向地多人少的地区迁移,令政府也无法实施有效的控制。实际上,由于存在着大量的空旷地区,人口向其中的迁移就是合理的。政府无法忍受大量无籍人口的存在,洪武以后,整理户籍的工作大规模展开。

从洪武至永乐,君主专制统治不断得以加强。永乐以后,明朝的政治发生了一些变化,正统时这种变化明显起来。英宗正统(1436—1449年)以前,皇帝多上朝听政,一遇大事,还要亲临内阁会议;正统以后,从英宗到武宗,多长期不问政事,宦官乘机窃取权势,挟持内阁,国家权力转移到宦官手里。宦官在原有锦衣卫和东厂的基础上,又建立西厂,从事侦察异己、镇压叛逆的特务活动,明朝政治进入黑暗时期。在这种情形下,人口流动相对活跃,加上天灾的影响,终于酿成明代中期的流民运动。这场运动是明初移民运动的延续。在一些地区,明初移民与明中期移民共存,明初移民由于一直没有编入当地户籍,也与后来者一道成为流民。大量流民的存在以及流民的骚动对于皇权是一大挑战,清理流民的工作势在必行。尽管当时主持清理事务的官员采取过严厉的措施驱逐流民,但终以承认现实作为结束。流民被编入新地户籍而成为土著。

明朝的政治是这样结束的:皇权衰落到了不足以控制民众的地

步,自然灾害造成的难民得不到有效的赈济,为求生存,他们铤而走险,最终造成明朝统治的终结。

第二节

社会与经济

一 社会变迁对移民的影响

明代的移民主要发生在明代初年,我们称之为"明初大移民"。引发明初大规模移民运动的社会背景,并不能完全归结为元代末年的战乱。举例说,元末战争在山东、河北以及河南地区并未作过多的盘桓,然而,战后三省的空虚和荒凉却是相当惊人的。四川也不是元末战争的重点战区,而战后该区土著人口之少,在南方各省中可以说是首屈一指的。苏州地区在张士诚与朱元璋的对垒中饱受摧残,人口大量死亡,但战后仍有大量人口输出。江西北部的鄱阳湖周边地区,受损于朱元璋与陈友谅的战争,但在战后仍是向外输出移民的主要区域。

华北地区的残破和人口亡徙可以追溯至金兵南下。具体史实详见本书宋元时期卷的有关叙述。就是到金代后期,女真贵族还在不断收夺汉人的土地拨归屯田军户,一段时间以后,肥沃的土地变得瘠薄,瘠薄的土地转为荒芜。女真统治者又再向另外的肥沃地区去进行掠夺,重行分配。这样就使农田一批批落荒,农业生产也随之出现严重的萎缩。至13世纪初,华北地区即使在风调雨顺之年,田之荒者也动辄百余里,到处是"草莽弥望,狐兔出没"[1]。在蒙古灭金的战争中,华

---
[1] 《大金国志》卷23,崇庆元年(1212年)记事。

北地区又遭到极大的破坏,蒙古军队除了大肆劫掠财物外,还到处掳掠人口,把汉人作为贵族的工匠或诸王将校的私人驱口(奴隶)、部曲。蒙古人入主中原之初,尚不知农业生产的重要性,甚至有大臣提出了"汉人无补于国,可悉空其人以为牧地"的主张。北方的一些州县被分封给诸王、功臣和驸马作为"投下"(封地)。诸王、功臣在封地内自置官属,拥有行政、司法和财政等方面独立的权力。封地内的人民被看作封主的财产,不得任意迁移。所有的这些黑暗和混乱延续了近半个世纪,直到13世纪中叶,中书令耶律楚材反对把农田变为牧场,华北的农业才有所恢复,经济才有所好转。

  华北地区的安宁大约维持了一个世纪。到14世纪中叶,蒙古高原和华北地区陷入了一场空前的劫难当中。按照西方历史学家的观点,这一时期在北中国发生了一场空前规模的鼠疫。如米歇尔·多斯指出:"到1346年底,在地中海的主要港口城市中,人们都知道一种从未有过的传染病正在席卷东方。东方空气污浊,瘴气迷漫,生灵被毒死。"他引用同时代一位阿拉伯作家的话说:"这场疾病是从黑土地上开始的。这一区域位于中亚或蒙古,但不是中国。这场传染病在那里肆虐了15年。"这位作家本人死于1349年的瘟疫流行当中。另一位稍后的埃及作家提到了这一时期传染病的起源,"他告诉我们在疾病传到埃及之前,已在大汗的土地上肆虐,这一区域大概是蒙古或中国北部。三个月中,16个皇子死去了,大汗蒙古的战士也大量死去,直到皇帝本身和他的儿子们也死于疾病。在传染病的侵袭下中国人口大量减少"。米歇尔·多斯还证明,起源于北中国的这场大鼠疫通过商路传到了中亚地区,然后经黑海传入了欧洲,并引发了14世纪欧洲历史上最大的鼠疫流行[1]。迄今为止,笔者尚未在文献中发现有关这一时期中国北部鼠疫流行的确切记载,但是在《元史·五行志》的记载中,我们确实见有1313年、1354年和1358年的三次京师大疫。在1358年的京师大疫中,死于北京城的河南及山东流民就多达20余万人。另外,与同时代西方作家的描述相似的是,35岁的泰定帝、29岁

---

[1] Michael W. Dols, *The Black Death In the Middle East*, New Jersey: Princeton University Press, 1997.

的明宗和28岁的文宗相继于14世纪20—30年代的几年中"崩"或"暴崩"于上都。在他们之前,41岁的成宗、30岁的武宗和35岁的仁宗相继死于上都或大都(今北京)。元代皇帝的短寿人所共知,但死亡的原因却无人追查,同时代的西方作家认为他们是感染鼠疫而死,当然不是虚妄之语。

上都地处滦河上游,是今日察哈尔丘陵—松辽平原达乌尔黄鼠鼠疫自然疫源地。每年晚春初夏,元朝的皇帝从大都北上,至上都避暑。深秋季节,南下大都避寒。这种定期的北上南返,都是在黄鼠活动频繁的季节,加上夏秋季节的狩猎活动,增加了鼠疫感染的机会。这样,在上都或大都出现鼠疫的传播就不是偶然的。

在华北地区和江淮之间,至今有不少地方流传有关元末瘟疫的传说。最典型的例子是有关红头苍蝇的传说。如在山东茌平县,民间广泛流传元代末年当地瘟疫流行,红头苍蝇四处乱飞,飞到哪里哪里就会死人[1]。类似的传说在苏北地区也相当流行,以至于各种新修地方文献中均有记载[2]。山东梁山县的传说有所不同,据称元代末年该地为浓雾所笼罩,持续七日不散,导致大批人口死亡。这一传说得到相当广泛的传播,以至于1997年新修的《梁山县志》亦将其收入其中。我们联想到同时代埃及作家在上述引文中描述的中国景象:毒雾迷漫,鼠疫肆虐。这些民间传说或许可以与同时代的西方学者的观察一道构成元代末年中国北部地区鼠疫流行的证明。如此,则可以解释华北人口在元代末年的损失。

江淮之间的残破也是宋金、宋蒙政权对峙的结果。有关这一个半世纪中江淮地区人口的死亡和南迁,是本书宋元时期卷最重要的内容。在长时期的动荡之后,这一区域人口所剩无几。甚至在南宋时代,就已经有从江南移民江北的事件发生。元代末年,整个江淮大地又陷入长达十余年的战乱当中。其西有陈友谅,中部有朱元璋,东部则有张士诚,各路英豪崛起,相互厮杀火并。元代的恢复在这场大搏杀中化为乌有。战后,这一区域当然成为移民充实的主要地区。

---

1 茌平县地名办公室编:《茌博乡音》,1990年。
2 彭云:《海州乡谭》,江苏人民出版社1988年版。

元兵在灭宋战争中对四川的经略可能是导致这一广阔盆地中人口大量外迁及死亡的主要原因。四川人口的东迁已在本书宋元时期卷中有详细的说明,而人口的死亡除了战争中的屠杀以外,还可能有传染病流行的因素[1]。

1259年,宋元军队在四川合州钓鱼城展开激战,元兵围城五个月不下。农历七月,蒙古军中大疫[2],传染病暴发,施药而不见效。七月上旬,蒙哥病死军中,另有一批元军主要将领如汪世显、哈散纳和李桢等皆死于此次传染病中[3]。拉施特在他的《史集》中称此疫为霍乱,而按照中医学的观点,作为烈性传染病的霍乱是在19世纪才传入中国的。此前中医文献中的霍乱是指一般的胃肠反常现象,非急性或烈性传染病。而《元史》卷129《纽璘传》则称同时在成都驻军中也发生传染病,称为"疟疠","士马""多病死"。正是因为马亦患病,我们才怀疑这不是所谓的"疟疾",而是鼠疫。宋军中亦发生是疫,如宋将王登,在湖北房县与元军对垒,夜半绝倒,五脏出血而死。数日后,其幕客唐舜申亦暴卒而亡[4]。从患者死亡迅速及王登死亡的临床症状来看,这一时期四川和湖北地区都有流行鼠疫的可能。这可能是造成战后川湖地区人口大量减少的一个主要原因。

显而易见,到明代初年,几百年来非汉少数民族入主中原的历史已经结束,汉族地主重新获得了对中原地区的统治和支配权。饱受战乱的中原大地恢复了和平与安宁,对人口稀疏地区的移民提上了明朝政府的议事日程。

二　经济发展与移民运动

如上所述,数百年来华北平原、江淮平原以及四川盆地大量的人口亡徙,对于这些区域人口及社会经济的恢复和发展都是极其不利

---

1 详见曹树基:《地理环境与宋元时代的传染病》,《历史地理》第12辑,上海人民出版社1995年版。
2 《元史》卷155《史天泽传》。
3 《元史》卷155《汪世显传》、卷122《哈散纳传》、卷124《李桢传》。
4 《宋史》卷412《王登传》。

的。明代初年的恢复和发展,首先就应当是人口的恢复和发展,由此而构成明初大移民的一个重要前提和背景。

无论是华北平原、江淮平原还是四川盆地,都是明代以前中国重要的农业区。直到今天,这三大地区在中国农业中的地位仍举足轻重。战争停歇以后的明朝政府不能容忍大片土地荒芜以至于影响政府的财政收入。因此,在人民自发组织迁移的同时,政府也在组织移民,以求加速对上述各大区域的农业垦殖。

政府组织移民的形式是多种多样的。边卫之外,内地的卫所战士也都大体遵循三分成守、七分屯种的原则,由政府授予土地,开垦种植。大批军卫将士家属的迁入,更加速了卫所驻地及其附近土地开垦的进程。政府所组织的民籍人口迁移,可以分为屯垦和非屯垦两种方式。在华北地区,政府将移民纳入"屯"的管理系统,大约110户为一屯,屯设屯长,督课农桑。以至于以后的学者还能够从标有"屯"的地名中,找到明初移民的痕迹。

明初大移民结束以后,中国社会进入了和平的发展时期。明代初年的社会犹如汉唐之初:长时期的社会动乱已经结束,废墟上冒起了炊烟,荒野里出现了牛耕;开国的君主励精图治,劝耕农桑;百姓赋薄徭轻,安居乐业。

王朝之初的安宁景象下,社会矛盾开始积累。一般的看法是,土地开始向少数人手里集中,失去土地的农民日益增加,赋税和徭役也逐渐加重,农民的生活开始变得困窘不堪,社会动乱开始酝酿。

明代中期的土地兼并首先是从皇帝、王公、勋戚、宦官大量设置庄田开始的。

弘治二年(1489年),顺天府的各项庄田共计332座,占地33 000余顷;到了正德十六年(1521年),蔓延至北直隶的庄田达到200 900余顷[1]。一般官僚地主豪绅占地的情况也很严重,其中以江浙、福建、江西等地最为突出[2]。这一区域恰恰是明代人口最为密集、土地资源最为紧缺的地区。

---

1 《明孝宗实录》卷28。
2 详见翦伯赞:《中国史纲要》第三册,人民出版社1979年版,第187页。

赋税和徭役的加重首先表现为明代初年北方"永不起科"的土地景泰时已全部征收赋税。正统元年(1436年)明政府始将在江南征收的田赋改征银两,到成化时,增加为三倍征收。里甲、均徭和各种杂泛差役,名目日益繁多。至明中期,全国每年有25%的人户要出劳力服徭役[1]。豪强势家及平民百姓都用各种手段隐瞒丁口,躲避赋役。整个社会处于失序的边缘。

万历元年(1573年),张居正(1525—1582年)出任内阁首辅,展开一系列的改革。万历六年,张居正主持全国土地清丈,结果共丈出隐瞒土地几百万顷,一部分被勋戚豪强和军官隐没的庄田、屯田也被清丈了出来。三年以后,在丈量土地的基础上,张居正把嘉靖初年已在福建、江浙等地施行的一条鞭法,推广到全国范围。一条鞭法的主要内容是把原来按户、丁派役的办法改为按照丁、粮派役,然后再与夏秋两税和其他杂税合编为一条。无论税粮、差役一律改为征银,差役则由政府用银雇人充当。差役的一部分转入了地亩和折银制度的确立,使农民所受的人身束缚有所减轻,农民对封建国家的依附关系比以前松弛,这有利于人口的流动。但由于明代中期以后可供开垦的荒地已经不多,没有多少地方可以接纳过剩人口。

明代后期人口的流动还表现为产业结构方面的人口流动。最初的起因可以追溯到明代初年,那时朱元璋曾用政府的力量推广棉花和桑树的种植,河北、河南、山东、两淮和长江三角洲地带普遍种植棉花,长江三角洲成为棉业和蚕桑业的中心。在这个基础上,棉纺织业和丝织业在长江三角洲地区获得了很大的发展,并形成许多专业化的新型市镇。另外,明代中期以后,瓷业、纸业、炼铁、矿业等产业也有了很大的发展,产地市镇的规模日见扩大。这意味着有相当多的农村人口进入市镇,由农业转为手工业。这一种人口迁移尽管不是长距离的,但对中国社会性质的转变却产生了重要的影响。

原料产地和手工业中心产地的地域分工日益明显,如苏州和福州的蚕丝来源主要依靠湖州;松江棉织业的原料除一小部分出自本

---

[1] 唐文基:《明代赋役制度史》,中国社会科学出版社1991年版。

地外，多由山东、河南运来；另外，苏州及松江一带的丝、棉织品售往全国各地，形成较大规模的交换市场。与此相适应的是商业资本和商人的活跃。商人是流动人口中最富流动性的部分，他们的流动或迁移是明代移民史上最值得注意的对象。

另外，明代中期以后的中国社会已不再与世隔绝。16世纪时，西欧的殖民主义者先后来到中国，进行殖民活动。一批传教士深入中国内地进行宗教或其他文化活动，这批人居留在中国的时间很长，有的甚至死于中国，他们已成为事实上的移民。尽管从数量上说，他们的人数微不足道，但却是清代西方传教士大规模进入中国的开端。他们的活动对中国社会所产生的影响不可低估。

第三节

气候与自然灾害[1]

13世纪至14世纪初的气候温暖期结束以后，我国气候又转向了严寒。元人陆友仁描绘长江下游的寒冬："天历二年（1329年）冬，大雨雪，太湖冰厚数尺，人履冰上如平地，洞庭柑桔冻死几尽。"[2]蒙古诗人廼贤描绘山东白茅黄河堤岸修补工作，时当十月，却见"河冰塞川，天雨雪"[3]。农历十月相当于公历的11月，现在一般情况下要到12月份黄河才会出现冰块。再往北，北京的家燕公历4月末飞来，公历8月6、7日离去[4]，同现代物候相比，来去各短一周时间。在云南，13世纪中叶以后大理点苍山顶的常年积雪的高度下限比现代为低。

明代初年这一寒冷期仍在继续。洪武年间苏州桑葚成熟期比今

---

1 本节主要参考中国科学院：《中国自然地理·历史自然地理》第二章，科学出版社1982年版。
2 陆友仁：《研北杂志》卷上。
3 廼贤：《金台集》集二《新堤谣》。
4 廼贤：《京城燕》。

日要推迟至少10天。到15世纪,苏南小麦的成熟期比现代推迟10天。15世纪末,气候有进一步寒冷的趋向。弘治六年(1493年),淮河流域各地普降空前未有的大雪,从当年九月至第二年的二月方止。正德八年(1513年),洞庭湖、鄱阳湖和太湖同时结冰,洞庭湖成为冰陆,不仅可以行人,而且可以行车。

据有关河湖结冰的统计可以推测一段时期内气候的寒冷或温暖的程度。徐近之曾经根据长江下游主要河道周围地区的地方志作了河湖结冰年代的统计,并对广东、广西近海平面的降雪、落霜年数也进行了统计。这种对于异常物候的统计证明,自1470年以后,明代的温暖冬季只出现在1550—1660年;而寒冷冬季则出现在1470—1520年、1620—1720年。1720年已是清朝康熙时代了。

元末至明代气候的湿润状况与气温的变化大致适应。根据《元史·五行志》和《明实录》的记载,自元末至明代的洪武和永乐年间,水、旱灾害出现的频率差不多,两种灾害交替发生,全国性的旱或涝的趋向并不十分明显。成化以后,情况则有不同。有人对东南地区的水旱灾害进行研究,结果表明,15世纪后半叶至16世纪前半叶及17世纪是明代旱灾持续出现的时期。从全国的范围看,结果也是如此。笔者根据中国气象局气象科学研究院所作《中国近五百年旱涝分布图集》一书中提供的1470年以后全国120个点的水旱记录,以每5年进行一次1级涝灾和5级旱灾的抽样统计,结果表明,自1470年至1525年,大旱与大涝出现的时点比为71∶40。也就是说,从1470年至1525年每逢0年和5年的统计中,共有71个观察点(次)上出现大旱,40个观察点(次)出现大涝。显然旱是这一时期的主要趋向。1530—1600年,这一比例为74∶85,旱涝比例大致相当。1605—1645年,大旱与大涝的比例为82∶22,表明明代末年是一个全国性的特大旱灾出现的时期。这种全国性的气候湿润状况的变化与气温的变化也大体是一致的。气温和湿润状况的变化对于明代社会和人口产生较大的影响。15世纪末的干旱使得北方大批人口脱离土地成为流民,构成当时社会动荡的一个因素。17世纪开始的全国性大旱灾带来的社会震荡更为激烈。简略地说,这一次全国范围的大旱灾直接导致了全国性的大蝗灾[1],也引发了波及差不多整个华北地区的鼠疫大流行[2]。人口大量死亡,灾民大量离乡。只是由于明末的动乱很快结束,而灾民除死亡者外,不久也回到了原籍,并未构成本书定义的移民,故略而不论。

湿润状况的变化对于黄河下游河道的变迁也有一定的影响。元末以来,由于山东曹县白茅堤以上的河堤长期不修,黄河屡屡在原武(今河南原阳县西南)至开封的河段上决溢,决口后河道或东北冲向张秋(今山东阳谷县东南)运河,或南夺涡、颍入淮。1489年黄河在原武至开封南北多处决口,北决占全河流量的十分之七,南决占十分之三。并且较为固定的河道也开始形成,即北决正流东经今原阳、封丘、开封、兰考、商丘等地,东趋徐州入运河;南决夺颍河、涡河入淮,并形成三条水道。由于北决时有发生,弘治七年(1494年)刘大夏尽堵北决诸口,并在黄河干流北岸从胙城、历滑县、长垣、东明、曹州(今菏泽)、曹县,抵虞城县界,筑一条长达360里的太行堤。至嘉靖年间,黄河南岸的分流水口被堵,黄河单股入淮。黄河干道固定之后,因泥沙淤积而成为悬河,洪水决溢又渐渐增加。但旋溢旋堵,终未能使河流改道。黄河的频繁决口和改道,造成黄河故道地区的积沙和荒芜,遂成为明代初年及明代中期移民集聚或四散的地区。

长江河道的变化比黄河要小得多。即便如此,在一些地区,这种变化也引起了人口的变动。如在长江中游的荆江平原,明代中期,太白湖在长江和汉水的作用下迅速淤塞,大片土地出水成陆,流民遂蜂拥而至,引发了较大规模的人口迁移。又如在长江口的南通地区,14—15世纪,长江主流曾移向北泓,海门县境土地大片坍没,人口外移。至17世纪,海门县大部坍没,终于废县为乡,并入通州。长江口这一地理环境的变迁,仅仅影响个别县的人口变动,规模有限,故不作深入的讨论。

---

1 满志敏:《明崇祯后期大蝗灾分布的时空特征探讨》,《历史地理》第6辑,上海人民出版社1988年版。
2 曹树基:《鼠疫流行与华北地区的社会变迁(1580—1644年)》,《历史研究》1997年第1期。

第二章

洪武大移民：京师篇

明太祖初即位,都应天府。洪武元年(1368年)八月意欲迁都北宋故都开封府,以开封府为北京,应天府为南京。虽曾一度在临濠建造中都,但不久即废。洪武十一年,开封府罢称北京,改南京为京师。永乐十九年(1421年)迁都北京顺天府,改北京为京师,原京师为南京。南京(京师)附近地区不设布政使司,各府州直隶南京(京师)。直隶于南京(京师)的地区即称为南京(京师)。因此,南京(京师)是一个幅员辽阔,地跨长江南北、淮河两岸,包括今日江苏、安徽和上海两省一市的庞大行政区。

在洪武年间,将都城称为"南京"的时间仅11年,称为"京师"长达20年。另外,虽然本章叙述的时间包括了整个洪武时期(1368—1398年),但对于移民人口的计算却是以洪武二十六年作为标准时点的。因此,各章有关洪武移民图的编制都是以这一年作为基点的。很显然,将洪武时期的首都及其附辖政区称为"京师"要比称为"南京"更为适合。只是在洪武十一年以前,我们仍称其为"南京"。

京师所处长江下游地区是洪武年间南方移民运动的重点区域。元末明初,这一区域经受了又一轮战祸的摧残。郭子兴起兵濠州,朱元璋投奔之，江淮之间是他们经营的重点；张士诚起兵于苏北沿海，苏北、苏南成为他的势力范围；陈友谅起兵鄂东南，他的势力扩展的目标也是长江下游地区。这些造反的农民既要与元兵战斗，又要相互火并，其中朱元璋与陈友谅的争夺最为激烈。这场历时多年的大搏杀使人口大量死亡，主要战场所在地又是自宋金对峙以来长期形成的人口稀疏区，人口分布的稀密差距进一步扩大，就使得长江下游地区出现这样一种人口地理的分布格局：中国人口的最密集区和中国人口的稀疏区毗邻而处。一俟战争停歇，移民垦殖势在必行。

第一节

京城中的特殊移民

朱元璋北迁首都的努力没有成功，南京作为首都的地位终洪武一朝没有改变，因此，它在洪武时期接纳的移民具有强烈的政治色彩。兹就各类移民分而述之。

一　官吏及其家属

这类移民人口是明朝中央政府的各级官员和他们的家属。洪武时期中央政府各部门的官员人数处于不断的变动当中。最引人注目的事件是洪武十三年（1380年）朱元璋罢中书省、废丞相，作为最高行政机构的中书省从此不复存在。除了中书省以外，明代其他的行政部门也时有裁撤或增设，其官员人数的增减常出现一个较大的变幅。

根据《明史·职官志》的记载，明代中央机构的官员人数大抵是这样分布的：三公三孤、太子三师三少及吏、户、礼、兵、刑、工六部官员总额为112—292人；都察院、通政司、大理寺、詹事府、翰林院和国子监官员总额为126—200人；太常寺、光禄寺、太仆寺、鸿胪寺、尚宝司、六科、中书科、行人司、钦天监、太医院、上林苑、五城兵马司、僧录司共261—587人；另有宦官173—182人，女官93人。全部朝廷及宫廷官员为765—1168人。虽然《明史》中记载的制度是明代后期的情况，各类政府部门中的额外人员也可能不在少数，但在法纪严峻的洪武时代，额外的官员不会太多。这批官员中很少有南京土著，在《明史》中仅见陈遇、陈远兄弟为建康人，其余大多从全国各地来到京城任职。

由于淮西将臣为朱元璋夺得天下立下汗马功劳，所以在中央行政机构中，淮西籍人士所占比例最大。尤其是一批公侯勋爵，权倾朝野，所携眷族属构成一类最为特殊的移民。洪武四年，应天府调查后确实，南京城中的"公侯族属"就达1197户[1]，计其人口，可能达到万人左右。扣除公侯，一般的行政官员人数约为千人，但就其家属人口计，也可能达到万人左右。合计约有2万人口。故时人有诗云："两河兵合尽红巾，岂有桃源可避秦？马上短衣多楚客，城中高髻半淮人"[2]，就是对这批移民人口来源的生动描绘。

行政官员之外，还有吏典。官和吏的差别在于"官主行政，吏主事务"。吏即各行政衙门中的具体办事人员，他们中有"掾吏、令吏、书吏、司吏、典吏、提控、都吏、人吏、胥吏、狱典、攒典"[3]等名目。大致说来，他们在各级各类衙门中承担处理各类公文、表册、档案等项工作，没有品位，没有行政决策权。根据《明会典》的记载，明代中央政府各部门中的吏员人数约为1300人。这是指吏员的编制额度，洪武年间中央各部门的吏员人数依下面的情况看，似乎比这一编制要多。

吏员的挑选主要在所谓"清白无过"的农民中进行。《明会典》卷8记载："凡佥充吏役，例于农民身家无过、年三十以下、能书者选用。但曾经各衙门主写文案、攒造文册及充隶兵与市民并不许滥充。"军人与市民不能充当吏员，这对于明代初年的南京城而言，意味着数以千计的吏员是由外来人口充当的。这些外来人口，根据《明会典》的说

---

1 《明太祖实录》卷63。
2 贝琼：《清江诗集》卷5《秋思》，转引自张华：《明初政治史上的淮西勋贵问题》，《南京大学学报》1986年第4期。
3 《明会典》卷7《吏员》。

法,"凡有告纳农民者,务要严审是否土著"。这所谓土著,不是指当地人口,而是指有田产著籍者,"无田者,不得著籍。无籍者,不得试有司,不得为掾吏"[1]。洪武十九年,朱元璋曾从直隶应天诸府选富民子弟1 460人赴京师补吏[2]。这批富民子弟是作为"补吏"进入京师的,说明京师的吏员超过1 460人,考虑到原来即在南京供职的吏员,洪武年间中央各部门的吏员总数至少应该达到3 000人。以每户3人计,共有人口万人左右。上引《明太祖实录》卷63洪武四年应天府的报告说在京官吏共有2 499户,此时的吏员大约1 500人,行政官吏约有1 000人,与我们根据《明史·职官志》所作分析大抵相同。

二 军籍移民

这类移民是随军驻守的卫所士兵和他们的家属。洪武时期驻守在京城内外的卫所到底有多少?《明史·兵志》在"京营"条下称:

> 初太祖建统军元帅府,统诸路武勇。寻改大都督府,以兄子文正为大都督,节制中外诸军。京城内外置大小二场,分教四十八卫卒;已,又分前后中左右五军都督府。洪武四年士卒之数二十万七千八百有奇。

在"卫所"条下,只查到洪武年间的驻京卫所为39卫1所,又查《洪武京城图志》[3]一书的记载,洪武时期京卫的数目为42个,其中留守前卫、留守后卫和龙江右卫不见于《明史·兵志》的记载。再查《明会典》卷42《户部》知明洪武京卫的总数也是42个,各卫的名称与《洪武京城图志》的记载相同。《明史·兵志》的记载可能有误。如果说有被革除的卫所的话,《明史·兵志》中当有记载,如被革除的蒙古左卫和蒙古右卫即是。我们估计洪武时期京师驻军应有42卫。

洪武四年(1371年)京卫士卒之数为207 800人,以当时的48卫

---

[1] 于慎行:《谷山笔麈》卷12《形势》。
[2] 《明太祖实录》卷179。
[3] 《南京文献》,铅印本,1943年。

计,每卫平均士卒为 4 330 人;定制以后,"大率五千六百人为卫,千二百人为千户所",42 卫的士卒合计约为 23.5 万人,略多于洪武四年的卫所人数。

按明代制度,军士必须携家属前往戍地,"如原籍未有妻室,听就彼婚娶;有妻在籍者……着令原籍亲属送去完聚"[1]。政府还为军属提供路费。洪武二十四年的诏令曰:"外卫军官调京卫者,皆给道里费,俾其妻子家于京师。"[2] 当时驻京士卒达 23.5 万人,大多数青年士卒不可能在京城寻找配偶,只能从原籍带来。又按明代制度,往南方戍守者为北方人,赴北方当兵者则为南方人,士卒妻子千里赴戍立家,费用不轻,造成社会问题,最后统由政府出资解决,才使家属随军的制度得以成立。如此,23.5 万军人以每人平均一妻一子计算,就有人口 70.6 万。当然,军人家庭的规模并不至于平均每户 3 人,这里考虑的仅仅是军人从原籍带出的人口。这样的话,京城的军籍移民人数达到 70.6 万,给洪武时期的首都及其周围地区营造出浓重的北方氛围。

之所以说是"首都及其周围地区",是因为如此众多的军人不完全驻守于城中,尤其是屯守的士卒,多在屯田之地耕守。在京卫所的屯田大体围绕京城分布,相当一部分士卒及其家属居住在京城近郊或者远郊。

军人的来源除了征调一般的平民子弟入伍外,还有一类特殊的人口,他们是故元将士和群雄降卒。

针对这一批故元的降将、士卒及其家属,洪武十三年,朱元璋曾正式下令:"其塞外夷民,皆令迁入内地。""官属送京师,军民居之塞内。"[3] 实际上,一般士卒也有迁入京师的。他们的迁入有记载的共有以下几次:

洪武三年(1370 年),元降将家属 3 000 余人从塞外迁入[4];

洪武五年,有 1 840 名蒙古降官士卒和 5 000 名元遗兵分别从塞

---

1 《明会典》卷 155《军政起解》。
2 《明太祖实录》卷 208。
3 《明太祖实录》卷 88。
4 《明太祖实录》卷 59。

北和福州迁入[1]；

洪武六年，从河南和湖南郴州迁入的元兵将和元将校分别为2 940人和537人；同一年，又有4 756名明玉珍的降将士从四川迁入[2]；

洪武七年，3 230名故元官、军、民从塞外迁入，另有1 323名故元官属从塞北迁入[3]；

洪武八年，10 400名蒙古之民从太行山迁入[4]；

洪武十六年和洪武十七年，27 018名方国珍水夫从浙东迁入，23 200名何真旧部从广东迁入[5]；

洪武二十一年，34名元将校及家属从辽东迁入[6]；

从洪武六年至洪武二十一年的16年中迁入的12批元降兵将及他们的家属和群雄降卒，人数累计达8.3万人。一般说来，降兵降卒多半会编入军伍，属于70万军籍移民之列，这里不另作讨论。另外那些迁自太行山的一万名蒙古之民和一些故元政府或军队的高级官吏，也有可能编入军队[7]。

三 力士、富户、仓脚夫和工匠

这类人口的迁入过程早在至正十八年（1358年）就已经开始了。这一年十二月，朱元璋迁宁越七县（今浙江地）的"富民子弟"往应天府，人数不详[8]。从《明实录》中看不出朱元璋此举的动机何在。

洪武十二年（1379年），朱元璋又从浙江杭州诸府调1 347人往京城充力士户。南京成为首都后，为皇室和政府衙门提供服务的劳动力不足，所以有从浙江调民入京的举措。

---

1 《明太祖实录》卷75、卷76。
2 《明太祖实录》卷80—83。
3 《明太祖实录》卷87—88。
4 《明太祖实录》卷96。
5 《明太祖实录》卷154、卷155、卷167。
6 《明太祖实录》卷190。
7 按照我们在本卷第十章中对明代内附少数民族人口安置问题的研究，这类故元降官极可能由卫所带管，官员本人被赐官衔，其家属并不世袭卫职。在一般卫地，这批降官家属可能由卫所带管，不编入民籍，在首都也应如是。
8 《明太祖实录》卷6。

偌大的京城还需要更多的劳动力。洪武十八年五月,调天下各地的"民丁充力士者"14 200人往京城[1]。由于力士们多由年轻人充任,所以以每人平均带家属2人计,合计家属约为43 000人,与六年前迁入的力士及其家属们合计,此类人口约为46 600人。

富民也被大量迁入京师。洪武二十四年七月,"上谕工部臣曰:'昔汉高祖徙天下豪富于汉中,朕初不取,今思之,京师天下根本,乃知事有当然,不得不尔。朕今欲令富民入居京师,卿其令有司验丁产殷富者分遣其来。'于是工部徙天下富民至者凡五千三百户"[2]。合家属当为26 500人。

《明史·食货志》记载了另一次移富户事件:"尝命户部籍浙江等九布政司、应天十八府州富民万四千三百余户,以次召见,徙其家以实京师,谓之富户。"然而《明太祖实录》卷252中的记载则大不相同:

> (洪武三十年四月癸巳)户部上富民名籍。先是上谓户部尚书郁新、吏部侍郎张迪等曰:人有恒产,斯有恒心,今天下富民生长田里之间,周知民事,其间岂无才能可用者,其稽诸名籍列名以闻,朕将选用焉。于是户部奏云南、两广、四川不取,今稽籍得浙江等九布政司直隶应天十八府州田赢七顷者,万四千三百四十一户,列其户名以进,命藏于印绶监,以次召至,量才用之。

徐泓指出:"这条史料由于《明史·食货志》编者的误解,自行加上一句'徙其家以实京师,谓之富户',遂成为常被引据的移徙京师的史料。其实这一万多户只是全国(除四川、两广、云南以外)田七顷以上的地主的名单,并非徙置京师的名单。"[3] 是年七月,经杜泽建议,选取了山东、河南、淮东的部分富户"至京选用"[4],他们中部分人可能出任京官,也可能为地方官。任地方官者与移徙京师无涉。徐泓还指出,其时距朱元璋去世仅300多天,是否继续进行召见和任命实在是很难

---

[1] 《明太祖实录》卷173。
[2] 《明太祖实录》卷210。
[3] 徐泓:《明洪武年间的人口移徙》,《第一届历史与中国社会变迁研讨会论文集》,(台北)"中研院",1982年。
[4] 《明太祖实录》卷254。

说的。而且，即使有在京城任官的，也已经在本节第一部分中予以统计过了。所以，我们不认为朱元璋在洪武二十四年以后有再次迁富民入京的举措。

李龙潜则根据上引朱元璋所说"昔汉高祖徙天下富豪于汉中，朕初不取"一句认为洪武二十四年以前没有移富户入京师的事件。在明代人的记载中，多写作"国初"，只有到了后代的地方志中，才被写作"洪武初"，这是后代方志作者的误纂[1]。

又有仓脚夫。洪武二十八年十一月，"诏从直隶、苏州等十七府州及浙江等六布政使司所属府州县小民二万户赴京，占籍上元、江宁二县，以充各仓夫役，名曰仓脚夫"[2]，以平均每人带家属2人计，合家属有6万人之众。

还有大批工匠被迁入京师。如京师造船厂的工匠，就是"起取浙江、江西、湖广、福建、南直隶滨江府县居民四百余户来京造船，隶籍提举司，编为四厢"[3]。从这条资料中看出，洪武年间坊厢编户的规格是非常谨严的，这400余户船工编为4厢，正合每厢10甲，每甲11户的制度[4]。

到底有多少人作为工匠迁入京师，还没有找到确凿的记载。顾炎武在《天下郡国利病书》原编第八册"江宁"中说："洪武十三等年起取苏浙等处上户四万五千余家，填实京师。壮丁发各监局充匠，余为编户，置都城之内外，爰有坊厢"。这一资料曾广泛地被人引用，被作为迁入京师的工匠数看待，却不知其中真正的内容。

首先，从顾氏的上引文字来看，这45 000余家移民的性质并不是单一的。如果他们皆为匠户的话，其中"壮丁发各监局充匠，余为编户"，是不是说还存在一些无壮丁之家庭？如果存在一些无壮丁之家的话，那么，他们的身份又是什么呢？如果各家皆有壮丁，那么，就会有45 000名壮丁编入各监局，实在太多。据正德《江宁县志》卷2《户口》的记载，监局人匠旧额只有2 575名，即使这是永乐年间的额度，

---

[1] 李龙潜：《明初迁移富户考释》，《中国社会经济史研究》1988年第3期。
[2] 《明太祖实录》卷243。
[3] 李昭祥：《龙江船厂志》卷3《杂役附》。
[4] 《明太祖实录》卷135："以一百一十户为里。一里之中，推丁粮多者十人为长；余百户为十甲，甲凡十人……城中曰坊，近城曰厢，乡都曰里。"

依顾氏所言,永乐北迁为其一半,洪武时期各监局的工匠不过 5 000 人左右,差距太大。又按上引《龙江船厂志》的记载,顾氏所言显然与情理相悖。

其次,从龙江船厂的例子中,可以知道洪武年间京城中的户口编审是很严格的,的确,在朱元璋的眼皮底下编审坊厢,出现大的误差是不可想象的。因此,依龙江船厂例,船厂工人和家属必须一道编入坊厢,如果工匠本人不编入坊厢,那么他们的户籍管理又该如何进行呢?这一批 45 000 户移民,若编审坊厢,需编成 409 个。根据万历《上元县志》卷 2 的记载,京城在洪武年间仅有坊厢 319 个,上元县属 176 个,江宁县属 143 个,与顾氏所言相差 90 个坊厢。这还没有包括各种其他移民和土著。因此,把这 4.5 万户移民全部作为工匠来看待是不妥当的。

实际上,洪武年间迁入京城的除了军籍人口不计外,还有以上四类人口,而顾炎武只提到他所称的"上户"4.5 万户。根据上文所列,洪武年间迁入京城的力士、富户和仓脚夫三类人口总计可达到 40 847 户,若加上近 5 000 户工匠,此四类人口正好为 4.5 万户。可见,顾炎武是把洪武年间迁入京城的民籍人口统统算作"上户"了,而所称的洪武十三年则不知有何根据,因为,在《明太祖实录》的记载中,这一年没有向京城移民的举措。

至此,可以对洪武年间京城的坊厢数和在籍人口数详加讨论了。在洪武二十四年的图籍编定时,洪武二十四年七月动议迁徙的 5 300 户富户还来不及编入坊厢。另外,洪武二十八年迁入的 20 000 户仓脚夫也未包含其中,他们或者编为新的坊厢,或者由于洪武二十四年以后新的户口登记与编审工作实际上中断了。总之,这里讨论的这 319 个坊厢所含的人口及其类型是不包括这批富户和仓脚夫的。

上述力士、工匠这两种形式的移民合计为 2.05 万户,他们是徭役的承担者,故而被编入坊厢,可编成 190 个坊厢。还有那近千户朝廷官员,"除本户合纳税粮外,其余一应杂泛差徭尽免"[1],由于洪武时期

---

[1]《古今图书集成·食货典》卷 142《赋役总论》。

编制坊厢的目的并不是为了徭役的承担,所以他们也可能被编入坊厢;此外,还有2 000个吏员,他们可能享受徭役之优免,但他们及其家属极可能编入坊厢或里甲。这样,近3 000户官吏之家可编入25个坊厢。加上千余户公侯族属之户,几类人口合计共可编成225个坊厢。

尚余94个坊厢属于京师土著。关于京城中的土著,按照顾炎武的看法,在朱元璋夺取政权之后,京师的土著大多被他迁往云南了[1];据明人郑晓说,元至正十六年(1356年)李善长克建康,籍军民凡50万[2]。这时正处于朱元璋争夺天下的关键时期,如此大量的兵员和人民不可能踞守在应天城中。在长期的战争中,其人民和士兵多有四散,其余作为军人家属在洪武年间被朱元璋赶往云南了,却不能说,城中土著全部迁往云南了。关于这一点,在以后论述云南的军士来源时,还将有所论述。近代编修的《上元、江宁乡土志》更从姓氏分布上加以论证:"明太祖定鼎金陵,迁江南豪民于云贵,而徙苏浙富户实京师,城厢由是无旧族。乡镇所遗,纪、陶、甘、卞诸姓仅有存者,而勋贵徐、常阀阅相望……"《乡土志》的作者讲的是近代的情况,其实,在明正德年间,南京土著仍有一定的比例。正德《江宁县志》卷9的人物中,有陈遇、杨勉两人可视为土著。陈遇的事迹见于《明史》,杨勉则记为"江宁在城人"。我们把该志所记25个人物中的孝子忽略不计,共有21个取得功名的人物,其中2人为南京城内土著,2人记为"江宁人",其余17人为明初移民或他们的后裔。即使把在乡的"江宁人"排除不予统计,南京城中取得功名的土著约占城中功名人口的10%左右。

南京城中的土著居民到底有多少呢?洪武四年应天府的报告称民户有21 567户,军户有1 896户[3],合计为23 463户。若扣除洪武四年以前迁入的移民,如上述1358年从宁越七县迁入的"富民子弟",土

---

[1] 顾炎武:《天下郡国利病书》卷13,《续修四库全书》第596册,第73页。
[2] 郑晓:《吾学编·名臣记》卷3《太师丞相韩国李公》。转引自王毓铨:《明代的军屯》,中华书局1965年版,第225页。
[3] 《明太祖实录》卷63。

著居民的数量约占2万户左右，人口约为10万。土著和移民不同，土著中有老弱鳏寡的畸零户，以115户编一个坊厢计，大约可编170个坊厢。由此怀疑万历《上元县志》中记载洪武年间京城中的坊厢有低估的可能。万历县志作者所见可能是洪武以后缩并了的坊厢数。

洪武二十四年以后的新移民所居街巷也往往以坊命名，正德年间，"若颜料毡匠等坊，以居肆名，非隶官籍，别具衢道"[1]，并不为当时隶入官籍的坊厢所包括。这里所列举的两坊，显然是由于有不少染匠和毛皮匠人集中居住于此而获得的街巷名称，而不是作为编审户口的坊厢。

洪武时期京城中的常住人口还应包括13万名轮班的工匠，数以千计的国子监学生以及来自各地的商人、各地出差赴京的官吏，这批人口的流动性大且都未入籍，我们不把他们作为移民来对待。

第二节

从苏州到苏北

元代末年，苏北的荒凉令人吃惊。朱元璋攻下扬州，得到的纯粹是一座空城，"城中居民仅余十八家"；局势平定之后，城中的土著居民也仅回升到"四十余户而已"[2]。淮安的情况也一样。明代中期当地人士回忆道："明初淮扬户口流亡，江都仅存火、郝等十八姓，淮安仅存槐树李、梅花刘、麦盒王、节孝徐等七家。"[3]这残存的七户人家指的是淮安城中的人口，农村的情况可以今盐城一带为例，民国人引用的资料说当时是"地广衍，湖荡居多而村落少，居室小，民无盖藏"[4]，景象

---

1 正德《江宁县志》卷4《坊乡》。
2 《明太祖实录》卷5。
3 嘉靖《惟扬志》卷8。
4 民国《盐城县志》卷10。

十分凄惶。

一 扬州府

洪武年间,官修史书记载对扬州府(治今扬州市)的移民活动只有一次,即洪武二十五年(1392年)崇明岛上有2 700户"民无田者"迁入江北[1]。两年以后,又有500多户无田的崇明农民迁到昆山县居住[2]。从第一条资料中记载的"江北"二字分析,洪武二十五年的2 700户崇明农民大概就是越江而居的,迁入的地点应该在通州(治今南通市)、海门境内。洪武八年以前,崇明曾是扬州的辖县,崇明人北迁江北并不存在行政的障碍。

这2 700户崇明移民约合13 500人,而迁入地的土著大约有多少呢?根据嘉靖《惟扬志》卷8的记载,洪武九年,通州和海门有25 735户,111 199口。从这一年开始,假定通州与海门的人口以年平均7‰[3]的速度自然增长,到洪武二十五年,就有人口125 199人,迁入的崇明移民约占土著人口的11%,可见,对于江北的土著来说,这批崇明移民的规模不算很小。

在元代末年的大动乱中,由于长江的阻隔,崇明岛不曾遭受兵戈扰攘,独得一份安宁。当时的崇明岛,还是长江出海口的几片沙滩,面积狭小,时因水道变化而有盈缩,所以战争停歇后,崇明人口纷纷外移。由于洪武七年以前的政区属于江北管辖,在洪武二十五年的大移民之前,还发生过类似的移民活动,因为属于一府境内的移民,不为世人所注意。洪武二十五年的移民,实际上是承续以前的移民活动,而洪武二十七年的移民,却终因政区隶属关系的改变而改移同一政区的昆山。

所以在今日的南通,听不到在苏北其他地区广泛流传的关于祖

---

[1] 《明太祖实录》卷216。
[2] 《明太祖实录》卷231。
[3] 在有关明代人口史的研究中,已知明代移民迁入区的人口年平均增长率为5‰—7‰,故该明代初年移民迁入区人口土著人口年平均增长率为7‰,以避免对移入人口之高估。

先来自苏州阊门的民间传说。在明代初年的移民活动中,南通一隅似乎与苏北的其他地区属于不同的类型,以至在今日的方言上,也表现出了明显的不同;南通地区属于吴方言区,而苏北其他地区则是北方方言的一统天下。

扬州府其他县的情况要复杂得多。如在扬州,洪武初年,除了复业的40余户土著外,"其余皆流寓尔"。这些流寓来自何方,我们并不知晓;他们是政府组织还是自发迁入,官修史书上没有任何有关的记载。幸有地方志及一批至今仍存的苏北族谱,使我们能够大致了解这一段历史的真实面貌。

《甘棠小志》卷3和卷5分别记载了一批当地姓氏:陈、王、徐、高、梁、阮、吴、程、焦、张、徐、常、吴共13族。这表明他们是当地的大族,然而其中没有一个是土著。这13族中,有5族明确记载为明代初年迁入。另有阮氏,称"其先由江西迁淮安,始祖岩,当明神宗时徙扬州"。查《雷塘庵主弟子记》卷1,知此阮氏就是清代著名学者阮元的家族。该书称:"明初徙豪杰实江南,乃居于淮安府。神宗时始祖严自淮安山阳迁扬……居旧城,今阮千户巷是也。"迁入苏北的时间也在明初。其余各族则不详迁入年代。若以原籍分,这13个氏族中,浙东3族、江西2族、徽州1族、山西2族、山东1族,余不详。明初江都土著火、郝两姓,原居火家洪、郝家楼,"今二姓他徙,无一存者,尚称其地为火郝乡",据此可以认为,明代以前的土著在江都一带确是所存无几了。

可是,《甘棠小志》关于明初移民的原籍记载与苏北地方关于此事的民间传说并不一致。在苏北,流传甚广的民间传说是他们的祖先是明代初年从苏州阊门迁来的,近些年来一些一直孜孜于当地人口由来调查工作的地方志编纂者,也都把这一传说写入了地方志,如1989年江都县城郊的双沟乡完成的一本乡人口志称该乡人口来源的大部分是元末明初从苏州阊门迁入的,可是提供的证据却并不充分。邵伯镇的人口由来与民间传说相悖,并不是因为邵伯是一个运河岸边的商业重镇,其人口的来源有其特殊性,我们注意的是所列明代初年迁入的六个大族,无一申明自己是来自苏州阊门的。

类似矛盾的事例在苏北还有发现,如民国《泰兴县志》卷24称:"试征诸氏族谱牒,大都皖赣名族,于元明之际迁泰。"与《甘棠小志》的记载颇为吻合。然在当地调查,当地人多说自己的先祖由苏州阊门迁入。往北是泰县,民国《泰县志》卷22记载从苏州迁入的有刘氏、葛氏、徐氏,从吴兴迁入的有汪氏,从湖州迁入的有费氏,迁入的时间均在明初。在泰县,明初移民的确显示了其多样性的来源,然询之乡人,却只言苏州阊门。兴化县的情况也是如此,该县故老传说,兴化土著有四大姓即顾、陈、时、陆,他们是明代以前的老居民,至今仍集中分布于县境西乡,而顾氏、陈氏仍是县中大姓,人口众多。除土著外,其他则多称自己的祖先从苏州阊门迁入。然而,这一说法也受到来自族谱的考验和挑战,如县人张丙钊在1988年修成的《兴化方言志》(油印本)中称:"许、顾、张、朱、周、姚诸氏原籍苏州,刘氏祖籍昆山,均系洪武初及后来陆续迁兴的。"他列举几本典型的族谱以后说:"师俭堂《李氏世谱》中记载,嘉靖末年状元李春芳的曾祖李秀乐,系句容李氏的迁兴始祖。"可是今天,李氏后裔却多称自己祖先从苏州迁来,为此,张丙钊颇感迷惑。

实际上,苏北移民附会苏州的现象在明代还不明显,明代人的著作并不攀附阊门。举例说,李春芳之孙李思诚曾在该县《陆氏家谱》的序中说:"吾邑开创以来,土著绝少。家于是者,大都从他郡移徙,以故屈指望族,所称郁然乔木、巍然钟鼎者,远不逾百年,近不过数世……"李思诚距移民迁入兴化的时代很近,他说移民自"他郡"迁来,而不说苏州,可见移民的原籍并非苏州一地;可是到了道光年间,兴化进士陈广德在《施氏族谱》序中说的却是"吾兴氏族,苏迁为多",则知到了清代,有关祖籍苏州阊门的传说已经广泛流行,致使一般的文人学士也不免随俗,阊门的传说由此更加深入人心。

所以,在今天的大丰县,即明代初年的兴化县地,关于居民原籍的传说大多与苏州阊门有关。姚思荣先生查找了当地数十种族谱,其中有18种族谱(不包括永乐以后迁入及迁入时间及原籍不详者)记载了家族的来源。在这18种族谱中,有土著3族,元末明初迁自苏州阊门者14族,另有1族迁自句容。这些家族大多为明代灶丁的后代,他们在元末明初迁入兴化、江都、盐城等县,被签发灶籍,分迁于海滨。在这些家族中,我们注意到《韦氏家谱》在其《源流总序》中说:"洪武初(苏北)因旱灾地空而民鲜,南浙土窄而人稠,故奉命北迁。"[1] 韦氏来自浙江而不是苏州阊门。

往北进入宝应县境,氏族中自称为明代初年迁入的几达百分之百。县人陈守言1988年撰写的《宝应史实》(油印稿)一书记载的宝应望族朱、刘、乔、王皆是明初从苏州迁入的。据陈守言面告,时至今日,不少人还知道他们祖上来自江南某地,少数人据说还能与江南老家对上谱。联想到在大丰县姚思荣揭示的族谱中,有一吴氏于永乐年间迁自苏州,清代乾隆二十六年(1761年)修谱时,他们与苏州吴氏联宗后合修族谱。据此可知苏州与苏北移民的联系。我在该县即兴所作的调查表明,该县自称苏州后裔的氏族非常之多,几达无人不说的程度。可令人怀疑的是宝应北乡曹甸镇的郝氏,也自称为苏州阊门移民之后,而据上引资料,这郝姓却极可能是元末江都残存的18家土著之一。即使不是江都土著,这郝氏也极可能是苏北的土著姓氏之一,于此我们似乎也能发现关于土著附会苏州移民的某些蛛丝马迹。

兴化县元代后期有3 160户,8 628口[2];洪武九年(1376年)为11 889户,75 732人;洪武二十四年(1391年)为9 535户,65 020人[3]。兴化县的人口从元代后期至洪武年间有了一个巨大的增长,达到7倍有余。或问,我们是否没有考虑到该县元代后期至元代末年的人口自然增长;回答是,即使确有增长的话,也被元末战乱所损失殆尽。因此,仅从这两个数据考虑,洪武年间,兴化土著仅占该县人口的10%左右。在今天的兴化县,只有顾、陈、时、陆四姓能够确认自己是土著,他们大都分布于西乡,陆氏人口并不多,顾氏和陈氏的人口则较多。

洪武二十四年兴化移民人口减少,可能与盐场盐丁的死亡有关。洪武二十二年七月,"海潮坏捍海堰,漂没各场盐丁三万余口"[4]。这

---

[1] 姚思荣:《关于大丰县已发现的34种民间家谱和76处宗祠遗址的情况介绍——兼谈家谱移民史料在解决"苏迁之谜"中的作用》,中国谱牒学研究会第二届年会(太原)论文(油印稿),1991年。
[2] 万历《兴化县新志》卷3。
[3] 嘉靖《惟扬志》卷8。
[4] 嘉庆《东台县志》卷7《祥异》引天启《十场志》。

一场大灾难导致了兴化县人口大幅度减少。相信灾后政府会移民补充,但要完全弥补这次大灾的损失,毕竟不是短时间内可以做得到的。因此,我们认为,兴化的土著与移民人口的比例,在苏北地区有相当的代表性。为了排除可能因兴化的特殊情况所导致的误差,我们假定在上述类似兴化的县份中土著人口的比例为30%,则江都、宝应、泰兴、泰州、高邮和兴化六县,洪武九年的人口数为399 708人[1],其中外来移民至少在28万人左右。加上通州一带的移民,有移民人口29万人。

再来看看洪武年间有关扬州府人口数字的含义。据嘉靖《惟扬志》卷8《户口》的记载,洪武九年,扬州府共有114 782户,574 419口。据《明史·地理志》,洪武二十六年,扬州府共有123 097户,736 165口。洪武九年的扬州府包括了六合县,而六合县在洪武二十二年划归了应天府,所以必须从洪武九年扬州府的数字中除去六合县。仔细查考,上述洪武九年的扬州府数据有分县人口数,其中没有六合县的数字,其他十州县人口合计为512 196人,可见嘉靖《惟扬志》的作者已经将洪武九年六合县人口数排除在外,却没有在总数字中反映出来。

仪征和六合在洪武年间也应当是一个移民迁入地,由于这两地在近代太平天国战争中人口死亡甚多,假如洪武年间真的有移民迁入的话,他们的后裔也大多在这场战争中死亡或逃散。在明初以后发生过人口全面更替的地区,我们很难追溯人口更替之前的移民史迹了。这两县我们暂不考虑。

从洪武九年至洪武二十六年,扬州府的人口从51.2万增加至73.6万,年平均增长率为21.6‰。作为人口的自然增长率未免太高,如果假定这17年间扬州府的人口自然增长率为7‰,至洪武二十六年扬州府人口仅为57.4万。由此可见,洪武九年至洪武二十六年间扬州府的移民继续迁入,新增移民数量达到16.6万人。

由于缺乏资料,我们仅能对扬州府的各类移民作一个简单的推测:在附录一所载洪武二十六年扬州府共79.4万民籍人口中,土著

---

1 嘉靖《惟扬志》卷8。

人口约为30.7万,民籍移民及其后裔约为48.7万。在扣除来自崇明的1.4万移民后,来自苏州府及苏南、浙北地区的移民占其一半,有人口23.7万;而来自江西和徽州的移民各占四分之一,分别有人口11.8万[1]。

由于我们把移民计算的标准时点定于洪武二十六年,这样就必然会使这一年的移民人口的统计中,包含有一批移民的后裔人口。只是因为洪武二十六年这一时点距移民迁入的实际时间并不太远,而移民的过程在许多地区又长时间地持续,考虑到只有洪武二十六年分府人口数据在许多地区可能使用,所以,确定这一时点作为统计的标准是理所当然的。移民后裔至洪武二十六年也仅仅是移民的第二代,其数量并不影响我们的分析。

二 淮安府

民国《阜宁县志》卷15记载:"有明初叶,县境西南两乡为土著聚居之所。嗣以客民踵至,混合而居。"这里的客民什么时候迁入我们不清楚,只知"境内氏族,土著而外,迁自姑苏者多";稍南一点的盐城县,民国年间所流传关于祖先的由来,可以《凌氏谱》的记载为典型:"元末张士诚据有吴门,明主百计不能下,及士诚败至身房,明主积怨,驱逐苏民实淮扬二郡。"[2]这显然是根据朱元璋在攻下平江后有迁豪强屯种凤阳的记载穿凿而成的。朱元璋攻下苏州城后迁富民于濠州,某种意义上是一种军事行动的延续。军事上的胜利巩固以后,朱元璋倡导的是一般意义上的民屯或军屯。因张士诚而迁怒苏州百姓,从而将其驱逐至苏北,只能是民间故事而不是历史事实。历史的真相应该是,苏北民残地荒,亟需移民兴垦,外地人的迁入便是在这一背景下展开的。

---

[1] 以上推测是建立在这样一种假设基础上的:洪武年间进行户口统计时,已经包括了外来的移民。结合以后的论述我们知道,明代中期的整理流民户籍运动,在很大程度上是对于明初移民户籍的整理。与明中期流民户籍无关的区域,我们大致认为在洪武年间移民的户籍问题已经解决。以后有关移民人口数量的推算均依此原则处理。
[2] 民国《盐城县志》卷14《拾遗》转引凌兰荪《凌氏谱》。

淮安府(治今淮安市)的情况与宝应、盐城一带差不多。在前面的论述中,我们已经知道阮氏是在明代初年从江西迁入淮安的,当地人亦多称自己为苏州阊门移民之后;查《朱氏族谱》在叙述其先祖由来时说:"公祖籍婺源,寄籍苏之昆山县。元至正初因世乱致仕,寄居涟水之右村,遂家焉。"该朱氏后人则自称出自苏州阊门,可见阊门的含义多么丰富。

在泗阳(明代桃源县),根据民国《泗阳县志》卷21的记载,县内席、唐、吴、朱四族明初分别由苏州的东洞庭山、昆山、句容、吴县枫桥迁入,所以该县也有关于苏州阊门的广泛传说。

再往北走,情况开始发生变化。以东部的灌南(明代沭阳县东)为例,我在今灌南县档案馆发现一本乾隆四十四年(1779年)修撰的《新安镇志》稿本,该志记载明嘉靖年间,来自苏州阊门的周氏、常州无锡的惠氏,以及刘、管、段、金诸姓来此"插草为标,占为民地",以后"人烟日繁,乃诣州请为民,州牧载为版图,是为里人",今天灌南县的村民多为他们的后代。从这一事例中可以看出,明代初年江南向苏北的移民没有到达今天灌南县境,所谓苏州阊门的周氏,极可能是明初移民迁入苏北后的再迁徙。

类似的传说在今灌云、东海(明代海州地)一带流传很广,当地有一位名叫彭云的乡土作家在他的一本著作中写道:

> 在一次偶然的机会中,听到灌云县的一位朋友说,他们原非当地人士,祖先是"红蝇赶散"从苏州逃来的……以后再听到这类传说便留了神,才知道我们这里的居民,祖先遭受"红蝇赶散"的竟是非常之多,分布的也很广泛,几乎平原、山村、海岛处处有之……除了口头流传,家谱中也有记载。东海县张湾乡朱姓紫阳堂家谱中说,他们这一族是明朝正德四年(1509年),被"红君赶散",由苏州阊门专朱巷迁到新坝;傅姓尊儒堂家谱中说,他们祖先是清朝顺治末年,遇"红蝇赶散"天灾,从山西洪洞县迁到东海琅琊。[1]

---

[1] 彭云:《海州乡谭》,江苏人民出版社1988年版,第157页。

所谓的"红蝇赶散""红君赶散",据彭云的说法,是"洪武赶散""洪君赶散"的谐音别读,是被赶散者不满他们的背井离乡而发出的恶咒。彭云意在指这一俗语说的是洪武年间移民苏北的事件。有的研究者干脆用"洪武赶散"来指代洪武时期的移民运动[1]。

海州(治今连云港市西南)一带的传说也同样表明洪武时期江南对苏北地区的移民并没有波及这一区域,彭云所说朱氏,明正德年间才迁入东海,离洪武年间的大移民已经有一个多世纪了,他们应该是洪武年间江南移民的再迁移;而傅姓迟至清代初年才迁入,竟然也与洪武移民联系在一起,更是风马牛不相及。尤其值得指出的是,傅姓来自山西洪洞县,属于洪武时期北方移民的一支,他们在清顺治年间才迁入此地,也应该是洪武时期山西移民东迁以后的再迁徙。正由于有如此多的移民人口附会"洪武赶散"的传说,才使彭云发出"我们这里的居民,祖先遭受'红蝇赶散'的竟是非常之多"的感叹了。

从苏北直至山东,我们都能听到关于元末明初所谓"红蝇"的传说,同时我们还能听到有关这一时期传染病流行的民间传说,这使我们相信在元末明初的中原,战争和疾病同时扫荡了这片广袤的大地,共同造就了如此巨大的无人或少人区,明初移民运动在战争结束后展开,疾病的流行却未因战争结束而停止,无人掩埋的尸体成为红头苍蝇的麇集之所,从而给踏入新区的移民们留下了可怖的难以忘却的印象。

来自北方的移民也有零星迁入邳县一带的。邳县王乐沛提供的氏族调查表明,来自山西洪洞县的移民已有迁入这一区域的。然而,这一区域土著的力量却不容忽视。根据王乐沛的调查,该县的古老氏族延续至今的仍然相当多,如到、垣、曹、陈是六朝大姓,李、祁、谷为五代望族,今天其族仍大,都在万人以上,五代家族人口稍少的还有若干,至于宋元氏族,也多有发现。最古老的氏族可能首推徐姓,他们与赣榆县的徐氏通谱,有人认为他们可能是秦代徐福的后人。在以后关

---

[1] 吴必虎:《明初苏州向苏北的移民及其影响》,《东南文化》1987年第2期。

于山东移民历史的研究中,我们发现,与苏北毗邻的山东东南部地区,也是明初山西移民迁入的区域之一,虽然山西移民迁入这一带的并不算很多,但确确实实有一批山西移民南迁进入了苏北的北部边缘地区。当然,今天许多号称山西移民后代的家族,他们祖先的绝大多数是明代中期以后从山东其他地区辗转迁入的。迁入邳县的山西移民中也有相当部分属于这种情况。在没有更多资料的情况下,我们不对这批移民进行更多的分析。另外,我们在分析山东东南部的移民历史时发现,洪武年间,海州一带也是一个人口外移地,该地有一批移民进入了山东东南部的沂水、莒州、沂州一带。可见洪武初年,海州的土著并不少,这反映了苏北与山东毗邻地带当时一般的人口状况。

唯有淮安府的睢宁县是一个例外,它与凤阳府的灵璧、宿州一道构成北方山西人的移民区,我们将在下一节中予以分析。

至此,我们可以作出结论:洪武时期江南向江北的移民,大致以当时的黄河作为北界。江南移民渡河北上,是明代中期以后发生的事情。以今天的行政区来论述,即阜宁、涟水、淮阴、淮安、泗阳诸县市的河南部分为南来移民的北界,连云港、东海、邳县一线已有零星的北方移民的迁入,但他们大多是明代中期以后辗转迁入的。淮安府在黄河以南的县份有盐城、安东(涟水)、山阳、桃源(泗阳)、睢宁等县,假如其人口占淮安府11州县的45%,洪武二十六年淮安府民籍人口有74.4万,黄河以南县份应有33.5万左右,其中应有60%为移民,则有移民人口20万。仍依扬州例,其中来自苏南、浙北地区的移民约为10万,而来自江西和徽州的移民各为5万。

三 徐州府

徐州府(治今徐州市)辖地狭仄,辖沛县、丰县、砀山和萧县。这一区域没有亲历调查,但由于徐州与山东西南部、河南西部及安徽北部接壤,我们推测该区的情况与四周情况有一定的相似性,应以接受北方移民为主,亦即以接受山西洪洞来的移民为主。有一条从今天山东省微山县获得的资料可资佐证:微山县的傅村镇,明代属于徐州沛县地,亦即洪武时期的沛县地,该乡现有58个自然村,其中18个村庄属于建于永乐及永乐以前的老村庄,这18个村庄中,有7村源于山西,它们中有1村迁自"明初",5村迁自"洪武",1村迁自"永乐",其根据是6种族谱和1块墓碑[1]。由此可见上述推论之不谬。

根据微山县的情况,假设徐州府的移民人口占总人口的15%,洪武二十六年该府民籍人口为21.3万,其中移民人口约为3.2万,主要来自山西。

总之,至洪武二十六年,扬州、淮安和徐州三府的移民人口大致达到了71.9万。移民的主要来源为江南的苏州地区,苏南各县及江西、浙江、徽州和山西。由于缺乏详细的统计资料,无法对各类移民作出更进一步的说明。

洪武年间淮安州、扬州、徐州三府境内有扬州、高邮、仪征、淮安、邳州、大河及徐州等7卫,计将士39 200人,合家属共有11.7万人左右。上述讨论是以兴化县的民籍人口中的土著与移民的比例为基础的,并不包括军籍人口在内,加上这批军籍人口,洪武年间苏北地区接受的各类外来移民达83.6万,占当时苏北扬州、淮安、徐州三地总人口(含军籍人口)186.8万的近45%。如此众多的人口迁入,为苏北经济的恢复和发展提供了基本的劳动力资源。

纵观洪武年间京师和淮、扬二府大部分地区的移民活动,可以看出,洪武时期对这一地区的移民,实际上是在重新构造其基本的人口。所谓"重新构造"是指在移民运动发生之前,原有的土著大都死亡或外徙,移民在一次性的迁入后遂在当地人口中占有较大的比例,所谓较大比例,一般是指移民人口达到或超过了土著人口。这种以突发性的移民过程来重新构造迁入地人口,从而使移民的人口数量达到或超过当地土著的移民运动,称之为人口重建式移民。

---

1 《山东省微山县地名志》,1988年。

第三节

淮河：南北移民的分界

一　淮河两岸

洪武二年（1369年），朱元璋在其家乡临濠设立中都，临濠府改名中立府。洪武七年，割临淮县地立凤阳县，府治迁于凤阳，遂改府名为凤阳府。凤阳府辖亳州、颍州、太和、颍上、霍丘、寿州、怀远、蒙城、宿州、灵璧、天长、盱眙、泗州、虹县、五河、定远、凤阳和临淮等18个州县，是一个跨淮河两岸、占地广大的行政区。

淮河两岸是元末农民战争的首义之区。元顺帝至正十一年（1351年），一群裹着红头巾的农民率先在颍州揭竿，中原大地卷入长达十几年的战乱当中。朱元璋建立政权以后，他的目光不无焦虑地注视着淮河两岸他的满目疮痍的故乡。

淮河两岸人烟稀少，土地荒芜，直到洪武十一年，凤阳县的"土著旧民"仅有3 324户[1]，不过16 620人；偌大一个颍州，洪武十四年仅有土著1 700户[2]，折算约合8 500口。整个凤阳府，按照我的计算，人口约为14万，每平方公里人口密度约为5人。在这种情况下，朱元璋特别注重对故乡的移民。

最先迁入凤阳的是张士诚的支持者和方国珍的旧部。1367年九月，"克平江（今苏州），执张士诚。十月乙巳，徙苏州富民实濠州"[3]，这是朱元璋对张士诚支持者的惩罚。同年十一月，朱元璋攻下庆元

1　正德《颍州志》卷3。
2　成化《中都志·户口》。
3　《明太祖实录》卷26。

(今宁波),十二月,"徙方氏官属刘庸等二百余人居濠州"[1]。这两次移民运动均处于统一战争的非常时期,是朱元璋军事行动的一个组成部分,移民的规模不可能很大,却拉开了日后大规模移民凤阳的序幕。

洪武三年六月,"上谕中书省臣曰:'苏、松、嘉、湖、杭五郡,地狭民众,细民无田以耕,往往逐末利而食不给。临濠,朕故乡也,田多未辟,土有遗利,宜令五郡民无田产者往临濠开种,就以所种田为已业……'于是徙者凡四千余户"[2],约合2万余人。显然,战争结束以后,朱元璋开始实施一般经济意义上的移民垦荒运动,也就是中国历史上多次出现的狭乡迁宽乡。

仅2万余移民散布在空旷的淮河平原不可能解决地荒人稀的状况,于是,洪武七年,朱元璋策划了一次更大规模的移民。朱元璋对太师李善长说:"临濠吾乡里,兵革之后,人烟稀少,田土荒芜。天下无田耕种村民尽多,于富庶处起取数十万,散于濠州乡村居住,给予耕牛、谷种,使之开垦成田,永为己业,数年之后,岂不富庶。"于是"徙江南民十四万实中都,以善长同列侯吴良、周德兴督之"[3]。《明史·食货志》也记载了这次移民。

关于这次移民活动,有几个问题需要加以讨论:

其一,《明太祖实录》中没有关于这次移民的片言只语。对于这次由朱元璋本人策划的、由朝廷重臣组织实施的如此大规模的移民活动,且这次移民的地点又是他的故乡,《明太祖实录》中应该是有记载的。由于现存的本子经过永乐帝的二次纂修,其中有大量史实被篡改、删除或遗漏,这样一条重要的资料大概是被删除或遗漏了。这就是说,像中都这样一个重要区域的大移民史实,《明太祖实录》居然也会遗漏,说明仅仅依据《实录》一书进行研究是多么不可靠,更不论其他地区移民史实的记载了。

其二,从《凤阳新书》的记载看,这14万移民应当和洪武三年的江

---

[1] 《明太祖实录》卷28。
[2] 《明太祖实录》卷53。
[3] 天启《凤阳新书》卷5。

南移民一样,属于无田无产者。可是,《明史》卷133《俞通源传》提到这次移民,却是"徙江南豪民十四万田凤阳",这里的"豪民"应当是富民的意思;《明史》卷127《李善长传》则干脆说是"徙江南富民14万田濠州,以善长总理之"。这一说法颇令人生疑,因为,根据朱元璋给李善长、周德兴及吴良等的敕令,这14万移民根本与"富民""豪民"无涉:

> 古有移民之道,为产少而食多,所以狭乡之民,产少业薄者,被迁至所在,使得其安,生理且厚,可见昔君养民富国如是,诚为良法也……前者移江南民十有四万诣凤阳,使各农田而实地,以壮京畿,恐斯民之众,下人不能驭,特留卿等督责其事而提调之。[1]

在朱元璋的笔下,这14万移民纯粹是地少人多的狭乡之民,所谓"产少业薄"者是也,并无"富民"或"豪民"之意。从同时代文人的记载来看,这次移民的对象也是贫民,与朱元璋的诏令颇吻合。如洪武时人胡干在吴季可的墓志铭中提到这次移民,吴氏为浙江兰溪人,"洪武八年春,有旨遣贫民无田者至中都凤阳养之,遣之者不以道,械系相疾视,皆有难色,独公所遣,掉臂走道上。公且戒其子,宜体上德意,无以私废义。公临事有为,类多如此"[2],在这条记载中,朱元璋的旨意和洪武三年根本没有区别。

另一条关于浙江平阳人移民凤阳的记载也说得很明白:"往岁,圣上轸念江南之民无田者众,而淮甸多闲田,诏所在民之无田者例遣凤阳而授之田,德之渥也。"平阳粮长王子寿带领"数十百人"来到凤阳[3]。由于洪武三年的移民不包括浙江南部,因此我们判断这次移民应当发生在洪武七年至八年间。

正由于《明史》中的错讹,就使得清代的许多论述,将14万贫民全当成了富民,并为大多数人所接受,然而就我们所知,纯粹移富民实濠

---

1 朱元璋:《明太祖御制文集》卷5,台湾学生书店据明初内府刊本影印本。
2 胡干:《胡仲子集》卷9《吴季可墓志铭》,丛书集成本。
3 《苏平仲文集》卷14《两山处士王君墓志铭》,丛书集成本。

州,只有1367年的那一次。

但是,我们绝对不可以说,这14万移民中没有富民,从上引吴季可的墓志铭中可知,即使是迁徙贫民,也是暴力胁迫所为。因此就有几种解释,一是对于江南地区的老百姓来说,尽管人多田少,也未必愿意远徙他乡至淮河之滨的穷乡僻壤,在这种情况下,暴力行为就是不可避免的了;另一解释是,既然移民须以暴力胁迫,就说明被迁移的对象并不是走投无路的贫民,至少大多数不是走投无路的贫民,对于富裕的苏州地区而言,贫民的概念是很难界定的,所谓的富民极可能跻身其中;另外,由于暴力,就使得基层官员有了很大的权力,即有了决定谁该外迁而谁不该远徙的权力,贫民或富民往往因地方官员的好恶而被决定是否要踏上远徙的路程。此外,如我们在第十一章中所分析的,江浙一带有相当多的文化人远徙临濠或京师,在朱元璋的眼中,他们也是无田者,尽管他们本身并不是依靠田产为生的。

准确地说,这次移江南民14万入凤阳,是一次以移江南无田或少田人民为主的移民运动,也可能有其他类别的移民混杂其中,如富民即是,但数量不可能太多。上引资料说洪武三十年四月户部遵照朱元璋从天下富民选用官吏的指示,呈交了一份浙江等九布政司和直隶府州占田七顷以上的富民14 341户的花名册[1],这样广大的地区中,富户只有1万多人,怎么可以想象洪武七年仅江南地区会有14万富民迁入凤阳。

其三,在明代的记载中,这14万移民是指人口而不是指户,到了清代人的笔下,14万人变成了14万户[2]。明人袁文新在天启《凤阳新书》中明确指出:"国初调之江南之十有四万……初皆无有五宅三居之法,父母坟墓不在焉,妻子不在焉,田宅未开焉,此其必遁之势也。"[3]可见他们是不带家小的移徙者。洪武中后期,连军人驻防都必须随带家属,屯田的移民中肯定有一些日后携家小往凤阳居住了,尽管不是全部的家属随往。关于这一点的辨析,可详见徐泓、李龙潜两位的

---

1 《明太祖实录》卷252。
2 如王逋:《蚓庵琐语》,《续古今说部丛书》第4集;网名《宜楼记》,乾隆《凤阳县志》卷14。
3 天启《凤阳新书》卷4《赋役篇》。

论述。

洪武十一年（1378年），明政府"籍凤阳屯田夫为军。先是浙西民户无田粮者屯田凤阳，至是籍为军，发补黄州卫"[1]。第二年，又继续发凤阳屯田夫往蕲州卫[2]。这两次籍屯田夫为军，言明是徙"浙西民户无田粮者屯田凤阳"的，当是指洪武三年的迁入者，又仅仅是"发补"两卫，故外迁人口不可能太多，因为两卫将士人口总数也只有 11 200 人，在暂不考虑 14 万移民家属的情况下，我们估计明初从江南迁入凤阳的民籍移民约 15 万—16 万人。

凤阳一带还接受了一大批被谪的罪犯。早在洪武五年正月，朱元璋"诏今后犯罪当谪两广充军者，俱发临濠屯田"[3]。同年十月又诏"自今杂犯死罪可矜者，免死，发临濠输作"[4]。洪武八年，更进一步规定，"自今凡杂犯死罪者，免死，输作终身；徒、流罪，限年输作；官吏受赃及杂犯私罪当罢职役者，谪凤阳屯种；民犯流罪者，凤阳输作一年，然后屯种"[5]。所谓"输作"是指为封建国家提供劳役服务，即为当时中都的兴建提供劳役服务。屯田一般为两种，一为军屯，即为卫所士卒所耕田地；一为民屯，即普通移民所耕田地；在边境地区还有商屯；另外一种，就是罪犯组成的谪屯。

《明史》卷 139《韩宜可传》揭示了谪徙凤阳的官吏人数，据说，洪武八年至九年间，"官吏有罪者笞以上悉谪屯凤阳至万数"，韩宜可认为人数太多且无分别，遂上疏争之曰："刑以禁淫慝，一民轨，宜论其情之轻重，事之公私，罪之大小，今悉令谪屯，此小人之幸，君子殆矣，乞分别以协众心。"结果是"帝可之"，其意见为朱元璋所采纳。只是这里所说的谪屯的官吏数却让人难以相信，因为洪武四年，全国行政官员数为 5 488 人[6]，至洪武九年略有增加，也不会超过 6 000 人，即使加上十倍的吏员，也只有 60 000 人，上文所称谪居凤阳的官吏已达万人，

---

1 《明太祖实录》卷 118。
2 《明太祖实录》卷 126。
3 《明太祖实录》卷 71。
4 《明太祖实录》卷 76。
5 《明太祖实录》卷 97。
6 朱国桢：《涌幢小品》卷 8。

让人怀疑韩宜可的上疏中有夸大其词的地方。但是,这在洪武年间法峻律严的情况下是不可能出现的,尤其在给朱元璋本人的报告中,更不可能夸大其词,韩宜可无论如何也不敢用自己的生命来开这样一个大玩笑。合理的解释是,这批官吏不仅仅指文官及吏员,也指卫所的军官和吏员,才可能有这么多的人口数量。如果这样的话,百姓罪犯至少是他们的十倍,就有10万之众。洪武九年,叶伯巨上书曰:"汉尝徙大族于山陵矣,未闻实之以罪人也。今凤阳皇陵所在,龙兴之地,而率以罪人居之,怨嗟愁苦之声,充斥园邑,殆非所以恭承宗庙意也。"[1] 罪犯人口之众多,实形成中都社会人口一个鲜明的特色。

谪屯者的身份是相当奇特的。商传曾对谪屯作过一些有意义的分析。他引用周用《理河事宜疏》中的一段文字以说明谪屯者的身份:

> 隶其名于河南、山东各卫所,而以其人属之有司,责令以官夫开渠并垦除粮荒田,自给口食,三年后量征屯粮。若会赦不愿还乡,听其改报民籍,前田永与为业。

我们注意到谪屯者的身份的双重性,其一,他们的户籍实际上是属于军卫系统的,但是管理却属于民政系统;其二,他们的军籍身份是可以转移的,即可以改报民籍,当然,这一转移的前提是罪犯身份的改变。

诚如商传所指出的,随着民屯方针和屯民身份的变化,到洪武后期,这种谪迁的屯民身份也在逐渐变化。永乐中罪犯屯田按照各布政司编成里甲,赴新地屯垦,并由政府发钞买牛,与一般编民无大的差别[2]。

由于这种差别在洪武年间是存在的,所以聚集于凤阳地区的大批罪犯实际上未列入民屯系统,他们在户籍上是属于军卫系统管理的。至于多少人通过赦罪而获得民籍并在凤阳留居,不得而知。对于这批移民,本卷不单列讨论。

洪武六年,凤阳还接受了来自山西北部的移民。这年十月,"上以

---

[1] 《明史》卷139《叶伯巨传》。
[2] 商传:《试谈明代民屯的几个问题》,《明史研究论丛》第四辑,江苏古籍出版社1991年版。

山西弘州、蔚州、定安、武朔、天城、白登、东胜、丰州、云内等州县北边沙漠,屡为故虏寇掠,乃命指挥江文徙其民居于中立府凡八千三百三十八户,计口三万九千三百四十九"[1];三年以后,又"徙山西及真定民无产业者于凤阳屯田"[2],人数不详。

另外,我们要谈谈泗州(治今泗洪县南)的移民问题。对泗州的移民有多次:洪武七年十月,迁朔州故元士卒及家属往泗州虹县,共4 820人[3];洪武十五年九月,迁广东番禺、东莞、增城降民24 400余人于泗州屯田[4];第二年,又迁广东清远县1 307人往泗州[5],迁往泗州的皆为战俘或降民,理当纳入军屯系统,不另讨论。

这样,假定洪武九年从山西和北平真定迁来的人口为1万人,山西及真定各占一半,则凤阳府接受的民籍移民累计已达20.4万人。

根据我于1990年的调查,来自江南和山西的移民在凤阳府有着不同的分布地带。江南移民主要集中于凤阳附近各县,山西移民则分布在淮河北岸的宿州、灵璧等地。在我们抽样调查的灵璧县北部的土山乡,几乎所有的姓氏都自称来自山西老鸦窝,这让人联想到山西洪洞的那棵大槐树。当地的族谱已经少见于世,我们无法查阅以核真伪,只是听当地曾读过族谱的老人说,谱上记载的是大槐树而不是老鸦窝。所调查的主要姓氏有赵、周、张、吴、郭、李、蒋、罗、杨、吕、高、谷、邱、解等。在明初属于灵璧县的固镇调查,这里同样流行祖先来自山西的传说。所看到的唯一一部族谱《丁氏家谱》,上书"洪武六年由曲沃迁灵",曲沃属于山西南部的平阳府(治今临汾市),说明这批移民的来源可能比《明实录》记载的更为广泛。

迁入淮北的山西移民向东到达了苏北西北部的睢宁县。睢宁位于灵璧县的北部并与其毗邻。在睢宁,几乎人人都自称是山西移民的后代,甚至明明是来自其他地方的移民,也自称是山西人之后。最典型的例子莫过于明朝开国功臣汤和兄长的后裔们,他们一直以山西

---

1 《明太祖实录》卷85。
2 《明太祖实录》卷110。
3 《明太祖实录》卷91。
4 《明太祖实录》卷148。
5 《明太祖实录》卷156。

人的后代自诩,直到近些年出土了一件汤氏墓志,才证实了汤姓后代的荒谬。经过查访,早年读过《汤氏族谱》的老人汤某承认谱中所记与墓志相同。汤和的家乡在濠州,这是一个人所皆知的事实。从这个例子中可见山西移民对睢宁造成的影响是多么深刻。

宿州、怀远以西是明代初年凤阳府的一个山东人移民区,这一移民区不见于《明实录》或《明史》的记载,却实实在在地存在着。1988年利辛县(明初属颖州)地方志办公室曾组织过一个大型的姓氏源流调查,发现绝大多数的姓氏或村庄都自称来自山东,迁入的时间多称"明初"或"洪武"。由于这次调查缺乏科学的设计和周密的安排,调查质量不高,资料多不堪应用,但是该县众口一词的族源却十分引人注目。能够支持这些口碑资料的仅有少量的族谱,这些族谱清晰地记载了家族的原籍和迁入的时间。如利辛县的《纪氏宗谱》,记纪氏于洪武八年从山东迁入;濉溪县《李氏族谱》记载从山东迁入的时间为洪武十三年。

在寿县,1989年《寿县志》(初稿)记载了23个当地氏族,其中21个迁入于洪武或洪武初年,大多认山东为其故乡,几乎所有的族谱或口碑都以枣 lin(或 lian)庄为他们的发源地。直到南面的庐州地界,山东移民的后代无不对枣 lin(或 lian)庄怀有深深的感情,极类似苏北有关苏州阊门的传说。

苏州阊门是苏州古城一个著名的城门,远徙他乡的客子不会轻易忘记他们聚散地的这么一座著名的古建筑。山东枣 lin(lian)庄又在山东的什么地方呢?没有一个山东移民的后代能够说清楚,只是一些族谱中有关于家乡为山东济宁的记载。在皖西的六安,有一位山东移民的后代回忆他以前从族谱中所读到的,枣 lin(lian)庄似乎是在山东兖州。根据这些线索,我们查到康熙十一年《滋阳县志》的记载:"东大南社,枣林庄。"滋阳县为明代山东兖州府的附郭县,这个村庄是否就是上述之枣 lin 庄呢?

1991年冬天我来到山东兖州,在兖州县地名办公室的帮助下,找到了这个在安徽淮河两岸声名远播的村庄。此村今名"安邱府",地名资料中有如下记载:

安邱府，位于县城北3.5公里，谷城乡南部。黄土平原。安邱府村民委员会驻地。169户，686人，汉族，耕地1 005亩，以农为主，主产小麦、玉米、地瓜，兼种棉花。

此村历史悠久，曾有汉代文物出土。据明朝石碑记载：明以前此村称枣林庄，明鲁王裔孙安邱王分封于此，始称安邱王府庄。明亡后，清康熙初年又称枣林庄，清末复称安邱王府庄，简称安邱府至今。[1]

明代初年的枣林庄应当是一个较大的村庄，否则不可能作为鲁王裔孙安邱王的封地。枣林庄距离鲁南政治中心兖州府城不远，仅3.5公里，极可能充当移民外出的集散地，类似于山西洪洞大槐树和苏州的阊门。另外，从以后关于明代初年山东移民的论述中，我们可以知道兖州府城的附近乃至兖州的东部若干县，有条件扮演一个移民输出地的角色。

寿县有位清朝举人孙则颜，著有《寿县氏族考》一书，尚未付梓，毁于"文化大革命"期间。据阅读过此书的他的学生黄振全介绍，该书所收200个左右的寿县及邻县氏族，绝大多数是从山东迁来的。为修新方志，作为主编的黄振全曾组织力量重新调查族谱，所获已大不如前，只收到孙、柴、徐、李、韩、尹、谢等氏族族谱或墓碑，载明来自山东济宁，时间多在明初或洪武年间。又有小迎河张氏，洪武年间从杭州迁入，族谱上写道："悠悠我祖，本自武林。"是迁往凤阳东部移民群体外的一族，或为军籍移民。还有王氏、常氏、孙氏、方氏、洪氏、张氏迁自江西，时间也在明初，他们构成寿县南部人口的重要组成部分。大抵以今寿县中部的保义集为界，江西移民主要分布在其南部，山东移民主要分布在其北部。另有明初迁自徽州的一支，明中期迁自其他地区的一支。

在寿县调查过的几十个姓氏中，居然没有遇到过明代以前的土著氏族。但我在调查中获悉，明代以前的土著后裔仍有存于今天的，叫做"老户"。在这一带，这是一个相当普遍的称呼，用来与明初移民

---

[1] 《山东省兖州县地名志》，1989年，第205页。

的后裔相区别。这个事实令人感慨不已，600年前的身份区别竟然保留至今。"老户"一般人口不多，大多不构成独立的大家族或村庄，所以以家族为单位的调查难于觅获他们的踪迹。

也有一些从山西迁来的，如寿州回族六大姓氏——边、马、赵、朱、陶、哈，明代初年从山西大同迁来，很可能是上述洪武六年从山西北部迁入凤阳府的39 000人中的一支。

凤阳府淮河南岸的霍邱县，也是山东移民的活动区域。该县仅存的几部族谱或墓碑记载的家族都是明代初年由山东迁入的[1]，江西人却不见了踪影。

无论如何，企图凭借这几十种族谱资料对这一区域的移民历史作出进一步的分析是非常困难的，组织进一步的调查也几乎是不可想象的。幸有文献资料记载的土、客数据为我们提供了进一步分析的可能。

关于凤阳移民的总数，历来认为这十几万人口迁入了凤阳一县，县人亦对此深信不疑，如《凤阳新书·赋役志》记载："洪武之初，编民十有四万也。"在凤阳，编民即移民。也有对这一数据提出不同看法的，如《凤阳新书》载万历间知县袁又新的《申报垦荒开塘建房牛种申文》：

> 万历四十八年二月中旬督同治农主簿江延龄遍历各乡，看得本县国初调江南人户四万七千余口，编为二十六里。编民授田二千四百余顷，只缘土瘠粮重，人户相继逃亡，田地多成荒废。至于今日在册人丁，仅存四千七百余丁，成熟田地不过七百余顷……

上文所指"四万七千余口"是洪武时期14万江南移民人口的一部分，即14万江南移民迁入凤阳县的部分。只是，这批江南民户不可能仅仅编成26里，4.7万人口要编成近86个里，是上述里数的3倍。从后面的论述中可以看出，洪武时期的凤阳县，实际里数不止26里，从已查到的里名上分析，达到52里，这还没有包括尚未查到的里名和坊名。可见，关于凤阳移民的数量和他们的里数，从洪武至万历，已经

---

[1] 《霍邱县志·人口志》，中国广播电视出版社1992年版。

出现了混乱,而从万历至天启,新的混乱继续出现。

按照袁又新的观点,来自江南的十几万移民并不是定居于凤阳一县的。他们定居于凤阳及其周围各县,构成一个庞大的江南移民社会。这些县份可能是指凤阳、临淮、怀远、定远、五河五州县。光绪二十五年《五河县志》卷19记载有此事:"明洪武初移苏州之户以实濠泗,五河增户口二万八千有奇。迨后去留无常,而土著者不少,至今五河之民,其始祖自苏迁者犹十之四五焉。"该志所据不知何本,从上述记载看,应该是有充分的根据的。以每县移入2.8万人计,五县共接受移民14万,与文献记载的移民人数大体吻合。

实际上的移民分布不会这么均匀,凤阳县作为中都所在地其接受的移民理应更多,有些县份会少一些。至于凤阳县有多少土著,《凤阳新书·赋役志》提供给我们一些数据,但这些数据互有出入,给我们的判断增加了困难:

> 城外者乡首太平乡,帝乡。帝乡辖南北十四都,南一图、二图籍土民,而四图、五图、六图、八图、十图及北三图、七图、九图、十一图则籍编民;次二清洛乡,辖九都,一图籍土民,而二图、三图、四图、五图、六图则籍编民;次三广德,辖十三都,二图、三图籍土民,而四图、六图、七图、八图、九图则籍编民;次四虹县,所辖北八都,一图籍土民,二图籍编民,三图籍土民,四图、六图籍编民;次五永丰乡,辖南八都,一图籍土民,二图则籍编民也。

> 凤编民在城三坊,坊有长;在乡三十一里,里有长。

> 洪武之初,编民十有四万也。自时厥后,旧志尚载丁口四万七千八百五十余口,万历六年则仅一万三千八百九十四口,历今四十余年,编民止存老幼四千七百口。里虽有二十六里,而有一里止存四五人者,有一甲止有一二口者……

> 凤阳县土编民三十四里,田地内除土民八里田地原系供办

祭品免征外,编民二十六里。

第一条资料中土民为8图,编民为23图,编民即移民;第二条资料中,编民有34个里坊;第三、第四条资料中,编民则有26个里。

这些数据难以吻合,但是,如果我们以第三条资料中记载的万历六年(1578年)人口数为基准进行推算,问题便迎刃而解。这一年,凤阳县有13 894口在籍编民,以每户5人计,约合2 780户,以每户4.8人计,约合2 890户,每里110户,折合26里。这26里看起来好像是万历年间的里数,到天启年间编《凤阳新书》时,只徒有26里空名了,人口已损失大半。由此看来,第二条资料中的"在乡三十一里"不完全是指编民,应该包括了8里土民。实际情况是,凤阳编民在城3坊,在乡23里,合计26里。需要再次指出的是,这26里坊民是万历年间的情形,洪武年间的情况尚不清楚。

洪武年间的情况可从第一条资料中推知一二,在这条记载中,我们发现在凤阳的五个乡中,原编里数为52个,坊数不知,而实见土客之里合计仅为31个,如上述,这应该是万历年间的数字,从洪武至万历,五个乡至少流失22个里。《凤阳新书·赋役篇》称"土民则太平八里",但是,在上引文中,这八里土著并不是单独编为一乡的,这说明凤阳的里坊编乡在洪武以后有了很大的改动。这一改动要上溯至成化以前,因为在成化元年(1465年)刊印的《中都志》中,载明洪武年间凤阳县仅有36里,这一数据应当是在乡编民23里,土民8里,在城编民3里,土民2里,与万历年间的情况差不多,多出来的两个里可能是城中的两个坊。尽管如此,仍与上引第一条资料记载的差距太大,故也不可信。也正由于洪武以后里的编制已经紊乱,就不可能据里数对其人口的成分作肯定的判断。

正是由于这种紊乱,万历《凤阳新书》的作者才会将旧志中记载的编民当作洪武以后的数字,而将《明史》及其他官修史书中所载14万江南移民当作迁入凤阳一县的移民数。

这一紊乱还表现在陵户人口的记载上。还在至正二十六年(1366

年)朱元璋攻下濠州后回乡扫墓,"遂命赵文达等二十家为亲邻,命守寝园"[1];《明史》卷58也有相同的记载。奇怪的是,《凤阳新书》卷5的记载却又不相同,说是:"洪武十一年清理钟离旧民三千三百二十四户,编为陵户,分为六十四社,五十户以一人为长,每户拨给田地一庄供办皇陵,每岁时节祭祀,全免粮差。"这一说法未免有点奇怪,因为在其他任何资料中都未见有关于陵户社的编制,更不用说有如此多的人口了。这一说法也无法与土民8里的记载吻合,因为"土民虽隶县籍,而其赋则之自陵署以供陵祭之需,而县不与焉。然其总数,则于县籍焉也。或时有额外,不在科催,如考贡、送迎、济贫诸役,间亦从征徭。虽差减编户,而祭陵署之差,十羊九牧……"[2]所谓隶县籍,说明土著的户口是由县管,而赋役则由陵署管理。"十羊九牧"说的是陵署的管理人员与陵户的比例。查万历《大明会典》卷90和《明史》卷58《礼志》,知洪武初期凤阳祖陵有陵户293户,经洪武末年、永乐、正统和成化年间的陆续拨补佥充了一些陵户,实有315户,分属33里。万历清审以后,他们的田产明细在曾惟诚的《帝乡纪略》中有了清晰的记载,可见这一数据的确凿。陵署有20余户,他们是朱元璋的近邻,以20余户近邻以及一批官员管理300余户陵户,确有"十羊九牧"之嫌。从情理上分析,朱元璋也根本不可能用3 000多户百姓充作陵户,这样庞大的人数差不多是一个小县的人口,因此我们认为这一条资料是不可靠的,极可能是作者将"三百二十四"误为"三千三百二十四"了。

在不明确洪武时期凤阳土民、编民各自里数的情况下,我们姑且用洪武以后的土民、编民比例来估算之,这一估算的前提是,土民、编民的人口洪武以降各自的流失速度是一致的,那么,上述土客里数之比10∶26可作为我们推论的依据,则土著占27.8%,移民占72.2%。凤阳人口的流失则移民多于土著,这里,我们的估计采取就低不就高的原则。

凤阳府西部的情况可见于正德《颍州志》的记载。洪武十四年

---

[1] 《凤阳新书》卷2《刘继祖传》。
[2] 《凤阳新书》卷4《赋役篇第二》。

(1381年)颍州土著有1 700户,分置14里;至宣德七年(1432年)减为1 680户;正统七年(1442年),土居主户未变,增加了338户流移客户;主户、客户数量逐年增加,至成化十八年(1482年),土居主户增至2 544户,流移客户增至6 356户,土著占28.6%,移民占71.4%。若以里数计,颍州纯土著里为19个,另有土客混合里6个,按其土客之比可折合纯土著里2.4个;纯客户里为49个,混合里中折合纯客户里为3.6个。在颍州的74里中,土著占28.9%,客户占71.1%,与人口数字中的土客比例完全一致。

颍州(今阜阳市)的这些客民是正统以后编入户籍的,却不是正统以后才迁入的。《明英宗实录》卷89的记载如下:

> 正统七年凤阳府收粮监察御史胡鉴的奏章:"本府太和等县,地土宽广,荒闲者多,以致各处人民逃来趁食。先是御史金敬给与勘合,暂编居住,以待原籍来取复业。今经年久,原籍差人来取,有发遣起程至中途逃回者,有聚众打伤来人而回者,展转在彼居住,又不入籍当差,至有窃人财物肆为不法者,合行禁止。"事下该部,会官计议:"查得都察院禁约榜文,凡逃民离乡年久,产业已成,不愿回还者,许就所在官司报籍,三年一体当差。敢有不遵者,治罪不饶。宜再备榜申明禁止。"上是其议。仍令巡视凤阳等府通政司参议王锡究察施行。

由于御史金敬的同意,使得居住于凤阳府西部的流民获得了暂住权,条件是"原籍差人来取"则必须返回家乡。事情当然不会像金敬设想得那么容易,当流民在迁入地居住已久且置有产业后,就难以驱赶回乡了。朝廷最后同意了这批流民入当地户籍。上引《颍州志》的作者也指出:"正统以后,收附流移,听其自相结识,编入图籍。"而当地的口碑和族谱资料皆表明,这些流移是洪武年间迁入的,从自发迁入到编入户籍,存在一个时间差。

这一解释还存在一个问题,即洪武十四年的颍州户口数字中是否含有外来的移民,因为在这一年以前,山东移民已经进入了颍州。另外,大多数的山东移民后代皆自称来自枣林庄,难道那些自发的"流移"也会在枣林庄集散？进一步的解释是，洪武十四年的颍州人口数字中已经含有一些山东移民，他们在枣林庄集散，这一地名从此具有象征身份的意义，以后从山东尾随而至的"流移"皆以这一村庄作为家乡的代名词，使其具有某种符号的特征，这和大多数的移民地名是相似的。如此，洪武年间颍州人口中的客民比例可能还要高。

在移民人口的估算中，我们尽量采取就低不就高的原则。根据这一原则，在正德《颍州志》中记载的成化十八年（1482年）的66 176人中，70%当为洪武年间迁入的山东移民的后裔，即为46 325人。从洪武末年至成化十八年的80年中，假定移民人口的自然增长率比一般人口为高，约为7‰，则洪武末年颍州的移民人口约为2.5万。

凤阳和颍州土著、移民的人口比例可以作为我们推论的基本依据。洪武二十六年（1393年），《明史·地理志》记载的凤阳府民籍人口有42.7万人，移民人口占70%，则有30万。

除了凤阳周围的16万江南移民和宿州的5万北方移民外，颍州有山东移民2.5万，寿州三县如前所说，是山东人和江西人的移民区，以每县2.3万移民人口计，共有移民7万人，其中江西人仅在寿县南部有分布，约为0.5万人，合计有移民共30万，这一结果与按比例分析所得结论基本吻合。

据《明史·兵志》的记载，洪武年间，中都留守司有8卫1所驻军，又有泗州、寿州两卫和宿州千户所以及属河南都司的颍州卫和颍上千户所，总计凤阳府各州县共驻军11卫3所，约为64 960人。与家属合计，则有军籍移民19.5万人。

至此，我们估计出洪武年间凤阳府接受的移民总数近50.8万人，其中民籍移民30万，军籍移民20.8万。他们共占凤阳人口总数的80%。这是一个典型的人口重建式的移民区。众多来源的移民人口，按迁出原籍相对集中地居住在淮河两岸，构成丰富多彩的移民画卷。

二 皖江南北

这一区域指的是今安徽省的长江两岸地区，包括京师辖下的安庆府(治今安庆市)、庐州府(治今合肥市)、滁州(治今滁州市)、和州(治今和县)、池州府(治今池州市贵池区)和太平府(治今当涂县)。

1. 安庆府

朱元璋与陈友谅的争夺导致了这一带的人口大量死亡,战后来自江西的移民进入了这一区域。希拉里·J. 比阿蒂对安庆府桐城县的人口由来作过一些研究,他指出,元末战争"这种长期的动乱导致了长江两岸人口的再分配,尽管没有文献记载,然而,明代一场旨在开发的运动确确实实发生了。我们有可能追溯这个时期迁至桐城及周围县份的主要人口迁移,而且未必只根据某个孤证。"他援引桐城县近代学者马其昶的话说:"我们这个地区的大部分氏族都是元明之际从其他地方迁入的。"他根据在日本和美国搜集的 63 种桐城县族谱指出:"20％以上的氏族始祖来自(鄱阳)瓦屑坝这个村庄,并且有差不多比例的氏族来自鄱阳县其他地方。"元末明初以前的桐城氏族只有两个,一为方氏,一为姚氏,他们的祖先分别于宋代和元代中期迁入[1]。

桐城县的情况在安庆府有相当的代表性。清代初年的学者张英在谈到潜山县的情况时说:"吾桐与潜同郡而接壤,相距百里许。余之先自鄱阳瓦屑坝徙于桐,始祖为贵四公。潜亦同时同地并来鄱阳,始祖为贵七公,徙居于潜之青山焉。"[2]说的是一个家族同时对安庆一带几个县的移民。我在安徽省图书馆、安徽省博物馆和安庆市图书馆查到 36 种潜山、怀宁、桐城等安庆府属县的族谱,其中迁自瓦屑坝和鄱阳的家族为 18 个,占 50％,与比阿蒂的结果相近。这 36 个家族中有 26 个来自江西(以饶州为主),占 72％,迁自婺源的有 5 族,余来自其他省。若排除明初以后迁来的 3 个家族和迁入时间不详的 4 族,余 29 族,其中 27 族为元末明初迁来,占 93％,也与比阿蒂的结果差不多[3]。

---

[1] Hilary J. Beattie, *Land and Lineage in China: A Study of T'ung-ch'eng County, Anhwei, in the Ming and Ch'ing Dynasties*, Cambridge, Eng.: Cambridge University Press, 1979.
[2] 康熙十四年《潜山县志》卷 11。
[3] 尽管我们根据潜山等地 36 种族谱所作统计与比阿蒂根据 63 种桐城族谱所作统计存在些许差异,但这是由于两种抽样产生的误差所造成的。假设检验的结果表明,根据 36 种族谱的分析所得结论并不能拒绝瓦屑坝和鄱阳移民氏族占当地氏族总数 40％的假设,概率把握为 95％。

进一步的研究分析有赖于更多的氏族样本。民国十年《宿松县志》记载了宿松县 256 个氏族的迁入情况。若迁入时间或原籍不详的氏族略而不计，尚有 213 个氏族可资统计，他们的迁入时间及原籍可见表 2-1。

表 2-1 安徽省宿松县氏族的迁入时代和原籍　　　　　　单位：族

原籍 时代	安徽		江西						其他省	合计
	本区	徽州	江西	饶州	九江	南康	南昌	其他		
东汉	—	—	—	—	—	—	—	—	1	1
唐	1	—	—	—	—	—	—	—	1	2
北宋	—	1	—	—	—	—	—	—	1	2
南宋	2	1	—	10	—	1	—	1	2	17
元	1	3	4	14	5	—	1	3	6	37
洪武	9	8	13	55	12	6	3	2	8	116
永乐	—	1	—	3	—	—	—	1	2	7
明中后	7	—	1	1	6	4	1	1	1	23
清前	1	—	1	1	—	2	—	—	2	1	8
合计	21	16	19	88	25	8	5	10	21	213

资料来源：民国十年《宿松县志》卷 7《氏族表》。

在表 2-1 中，明中后的氏族忽略不论，还有 182 个氏族。其中来自江西饶州的氏族达 82 个，占 45%，与比阿蒂根据 63 种族谱所作的分析完全一致。就移民时间的分布来看，由于比氏的数据缺乏时间上的明细分类，我们不清楚他的 63 个家族中究竟有多少是明初以后迁入的，所以无法与之进行比较，只能与上引 36 个家族进行对比。在潜山等 36 个家族中，元末明初迁入的有 27 族，此前迁入的有 2 族，元末以前的家族占明代初年家族总数的 7%；而在宿松县，元末明初以前迁入的氏族有 22 个，占明初家族总数的 12%，亦相当接近。这说明只要在一个区域中，用于分析的样本只要足够多，即达到大样本的要求，所作分析就会与事实非常接近，用于分析的样本越多，结论就越精确。安庆地区的事例为我们此前或此后的同类研究提供了一个可供验证的范例。

除了饶州（治今鄱阳县）的移民外，江西的移民还包括来自江西北部九江(治今九江市)、南康(治今庐山市)和南昌(治今南昌市)等地的,虽然他们的数量相对要少一些,却也不可忽视。总而计之,在明代初年的宿松县,迁自江西的移民最多,占74.7%;来自安徽徽州和安徽其他地区的移民次之,占14.8%;余为零星迁入。若以府为单位统计之,则饶州最多,九江次之,徽州又次之。以时间计,宋代以前迁入的氏族占1.5%,宋代迁入的占10.3%,元末明初迁入的占87.9%。若仅以江西计,元末明初自江西迁入124族,占明初氏族总数的67.4%。宋代迁入的家族主要在南宋时期,又主要是从江西迁入的。关于这次移民,我们在上一卷中已有论述,他们是南宋时因江淮之间地荒人稀而由政府组织移入的。

无怪乎清代初年宿松人朱书说:"吾安庆,古皖国也。……神明之奥区,人物之渊薮也。然元以后至今,皖人非古皖人也,强半徙自江西,其徙自他省会者错焉,土著才十一二耳。"[1] 这一说法与我们上述统计大体吻合。

一般说来,越是古老的氏族,其所含人口就越多。所以我们的研究就不应该局限于氏族的移动,在尽可能的条件下要研究氏族人口的移动。这才是本卷所要研究的移民史的真正内涵。

民国十年《宿松县志》记载了183个氏族1921年的人口数,其所含人口见表2-2。

表2-2 宿松县氏族1921年所含人口　　人口单位:百人

原籍 时代	安徽		江西		其他省		合计	
	族	人口	族	人口	族	人口	族	人口
东汉	—	—	—	—	1	3	1	3
唐	—	—	—	—	1	0.4	1	0.4
北宋	1	18	—	—	1	3	2	21
南宋	2	14	12	357	2	28	16	399
元	3	10	22	316	6	67	31	393
洪武	11	87	80	1 141	7	47	98	1 275

---

[1] 朱书:《杜溪文集》卷3。

续 表

原籍 时代	安徽		江西		其他省		合计	
	族	人口	族	人口	族	人口	族	人口
永乐	1	10	6	68	—	—	7	78
明中后	6	46	13	59	1	4	20	109
清前	3	2	3	4	1	0.2	7	6
合计	27	187	136	1 945	20	152	183	2 284

资料来源：民国十年《宿松县志》卷7《氏族表》。

说　　明：《氏族表》中记人口皆为约数，如记为"一千余""二百余"等，统计中不计余数，只记作"一千""二百"等。

据表2-2可作如下分析：

明代初年以后的氏族人口先不考虑。以原籍分，1921年，江西移民氏族所含人口占总数的86.7%；安徽移民后裔占6.2%；其他省占7.1%。江西移民氏族所含人口的比重要比其氏族的比重高12个百分点。究其原因，是南宋时代的人口主要由江西移民所组成，而南宋人口又是宿松"土著"的最大部分。

以时间计，宋代以前古老氏族的人口份额几乎为零，宋代人口占有20.1%，元末明初移民后裔占有79.8%。宋代移民后裔的比重要比其氏族的比重高出一倍，而元末明初移民后裔的比重要比其氏族比重低8个百分点。前者说明古老氏族的人口要比新氏族的人口多。但是，这是指一般情况而言，假如某一区域在某一个历史阶段经历过巨大的毁灭性的灾难，所余氏族的人口发展就很难在以后的岁月中超过后来的移入者。宿松县就是这样一个地区，由此我们亦可窥见宋元时期的动乱留下的深刻痕迹。

纯以江西计，元末明初的江西移民占宿松人口的69.7%，与其氏族的比重几乎吻合。这似乎与上述时间人口发展的一般规律相互矛盾，然而细细推敲，却并不冲突。在这里，主体移民表现出比非主体移民人口增长迅速的特征。所谓主体移民，是指以原籍地域为特征的人数占压倒性多数的移民群体，而非主体移民则是指无原籍地域特征的且人口不占多数的相对零散的移民。先以南宋时代为例，江西迁入的12个氏族有人口35 700，平均每族人口为2 975人，其他移民平均每族只有1050人,仅及江西移民氏族平均人口的35%;又以元末明初为例,江西移民氏族后裔平均每族人口为1430人,而其他移民氏族平均每族人口仅有782人,仅及江西氏族的55%。从南宋至元末明初,主体移民表现出比非主体移民迅速得多的人口增长。所以,即使是南宋时代迁入的非主体移民,到1921年,其家族的平均人口也比元末明初的主体移民的家族平均人口还要少一些。这样,元末明初主体移民氏族人口的比重就有所提高,并与其氏族的比重基本一致。所以,在类似的情况下,氏族的比重一般就是其所含人口的比重。这样一种移民类型,明代初年在其他地区也普遍存在。

安徽本省的移民人口占洪武时期安庆府总人口的4.6%,他们大多来自徽州府(治今歙县),其中相当多的氏族来自以后划归江西管辖的婺源县。来自其他省的移民人口占总人口的5.5%。

再来看看宿松县历代氏族人口与迁入时代的关系。具体数据见表2-3。

表2-3　宿松县氏族人口年平均增长率　　人口单位:百人

时代	汉	唐	北宋	南宋	元	洪武	永乐	明中后	清前	合计
始迁年份	0	670	1040	1200	1360	1380	1410	1530	1700	—
族数	1	1	2	16	31	98	7	20	7	183
百分比(%)	0.5	0.5	1.1	8.7	16.9	53.6	3.8	10.9	3.8	100
人口	3	0.4	21	399	393	1275	78	109	6	2284
百分比(%)	0.1	0	0.9	17.5	17.2	55.8	3.4	4.8	0.3	100
(1)	3.0	0.4	10.5	24.9	12.7	13.0	11.1	5.5	0.9	12.5
(2)	2.1	1.7	6.1	8.7	9.9	10.4	10.5	12.1	13.0	—

(1)每族平均人口　(2)人口年平均增长率(‰)
资料来源:据表2-2计算。
说　明:在原始记载不详的情况下,各族始迁年份以各朝代的中间年份计,各族的始迁人口为5人。

以每族平均人口计,南宋时代的氏族最值得重视,其每族平均人口的数量最多,而北宋及其以前氏族的平均人口竟低于南宋时代甚至元末明初。南宋以降,氏族的平均人口的多少与氏族迁入的时代早晚呈正比关系,每族平均人口的数量随时代的推移而呈直线下降的趋势。这说明在这一区域中,宋金之际曾发生过一次巨大的社会变动,此前的人口大都死亡,残存者也大都是家族散乱,元气大伤,在新移民迁入之后,已不能与之并驾齐驱,故其人口的发展比南宋移民慢。南宋以后,则不见有类似的灾难发生。而元末、洪武年间氏族平均人口基本相当,则说明元代的人口多于元代末年迁入。

虽然南宋以降宿松地区没有遭受过类似于宋金之际的大灾难,但仍然受到多次的战乱或其他的社会或自然的灾害,较大者如明末的战乱和太平天国的战争。一般说来,越是古老的氏族,在繁衍人口的过程中,受到的战乱、灾荒和瘟疫的次数就越多,损耗的人口也就越多,外徙的人口也就越多,年轻的氏族则反之。这就导致了不同时代的氏族人口的年平均增长率的规律性变化,见图2-1。

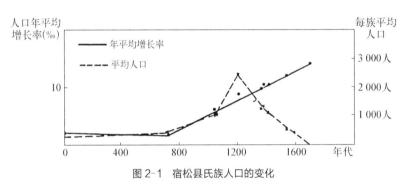

图2-1 宿松县氏族人口的变化

自唐以后,其人口的年平均增长率可看作是近似直线的变化,拟出其线性方程为:

$$y = -5.54 + 0.011\,4x \qquad r = 0.993\,1$$
$$(-5.4) \quad (20.77)$$

由于在安徽其他地区尚未发现类似的氏族统计,这一模型就缺少了比较的可能。但如第四章中所述,湖广黄州府的氏族迁入类型与宿松相似,也就使得这一模型有可能在解决同类地区的问题中发挥作用。另外,这一模型还可用来与平江和汝城等地的模型进行比较,以便从更广阔的视野中把握这次规模浩大的移民运动。

由于在上文中已经证明了宿松县的移民类型与安庆府的其他地区相似,所以我们可以把宿松县的氏族当作从安庆府的所有移民氏族中抽取的样本来看待。换言之,可以根据这百余个氏族的情况对安庆府的移民进行如下推论:洪武二十六年,安庆府民籍人口为43万人。据上引《宿松县志》卷7,同时期宿松人口为78 844人,占安庆府总人口的17.7%;由于原始统计不详,用于统计的百余个宿松氏族未能包括全部的宿松氏族,作一个低的估计,这百余个氏族应占安庆府同类氏族的10%或者更多。从元末明初至1921年,假定宿松县和安庆府的各类人口的自然增长率大体一致,那么,1921年的各项人口的比例数据可以反映元末明初的情况。元末明初,宿松县迁入的氏族人口占当时总人口的近80%,扣除其中由本区迁入的氏族(这些由本区迁入者应当视作土著),外来的移民氏族人口约占总人口的77%左右,移民总数约为33.1万人。其中,江西移民占87%,约为28.8万;安徽移民仅占6%,约为2万;余为其他。安庆一卫,军人及其家属约1.7万;军籍人口可能主要来自江西或其他省。可以说,洪武年间的外来移民重建了安庆府的人口。

2. 池州府

由于不可能在每一个地区都找到足够多的族谱来支持类似的研究,在一些地形和人文背景相似的地区,可以通过类比的方法来达到研究的目的。与安庆隔江相对的池州府就是这样一个区域。在元代末年的战争中,池州受到的破坏与安庆相当,其西南角处于安庆往鄱阳县的陆上孔道,大兵往来,破坏很重。东流县志中的记载是"明初兵燹,逃亡殆尽"[1],战后的人口补充也应当来自江西,这是我们根据当地方言得出的结论。

今天的东至县(明代建德、东流两县)方言分赣语、徽语和江淮官话三大类。赣语分布面积占全县92.4%,人口占83.3%,是东至县的主体方言;徽语主要分布在东南部的木塔、利安两乡,面积占全县4.3%,人口占3.1%,属徽语的祁德片;江淮官话集中分布在北部的

---

[1] 嘉庆《东流县志》卷8《营建志》。

江心洲及江边圩区,面积占全县的 3.3%,人口占 13.6%[1]。东至县的徽语区实际上只有东南部邻近徽州祁门的丘陵一隅,在元代末年的动乱中,由于其地处偏僻,乡民结寨自保,以后这些乡兵投奔朱元璋,当地因此有土著残存[2],因其邻近徽州祁门,语音带有徽语特征,因此我们估计元代末年以前的当地方言,近似于徽语。北部江心洲或滨江之地,清代末年由桐城、怀宁的乡绅合股围垦,自此大批江北移民迁入,分别形成怀宁、桐城、庐江移民的垦殖区。按照今天的方言分类,安庆方言已经划入赣方言区,由怀宁、桐城等县移民组成的东至北部的长江圩区,就应当流行他们家乡的方言赣方言,但由于其中有庐江一带的移民介入,所以江淮官话在这一区域的方言中有相当大的影响。

以前方言学界对安庆一带的方言认识不清,如 1988 年出版的《中国大百科全书·语言、文字卷》在赣方言条下称:"安徽省西南部安庆地区的望江、东至、宿松、怀宁、太湖、潜山、岳西、桐城等县的方言,据初步了解,也和赣方言相近,目前归属未定,可能也将划归赣方言。"[3]江北方言在江南人的耳中,都是北方官话。该县 92.4% 的地区和 83.3% 的人口流行赣方言,其原因和江对岸的安庆一样,是明代初年江西人口迁入的结果,它是安庆赣方言区的一个组成部分。

贵池的情况要相对复杂一些,我们不仅没有什么家族资料可资利用,而且,从方言上分析,贵池的情况也要比东至复杂得多。根据近年的调查,贵池方言可以大致分为两大部分,其东南山区与赣方言或宣州话(吴语次方言)有相似之处,其西北地区属于江淮方言区,与相邻的东至县判然有别。贵池县城处于西北部,其方言成为贵池县方言的代表,因而贵池县被划入江淮方言区。

贵池县的西北部似乎与江西移民没有关系。然而,对贵池方言进一步分析的结果表明,在贵池方言的底部依然有江西方言的沉淀,可

---

[1] 《东至县志》(油印稿)第四章《方言》,1989 年。
[2] 嘉庆《东流县志》卷 23《义行传》。
[3] 《中国大百科全书·语言、文字卷》,中国大百科全书出版社 1988 年版,第 89 页。

见这里也曾是江西移民的聚居地。

从语音方面分析，池州镇方言的基本特点是：四呼俱全，尖团音不分；古全浊声母今读清音，演变情况与北京语音同；声调五类，除入声外，阴、阳、上、去四个调类与北京语音对应整齐，调值极相近；翘舌音仅限于入声字，有卷舌韵，有儿化词。的确，除了入声以外，池州镇的语音大多可与北京话对应。

1989年《贵池县志》关于池州镇方言的特征和形成有如下记载：

> 县城池州镇濒临长江南岸，城里话素有"小北京"之称。因贵池历代为州府所在地，人文鼎盛，现在城内仍有遗迹可寻，发旧街有牌坊街、状元坊、儒林巷等。据县志载，有功名建坊的约有30余人（牌坊建在一条街上，约十余座），其在朝为官尤以明代最盛，且多携眷定居北京，官场往来习用京腔，以后官员告老归里，曾有"十八学士下瀛州"之说。瀛州里为城内巷名。名门望族权势大，交游广阔，"京腔"的影响也随之深远。传闻"小北京"由来与此有关。

这一说法从池州镇的语音中得到了验证。但是，如果我们进一步对这一语言的其他因素进行分析，就会发现池州方言的词汇与北京话有很大的区别。上引县志列举了与普通话有差异或差异较大的词和词条共459条，并按意义和词性分为16类，分别为天文、地理、时间、方位、农事、动植物、房屋、用具、饮食、交际、称谓、婚嫁、教育等；词和词组中又分动词、形容词、代词、数量词、三字词和四字词等。这些词汇有许多就是赣方言。我们将动词、形容词中的赣方言列举如下，赣方言以南昌方言为标准对照系。

□	song	（猛推，把门～开）	□	kang	（藏）
卡	ka	（接紧或抱紧）	哄	xong	（闻，来～这花香）
搛		（夹，用筷子～菜吃）	撬		（用铁棒把地板～开）
□	no	（搓揉）	□	ci	（近处看物叫～）

□	non	(赶,把鸡~走)	□	ka	(跨)
逗		(骗你就说~你的)	搁		(放、摆)
揩		(擦,把桌子~干净)	□	qiao	(木板不平整)
晏		(迟)	□	cao	(胃里难受叫~人格)
馊	sou	(饭菜变质叫~)	怄		(吝啬,这人太~)
硬		(稀饭稠了叫~了)	拿乔		(故意作难)
好生		(不要大意)	雀钵		(挖苦、俏皮)
体面/齐整		(指人长得端正好看)	嚼经		(不厌其烦地啰唆一件事)
龌龊/邋遢		(不整洁)	算计		(会过日子叫有~)

这 26 个词和词组是从书中列举的 56 个动词和形容词中找到的,据此可大致判断池州镇方言词汇与赣方言词汇的相同率约为 46%。

根据这种词汇比较的方法,我们对东至、宿松、舒城三地的方言词汇也进行同样的比较,结果如表 2-4 所示。

表 2-4 贵池等四县方言动词、形容词与南昌方言的比较

地 区	动词、形容词总数	与南昌方言相同数	百分比(%)
池州镇	56	26	46
东至城关	63	29	46
宿松县城	70	20	29
舒城城关	250	18	7

资料来源:(1) 1989 年《贵池县志》第二章《方言》,1989 年。
(2) 1989 年《东至县志》第四章《方言》,1989 年。
(3) 1989 年《宿松县志》卷 24《方言》,1989 年。
(4) 1990 年《舒城县志》第二十九章《方言》,1990 年。

尽管《贵池县志》和《东至县志》选择的动词、形容词大都不同,但是二者的词汇与南昌方言的相同率却是一样的,这一点颇耐人寻味,说明两地的方言底层都有大量赣方言沉淀。长江以北的宿松虽然也是赣方言区,词汇中与赣方言的相同率却在降低,这一方面可能是由

于地形的阻隔,宿松方言在与母语脱离后,逐渐自我发展,语音及词汇与本土语言的差异在扩大;另一方面,也可能是由于《宿松县志》的作者在选择词汇时,较贵池、东至两地更注重选择俗语和俚语,三县之间的词汇缺乏可比性。本欲对岳西、桐城二县的方言进行比较,也是因为它们"方言"条目中缺乏同类可供比较法进行。于是,我们选择安庆府北界以外的庐州府舒城县作为非赣方言的参照系,结果表明,舒城方言词汇与赣方言词汇的相同率仅有7%,与上述三地相差甚远。作为江淮官话区的舒城方言的词汇特征可以反衬出池州方言的江西方言词汇特征,显然,在明代特殊的人文背景下,北京语音侵蚀了池州语音,却不可能改变或完全替代池州方言的词汇,即赣方言词汇,就出现用北京音读方言词汇的现象,这在今天许多方言区推广普通话时都存在。

另外,在构词、句式等方面,池州方言与赣方言亦有不少相同之处,这里就不详加分析了。

明代初年的移民大潮也波及了南陵、繁昌一带。我在这两县得到46个家族的资料[1],其中15个家族是明初以后迁入的,略而不计,得31族。这31族中元代以前迁入的有20族,占65%;元末明初迁入的有11族,仅占35%。和安庆、池州最大的不同是,这11个移民家族全部来自徽州,却不见江西移民之踪迹。另外,南陵、繁昌一带元以前的古老家族多溯源于魏晋六朝,他们家族庞大,人口众多,非明初移来家族所能比拟,因而他们的人口比例远不及35%。据此推测,池州府的石埭、青阳两县受到的明初移民冲击波也应当比沿江地带小得多。

洪武二十六年池州府民籍人口为19.9万人,扣除石埭、青阳两县人口,尚存10万人左右。屯守在池州的军人隶属于南昌左卫等6卫2所[2],至少应有1卫的兵员,合家属也是17 000人,总人口约为11.7万。设其移民人口占70%,则有8.2万人。加上南陵一带的徽州移

---

[1] 根据繁昌县伍先华提供1989年《繁昌县志·人口》(油印稿)中所列氏族资料以及南陵县档案馆所藏族谱统计,伍先华提供的资料系他组织调查所得。
[2] 嘉靖《池州府志》卷4《田赋篇》。

民,合计移民人口约为8.5万。其中民籍移民约为6.8万,移民的主要来源地为江西。

3. 庐州府、滁州与和州

江西及徽州的移民在庐州一带也很活跃,他们的活动在官修史书中虽然没有什么记载,却有不少家谱显现出他们的存在。我们在庐江、无为、肥西和合肥四地收集到58种氏族资料,统计如表2-5所示。

表2-5 巢湖地区氏族的迁入时代和原籍　　　　　单位:族

时代＼原籍	江西	徽州	宁国	句容	安庆	北方省	其他	合计
南宋	—	—	—	—	—	2	—	2
元末	3	5	1	2	1	2	1	15
明初	12	11	8	6	1	2	1	41
合计	15	16	9	8	2	6	1	58

资料来源:(1)光绪《庐州府志》卷58《氏族表》。
　　　　　(2)庐江县吴少勋提供氏族调查笔记。
　　　　　(3)肥西县倪运石提供氏族调查笔记。
　　　　　(4)无为县图书馆藏族谱。

光绪《庐江府志·世族表》记载的家族多不记迁入时间,多数家族无法进行统计。表中提到的郭、吴、沈、潘四族,记为世居;在无为查到一谱,称"宋代已成显族",我们均视如土著,土著在表2-5中没有反映。这样,元末以前生活在这里的土著氏族占氏族总数的11%,其余近90%的氏族都是元末明初迁入的。这表明元末战争之后,这一区域的人口形势与它的邻区一样严峻,急需补充大量的劳动人手,长江南岸的移民纷纷北渡,在巢湖平原建立新的家园。

与安庆、池州两府相比,巢湖平原的移民来源更为分散,更加多样化。来自江西的移民仅占同时代移民氏族总数的四分之一强;徽州移民与江西移民数量相当,甚至略有超过。其中来自宁国府的移民主要来自地处皖南山区北沿的泾县,实际上可看作徽州移民的外沿部分;来自南京近郊句容的移民异军突起,占同时期移民氏族总数的七分之一,在巢湖平原的移民中占有相当重要的地位。肥东县人在提及这次移民对当地的影响时说:"明代,本地屡遭兵灾,土地荒芜,先后从江西瓦屑坝、江苏句容以及山西、山东、河南迁来一些人口在此定居。"[1] "明代"实为明代以前。由于该县从未进行过任何性质的族谱或家族调查,上述结论只是县志撰稿人的一个模糊判断,倒也大致符合实际。这里,江西移民仍然是以江西饶州移民为主体,瓦屑坝是他们家乡的代名词。

在安庆、庐州一带农村妇孺皆知的瓦屑坝究竟在什么地方呢?比阿蒂认为瓦屑坝属江西鄱阳县。查民国《宿松县志·氏族表》,有一村记为自鄱阳桃花渡瓦屑坝迁来,另一村记为瓦屑坝叶家村金鸡岭。显然,瓦屑坝是一个移民集散地,与同时代的苏州阊门、兖州枣林庄和洪洞大槐树相同。在1990年印行的《江西省波阳县地名志》中,记载了一个名叫"瓦燮岭"的村庄,据该村现存《朱氏族谱》和《何氏族谱》的记载,此"燮"是由"屑"雅化而来。"岭"意为小土沟,与"坝"分别为一条沟的上下两部分,词意相通。这个村庄位于今鄱阳县城西南约十公里处的太莲子湖之滨,太莲子湖与鄱阳湖相通。我猜想这里可能是当年的一个渡口,北迁的移民于此集散,行船入湖,渡长江而抵新居。沧海桑田,今日的瓦屑坝已非昔日可比了。

在肥东、肥西两县,元末以前的土著和元末明初移民的后裔彼此依然能够区别。和淮北利辛等地的情况一样,土著后裔由于人口少,家族小,被移民后裔称为"板结户",意思是其家族犹如板结了的土壤,人口不发达。这一段有意思的谈话是在肥东县地方志办公室里进行的。当移民后裔结束这一话题离开后,留下的土著的后裔对这一说法就很不以为然。他们认为无论是土著还是移民,其家族各有大有小。从我们对宿松家族人口的统计来看,假如我们排除南宋时从江西迁入的移民家族不计,其地古老家族的人口无法与元末明初移民家族人口相比拟,从这一点上来说,也确实可以称为"板结户";若以南宋移民家族人口与之比较,则南宋家族人口大大超过元末明初之家族人

---

[1] 《肥东县志·人口志》(油印稿),1990年。

口,从这点来看,土著又不是"板结户"。巢湖周围的情况与安庆不同,南宋时这里没有成规模的南方人口的迁入,或许即使有迁入,迁入的人口在以后的战乱中也被荡涤一空,所以这一带土著家族人口数量一般要比元末明初移民家族少得多。作为例证,肥东人指出当地的土著有文、包、陆、崔等姓。我们知道,宋代合肥的包氏声名显赫,许多南迁的支系也兴旺发达,在当地却式微了。这是自宋元战争以来江淮大地备受战乱的结果。巢湖地区占11%左右的土著氏族的人口比重不可能超过20%。

和州含山县也有江西移民的分布。以该县林头区为例,当地大姓如胡、黄、吴、王、干、金、郑等皆由江西迁来,时间也多称洪武。遗憾的是,我没有机会获读这批姓氏的族谱,从而无法对这一说法作出判断。令人感兴趣的是我在张坳村所见民国七年(1918年)《环峰张氏宗谱》中有一篇撰写于乾隆十二年(1747年)的《祠堂重修并修谱系志》记曰:"予家先世祖籍湖广黄州府麻城县,始祖人国佐公阅洪武二年率其昆弟子侄暨臧获辈男妇共三十四人,流离播迁含邑。"极似迁江南富家大族于凤阳。更有意思的是,张氏后人一般以江西移民后代自居,给我带路去张坳村的张某直到我阅谱完毕,才知道自己是湖广移民的后裔而不是江西移民的子孙。由此可看出含山县江西移民势力之大、影响之深。关于移民和州,官修史书中有记载。洪武二年(1369年),历阳知县请求复历阳为和州,理由是"隶庐州,公务期会遥远不便",朱元璋同意,"又徙流徙人居之,由是户口日增"[1]。张氏家族就是这一年从湖广迁入含山的。

除了来自江西的移民外,滁州、和州地区在洪武二十二年四月接受过来自杭、湖、温、台、苏、松等地的无田贫民,人数不详[2]。按其他地区的情况推测,涉及六府的移民迁入滁、和两州,至少在万人以上。根据在和县的调查,当地没有关于江西移民的传说;而在滁州一带,由于经历过太平天国战争,老移民为新移民所取代,今天已经很难发现明初移民的痕迹了。

---

1 《明太祖实录》卷45。
2 《明太祖实录》卷196。

洪武二十六年庐州府民籍人口为43.1万人。谨慎地估计移民人口占55%，则为23.7万人左右，其中江西移民和徽州移民各为5.9万余人，宁国、句容移民各4万人左右，余为其他。

和州是年人口为7.7万人，含山约占26%，则为2万人左右；元末明初移民当为1.5万人左右。滁州人口少，是年人口为2.7万，加上滁州一卫人口，共有人口约4.4万，其中移民人口占60%，为2.7万，而其半数以上为卫所移民，主要来自江、浙两地。

第四节

小　结

至此，我们可以对洪武时期京师地区的移民问题作一小结，各项数据见表2-6。

表2-6　洪武时期京师地区接受的各类移民　　　单位：万人

地　区	人口总数	土　著	百分比（%）	民籍移民	百分比（%）	军籍移民	百分比（%）
京城	99.5	10.0	10.1	18.9	19.0	70.6	71.0
扬州府	85.4	31.7	37.1	48.7	57.0	5.0	5.9
淮安府	79.4	56.1	70.7	20.0	25.2	3.3	4.2
徐州府	22.7	17.8	78.4	3.2	14.1	1.7	7.5
凤阳府	64.2	14.7	22.9	30.0	46.7	19.5	30.4
安庆府	45.1	10.3	22.8	33.1	73.4	1.7	3.8
池州府	21.6	13.1	60.6	6.8	31.5	1.7	7.9
庐州府	44.4	20.7	46.6	23.7	53.4	0.0	0.0
和州、滁州	10.1	7.4	73.3	1.0	9.9	1.7	16.8
合计	472.4	181.8	38.5	185.4	39.2	105.2	22.2

就京师地区而言,洪武大移民无疑是一次人口重建式的移民活动。细而论之,京城、凤阳府和安庆、庐州、扬州等府接受的移民最多,而作为首都的京师和作为中都的凤阳府军籍移民占有很大的比例。这说明,洪武大移民对于京师地区而言,既是经济性的,又是政治性的。这一类型的移民活动只有永乐年间对北京和顺天府的移民能与之相提并论。

再来看看移民原籍的分布,由于军卫人口的原籍大都不详,恕不论及。我们只讨论非军籍移民的原籍分布。

根据表2-7可以看出,洪武年间京师地区接纳的非军籍移民主要来自苏、浙地区和江西饶州府。京城中的苏南和浙江移民人数不详。粗略估算,若他们的人口为京城中非军籍移民人口的四分之一左右,就有5万人口。如是,苏南及浙江向外输出人口达64万,而江西向外移民与此相当,二地合计输出的移民人口达到130万之多,我们称他们为京师地区的主体移民;次则为徽州府,向外输出人口亦达29万之众;再次为山东移民和山西移民,各为8万人口;再次为应天府和宁国府输出的移民,各有人口5万左右。

表2-7 洪武时期京师地区非军籍移民的原籍分布 单位:万人

地 区	移民人口	身　份	原　籍
京　城	1.0	公侯族属	濠泗及江浙
	1.0	官员及家属	濠泗及江浙
	1.0	吏员及家属	应天府及江南等府
	4.7	力士及家属	杭州府及南方各地
	2.7	富民及家属	全国各地
	6.0	仓脚夫及家属	苏州及南方各地
	2.5	工匠及家属	全国各地
扬州府	1.4	农民	崇明
	23.7	农民	苏南及附近区域
	11.8	农民	江西饶州府等
	11.8	农民及商人	徽州

续 表

地 区	移民人口	身 份	原 籍
淮安府	10.0	农民	苏南及附近区域
	5.0	农民	江西饶州府等
	5.0	农民及商人	徽州
徐州府	3.2	农民	山西
凤阳府	16.0	农民和富民	苏南和浙江
	4.5	农民	山西
	0.5	农民	北平真定府
	8.5	农民	山东
	0.5	农民	江西饶州、九江等府
安庆府	28.8	农民	江西饶州、九江等府
	2.0	农民	徽州
	2.3	农民	全国各地
池州府	6.5	农民	江西饶州、九江等府
	0.3	农民及商人	徽州
庐州府	5.9	农民	江西饶州等府
	5.9	农民	徽州
	4.0	农民	宁国府
	4.0	农民	应天府
	3.9	农民	北方
和州、滁州	1.0	农民	苏南及附近区域
	1.7	农民	江西饶州等府
合 计	187.1		

根据表2-7中的资料,我们可以作图2-2以直观地展示移民运动的规模和方向。

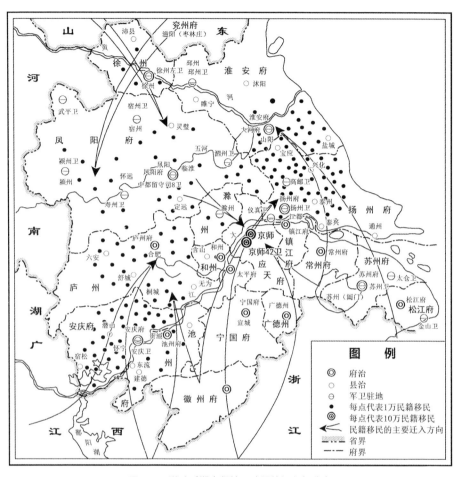

图 2-2 洪武时期京师地区移民的迁入与分布

第三章

洪武大移民：湖广篇（上）[1]

元代设置的湖广行省是一个包括今湖北、湖南、广西和贵州的全部或一部分在内的庞大行政区。明代的湖广布政使司虽然较元代的湖广行省辖区缩小，仅包括今天的湖北和湖南二省地，却仍然幅员辽阔。至清代，湖广被分为湖南和湖北两省。我们分湖南、湖北两部分展开论述。本章叙述湖南部分。

先师谭其骧先生的《湖南人由来考》一文是研究湖南移民问题的最早力作，文章结论如下：

一、湖南人来自天下，江、浙、皖、闽、赣东方之人居其什九，江西一省又居东方之什九，而庐陵一道、南昌一府，又居江西之什九；

二、江西移民大多为农业移民，他省则多为官宦商贾；

三、江西南部之人大都移湖南南部，江西北部之人大都移湖南北部，湖南南北部之分，以湘阴、平江作界；

四、湖南人来自历古，五代至明居其什九，元明又居此诸代

---

[1] 参见曹树基：《湖南人由来新考》，《历史地理》第9辑，上海人民出版社1990年版。

之什九,而元末明初六七十年间又居元明之什九;

五、五代以前,湖南人多来自北方,五代以后,湖南人多来自东方;南宋以前,移民几尽为江西人,南宋以后,始多他省之人;清代以前,以江西移民为主;至清代,湖北、福建移民崛起有与江西移民并驾齐驱之势。[1]

简而言之,以上结论可概括为两条:其一,湖南人主要来自江西;其二,江西人主要移自元末明初。

何炳棣先生对谭文提出不同看法,他指出此文依据的资料存在问题:

> 作为谭先生研究基础的资料来源是一些十九世纪湖南方志中有关氏族的章节,这些以家谱为依据的章节提供了若干大族的迁移及原籍的确切资料。家谱的资料虽然很确切,但现代的研究者却极易受他们的愚弄。这是由于:首先,一个移民家族要在新地方发达起来通常需要相当长的时间。在清代,尤其是在十八世纪后期和十九世纪初期移入湖南的绝大多数家族还未必能变得显要到载入清代方志的地位;其次,这些氏族志的抽样显示,这些大族中差不多有一半是文武官员及有功名的人的后代,贫苦农民的移民家族能在短短的三四代间就在新地方发迹的百分比必定是很少的,但移民的主体正是由这样的农民构成的。由于资料内存在着这种遗漏,这些湖南家族数据的比例事实上并不能准确地反映人口的移入和移出。[2]

何炳棣先生的批评似乎有一定的道理,但是不很准确。第一,就一般情况而言,清代的地方志中的氏族资料并不是专门记载当地大族的,如果说所载都是什么大族的话,那也是相对那些畸零小姓而言的。从家族的角度分析,那些畸零小族或许有一些数量,但从人口的角度看,却无足轻重。第二,从何炳棣先生的文章以及本章所引资料来看,18世纪后期和19世纪初期对湖南的移民主要发生于湘赣边界和湘粤边

---

[1] 谭其骧:《长水集》上册,人民出版社1987年版。
[2] 何炳棣:《1368—1953年中国人口研究》(中译本),上海古籍出版社1989年版,第144—145页。

界的丘陵山地，基本上未涉及谭先生所引征的资料范围，因此，所谓"遗漏"，只是指谭先生所引资料覆盖的地区存在着遗漏。换言之，从抽样的角度讲，作为研究资料的样本应当足够多，包括的地区应当足够均匀而广泛。这就要求我们必须寻求更为广泛的资料来源，即寻求更多的资料以求覆盖更多的地区，从而对湖南的移民历史作出更为准确的统计和推断。为此，在近几年的时间里，笔者不遗余力地在各地搜集湖南的各种氏族资料，颇有所获，兹列表如 3-1 所示。

表 3-1　湖南地区氏族资料一览

作者	年代	资　料　名　称	备　　注
郭嵩焘	1881	《湘阴县图志·氏族志》	
段毓云	1937	《南县备忘录·氏族》	稿本
张翰仪	1944	《益阳县志稿·氏族》	稿本，包括益阳和桃江
	1986	平江县氏族档案	已完成
	1988	岳阳县氏族档案	未完成
	1989	《汉寿县志·人口志》	稿本
	1987	安化县氏族档案	益阳县晏连蓬提供
	1988	《长沙县志·人口志》	稿本以及笔者在湖南社科院搜集的资料
文　骏	1948	《桃源县志初稿》	稿本
邓显鹤	1849	《宝庆府志·氏族表》	包括邵阳、新化、武冈、新宁、城步 5 县
姚炳奎	1908	《邵阳县乡土志·氏族》	与《宝庆府志》中的邵阳氏族勘比取舍
刘　谦	1948	《醴陵县志·氏族志》	
刘　奎	1907	《耒阳县乡土志·氏族》	
邓典谟	1941	《宜章县志·氏族》	
雷飞鹏	1931	《嘉禾县图志·先民列传》	
雷飞鹏	1932	《蓝山县图志·户籍》	
庐纯道	1932	《汝城县志·氏族》	
刘允嘉	1907	《永兴县乡土志·氏族志》	
金镜蓉	1910	《靖州乡土志·氏族》	包括靖县、会同、通道、绥宁 4 县
吴剑佩	1921	《溆浦县志·氏族志》	
申悦庐、郑廉侯	1942	《石门县志稿·氏族志》	稿本
王树人	1909	《永定县乡土志·氏族》	稿本

从表 3-1 中可以看出,湖南氏族志的撰修始于 1849 年邓显鹤的《宝庆府志·氏族表》,尔后郭嵩焘起而响应,遂蔚然成风,至今犹然。除去仅记主要大族的耒阳、永兴二县氏族不予统计外,所余氏族资料达 19 种,涵盖了今日湖南 84 县中的 32 县,占县总数的 38%。就分布区域看,这 32 县包括了湖南全省的东、南、西、北、中各个部分。毫无疑问,湖南的氏族资料种类多、涵盖区域广,当为各省之冠。只是其中的大部分一直以稿本或档案的形式存在,不大为人所知;其中一部分成书时间较晚,或者仍处于调查之中,更难为人利用。在 20 世纪 30 年代谭其骧先生从事湖南移民历史研究时,所据仅有郭嵩焘著的《湘阴县图志》、邓显鹤的《宝庆府志》、姚炳奎的《邵阳县乡土志》和金镜蓉的《靖州乡土志》4 种,涵盖今日湖南 9 县,覆盖率仅为 11%,且分布不均匀,湘东、湘南和湘西北地区几乎完全被忽略。根据这样一种样本对总体进行推测,自然会受到批评者的诘难。这是一个历史的局限。今日,我们所获样本已经覆盖了湖南省的各个主要区域,样本的总数也已达到前人的 3—4 倍,在此基础上对湖南的移民历史进行有把握的分析推论,应当是可行的。

由于本章专门研究明代初年的人口迁移,所以研究的重点就与谭先生当年的研究有所不同,也与作者以前的研究有所不同。也就是说,元末及洪武时代以前迁入的人口在本章中皆作为土著处理。但是,由于统计上的需要,元代及元代以前的外来人口的迁移模式在本章中仍有涉及。

湖南的地形大致呈东、南、西面高,中部及北部低的格局。根据地形并考虑到府一级政区的完整性,我们大致将湖南划分为北、南、中、西四个部分。湘北区指岳州府(治今岳阳市),由于岳州府横跨湖南北部,石门县及其以西部分已经属于湘西山地,我将它划入湘西论述;湘中区包括长沙(治今长沙市)、常德(治今常德市)、宝庆(治今邵阳市)三府;湘南区包括郴州(治今郴州市)、衡州(治今衡阳市)和永州(治今永州市)三府;湘西则有永顺(治今永顺县东)、保靖(治今保靖县)、辰州(治今沅陵县)、靖州(治今靖州苗族侗族自治县)和岳州府的西部。下面分别论述之。

第一节

湘北区的人口补充[1]

南县地原属华容、安乡界。咸丰十年(1860年)长江藕池口堤决,其地化为鳖穴,十几年后逐渐淤垫成洲,大片的湖泊成岸。邻近的百姓蜂拥而来,开垦而成家园。因此,在《南县备忘录》记载的242个氏族中,215个族于光绪年间从邻县迁入,此前的氏族如凤毛麟角。

平江县氏族档案是近些年来平江县志办公室对本县现住人口中的341个姓氏中100人以上的141个姓氏逐个调查统计的结果,不啻为一部新修的氏族志。这一资料存于平江县档案馆,仅主编吴定邦在其所著的《平江古今》一书中披露了其中部分内容[2]。由于这一氏族档案涵盖了平江县现存人口的95%,所以具有相当高的价值。

岳阳县的氏族档案尚处于资料搜集的过程中。在1988年笔者获取这批资料时,仅有50余种,可大致反映岳阳的人口由来。

在这些资料记载的氏族中,能够称为土著的氏族的确不多见。如平江罗氏,族谱载其始祖名为罗匡时,周时封于今平江地,"昔时古罗国是也,以国为名"。不论此说是否可信,姑将其作为土著。又有一余姓氏族,自称为平江"老税户",源流无考,也权作土著处理。实际上,对于本卷论述的明代移民而言,所有元末明初以前迁入的氏族都是"土著"。由于这种不明由来的氏族太少,且无每族人口的记载,在统计中暂不讨论。又因为这些氏族在洪武大移民迁入之前或同时迁入,不可能是洪武移民迁入后的再迁徙。至于他们究竟是什么时候迁入

---

[1] 在曹树基的《湖南人由来新考》一文中,湘北区包括的是洞庭湖平原及湘东北部的丘陵。实际上,该文湘北区中的湘阴县移民类型与平江、岳阳等地并不一致。又根据新近获得的益阳、汉寿二县氏族资料,发现这一带的移民类型也与平江、岳阳不同而与长沙相似,故对湘北区进行调整。
[2] 吴定邦:《平江古今》,解放军出版社1988年版。

的,抑或根本就不是外来的,都无关紧要。永乐及其以后从本区迁入的氏族也不列入统计,暂不讨论。

湘北三县的氏族情况如表3-2所示。

表3-2 湘北三县氏族的迁入时代和原籍　　　　　单位:族

时代\原籍	湖南			江西			广东	湖北		苏、浙		其他省		合计
	岳阳	平江	南县	岳阳	平江	南县	平江	平江	南县	平江	南县	岳阳	平江	
汉	—	—	—	—	—	—	—	—	—	—	—	—	1	1
唐	—	2	—	2	—	—	—	—	—	—	3	—	9	16
五代	—	—	—	3	4	—	—	—	—	1	—	—	—	8
北宋	—	1	—	4	6	—	—	—	—	—	1	—	3	15
南宋	—	1	—	11	17	3	—	1	1	1	—	—	2	37
元	1	2	—	4	10	—	—	1	—	—	—	—	—	18
洪武	—	—	—	15	9	2	—	1	—	1	2	—	—	30
永乐	—	—	—	—	5	1	—	—	—	—	—	—	—	6
明中后	—	1	—	—	—	—	1	—	2	—	—	—	—	14
清前期	—	12	—	—	15	—	21	—	—	—	—	—	3	51
清后期	—	—	28	—	2	7	—	—	5	—	—	—	—	42
合计	1	19	28	39	74	13	22	4	10	3	6	1	18	238

资料来源:(1)岳阳县氏族档案。(2)平江县氏族档案。(3)民国《南县备忘录》。

说　　明:(1)明中后指洪熙及洪熙以后各朝,清前期指嘉庆以前各朝,清后期指嘉庆以后各朝。以后各表皆同此,不另说明。
　　　　(2)表中的湖南指湘北以外的湖南其他县。以下表同,不另说明。
　　　　(3)迁入年代不详的氏族不计入。原籍不明的氏族一般不计入。以下表同,不另说明。
　　　　(4)在"湖南"一栏中,迁自湖南其他地区和迁自湖南本区的氏族不再分别列出,因为湖南并没有类似徽州人迁入安庆府一样的区域性很强的省内移民活动。

由于湘北区包括了平江县东部的丘陵山地和南县的淤积平原,地形的差异比较大,所以清代人口的迁入就有很大的不同,清代前期平江县有一批广东客家人迁入,清代后期南县则以湖南人的迁入为主,这就加大了三组数据的差异。为了便于比较,我们不考虑清代迁入的氏族,只研究清代以前氏族的迁入问题。

在表3-2岳阳40个氏族中,有21个迁自元代以前,占氏族总数的52.5%;平江86个氏族中,元代以前迁入的占54.7%;南县则占

52.9%。若考虑元代迁入的氏族,则岳阳、平江二地的氏族比例分别达到62.5%和68.6%,也极其相近。由于南县的样本数少,这一数据无法与其他二县进行比较。据此,我们可以大致确定湘北地区移民类型的一致性[1]。

为了便于说明本节的主题,我们仅对表3-2中洪武及洪武以前的数据进行分析。其一,就移民原籍而言,至洪武年间,江西籍移民氏族占氏族总数的73%,其他地区的移民则寥寥无几,没有形成规模。就江西移民本身而言,宋代以前迁入的氏族仅占10%,宋代迁入的氏族占45.6%,元代迁入的氏族占15.5%,洪武年间迁入的氏族占28.8%。其二,就移民迁入的朝代而言,洪武年间存在的125个氏族中,宋代以前迁入25族,占20%;宋代迁入52族,占总数的42.6%;元代迁入的氏族占14.4%;洪武年间迁入的氏族占24%。洪武年间的氏族皆由外来,所以,这一比例也就是洪武时期外来移民氏族在当时氏族总数中的比例。纵观这一系列数据,可见历史时期外地对湘北地区的移民是一个漫长的、渐进的过程,其中并不见有大波大澜、异峰突起,也不见有某一时代土著尽亡、移民重建的情况发生,因此,我们定义这样一类移民活动为人口补充式移民,其基本的特征是移民过程的渐进性,并且某一时点中迁入的移民人口在当地原有人口中所占比例偏低。所谓的"渐进",是指移民过程的漫长,移民是陆陆续续迁入的;所谓"偏低",是指某一时点中迁入的人口没有超过原有的土著。由于湘北地区元代以前的古老氏族甚多,所以就其人口比例而言,古老氏族所含人口的比例要比氏族比例高得多。这一点,我们不仅在上一章安徽宿松县已有所见,而且,本区平江的事例也可以进一步说明之。

1982年平江人口为873 886人,而1947年平江人口仅为383 413人[2]。为了便于与其他地区进行比较,我们把时间统一至20世纪30—40年代。为此,假定1947—1982年各氏族人口的增长有一致的

---

[1] 若将湘阴县的同类数据进行比较,则会发现与湘北有很大的不同:湘阴县元代以前的氏族占17.8%,明代以前氏族仅占33.7%。
[2] 《湖南省志》第二卷《地理志》,湖南人民出版社1982年版。

趋向,即各家族的人口年平均增长率是一致的,就可以根据1982年各氏族人口推算出他们在1947年的人口。具体数据见表3-3。

表3-3　湖南省平江县氏族1947年所含人口

人口单位:百人

原籍 时代	湖南		江西		广东		陕西		苏、浙		其他省	
	族	人口	族	人口	族	人口	族	人口	族	人口	族	人口
汉	—	—	—	—	—	—	—	—	—	—	1	2
唐	2	490	1	3	—	—	5	779	2	120	4	286
五代	—	—	2	287	—	—	—	—	2	104	—	—
北宋	1	87	6	249	—	—	—	—	—	—	3	177
南宋	1	11	14	333	—	—	—	—	1	8	3	54
元	3	48	8	227	—	—	—	—	—	—	—	—
洪武	—	—	9	130	—	—	—	—	1	8	2	27
永乐	—	—	5	78	—	—	—	—	—	—	—	—
明中后	1	0	2	9	1	1	—	—	—	—	1	1
清前	9	30	10	70	15	146	—	—	—	—	5	9
清后	1	2	—	—	—	—	—	—	—	—	1	2

资料来源:平江县氏族档案,1988年。
说　　明:未有人口记载的氏族不计入,以后表均与此同,不另说明。

1953年人口普查中平江县人口数为56万,即使以年平均增长率20‰计,1947年全县人口至少为50万左右。由于下文中所引汝城、醴陵等县均为民国年间的调查数,为了保持数据统计口径的一致性,不作修正。又由于本卷讨论的是人口的比例关系,人口总数的误差不影响我们的结论。

根据表3-3进行计算,可知在平江的例子中,族与人口的比例出现巨大的背离。就原籍论,最突出的背离出现在广东和陕西的各项数据中。迁自广东的氏族占氏族总数的13%,然而其所含人口仅占人口总数的3.9%;迁自陕西的例子却相反,其氏族仅占氏族总数的4.1%,然而其所含人口却占了人口总数的20.1%。这一巨大的反差源于氏族迁入时间的不同,广东的氏族几乎全部自清代前期迁入,时间较晚,而陕西的氏族在唐代即已迁入,时间相当长。在一个区域没有经历过毁灭性灾害的前提下,氏族历史的长短实际上意味着氏族人口的多少。换言之,氏族人口的多少往往与氏族历史的长短成正比。所以,我们就移民氏族的迁入时间与人口的关系作一综合性的评估,各类数据见表3-4。

表3-4 平江县氏族人口的年平均增长率　　人口单位:百人

时代	汉	唐	五代	北宋	南宋	元	洪武	永乐	明中后	清前	清后	合计
年份	0	790	930	1040	1200	1320	1380	1410	1530	1700	1820	—
族	1	14	4	10	19	11	12	5	5	41	2	124
%	0.8	11.3	3.2	8.1	15.3	8.9	9.7	4.0	4.0	33.1	1.6	100
人口	2	1678	391	513	406	275	165	78	12	255	4	3 779
%		44.4	10.3	13.5	10.7	7.2	4.4	2.1	0.3	6.7	0.1	100
(1)	2	120	98	51	21	25	14	16	2	6	2	31
(2)	2.0	6.7	7.5	7.7	8.1	10.0	10.0	10.8	9.1	18.5	31.2	—

(1)每族平均人口　(2)人口年平均增长率(‰)
资料来源:据表3-3计算。
说　明:计算中的起点年份除某些有特殊说明且氏族较少的外,其余均为各朝代的中间年份,终点年份为1947年。据平江县氏族档案对各族始迁人口的统计,各族始迁的人口平均数为5人。下表计算均据此,不另说明。

南宋以前迁入的氏族其人口的比例皆大于其氏族的比例,南宋及南宋以后的氏族则反之,其氏族的比例皆大于其所含人口的比例,最大的背离当然是在唐代的氏族和清代前期的氏族方面。氏族与人口比例在元代达到平衡。

以每族平均人口作为另一指标,我们则看得更为清楚。唐代氏族每族人口达到12 000人,五代氏族为9 800人,以后的氏族平均人口数大致依时间推移而呈递减趋势。图3-1显示了氏族平均人口因时间推移而呈直线下降的趋势。有意思的是,假如我们以氏族人口的年平均增长率作为另一指标,我们会发现历代迁入氏族的人口年平均增长率依时代推移而呈递增趋势。越是古老的氏族,其每族的平均人口越多,然而其自迁入之时至1947年的人口年平均增长率越低。换言之,平均人口越多的氏族,其人口的年平均增长率越低;平均人口越少的氏族,其人口的年平均增长率越高。造成这一现象的原因,正如我们在上一章中所指出的,越是古老的氏族,在繁衍人口的过程中,受

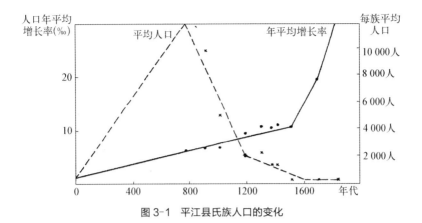

图 3-1 平江县氏族人口的变化

到战乱、灾荒、瘟疫的次数越多,损耗的人口也就越多,外徙的人口也就越多,年轻的氏族则反之。平江不同时代的氏族人口的年平均增长率这种规律性的变化可从图 3-1 中看得很清楚。

清代以前迁入的各类氏族人口的年平均增长率呈线性递增,其线性方程为:

$$y = 2.211 + 0.005\,4x \qquad r = 0.96$$
$$(3.34)\quad(9.47)$$

以这一模型[1]对湘北地区移民人口的年平均增长率进行测算,拟出这一区域的标准人口年平均增长率,如表 3-5 所示。

表 3-5 湘北地区人口年平均增长率(‰)

时 代	汉	唐	五代	北宋	南宋	元	洪武	永乐	明中后
增长率	2.2	6.5	7.3	7.9	8.7	9.4	9.7	9.9	10.5

以表 3-5 中的数据对表 3-2 中湘北地区的氏族人口进行测算,这种测算的前提是,根据表 3-5 中的各项数据计算出各年代迁入氏族在 1947 年时的人口数,并求出各自所占的比例。假定从洪武年间至 1947 年各类氏族的人口增长率大体一致,那么,1947 年的各类氏族人口比例

---

[1] 《湖南人由来新考》一文中,永乐和洪武合为"明初",所以该文中的模型与本书中的模型有微小的差异。

也就是洪武年间的各类氏族人口的比例。通过计算，我们发现，在洪武年间所有的 124 个氏族中，以唐代氏族所含人口最多，占总数的 29.3％，五代氏族所含人口占 13.3％，宋代占 44％，元代占 6.0％，洪武氏族所含人口仅占 7.4％。如果把上述的一批土著也考虑进去，则元末及洪武年间迁入的移民在人口中所占的比例不会超过 10％。

洪武年间岳州府有人口 21.8 万，加上岳州卫军人及其家属，共有人口 23.5 万，其中元末及洪武年间移入的人口为 2.4 万人，包括军人及其家属约 1.7 万。也就是说，除了军籍移民之外，湘北地区只接受了 0.7 万民籍移民。

第二节

湘南区的人口补充[1]

湘南区包括郴州、永州和衡州三府。

一般的氏族资料在记载地方的氏族时，都是以县为其基本单位的，同一氏族无论他们有多少分支，在一县之中，只能记作一个氏族，我们姑且称之为"县氏族"。湘南地区雷飞鹏著《蓝山县图志·户籍》记载氏族，不是以县为单位，而是以自然村为单位的。举例说，某一氏族分布于该县的若干个村庄，那么，就在这若干个村庄条目下记载这个氏族的分支。由于蓝山县氏族统计的单位与其他县不同，县与县之间的氏族总数就出现很大的差异。按照我们的统计原则，删除 509 个这种"村氏族"。另外，洪武以后由本区范围内迁入的 473 个"村氏族"也不计入，余 197 个氏族作为我们统计分析的对象。

在宜章、嘉禾（明末分桂阳州立县）、汝城（明时名桂阳县）、蓝山四县的上引资料中，共得 519 个氏族。令人感到奇怪的是，在湘南这几

---

[1] 在《湖南人由来新考》一文中，永州、衡阳二府的北部各县划入湘中区论述，从地形上看，这一划分无可非议，却未顾及行政区域的完整性，本卷中作了调整。

百个氏族中,竟然没有发现土著居民。民国《宜章县志·氏族志》的作者称:"考其著籍之始多在唐宋以后,唐前土著绝鲜。盖县境土民原本峒瑶,其后居民又多以兵燹转徙,或寝即式微也。"指明土著者应为早就居住于此的少数民族居民。依谭其骧先生在《近代湖南人中之蛮族血统》一文中的观点,湖南蛮族大姓中有陈氏、李氏、唐氏、邓氏、黄氏,陈、李为天下大姓,蛮汉难分[1];而湘南邓、黄二姓,也与江西迁入之大姓相同,难辨何为土著、何为移民;湘南瑶姓罗氏,在《宋会要辑稿·蕃夷》中已有记载,而罗姓也是江西吉安大姓,因湘南的江西移民以来自吉安一带者最多,故而蛮汉亦难辨。总之,湘南土著与外来汉人姓氏的混淆,是蛮、汉互化的结果。由于湘南土著无法从移民中析出,又因如谭其骧先生所言"且其人口中所含蛮裔或亦较少",暂付阙如。

湘南四县移民氏族迁入的情况如表3-6所示。

表3-6 湘南四县氏族的迁入时代和原籍　　　　单位:族

原籍 时代	湖南	江西	广东	福建	苏、浙	其他省	合计
东晋	—	—	—	—	—	1	1
南朝	5	—	—	—	—	1	6
唐	1	1	5	—	1	2	10
五代	—	5	—	—	4	3	12
北宋	11	27	2	—	1	1	42
南宋	33	44	5	5	5	7	96
元	22	18	3	—	—	—	45
洪武	21	21	9	4	9	49	113
永乐	4	2	1	1	—	—	8
明中后	7	10	24	15	1	9	66
清前	—	29	69	2	2	2	104
清后	2	6	7	1	—	—	16
合计	106	163	125	27	23	75	519

资料来源:民国《宜章县志·氏族》;民国《嘉禾县图志·先民列传》;民国《蓝山县图志·户籍》;民国《汝城县志·氏族》。

说　　明:记"宋代中期"迁入者,一半列入北宋,一半列入南宋;记宋代迁入者视该县南北宋比例分别列入南宋;记"明代"或"清代"迁入者皆依此原则处理。以后各表皆同,不另说明。

---

[1] 谭其骧:《长水集》上册。

如果不考虑洪武以后的移民,那么,洪武时期的湘南氏族中,宋代以前迁入的氏族占 8.9%,宋代迁入的氏族占 42.5%,元代迁入的氏族占 13.8%,洪武年间迁入的氏族占 34.7%。除去洪武年间本区迁入的氏族,则洪武移民氏族占当时氏族总数的 28.3%。与湘北区相比,湘南氏族中洪武移民的比重要高一些。原因如下所说,是洪武时期对湘南地区军事移民的结果。就移民原籍而论,湘南氏族的 37% 来自江西,其中宋代的大多数氏族来自江西中部的吉安和泰和。许多氏族自称来自吉安或泰和的"鹅颈邱"或"鹅颈塘";在汝城县,也有几个宋元之际的氏族自称来自吉安的"白鹭洲"。"鹅颈邱"或"鹅颈塘"不知地处何方,"白鹭洲"是吉安城旁赣江之中的一个美丽沙洲,以白鹭书院所在而闻名于世,可见这一祖籍地并非子虚乌有。另外,湘南移民中有近 30% 的氏族来自广东,其中多来自广东、湖南毗邻的县份,主要迁入于明代中期至清代前期。其余来自别的省份。

湘南区中北部的情况,大概可以衡州府之耒阳作为代表。依光绪《耒阳县乡土志》作者的意见,称为大族的,凡 24 族。以迁入年代分,汉代 1 族,东晋 1 族,北宋 2 族,南宋 3 族,元代 7 族,明初 3 族,明末 1 族,余分别记为 50 余代、27 代、26 代、25 代和 20 代。25 代、27 代大抵为元末明初之迁入者,就是都算作洪武年间迁入的话,在洪武年间存在的 21 个氏族中,洪武时期迁入的移民氏族只占 28.6%,比南部低;元代及洪武氏族共占 55.5%,比南部略高。从移民原籍看,江西 19 族,福建、广东、陕西各 1 族。耒阳移民大族的 80% 以上迁自江西,此情形与长沙地区相似。总之,从洪武大移民的角度看,湘南中北部的情况更接近于湘南而与湘中长沙地区有异。

湘南移民氏族之大多数来自江西,江西氏族以宋代迁入为最多。关于宋代江西人在湘南的活动,《宋史·蛮夷列传》有记载:"庆历三年(1043 年),桂阳监蛮瑶内寇,诏发兵捕击之。初有吉州黄捉鬼兄弟数人,皆习蛮法,往来常宁,出入溪峒。诱蛮众数百人,盗贩盐,杀官军……至是其党遂合五千人。"欧阳修也提到:"今盘氏正蛮,已为邓和尚、黄捉鬼兄弟所诱。"[1] 邓氏、黄氏今皆为湘南大姓，迁入时代，当在北宋。"其党"有5 000余人，除了一批被"诱"的蛮族外，应当有一批吉安移民，表3-6的统计也可以证实这一点。北宋时代，江西人的势力已经深深地渗入了湘南。

元末明初的战争中，湘南地区受到战争的影响较小，人口的死亡或散失不多，因而没有必要通过大量移民来补充劳动人手。一个特殊的情况是，明代初年因少数民族频频举事，整个湘南变得很不安宁，政府屡屡派兵征剿。《明太祖实录》记洪武八年（1375年）"湖广衡州卫指挥使司佥事张大有以罪诛。……先是洞蛮盘满仔等叛，大有率兵捕之。遣千户康宁略白水洞，仍分兵三道搜捕"；洪武二十九年"胡冕率兵至郴桂，征剿山寇"。地方志中的资料称："洪武间，匹袍蛮钟均不时劫掠，调郴州所百户三员戍守寒口、烟竹、新坑三堡，遂为世镇。"[2] 宜章县洪武年间迁入的50个氏族中，有46个是自茶陵因军屯调防而来，"遂成土著"。这些军官或士兵"皆携眷属住此"[3]，具有军事移民的典型特征。需要指出的是，来自茶陵的军户并不是茶陵土著，在宜章县的氏族志的记载中，有堡城蔡氏、程氏、陈氏以及车田刘氏，祖籍分别为浙江新昌、安徽歙县、山东及江苏无锡。只有一族为桐木湾李氏，祖籍记为茶陵。

然而，依表3-6中的数据，我们仍无法明了湘南人口的时代构成和原籍构成，因此有必要对移民氏族的人口进行深一步的研究和分析。民国《汝城县志·氏族志》记载了135个氏族1931年各自的人口数[4]，为进一步的分析提供了可能性。具体数据见表3-7。

如湘北平江县的情况，汝城氏族比例与人口比例之间也存在相当大的差距。根据表3-7计算，广东氏族为数众多，占氏族总数的38.5%，而这些氏族所含人口仅占人口总数的8.5%；苏浙迁入氏族占7.4%，所含人口却占了16.9%；江西移民氏族与人口的比例也有

---

[1] 欧阳修：《欧阳文忠公全集》卷105。
[2] 民国《桂东县志》卷7《兵防志》。
[3] 民国《宜章县志·氏族志》。
[4] 这135个氏族中包括了3个永乐年间迁自本区的氏族。这是因为永乐年间的氏族太少，在以后进行回归分析时存在困难，所以将其计入，以增加永乐年间的样本数量。

25 个百分点的差距。这是由各地氏族迁入时间的早晚所决定的。广东的氏族主要迁自明代中后期及清代前期,定居时间短,每族平均人口的数量要比古老氏族少得多。

表3-7 湖南省汝城县氏族1931年所含人口

人口单位:百人

原籍 时代	湖南		江西		广东		苏、浙		其他省	
	族	人口	族	人口	族	人口	族	人口	族	人口
南朝	1	70	—		—		—		—	
唐	—		—		—		—		1	47
五代	—		1	4	—		3	272	—	
北宋	—		8	300	—		1	6	—	
南宋	4	29	14	562	2	18	—		1	2
元	4	9	5	61	1	10	—		1	4
洪武	1	7	6	66	1	18	5	9	5	38
永乐	3	37	—		—		—		1	3
明中后	3	3	7	10	16	69	1	1	1	2
清前	—		6	12	30	29	—		—	
清后	—		—		2	0.8	—		—	

资料来源:民国《汝城县志·氏族》。

据表3-8可知汝城的情况与平江极其相似,氏族比例与人口比例出现很大的背离。从南朝至南宋,人口的比例一直大于氏族的比例,洪武及洪武以后则反之,氏族的比例大于人口的比例。至元代,氏族比与人口比达到平衡。这一过程我们在平江也已见过,并不陌生。

表3-8 汝城县氏族人口的年平均增长率

人口单位:百人

时代	南朝	唐	五代	北宋	南宋	元	洪武	永乐	明中后	清前	清后	合计
年份	500	667	930	1040	1200	1320	1380	1410	1530	1700	1820	—
氏族	1	1	4	9	21	11	18	4	28	36	2	135
百分比(%)	0.7	0.7	3.0	6.7	15.6	8.1	13.3	3.0	20.7	26.7	1.5	100
人口	70	47	277	306	610	84	137	40	85	41	0.8	1698

续 表

时代	南朝	唐	五代	北宋	南宋	元	洪武	永乐	明中后	清前	清后	合计
百分比(%)	4.1	2.8	16.3	18.0	35.9	5.5	8.1	2.4	5.0	2.4	0	100
（1）	70	47	69	34	29	8	10	3	1	0.4	13	
（2）	5.0	5.4	7.3	7.4	8.7	8.3	9.1	10.2	10.3	12.9	19.1	—

（1）每族平均人口；（2）人口年平均增长率（‰）。
资料来源：据表 3-7 计算。

以不同时代迁入氏族的平均人口作为另一指标，也可以发现汝城与平江的相似之处。至 1931 年，不同时代迁入的氏族依时间的早晚其人口呈直线减少。只是与平江相比，汝城地区的氏族平均人口普遍要少一些。

假如我们再从人口的年平均增长率方面进行比较，就不难从中找到某种规律性的东西：其一，随时间的早晚，氏族的平均人口虽然不断减少，但时代越近的氏族其人口自然增长率越高，平均人口越多的氏族其人口年平均增长率越低，反之则越高；其二，氏族人口的自然增长率随着时代的推移呈直线递增，这从图 3-2 中看得十分清楚。

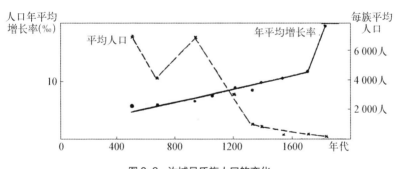

图 3-2 汝城县氏族人口的变化

清代以前迁入的各类氏族的人口年平均增长率呈线性递增，所得线性方程为：

$$y = 2.23 + 0.005\,1x \qquad r = 0.98$$
$$(5.24)(13.01)$$

用上列汝城氏族人口模型与平江氏族人口的模型进行比较,我们发现这两个模型竟然几乎完全一样。两条直线几乎完全平行或重合。这不能视作是一个巧合,实质上是某种规律的反映。

将汝城氏族人口模型应用于湘南地区,这一区域各个时代氏族人口的年平均增长率如表3-9所示。

表3-9 湘南地区人口年平均增长率(‰)

时 代	东晋	南朝	唐	五代	北宋	南宋	元	洪武	永乐	明中后
增长率	4.1	5.2	5.7	7.0	7.6	8.4	9.0	9.4	9.5	10.1

根据表3-9对表3-6中湘南地区的各类氏族进行人口测算,就有结论如下:在洪武年间所有的325个氏族中,东晋、南朝迁入氏族的人口仅占2.9%,唐及五代氏族人口占17.3%,宋代氏族人口占58.5%,元代占7.8%,洪武移入氏族人口占14.4%。与湘北区进行比较,湘南区唐及五代移民人口的比重较湘北为低,宋代略高,洪武移民则大大超过湘北。

洪武年间湘南三府的人口约有82.7万。加上永州卫、衡州卫及桂阳、郴州、道州三个千户所,共有兵士及家属4.4万人,因此三府人口约87.1万。其中18.3%为元末及洪武移民,就有移民人口15.9万,减去4.4万军事移民,民籍移民约为11.5万。移民的规模不大,也属于典型的人口补充型移民。

第三节

湘中区的人口重建

一 长沙府

在宋元时代的战争中,地处东西南北交通要道的长沙地区屡受战祸。如宋高宗建炎四年（1130年），"金人陷潭州……金兵大掠，屠其城"[1]。宋末元兵南下，围长沙城达三个月之久，城破，宋守将李芾等人皆自杀，"潭民闻之，多举家自尽，城无虚井，缢林木者累累相比"[2]。按照《元史》的记载，这次城破之后，并没有屠城一事[3]。但在当地文献中，记载却有不同，如康熙《浏阳县志》卷10《兵难志》中说："元兵破潭州，屠戮太甚，推官李芾死之，浏遭元兵歼灭，奉诏招闲县民实其户。"同治《长沙县志》卷3的记载是："宋恭帝二年正月克潭州，安抚使李芾力尽，城破，阖门死……守将吴继明、刘孝忠以城降，屠戮殆尽，徙邻县民实之。"这说明无论元兵在攻下长沙城后是否屠城，长沙人口受到很大的损失的确是事实。

元代虽然有从邻近县属移民的举措，但仍不足以弥补。元明之际，新一轮战火使长沙府的大部分地区再次化为废墟，洪武年间的大移民就在这样的背景下展开。

长沙地区氏族迁移情况见表3-10。

表3-10 长沙地区氏族的迁入时代和原籍　　　　单位：族

时代＼原籍	湖南			江西			苏、浙			粤、闽		其他省			合计		
	醴陵	湘阴	益阳	醴陵	湘阴	益阳	醴陵	湘阴	益阳	醴陵	益阳	醴陵	湘阴	益阳	醴陵	湘阴	益阳
汉	—	—	—	—	—	—	—	—	—	—	—	2	—	—	2	—	—
晋	—	—	—	—	—	—	—	—	—	—	—	1	—	—	1	—	—
唐	—	—	—	2	—	—	—	—	—	—	—	1	1	1	3	1	1
五代	—	—	—	2	15	3	—	—	—	—	—	3	1	2	5	16	5
北宋	—	—	—	3	—	5	—	—	—	—	1	—	3	—	3	3	6
南宋	1	—	4	10	6	11	1	—	1	—	—	2	—	3	15	6	19
元	6	2	7	37	22	45	—	—	5	1	2	4	1	5	52	25	64
洪武	14	—	10	168	61	116	7	4	4	9	9	5	3	9	201	74	149
永乐	—	—	—	10	1	14	—	—	—	—	—	—	—	4	11	1	22
明后	1	—	1	42	19	34	4	6	4	15	5	7	4	2	69	29	45

---

[1]《宋史》卷26《高宗本纪》。
[2]《宋史》卷450《李芾传》。
[3]《元史》卷134《和尚传》、卷128《阿里海牙传》。

续 表

原籍 时代	湖南			江西			苏、浙			粤、闽		其他省			合 计		
	醴陵	湘阴	益阳	醴陵	湘阴	益阳	醴陵	湘阴	益阳	醴陵	益阳	醴陵	湘阴	益阳	醴陵	湘阴	益阳
清前	1	—	37	43	—	5	—	—	—	91	11	2	10	9	137	10	62
清后	—	—	—	8	—	—	—	—	—	4	—	—	—	—	12	—	—
合计	23	2	59	325	124	235	19	11	24	121	23	21	30	32	509	167	373

资料来源：《醴陵县志·氏族志》，1948年；《长沙县志·人口志》（稿），1988年；《湘阴县图志·氏族志》，1881年；《益阳县志稿·氏族》，1944年。

关于土著，据《醴陵县志·氏族志》的作者称："元明之际，土著存者仅十八户……今称老寨户。"这18户"老寨户"至民国时只存有7户了。在长沙县的50多个氏族中，只有一户黎氏，谱称"汉建武始居此"，权认作土著。湘阴县有一焦姓氏族，自称"世居"，然所记文字含糊，依谭其骧先生的意见，作土著处理。益阳县的氏族中，不明由来而自称为土著的也有一族。这些氏族均不在统计之列。

长沙县的样本比较少，故并入醴陵县一起统计。从表3-10的统计数字看，长沙府氏族的迁入与湘北和湘南大不相同，洪武时期迁入的氏族数远远超过了以前历代，形成一次规模浩大的移民浪潮。

就表引长沙府的三个地区分别来看，各地移民氏族的时间构成有其一致性，表3-11显示了这样一种结构。

表3-11　长沙地区清以前历代迁入氏族的比例（％）

时　　代	醴陵、长沙	益　　阳	湘　　阴
宋以前	2.5	1.9	12.1
宋	5.0	8.0	5.7
元	14.4	20.6	15.9
洪武	55.8	47.9	47.2
永乐	3.1	7.1	0.6
明中后	19.2	14.5	18.5
合　计	100	100	100

资料来源：据表3-10统计。

醴陵、长沙和益阳的氏族构成的确是非常相似,湘阴县则因宋代以前氏族所占比例大大高于其他两地而显得有所不同,尽管如此,湘阴县洪武移民氏族的比例仍然是相当高的,这也是我们把湘阴划入湘中区的理由。又由于湘阴县宋代以前氏族的数量不少,其移民类型也就有与湘北移民相似的地方。

把时间后推至清代,我们会发现,地处湘赣边界的醴陵县,清代前期接受了相当数量的来自广东和福建的客家移民。益阳县清代前期的移民氏族则以来自本省宝庆府属县为主,间有其他省的移民迁入。在湘阴县,清代的移民活动相当沉寂。

为了与湘北、湘南的同类数据进行比较,也为了说明本章的主题,我们只讨论洪武及洪武以前的氏族问题。先讨论洪武年间移民的原籍。在洪武年间迁入的424个氏族中,有345个族迁自江西,占总数的81.3%。若分县统计,则醴陵占83.5%,益阳占77.8%,湘阴占82%,比例也相当接近。迁自江西者以来自江西中部的庐陵为主。就迁入时代而言,长沙地区洪武移民氏族(不包括洪武时期迁自湖南的氏族)占当时氏族总数的61.4%,这一数据与湘北的24.0%和湘南的28.3%相比,无疑要高出许多。

氏族与人口的关系可以醴陵为例,见表3-12。

表3-12 湖南省醴陵县氏族1948年所含人口

人口单位:百人

原籍 时代	湖南		江西		苏、浙		粤、闽		其他省	
	族	人口	族	人口	族	人口	族	人口	族	人口
东晋	—	—	—	—	—	—	—	—	1	321
唐	—	—	1	0.4	—	—	—	—	1	100
五代	—	—	—	—	2	30	—	—	1	10
北宋	—	—	3	35	—	—	—	—	—	—
南宋	1	9	9	201	1	13	1	60	2	130
元	6	161	27	968	3	51	1	10	4	210
洪武	13	304	146	3 716	7	107	9	203	4	20
永乐	—	—	5	80	—	—	—	—	—	—
明中后	1	6	36	394	4	37	15	176	7	29

续表

原籍 时代	湖南		江西		苏、浙		粤、闽		其他省	
	族	人口	族	人口	族	人口	族	人口	族	人口
清前	1	4	43	250	—	—	90	1 122	2	12
清后	—	—	8	9	—	—	5	2	—	—

资料来源：民国《醴陵县志·氏族志》。

根据表3-12计算制成表3-13。

从表3-13的数据看，醴陵的情况与平江和汝城有很大的不同，元以前历代氏族比与人口比相差不大。由于醴陵县元代氏族主要迁自元末，所以元末及洪武年间的氏族比和人口比才出现大的背离，这一时期人口比例大于氏族比例，永乐以后至清代前期人口比例小于氏族比例。这说明醴陵县元代以前的氏族遭到过毁灭性的打击，人口缺乏有效的积累。从每族平均人口的数量上看，五代及宋代的氏族平均人口并没有超过元末明初的水平，这反映在元末的动乱结束以后，残存的古老氏族与新氏族一起重新增殖人口，在起点相同的情况下，假定人口增长的速度相同，最后的人口也就大体相同。图3-3显示出醴陵的氏族人口并不完全因时代推移而直线递减，至少在元代以前的一段是如此。

表3-13 醴陵县氏族人口的年平均增长率

人口单位：百人

时代	东晋	唐	五代	北宋	南宋	元	洪武	永乐	明中后	清前	清后	合计
年份	370	760	930	1040	1200	1320	1380	1410	1530	1700	1820	—
氏族	1	2	3	3	14	41	179	5	63	136	13	460
%	0.2	0.4	0.7	0.7	3.0	8.9	38.9	1.1	13.7	29.6	2.8	100
人口	321	100	40	35	413	1 400	4 350	80	642	1 388	11	8 780
%	3.7	1.1	0.5	0.4	4.7	15.9	49.5	1	7.3	15.8	0.1	100
（1）	321	50	13	12	30	34	24	16	10	10	9	—
（2）	5.4	6.1	5.5	6.1	8.6	10.5	10.9	10.8	13.0	22.0	23.9	—

（1）每族平均人口 （2）人口年平均增长率（‰）
资料来源：据表3-12计算。

若干氏族的例子也可以进一步说明。《醴陵县志·氏族志》中曾列举了被称为"老族"的"老寨户"的遭遇。"老寨户"因元末避居山寨而得名,他们"聚居山上,仅有田一二亩,居恒掘草根掇木叶为食……如是者近三十年";虽为老族,但人口极少。经过山寨中30年的艰苦生活,下山之时,元气大伤,所以"子姓多不蕃"。在民国时期仅存的7个"老寨户"中,6族有人口数的记载,统计仅478人,每族平均人口为80人,较之洪武氏族每族平均2 400人而言,实在是微不足道。据《氏族志》的记载,还有一丁姓氏族,战争中曾外出避乱,战后返回,"其他类此者,尚有数起",这些氏族因此而得以避免了"老寨户"的命运。后来,他们的人口发展就比"老寨户"要好得多,能够接近或稍低于元末至洪武时期移民氏族的水平;对于东晋及唐代迁入的氏族而言,由于他们的人口基数大,动乱之后保存下来的人口也就要相对多一些。再从人口的年平均增长率上来考察,因为元代以前的氏族经历过毁灭性的重创,所以他们的人口增长率没有表现为累积性的递增,在东晋至宋代几乎拉出一根水平的直线。图3-3形象地显示了醴陵县氏族人口年平均增长率的变化趋势。

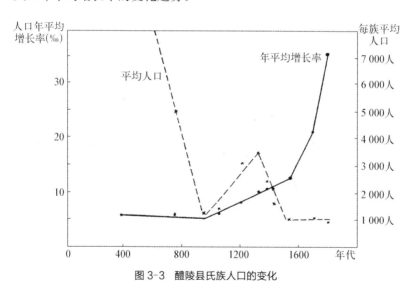

图3-3 醴陵县氏族人口的变化

从图3-3中可以看出,醴陵县清代以前的氏族人口年平均增长率不是呈线性的递增。若对清代以前人口平均增长率进行线性回归,可得如下方程：

$$y = 1.06 + 0.0067x \qquad r = 0.89$$
$$(0.48)(5.07)$$

因未能通过检验而不能成立。这表明醴陵县氏族人口的发展与平江和汝城是两种完全不同的类型。

假若仅仅考虑醴陵县自五代至明代的氏族人口年平均增长率，并对其进行线性回归，就有方程：

$$y = -6.41 + 0.0125x \qquad r = 0.99$$
$$(-7.52)(19.44)$$

从这一模型中也可以看出，醴陵县的氏族人口发展与平江、汝城有着很大的差距。与宿松县的同类模型却极为相似，几乎完全重合。

同样，这两种模型的差异可以用另一方式来表达。也就是说，醴陵和宿松两县南宋以前的古老氏族的人口年平均增长率比平江、汝城要低，而洪武及洪武以后的氏族人口年平均增长率却比平江、汝城要高。这充分证明了元末明初的战乱对两类地区人口带来的不同的影响。

根据表3-13，假定我们不考虑洪武以后的氏族，并且排除元代及洪武年间本区迁入的氏族，则洪武移民氏族人口约占当时总人口的60.8%。元代移民中的很大一部分是在元代末年迁入的，假定这一比例为元代移民的一半，那么，元末及洪武年间的移民人口合计占当时总人口的70.1%。即使考虑到湘阴县有一些土著在统计中未被列入，但这批氏族不多。因此，元末及洪武年间的外来移民在总人口中的比例约在65%—70%。按照我们前述的标准，这是一个非常典型的人口重建式的移民，与洪武年间平江、汝城补充式的移民属于不同的类型。

益阳县的情况与醴陵县相似却又有所不同。为了比较的需要，在论述它的明代移民历史时，我们将其明代中后期细分为三个时期[1]。表3-14显示了益阳的氏族人口情况。

---

[1] 由于益阳县的人口年平均增长率呈近似线性的排列，将明代中后期只取一个数据，所拟合的方程不能通过假设检验，难以成立，所以将明中后期细分为三。

表 3-14　湖南省益阳县氏族 1944 年所含人口

人口单位：百人

原籍 时代	湖　南		江　西		苏、浙		粤、闽		其他省	
	族	人口	族	人口	族	人口	族	人口	族	人口
唐	—	—	—	—	—	—	—	—	1	38
五代	—	—	5	356	—	—	—	—	—	—
北宋	—	—	5	147	1	54	—	—	—	—
南宋	3	174	11	281	1	57	—	—	3	78
元	8	234	44	1 197	3	63	1	23	4	23
洪武	7	133	94	2 206	7	186	3	44	9	344
永乐	—	—	13	232	4	38	—	—	4	77
正德	—	—	16	299	—	—	—	—	2	48
嘉靖	—	—	6	73	—	—	1	1	—	—
崇祯	1	7	9	131	2	12	4	27	—	—
清前	37	776	3	37	—	—	5	71	14	207
清后	1	40	—	—	—	—	—	—	—	—

资料来源：民国《益阳县志稿·氏族》。

根据表 3-14 制成表 3-15。

表 3-15　益阳县氏族人口的年平均增长率

人口单位：百人

时代	唐	五代	北宋	南宋	元末	洪武	永乐	正德	嘉靖	崇祯	合计
年份	760	930	1040	1200	1360	1380	1410	1480	1550	1600	—
氏族	1	5	6	18	60	122	21	18	7	15	273
％	0.4	1.8	2.2	6.6	22.0	44.7	7.7	6.6	2.6	5.5	100
人口	38	356	201	590	1 540	2 919	347	347	74	177	6 589
％	0.6	5.4	3.1	8.9	23.4	44.3	5.3	5.3	1.1	2.7	100
（1）	38	71	34	33	26	24	17	19	11	12	24
（2）	5.6	7.2	7.2	8.8	10.8	11.0	11.1	12.8	13.8	15.9	—

（1）每族平均人口　（2）年平均增长率（‰）
资料来源：据表 3-14 统计。
说　明：清代前期的每族平均人口偏多，是由于这一时期有大批宝庆府氏族迁入益阳，这些氏族中有不少人口超过 5 000 人，最多达万余人，这不像是由一个核心家庭发展而来，估计是由于大家庭的迁徙造成的。本卷不讨论清代的氏族迁移，故不赘述。清代后期只有一族，人口数也太大，原因亦可能如此。

益阳每族的平均人口的变化如图 3-4 所示,呈一种不规则的下降趋势。益阳县氏族人口的年平均增长率至南宋以后才表现出近似于直线的递增。

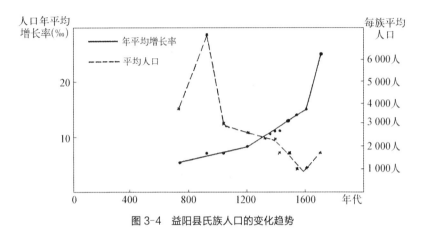

图 3-4 益阳县氏族人口的变化趋势

为了便于比较,在表 3-15 中增加了明代中后期的几个数据,这样,可以拟合出人口平均增长率变化的线性方程:

$$y = -12.20 + 0.017\,0x \qquad r = 0.97$$
$$(-4.57)\quad(9.11)$$

益阳的移民类型与下文中将要提及的桃源县相似,与醴陵和宿松已有差距,而与平江、汝城有较大的差异。

把时代截止于洪武,排除元代及洪武年间本区迁入的氏族人口,又考虑到元代氏族的三分之二是元代末年迁入的,所以益阳县元末及洪武年间迁入氏族的人口占当时总人口的 64.8%。这一比例与醴陵大体相同,也是非常典型的人口重建式的移民。

根据表 3-11,我们知道湘阴县元代及洪武年间移民氏族的比例与益阳、醴陵、长沙大致相同,但湘阴县宋代以前移民氏族的比例却大大高于益阳和醴陵、长沙。据此判断,湘阴县元末及洪武年间移入氏族的人口比例比益阳和醴陵还要低一些,估计值为 60% 左右。这三地的元末及洪武年间移民人口约为当时三地人口总数的 64%。

还要看一看这三地洪武移民比例的代表性。在湘乡,1935年谭日峰所著《湘乡史地常识》称:"我们试查考各姓族谱,其先祖多数由江西迁来。土著尚有一部,但人口不甚发达。"这大体是一次氏族调查,虽结果不详,但情况却也大体明了,也属于人口重建式的移民地区,人口重建的时代当然是在元末明初。再如湘潭,民国《醴陵县志》转引的一份资料称:"历朝鼎革,荼毒生灵,惟元明之际为惨。湘潭土著仅存数户,后之人多自豫章来。"[1] 移民时间、原籍与长沙的情况并无二致。

浏阳在元末的战乱中饱经创伤,乾隆《长沙府志》卷37记载:"元至正十二年壬辰红巾贼寇益阳,有江南淘金夫伪充红巾,杀掠市井一空。伪汉将陈友才据潭州,刘贵青据益阳,欧祥据浏阳。"浏阳成为战场。在康熙《长沙府志》卷15中,有一份《浏阳孔氏圣裔公案》记载了浏阳孔氏的由来,文章称:"……至五十五代祖孔靖安,因浏阳元兵殄灭,奉诏将邻县抽补,洪武六年携男孔德明来浏阳东乡十三都九甲滩头家焉。册载官,丁三十三,丁秋粮五百九十三石零,随往平江对谱无异。"其实最大量的移民还是来自江西,康熙《浏阳县志》卷14指出:"浏鲜土著,比闾之内,十户有九皆江右之客民也。"浏阳县的移民当与醴陵、长沙属同一类型。

地处长沙府西部的安化县与长沙府中部或东部的情况有所不同,表3-16显示了这一点。

表3-16 湖南省安化县氏族的迁入时代和原籍　　　单位:族

时代＼原籍	湖　南	江　西	苏、浙	其他省	合　计
唐	—	2	—	—	2
五代	—	11	—	—	11
北宋	1	4	—	—	5
南宋	2	15	1	1	19
元末	2	14	—	1	17
洪武	1	13	2	1	17

---

[1] 民国《醴陵县志·政治志》转引文《汪辉祖淑厚脱难录》。

续 表

时代＼原籍	湖 南	江 西	苏、浙	其他省	合 计
永乐	1	5	—	3	9
明中后	—	4	—	—	4
合计	7	68	3	6	84

资料来源：安化县氏族档案。
说　　明：（1）元代迁入氏族皆为元末迁入；（2）本档案中没有清代迁入氏族的记载。

与表3-11比较，安化县宋代以前的氏族的比例要比其他三地略高：长沙、醴陵和益阳等地的比例为2％左右，湘阴达12.1％，而安化则为15.5％；宋代氏族的比例更是高出许多：其他三地的宋代氏族比例为5％—8％，而安化则高达28.6％，这是北宋时代梅山开辟以后汉族人口大量移入留下的痕迹。由于安化县的元代移民皆由元代末年迁入，所以元末明初安化移民氏族还有较大的数量，比例达40.4％，却也比其他三地少了15—20个百分点。如果把年代截止于洪武年间，这一差距还会有所扩大。这一系列数据表明元末明初的战乱对安化的破坏远远不及对长沙府中部和东部的破坏，安化县洪武时期的移民因而呈现出不同的特点。截至洪武年间，元末及洪武移民氏族在总氏族中所占比例只有35％，与湘北区的情况相同。在这种情况下，古老氏族的平均人口一般要比元末及洪武移民氏族的平均人口多。因此，元末及洪武移民氏族的人口比例要比总氏族比例低。根据平江和汝城不同时代的每族平均人口的均值对安化氏族人口作一估测，安化县元末及洪武移民氏族人口的比例约为当时总人口的10％。

我们推测地处长沙府东南角的攸县和茶陵的情况也大体如是。

洪武年间长沙府的民籍人口约53.7万人，加上长沙卫和茶陵卫的军人及其家属，共有人口57.1万。移民影响较小的安化、攸县、茶陵三县，人口共有13万左右，其中10％为洪武移民，则有移民人口1.3万；余44.1万左右的人口中移民人口约占64％，约有移民人口28.2万。元末及洪武年间长沙府共有移民29.5万。如前述，茶陵卫的军籍人口中可能有五分之一为当地土著充任，所以军籍人口中约2.7万人口为外来移民。这样，长沙府民籍移民约为26.8万。

二 常德府

常德府与长沙府毗邻,仅有四县幅员[1]。从官修史书的记载来看,其移民类型与长沙府当无二致。《明太祖实录》卷250有关于当时移民的如下记述:

> (洪武三十年)常德府武陵县民言,武陵等十县自丙申兵兴,人民逃散,虽或复业,而土旷人稀,耕种者少,荒芜者多。邻近江西州县多有无田失业之人,乞敕江西量迁贫民开种,庶农尽其力,地尽其利。上悦其言,命户部遣官于江西,分丁多人民及无产业者,于其地耕种。

常德府本身并没有十个县,这里所称"武陵等十县"可能涉及长沙府属县。但由于长沙府的移民在洪武三十年前已经完成,否则湘潭、醴陵等县不可能有众多的在籍人口,因此,洪武三十年以后的移民主要在常德府属县中展开。具体情况可见表3-17有关汉寿县的氏族统计。

表3-17 湖南省汉寿县氏族的迁入时代和原籍 单位:族

原籍 时代	湖南	江西	江苏	其他省	合计
南宋	—	1	—	—	1
元末	—	3	—	—	3
洪武	—	20	2	2	24
永乐	—	29	2	3	34
明中后	1	6	—	1	8
清前	1	—	—	7	8
合计	2	59	4	13	78

资料来源:湖南省汉寿县计划生育委员会《汉寿县人口志》(油印稿),1989年。

从洪武时期的情况看,汉寿与长沙府属于同一个类型,氏族的大

---

[1] 据《明史·地理志》,澧州及所辖三县于洪武三十年从常德划入岳州府。由于澧州明代皆属岳州府,地理位置上也位于湘北,故不列入常德府论述。

多数是元末明初迁入的。与长沙府不同的是，永乐及明代中后期仍然有相当多的移民迁入。所以，表中对于明代的移民有更为详细的统计。上引嘉靖年间的资料中提到了活跃于当地的"客民"，嘉靖也就作为一个独立的年代列出，以供以后详细的讨论。桃源县氏族的迁入情况可见表3-18。

表3-18 湖南省桃源县氏族1948年所含人口

人口单位：百人

原籍 时代	湖南		江西		南京		四川		其他	
	族	人口	族	人口	族	人口	族	人口	族	人口
南宋	—	—	1	26	1	10	1	20	1	7
元	4	50	4	70	2	20	—	—	1	10
明初	2	17	13	201	—	—	1	7	1	10
洪武	2	7	39	711	1	12	2	20	2	23
永乐	2	27	85	844	—	—	—	—	1	10
正统—正德	4	43	20	179	1	3	—	—	2	11
嘉靖	3	23	23	185	—	—	—	—	5	27
万历—崇祯	3	5	19	145	—	—	—	—	3	9
清前期	14	60	6	36	2	5	—	—	3	14

资料来源：《桃源县志初稿·氏族志》，1948年。

说　明：（1）"嘉靖"包括了一批记为"明中叶"迁入的氏族。
　　　　（2）嘉靖年间一迁自江西丰城的李姓氏族，至1948年人口竟多达6 000人，明显高于当时每族1 280人的平均水平，故作调整。
　　　　（3）有几支自称为来自四川或江西的向氏氏族，依后文的分析，作土著处理。

在桃源县，永乐移民超过了洪武移民，这和汉寿县的情况是一致的。另外，永乐以后以江西人为主体的移民大量地迁入桃源县，是桃源县的移民与东部各县移民的最大不同。

关于明代中期的移民活动，地方文献有以下记载：

> 版籍每十年一更，制也。吾郡屡更屡诎者，何哉？土民日散，而客户日盛矣。客户江右为多，膏腴之田，湖泽之利，皆为彼所据。裹载以归，去住靡常。固有强壮盈室而不入版图，阡陌遍野而不出租粮者矣，如之何？[1]

[1] 嘉靖《常德府志》卷6。

洪武时期移江西民于此是中央政府同意并组织的，不应当存在什么户籍问题。所以，上引文中的"客民"显然与洪武移民无关。洪武时期的江西人迁入湖南，大多数在东部各县停留了下来，还来不及向西部迁移。洪武以后，受到西部土地的诱惑，就不断有移民迁入。但由于政府严令禁止人口的自由移动，这些外出的江西人遂以"贸易"为幌子来往于湘赣之间，而且多未定居，也不可能取得当地的户籍，所以被称为"客民"。这一过程在以后的章节中还有专门的讨论。

由于民国《桃源县志》记载了民国时期各族的人口数，所以就有可能对其移民模式进行进一步的分析。见表3-19。

表3-19 桃源县氏族人口的年平均增长率

人口单位：百人

时代	南宋	元	洪武	永乐	宣德—正德	嘉靖	万历—崇祯	清前	合计
年份	1200	1320	1380	1410	1480	1550	1600	1700	—
氏族	4	12	47	88	27	31	25	25	259
%	1.5	4.6	18.1	34.0	10.4	12.0	9.7	9.7	100
人口	63	154	773	881	236	235	159	115	2 616
%	2.4	5.9	29.5	33.7	9.0	9.0	6.1	4.4	100
(1)	15.8	12.8	16.5	10.0	8.7	7.6	6.4	4.6	10.1
(2)	7.7	8.9	10.3	9.9	11.1	12.5	14.0	17.7	—

(1) 每族平均人口　(2) 人口年平均增长率(‰)
资料来源：据表3-18统计。

与长沙府属县相比，洪武移民的数量不多，移民氏族与人口的比例就显得不大平衡，如洪武氏族的比例要比洪武氏族人口的比例低10个百分点。相反，由于永乐年间迁入的移民氏族最多，所以永乐移民氏族与人口的比例恰好是一致的。正由于桃源县明初移民的高峰是在永乐年间而不是在洪武年间，所以移民的氏族与人口关系就与长沙府出现了一些差异。

桃源县历代氏族的人口年平均增长率如图3-5所示，表现出线性递增。

若对图3-5中氏族人口年平均增长率的变化趋势作一线性回归，

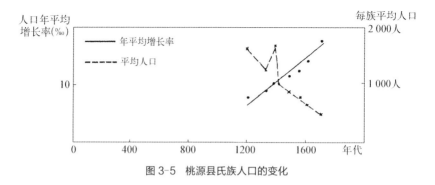

图3-5 桃源县氏族人口的变化

有方程为：

$$y = -16.1 + 0.019\,1x \qquad r = 0.96$$
$$(-4.90)(8.44)$$

由于没有南宋以前的氏族人口数据，与其他县的比较就显得困难一些。但就这一方程来看，和益阳县极为相似。

桃源县的土著人口哪去了呢？上引资料中称"土民日敝"，是否意味着土著人口的消失呢？尤其是南宋以前的土著氏族，何以消失得如此干干净净呢？这在其他几县并不曾见。

洪武移民氏族大大少于永乐移民氏族。结合上引《明太祖实录》中的记载，常德府的地方官于洪武三十年才提出移民的申请报告，移民工作晚于东部各县。大量的人口迁入迟至永乐年间才完成。由此可知有关氏族迁移的记载并不虚妄。

以长沙府的平均水平计，洪武年间的所有人口中，元末及洪武移民人口占其64％左右，常德府的水平也应如是。但是，常德府的移民大多数是洪武末期才迁入的，洪武年间常德府的人口中没有包括这批移民。而且，约有一半的移民迟至永乐才迁入。这就给移民人口测算带来了困难。

我们不妨作这样一个假设，即洪武末年移民的迁入与土著的消失是同步的。否则，我们很难理解为什么在这么多的氏族中，几乎没有发现土著的踪迹。至永乐年间，常德府人口中移民的份额应当达到长沙府的水平。洪武二十六年常德府有人口24.3万,加上卫所的军人及其家属,共有人口29.3万,元末明初迁入的人口约为18.7万。洪武时期迁入人口约8.8万,其中5万为军籍移民,民籍移民有3.8万,其中90%号称来自江西。

三 宝庆府

道光《宝庆府志》留下了宝庆府属邵阳、新化、武冈、城步和新宁各县氏族之记载,与前文所列各县相比,宝庆府属县所收氏族数似乎太少,难以作为这一区域全面的氏族统计的资料。以邵阳氏族为例,《宝庆府志》所列邵阳氏族有142个,《邵阳县乡土志》中所列氏族就有23个为府志所不收。但是否这165个氏族已经涵盖了邵阳县氏族的全部,我们尚不得而知。或言《宝庆府志》中所记城步和新宁氏族数甚少,除统计的疏漏外,还有一些特殊的原因。如城步县,城步是苗族、侗族等少数民族人口的集中居住区,现占全县总人口的50%。清代中期以前,汉人稀少,清代中期以后方成为邻县汉人的移居目标。1931年《湖南各县调查笔记》的城步一节记曰:"近百年来,外县人来上五乡垦殖谋生者,数达七八千。且多获厚利,致富裕。"他们"以新化为最多,祁阳、邵阳均次之"。在城步的蓬瀛乡,这批移民占乡人总数的十分之八以上。今日城步县汉人的大部分是清代后期由本府邻县迁入的,成书于此前的《宝庆府志》当然不可能记载这批氏族。从本书先前界定的定义上说,区域内部的移民并不在讨论之列,即使这批人口在氏族志中有了记载,也势必为我们的统计所摒弃。再如新宁,地理位置较城步稍北,地形也较城步为平坦,移民进入时间就较城步为先。乾隆三年(1738年)《新宁县志》卷2称:"异县之寄食于宁者,以数万计矣。"这批移民在氏族资料中也没有记载,我们也不妨认为他们中的大多数也是来自邻县,尤其是宝庆府属的北部数县,他们与城步的移民具有同样的性质。也正因为这批新移民来自本府之邻县,他们与本土氏族的联系并不会中断,新立氏族的可能性不大,在统计中不需要单独计算。从城步和新宁的事例中,我们可知本章开头所引何炳棣对氏族志只记载有功名的大族而不记新近迁入的小族的指责是片面的。

在讨论移民问题之前,先谈谈土著的问题。由于洪武年间的人口统计中,边地蛮族多不在统计之列,所以在人口总数中我们不予考虑。氏族表中的土著,多称为"世居",今姑认之。所得六个氏族,谭其骧先生曾作过精辟分析,认为有两个邵阳县氏族之世系只能溯至宋代或明初,不像真的土著;新化之扶氏,是一典型的蛮姓,另一李氏,则不甚清楚;另有城步的蓝氏、杨氏也是西南溪峒中之大姓[1]。这些蛮族多托为汉族,是汉化了的蛮族。这种蛮族汉化的现象在宝庆府的南部出现,是因为这一带本身就是蛮族的聚居地。这一研究提示我们在蛮族人口大量聚居的湘西地区,应当特别注意蛮族汉化造成的土著与移民氏族的混淆。

宝庆府五县氏族迁入情况如表3-20所示。

表3-20 宝庆府五县氏族的迁入时代和原籍　　单位:族

原籍 时代	湖南			江西					苏浙				其他省					合计
	邵阳	新化	武冈	邵阳	新化	武冈	城步	新宁	邵阳	新化	武冈	城步	邵阳	新化	武冈	城步	新宁	
东晋	—	—	—	1	—	—	—	—	—	—	—	—	—	—	—	—	—	1
唐	—	—	—	—	—	—	—	—	—	—	—	—	1	—	—	—	—	1
五代	—	—	—	1	2	—	—	—	—	—	—	—	—	—	—	—	—	3
北宋	—	—	—	4	19	—	—	—	2	—	—	—	—	—	—	—	—	25
南宋	—	1	—	11	8	—	1	—	—	—	—	—	—	—	—	—	—	21
元	—	—	—	10	1	5	2	2	—	—	—	—	3	1	3	—	2	29
洪武	1	1	2	21	2	9	4	1	8	—	1	4	11	—	5	2	—	72
永乐	—	—	—	1	—	3	—	—	—	1	—	1	—	3	1	—	—	10
明中后	—	—	—	14	9	5	2	4	1	—	1	—	1	2	1	1	1	42
清前	1	—	1	—	—	—	—	—	—	—	—	—	2	—	—	—	—	5
清后	1	—	—	—	—	—	—	—	1	—	—	—	—	—	—	—	—	2
合计	3	2	3	65	41	22	9	7	12	1	6	5	18	6	10	3	3	211

资料来源:道光《宝庆府志·氏族表》、光绪《邵阳县乡土志》。

说　　明:洪武年间城步县的移民氏族中有二族原属靖州卫军籍,弘治年间调城步,因其洪武间迁入湖南,而始迁地又紧邻城步,故作洪武迁入计。

---

1 谭其骧:《湖南人由来考》,《长水集》(上)。

洪武以后迁入的氏族暂不考虑。我们发现,在宝庆府洪武年间的152个氏族中,宋代以前的氏族仅占3.3%,宋代氏族占30.3%,元代氏族占19.1%,洪武氏族占47.5%。考虑到元代29个氏族中有19个是元代末年迁入的,因而元末明初迁入的氏族占洪武时期氏族总数的近60%。与湘北、湘南和湘中的长沙三地作一比较,各自不同年代的氏族比例可见表3-21。

表3-21 平江等地明初以前历代氏族比例的比较(%)

时代 地区	宋代以前	北宋	南宋	元	洪武	合计
平江	27	14	27	16	17	100
汝城	9	14	32	17	28	100
醴陵	3	1	6	17	74	100
桃源	0	0	6	19	75	100
益阳	3	3	9	28	58	100
宿松	2	1	10	21	66	100
宝庆	3	16	14	19	47	100
其中						
邵阳、新化	5	23	18	14	40	100

资料来源:据表2-3、表3-4、表3-8、表3-13、表3-15、表3-19、表3-20。
说　　明:宿松和益阳两县的元代氏族基本上为元末氏族,其余元末氏族约占元代氏族的一半。

从表3-21中可以看得非常清楚,平江和汝城属于一个类型,元末及洪武移民氏族占氏族总数的30%左右。醴陵、桃源、益阳和宿松为另一类型,这一比例约为80%。其中,醴陵与桃源接近,益阳与宿松接近。宝庆介于两大类之间,元末及洪武移民氏族比例约占56%。

再将元代以前的氏族进行比较,宝庆府的宋代移民的比例很大,达到氏族总数的30%。在平江和汝城这一比例超过40%,而醴陵、益阳仅达10%。从这一比例看,宝庆府与平江、汝城更接近一些而较醴陵、益阳差异要大一些。宝庆府,尤其是其北部诸县如邵阳、新化,在宋代接受了较多的移民。追溯宋史,诚如谭其骧先生所言:"新化与安化二县地自昔本为瑶蛮所据,宋初号曰梅山蛮,时出侵扰附近州郡。

神宗时王安石用事,开拓苗疆之议兴,乃以章惇经制湖南北蛮事,传檄蛮酋,勒兵入其地,逼以纳土。叛徭既平,因设县置治,招徕汉民耕垦之,于是蛮疆成为汉土。"[1]

从表 3-20 中的各组数据看,邵阳、新化的氏族排列与其他三县有明显的不同,邵阳、新化二县宋代的氏族有相当多的数量,其他三县则几乎没有。但并不是说,宋代当地没有人口。从上文的分析来看,有相当数量的土著氏族居住在这里,有部分甚至在以后冒充汉籍。氏族志中对冒充汉籍的氏族有所记载,对纯粹的土著蛮族则没有记载,以至于占城步人口 50% 的苗、侗等族人口被其忽略。从这样一个角度考虑,此三县宋代以前的人口比例要比表中所示高出许多。考虑到这一因素,宋代以前宝庆府的土著氏族的比例就应当有所增加,而后代氏族的比例就有所降低,因此,元末明初宝庆府的移民类型就应当属于人口补充型。按照人口补充式移民地区的人口增长模型来揭示宝庆府氏族与人口的关系,就可以尽可能准确地估计其元末明初移民的数量或规模。

根据平江、汝城二地氏族人口增长的模型,我们可以拟出人口补充式移民地区清代以前迁入氏族的人口增长模型:

$$y = 2.23 + 0.0053x$$

由于汝城县 1932 年至 1947 年间人口大致不变,故此模型的年代可以统一至 1947 年。据此得出宝庆府清代以前迁入氏族至 1947 年的人口年平均增长率,列如表 3-22 所示。

表 3-22 湖南人口补充式移民地区各类氏族人口年平均增长率

迁入年代	汉	东晋	南朝	唐	五代	北宋	南宋	元	洪武	永乐	明中后
年份(公元)	0	370	500	760	930	1040	1200	1320	1380	1410	1530
增长率(‰)	2.2	4.2	4.9	6.3	7.2	7.7	8.6	9.2	9.5	9.7	10.3

根据表 3-22 对表 3-20 中的数据进行测算,即根据各类氏族的年平均增长率对各类氏族进行 1947 年人口数量的测算,并以此各类人

---

[1] 谭其骧:《湖南人由来考》,《长水集》上册。

口所占比例作为洪武时期各类氏族人口之比例。结果如下：在洪武时期的所有氏族人口中，宋代以前氏族人口占总数的9.7%，宋代氏族人口占55.5%，元代占12.9%，洪武年间占21.9%。元末明初合计约占30%。考虑到新宁、城步等地存在的大量土著居民，大多在氏族志中没有记载，则元末明初进入宝庆府的移民人口约占洪武时期当地总人口的25%。洪武二十六年宝庆府有人口约14.8万，加上一卫二所的军人及其家属，共约16.5万人，其中元末明初移民约4.1万人，其中军籍移民为2.4万，民籍移民为1.7万人。

根据表3-22对表3-20中的江西移民数量进行测算，可知江西籍移民人口占移民总人口的79.1%。北宋时期的开梅山导致了一场以江西人为主的移民运动。若仅以元末明初移民计，此时期江西移民人口占同期移民人口的55.4%。这是因为，洪武移民中军籍移民占有相当大的分量。军籍移民的来源广泛，长江下游人口有较大的数量。

第四节

湘西的土著和移民

湘西区包括靖州、辰州和岳州府石门县及其以西的部分。从地形上讲，湘西地处雪峰山和武陵山之麓，二山之间有沅江出，是为两大山区之分界。

在本节所引的四种氏族志中，除了《靖州乡土志》已为谭其骧师所引用外，余不见人征引。尤其是《石门县志稿》和《永定县乡土志》为未刊行之稿本，此前并不为世人所知。也正因为有这四种氏族资料作为依据，才可能对湘西区的人口迁移作深入的分析。

先讨论湘西的土著问题。

石门、永定无土著记载，并非说这二县没有土著，只是在氏族调查中难于觅获。对此，《石门县志稿》的作者申悦庐也表示疑惑。他说：

"最可异者,即此百余谱中,竟未发现一土著之民族。其迁来之时代,亦在宋元以后,尚未发现唐末及五季来者,更无汉晋矣。"他发现县中覃氏、陈氏、向氏及骆氏的族谱分别称元时从施州、辰阳,明代从永定、江西迁入,实际上,此四姓汉、唐、宋代均见于正史记载,是为土著之明证。结论曰:"大抵各族次第迁来,土著人皆与之同化合谱。欲在文字上寻一根据,殊不易得。"

此情形谭其骧先生在《近代湖南人中之蛮族血统》一文中已有精彩论述。他指出,土著蛮人假托为汉人者,无非两点,一是"诸家假设其祖籍所在,往往归之于江西"。其原因"盖以江西移民本占湖南今日汉族之绝大多数,为适应环境计,自以托籍江西为最有利,且最可见信于人耳"。二是假论祖先"为征蛮而来,事定卜居,或殁于王事,子孙留家"。对于后一种说法,谭先生分析道:"所称之始祖姓氏时代及征蛮事迹,大抵可信,然必为土著而非客籍,而此土著,实为蛮族之已经归化者,亦非先时从他方移来之汉族也。饵'熟蛮'以利禄,使征'生蛮',此为历代常用之政策……"

据此我们来看看石门和永定的氏族。石门覃氏,《石门县志稿·氏族志》记曰:"元末峒蛮猖獗,县人邓均忠、覃添顺等崛起田间,号召闾左与其他唐氏、陈氏、柳氏、王氏、郑氏、曾氏、宋氏、盛氏、伍氏十余族,捍卫桑梓,守望相助,苗蛮闻之,相率远窜。自是石门遂以土官土兵著称于世矣。然所谓土官者,实皆来自外省之汉族。"该志记覃氏宋代自陕西迁施州,元初继迁石门,极可能为假造。尤其值得注意的是,施州本身就是蛮族聚居之场所,元初从施州迁入一事,就暴露了覃氏的蛮族身份。除覃氏外,其余诸姓皆非蛮姓,故认为此覃氏即谭先生所称之"熟蛮"。依谭先生的观点,我们将石门、永定二县氏族志中之典型蛮族姓氏,如向、覃、田、舒、苏、龙、骆、杨、吴、龚、鲁、潘、彭诸姓在清代以前迁入者剔除,共计25族。这25族中有4族自称迁自元代,14族迁自明初,余迁自以后。以原籍论,有14族自称迁自江西,余为其他。当然,在这25个氏族中,有可能有汉族移民混入,所余的汉族移民中,亦可能还有假托的土著,然数量极微。

溆浦县。《石门县志稿·氏族志》载:"尚有二十六族姓不知原籍,姓卜、奉、回、杨、蒲、刘、沈、丰、丁、严、兰、贺（招主）、吴（招主）。卜、奉、回、杨、蒲、刘、沈七姓旧系瑶，其余或自辰赴溆，或以汉变瑶；或聚居十峒，或散处山间，昔极猖獗，今则式微日甚矣。"这是指不知原籍的姓氏。在知原籍的姓氏中，查有舒、向、吴、梁、文、杨、田、彭、覃、扶、潘、奉、冉等13姓为典型的蛮姓，共62个氏族。其中称明代以前迁来者，均称来自江西南昌地区或吉安，凡9族；清代迁入者则大部来自本区沅陵一带，凡49族，皆划入土著；另有3族曰田氏、彭氏和潘氏，称自永乐二年由贵州五卫屯拨屯迁来，当为征"生苗"之熟苗，也作土著计。唯有一彭氏，同治年间从江西新淦县（今新干县）迁入，是为移民。溆浦土著共有87族。靖州土著为2族，一族为杨氏，一族为姚氏，皆溪峒蛮酋之裔，谭其骧先生在《湖南人由来考》一文中辨析甚详，此不赘言。

显然，湘西具有蛮族血统之土著数量之多，其他各区瞠乎莫及。湘西氏族中土客蛮汉氏族混淆之复杂，亦为他区所不见。这是湘西移民史的特色所在，也是分析湘西人口问题的一个基本出发点。

由于这些具有蛮族血统的土著不属于洪武时期人口统计的对象，所以暂不加以讨论。具体情况见表3-23。

表3-23 湘西地区氏族的迁入时代和原籍　　　　单位：族

原籍 时代	湖南				江西				苏、浙				其他省				合计
	石门	永定	溆浦	靖州	石门	永定	溆浦	靖州	石门	永定	溆浦	靖州	石门	永定	溆浦	靖州	
北宋	—	—	—	—	—	—	3	—	—	—	—	—	—	—	1	—	4
南宋	—	—	4	—	2	—	13	4	—	—	1	2	—	—	1	4	31
元	1	1	8	—	6	1	11	4	—	—	—	—	4	2	1	2	41
洪武	2	—	11	2	20	5	5	5	—	7	1	5	5	11	—	4	85
永乐	—	—	1	—	2	1	5	—	—	—	—	1	1	1	10	—	24
明中后	3	—	12	—	18	1	6	1	—	—	—	—	5	6	1	4	56
清前	1	—	42	—	7	1	—	—	—	—	—	—	14	5	1	1	79
清中后	—	—	29	—	1	—	3	—	—	—	—	—	1	—	—	1	36
合计	7	1	107	2	56	13	58	14	1	7	4	10	30	16	14	16	356

资料来源：（1）民国《石门县志稿·氏族志》；（2）宣统《永定县乡土志·氏族》；（3）民国《溆浦县志·氏族志》；（4）宣统《靖州乡土志·氏族》。

在湘西洪武年间的 161 个氏族中，有 81 个来自江西，占 50.3%。湘西没有宋代以前迁入的氏族。北宋时期对梅山的开发，导致汉族人口向湘西山区移动。因此宋代的氏族在洪武时期的氏族总数中占了不低的比重，达 21.7%。元代氏族占 25.5%，而洪武氏族则占一半以上，达 52.8%。这一比例与表 3-21 中各地的同类数据相比，与宝庆府最为接近。

由于湘西土著没有在上述统计中反映出来，所以湘西的这一比例并不是当时的真实的氏族比，仅仅是各类移民氏族之间的比例。考虑到湘西存在大量的土著氏族，所以我们认为湘西的移民类型应与宝庆府相似，对于元末明初的大移民而言，也是一个人口补充式移民的地区。

洪武年间湘西地区的移民中有很大的一部分是军人。如永定县，洪武年间是一个卫的名称，尚未置县，其时迁入的氏族，多为卫所的将士及其家属，以至于当地一些蛮姓也因为军籍而自称为汉人。在溆浦县，永乐年间迁入的 17 个氏族中，有 10 族来自贵州，他们皆于永乐二年（1404 年）由贵州开泰卫、铜鼓卫、五开卫等处"拨屯徙溆"。这批屯兵祖籍多在东部诸省，他们的迁移当在论述西南地区移民时涉及。由于永定在洪武年间没有民籍人口，所以抽样中抽中永定势必会增加洪武移民的比重。

我们用湖南人口补充式地区的氏族人口增长模型对表 3-23 中的氏族进行人口的测算，结果是，在洪武年间所有的移民氏族中，宋代迁入氏族所含人口占 42.4%，元代占 23.8%，洪武占 33.7%。元代的一半属于元代末年，又扣除元代及洪武时期从湖南迁入的氏族，则元末及洪武大移民中迁入氏族所含人口占总数的 28.6%；如果排除永定氏族不计，这一比例降至 25% 左右。这里所谓的总数，是指洪武年间的人口而言，即指与其他地区相同的官方统计人口，一般来说，是不包括少数民族土著的。

洪武二十六年湘西辰州和靖州的人口约为 28 万，加上军卫，总人口合计约为 33 万。其中 25% 左右为元末及洪武年间的迁入者，共有移民约 8.3 万。

在一般的情况下,军籍人口都属于移民之列,在湘西却是个例外。如上引资料所称,在石门县有土官士兵加入卫所,即《石门县志稿》中所称的元代末年的"县民",其中当然有一部分是蛮族,但大部分却是汉人。只是这些汉人有相当一部分是元末以前迁入的,对于元末明初迁入的人口而言,他们也是土著。

慈利县的情况也大体如是,万历《慈利县志》卷8《户口》中有一段如下记载:"洪武初年因内峒作乱,奉例将本县十七都设立麻寮土官千户所、十隘百户所,就将各里百姓收充土官隘军员役。"部分卫所士兵也是当地居民充任的。由于我们发现从茶陵调入的军卫战士中约有20%为茶陵土著,所以大致估计湘西的卫所中当地土人(包括蛮族)占20%,则5万军人中仅有4万属于军籍移民。

第五节

小　结

对湖南全区的洪武移民进行总结,洪武大移民中由外省迁入各区的军籍和民籍移民人口数可见表3-24。

表3-24　湖南地区元末明初(洪武)接受的各类移民

单位:万人

府　名	人口	土著	比例(%)	民籍移民	比例(%)	军籍移民	比例(%)
岳州府	23.5	21.1	89.8	0.7	3.0	1.7	7.2
长沙府	57.0	27.5	48.2	26.8	47.0	2.7	4.7
常德府	29.3	5.6	19.1	18.7	63.8	5.0	17.1
宝庆府	16.5	12.4	75.2	1.7	10.3	2.4	14.5
郴州	11.0	9.0	81.8	1.3	11.8	0.7	6.4
衡州	31.7	25.9	81.7	4.1	12.9	1.7	5.4

续表

府　名	人口	土著	比例(%)	民籍移民	比例(%)	军籍移民	比例(%)
永州	44.4	36.3	81.8	6.1	13.7	2.0	4.5
永顺	3.5	3.5	100.0	0	0.0	0	0.0
保靖	0.8	0.8	100.0	0	0.0	0	0.0
辰州	21.3	16.0	75.1	2	9.4	3.3	15.5
靖州	11.7	8.8	75.2	1.2	10.3	1.7	14.5
合计	250.7	166.9	66.6	62.6	25.0	21.2	8.5

就湖南全区而言,在洪武年间的250.7万各类在籍人口中,元末及洪武年间迁入的民籍和军籍移民达83.3万人(包括移民及其后裔),占当时全区人口总数的33.4%左右。从这个意义上说,元末明初对湖南的移民属于人口补充式的移民。

元末明初大移民中由外省迁入各区的军籍和民籍移民的原籍分布可见表3-25。

表3-25　湖南地区元末明初(洪武)外来移民氏族的原籍分布

单位:族

原籍地区	江西	广东	福建	湖北	安徽	江苏	浙江	山东	河北	河南	陕西	四川	山西	合计
湘北	33	0	0	3	0	2	0	0	0	0	0	0	0	38
湘南	30	11	5	1	0	6	1	0	1	1	0	1	0	56
湘中	558	2	7	9	6	38	9	3	6	20	0	7	0	665
湘西	49	0	0	2	12	5	5	2	0	5	3	2	3	94
合计	670	13	12	15	18	57	15	5	7	26	3	10	3	853
百分比(%)	78.5	1.4	1.4	1.8	2.1	6.7	1.8	0.6	0.7	3.0	0.4	1.2	0.4	100

说明:(1)原籍不详的不列入。(2)在原统计中笼统计为元代的,依平江例,其中一半列为元末。

来自江西的移民氏族在来自各地的氏族中占有绝对的优势,达78.5%,即使其中有一些家族是附会于江西的,但江西移民是主体移民则是不容置疑的;次则为来自江苏、河南、安徽、浙江等地的氏族。一般说来，来自苏、浙、皖、豫等地的氏族多为军籍移民，而来自江西的氏族则大部分是民籍移民。只有在岳州府似乎是一个例外。

根据表3-25，我们大致可以推算出在洪武年间湖南地区所接受的移民中，江西移民约为62万；如果作一分区论述，湘北、湘中的江西氏族所占比重似乎更大，若不计宝庆府，则达到85%以上，湘南和湘西分别占50%强，湘中区的宝庆府亦大体如是。来自江苏的移民大多为军籍移民。

此外，如此众多的江西移民氏族来自江西的许多地区，具体分布可见表3-26。

表3-26 湖南地区元末明初（洪武）江西移民氏族的原籍（府）分布

单位：族

原籍 地区	吉安	袁州	南昌	九江	临江	瑞州	抚州	建昌	广信	饶州	赣州	合计
湘北	3	2	18	2	1	1	—	—	—	—	—	27
湘南	25	—	—	—	—	2	—	—	—	—	2	29
湘中	289	36	136	2	17	17	6	2	—	5	1	511
湘西	19	—	19	2	4	—	1	—	1	—	—	47
合计	336	38	173	6	22	19	9	2	1	5	3	614

说明：未有具体原籍记载的氏族不予统计。

从湖南全区的情况看，吉安移民占所有江西移民氏族总数的一半以上，南昌移民氏族的数量虽然不少，却只有吉安氏族的二分之一；次则为袁州、临江和瑞州。分区分析显示，在湘南，吉安移民独领风骚；湘中虽以吉安移民为多，南昌移民则有崛起之势；湘西吉安、南昌二地移民数量相当；湘北则几为南昌移民的一统天下。

由此可作出图3-6以显示洪武时期湖南地区移民迁入的基本规模和方向。

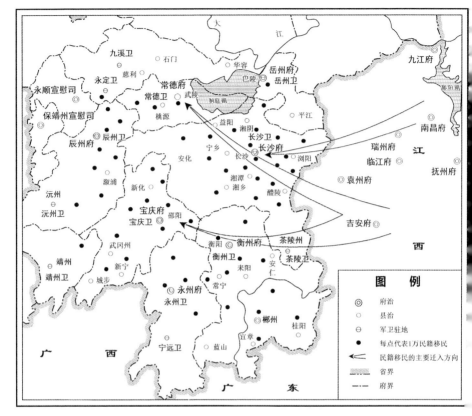

图 3-6 洪武时期湖南地区移民的迁入与分布

第四章　洪武大移民：湖广篇（下）
——兼论湖广填四川

本章专门论述湖广布政使司的湖北部分。

湖北地区在洪武大移民中的地位是相当独特的。一方面，大量的江西移民进入这一区域，另一方面，湖北人大量迁入四川。以至于四川地区在洪武时代所接受的移民，大部分来自湖北，构成后世人所称的"湖广填四川"之源起。正因为湖北移民在洪武大移民中的地位是这样的奇特，湖北移民问题与四川移民问题是这样的密不可分，所以，在叙述完移民迁入湖北的过程以后，还将叙述湖北人向四川的迁移，这也就基本上完成了四川移民的叙述。

第一节

江西填湖广

20世纪30年代，谭其骧先生在对湖南人口的由来作了深入的分析以后,继而对湖北的人口由来发表了自己的看法。他指出:"且平江、湘阴而北之湖南人,以其为南昌人后裔之故,而富有'湖北味',则自此直可以想见即湖北省之人,其大半当亦为南昌人之后裔也",这段话后,又自作注云:"此推论是否完全确实,有待异日研究。"[1] 这是关于湖北人口由来一个极富想象力的假设。据上文可见,洪武时期是这一区域外来人口迁入的一个重要时期,是否同样有理由说,洪武时期的湖北也是一个外来人口大迁入的时期,尤其是一个江西移民大迁入的时期?本节的内容实际上是对谭先生这一假设的一个有意义的证明。

湖北移民历史的研究要大大难于湖南。这是因为,文献中关于湖北人口变动的记载极少,氏族来源最为详细的方志氏族志或类似资料,遍检湖北的方志以后也仅发现寥寥几种,且质量不能与湖南的有关资料相提并论,这就给我们的研究增加了难度。1988年及1991年,我曾两次赴湖北约20个县市进行调查以访求资料,所获不多。至1992年,葛剑雄指导的研究生李懋军在这一区域进行了一次调查,获得一些新的资料,其成果反映在他的硕士学位论文《明代湖北人口迁移研究》中。同年,武汉大学历史系的张国雄完成了他的博士学位论文《明清时期的两湖移民》[2],他以十年的时间,搜集了许多外人不曾见过的移民资料,其中主要是氏族资料,数量达300余种。虽然这批资料对一个如此庞大的区域来说不算太多,但对湖北而言,却弥足珍贵。本节基本上是以这三批资料及研究作为基础编撰而成。由于历史记载的缺乏以及新资料的不足,与湖南相比,有关湖北移民历史的研究就显得粗疏得多。

兹分府论述如下。

一 黄州府

黄州府(治今黄冈市)诸属县夹于大别山与长江之间,其地貌多为

---

[1] 谭其骧:《湖南人由来考》,《长水集》上册。
[2] 张国雄:《明清时期的两湖移民》,陕西人民教育出版社1995年版。

丘陵,沿江有若干大小不等的湖泊和平原。从地方志的记载来看,元末明初的大移民也在这里留下了深深的痕迹。1918年黄冈县《余氏族谱》卷1《余氏昭穆源流考》中称:"冈邑人烟繁盛,户口辐辏,考其所自,多由明初奉令从江右迁徙而来。"1945年《宗氏宗谱》卷首《创修原序》中也称:"黄地昔经元末之乱,几同欧脱,明洪武初,命移江右于黄。"1945年《高氏族谱》卷首则说得更详细:"有明定鼎之初,我祖华远公驾一叶扁舟,涉鄱湖之浩瀚,始卜居于冈邑之北上伍乡。"时间皆称为洪武时代。宣统《黄安乡土志》记载了黄安县几十个氏族的由来,却偏重于对于明代以前土著氏族的记载。张国雄《明清时期的两湖移民》一书所列举的百余个氏族只记载了一个黄安县的氏族,兹根据两种资料列表4-1。

表4-1 黄州府氏族的迁入时代和原籍　　　　　　　　单位:族

原籍 时代	本区	江西					其他省	合计
		江西	饶州	南昌	九江	吉安	其他		
宋以前	11	—	1	—	1	—	—	1	14
北宋	2	1	—	1	2	—	1	1	8
南宋	2	2	1	2	3	2	2	4	18
元	—	—	4	3	—	—	2	—	10
元末	1	1	7	2	1	1	3	5	21
洪武	3	30	46	11	2	2	7	8	109
合计	19	34	59	19	9	5	15	20	180

资料来源:宣统《黄安乡土志·氏族录》,张国雄:《明清时期的两湖移民》,附录一"移民档案"。

说　明:《黄安乡土志》中有的氏族仅记代数,不记具体年代。一族记为21代,五族记为20代,统计中作为洪武年间数据记入。由于此地没有永乐年间的迁入者,明初迁入之氏族皆记为洪武。张国雄原书将湖北按地形分区后分别记载氏族迁入地,此以府为单位将原记载重新处理。迁入时间不详及原籍不明的不予统计。有记为"江西兴国县"者,实迁自湖北兴国州,即今阳新市。

这180个氏族主要分布于黄安、黄冈、黄陂、麻城、蕲水、蕲州和广济,涵盖了黄州府属县的绝大部分,所反映的移民状况应具有很好的代表性。

先论黄安土著。在氏族志中明确记载的土著仅有三族:一为石氏,宋代始居于此,居有35—36代,其先人来历并不清楚;一为马氏,记为"老籍土著";另一土著为三国毛阶之后,据称毛阶之墓地亦在县中。另外可能也是土著的家族如董姓,其来历不清楚,但其与麻城之董姓合谱,可能为土著。另一周氏,在《麻城县志》中,该家族中有40人名列其中,考中进士者竟有15人,是当地一赫赫有名的大家族,其来历不详,亦极可能为土著。除此之外,一邓氏从黄陂县迁入,居于此已有22代,迁入之前,在黄陂县已居住了8代,这一家族也应当列为土著;又有一孟姓者,南宋时从襄阳迁入,对于洪武移民而言,当然是土著了。年代不能确定的土著,列入"宋代以前"迁入栏[1]。

黄州府的情况与安庆府相类似,宋代即有相当规模的外地移民迁入,相对于元末明初的新移民而言,这批宋代的迁入者已经成为土著了。据表4-2,黄州府与宿松县的历代氏族比例相当接近。稍有所不同的是,黄州府的土著比例略多于宿松,而元末明初移民的份额也略低于宿松。

表4-2 黄州府和宿松县明初以前历代氏族比例的比较(%)

地区	宋代以前	北宋	南宋	元	洪武	合计
宿松	2	1	10	21	66	100
黄州府	8	4	10	17	61	100
荆州等地	0	2	8	32	58	100

资料来源:据表2-3、表4-1和表4-5计算。

在概率把握度为95%的情况下,宿松县和黄州府的氏族类型并没有表现出明显的差异。这就使我们产生联想,宿松县氏族人口的模型 $Y = -5.54 + 0.011\,4X$ 可以用来测算黄州府的氏族人口。结果如表4-3所示。

扣除元末及洪武年间由本区迁入的土著,元末及洪武年间从外地迁入的移民人口大约仍占全部人口的62%左右。此虽较同一时期宿松县移民人口的比例低,但同样是一个人口重建式的移民区。

---
[1] 以后各表均同此,不另说明。

表 4-3 黄州府氏族 1922 年的人口估测

时　代	年　代	氏　族	始迁人口	自然增长率（‰）	1922年人口	百分比（%）
宋代以前		14	60	5.0*	35 700	14.3
北宋	1040	8	40	6.3	7 920	3.2
南宋	1200	18	90	8.1	30 470	12.2
元	1320	10	50	9.5	14 820	5.9
元末	1364	21	105	10.0	27 070	10.9
洪武	1380	109	545	10.2	133 410	53.5
合计	—	180	—	—	249 390	100

* 黄州府的土著比宿松多，却较平江、汝城少，故宋代以前的土著人口年平均自然增长率也应比宿松高，而比平江、汝城低，故取此值。

在元代及洪武年间迁入的氏族中，江西移民无疑是最重要的部分，他们的比例达到87%左右。如果我们把宋代和元代（非元末）的江西人也考虑其中，毫无疑问，江西籍人在当地人口中的比例将大大增加。麻城民国《彭氏族谱》引万历谱序提到当地的人口构成："外籍不一，而江右独多。以余所见，逮余所闻者，皆各言江西云。夫邑之来江西者不止万族。"这里所说的"来江西者"还应当包括宋元时期迁入的江西氏族。无怪乎《黄安乡土志》的作者也会说当地"人多来自江右"了。

在江西的移民中，来自饶州、南昌等赣北地区的移民为其中最主要者。这样一种移民构成与黄州的地理位置十分相称。从以前和以后的论述中我们可以知道，安庆地区以饶州移民为主，武昌地区以南昌地区移民为主；黄州府的移民类型与安庆相似，其人口的来源也与安庆同源。

洪武二十六年的黄州府有74万民籍人口，加上黄州卫和蕲州卫的二卫军人及其家属，折算共有军籍移民3.4万人口，合计全府人口总数为77.3万。如下文所说，黄州府民籍人口中至少有5万人口迁往毗邻的德安府，因为路近，他们不大可能马上在新地取得户籍，而实际上他们已不在户籍所在地生活。所以减去5万人口，全府人口数为72.3万。其中移民人口占其62%，共有44.8万，移民人口中江西移民共有39万。以军籍、民籍人口分,则军籍移民为3.4万,而民籍移民为35.6万。如上一章所述,军籍人口中有原籍江浙但来自凤阳的屯田者,也有招降后改编的鞑靼军士[1]。江西移民中饶州府移民约占三分之二,约合23.7万人,南昌府约合7万人口,九江府约4万人口,余为其他。

最后还要谈谈黄州的土著。元代末年,天下群雄揭竿,黄州之徐寿辉与陈友谅于此迅速组织了自己的子弟兵,并在一段相当长的时间里,在长江沿线摆开战场,与朱元璋决一雌雄。黄州子弟多投入军营,或战死沙场,或兵败后被朱元璋改编,还有一部分随明玉珍进军四川。当战争延及黄州时,也会有不少的人口死亡或逃散。另有一点值得注意的是,如上一章所述,在安徽含山县,曾发现一张姓氏族举家迁入,其故籍则为黄州地。其家谱称:"予家先世祖籍湖广黄州府麻城县,始祖民人国佐公阅洪武二年率其昆弟子侄暨臧获辈男妇共三十四人,流离播迁含邑。"从这段文字中,我们知道,这是一个民籍大家族,全家迁往含山,类似苏州富民迁往濠泗。朱元璋对陈友谅的根据地也采取了迁其富民支持者的方针。另外,从后文中将可以看到,一大批黄州府的土著人口在洪武年间的大迁移中,迁入了相邻的德安府地,当地人称为"麻城过籍"。湖北地区的各府中,黄州府的人口最多,所以有条件向其他地区输出人口。

二 武昌府

武昌府(治今武汉市武昌区)的南境地处幕阜山脉,境内山岭纵横。武昌府之北境为沿江平原,这里湖汊众多,平原广大,是湖北一个主要的农业区。

从地形上说,武昌府的平原区与相邻的黄州府沿江平原基本上相同,只是由于长江的阻隔,才使之划分为两个不同的行政区。元代末年的社会动乱造成的危害,对于江东、江西的同一块平原来说,几乎

---

1 《明太祖实录》卷195。

没有什么区别。因此,武昌府平原诸县也应当和黄州府的沿江平原一样,充斥着来自江西的新移民。

民国《蒲圻乡土志》称:"元末明初,江右民族多自进贤瓦子街移居蒲圻,近月盈千累万之盛族,皆此种类。"进贤县属南昌府地,而瓦子街则为南昌市区的一条著名的商业街,来自进贤县的移民在府城南昌的瓦子街作一短暂的停留,然后奔赴他们的新居地。瓦子街只是移民集散地,而不是移民故乡。由此,我们知道在蒲圻一带定居的江西移民来自南昌府。又如大冶县,1990年版的《大冶县志》也提到:"现在大冶人口中,土著很少,多数是宋、明以来陆续从江西迁来的,少量来自湖南、四川和浙江。"[1]这一记载当是县志的编撰者根据某种调查所作出的,与我们在安庆与黄州所见,非常相似。

武昌县的记载更为清楚。武昌县即明代江夏县,位于武昌府的最北端。1989年版的《武昌县志》称:"元末战乱之后,湖北人烟稀少,明洪武初移民垦殖,江西人在县境定居者甚多,在县人口来源中占较大比例。"[2]这里所说的"较大比例"到底是指多大的比例,我们并不清楚,但可以肯定这里是一个江西人的移民区。

从蒲圻县的记载来看,南昌人是这一区域移民的主体。又据上引新修《武昌县志》的记载,今武昌县的南部存在一个很大的南昌方言区,即是洪武时期南昌移民充斥于此的明证。如果说武昌府沿江平原诸县的移民成分与黄州府有所区别的话,那就是,黄州府的移民中,饶州、南昌和九江移民数量相当,武昌府更多的则是南昌移民。

在武昌府南部山区,尽管元代末年的战乱中,僻在山区的各县也有相当大的人口损失,但战后的移民却有所不同。如通城,明人李贤说:"(元末)民之逃徙者十将八九。"[3]通山县的记载说:"元季贼寇蜂起,土匪全式臣等蹂躏城乡,世家望族俱为殄灭。"[4]而崇阳县则有:"元末兵燹以来,崇之民逃难解散,野无烟火。……天朝开国敷治,民

---

[1] 《大冶县志》第四篇"人口",湖北科学技术出版社1990年版。
[2] 《武昌县志》第四篇"人口",武汉大学出版社1989年版。
[3] 李贤:《通城开创县治记》,康熙《武昌府志》卷12《艺文》。
[4] 民国《通山县志·人物》。

稍稍自远还,辟其田什之二三。……洪武十年秋,元侯来牧是邑,因民之暇兴坠起废。……四方之民大集,岁垦其什之八。"[1]

从武昌府南部诸县所处的地理位置和各县的地形地貌条件来看,这一区域所受到的战争破坏应当比北部的平原区为轻。从上引的各条资料中,我们看到的多是人口的逃散;战事甫定,逃散的土著大多回归故乡。之所以如此说,是因为在通山县,我们并没有发现洪武年间存在大规模的移民活动。民国《通山县乡土志略·民族》中记载了30个氏族的情况,其中宋代的氏族就有20个之多;以原籍分,来自江西的虽然有19族,但元代及明初迁入的仅有8族,占当时氏族总数的27%左右,与平原区有很大的差异。张国雄在其著作中列举了4个通山、通城县的族谱,其中2族迁自宋代,2族迁自元末明初。由此亦可见武昌府的南部山区土著氏族众多。据此我们可以判断武昌府南部是一个人口补充式的移民区。由于所得通山县氏族样本数过少,因此我们无法运用前述任何一种氏族人口的模型对其氏族人口进行测算,为此设计一种简单的氏族人口标准化的方法,即将元末明初以前的土著氏族折合成与元末明初氏族含同样多人口的"标准氏族"。这一"标准"的关键是每族人口的等量原则,这一量值可以从其他县的同类比例中获得借鉴(见表4-4)。

表4-4 平江等五县土著氏族与洪武氏族人口的比值(倍)

时代\县别	平 江	汝 城	醴 陵	益 阳	宿 松
元以前	4.5	4.7	1.6	1.6	1.6
元	1.8	1.0	1.4	1.1	1.0
洪武以前	4.0	3.7	1.5	1.2	1.2

资料来源:据表2-3、表3-4、表3-8、表3-13、表3-15计算。由于桃源县没有南宋以前的氏族,难以比较。

在平江和汝城,一个元代以前的土著氏族人口约相当于4.6个洪武氏族所含的人口,在另外三县,这一比值仅为1.6。这就是人口重建式移民地区和人口补充式移民地区的差别所在。由于通山县并没

---

[1] 《古今图书集成·职方典》卷1124《武昌府部·艺文》。

有宋代以前的土著氏族，故认为一个元末以前土著氏族的人口略相当于元末明初移民氏族的3倍，测算结果显示，元代及明初迁入此区的人口仅占当时总人口的10%左右，并未构成规模。

洪武二十六年武昌府民籍人口约为30万人。加上武昌二卫的军人及其家属，共有人口33.4万。山区的县份稍小，设每县平均为2万人口，通城和通山的4万人口中约有0.4万移民；另外8县有人口约29.4万，其中移民人口为60%，就有17.6万。合计有移民人口18万，其中3.4万为军籍移民，余14.6万为民籍移民。其中若有70%为江西移民，就有10.2万人。江西移民的主体应当来自南昌府，他们至少应有7万人口。

三 德安府

德安府（治今安陆市）地处鄂北，曾是南宋、金两国的分界线，战争使这一区域的人口消耗极大。元兵灭南宋，其主力自襄阳突破，鄂北化为废墟。元代末年，战火蜂起，农田再次化为战场。正德《应山县志》的作者在序言中说："应山为楚之穷邑，当南山扼塞之孔道，昔经元末之乱，此盖战场也，戎马蹂躏，化为兵火之墟，而无复畛畦之迹。"南面的云梦县，据康熙《云梦县志》卷9称，洪武元年（1368）置云梦县，"是时土著丁户歼戮几尽"。在孝感，一份《董氏族谱》载："元末刘福通之乱，孝邑人民从军入蜀，井里萧条。"[1]把孝感土著衰落的原因归之于追随明玉珍之军队入蜀，其根本的原因仍在于元末的大战乱。

由于各地都有关于元末战争破坏性的记载，所以我们并不能从上述文字中看出德安府受到的破坏要比其他地区严重。查《明史·地理志》，洪武初年，德安辖区仅有云梦县未被省废，其余各州县皆是洪武十三年复置的，而德安府也降为州，从属黄州或武昌府，至洪武十三年才复为府。换言之，洪武初年，德安府的大部分州县已不存在，其原因就在于人口过于稀少。

---

[1] 孝感《龙店区志·江西、麻城过籍资料》，1989年。

关于战后的移民活动,地方志和各种族谱资料中有不少记载。康熙《孝感县志》卷10的记载是:"(元至正)十六年(明)玉珍率兵袭重庆,称夏主,孝感人多随之入蜀。是时寿辉兵皆裹红巾。至今土人言红头军作反,人杀尽,各处人来插草为标者,盖玉珍等事也。"说的是土著不存,移民进入之事,只是移民来自何方未予说明。所称之"插草为标",指的是占田认耕的随意性,也反映了土著的稀少和土地的空旷。

再如上引康熙七年《云梦县志》卷9的记载说:"是时土著丁户歼戮几尽,招募四方占籍,休养生息,户口渐蕃。"也没有说明移民人口来自何方。

康熙《安陆县志》的作者云:"闻之老父言,洪武初大索土著弗得,惟城东老户湾屋数楹而无其人,乌兔山之阴穴土以处者几人而无其庐舍,徙黄麻人以实之,合老妇孺子仅二千余,编里者七。"[1]明确指出迁入的移民为黄州府之麻城人。

又如孝感《夏氏族谱》记载自己的祖籍:"荣二祖,其先麻城太平乡古井巷人,明洪武初迁徙天下富民充伍,公偕李孺子徙居孝感县。"[2]说的也是麻城人向孝感县的迁移。由于此夏氏言明自己的祖居地详细到乡、巷,且孝感与麻城相距不远,这一有关原籍的说法就显得非常真实。

除麻城的移民外,德安府另一大宗的移民恐怕还算是江西人。一本著于乾隆年间的《程氏族谱》载:"余家原籍江西吉水,明洪武二年奉调入随(州),迄今四百余年,耕读自守,丁户渐繁。"[3]这里的"奉调"一词表明,似乎谱主的始迁祖是调防的军人,但又自称"耕读自守",却又像垦田的农人。

来自随州的资料表明江西移民群的庞大。在随州柳林,"据查本社居民除赵、钱、续、刘等姓氏原籍为湖北外,张、陈、王、彭、唐、任、邬、古、熊、马、徐等姓均系洪武初年从江西迁至落籍"[4]。

---

1 道光《安陆县志》卷3《疆里》。
2 孝感《龙店区志·江西、麻城过籍资料》,1989年。
3 引自李懋军:《明代湖北人口迁移研究》。
4 《柳林社志》,1983年。

1988年在应山县所阅正在编撰中的《应山县志·人口》(稿)提供了16份应山县的氏族资料,其中有2族不详来历与时间,余14个氏族中,有2族来自麻城,但不明迁入时代;另外,在这12个有原籍及迁入时代的氏族中,没有明代以前的迁入者或老土著,迁自明代初年的有9族,3族自明初来自江西,5族于同时来自麻城,1族来自黄州府南部的兴国州;明代中后期迁入的有2族麻城氏族和1族安徽氏族。从应山县的情况看,洪武移民在当地人口中的比例大大高于黄州府和武昌府。麻城移民与江西移民势均力敌,或许麻城人的势力略大于江西移民。这样一种移民的格局与黄州府和武昌府在很大程度上是相同的。

或许是由于麻城人势力太大,就有了关于江西移民的合法性的问题。一份应山县的《熊氏族谱》编造出关于皇帝视察后移江西民入德安的神话。谱序中说:

> 御驾亲临巡察湖广,至永阳邑,今应山县,在宝林寺驻扎,见四乡无人烟,粮草缺乏,帝见垂怜,下圣旨至江西,招集民众到应山安民。

对于数量上并不占优势的江西移民来说,没有什么比皇帝亲临应山下旨移民更能有效地对付麻城人的挑战了。

在上面的论述中我们已知,由于麻城县的所谓土著中有一大批是宋代从江西迁来的老移民,他们的人口比老土著还要多,相对于洪武移民来说,他们也是土著居民,我们称其为新土著。当洪武年间麻城人向德安府迁移时,就会有一大批这样的人口夹杂其中,甚至可以说,他们就是迁往德安府的麻城人的主体部分。在应山县曾见一喻氏家族,就是元初从江西丰城县迁入黄冈,再迁入麻城,最后又于洪武三年(1370年)迁入应山县的。在上面的统计中,我们仍将他们的原籍归入麻城。正是因为有了这样一种江西人的存在与活动,所以在德安一带才会有关于当地人民原籍的一种普遍的说法,即称自己来自"江西麻城",或言"江西麻城过籍"。在当地人的心目中,"江西麻城"是一个完整的词汇,并不是"江西"和"麻城"。

而只有当我们了解了麻城人口的形成历史时,才会对"江西麻城"一词有深切的体会。

来自本省兴国州的移民也有称自己为江西兴国人的。如应山《明氏族谱》卷1中称其祖先明勉"于洪武二年奉诏成军,只身外出,久而未归,遂卜居应山"。在湖广地区,我们几乎没有看到有赣南的人口外移的,所谓的兴国,当为湖北的兴国州无疑。

万历《湖广总志》卷35《风俗》论述了德安府的人口构成,指出:"自元季兵燹相仍,土著几尽,五方招徕,民屯杂置,江右、徽(州)、黄(州)胥来附贯。"对江西、黄州的移民多有论述,徽州氏族却不见有记载,可能是明初以后由于徽州商人的活动,使他们在德安府的社会生活占有重要的地位所致。

洪武二十六年德安府民籍人口仅为7万,假定移民人口占总人口的60%,也只有4.2万。这4万多移民中,应大部分是江西移民,麻城移民因为距家乡太近,不可能马上在德安府取得户籍,因而洪武二十五年的户口统计中不会有麻城移民。只有在明初以后,麻城人才陆续入籍于此。以其数量而言,应该比江西移民稍多,大约为5万人。

四 荆州、汉阳和沔阳

这一区域是一个相当完整的地理单元,即江汉平原。它包括三个行政区,即荆州府(治今荆州市)、汉阳府(治今武汉市汉阳区)、沔阳州(治今仙桃市)。由于资料太少,我们仅能对这一区域的移民作一简略的描述。

宋元战争对这一区域带来的混乱可见《元史·地理志》的有关条目,如监利、京山和景陵条下均有关于这些县治崩散、迁徙或复旧的记载。元末的战乱及战乱结束后的移民并不见于官修史书,却大量见于族谱。如汉阳《王氏族谱》序中称:"相传懿惠公以元末诸生,值兵燹大乱,楚地土旷人稀,明初由江西清江县迁居湖北汉阳西门外十里之地,而王家畈之名由此焉。"新修《汉阳县志》的作者也说:"县内族姓多自明、清两代由江西迁入。"[1]

在京山县,张国雄引《云杜故事》卷14载:"元末大乱,盗寇蜂起,京山杀戮最惨,邑仅存七十余家……是时土田旷荒无主,流徙侨寓者,悉插草为识,据为己业。"所以当地流传着"洪武开坎"的民谚。迁来的人口中应当主要是江西人,1933年《黄氏宗谱》序中云:"我祖兴一公,旧居沂水(江西庐陵沂溪),(明初)率妻徐氏负子普京迁京邑。"说明明初江西移民已迁入安陆州地。

再看沔阳,1947年《李氏宗谱》提供了一个复杂的同姓异族合迁的移民事例,兹从张国雄上揭书中转引如下:

> 系周(原籍江西南昌府新建县朱石巷)适以名进士出守湖广安陆郡,晓拨(原籍山西大同府大同县小五村)由侍卫任湖广武昌协镇,宪受(原籍江西吉安府吉水县谷存里)、治宇(原籍江西饶州府鄱阳县顺坡坡),一为湖广黄州太守,一为湖广长沙佐。天作之合,同宦楚疆。一日四公官廨宴饮,私相议论,见楚土阔人稀,并有落籍三楚之意。晓拨公曰:"吾与诸兄弟流离之余,复获聚首,楚沃壤千里,现在诏民开垦,吾欲留家矣,未审诸兄弟以为何如?"三公鼓掌大笑曰:"英雄所见略同,吾四人本骨肉之亲,即择地而蹈,亦当井里相望,庶失式好之谊。"洪武二十年丁卯秋,四公携室而迁于沔南之茅埠镇,比屋而居,自成一村。

这一段文字很有意思。其一,四个李姓来自四个不同的地方,三人来自江西,一人来自山西,两地恰是洪武大移民的两个主要移民输出省份。其二,四人关于原籍皆非常清楚:所称南昌府新建县朱石巷,因新建县城为府城,故朱石巷为南昌城中之街巷,至今仍存,名为朱市巷。其他地名则不知至今存否。其三,四个李姓皆称自己是士宦出身,其中二人文官、二人武将,文官为太守,武官为佐将,四个不同地区的文武官员是如何聚首宴饮的,实难以想象,而且所称"武昌协镇"一职疑为清代官职,所以我们推测他们的士宦身份是假造的,

---

[1]《汉阳县志》第五章"社会篇",武汉出版社1989年版。

而原籍则可能为真。当然,像朱石巷这样的地名,并不是李系周真正的原籍,而是一个移民的集散地。这一地名在湖北有相当广泛的流传。

荆州府也接受了相当多的江西移民。1913年《胡氏族谱》卷1序中提到:"自乎元明革命,赣省兵燹迭见,人民不惶宁处,其由江右而播迁荆楚者,几如江出西陵,其流奔放肆大。"卷9则提到这一源于江西南昌县中林乡的胡氏四兄弟在迁入荆州江陵后的四个不同的分布地。

民国《松滋县志》卷8《氏族》记载了该县178个氏族的情况,可惜的是,该志仅对75个氏族的迁入时代有所记载,但对氏族原籍则基本不予提及。在这75个氏族中,土著1族,宋代1族,元代11族,元末2族,明初15族,明末6族,明代23族,余为清代氏族。关于氏族原籍,只有元代1族向氏从施州南部迁入和明初1族从澧州迁入。这样看来,似乎没有载明原籍的都应当是外来移民。的确,在罗列氏族之前,县志的作者作过以下说明:

> 松滋氏族,问其故籍,皆自江右而来。其谱乘所载,始迁祖或宋元,或明初,即僦居于此。故老相传,有江西填湖广,湖广填四川之说。康熙志云:"松滋自流民侨置以来,多五方杂处,明季徙豫章民来实兹土,江右籍居多。"康熙去明末不远,就旧志所载,证以故老传闻,其言似可信,但明末至今不过百年,即衍育最繁,只能三四百户,今县中旧族,如覃、邹、佘、梅等姓,或三千户,或五千户,其始迁不自明末,可断言也。

这种根据族之人口多少大致判断其定居时代的做法,和我们从事湖南人口研究中的思路是一致的。民国县志的作者因此而确定县中一批旧族来自明末以前,从而否定康熙县志的观点,这与他们调查的结果也是吻合的。我们将上述统计的时代截止于明初,则元末以前迁入的氏族或老土著有13族,占明初所有氏族的43%,而元末明初氏族则占57%。事实上,由于松滋县的氏族中还有很大一批自称为明代迁来,除了其中有一些是明代中期迁入的以外,可能有一批明初迁入者夹杂其中，所以实际上明初迁入的氏族会比上述统计多。由于宋元时代的氏族所含人口一般要多于元末明初的氏族，松滋县元代氏族较多，但元代氏族距元末明初较近，其氏族平均人口虽可能多于元末明初者，却不会太多。因此，我们估计松滋县明初迁入的氏族人口约占当时该县人口总数的60%左右。

据前引张国雄一书，在洪湖县（今洪湖市）石码头区的老官庙村有一铸于康熙年间的古钟，钟上铭文记载了当地尹、胡、萧、吴、游5姓18户的姓名，其中"祖籍江西"的有尹、胡、萧3姓14户，"祖籍黄州府黄冈县"者为吴姓1户，"祖籍（洪湖）新堤"的有游、尹、胡3姓3户。从户数看，祖籍江西的占户数总数的78%。假定来自江西的户中有一二户来自元末以前，或者其中有一二户自明初以后迁来，洪武移民的比例就会大大降低。粗略地判断，洪湖县的这一资料并不与松滋县的数据相冲突。

荆州府的西部为丘陵及山地。根据我1988年的调查，枝江、宜都及当阳、荆门以西已不见有大量明初移民的迁入。荆州府之西部区域是明代中期流民活跃的地区。

最后，我想用张国雄书中搜集的几十个氏族的情况对这一区域的移民作一总结。各族迁入的时间见表4-5。

表4-5 荆州、汉阳、沔阳移民氏族的迁入　　　　单位：族

原籍\时代	本区	江西						其他省	合计
		江西	饶州	南昌	吉安	九江	其他		
北宋	—	—	—	—	—	—	—	1	1
南宋	—	1	—	—	1	—	1	—	3
元	—	—	—	1	—	—	—	2	3
元末	—	—	1	5	—	—	—	3	9
洪武	3	1	—	6	7	—	2	3	22
永乐	—	—	—	1	—	—	—	—	1
明中后期	1	8	2	3	5	—	2	1	22
合计	4	10	3	16	13	2	3	10	61

资料来源：张国雄：《明清时期的两湖移民》，附录一"移民档案"。

在洪武时期的38个氏族中,迁自江西及其他省区的移民氏族达到了28个,占总数的73.7%。这一数值与宿松更为接近。通过对表4-2中荆州等地及宿松县移民氏族的相互比较,在概率把握度为95%时,两地氏族的类型并无明显的差异。仍用宿松县氏族人口的模型对荆州地区氏族人口进行估测,结果是:元末明初外地迁入的移民人口占洪武时期总人口的70%左右。由于对这一区域移民人口所作估测中所用样本较少,可能存在对土著人口的低估,故将移民人口的比例修正为60%,这无论如何都不会是一个高的估计。

洪武二十六年这三个府州有民籍人口共47.5万,减去基本未接受移民的枝江、当阳及以西等9个州县,即减去人口达13万,其余人口为34.5万。军人及其家属共有6.7万,合计军、民籍人口为41.2万。其中65%为移民,就有人口26.8万。移民中的80%左右为江西移民,就有21万。江西移民中来自南昌府和吉安府的各占40%,余为其他。

依上述算法,军籍移民中也有相当一部分是江西人。如袁宏道三兄弟,"其先世从江右徙蕲黄间,遭世乱离,谱牒莫详,至洪武中为戍卒,屯田公安之长安里"[1]。这一家族在蕲黄间大概生活了一段时间,尔后迁至公安县,但对他们来说,江西仍是他们的祖籍地。来自其他地区的如另一著名人物张居正之祖先,他的始迁祖是归州守御所的军人,从凤阳定远迁来,他的后代中的一支迁往江陵定居。依同样算法,估计安陆州移民人口为3.5万,详见表4-6。

五 襄阳及其他

襄阳(治今襄阳市)正值宋金对峙之前线,战乱使此区破败凋零。元代末年,南琐、北琐红军以襄阳为根据地起义,更使襄阳成为人稀之区。朱元璋"命邓愈以大兵剿除之,空其地,禁流民不得入"[2]。正因

---

[1]《袁宏道集笺校》附录二,上海古籍出版社1981年版。
[2]《明太祖实录》卷45。

为有了朱元璋的空地政策,才使之成为洪武大移民不曾广泛涉及的区域。也正因为如此,直到洪武二十六年,这一区域的人口仍未得到有效的补充,以一府之大,仅有人口8.6万余,不敌黄州府的一个中等县份。

从明代中期的一份官员奏章中,我们知道从洪武年间开始,已经有"各处客商"潜居于此,娶妻生子,成家立业[1]。这也就是说,即使洪武时期有移民迁入此区,政府也未承认,他们的户籍问题不可能得到解决。这就引发了明代中期的流民运动。

《湖北宜城县乡土志约编·氏族》记载了该县十几个氏族的情况,但言之过简,无法利用。志后有一评论指出氏族的大致由来:"南昌迁居,汴京移至,魏兴名族,山西国器。"南昌迁居者列于首位,是否暗示了南昌移民在当地人口中的地位之重要?张国雄曾在宜城进行过调查,当地人口之大多数自称祖籍江西,究竟何时迁来,则不知晓。依我的观点,如前所述,由于在黄州以西,南昌来的移民几乎为江西移民之主体,所以南昌移民的集居地往往可能是洪武移民的集居地。因此,宜城县有可能是洪武时期江西移民在襄阳地区最集中的聚居地。

往北至枣阳、光化一带,听到的有关居民祖籍的说法大都是山西大槐树或江西大槐树。这说明来自山西的移民已经从北面进入了这一区域。当然,山西移民有一部分可能是在洪武年间迁入的,另一部分应是在明代中期或以后迁入的。这是因为,洪武时期的山西移民已经逼近河南与湖北的边界地区。具体的论述可见有关河南移民的章节。

另一尚未论及的区域为施州卫。明初有州,后州废,存卫。其余则为宣抚司、安抚司、长官司和蛮夷司。洪武以后又增设大田军民千户所。查新修《咸丰县志》中收录10个汉族氏族,其中7个氏族迁于洪武年间,他们分别来自安徽、江苏、河南和山东,其祖先均是卫所的军人[2]。

---

1 《明英宗实录》卷16。
2 《咸丰县志》卷3,武汉大学出版社1990年版。

至此,我们可以对湖北地区洪武时期的移民作一总结,各地区的人口和移民结构见表4-6。

表4-6 元末明初(洪武)湖北地区接受的各类移民

单位:万人

地 区	人口总数	土 著	百分比(%)	民籍移民	百分比(%)	军籍移民	百分比(%)
黄州府	72.3	27.5	38.0	41.4	57.3	3.4	4.7
武昌府	33.3	15.3	45.9	14.6	43.8	3.4	10.2
德安府	7.0	2.8	40.0	4.2	60.0	0	0.0
汉阳府	5.0	2.0	40.0	3.0	60.0	0	0.0
沔阳州	8.8	3.5	39.8	3.6	40.9	1.7	19.3
安陆州	5.8	2.3	39.7	1.8	31.0	1.7	29.3
荆州府	40.4	16.2	40.1	19.8	49.0	4.4	10.9
襄阳府	10.3	5.3	51.5	3.3	32.0	1.7	16.5
施州卫	15.5	15.5	100.0	0.0	0.0	0.0	0.0
合 计	198.4	90.4	45.6	91.7	46.2	16.3	8.2

在洪武年间湖北地区的198.4万总人口中,土著人口占45.6%,移民人口占54.4%。由此可见,洪武大移民对湖北地区人口构成的影响是相当深刻的。依本卷的定义,洪武大移民重建了湖北的人口。

根据各府的移民原籍作一统计,在湖北的108万移民人口中,江西籍移民约为70万,占总人口的65%。在92万民籍移民中,来自江西的移民约为55万。其中,来自饶州府和南昌府的移民大体相当,各为19万左右,吉安府(治今吉安市)移民约为8万,九江府移民约为3万,余为其他。军籍移民中也含有相当数量的江西籍战士。

洪武时期对湖北地区的大移民可以见图4-1。

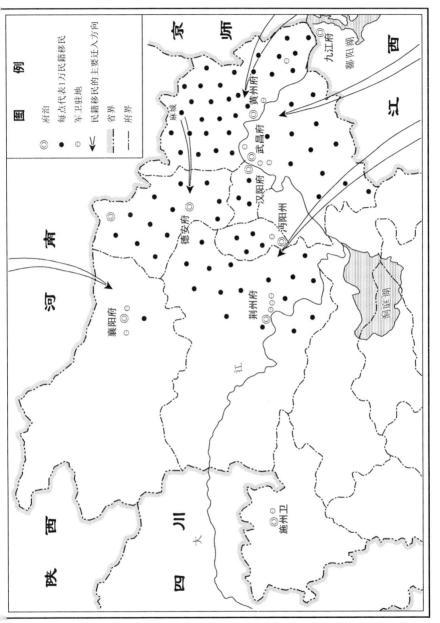

图 4-1 洪武时期湖北地区移民的迁入与分布

第二节

湖广填四川[1]

元代末年,随着战争规模的扩大,湖北的局势日趋混乱。在今天四川省的一些家谱中,留下了不少有关的记载。如合江县的一份《张氏族谱》中有一首始迁祖留下的《留别遗后诗》中说:"自统湖麻祖籍居,红巾赶散各东西;先到巴渝开大业,后到綦阳置田溪。"泸州市的一份《创修罗氏特凌支谱》则称:"祥胜,字胜二,先业儒,元致和(1328年)末徙湖广麻城,孺人麻城仙居乡人也。至元、正间(1335—1368年)兵乱,携家属至松溉,时荒林茂草,茫茫而已,始就荒居,以避乱焉。"这是个别家族的例子。还有一些提到区域人口迁移的情况,如明礼部尚书吴宽在一部修成于弘治年间(1488—1505年)的《刘氏族谱》的序言中写道:"自元季大乱,湖湘之人往往相携入川,为避兵计。"[2] 又如在至正十一年(1351年),"红巾寇韩山童作乱,罗田徐寿辉,号朱城(按:今武汉市新洲区),黄民倾市迁于蜀"[3]。

除了因避兵乱迁入的湖北移民之外,另外一批移民就是随明玉珍入川的湖北籍军人。这批军人与以前所讲过的军籍移民不同,他们不是朱元璋的国防军,而是与朱元璋分庭抗礼的一方首领的子弟兵。

至正十七年(1357年),明玉珍督兵万余,乘船逆江而上,攻占了重庆,最后又占领了整个四川。随明玉珍入川的湖北人由下列两部分构成:一是与明玉珍一起举事的乡人,包括德安府人和黄陂人。地方志中的记载是:"玉珍率兵袭重庆,称夏主,孝感人多随之入蜀。"[4] 又

---

1 参见李世平:《四川人口史》第五章和第六章,四川人民出版社1987年版;李懋军:《明代湖北人口迁移研究》,复旦大学硕士学位论文(油印稿),1992年。
2 乾隆《巴县志》卷17《补遗·艺文志》。
3 《古今图书集成·职方典》卷1186《黄州府部·纪事》。
4 康熙《孝感县志》卷6《灾战考·兵事》。

有记载说:"(黄陂)至明初而土著者多迁四川。"[1] 这大概是由于明玉珍的义弟万胜为黄陂人,他又是明氏手下的一员大将,其乡人因此而极有可能追随他赴四川。另一部分是明玉珍归附徐寿辉后徐氏增派的军队以及明氏驻守沔阳时所招募的军队。至正十七年随明氏入蜀的军队仅仅是其中的一部分,到了至正二十年(1360年),徐寿辉为陈友谅所杀,明氏命"以兵塞瞿塘,绝不与通",其驻守沔阳的军队应全部撤入四川。

上引文中所谓的"随之入蜀"实际上还包括对老百姓的招抚。四川仁寿县的一份《李氏族谱》这样说道:"元末吾祖世居麻城孝感青山,陈逆之乱,乡人明玉珍据成都,招抚乡里,吾祖兄弟七人迁蜀,因与祖一公籍寿焉。"这兄弟七人同时成为明氏军卒的可能性不是太大。

明玉珍之所以在驻军四川的同时又招抚湖北籍的百姓入川,是因为当时的四川实在是太荒凉了。四川是宋元战争中受害最深的地区。蒙古人从南宋统治者手中夺取四川,经历了半个世纪的战争,时间之长、战事之激烈都是前所未有的。战争带来四川人口的巨大损失,《元史·世祖本纪》记载,至元十九年(1282年)即元军完全平定四川后的三年,"十月,以四川民仅十二万户,所设官府二百五十余,令四川省议减之"。这个数字是随着蒙古人对四川地区统治的扩大,经过清查和核实后确定的,是一个基本可信的数字。按照1∶5的户口比例,四川全境的人口约为60万左右。与嘉定十六年(1223年)四川的人口数字相比,仅存10%。真是空前的人口下降。

元朝统治四川的80年中,四川的人口恢复增长是十分缓慢的。《元史·地理志》记载了成都府路等5路1府的数字,统计时间是元至元二十七年(1290年),比上述12万户的统计时间晚了八年。这5路1府户为98 542,口为614 772。其他行政单位在元代初年清理户口时,竟然没有统计数字,看来并不是文献记载上的缺漏,而是因为所辖户口太少,又在八年前裁减了官府,所以才无人司其职。光绪《内江县志》说:"迨元一统,则已地荒民散,无可设官。一时资州、内江、资阳、

---

[1] 同治《黄陂县志》上卷《天文志·风俗》。

安岳、隆昌、威远州县并省,终元代九十年未复。"唯安岳复于至正元年(1341年),时间也很晚,距明玉珍入川结束元朝的统治仅有16年了。安岳县恢复建置的人口基数,按照乾隆《安岳县志》引万历旧志序所说"宋末屡遭兵火,民无孑遗。延祐(1314—1320年)以还,仅流寓七十余家。迄于至正(1341—1367年),亦止编户八百"。安岳的情况不是普遍的,否则恢复建置的就会不止一个安岳。假设四川境内没有户口统计的63个三级行政区,无论是否恢复建置,平均每个单位约为400户,合计为2.5万户。四川境内合计有12.4万户,与元初的12万户相差不多。至元代末年,四川的人口最多在70万人左右。

元末战争又一次给四川人口带来灾难。朱元璋在答明玉珍书中说:"然有李喜喜等兵侵扰,杀掠为虐亦甚,其生死不知,存者能几?"[1]方孝孺也说:"各郡臣民遭青巾之虐,百无一二。"因此,在明玉珍进驻四川之前,四川人口最多70万。如果元末战争中损失的人口约为当时人口的一半,四川的土著就只有30万—40万人了。根据《明史·地理志》中的记载来看,洪武十年,四川有70%的州被降级、37%的县被撤并(见表4-7)。这反映了至明代初年,四川地区地广人稀的状况没有得到根本的改变。

表4-7 四川地区洪武年间降级的州和撤并的县

地 区	元代州数	降或撤州	百分比(%)	元代县数	撤并县数	百分比(%)
西部地区	10	5	50	26	14	54
中部地区	6	5	83	18	8	44
东南地区	17	13	76	34	7	21
合 计	33	23	70	78	29	37

资料来源:《明史·地理志》。
说 明:西部地区,成都府、眉州、龙安府。
中部地区,潼川府、保定府、顺庆府。
东南地区,重庆府、夔州府、叙州府、泸州、嘉定州。

地方志对这一时期的人口损耗和地方残破有大量的记载,如光绪《内江县志》说:"宋元争蜀,资内三得三失,残民几尽。"民国《名山县

---

[1] 《明太祖实录》卷8。

志》说:"元代名山惨遭杀戮,或徙或逃,无复存者。"这些结论大概是根据各自地区氏族残存的情况推断出来的。

在这样的情况下,明玉珍的军队以及明氏从湖北家乡招抚的乡亲子弟对于四川人口的补充是相当重要的。那么,明玉珍到底有多少军队呢?至正二十五年(1365年),朱元璋对明氏的兵力作过一个估计,他说:"足下之兵,虽出于颍之东南,汉沔广湘之地,然而,陈友谅握其权纲,足下固有所见,以偏师入蜀,度其兵有三分之一。"[1] 陈友谅部与朱元璋决战鄱阳湖,倾巢而出,"号六十万"[2];明氏的军队就应有10万—20万人。同年秋,明玉珍自己也称:"区区人马二十万,北下汉中,东下荆楚……"[3] 与朱元璋的估计也是相合的。明氏进入四川,有割据一方之打算,所以,他的家乡子弟兵们有可能携家属前往。除了军人以外,明氏还招抚一批乡亲移民四川。因此,元末追随明氏进入四川的移民人口总数就应超过20万。以一个军人平均带一个家属计,明氏的移民人口也应在40万人以上。这对于当时人口寥寥的四川来说,是相当重要的。也就是说,明氏移民迁入之后,移民人口就接近或超过了土著。

由于军人的家属以及招来的移民本身也在不断地繁衍自己的后代,所以至洪武时期,他们的人数还会增加。所以,即使我们扣除在战争中死亡的战士,明氏移民的总量仍不会减少。只是由于明玉珍的战败,他的部卒身份发生了很大的改变。

朱元璋对与之对抗的群雄的兵卒多采取收编的办法,以充实自己的部伍。洪武四年(1371年)九月,"置成都卫及右中前后四卫,傅友德驻兵保宁,中山侯汤和驻兵重庆,各遣人招辑番汉人民及明氏溃卒。来归者众,因籍其丁壮,置各卫以分隶之"[4]。以后又多次征集明氏旧卒入伍,如洪武五年十二月,"收集明氏旧校卒二千六百六十人为军"[5]。

---

1 《明太祖实录》卷17。
2 《纪录汇编》卷28《平汉录》。
3 《明氏实录》。
4 《明太祖实录》卷68。
5 《明太祖实录》卷77。

洪武六年正月，"诏简拔嘉定、重庆等府民为军，得五千六百人"[1]。这里所谓的嘉定（治今乐山市）、重庆（治今重庆市）等府民，就可能包括明氏士卒或追随明氏入川的湖北人。洪武十一年二月，又"命四川都指挥使司收集明氏故将校为兵，凡六千五百余人"[2]。由此可见，明氏军伍中的一部分已经转为朱元璋的军卫战士了，也就是我们以前及以后的各章中所称的军事移民。除元代末年明氏进行军事移民之外，洪武年间四川还存在着一般的民籍移民。民籍移民的主要来源地也是湖北地区。四川的地方志中对此有详细的记载。如宣统《广安县志》据旧撰《大竹志》说："洪武四年，廖永忠平蜀，大肆杀戮，复徙楚之麻黄人来实兹土。"又说："户籍以明初土籍曰旧，以康熙客籍曰新。凡楚人居其大半，而以明之黄麻籍最早，武昌通城之籍次之。"道光《邻水县志》也说："今合邑祖籍，多系明初入蜀，谓之老民。"这是四川中部的情形。

民国《名山县志》称："明洪武十四年，徙楚实蜀，名山号为乐都，来者尤众。"民国《汉源县志》则说："明代之初，秦楚填蜀……一时编户齐民，秦楚籍者十九焉。"民国《简阳县志》据实际采访称："洪武二年，湖广麻城居民迁至简州者众多。"光绪《内江县志》则言："俗传洪武二年徙楚实蜀。"民国《荣县志》说："明太祖洪武二年，蜀人楚籍者，动称是年由麻城孝感乡入川，人人言然。"民国《资中县志》卷8的记载说该县"无六百年以上土著，明洪武时由楚来居者十之六七，闽、赣、粤籍大都清代迁来"；"本境分五省人，一本省，二楚省，三粤省，四闽省，五赣省。本省当元之季，伪夏明玉珍据蜀，尽有川东之地，蜀号长安。玉珍为楚北随州人，其乡里多归之，逮今五百余年，生齿甚繁。考其原籍，通曰湖广麻城孝感人为尤多"。这是西部的情况。

北部有民国《巴中县志》："元末明初，邑址荒废。间有自楚迁入者，插占为业。"似乎湖北人迁入四川北部的并不多。

南部有民国《南溪县志》："今蜀南来自湖广之家族，溯其始，多言

---
[1]《明太祖实录》卷79。
[2]《明太祖实录》卷177。

麻城县孝感乡。核其人数，即使尽乡以行，亦不应有若是之夥；且湘楚州县与蜀邻比者尽人皆可以移住，何以独适孝感一乡？……抑明氏隶籍随州，随州距孝感不远，彼从龙之彦，人众势强，土民或他兵皆冒籍以自求庇乎？"倒是解答了何以四川不见明代以前的氏族记载的原因。有关孝感县或孝感乡的问题，我们在以下的篇幅中讨论。

东部的记载也证明有土著附会于麻城。在云阳县，咸丰《云阳县志》的记载说："邑分南北两岸，南岸民皆明洪武时由湖广麻城孝感奉敕徙来者，北岸民则康熙、雍正间外来寄籍者，亦惟湖南北人较多。"[1] 但民国《云阳县志》列举该县向、何、谭、孙、于、张、贾、李、王诸大姓，都说是"明洪武年间自麻城迁入"的。然而如上一章中所述，向氏是鄂西、湘西典型的蛮族大姓，是不可能迁自麻城的。

就四川全省的情况论，康熙七年（1668年）四川巡抚张德地在奏疏中："查川省孑遗，祖籍多系湖广人氏，访问乡老，俱言川中自昔每遭劫难，亦必至有土无人，无奈迁外省人民填实地方。所以见存之民，祖籍湖广麻城者更多。"[2] 说的是清初移民运动全面开展之前所存土人多为湖广人，印证了上列各县志的记载。

最后，有几个问题需要加以讨论。

其一，关于移民的湖北原籍。为什么来自湖北的移民都说是来自湖北麻城或孝感呢？孝感是指孝感县还是真如许多族谱中所说的麻城孝感乡呢？李懋军对这一问题作了成功的探讨，简述如下。

光绪《麻城县志》卷3记载："初分四乡，曰太平、曰仙居、曰亭川、曰孝感。统一百三十里，里各有图。成化八年（1472年），以户口消耗并为九十四里，复并孝感一乡入仙居为三乡。嘉靖四十二年（1563年），建置黄安县，复析太平、仙居二乡二十里入黄安，止七十四里。"弘治《黄州府志》卷1记载了太平、亭川和仙居三乡的位置，太平位于县东，亭川位于县南，仙居位于县西。成化年间孝感乡并入县西，孝感乡也应该位于县西。嘉靖四十二年析麻城之太平、仙居二乡20里入新设的黄安，黄安位于麻城之西部，孝感乡极可能并入了黄安。四川泸

---

1 咸丰《云阳县志》卷2《风俗》。
2 康熙《四川总志》卷10。

州《王氏族谱》中有一份三世祖于景泰七年(1456年)所作的谱序,其后人在序中"麻城县孝感乡"这个地名下加注说"嘉靖中改为黄安县",就证明了上述的推测。

孝感乡是麻城人口外流的中心区域,这一点是毫无疑问的。只是是否所有的麻城人都是孝感人,则大有问题。甚至是否麻城人都是麻城人也大有问题。在麻城人口外迁的同时,又有大量的外地人迁入,迁入的外地人是否可能进而继续外迁,成为四川的"麻城孝感人",而麻城或麻城孝感乡则成为一个人口流动的中继站?查四川的一些麻城籍族谱,问题似乎可以迎刃而解。

泸州《王氏族谱》保存有景泰七年(1456年)三世祖王仁义撰写的谱序:

> 予思我父讳九,母雷氏亦历风尘跋涉之苦,先由河南地随祖讳久禄于洪武元年戊申十月内至湖广黄州府麻城县孝感乡复阳村居住,新旧未满三年,奉旨入蜀,填籍四川,有凭可据。由陕西至川北,洪武四年辛亥岁八月十四日至泸州安贤乡安十四图大佛坎下居住。共计老幼男妇二十二名。

康熙四年(1665年)的谱序云:

> 余时年五十有五,在外者一十九载。……祖王公讳久禄,妣黄氏。原籍汴梁河南省汝宁府信阳州罗山县崎岖乡木头关第五都人氏,携家游至湖广黄州府麻城县孝感乡,喜其风土。不二载,奉旨填籍四川,孝感乡人尽搬入四川。故始祖自明洪武四年八月入蜀,落业泸州大佛坎。

景泰七年距明初只不过七八十年的时间,谱序作者对父母迁入四川之事的描述一般来说是没有什么问题的。这一家庭的迁移不是一个核心家庭的迁移,而是一个复合大家庭的迁移。其原籍、迁徙经过的地点、时间和人口记载得都十分清楚。这是来自河南罗山县的大家庭经湖北麻城辗转后的迁入史。

类似的情况还见于新都县杨氏。据熊过在《杨少师石斋先生墓表》中说:"公先世庐陵人,有名世贤者,以元末欧祥乱,徙麻城,避红巾贼入蜀，家新都。"[1]似乎也是以麻城作为中转之地的。

再如民国《宗氏族谱》的序言云："吾宗氏先祖以来，原自江西省吉安府吉水县分派迁居湖北黄州府之麻城孝感，住高水井历九代矣。于大明洪武初年，平红巾乱，恢复西川，奉旨填实。"这是一个宋代从江西迁入麻城的氏族，在表4-1中是作为土著来统计的，该族的迁入，当然已经与江西原籍没有任何关系了。

由此可见，在移民史上，麻城孝感是一个内涵相当丰富的地理概念。既有麻城孝感乡人迁入四川，也有外地移民在孝感乡稍作停留后向四川迁移。有些外地移民在孝感乡停留时间很短即入川，有的则定居数代成为土著后再迁移。大多数湖北移民迁入四川后以麻城作为故乡，而言麻城者必言孝感，其中有的确实是从麻城外徙的移民，但也有从其他地区外迁的移民。总之，麻城孝感几乎成为四川移民祖籍的代名词。

其二，关于移民的分布。从表4-7中可以看出，元末四川撤县最多的地区是在西部，即以成都府为中心的区域；次则中部；再次则东部和南部。大致说来，从四川的西北向东南方向推进，洪武年间的撤县比例依次呈递减状。这样一种由西北到东南撤县逐渐减少的格局与明代人口分布的格局当然是有密切关系的。也就是说，四川的西部人口稀少，撤县就多，东南地区由于人口密度较高，撤县就少。东南地区人口密度较高的原因与明玉珍定都重庆当有很大的关系。是否可以这样说，元末明氏招抚的湖北移民大都聚集于此，而洪武年间迁入的湖北移民也因为有乡亲的关系而在这一带大量定居。

明代四川人口分布的这一格局还可以从明代里甲的分布中略见大概。李懋军曾对《明一统志》中四川各县的里甲数进行过一个统计，发现四川人口的密集区位于以重庆为中心的东部区域。具体地说，这一区域包括东北至夔州府（治今奉节县）西北部，顺庆府（治今南充市）、潼川府（治今三台县）的东南部，重庆府的西半部，泸州（治今泸州市）大部及叙州府（治今宜宾市）东南部。虽然《明一统志》中的里甲数

---

[1] 道光《新都县志》卷11《艺文》。

与明初相比已经有一定的差距,但各个区域变动的幅度应该是大体相当的。所以说,《明一统志》能够大体反映明代初年的人口分布。这样一种人口分布的格局与明氏政权的建立以及元明之际的湖北移民活动应该是有一定关系的。

其三,关于移民时间。在族谱的有关记载中,我们知道大多数的家族都认为他们的祖先是在洪武二年或洪武四年迁入的。由于四川的撤县大多在洪武十年,而其恢复大都又是在洪武十三年,所以我们推测只有在洪武十年以后才有可能发生大规模的移民。洪武十年以后的移民主要集中于以重庆为中心的区域,西部的移民直到洪武二十年还在进行,如洪武"二十年三月丙子,汉州阳县知县郭叔文言:'四川所辖州县,居民鲜少。地接边徼,累年馈饷,舟车不通,肩任背负,民实苦之。成都故田万亩,皆荒芜不治,请以迁谪之人开耕,以供边食,庶少纾民力。'从之"[1]。这是《明太祖实录》中唯一的一条有关移民四川的记载。

洪武二十六年(1393年)四川人口为198.8万。元代末年四川的土著人口约为30万—40万人,这一估计数在文献中能找到证明,《明太祖实录》卷72记载洪武五年二月,"户部奏四川民总八万四千余户,其伪夏故官占为庄户者凡二万三千余户"。8.4万户民人约合人口40万,其中并未包括明氏军人,甚至未包括军人的家属。在洪武初年,来自湖广黄、麻一带的明氏移民可能并不被当作四川土著来看待。又如上述,元代末年明氏移民数约为40万,四川人口合计为70万—80万。从元代末年至洪武二十六年,四川土著(包括明氏移民)的后裔至少应有10余万人。因此,洪武年间四川接受的移民总数约为80多万。若考虑明氏移民的数量,元末明初四川接受的移民总数可能高达120余万。当然,他们中有相当部分是移民在四川繁衍的后代。

四川地区的军籍移民数量并不大。如上所述,该地军人中有相当一部分是由明氏故卒转化而来,或从当地土著中征发的。估计外来的军人只占半数,如是,则洪武年间四川地区的军籍移民约为12万人口。

---

[1] 《明太祖实录》卷181。

第五章

洪武大移民：山东篇

洪武时期山东地区的移民是整个华北地区移民运动的一个组成部分。从移民的组成来看,移民的来源不再是南方人口,而是以山西人为主体的北方居民。山东本省的人口也有由东向西迁移的趋势。从移民的分布范围来看,根据《明实录》的记载只知东昌府是移民的接纳区,而根据其他各种乡土资料的记载,洪武移民几乎遍布山东的各个角落,构成规模宏大的移民潮。兹分府论述如下。

第一节

东昌府的山西人

在洪武年间山东、河北及河南三省中,山东的人口密度最高,约为其他两省人口密度的1.5倍。然而从《明实录》的记载来看,山东人口的分布很不均匀,呈东密西稀的格局。东昌府属于明代初年山东人口分布的最稀疏区。

洪武三年(1370年)三月,"山东按察司佥事吴彤言:'博平、清平、夏津、朝城、观城、范、馆陶七县户少地狭,乞并入附近州县。'从之"[1]。东昌府大约有40%的县被撤,可见当地人口之稀少了。

一般的观点认为造成这一区域人口稀少的原因是元末明初的战争。明军北伐,就是循山东的西部北上的。明军先攻占沂州(今临沂市)、曹州(今菏泽市)、单州(今单县),然后沿大运河攻克东阿、东平、东昌(治今聊城市)等地。这些区域是元代山东人口的密集区,大兵横扫,两军厮杀,损失自可想见。然而,明军摧枯拉朽式的进军,相当顺利,并没有在东昌一带作过多的盘桓,何以当地人口会遭如此毁灭性的打击,的确令人费解。推测在元末明初战争发生之前,东昌府的人口已经有了巨大的损失,当地民间传说,则归之于元代发生过的大瘟疫。

一 《明实录》记载的移民史

最初的移民发生在洪武二年(1369年),一批从北口子(今河北长城以北地)投降的"降民"被迁往东昌府[2]。在洪武初年,北方边境上俘获的将士和降民大多安置在北平及北平周围,也有一些迁往京师(今南京)、凤阳等政治要地的,迁往其他地区的很少见。在这不多的几例中,就有迁往东昌的一例,说明对于这一地区的空旷和萧条,中央政府极为关注,战事甫定,移民重建的规划就在考虑之中了。

从《明太祖实录》中的记载看,真正规模性的移民似乎是在洪武二十一年以后展开的。《明太祖实录》中记载了洪武二十一年八月、二十二年九月和十一月以及二十五年有关官员关于河北、河南及山东东昌府的移民及移民生产情况的奏章或报告[3],但这并不是说,报告中的移民皆是当年迁入的。有些年份中官员所提及的移民往往是对某

---

1 《明太祖实录》卷50。
2 《明太祖实录》卷47。
3 《明太祖实录》卷193、卷197、卷198、卷223。

一地区移民情况的总报告。这些移民可能是报告的当年迁入的,也可能是报告以前的年份迁入的。据《明史·地理志》,洪武三年被撤销的各县,不久就恢复了建置。这说明外来移民的迁入,使人口得到迅速的恢复。由此也可见洪武年间对东昌府的移民,是洪武初年发生的。另外,万历《东昌府志》中记载的洪武二十四年移山西民于东昌的事件,就不见《实录》中有具体的记载。

洪武二十五年,山东东部的人口开始向东昌迁移。这年二月,"监察御史张式奏徙山东登、莱二府贫民无恒产者五千六百三十五户就耕于东昌"[1]。三年以后,即洪武二十八年(1395年)二月,山东布政使司向朝廷请求:

> 青(州)、兖(州)、济南、登(州)、莱(州)五府,民稠地狭;东昌则地广民稀。虽尝迁闲民以实之,而地之荒闲者尚多。乞令五府之民,五丁以上田不及一顷、十丁以上田不及二顷、十五丁田不及三顷并小民无田耕者,皆令分丁就东昌开垦闲田,庶国无游民,地无旷土,而民食可足也。[2]

结果是"上可其奏,命户部行之"。移民工作进展得相当顺利,到这一年的七月,"山东布政使杨镛奏:青、兖、登、莱、济南五府民五丁以上及小民无田可耕者,起赴东昌编籍屯种,凡一千五十一户,四千六百六十六口"[3]。

如下文中所指出的,来自山东其他地区,主要又是来自东部的移民在东昌府有广泛的分布,仅茌平一县,就有七屯来自东三府的迁民,合770户,且移入的时间多有称为洪武二十五年和二十八年者。因此,我们认为,这两次对东昌府的省内移民均已实施。

除了山东境内的人口移动有明确的数量记载外,山西移民的数量尚不清楚。而在与山西人有关的这几次移民活动中,东昌府又往往是作为与之毗邻的河北、河南移民区域的一部分而出现的。移民人口

---

[1] 《明太祖实录》卷216。
[2] 《明太祖实录》卷236。
[3] 《明太祖实录》卷239。

的记载,在多数情况下是语焉不详的,也有个别有明确人数的记载,却又矛盾百出,令人难以相信。如《明太祖实录》卷223记载了洪武二十五年十二月有关移民一事的报告:

> 后军都督府都督佥事李恪、徐礼还京。先是命恪等往谕山西民,愿徙居彰德者听。至是还报:彰德、卫辉、广平、大名、东昌、开封、怀庆七府民徙居者,凡五百九十八户,计今年所收谷、粟、麦三百余万石,棉花千一百八十万三千余斤,见种麦苗万二千一百八十余顷。

徐泓指出这一记载的不确,其基本的理由是,以此598户移民生产出如此巨额的产品,在当时的生产技术条件下是不可能的。按照当时的亩产量计算,每户平均拥有谷田8 361亩,棉田79亩;以每户5口计算,则每人拥有耕地1 688亩,而当时的华北三省每人平均耕地仅有16.22亩,相差104倍。因此,这598户极可能是《明太祖实录》纂修者的笔误,"户"可能是"屯"之误。每屯110户,598屯应有65 780户。的确,假若仅有不足600户移民,平均每府不足1屯之额,实在太少;如是,似乎也不值得中央政府为此兴师动众。

根据这样一条思路,我们可以全面检查一下《明太祖实录》中关于山西移民的记载。在此时之前,有洪武二十二年九月的一则报告:

> 后军都督朱荣奏:山西贫民徙居大名、广平、东昌三府者,凡给田二万六千七十二顷。[1]

徐泓分析道:"洪武三年规定北方无田民户每人授田十七亩,洪武二十四年山东、北平二省每人平均耕地亦为17.07亩,实际授田与法令极为符合。26 072顷每人授田17.07亩,应有152 736人,每户以5人计,应有30 547户。"这种推测是合理的。

再看洪武二十八年十一月的一条记载,则有明确的移民人数的记载了:

> 后军都督佥事朱荣言:东昌等三府屯田迁民五万八千一百

---

[1] 《明太祖实录》卷197。

二十四户,租三百二十二万五千九百八十余石,棉花二百四十八万斤。右军都督佥事陈春言:彰德等四府屯田,凡三百八十一屯,租二百三十三万三千三百一十九石,棉花五百二万五千五百余斤。[1]

徐泓认为这条资料中所称东昌等三府屯田迁民每户年纳租谷55.5石,棉花42.7斤,极不合情理。因为明初官田科则每亩五升三合五勺,55.5石恰为1 037.3亩的税额,每户拥有这么多的土地是不合理的。因此假定这55.5石不是租谷而是谷的年产量,则比较合理。

根据这三条资料,徐泓总结道:"总之,由以上的讨论可知:(1)洪武二十二年九月为止,徙居大名、广平、东昌三府的山西贫民约有24 736户,或123 681人;(2)洪武二十五年十二月为止,大名、东昌、彰德等七府从山西迁来的移民总数达65 780户,以每户5人计,约有328 900人;(3)洪武二十八年十一月时,东昌、大名、广平等三府的迁民已增至58 124户,较二十二年约增加一倍多。七府迁民总数100 034户,约较二十五年时,增加0.52倍。"[2]

由于东昌府的移民与大名、广平或其他诸府的移民数混合在一起,无法析出,那么,东昌府的移民户口数应该怎样确定呢?我们设想有两个方案:(1)以府为单位平均分配;(2)以县为单位平均分配。

(1)在上揭三府洪武二十二年的山西移民总数中,东昌占其三分之一,就有8 245户,每户5人,有41 225人;至洪武二十五年,东昌府占其总数之七分之一,有山西移民9 397户,46 986人,较三年前稍有增加。至洪武二十八年,东昌占三府总数之三分之一,有移民19 375户,96 873人,由于这一年的移民并未确指是山西移民,从上文又知在洪武二十五年至二十八年间东昌府接受了6 686户来自山东东部的移民,扣除之,所余12 689户就是山西移民的数目,合计约为63 445人,较六年前增加4 444户。

(2)大名、广平二府合计为19个州县,与东昌一府的州县数相当。就是说,从规模上讲,大名、广平二府仅相当于东昌一府。当然,

---

1 《明太祖实录》卷243。
2 徐泓:《明洪武年间的人口移徙》。

在这里我们假定县的大小是差不多的。如此，洪武二十二年，东昌的山西移民占三府移民总数之二分之一，为 12 368 户，约为 61 840 人。彰德等七府合计有州县数 90 个，洪武二十五年东昌府移民占七府之五分之一，就有山西移民 13 156 户，约为 65 780 人；洪武二十八年东昌府的移民总户数占报告中三府总数之二分之一，为 29 062 户，约为 145 310 人。从洪武二十五年到二十八年期间，东昌府接受了来自本省的大批移民，正因为考虑到这批移民，洪武二十八年官员给中央的报告中，才不只提山西移民，而说迁民。扣除 6 686 户来自山东东部的移民，所余 22 376 户为山西移民，约合 111 880 人。

洪武二十六年东昌府共有人口 12.7 万。按上述第二个方案，洪武二十五年东昌府有山西移民约 6.6 万余人，那么，土著约为 6.1 万人。到洪武二十八年，东昌府接纳的移民人口为 14.5 万人，加上 6.1 万土著人口，共有人口约 20.6 万。再加上军卫，则有人口 22.3 万。

从统计学的原理上说，第二个方案的理由更为充分。它可以通过其他资料的分析来得到证明。

二　土著里（社）与移民屯

东昌府属县的地方志中有一些关于洪武年间移民屯和土著里的记载，给我们的分析提供了一批基本的参数。由于明代初年的移民屯和土著里的区别到明代后期已逐渐消失，所以我们所获的资料颇具抽样样本之意味。

表 5-1 揭示了洪武时期东昌府属若干县的屯里数。

表 5-1 中所列 7 个县代表了东昌府的四类县：一是南部的偏僻小县，如濮州（今鄄城县）、观城（治今范县西）、范县和朝城（治今莘县南），每县平均移民 5 屯；一是西部各县，如莘县、冠县、馆陶和丘县，每县移民 8 屯；一类为北部各县，如武城、恩县（治今夏津县北）、高唐、清平（治今高唐西南）[1]、博平（并入茌平县）和堂邑，每县迁民 18 屯；最

---

[1] 民国《清平县志·舆地志》称："本县户族大半自明代始占籍于此，而由山西洪洞县迁来者十居七八，徙自本省登、莱等处者亦十居二三。"这一比例也与后述之茌平县的山西移民及东三府移民的比例相似。

后一类是中心大县,有聊城、临清、夏津和茌平,每县移民约达27屯,总计为268屯。按明初制度,每里、屯为110户,依此计算,洪武年间东昌府接受的移民总户数为29 480户,约合147 400人。这一结果与上述第二种方案的计算基本吻合。

表5-1 洪武时期东昌府属七县的屯、里分布

县　别	移民屯	土著里	资料来源
观　城	5	5	道光《观城县志》卷1
莘　县	8	6	正德《莘县志》卷3
武　城	18	3	嘉靖《武城县志》卷2
博　平	18	6	康熙《博平县志》卷1
茌　平	27	9	民国《茌平县志》卷2
夏　津	27	3	嘉靖《夏津县志》卷2
临　清	27	6	民国《临清县志》卷3
合　计	130	38	

说明:民国《临清县志》卷3:"明初临清编户惟六图,图即里。洪武八年割堂邑即墨、潞州之民,增图三十六。"即墨为山东莱州属县,潞州为山西属地,堂邑处于临清和聊城之间。洪武八年割给临清的人口不可能很多,假如割去3里,临清所接受的移民就有27屯。

另外,东昌府每县拥有土著平均约5.4里,18县共有97里,约合10 690户,53 450人。合计之,洪武末年,东昌府土著、移民共有40 170户,以每户5人计,有人口200 850人。

可见根据屯里数进行的移民、土著数的推测与文献记载数是吻合的。由此可知洪武年间东昌府的移民占总人口的73.4%,土著仅占26.6%。此外,东昌府有一卫军人,合家属约为1.7万人。显而易见,东昌府是一个人口重建式的移民区。

三　自然村与移民史

洪武年间东昌府的移民问题似乎至此已经全部解决,其实不然,用地名资料进行分析,仍有两个问题值得讨论。

其一,关于移民的时间。表5-1中引民国《临清县志》称洪武八年

临清割堂邑县的即墨、潞州之民,增图三十六。而据《明太祖实录》知除了洪武初年有移河北北部的降民来东昌府的记载外,直到洪武二十一年并不见有其他移民之事件。这里所称的洪武"八年"是不是"二十八年"之误呢?从地名志中征引的乡土资料来看,洪武年间的移民的确是一个延绵不断的过程。

以茌平县为例,在孙桥乡何官屯发现的一块墓碑记载:明洪武三年,何振纲奉旨率领百名移民从山西洪洞县迁来,立村何官屯。在王老乡,一块墓碑记载墓主于洪武十三年从山西榆次迁来。这两次移民均不见于文献的记载。当然,关于洪武二十五年移民的记载最多,如赵官屯一块立于康熙三十九年(1700年)的墓碑上书"大明洪武二十五年奉旨移民率我屯官赵公墓"。又如单庄的一块墓碑上书:明洪武二十五年单栾氏带领儿女跟随赵官从山西洪洞县迁来立村单庄。再如吴官屯《杨氏族谱》记洪武二十五年左丞杨宪之携妻及三个儿子从原籍江南凤阳府盱眙县迁至茌平县吴官屯。

其二,关于移民原籍。仍以茌平县为例,该县移民由来自山东东部和山西的人口组成,这与《明实录》的记载相符合。民国《茌平县志》卷2有记载称:"茌平旧志称前代分为五乡……明洪武初年仅有土民九里。至二十五年乃迁东三府民以实之,聚迁民为二十屯,东府附籍之民为七屯,合土居九里,共分三十六里。"这段话没有提到来自山西的移民,而所谓"东府"即指山东六府中的东部三府的青州、莱州和登州。然而,在这里,20屯迁民与7屯附籍的东府之民被区别论及,使人怀疑在"至二十五年乃迁东三府民以实之"一语之前当有遗漏。根据茌平县地名志的记载,该县山西移民是移民的主体,这20屯迁民实际上就是山西迁民。

在有关茌平县移民的这一段记载中,我们知道,山西移民与山东东三府移民之比为20∶7,这一比例可用来验证地名资料中关于移民原籍的记载是否准确。

今日的茌平县包括了明代的茌平和博平两县地。为了与上述茌平的记载相对应,我们将原博平县地剔出,结果如表5-2和表5-3所示。

表5-2 山东省茌平县(茌平部分)自然村建村时代和原籍

单位:村

时代\原籍	山东					山西	河北	河南	江苏	其他	合计
	本区	青州	莱州	登州	济南						
元末以前	20	—	—	—	—	—	—	—	—	—	20
元末	2	—	—	—	—	—	—	—	—	—	2
明初	1	9	2	—	—	52	1	—	—	—	65
洪武	—	39	28	4	7	275	6	1	4	6	370
永乐	2	7	—	1	—	13	2	—	—	2	27
合计	25	55	30	5	7	340	9	1	4	8	484

资料来源:《山东省茌平县地名志》(初稿),1990年。承蒙山东省茌平县地名办公室提供。
乡镇名称:胡屯、冯官屯、王老、杜郎口、孙桥、茌平、温陈、赵官屯、郝集、乐平铺、广平、韩集。
说　明:山东东三府的移民是山东移民的一个重要组成部分,所以在"山东"栏下分而列之。

表5-3 山东省茌平县不同原籍的移民屯与自然村比较

移民原籍	洪武屯数	百分比(%)	洪武村数	百分比(%)
东三府	7	25.9	78	22.1
山西	20	74.1	275	77.9
合计	27	100	353	100

资料来源:民国《茌平县志》卷2及表5-2。

从表5-3中可以看出,就茌平县山西移民和山东东三府移民的比例而言,根据自然村原籍调查所得的结果,已经相当接近于洪武年间的记载,差距不足4个百分点。

那么,能否根据自然村的原籍统计复原洪武年间的土著和移民的比例关系呢?在上引《茌平县志》的记载中,洪武年间,土著9里,占总屯、里数的25%,也就是说,土著人口占移民完成之后全县总人口的25%。在表5-2中,在洪武年间的393个村庄中,土著村庄仅有23个,占村庄总数的5.8%,比上引资料中的比例少了20个百分点。如果考虑到茌平县永乐村庄大大少于洪武村庄,所以在"明初"村庄中的绝大部分是洪武村庄,那么洪武村庄的总数将达到453个,土著村庄仅占5%。

造成这种矛盾现象的原因可能有三：一是村庄的大小不同。一般说来，越是古老的村庄越是人口众多，即使在遭到过严重战乱破坏的村庄也是如此，因为战乱平息以后，古村因其原有的人口众多所余人口也较多，同姓或异姓的土著可能因村庄太小而合并，与大多由一家一户建立的新移民村相比，这些老村的人口比新移民村多，人口发展的基数就不相同。这就像古老的氏族人口多于新迁入的氏族。由于对茌平县的村庄统计是1991年在当地进行的，未进行自然村人口统计，直至今日，该县地名志仍未付印，因此我们只得根据仅有的资料，对同一区域的定陶县和郓城县进行自然村的人口统计。这两县元末明初以前建立的古老村庄的现有人口分别为元末及洪武年间所建村庄人口的2.2—2.4倍[1]。因此，我们可以大致地对元末以前建立的古老村庄从人口比例上重新进行估计，一般说来，在山东省西部的人口重建式移民地区，每一个元末以前的古老村庄大体相当于2.2—2.4个洪武时代建立的村庄。以此为标准进行测算，标准化后的茌平县洪武及洪武以前的自然村达到483个，土著村庄为49个。土著约占总人口的10%。

第二个原因则可能是在洪武二十四年的户口中，已经包括了一批自由迁入的移民，他们迁入的时间可能较早，且置有产业，所以在户口普查中入籍。这就意味着所谓的"土著"人口中，含有移民。

第三个原因是，有一批移民人口未被洪武二十四年东昌府的户口所包括。这不仅指那些洪武二十八年由政府组织迁入的移民，也包括那些洪武二十四年以前或以后自发迁入的移民。已知洪武二十八

---

[1] 在定陶县，洪武及明初建立的58个村庄中，共有人口29 644人，平均每村人口511人，相对应的元末以前建立的13个古老村庄，共有人口14 662人，平均每村人口1 128人，也是洪武村庄的2.2倍。又如郓城县，在我们判断为元末以前建立的34个村庄中，现有人口53 600人，平均每村人口1 577人，而在元末及洪武年间建立的61个移民村庄中（样本），共有人口40 415人，平均每村663人，古村平均人口为洪武移民村平均人口的2.4倍。同样，这61个移民村所对应的有9个古老村庄，共14 429人，平均每个村庄为1 603人，也是洪武年间村庄人口的2.4倍，与上述数值相同。需要指出的是，村庄建立的时间早晚与村庄的人口呈正比关系，所以在统计中发现，明初或洪武年间建立土著村庄的人口与同期建立的移民村庄的人口相当。当然，由于土客混居是一个普遍的现象，地名志统计中并没有加以区别，所以根据现有的资料，尚不能十分准确地把握不同类型的村庄与人口数量之间的关系。

年东昌府的在籍人口和政府组织迁入的移民共约 20 万，天顺年间有人口 42.4 万[1]，所增加的 22.4 万左右的人口中有相当一部分是洪武年间自由迁入的移民后代。假定其中半数为未入籍移民后代，以 7‰ 年平均增长率回溯，洪武年间未入籍的自由移民人数约为 7 万[2]。这 7 万移民大多数集中分布在重点移民县，即表 5-1 中揭示的移民密集区，包括茌平县。在这种情况下，茌平县土著的比例就大大降低。自然村中土著过少的情形在茌平县表现得特别突出。而在聊城市的抽样调查中，所见则与茌平有些不同。具体数据见表 5-4。

表 5-4　山东省聊城市自然村建村时代和原籍　　　　单位：村

时代\原籍	山东 本区	山东 莱州	山西	河北	河南	江苏	其他	合计
元末以前	7	—	—	3	—	—	1	11
元　末	3	—	—	—	—	—	—	3
洪　武	11	—	47	—	1	1	1	61
永　乐	8	1	59	2	1	—	2	73
合　计	29	1	106	5	2	1	4	148

资料来源：《山东省聊城市地名志》(初稿)，1990 年。承蒙山东省聊城市地名办公室提供。抽样乡镇：堂邑、平虎屯、西旦、八甲刘、许营、大张。抽样率为 27%。

说　明：由于大部分自然村的统计是在当地完成的，来不及作全面统计，故抽样。抽样的方法为以乡镇为单位的整群抽样，乡镇的选择是随机的。抽样率是被抽样乡镇数与乡镇总数之比。不作抽样率说明的则为全面统计。以后各表皆然，不另说明。抽样率大多为 20% 左右。

从表 5-4 中可以看出，在洪武及洪武以前建立的 75 个村庄中，元末以前建村 11 个，元末建村 3 个，洪武年间建村 61 个。元末以前建立的村庄皆为土著；在"本区"栏目下建于元末和洪武年间的 14 个村庄亦为土著，土著村庄合计有 25 个。它们占洪武及洪武以前建村总数的三分之一。

如果考虑到古老村庄一般较移民村庄为大的话，土著的比例可能还要较这一比例为高。按上述比例进行估算，约占 44%。由于今日的聊城市是明代东昌府治所在，"靖难之役"中人口死亡很多，刚刚

---

[1] 咸丰《东昌府志》卷 8《户口》引万历志。
[2] 洪武二十六年(1393 年)至天顺元年(1457 年)共 64 年，$(22.4/2)/1.007^{64} = 7.2$(万)，类似计算不一一说明。

迁入不久的山西移民有可能逃回原籍,在永乐年间重新迁入[1]。如果将聊城的永乐移民作为洪武移民来处理的话,土著的比例约占总人口的 30%,与按照《明实录》和地方志屯社资料所作估计接近。我相信,如果有可能对更多的东昌府属县的自然村进行统计,有关土著人数的估计将更接近于历史的真实。

东昌府的例子说明,地方志中屯社资料和地名志中的自然村资料可以和《明实录》的记载相互印证。这就证实了前两种资料的可靠性。在没有《明实录》记载的情况下,我们就采用其他两种资料来进行类似的研究。

第二节

兖州府:西部重建,东部补充

山东六府,兖州(治今济宁市兖州区)辖境最大,整个山东南部尽在其管辖之中。以今京沪铁路为分界线,可将兖州分为东、西两个部分。西部多平原,南临黄河,中有大运河贯穿;东部多山丘,北有沂蒙山与青州、济南两府相隔。

一 兖州西区

在第一章中我们已知兖州西部在元代末年是黄河泛滥区。元末至正四年(1344 年)河决曹县白茅堤,豫东及兖州府西部的几十个州县成为一片泽国。直到至正十一年(1351 年)贾鲁治河堵塞北决,才使河复至徐州故道。这次黄河水患使得兖州西部的大片区域荒无人烟,也就为洪武年间的移民准备了条件。

---

[1] 类似的情形可详见下一章河北、河南有关地区的论述。

兖州的西部也可以分为北片和南片。兖州西部的北片指与东昌府和济南府毗邻的部分，余为南片。由于官修史书中关于这一区域的移民几无记载，所以只能完全根据地方志和地名志中的资料进行以下分析。

1. 北部诸县

兖州最北部的平阴县正处于东昌、兖州和济南三府的交界处。光绪《平阴县乡土志》仅列举了该县的15个大族，其中只有1族为宋代末年的迁入者，9族于元代末年及洪武年间迁入，余为以后之迁入者。洪武年间迁入者，有5族称从山西洪洞县迁入，1族自青州迁入，1族自苏州迁入，余不详。可见平阴县洪武年间的移民也是以山西人为主，东三府移民次之，从比例上看，也与东昌府的茌平县同属一个类型。在地理位置上，平阴和茌平也是邻接的。

阳谷县与东昌府的莘县接壤。民国年间，阳谷县有人进行过一次姓氏调查，这次调查的成果反映在民国《阳谷县志》的《民社志》中。由于这次调查并不以氏族为单位，对于同姓不同族者没有作出分别的统计，因而无法用来作与湖南等地相类似的统计分析。

西兖州的北片详细的自然村情况，可以梁山县为例说明。梁山县系从明代的寿张、东平等县中析出，该县自然村的建村情况可见表5-5。

表5-5　山东省梁山县自然村建村时代和原籍　　单位：村

原籍 时代	山东		山西	江苏	河南	河北	其他省	合计
	本区	青州						
元末以前	5	—	—	—	—	—	—	5
元　末	9	—	—	—	—	—	—	9
洪　武	37	2	75	5	2	2	3	126
永　乐	7	1	16	1	1	—	1	27
合　计	58	3	91	6	3	2	4	167

资料来源：《山东省梁山县地名志》，1984年。抽样乡镇：寿张集、马营、银山、大路口、拳铺。抽样率为25%。

在梁山县洪武及洪武以前建立的137个村庄中，元末以前建村的土著村庄只有5个,元末及洪武年间建村的有46个,二者依上例折算成标准村57个,总村数增加至143个,土著村庄占总村数的40%,与聊城县的情况相似,也与表5-1中反映的东昌府莘县、观城等南部县的情况相似。

2. 南部诸县

兖州西区南部的情况与北部大体相同。如在济宁,民国时人指出:"济宁于古,其地则鲁,去曲阜不百里,而先贤遗迹若任氏、高氏、樊氏、颛孙氏多出于其乡。……元季乱后,土著无多,人民率由山右迁徙来此者,而潘氏、李氏、孙氏尤为望族。"[1] 今天的望族居然由洪武年间迁入的山西移民来充当,反映了移民规模的巨大和土著损失的惨重。

在金乡县,民国年间有人议及此事:"幼时闻父老相传,吾邑居民多于明初自晋省迁来,而未得确证。丙子秋,予获读城北杨家庙杨氏族谱,其中有万历元年序云:'始祖佑原籍洪洞县之大杨树,及明太祖削平天下,山东数郡遭兵灾,人民鲜少。洪武十八年乙丑,迁太原等处居民数万于山东,佑亦于此时迁金乡。'据此,则明初迁民之说犹信。"[2] 由于这条记载来源于万历元年(1573年)的一部族谱序言,时距洪武十八年(1385年)只有188年光景,约5—6代人,不算太久,所述当不至于发生错误。序中提及洪武十八年的移民,不见于《明实录》中任何记载,而《明实录》中所记载的迁山西人实河北、河南及山东的运动是此三年以后的事情。联想到华北三省的许多山西移民建立的自然村中有相当多的一部分记为洪武二十一年以前迁入的,不得不使人再次怀疑《明实录》中的移民记载是不全面的,即使对于规模很大的移民记载也是如此。详细的说明可见表5-6对郓城、定陶的自然村统计。

先来看看土著的情况。在郓城县抽样调查的洪武年间的72个村庄中,元末以前建村的有9村,迁自本地的6村作土著村庄处理,就有15村,占当时总村数的21%。如果我们按照上述比例,可将这9村折算成平均人口相同的21个标准村。土著村庄就达到27个。由于永

---

[1] 民国《济宁县志》卷4《故实略》。
[2] 咸丰《东昌府志》卷8《户口》引万历志。

表 5-6　山东省郓城县、定陶县自然村建村时代和原籍　单位：村

时代\原籍	山东本区		山东东三府		山西		江苏		河南		其他省		合计
	郓城	定陶	郓城	定陶	郓城	定陶	郓城	定陶	郓城	定陶	郓城	定陶	
元末以前	8	11	—	—	—	—	—	—	—	—	1	2	22
元末	—	—	—	—	—	2	—	—	—	—	2	—	4
明初	—	4	—	—	1	1	—	—	—	3	—	—	11
洪武	6	3	—	—	46	48	3	—	—	—	—	2	111
永乐	7	5	—	—	9	13	—	—	—	—	—	3	42
合计	21	23	5	1	56	64	5	1	1	3	8	2	190

资料来源：(1)《山东省郓城县地名志》，1990年，抽样乡镇：蒋庙、武安、三屯、大人、候咽集、梳洗楼，抽样率17%。
(2)《山东省定陶县地名志》，1990年，抽样乡镇：陈集、孟海、王双楼、冉固，抽样率20%。

乐村庄在洪武、永乐两个时代村庄总数中占27%，所以在记为"明初"的3个村庄中，有一个可能为永乐年间迁入，因此，调整后的村庄总数增加到85个，土著村庄占总村数的33%。定陶县，在抽样调查的洪武年间的75个村庄中，元末以前的土著村庄为13个，明初及洪武年间建立的土著村庄有7个。依上例折算成标准村为37个，村庄总数扩大为92个，土著村庄占总村数的40%。所以，综合判断的结果，兖州西部土著的比例约为40%。从这点上来说，这里也是一个人口重建式的移民区。

历史文献的有关记载也可以证实这一比例的正确。《明英宗实录》卷136记正统十一年（1446年）"张骥言：'曹县地广民稠，难于抚治，请割本县黄河南北岸土民十七里、附籍逃民二十三里为曹州，置于黄河北旧土城内，其余土著及附籍三十八里仍属曹县，与附近定陶县俱改隶曹州。'……上从之"。这里的"附籍逃民"不可能是正统年间进入的，因为，从这一带自然村统计的资料看，永乐以后就没有规模性的人口迁入，其移民的大多数应是洪武时代迁入的。所谓"逃民"是指非政府组织的自由移民而言的。如是，在划为曹州的40个里中，土著占其中的42.5%，与上述根据自然村所作的分析是吻合的。

还可从地方志中记载的各县屯里数上作一点说明：

万历《兖州府志》卷19《乡社》记载了属县万历年间的乡、社、里、

屯数,只是我们并不知道哪些是洪武年间的里屯数。在下一章有关河北地区的论述中,我们将会证明,有些地方编屯时,多采用一些特定的词汇来命名,以表示对移民的接纳、对移民新生活的祝福等。所以,尽管在明代后期有不少屯已经转为社了,但其名称中的特定词义却能使人明了它的内在含义,据此可以推测明初的屯社比例。兖州府只有曹州等少数几县屯名的得名依据这一原则,如曹州69个社的社名中就有一批这样的名称。这69个社名罗列于下:

> 思贤、许家、尚家、潘满、卜固、小留、大郭、万乾、都司、香炉、甘露、解元、通固、寒山、清浪、吕陵、黄陵、沙冈、甘泽、长乐、永丰、沟阳、崇信、正疆、顺义、力本、志道、永利、加会、新民、归厚、新安、明义、兴让、从顺、据德、绥宁、感化、务本、永康、依仁、乐业、永定、永泰、游艺、敦义、归安、存诚、安居、加遇、兴礼、绥来、利用、迁善、从义、永阜、怀德、历山、兴贤、绥安、绥顺、绥感、绥化、集贤、新兴、新增、永平、马林、永和。

除思贤外,前17个社名与移民无涉,后几十个社名除沟阳、加会、历山和马林外,大多含绥化、怀远和安泰之义,与移民都有关系。对照上引《明英宗实录》中的记载,正统年间,土著里为17个,与社名大体能够对应。只是后30个移民社从何而来,并不清楚。从第一章中的论述中我们知道,直到明代前期,黄河在这一带的决口依然频繁。弘治年间刘大夏治河,修筑了一道从武陟至虞城、沛县数百里长的太行堤,基本结束了黄河频繁的北决,兖州府的西部才进入了一个相对稳定的时代。正统以后新增出来的移民社极可能是这一时期设立的。

曹县的情况有些不同,就社的数目而言,万历间有社48个,比正统间多了10个。从名称上来分析,则前32社的名称与移民无关,而后16社中又有5社与移民无关,另外11社如大丰、大义、安乐、怀惠、向化等则是典型的移民地名。从上引资料中可见,正统年间编里时,土著与移民共38里组成新的曹县,似乎当时组成的移民里并没有特殊的名称。后来增加的10里可能也是弘治以后设立的。

再看巨野县。万历年间有24保14屯。其屯的命名如茶固、东庄、独山前、独山后等大部分屯名与移民毫无牵涉,由此而知其命名无特殊性。然而在保名中我们发现如大义、新兴、安定、太平、怀来、新安等却是相当典型的移民地名,估计巨野县的移民屯至少在 20 个甚至更多,而移民的比例也至少在 53% 以上。由于其中可能含有明代中后期的移民屯,所以这一比例并不与上述的分析发生冲突。移民的来源主要是山西,这在上面的各类统计中已经看得十分清楚。虽有来自山东东部的移民,但是人数很少。东三府的人口迁入东昌、兖州,除了洪武年间以外,永乐年间仍在进行。在以后的章节中,我们将提到永乐年间政府组织的东三府人口向兖州、东昌一带的迁移,这次移民活动实际上已经在上述各县的村庄统计中反映出来了。

兖州府西区的金乡、鱼台、单县、城武、济宁及巨野六县共有人口 207 560 人,每县平均人口为 34 593 人。西区 17 县共有人口约 58.8 万。另外还有兖州左护卫的军籍人口。洪武年间兖州左护卫驻于巨野、嘉祥一带,土木之变以后调往临清,改名临清卫,但该卫在巨野一带的屯田却没有撤走。这就意味着,北调的军人只是该卫军人的一部分,以三分成守、七分屯田计,留在兖州的军人及家属约为 1.2 万,故兖州西部的在籍人口约有 60 万。从曹县的例子中可见,这近 60 万人口并没有包括所有的人口。其中有部分洪武移民是在明代中期入籍的。嘉靖年间兖州府有人口 170 万,较洪武年间增加 89 万,设其中半数为洪武年间迁入且未入籍的移民的后代,以 7‰ 的年平均增长率回溯,有移民 18 万左右[1]。他们主要聚集在兖州西区。因此,洪武年间兖州西区的总人口可能为 78 万,移民人口占当地总人口的 60%,共有移民人口 46.8 万,其中 1.2 万为军籍移民。

二 兖州东区

从兖州、曲阜、泗水及临沂四县市的自然村统计结果看,洪武年间

---

1 从洪武二十六年(1393 年)至嘉靖元年(1522 年)为 129 年,$(89/2)/1.007^{129} = 18$(万),类似计算不一一说明。

兖州府东区来自外地或山西的移民是零星的,不足以与西区相提并论(见表5-7)。

表5-7 山东省兖州等四市、县自然村建村时代和原籍　　单位:村

时代\原籍	山东						山西				其他省		合计
	本区				其他								
	兖州	曲阜	泗水	临沂	兖州	曲阜	兖州	曲阜	泗水	临沂	兖州	曲阜	
元末以前	18	39	7	31	—	—	—	—	—	—	—	—	95
元　末	1	3	—	11	—	—	—	—	—	—	—	—	16
明　初	16	1	13	3	1	1	7	4	—	11	3	—	60
洪　武	—	2	2	8	—	—	7	13	1	6	2	5	46
永　乐	—	—	—	4	—	—	3	1	1	—	1	—	9
合　计	35	45	22	57	1	1	17	18	2	17	6	5	226

资料来源:《山东省兖州县地名志》,1988年。抽样乡镇：小孟、大安、泗庄、堡子。《山东省曲阜县地名档案》,1991年。抽样乡镇：书院、息陬、小雪、时庄。《山东省泗水县地名志》(初稿),1990年。抽样乡镇：泗张、南陈、圣水峪、泉林、马家庄。《山东省临沂市地名志》,1986年。抽样乡镇：刘甸子、朱保、汤河、傅庄、芝麻墩。

在这四县市的226个样本中,土著村庄达到159个,占总村数的70%。而在这159个土著村庄中,有95个村是元代末年以前建立的古老村庄。假如这一区域的古老村庄的人口比例也是洪武村庄人口的2.3倍,折成标准村庄后进行计算,土著人口占总人口的82%。因此,兖州府的东区在洪武年间是一个人口补充式的移民区。

《邹县乡土志》记载的几十个氏族中,未找到一个元末明初来自山西的氏族,仅仅从这一点看,兖州东部的移民与西部也是属于不同的类型。

南部以滕县(今滕州市)为例。按照李广星《滕州史话》中的记载,洪武年间滕县也是一个山西移民的聚居区。据作者称:"全市一千二百多个村庄中,明代立村的约占二分之一,其中一百多个村是明初从山西洪洞等县迁滕的。"[1] 由于李氏所称"明代立村"还包括明代中后期建村者,所以我们并不知道明初村庄的总数目。唯一可资比较的是明初山西移民数。一般说来,上述各项抽样调查的比例大约在20%,如是,上述兖州、曲阜和临沂三地的洪武山西移民村每县约有70—90

---

[1] 李广星:《滕州史话》,中华书局1992年版,第102—103页。

个。而这70—90个山西移民村庄是指元末明初直接来自山西的村庄,并不包括那些几经辗转以后迁入的山西移民村庄。李广星所称"明初从山西洪洞等县迁滕"的村庄则很可能包括这种明初以后辗转迁入的山西籍村庄。如是,滕县明初迁入的山西籍移民村可能在百村左右或不足百村,与兖州、曲阜和临沂的明初山西移民村数目差不多。作为对照,梁山县的明初山西籍移民村达300个,郓城县达270个,定陶县达250个。这三个县的各自村庄总数,除郓城为1 386个以外,其余皆不足1 100个。由此可见滕县的移民类型属于兖州府东区的人口补充式,与兖州府西区的人口重建式移民有很大的区别。

再看万历《兖州府志》中有关的屯社记载。在该志卷19中,明代后期的滕县分为使相、安乐、礼教、柏山、迎仙、义和、明理和安仁八乡,其中迎仙乡为一社八屯,可知这一带是移民的集中居住地。因为八屯中有级索一屯,而今滕州市又有级索镇,可见迎仙乡为今日滕州市的级索镇地。关于级索镇,李广星在《滕州史话》中说:"来滕的移民,分布于各地,其中平原较多,山村较少;最多的级索镇达25个村,最少的党山乡仅1个村。"级索镇是滕县移民最集中的区域,这与万历《兖州府志》中的记载是一致的。

还有一份来自滕县官桥镇的资料。官桥位于今天滕州市的南部,在它的50个村庄中,有20个村是明初及明初以前的村庄;来自山西的移民村有4个,皆迁自元末及洪武年间;而另一来自江苏海州的村庄,则是永乐时期迁入的;另有3个建于洪武时代的村庄不明原籍[1]。不明原籍的不计,元末洪武来自山西的移民村仅占当时村庄总数的25%。如果考虑到土著村庄人口较多,按照兖州府西部的例子,古老村庄一般是洪武村庄人口的2.3倍,折算之后的结果是,洪武移民仅占当时当地总人口的13%。

在兖州府最南端的峄县(今枣庄市南),也有移民的分布。在万历府志中,该县有27社、5屯。屯占屯社总数的16%。东、南、北乡每乡1屯,西乡2屯,移民由西部迁入,村庄自然要多一些,只是洪武年间

---

[1] 《官桥镇志》,1989年。

到底有多少移民屯则不清楚,大概与东部其他县的情况差不多。

联想到在安徽的颍州地区有着众多的山东移民,这些移民在今济宁市兖州区北的枣林庄集散,其来源必为明初兖州府东区的人口无疑。

兖州东区的滋阳(今济宁市兖州区)、曲阜(今曲阜市)、邹县(今邹城市)、泗水四县共有人口 93 062,每县平均人口为 23 265 人。东区共十县,就有人口 23 万左右。调整性别比后,有人口 28.5 万。明代中期的流民户籍整理似乎与兖州府东区无关,可以认为洪武移民皆已入籍。以滕县官桥镇的土客比例为依据,其中 13% 为移民,则有移民人口约 3.7 万。军卫人口仅滕县一所,仅 3 000 余人。

总之,明代初年兖州府接受了 54.5 万左右的外来移民,其中 80%—90% 来自山西,有人口 50 万左右。军籍移民合计为 1.5 万。

第三节

青州府:人口的对流

东三府是指山东东部的青州(治今青州市)、莱州(治今莱州市)和登州(治今蓬莱市)三府,青州府是三府中最西部的一个府。《明太祖实录》中记载的移民史实中,山东东三府总是作为移民输出区出现的,尚未见有移民迁入该区的记载。但是,从族谱、地名志和地方志中的记载看,东三府也是一个移民接纳区,并且移民的迁入也具有相当大的规模,青州府亦不例外。

一 青州南区

青州可以分为南北两个部分。青州南部地处沂蒙山区,东部滨海,辖日照、莒州(今莒县、莒南县)、沂水和蒙阴。这一区域洪武年间的人口迁入情况,可以莒县为例说明之。

民国《重修莒志》中记载了该县氏族变动的情况。见表5-8。

表5-8 山东省莒县氏族的迁入时代和原籍　　　单位:族

时代\原籍	山东		江苏		山西	河北	其他	合计
	本区	其他	海州	其他				
元末以前	8	—	2	—	—	1	1	12
元　末	1	1	1	—	1	—	—	4
明　初	5	1	10	—	1	2	1	20
洪　武	7	6	34	2	4	2	3	58
永　乐	—	2	—	—	—	—	1	3
合　计	21	10	47	2	6	5	6	97

资料来源:民国《重修莒志》卷40《民社志·氏族上》。

扣除"明初"氏族中的一个永乐氏族,在洪武年间存在的93个氏族中,元末以前迁入的氏族均作土著计,就有12个。元末明初迁自本省的氏族有13个也作为土著计入,合计土著共有25个,占全部氏族总数的27%。将莒县氏族的时代构成与平江、醴陵等地进行比较,莒县土著比例之低接近醴陵县。也就是说,洪武时莒县的移民类型与醴陵、益阳和宿松等县相似。根据表3-26中提供的数据,在这类移民区,一个元末以前的氏族其人口约为洪武氏族的1.5—1.7倍。即使山东的情况有所不同,也不会超过2倍。洪武年间莒州的土著约为总人口的35%。这一比例竟然与兖州西部的土著移民比例相类似。

何以在青州府的南部会出现这样一个移民人口的密集区?元末战争对这一带的影响并不很大,黄河水患对此也没有危害。查《元史·五行志》,发现这一区域在元代末年遭受过一次巨大的瘟疫的袭击:"(至正)十七年(1357年)六月莒州蒙阴县大疫……十九年春夏……莒州沂水、日照二县及广东南雄路大疫。"这可能就是人口大量死亡的原因,只是我们还不知道这所谓的"大疫"究竟是什么传染病。这一场发生在元代末年的大疫给洪武年间外地移民的迁入创造了条件。

莒州的移民主要来自江苏北部的海州,即今连云港市及其周围一带。海州的移民一般自称来自"海州十八圩""海州当路村"或"海州十八村"。有一份《庐氏族谱》的谱序中称:"庐氏之先,出于江西吉水县滩头镇,祖翁职拜统制,祖母何氏,宋时镇守东海,遂籍于东海之代村焉。越元而明,洪武中迁民,有徙于江南者,有徙于燕京者,有徙于山东者,既不一省矣。即在山东,而诸城、沂州、沂水、日照,又不一其郡县矣。"[1] 从庐氏族谱中记载的地名看,迁入山东者多迁入青州府,其中尤以青州南部为主。

民国年间莒县的这一氏族调查,可以和20世纪80年代的自然村调查相互对应。莒县的自然村调查见表5-9。

表5-9 山东省莒县自然村建村时代和原籍　　单位:村

原籍 时代	本 区	江 苏	山 西	河 北	其他省	合 计
元末以前	6	—	—	—	—	6
元　末	1	—	—	—	—	1
明　初	6	7	3	—	1	17
洪　武	14	27	11	3	2	57
合　计	27	34	14	3	3	81

资料来源:《山东省莒县地名志》,1984年。抽样乡镇:箕山、洛河、店子集、寨里河、夏庄。抽样率为23%。

元末以前建立的土著村庄人口当然要比元末及洪武年间的移民村人口多,在兖州府的西部,平均每一个土著村人口大约是移民村人口的2.3倍,而在青州府北部的临淄和博山这一比例分别为1.7和2.6倍。假定莒县的土著村人口是移民村人口的2.2倍,其人口比例的比较可见表5-10。

表5-10 山东省莒县氏族、自然村原籍比例比较(%)

项 目	土 著	海州移民	山西移民	其 他	合 计
氏 族	34.9	42.4	5.7	17.0	100
自然村	37.9	39.1	16.1	6.9	100

资料来源:表5-8和表5-9。

---

[1] 转引自民国《重修莒志》卷40。

表5-10表明,氏族统计和自然村统计所得的结果在土著、海州移民这两个项目上非常接近。自然村系统中山西籍移民村庄较氏族统计中的比例要高出许多,究其原因,可能是许多辗转于明代中期迁入的山西籍村庄在追溯其建村年代时往往追溯到明初或洪武时期,实际这只是他们的祖先迁入山东的时间;另一原因可能是有不少迁自其他省的村庄在当年的调查中附会于山西洪洞县,所以在氏族与自然村的调查中山西移民的比例与来自其他地区的移民的比例正好相反。

莒县的情况与青州南部其他县仍有所不同。为节约篇幅,仅将各县洪武年间自然村原籍的比较简列如表5-11所示。元末以前建立的古老村庄依莒县例化为标准村进行统计。

表5-11 洪武年间青州南部部分地区自然村原籍比例比较(%)

地 区	土 著	山西洪洞	河北枣强	江苏海州	其 他	合 计
沂 源	83	9	6	0	2	100
沂 水	51	46	2	1	0	100
沂 南	80	11	1	2	6	100
蒙 阴	67	21	2	6	4	100

资料来源:《山东省沂源县地名志》,1988年。 抽样乡镇:燕崖、张家坡、鲁村、悦庄。
《山东省沂水县地名志》,1988年。 抽样乡镇:沙沟区、黄山铺区、圈里区。
《山东省沂南县地名志》,1987年。 抽样乡镇:界湖、孙祖、辛集。
《山东省蒙阴县地名志》,1983年。 抽样乡镇:野店、界牌、城关。

这四个县的情况与莒县的不同之处有三:一是这四县的土著要比莒县多得多,只有与莒县毗邻的沂水相差尚小;二是这四县江苏海州的移民要比莒县少得多,而沂源则没有来自海州的移民,四县的主体移民来自山西,以沂水县山西移民的比例为最高;三是出现了一个新的移民群体,即来自河北枣强的移民,虽然在青州南部这部分移民还不算太多,却强烈地暗示着他们有可能扮演青州北部地区明初移民史上重要的角色。

日照和诸城的情况不甚明了,只是我们在进行莒县的自然村统计时,发现有许多源于海州的村庄在明代初年或明代中期经日照或诸城迁入了莒县,也有一批迁入莒县的海州移民的兄弟或族人同时迁入了日照或诸城。更详细的研究有待于将来。

洪武二十六年青州府人口为 193 万。以分县人口数字推算,南部各县共有人口 80.4 万。另加洪武三十一年五月增设的安东卫[1]和诸城所,共有人口 82.4 万。依照上面统计中得出的各类人口的比例,在今莒县、沂水县地,即青州南部的平原和低丘岗地,移民约占其人口的 60% 左右,而在周围的山地,移民的比例约在 15% 左右,日照和诸城则无移民。以县人口计,今莒县与沂水县相合则相当于洪武年间的莒州[2],如此,青州南部的移民人口约为 18 万,其中海州移民约为 5.4 万,山西移民约 8.1 万。考虑到在临近北部的诸城县来自枣强的移民较多,人口估计为 1.8 万,其他移民约为 2.7 万。军籍人口的来源应当归入"其他"类。

二 青州北区

青州北部可以临淄县为代表。临淄县自然村的建村情况可见表 5-12。

表 5-12 山东省临淄县自然村建村时代和原籍　　单位:村

原籍 时代	山东 本区	河北		山西 洪洞	河南	江苏	其他	合计
		枣强	其他					
元末以前	119	—	—	—	—	—	1	120
元　末	5							5
明　初	8	11	1	2	2	—	1	25
洪　武	9	32	—	1	—	2	—	44
永　乐	2	5						7
合　计	143	48	1	3	2	2	2	201

资料来源:《山东省淄博市地名志》临淄区部分,1989 年。
说　明:临淄区即为以前的临淄县,1969 年划入淄博市。

---

1 《明史·地理志》胶州条。
2 洪武时代的莒州今分为莒县和莒南县,莒南县的情况不明;而洪武时代的沂水县今分为沂水、沂南和沂源。姑且认为今莒县和沂水县地方在洪武时期的人口相当于同时代莒州的人口。

对现有临淄区各类村庄人口统计的结果表明,临淄县元代末年以前建立的古老村庄的人口,相当于明初或洪武年间所建村庄人口的1.7倍[1]。按此比例进行村庄的标准化处理,土著村庄达226个标准村,洪武年间的标准村总数为275个。土著占总人口的82%,枣强移民占总人口的15%,山西移民仅占总人口的1%。毫无疑问,来自河北枣强的移民成为青州北部移民的主体。

在《临淄县乡土志》氏族部中所记载的13个氏族中,只有1族来自宋代初年,其余12族皆为明初或洪武年间迁入。其中迁自枣强的有6族,迁自山西的有2族,1族迁自江苏,除了土著的记载过少之外,各类移民的比例与自然村统计相似。

再看看青州府城益都的情况。在东昌府所接纳的移民中,有相当一部分是从青州府迁入的。而来自青州的移民,多记作来自益都县。一般说来,无论这些移民是从益都县迁出的,还是青州各县的人口东迁时在益都县集散,益都县都不可能在输出人口的同时又接纳移民。但是,青州北部的历史就是这样的奇特,在临淄县的例子中,我们已经强烈地感觉到青州府包括益都县都有接受外来人口的可能。

今日淄博市的博山区即清代以来的博山县,明代属于益都县的一部分。博山的自然村共有275个,其中洪武及洪武以前建村的共有68村,因无永乐年间建立的村庄,所以表5-13中不予列入。

表5-13 山东省淄博市博山区自然村建村时代和原籍　　单位:村

时代 \ 原籍	山东		山西	河北		合计
	本区	其他		枣强	其他	
元末以前	23	—	—	—	—	23
元　末	2	—	—	—	—	2
明　初	3	2	3	5	—	13
洪　武	3	—	2	24	1	30
合　计	31	2	5	29	1	68

资料来源:《山东省淄博市地名志》博山区部分,1989年。

---

[1] 临淄县的120个元代末年以前建立的古老村庄共有175 651人,平均每村人口1 464人,而该县94个明初及洪武年间建立的村庄,共有人口81 289人,平均每村865人。人口数据为1982年人口普查数。

从表 5-13 中,我们会发现博山的外来移民明显要多于临淄。对村庄进行标准化处理,元末以前建立的 23 个自然村平均每村人口为 3 085 人,而洪武或明初建立的移民村平均每村仅为 1 176 人,前者是后者的 2.6 倍。以此为计算标准,博山区明代初年的土著约为总人口的 65%,移民占总人口的 35%。另外,博山的移民也是以枣强人为主的。

民国《临朐县志》卷 8 记载了一批临朐县的氏族由来。在明确来历的 22 个氏族中,只有 5 族属于元末以前的古老土著,除 2 族记为元末以前迁自山西外,余皆称于明初或洪武年间迁自山西、河北或其他省。虽然这批氏族由于数量太少,不具统计之意义,但有一点可以肯定,洪武移民是该县人口构成的一个重要部分。

从以后的论述中可以得知,在山东的北部,枣强移民是移民群体中最重要的一支。这样就产生了一个疑问,洪武时期河北地区因土著稀少而成为华北平原最大的移民接纳区,却何以会在与山东毗邻的枣强县形成一个移民输出区?另外,在洪武年间当青州的老百姓成群结队向外迁徙的时候,竟会在同时有来自枣强的移民扶老携幼来到他们刚刚离去的家乡?

关于枣强移民的迁入,当地的墓碑和族谱中有大量的记载。除了有关移民从枣强迁入以外,还有一批关于山西人从枣强出发移民的记载。临淄路山乡北罗家庄的罗氏先茔碑的碑文是:"始祖讳昌厚,于前明洪武二年,由山西枣强县迁来青州府临淄县城西二十里时水东岸之罗家庄。"博山叩家的一本《般阳高氏族谱》载:"余先世本山西人,洪武年间由枣强迁发而来。始祖讳贯初,居博山后裕庄;二世祖伯真,始家于瑚山之阳叩家庄。"鹿瞳庄的一本《鹿氏族谱》称:"始祖讳明,洪武二年由山西洪洞迁直隶枣强。族人同来甚夥,地狭人众,暂处于此,后分投他处。而吾祖通,则由枣强迁青州鹿瞳。"均直言不讳地宣称自己的祖先是由山西至枣强,又由枣强迁青州的。

关于枣强作为北方一个移民集散地,有必要加以讨论。枣强是洪武时期河北地区真定府之属县,在以前的研究中,我们几乎没有注意到真定府在洪武初年的人口问题。因此,对于真定府有如此众多的人口外徙感到迷惑不解。甚至以为所谓的枣强移民,大多数可能是来自山西的移民的再迁徙。在研究中,我们对乾隆《正定府志》中记载的洪武时期的人口数产生了怀疑,进而查到嘉靖本的《真定府志》,才知乾隆本记载的户口数是错误的。洪武初年真定府人口多达 70 万。每县平均人口达到 2.2 万人以上,在河北地区实不多见。真定府东部的各县中,以枣强的人口最少,不足 0.8 万,而近邻的南宫、武邑两县人口各达 4 万,似乎在洪武初年枣强人口已经开始外移,这样倒与山东方面的记载相吻合,否则很难理解何以枣强县会成为这一区域中的一个人口低谷区。另外,再从地理上分析,山西娘子关→真定→枣强→山东德州是山西移民进入山东的最便捷的通道,至今仍是横贯河北,连接山西与山东的铁路干线所经之地。在长途跋涉后,山西移民在枣强略作休整再赴山东也是情理之中的事情。而如此强大的移民潮对枣强地区的人口外移势必产生一个强有力的推动,在人多地少的前提下,枣强及其附近地区的人口外迁就会形成势头。

青州府北部各县民籍人口合计为 108.9 万。然而,这是指在籍的民籍人口,并不意味着他们都居住于此。实际上,洪武二十五年至二十八年间,青州府有大量的人口外移。如三府迁往东昌府的人口合计共达 6 000 余户,假定青州府占其三分之一,就有 2 000 余户,另外在洪武末年及永乐初期的几年中,河北地区也有大量的山东移民,其中见于《明实录》记载的就有青州府安丘县民迁往河北真定府之事例,可知青州府的外移人口可能多出自青州府之北部。在不知具体人数的情况下,我们估计青州北部人口的十分之一外迁了,土著只有 98 万人。

《明史·兵志》所记载的青州卫所有青州左护卫、青州护卫和青州左卫以及安东卫和诸城千户所。又说青州左卫以后为天津右卫,青州护卫被革,实际只有一卫人口。嘉靖《青州府志》卷 11 的记载是:"洪武初立益都卫,三年改青州都指挥使司,十九年迁于济南遂为山东都指挥使司,青州立左右二卫,永乐四年移右卫戍德州。"与《明史》的记载颇有不合,即青州在洪武年间有二卫。在后面一节中我们看到,《齐河县乡土志》称青州左卫屯田在齐河县达93屯之多,却未改为天津右卫。总之,这一卫不能算是驻扎在青州府境的,驻扎于青州府的兵力仅有二卫一所,安东卫和诸城千户所在青州南部已经计算,故青州府北部有军籍人口1.7万人,与民籍人口合计共有人口110.6万。

按照对临淄县和博山县的自然村统计,移民人口约占洪武人口的20%左右,共有移民人口约22万。以其中20.3万民籍移民计,其中约18万来自枣强,1.7万来自山西,来自河南及江苏者合计约为0.3万人。当然,所谓来自枣强的移民实际来自枣强及真定府,或许还包括真定府周围的地区,如顺德府即是。

青州府的移民史给我们留下了一个难解的谜,青州府人口稠密,除去移民不计,洪武二十六年仍有民籍人口达140余万,每县平均人口多达10万余,远远超过河北真定府的每县平均人口数。人口竟会由稀疏区向密集区流动,原因何在,尚不清楚。

第四节

胶东半岛上的军人世界

胶东半岛上的莱州和登州情况颇为类似,号称地狭人众,土著却并不很多,移民倒是不少,却以军人为主。本节并在一起论述。

地处莱州西北部的潍县(今潍坊市)在民国年间曾进行过一次卓有成效的氏族调查,其成果反映在民国《潍县志·氏族》中。从氏族迁入的时代与原籍进行分析,潍县也属于洪武大移民的波及范围(见表5-14)。

潍县的土著氏族在《潍县志》中大多记为"世居",不明始居时间,所以只能作这种粗略的分类。与湖南、安徽的氏族进行比较,元末及洪武氏族达到了氏族总数的70%,比益阳和宿松等县低一些。反过

表 5-14　山东省潍县氏族迁入时代和原籍　　　　　单位：族

原籍 时代	山　东		山西	河北	云南	江苏	四川	湖广	其他	合计
	本区	济青								
元末以前	93	—	—	—	—	—	—	—	—	93
元　末	—	2	—	2	—	—	—	—	2	6
明　初	1	9	23	1	8	2	3	1	1	49
洪　武	4	18	90	19	13	9	3	4	2	165
永　乐	2	5	2	6	2	4	1	—	4	26
合　计	100	34	115	28	23	15	7	5	9	339

资料来源：民国《潍县志》卷12《民社志·氏族》。

来说，潍县的土著比例要比益阳和宿松二县还要高一些。我们将潍县的土著进行标准化处理，标准化系数定为2.5倍，潍县的土著人口约为当时总人口的53%左右，移民为总人口的47%，如果将本省济南府和青州府迁入的氏族合计为土著，土著的比例则为60%左右，仍比相邻的青州府北部的土著比例要少许多。

潍县的移民来源广泛，但最大宗的移民仍然是来自山西洪洞县，河北枣强的移民也占有相当大的分量。最让人感到奇怪的是有一批自称来自云南乌撒卫的移民，多称"洪武二年""洪武初"及"明初"迁入。但此时云南尚未纳入明朝版图，移民一事无从谈起，这批移民的来源和迁入时间下面再来讨论。

与潍县相邻的莱州府属昌邑县（今昌邑市），在自然村的统计中反映有洪武移民的大规模迁入。具体数据可见表5-15。

表 5-15　山东省昌邑县自然村建村时代和原籍　　　　　单位：村

原籍 时代	山　东		山西 洪洞	河北 枣强	四　川	其他省	合　计
	本区	其他					
元末以前	10	—	—	—	—	—	10
元　末	4	—	1	—	—	1	6
明　初	15	1	—	1	4	1	22
洪　武	15	—	7	4	7	1	34
永　乐	5	—	2	2	3	2	14
合　计	49	1	10	7	14	5	86

资料来源：《山东省昌邑县地名志》，1987年。抽样乡镇：太保庄、围子、饮马、仓街、东家乡。抽样率为24%。

在昌邑县,我们注意到永乐移民比例的增加。永乐移民在洪武、永乐移民中的份额达到了29%,由此,我们估计在记为"明初"的村庄中至少有6个村庄可能是永乐年间建立的。对元末以前建村的古老村庄进行标准化处理,标准化系数为2.2[1],其结果是:洪武年间土著人口约占总人口的65%,比潍县的土著比例略高。

莱州南部在洪武大移民的浪潮中似乎显得有点沉寂。我们曾对胶县和崂山县自然村的建村情况进行过统计,在胶县(今胶州市)尚有一批来自山西的移民,而在崂山(今青岛市地)只见有所谓来自云南者,时代多在永乐年间。

再来看看登州府莱阳县和招远县(今招远市)的情况。从表5-16中可以看出,至少在莱州府的西部,洪武大移民仍然可以从自然村的建立时代和原籍的统计分析中找到其深深的痕迹。

表5-16 山东省莱西、招远二县自然村建村时代和原籍 单位:村

原籍 时代	本 区	山 西	四 川	云 南	其他省	合 计
元末以前	6	—	—	—	2	8
元 末	6	—	—	—	2	8
明 初	19	6	—	2	4	31
洪 武	10	14	7	—	—	31
永 乐	21	9	1	4	9	43
合 计	62	29	8	6	17	121

资料来源:《山东省莱西县地名志》,1987年。 抽样乡镇: 水集、河里吴家、武备、韶存庄、南墅。抽样率为23%。《山东省招远县地名志》,1987年。 抽样乡镇:大吴家、东庄、大秦家、张星。 抽样率为22%。

说 明: 20世纪40年代分莱阳县设莱西县,今为莱西市。

永乐移民的比例更高,说明在"明初"的村庄中,至少应有58%的村庄建于永乐年间,在进行村庄的标准化处理时将这部分村庄划入永乐村庄。仍以系数2.2对元末以前所建古老村庄进行标准化处理,得出这二县洪武年间的土著比例为56%,与莱州府北部的情况大体

---

[1] 上文在兖州西部的郓城、定陶和青州府北部的临淄、博山进行村庄人口统计的结果表明,山东地区元末以前的村庄人口大约为洪武迁入村庄人口的1.7—2.6倍,并与洪武村庄在总村庄中的比例似乎没有关系。取其中值为2.2倍。以此为元末以前村庄人口的标准化系数。

一致。移民也是以山西人为主。所谓来自四川的移民,皆号称来自建昌卫,即今四川西昌地。

为什么在胶州半岛上会有如此众多的外来移民,且移民中的一个很大部分竟然来自遥远的西南边陲,或说云南,或说四川。这两个地区在洪武时代是典型的人口稀疏区,也是移民的输入区,何以会有如此众多的人口外移呢?

民国《莱阳县志》的作者在该志卷3《氏族》之末用了很长的篇幅专门讨论这个问题,指出:

> 居民传说其先世率于明洪武二年迁自云南。然按《氏族略》,其为唐宋故家、金元遗民仅廿余族。余各姓除从军或流寓,历年尚少,则凡传二十余世,历五百余岁者,大率相同。而能确定其原里居,亦无多。族十之八九漫称云南,又谓户有占山买山,宋元旧家则为漏户。及诘其所以迁徙及何以占山买山,何以旧家若是之少、新迁如许之多,无论乡僻野老,莫能道其原委,即荐绅世家亦语焉不详。

莱阳一带关于祖先来自云南的说法之普遍,从上述记载中即可得知。然而,更有意思的是,谁也不知道他们的祖先为什么来到此地,迁入的年代据说是洪武二年(1369年),却存在很大的问题。因为洪武二年云南不在明王朝的版图之内,所以,洪武二年从云南迁民至胶东一事简直就无从谈起。是否这里的"小云南"并不是指今日的云南,而是指其他什么地方呢?于是关于"小云南"的地理方位就有了许多假说。民国《莱阳县志》的作者继续说:

> 或谓云南为豫南汝南之讹,或谓小云南在安徽境,或谓小云南为山西地,亦均之无稽。虽然,要自有说,意即洪武四年山后内徙之民也。盖阴山之南,恒山之北,曰郡、曰州、曰府、曰路,自昔即以云称。(晋察绥之交,战国赵曰云中,故城治今托克托;秦汉置云中郡于此;北周置云中县治,今大同;隋改云内县,治今怀仁;唐置云中郡,兼置云州,治今大同;宋于此置云中府路;辽以古望川地置云县,金改为州,元因之,治今赤城县望云堡)则云中、云州之南或云岗(大同西,为名胜地)、云阳(谷名,在左云县)、云泉(山

名,在张家口西)之南,其土人必有以云南称者。

大有将云南化为"云中"之南之意味。这一转化便使得胶东人民口碑中流传的"小云南"成为"云中"之南了,也使得这一移民活动得到了历史文献的"认可",从而成为"信史"了。然而,以"云中"之南作为云南的代称却不怎么令人信服。民国《牟平县志》的作者对民国《莱阳县志》作者的上述观点提出怀疑,指出他们的看法"虽无据而近理,但本县间有能举其自云南某县某地来者,未必尽系传闻之误,或有其事而史未及载,或人民自动迁徙亦未可知……"[1]《牟平县志》作者的看法有一定的道理,我们注意到在今崂山县地名志中所列各种族谱的记载中,出现最多的是云南乌撒(乌沙)卫这个地名。以崂山县城阳乡为例,试举数族[2]:

白埠庄村,《杜氏族谱》:"明永乐二年,吾祖由云南阿密州乌撒卫西北三十里槐树里头,移至青郡南枣行居住,三四年后,复迁至即墨县崂山南头白庙籍,后迁百步庄落户。"

仲村,《王氏族谱》:"明永乐二年,吾祖自云南哈密县乌沙卫街大槐树村迁至钟鼓村定居。"

后旺疃村,《迟氏族谱》:"吾祖于明永乐二年从云南乌沙卫牛角胡同迁居即墨旺疃。"

西郊庄村,《赵氏族谱》:"明永乐二年,高祖自云南交趾国迁至诸城尧沟疃定居。"

小北曲,《陈氏族谱》:"始祖名严历,携二子于明永乐年间从云南效芝国迁山东浦里村定居,后长子迁小北曲立村。"

小寨子,《张氏族谱》:"吾祖张氏闻先人祖居小云南乌撒卫十字街大槐树底下,明初以武功得高位,支庶分袭。自千户讳徽,百户讳清,兄弟二人筮仕即墨。徽任鳌山卫城,清任浮山所卫,分守海隅。"

乌撒卫是洪武年间贵州都司所辖的一个军卫,治所在今贵州省威宁县。由于洪武年间贵州布政司尚未成立,贵州地分属四川和云南

---

[1] 民国《牟平县志》卷10《文献志》。
[2] 《山东省崂山县地名志》,1987年,第57—64页。

辖,乌撒府恰好处于四川、云南和贵州交界的位置上,终明代,一直是四川的辖境,而作为军卫的乌撒卫所属,很可能驻守于云南境内,如乌撒后所的驻扎地就在云南的沾益州境内。胶东半岛上众多族谱中出现云南乌撒卫一词似乎可以证明这里的云南应该就是今日的云南省,而不是什么"云中"之南。他们之所以能迁入胶东地区,最大的可能是军卫的调动。小寨子张氏的经历是这种军卫调动最好的注脚。所以,在论述洪武移民时,我注意到莱西、招远、昌邑一带除了云南的移民村外,还有来自四川的移民村。显然,如果也是乌撒卫移民的话,四川作为他们的原籍是最准确不过的了。云南与四川这两个地理概念在那个时代是相当含混的。

正是由于四川和云南在地理上的邻接和政区上的交错关系,才造成了这两个地名的混乱,从而导致了有关移民迁出地的混乱。当然,还有一些地名如云南交趾国之类,则不知其所云了。

再谈谈乌撒府。明代洪武年间的乌撒府是一个土府,今天仍是彝族、回族和苗族聚居的地方,故设自治县以辖之。作为一个设于土府境内的军卫,可能有土兵的介入,但土兵绝不可能占军卫人口之多数。如果胶东地区的若干风俗带有彝族或苗族的某种风情的话[1],也只能推测长期驻扎于彝、苗族聚居处的汉族军人,已经在生活习俗上融合了异族的某些成分,并将其带到胶东。

在民国《牟平县志》的氏族记载中,也出现若干有关洪武年间从云南移入之氏族。由于记载的简略,我们无法对其可信度进行检验。总之,一般说来,从云南移入山东不大可能是民籍移民,在云南人口比胶东人口更为稀少的情况下更难以想象。我们猜想是军籍移民,上引资料中提到的西昌卫、乌撒卫就是证明。

的确,莱州府和登州府是一个以军卫人口为主的移民区。洪武时期莱州府先有莱州卫和雄崖、浮山二所,洪武二十一年(1388年)增设了鳌山卫,到洪武三十一年又增设了灵山卫。弘治年间又增设二

---

[1] 赵振绩:《山东半岛人(蓬莱赵)氏的由来》,载《第二届亚洲族谱学术研讨会会议记录》,国学文献馆,台北,1984年。

所[1]。登州府洪武年间有登州卫和宁海卫,洪武三十一年,增设了大嵩、威海、靖海和成山四卫和宁津所,成化间又设四个千户所,差不多已是一个卫的兵力[2],以至于当地人称"军多于民"[3]。虽然说的是正统年间的事,但宁海一地,有两卫军人就已经"军多于民",说明民籍人口的稀少。

这些新增卫所的将士极有可能从云南或四川的卫所中调入。由于新设的卫大部分是洪武三十一年五月设立的,家属调入时间可能会晚一些,即可能在永乐年间迁入[4]。因此在地名或氏族资料中,既有洪武年间迁入者,也有于永乐年间迁入者。

莱州、登州两府合计,洪武末年,共有9卫3所,约53760名将士。合计有军籍人口约16万人。在人口密集之区,卫所战士中有相当一部分是由当地人口充任的,所以属于军籍移民的肯定不足此数。设当地壮丁占军籍人口的20%,军籍移民的数量约为13万左右。又由于部分卫所军人及家属迟至永乐年间才调入,按照以上自然村的统计,军人中的三分之一强自称是永乐年间调入的,故洪武军籍移民人口的数量只有8.5万人左右。洪武二十六年两府共有民籍、军籍人口170.8万,卫所的军籍移民仅相当于两府总人口的5%左右。

从崂山县村庄统计中发现,似乎莱州府的南部以永乐军人为主,洪武年间的军人当集中于北部和中部,因此,在莱州府的北部和中部以及登州府的西部及北部地区,洪武军人的比例应该比这一数字还要高一些。从对潍县、昌邑和莱西、招远的氏族或自然村统计的结果看,云南及四川移民在总人口中的比例多在6%—13%,这是假定所有的军人皆由云南及四川人来充任的。云南、四川人的比例高于军籍移民在总人口中的比例。

在结束有关云南人的讨论之后,我们再来谈谈莱州和登州的土著。从《明实录》中的有关记载来看,莱州和登州在洪武时期皆是地狭

---

1 《明史·地理志》胶州条。
2 《明史·地理志》莱阳、文登条。
3 民国《牟平县志》卷6《政治志·林元美传》。
4 《明史·地理志》记载鳌山卫和灵山卫分别设于洪武二十一年和洪武三十一年,但民国《清平县志》则说:"至成祖迁鼎燕京,又将军屯分置近畿,以资拱卫。山东计设四卫,曰鳌山、曰灵山、曰德州、曰临清卫。"将灵山卫误为永乐年设立,可能与洪武末年设卫后其军人及家属的陆续迁入有关。

人众之地。从户口数上分析，这两个府每县人口众多，与青州府属县不相上下，因此才有大量移民外迁。然而，在民国及今天的氏族或自然村统计中，土著的比例却非常低，仅占总人口的60%左右，让人迷惑不解。民国《莱阳县志》的作者指出：

> 以氏族言，隋唐前无论矣，宋庆历间趣果寺题名碑所载六十五姓，今可知者四姓已耳。夫此六十一姓者岂尽转徙流离抑或丧乱灭绝，或谱牒损佚，皆弗明矣，又况碑所弗载者乎？而县中望族于赵氏外，又概系元明新迁，是其于社会所关不甚巨与。

他认为这些土著混入了其他人口之中：

> 而莱阳自金元以来，用夷变夏，屡经兵祸，民之死于锋镝或掳掠流徙者当不知凡几，用是移民来此，其先至者领地开垦，谓之占山。后至者购熟地耕种，谓之买山。其土著遗民得脱于兵匪驱掠者，谓之漏户。而迁者不忘旧居，故传称云南，又以非云南省，故又别之为小云南。亦犹吾东府人侨居关外，概呼登莱为海南耳。……惟当日迁自小云南者，或不如传闻之众。即称为漏户者，亦当不如现时之少。是则历时及清，迭遭惨杀，死亡流离，宗谱损毁，或畏避徭役，迁自他处，原无谱牒，历年既久，传闻失实，遂胥附于迁自云南之说矣。[1]

从上述统计的结果看，这一说法是站不住的。因为，来自云南或四川的移民虽然有一定的数量，但在总人口中所占的比例却是不大的。土著人口虽然比人口统计数中所反映的要少，但在当地仍是人口的主体。以主体之人口去胥附非主体之人口，从情理上说不过去。其实，土著人口数量的不足应与土著人口的外迁有关。

如上述，洪武二十五年至二十八年，有6 000余户东三府人迁入东昌府，根据茌平县三府移民的比例，莱州和登州两府有2 000余户移民迁入东昌。在下面几章的研究中，我们发现，迁往河北地区的山东移民有相当的分量，直到永乐年间依然如此。由于在河北地区的移

---

[1] 民国《莱阳县志》卷3《礼俗·氏族》。

民原籍统计中，并没有发现所谓来自"云南"或"四川"的移民，因此，就不存在迁入莱、登地区的云南移民在永乐年间再迁往河北的可能性。事实上军籍人口难以作自由的迁移，所谓山东的移民就是指山东的土著居民。登、莱两府的人口在迁往鲁西及河北地区的同时，还有大量迁往辽东的可能性。从土地资源的情况看，辽东地广人稀，依我们在以后有关篇章中的论述，偌大一个辽东，只有50万左右的人口居住于此，抛荒的土地不在少数。以交通条件来看，从登州泛舟抵达辽东是当时最便捷的通道。一般舟行一日夜便可到达。明代辽东与内地的人员往来、物资运输，都是通过这条路线来完成的。也就是说，在明代初年人口极为密集的登州和莱州两府的近邻，存在一个人口极少的农垦区。这一人口稀疏的区域在行政上又是隶属于山东布政使司的，无疑会对人多地少的登、莱人民产生强烈的吸引力。所以，到了弘治年间，登、莱地区的土地抛荒和人口外流到了十分严重的地步。何瑭描述道："方今地窄之处，贫民至无地可耕，而凤阳、淮徐、山东登莱等处，荒田弥望……久荒之处，人稀地僻，新集之民，既无室庐可居，又无亲戚可依，又无农具种子可用……"[1] 至于沿海地带，按照王世贞的说法，"倭诚可忧，忧不在山东也，青、登、莱、沿海也，皆瘠卤，数十里无人烟，不足中倭欲也"[2]，人口之稀少到了对倭寇没有吸引力的地步。资料表明至嘉靖年间登州人口（或纳税单位）已大量减少，与其他五府尤其是西部三府人口（或纳税单位）的大量增加呈鲜明对比。由于军籍人口的迁徙相对民籍居民而言，要困难得多，所以登、莱的外流人口主要是民籍人口。民籍居民的减少导致了整个人口中的军籍人口比例的增加。

据此可以作一假设，假设民籍人口的30%外迁了。无论是明初外迁的还是明代中期外迁的，洪武时30%的民籍人口的后裔今天在自然村统计中就看不见了，即洪武年间民籍人口的30%不参与自然村的统计了。这样，洪武年间这两府的165.5万民籍人口实际上只有116万了。军籍移民在总人口中的比例约为7.3%。这与自然村统计

---

[1] 何瑭：《柏斋集》卷1，四库全书本。
[2] 王世贞：《议防倭上传中丞》，《明经世文编》卷332。

中所得结果大体接近了。

根据万历《莱州府志》卷3的记载，该府洪武二十四年民籍人口76万，调整后的数据为85万，详见附录一。北部的潍县、昌邑、平度和掖县共有人口45万，除去外迁人口，仅有人口31万左右。洪武二十六年莱州府有军籍移民2万，北部共有人口约30万，依潍县、昌邑例，其中37%左右为移民，则有移民人口11.4万。其中2万为军籍移民，民籍移民约9.4万。

以潍县和昌邑县各类移民的比例均值作为莱州府各类移民的比例进行推算，知山西移民约有6.4万，河北移民约1.9万，云南、四川移民合计为2.7万，来自江苏的移民仅0.2万，其余移民约0.9万。云南、四川移民多为军籍移民。

洪武二十六年登州府民籍人口80.5万，其中西部的莱阳县人口有23.3万。西部和中部的招远、黄县、蓬莱及栖霞共有人口约33.3万，合计达到56.6万。又假定其中有30%左右的人口外迁，存有人口为40万。洪武二十六年登州府有军籍移民3.3万，又假定其中一半军人及家属居住于上述五县，登州府的西北部有人口约为42万。依莱西、招远之例，设其中44%为移民，就有移民人口约18.5万。

按照上述各县的情况作一粗略的统计，在这18.5万移民中，山西移民约占64%，有人口约11.8万；四川、云南移民约占35%，有人口约6.5万。这一估算存在一个问题，即来自四川的军卫移民比实际军卫人口数要多，这可能是由于对外迁民籍人口估算存在问题，或者是由于我们对于军籍移民的构成还缺乏了解。

第五节

济南移民：洪洞人和枣强人

和青州府一样，《明太祖实录》中只有移济南府（治今济南市）人入东昌府,却没有移民入济南府的记载。在官修史书中,济南府是作为一个移民输出区存在的。然而,在地方志和其他民间文献里,洪武时期济南府也是一个重要的移民接纳区。

由于济南府的北部地区在"靖难之役"中损失巨大,所以在这一区域中的许多县份,我们今天已经看不到洪武移民的后裔,充斥其间的是永乐移民的后代。因此,对这一区域洪武时代移民的研究,必须谨慎地将其与永乐移民相区别。

为便于论述,以今日黄河为界,我们大致将济南府分为南北两个部分。

一 济南北区

先看德州。德州地处济南府之西北端,因濒临大运河,历来就是交通要道及兵家必争之地。乾隆五十三年的《德州志》卷4中有一段关于明代初年德州乡里变化的记载,对于我们理解当时的人口变化颇有裨益。其文如下:

> 洪武间州治坐落河西,在今州境西北隅,无西厢、无北厢,故只有东厢一里、南厢一里。城厢之西为遵义,其地狭,故一里,城乡之东为依仁,其地宽,故二里,此皆定自洪武三年。崇德、明善二乡原系安德县地,与居仁、思义、养贤、存性四乡俱属德州。洪武十三年割四乡复立陵县,崇德、明善仍属德州,俱傍土河东岸。考宋时大河全在州境,沿河不立村庄,元时河南徙始渐置庐舍,亦仅传李马杓庄、田家庄为其时所立,余皆立自明。崇德、明善各渐增至五里,其明善乡第六里为最后所增,散寄各里内。永善、大兴二乡亦皆立自明,考宋时西自陈公堤,东至土河东堤,总属黄河经流。元时亦止于御河西、土河东立有村庄,其御河东、土河西仍无村庄也。至明洪武三十年修筑卫城,设窑城南起甃之地,名曰火房,于是御河迤东、土河迤西,始行开垦,渐聚村落,乃立永善、大兴二乡。然彼时永善乡止二里,大兴乡只四里,其永善三里及大

兴之五里至十四里均为后所增置,散寄各里内。

从这段记载中可以得知,洪武三年(1370年),德州仅有土著5里,包括城东、南厢各1里,城西1里和城东2里。1935年《德县志》卷3称:"明承宋元之弊,县境村落无多,户口稀少。只有在城一里,东厢一里,南厢一里,城西为遵义一里,城乡之东地宽,为依仁二里,此皆定自洪武三年。"比乾隆年间的记载多出"在城一里",不知何据。按理城中居民已编入厢坊,不应有"在城一里"之说,姑且存疑。

洪武某年,割安德县6乡来属德州。洪武十三年(1380年),又划其中4乡立陵县,余2乡名崇德、明善,辖里不详。以后崇德、明善各渐增至5里,以后明善又增1里,却是"散寄各里内",说明最后增加的一里没有辖区。据此,我们认为崇德、明善二乡原始的土著里当为4里,否则就不必以乡称之。以后增加的2里则是移民的结果。

明代又设永善、大兴二乡,时间是在洪武三十年之后,辖境在黄河故道。最初永善乡只有2里,大兴乡4里,以后永善乡增加1里,大兴乡增加10里,亦"散寄各里内"。由于这二乡的设立与黄河故道的开垦有关,其人口之来源不会是土著,当地也没有土著,只能移民开垦之。移民的时间始于洪武末年,盛于永乐。所以,永善乡之2里和大兴乡之4里当视为移民,时间可能在洪武末年或永乐年间,以后增加的里数多是永乐间或永乐以后移民的结果。因此,在乾隆《德州志》卷6中就有"自洪武迁民开垦"一句。从以上记载和分析看,这一移民过程在洪武中期即已展开,至洪武末年随着黄河故道的开垦还在进行。

总之,洪武年间德州土著约为9里,洪武移民在崇德、明善、永善和大兴四乡中定居。由于时间已在洪武末年,故在永善、大兴二乡中不会有太多的洪武移民,设其中一半的里数为洪武移民所建,则有3里。加上崇德、明善二乡的2里移民,洪武年间此四乡中共有移民为5里,不及土著人口之众。依此数字计算,土著占总人口的64.3%,移民占35.7%。

除了一般性的"迁民开垦"外,还有军屯。洪武九年明政府于德州设卫,于德州境内设42屯,与德州民地接壤,另设14屯,散处东昌府境[1]。这42屯士兵及其家属从人数上绝对超过了民籍人口,恰巧是

---

1 乾隆《德州志》卷4《疆域》。

民籍土著与移民人口的3倍,达到4 620户,13 860人。因此,我们可以说,洪武时期德州的移民主要是军籍移民,军人及其家属有效地开垦了德州荒芜的土地。

以上关于洪武年间德州移民的估计可以从自然村的统计中得到印证。详见表5-17。

表5-17　山东省德州市自然村建村时代和原籍　　　单位:村

时代＼原籍	本区	山西	其他省	合计
元末以前	4	—	—	4
元末	2	—	—	2
明初	1	2	—	3
洪武	10	9	—	19
永乐	21	22	5	48
合计	38	33	5	76

资料来源:《山东省德州市地名志》(初稿),1988年。

从表5-17中可见,在洪武时代,德州土著的比例的确超过了移民。在洪武时代的26个村庄中,土著村庄有16个,其中元末以前所建村庄有4个。也按照1∶2.2的比例进行标准化处理,洪武年间德州土著约占当时总人口的66%,移民占35%,与上述根据里数进行的估计大抵吻合。

剩下的问题是,洪武年间如此众多的德州卫军人为何在自然村中没有反映出来。如果德州卫的军人作为移民存在的话,德州的移民大大超过土著。我们知道,"靖难之役"中,德州是主要战场之一,战后,洪武守军实际上已经不复存在,取而代之的应是永乐年间调入的新军人。也就是说,到了永乐年间,即使是建于洪武年间的德州正卫,其军人也并不是洪武时代的军人了,而是永乐年间的迁入者。

在德州,移民主要来自山西,并非来自枣强。

齐河县的情况可从自然村的统计中看出大概。表5-18揭示出洪武年间外来人口的来源和数量。

表 5-18 山东省齐河县自然村建村时代和原籍　　　单位：村

时代\原籍	山东				山西	河北		其他省	合计
	本区	青州	莱州	其他		枣强	其他		
元末以前	23	—	—	—	—	—	—	—	23
元末	—	2	—	—	3	3	—	—	8
明初	—	6	2	2	28	33	—	5	76
洪武	—	7	4	—	29	3	1	—	44
永乐	—	17	1	3	51	36	4	3	115
合计	23	32	7	5	111	75	5	8	266

资料来源：《齐河县志》，中华书局 1990 年版，第 91—108 页。

在齐河县洪武和永乐年间的村庄中，永乐村庄明显多于洪武村庄，所以在记为"明初"的移民村庄中，只有四分之一的村庄属于洪武时代。这样，齐河县洪武时代的村庄总数为 94 个。由于济南府处于山东省的东部和西部之间，故假定齐河县 1 个元末以前的古村人口相当于 2.2 个洪武年间迁入的移民村，洪武年间该县土著仅为总人口的 40% 左右，与兖州西部的土著比例相类似。

何以在齐河县会出现如此多的洪武移民？这一数据能否得到其他文献的印证？先让我们来看看地方志中关于该县氏族的记载。

在民国《齐河县志》卷 20 的《氏族》部分中，共记载了 268 个姓氏。但是，大多数氏族并不记其由来或迁入时间。在 17 个记明时代的氏族中，记为"明初"的有 5 族，"永乐"有 5 族，无"洪武"迁入者。在《齐河县乡土志》中，共记有 11 族的由来，"明初"1 族，"永乐"1 族，亦无"洪武"迁入者。

然而齐河县确确实实存在着大量的洪武移民。民国《齐河县志》卷 3《疆域》中指出："屯所系前明洪武间设，俱在古伦、节妇等乡。顺治十三年拨济南卫十四屯、青州卫二十九屯归县完粮。雍正九年为遵旨议覆等事裁去卫所，将卫尽归并县，共七十三屯。"《齐河县乡土志》中的《人类》部也指出："境内卫户颇多，自裁并屯田后，兵与民均归一致。（康熙间）又裁并青州左卫坐落齐河屯九十三，丁计共二千三百二十二丁。"尽管关于屯的数量有所出入，但这些资料说明在洪武年间的齐河县,所谓的移民就是军事移民。这批军事移民皆未列入大族之列,故不为近代的地方志书所收录。

关于军屯的人口数量,王毓铨先生指出:"明代军事屯田的生产是以屯为基本单位。一屯有若干人或若干户。一般言之,屯的基层组织是屯所,即屯田百户所";按照永乐三年(1405年)更定的屯田例则,"每百户所管旗军一百一十二名,或一百名、七八十名"[1]。地处内地济南的屯田应该是足额的,因此,93屯共有军丁约万名。上引文中的丁额2 322已演变为一个赋税单位,并无其他的意义。

一丁即为一户,93屯合计共有万户,若每户平均3人,则有人口3万左右。若洪武年间齐河县的移民占全部人口的60%这一事实能够成立,在不考虑民籍移民的前提下,齐河县当时有人口约5万人。如考虑军籍移民之外,可能有一批民籍移民迁入,则齐河县的人口就超过了5万。明代初年济南府有州县30个,当时的济南府至少有人口约113万,平均每县人口3.8万,如莱芜县明初有人口5万[2]。虽然莱芜是大县,人口较多,但与此比较,齐河县的民籍人口也实在太少,因此设立大量的军卫屯田,以求土地的开垦和经济的发展。

从现有的自然村分布的情况看,洪武时期的移民村大部分集中在齐河县的南部乡镇,以赵官镇最为集中。可能是因为这一区域远离交通要道,在"靖难之役"中保存尚全。洪武时期大多数的军屯村今已不复存在,所存最多的是永乐时期所建的移民村,反映出"靖难之役"以后新一轮移民的史实。另外,由于军屯所具有的轮调的性质,所以我们在今齐河县的晏城街道和华店乡所见村庄,大多建于明代末年,人口多由青州府之诸城迁入,说明这一区域可能为青州卫所属屯地。虽然最后调入的屯卒在明末迁入,但村庄的建立仍可追溯至洪武时代,只是洪武时代的军卒已经调离而已。

在济南府北区的东部诸县,移民的情况也与西部的德州和平原县不同,而与齐河类似。以滨州为例,具体数据可见表5-19。

---

[1] 王毓铨:《明代的军屯》,中华书局1965年版,第182页。
[2] 民国《莱芜县志》卷6《地理志》。

表 5-19　山东省滨县自然村建村时代和原籍　　　单位：村

时代\原籍	山东 本区	山东 其他	河北 枣强	山西 洪洞	其他省	合计
元末以前	22	—	—	—	—	22
元　末	—	—	1	2	—	3
明　初	6	—	48	—	1	55
洪　武	6	3	48	2	—	59
永　乐	—	—	3	—	—	3
合　计	34	3	100	4	1	142

资料来源：《山东省滨县地名志》，1984年。抽样乡镇：滨城镇、堡集区。抽样率为25%。

仍以元末以前村庄人口为洪武时期村庄人口的2.2倍进行计算，洪武年间滨县土著仅占总人口的35%左右，与兖州西部土著的水平相当。因此我们认为，滨州一带也是人口重建式的移民区。

滨州之南的蒲台县的移民情况与滨州颇类似。在《蒲台县乡土志》所记载的27个氏族中，大多数皆称洪武年间自枣强县迁入。在滨州之北的阳信县，也是一个洪武移民区。《古今图书集成·职方典》卷207济南府部记载："（洪武）十三年阳信红军为祟，十村九墟，迁直隶及青州、登州、莱州三府民以实其邑。"然而，在自然村的统计中，不见有洪武移民和东三府移民，所见移民的大多数是永乐年间从河北迁来的（见表5-20）。

表 5-20　山东阳信、沾化二县自然村建村时代和原籍　　单位：村

时代\原籍	山东 本区	山东 其他	河北 武邑、枣强	河北 其他	山西	南京	合计
元末以前	8	—	—	—	—	—	8
元　末	—	—	—	—	—	1	1
明　初	7	—	1	—	—	—	8
洪　武	—	1	5	1	—	1	8
永　乐	15	4	126	9	12	1	167
合　计	30	5	132	10	13	2	192

资料来源：《山东省沾化县地名志》，海洋出版社1988年版。抽样乡镇：古城、下河、冯家乡。抽样率为21%。《山东省阳信县地名志》，1988年。抽样乡镇：温店、银高、水坡落。抽样率为30%。

从上引资料中可知,阳信县的移民中以直隶人为主体,但在自然村统计中也还没有东三府人的份额。似乎洪武移民在"靖难之役"中大都散失,永乐年间又重新组织了移民。但也存在这样一种可能,即洪武移民在"靖难之役"中四散而去,永乐安定之后重新返回。由于他们的原籍距离迁入地较近,所以战乱中可能逃回家乡,战后返回则以新移民的姿态出现。同类情况在永乐年间的河北南部多有所见。这一解释还不能说明为什么没有自东三府迁入的人口。

二 济南南区

先看看肥城县(今肥城市)的情况。肥城县与兖州府相邻,其人口的迁入与兖州颇多相似之处。具体情况见表5-21。

表5-21 山东省肥城县自然村建村时代和原籍　　　单位:村

原籍 时代	山 东		河北 枣强	山西 洪洞	其他省	合 计
	本 区	其 他				
元末以前	20	2	—	—	1	23
元　　末	—	1	—	—	—	1
明　　初	7	4	—	4	1	16
洪　　武	22	1	1	21	2	47
永　　乐	2	—	1	—	—	3
合　　计	51	8	2	25	4	90

资料来源:《山东省肥城县地名志》,1988年。抽样乡镇: 湖屯、安驾庄、仪阳、安临站、马家埠。抽样率为27%。

洪武时期存在的87个村庄中,有23个属于元末以前的古老村庄。按照1∶2.2的比例进行折算,土著村庄占村庄总数的68%。这一比例介于兖州府的西部和东部之间。永乐移民则几乎不见,从这点看,肥城县的移民类型与黄河之北有相当大的不同。

肥城县的例子在黄河以南的山东各县有其代表性。如《莱芜县乡土志》记载了14个氏族,除2族外,余皆记为洪武或明初,无一永乐迁入者。淄川一带的情况也是如此。详见表5-22。

表5-22 山东省淄博市张店、淄川两区自然村建村时代和原籍

单位：村

时代\原籍	山东			山西 洪洞	河北		其他省	合计
	本区	其 他			枣 强			
	张店	淄川	张店	张店	张店	淄川	张店	
元末以前	46	56	—	—	—	—	—	102
元　　末	3	—	1	—	—	—	—	4
明　　初	30	2	2	8	6	7	1	56
洪　　武	2	1	—	—	17	11	2	33
永　　乐	—	2	—	—	—	1	—	3
合　　计	81	61	3	8	23	19	3	198

资料来源：《山东省淄博市地名志》，1989年。抽样乡镇：罗村、洪山、龙泉、峨庄、黄家峪。抽样率为26%。

淄川区即明代的淄川县。张店今为淄博市城区，历史时期分属周围各县。根据表5-22统计，按1：1.7的比例对元末以前的古老村庄进行标准化处理，结果是，洪武年间土著约占人口总数的78%。若按1：2.2的比例对元末以前的古老村庄进行标准化处理，则土著人口约为总人口的81%，这与临淄县的土著比例非常接近。

概言之，济南府的移民可作如下表述：

其一，在今黄河以北的地区，除了滨县外，多数县份的洪武移民在数量上不敌永乐移民，这是"靖难之役"后重新组织对这一区域移民的结果。滨县由于地处偏僻，躲过了这场灾难，所以在永乐时代，不需要重新组织移民。又由于今黄河以南的各县未受"靖难之役"的影响，也就不需要永乐移民的补充，故而南部的移民与北部移民呈现不同的类型。

其二，就移民原籍而论，移民主要来自山西和河北枣强，其中以山西移民的分布最为广泛。在济南府的东北部及东部一带，则以枣强籍移民为多。

其三，阳信、沾化一带由于洪武移民已为永乐移民所取代，所以我们并不知道洪武移民在总人口中的比例。德州、齐河、滨县、肥县及淄

川五县洪武时期民籍移民占人口总数的比例约为40%。五县之中，齐河县的移民比例偏高是由于军籍移民比较集中；滨县则由于为斥卤之地，移民较多兼有地区开发之意。一般县份的移民比例应在30%左右。由于不知道洪武时期济南府的分县人口数，所以也就不认为这一比例可以准确代表济南府的总体水平。只是考虑到虽然淄川一带的移民比例不足30%，且滨县以北的若干县份洪武移民可能多于40%，因此，尽管齐河和滨县移民比例高于30%，但济南府的洪武移民比例应大致为30%。

洪武二十六年济南府的人口数为116.3万人，其中30%为移民，有人口34.9万。设其中山西移民占移民总数之60%，枣强移民占30%，则分别有移民人口20.9万和10.5万。

济南府二卫另有军籍移民3.3万。由于在考虑移民的比重时，已将军籍人口排除在外，所以军籍移民的数量另行计算。

第六节

小　　结

至此，我们可以对洪武时期山东地区的移民运动作一总结。

（1）山东各府的民籍、军籍移民数分别见表5-23。

表5-23　洪武年间山东各府接受的各类移民　　单位：万人

地　区	人口总数	土著	百分比（%）	民籍移民	百分比（%）	军籍移民	百分比（%）
东昌府	22.3	6.1	27.4	14.5	65.0	1.7	7.6
兖州西部	78.0	31.2	40.0	45.6	58.5	1.2	1.5
东部	28.5	24.5	86.0	3.7	13.0	0.3	1.1
青州南部	82.4	62.4	75.7	18.0	21.8	2.0	2.4
北部	110.6	88.6	80.1	20.3	18.4	1.7	1.5

续 表

地　区	人口总数	土著	百分比(%)	民籍移民	百分比(%)	军籍移民	百分比(%)
莱州府	87.0	75.6	86.9	9.4	10.8	2.0	2.3
登州府	83.8	62	74.0	18.5	22.1	3.3	3.9
济南府	116.3	78.1	67.2	34.9	30.0	3.3	2.8
合计	608.9	428.5	70.4	164.9	27.1	15.5	2.5

说明：东昌府的土著是指洪武二十六年人口数，而移民则截止于洪武二十八年。

就山东全区而论，洪武年间移民占其总人口的30%左右，且其中还包括一部分省内不同区域之间的流动。从这一角度说，山东的移民是人口补充型。分区而论，则东昌及兖州西部属于人口重建式移民。

(2) 各个区域移民的来源可见表5-24。

表5-24　洪武时期山东外来民籍移民的原籍分布　　单位：万人

地　区	山西洪洞	河北	江苏	河南	其他省	东三府	合计
东昌府	11.2	0.1	0.1			3.1	14.5
兖州府西	41	0.5	2.4	0.5	0.4	0.7	45.5
兖州府东	3.2		0.5				3.7
青州府南	8.1	1.8	5.4		2.7		18.0
青州府北	1.9	17.8	0.3	0.3			20.3
莱州府	6.4	1.9	0.2		0.9		9.4
登州府	11.8				6.7		18.5
济南府	20.9	10.5			3.5		34.9
合计	104.5	32.6	8.9	0.8	14.2	3.8	164.8

在洪武年间山东地区接受的165万民籍移民中，来自山西的移民人口最多，达到104.5万，占移民总数的63%；次则为来自河北的移民，达32.6万余，占移民总数的19.8%。来自河北者大多数自称来自河北枣强县，但我们估计他们中的大多数来自真定府，当然也包括枣强县，也可能有来自山西的移民混杂其中；迁自山西和河北枣强的移民构成了山东地区移民的主体。

根据表5-23，将洪武时期山东地区的人口迁移图示如下(图5-1)：

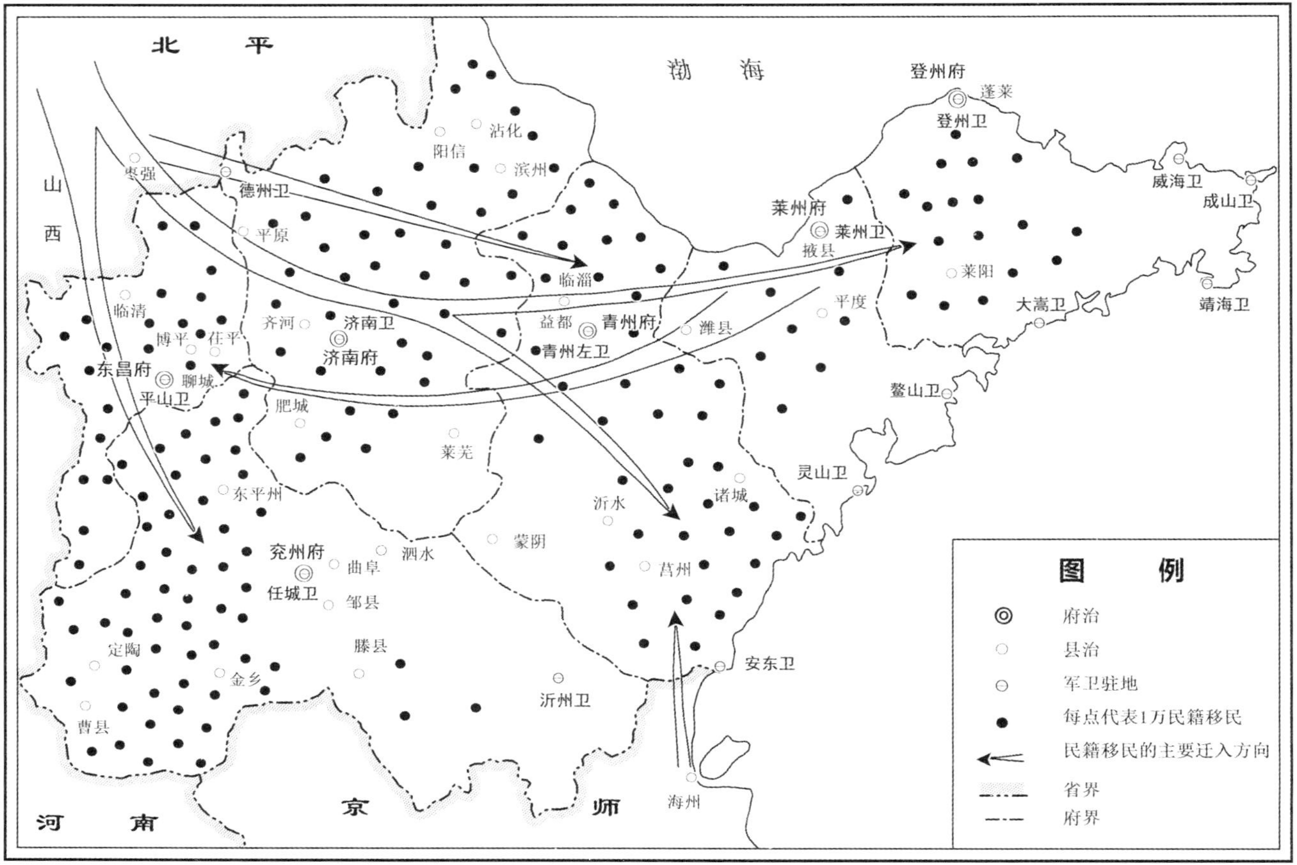

图 5-1 洪武时期山东地区移民的迁入与分布

第六章

洪武大移民：北平、河南篇

第一节

北平的山后移民和山西移民

洪武时代的北平，是与其他行省（或布政司）并列的一级行政区，其辖境大体相当于今天河北的大部分及北京市和天津市。永乐迁都以后，北平布政司治所北京城成为新首都，以原北平布政司所辖州县置为京师。

北平行都司的移民问题在下一章边疆篇中论述。

一　北平府

北平府即元代的大都路，也是元大都的所在地，永乐以后改为顺天府。

徐达大军攻入大都城后,蒙元官吏和士兵大多北逃,大都几乎成为一座空城。洪武二年(1369年),范围比今天北京市还要大得多的整个北平府只有14 974户,48 973人;以每户平均5口计,则有人口7.5万[1]。北平城中编33坊,约有1.2万人口[2],城乡几乎成为旷野。

明军的北伐,在北方并没有遇到真正有力量的抵抗,作为元帝国首都的大都城(后北平府城),也没有经历像样的围城之役,只是相当多的蒙元官吏与将士跟随着元顺帝逃往大漠,留下的一批则因朱元璋的命令迁往河南汴梁(今开封市)。所谓"徙北平在城兵民于汴梁"[3]即是。这是造成元代后期北平城中80余万[4]人口大量散失的主要原因。

退守塞北的蒙古人还时常想策马南下,对明帝国的北部边境造成巨大的压力。针对这一情形,徐达在屯积大军抵抗蒙古人的同时,实行移塞外边民入内的空边政策。开始时每每将蒙古降民[5]远迁至遥远的内地。如洪武元年八月将一批元故官迁往南京[6],同年九月又迁北平在城兵民于汴梁;洪武二年迁幽燕之地的蒙古降民于南方[7];这年十二月又有迁北口子的蒙古降民于东昌、临清等地的事件[8]。到了洪武三年,甚至迁边塞的蒙古降军于四川[9];这年十二月,将元降将家属3 000余人迁往南京[10]。直到洪武三年,明政府仍在将蒙古降民作深入内徙。

洪武三年以后,这种移徙政策发生了变化,移徙的对象不仅仅是蒙古降民,而且也包括一般的边民,内徙的地区较以前有了明显的不同。徐泓研究了这种政策的变化,他指出:

---

1 永乐《顺天府志》卷8。
2 《宛署杂记》卷5。
3 《明太祖实录》卷35。
4 韩光辉:《北京历史人口地理》,北京大学出版社1996年版,第84页。
5 这里所称的蒙古降民仅仅是指故元军队的士卒,其中可能包括相当一批色目人,即回回民族。由于资料记载不详,不可能区别其中的民族族属。关于回回民族的讨论,详见第十章的有关内容。
6 《明太祖实录》卷34。
7 《明太祖实录》卷41。
8 《明太祖实录》卷47。
9 《明太祖实录》卷51。
10 《明太祖实录》卷59。

对塞外归降的蒙古官军与边民的处置,最初并无一定的政策,有的安置于沿边,有的送往内地,如河南、临清、东昌等地。洪武三年(1370)三月,郑州知州苏琦建议:对沿边的"沙漠非要害之地,当毁其城郭,徙其人户于内地"。对于这个建议,明太祖命令中书省"参酌行之";于是中书省臣正式提出蒙古归附军民的移徙政策:

> 诸虏归附者,不宜处边;盖夷狄之情无常,方其势穷力屈,不得已而来归,及其安养闲暇,不无观望于其间,恐一旦反侧,边镇不能制也。宜迁之内地,庶无后患。

他们认为只有将蒙古归附军民内徙,散处于汉人中间,才可收分而治之的效果。明太祖当时并不赞成这一办法,他说:

> 凡治胡虏,当顺其性,胡人失其本性,反易为乱。不若顺而抚之,使其归就边地,择水草孳牧,彼得遂其生,自然安矣。

似乎明太祖还是主张将蒙古军民安置于边地,并不要内徙边民;但从《明太祖实录》的记载看来,他并未坚持己见,就在这次讨论后没几天,就移徙来降的元太尉沙不丁及其将士家属三千余口至南京。次年三月,又以顺宁、宜兴等州沿边人民,"密迩虏境,虽已招降来归,安土乐生,恐其久而离散",遂移徙其17 274户、93 878口,于北平各州县屯戍。同年六月,更移徙边民68 664户于北平诸卫府州县。从此内徙沿边蒙古归附官民将士成为既定政策,此类事件在《明太祖实录》中屡次出现……洪武七年(1374年),更正式下令:"其塞外夷民,皆令迁入内地","官属送京师,军民居之塞内"。[1]

洪武四年三月迁降民9万余人于北平一事说明与此前内徙的方向有了根本性的变化。既不再迁降民深入内地,也不是如以上朱元璋所说"使其归就边地,择水草孳牧",而是迁降民于北平屯戍。所谓屯戍,当是军屯,所屯者为农田,而不是"孳牧",体现了一种新的以降民

---

[1] 徐泓:《明洪武年间人口的移徙》,《历史与中国社会变迁研讨会论文集》,台北:"中研院"三民主义研究所,1982年。

实边的战略方针。这或许是朱元璋与大臣们妥协的结果。自此以后，迁降民深入内地的情形就不怎么多见了。

之所以将这些所谓的顺宁、宜兴州的沿边之民称为降民，是因为徐达给朱元璋的奏章中称为"仍以其旧部将校抚绥安集之"，当是故元士卒无疑。迁降民仍以军伍约束之，并令其屯戍，可能是将他们编入了军卫之中。

顺宁即今河北西北部的张家口市宣化区，宜兴州则在河北北部古北口外今滦平县地，都处于燕山山脉的北侧。虽然从行政区来看，从宣化及宜兴一带往燕山以南的北平府诸州县移民，属于同一行政区内的人口迁移，但由于迁出地和迁入地分属不同的地理带，类似南京的徽州人迁往长江以北的安徽其他地区，依本书有关移民的定义，也就有了讨论的必要。

这年的闰三月，明政府继续补充北平府的军卫，这次移民的来源是北平和山东二省的元汉军人 46 705 人[1]。

同年六月，徐达大军深入蒙古草原，大战告捷，于是又从北平山后地区（今河北张家口市宣化至辽宁辽阳地）往内地移民，迁出 35 800 户，共 197 200 人，"散处卫府，籍为军者给以粮，籍为民者给田以耕"[2]，只是资料中未言明散处的卫府为何。根据上引资料，我们推测山后移民中的故元降民当编入军伍，而沿边的百姓则仍给其民籍。由于洪武时期北平府境内的军卫并不很多，本年的三月和闰三月间二次补充给北平军卫的降民已达 15 万余人，就人数而言，已达 4.9 个标准卫的兵力，所以更多地补充兵力是不必要的。为此，这 19.7 万人口中的军籍人口必定不多。大批的民籍移民如迁往北平府的话，必有所说明，此处并未予以说明，完全有可能是将这批移民的一部分迁往了北平以外的诸府。

随着战事的进展和俘虏的增多，北平府辖境中有限的军卫并不需要一次次多达几十万的战俘用于补充，明政府似乎开始更多地考虑北平府的人口补充和经济发展的问题。同月，徐达从山后再次迁

---

[1]《明太祖实录》卷63。
[2]《明太祖实录》卷66。

32 864户于北平府地,他们的身份为"沙漠遗民",其中相当一部分为元朝的官吏和将士。明政府专为他们设了254屯进行屯田,各州县所安置的屯田及户口数见表6-1。

表6-1 洪武四年254屯移民在北平各州县的分布　　单位:屯

州　县	屯　数	户　数	每屯户数
大　兴	49	5 745	117.2
宛　平	41	6 166	150.4
通　州	8	916	114.5
良　乡	23	2 881	125.3
固　安	37	4 851	131.1
三　河	26	2 831	108.9
潮　州	9	1 155	128.3
武　清	15	2 031	135.4
蓟　州	15	1 093	70.2
昌　平	36	3 811	105.9
顺　义	10	1 370	137.0
合　计	269	31 157	115.8

资料来源:《明太祖实录》卷66。

无论是屯数还是户数均与总值有相当的差距。这可能是分州县数的误差累积的结果。在这11个州县中,最值得注意的是蓟州,每屯平均仅仅只有70户,在红格本的《明太祖实录》中,蓟州(今天津蓟州区)记为10屯,如是,每屯户数将变为109.3户。另一个值得注意的地方是宛平县,平均每屯多达150户,不知是屯数还是户数出现误差。总之,若以总数计,32 864户平均分配至254个屯中,每屯平均129.4户,高于日后平均每屯110户的规模。而从分县的数据看,虽然总值只平均115.8户的规模,但各县的屯均户数却有相当大的差距,假如扣除掉最低与最高的两个县,则每屯平均为112户,与日后的标准规模差不多。由此,我们设想,洪武初年初设民屯时,每屯户口数的多少并没有作出严格的规定。也正是规定的不严格,所以这些山后移民迁入新地后,就出现大屯和小屯,在以后的岁月中,对大屯和小屯当有某种整齐划一的办法,但划一时间并不一定一致,就是出现上述如此大的误差的原因。

按照此前两次迁移人口中的户口之比为 1∶5.5 进行计算,此次从山后迁入北平的人口达 18 万人。值得注意的是,这批"沙漠遗民"不再充入军伍,而是作为民屯分配至各县屯种。从充实北平府的军卫到充实北平府的民垦,反映了明政府对北平沿边之地经营政策的变化。

洪武五年(1372 年),明政府索性废掉关外的妫川、宜兴、兴、云四州,迁四州中的所余百姓至北平附近屯田[1]。这四州百姓的一部分已在以前一些时候迁入内地,所剩不多,我们假定各州尚存三千户,四州共迁入户数为 1.5 万,有人口共约 6 万。

洪武六年,"燕山卫指挥朱杲奏:'近领兵于山后宜兴、锦川等处搜获故元溃散军民九百余户,请以……老弱隶北平为民。'从之"[2]。以人口计约有 5 000 人。

洪武七年,朱元璋下令将塞外的夷民全部迁入内地。经过几年大规模内迁,塞外人口估计已经不多,所以这次移民至多不会超过 1.5 万人。

至此,塞外移民大规模进入北平府境内的事件不再发生,若有移民发生,也仅仅是小批的战俘而已。所以,至洪武七年,塞外移民进入塞内的人口总数达到近 60 万之众。在这 60 万人口中,明确记载列入军卫的有 15 万人。假如洪武四年六月从山后迁入的近 20 万人口中有 4 万列入军卫的话,则军卫人数达 19 万之多,而民籍移民则有近 41 万人。这 41 万人口中,明确记载迁入北平府的有 18 万,其余有迁入北平府的,也有迁入其他府的。

从迁入者的原籍身份来考虑,这 60 万移民中大多数是明军对蒙元军队作战中的降民,或称俘虏。属于边民的约为 24 万人口,除去辽东的部分不计,妫川、宜兴、兴、云等四州的人口约为平均每州 4 万人口。北部边塞的每州人口达此规模也是可能的。

---

1 《明太祖实录》卷 75。
2 《明太祖实录》卷 80。

永乐《顺天府志》中记载洪武八年(1375年)北平府"实在户"80 666,口 323 451,从洪武二年到洪武八年的六年间,净增户 65 692,净增口 274 478,人口增加了 5.6 倍,其中只有少数为自然增殖的人口,大部分则是塞外迁入的移民。之所以这样说,是因为有分县数据作为证明。在该志中记载的 9 个分县数字中,有宛平、大兴、固安、良乡和昌平 5 县的户口数,这 5 县所增加的户数与洪武四年从山后迁入的 254 屯在各县的分布可作一比较,结果如表 6-2 所示。

表 6-2　洪武八年宛平等五县增长户数与所设屯户数比较

县别＼年份	洪武二年户数	洪武四年屯户数	小　计	洪武八年户数	洪武八年与洪武四年总户数比较	变化比（%）
宛　平	2 966	6 166	9 132	11 063	+ 1 931	+ 17.5
大　兴	2 993	5 745	8 738	10 249	+ 1 511	+ 14.7
固　安	479	4 851	5 330	4 156	− 1 174	− 28.2
良　乡	41	2 881	2 922	2 732	− 190	− 7.0
昌　平	451	3 811	4 262	4 150	− 112	− 2.7
合　计	6 930	23 454	30 384	32 350	+ 1 966	+ 6.1

资料来源：永乐《顺天府志》卷 8《户口》和表 6-1。

洪武二年,宛平和大兴这两个户数近 3 000 户的大县,洪武八年的户数多于洪武四年的户数和屯户数之和,而固安、良乡和昌平这三个不足 500 户的小县,洪武八年的户数则皆少于洪武四年的户数与屯户数之和。这一现象很有意思,大概是大县人口多,迁入户数也多,在山后民迁入之外,可能还有别的移民迁入。而小县人口少,迁入的山后民数虽然少于大县,但就原有土著而言,迁民是土著的数倍或几十倍,移民比例高于大县;小县之条件差,山后民迁入后,可能作了新的调整,即小县迁民向大县转移,由此而导致上述分县屯民户数与总数的不符。但是,在总的人口数量中,洪武八年与洪武四年总户数相比仅多出 6.1% 的户数,考虑到人口的自然增殖,误差的确是很小的。

如此,上述 42 万从塞外移入塞内的移民中,移入北平府的约为27.4 万人,而迁往其他府的约为 13.6 万人。

洪武年间的北平府有 26 个县,洪武四年的移民所设 254 屯,仅仅涉及其中的 11 个县,很难想象其他县没有移民迁入,因此,另有未明确记载的约 9 万移民极可能是迁入了其他的县。平均计算,每县接受的移民约为万人。下文再加讨论。

洪武八年以后,虽然大规模的人口迁入已经停止,但仍有移民事件的发生。见于《明太祖实录》记载的至少有以下几次:洪武十年,山后降民 530 户、2 100 人迁入北平和永平两府[1];洪武十四年,迁沙漠遗民 177 户于北平[2];直到洪武十八年,仍有迁辽东故元将校 2 000 人于北平的事件发生[3]。累计亦达数千人口,只是安置的具体情况不甚明了。假如将移民的计算统一至洪武二十六年,北平府接受的移民人口还应当有所增加。由于大规模的人口迁入已经停止,小规模的移民更容易为人所忽略。

北平府驻军相当多。北平都司在北平府驻军就有 13 卫 1 所,军人及家属共达 22.2 万之众。由于山后降民及边民多移入塞内居住,充军者也应多充入塞内,故推测北平都司的军人多由山后移民充任。如上述,他们的人数可能达到了 18 万余人,成为 22.2 万北平都司军人的主要来源。北平诸卫军士的其他来源还应包括一批从山东等地收集的故元士卒。洪武四年(1371 年)闰三月,朱元璋曾命令侍御史商暠往山东、北平收集故元五省八翼汉军,投籍凡 140 115 户。每三户令出一军,分隶北平诸卫[4],合计可得兵 4.6 万名,只是部分兵员已经包括在山后的降兵之中了。同样,洪武六年六月朱元璋又令集故元五省八翼军士 1 662 人,分补北平各卫军伍[5],其人数也当有部分已经为上述山后降民所包括。

将时间定于洪武八年,北平府土著人口约 7.7 万,民籍移民 27.4 万,军籍移民 22.2 万,合计 57.3 万。至洪武二十六年,北平府总人口约 63 万,人口年平均增长率为 6‰。如此,洪武二十六年土著人口

---

1 《明太祖实录》卷 115。
2 《明太祖实录》卷 138。
3 《明太祖实录》卷 175。
4 《明太祖实录》卷 63。
5 《明太祖实录》卷 83。

8.5万,民籍移民29.9万,军籍移民24.6万。

二 永平府

永平府(治今卢龙县)辖地狭仄,属县少。但是,由于该府地处燕山之麓,属于北平边塞的一个组成部分,隘口众多,地势紧要,又处辽东与华北的交通道口,山海关即在其辖境之内,故而成为重要的军事战略要地。军卫多而民人少,是明代永平府人口构成的一个重要特色。

《明太祖实录》中有关于从关外移边民入永平府的记载,如该书卷86记载的洪武六年从辽东瑞州迁边民入永平府之滦州(今滦州市),只是人数不详。在当地文献的记载中,此事则是"(洪武)六年癸丑冬十二月,元兵攻瑞州,诏罢瑞州,迁其民于滦州"[1]。一般说来,没有关于人数的记载的移民,其规模不可能很大,但此次是罢瑞州而迁于滦州,所以规模也不会很小,联想到北平府北边的妫川、宜兴、兴、云四州迁入人口动辄数万,瑞州人口也应当有几万人,这次迁入滦州的瑞州移民有可能达到3万。洪武十年迁山后降民530户2 100人往北平、永平两府[2],说明自洪武六年的迁民活动以后,永平府北边的口外人口已经不多,就永平府所辖六州县而言,在洪武时期的大移民中,平均每县接受的移民有可能达到0.5万人左右。

在有关永乐移民的记载中,我们对今抚宁、迁安和迁西三地的自然村的建村时代和原籍作了一个统计,具体数据见表8-4。从统计中可以看出,这三县中被抽取的175个村庄中,只有28个村庄是元末以前建立的。这28个村庄中,属于土著村庄的只有17个,另有来自山东和山西的8个村庄,疑为元末明初的移民村。洪武年间来自山西和山东的移民村共达26个(已包括"明初"村庄中属于洪武年间的迁入者)。标准化后的结果是,洪武年间土著和移民的比例大致相当。只是洪武时期来自瑞州的移民在自然村统计中已无法觅得,而来自山

---

1 民国《滦县志》卷16《故事·纪事》。
2 《明太祖实录》卷115。

西和山东的移民在文献中又无处查询,姑且存疑。另外,在今天的移民村庄中,洪武时代的军人已经不大找得到了,原因可能是"靖难之役"后洪武时代的军人多为永乐军队所取代。从表8-4中也可以看出,军籍移民的栏目下有永乐时建立的21个村庄,而无洪武时代的迁入者。

洪武时期永平府地有永平卫和山海卫二卫,军士与家属合计约有3.3万人口。由于"靖难之役"以及永乐年间的军队调防,这批洪武军人及家属似乎没有在这里生存下来。

三 河间府

位于北平府南面的河间府(治今河间市),在宋金时代的大混乱中,人口有很大的损失。从表6-3中的数据看来,河间府大部分县中的土著社是不多的,这不多的"社"中还包括一批洪武以后新编的社或移民"社"。一般说来,屯为移民,社为土著,但由于至明代中期以后,"社""屯"已经混淆,就为研究者利用这类资料增加了难度,所以有必要进行细致的分析和讨论。

嘉靖年间河间府的屯、社如表6-3所示。

表6-3 嘉靖年间河间府所属州县屯、社名称

州、县	屯	社
河间县	柳洼屯 修罗屯 黄家务 年丰屯 太宁屯 时亨屯 唐宁屯 兴业屯 积福屯 积善屯 广和屯 和平屯 崇德屯 平康屯 中和屯	东南隅 西北隅 尊福乡一图至二图 青陵乡一图至三图 儒林乡三图 安乐乡一图* 安平乡二图*
小 计	15	10
献 县	富原屯 长实屯 乐惠屯 嘉惠屯 万庄屯 紫塔屯 延安屯 礼让屯 乐业屯 怀仁屯 正德屯 安民屯	在坊里 宣化乡一图至二图* 长丰乡一图至五图* 高门乡一图至四图 马颊乡一图至三图
小 计	12	15
阜城县	阜财屯 建桥屯 兴丰屯 纯服屯 富寿屯 获孝屯	孝志乡 义门乡 顺城乡 永宁乡* 迁乐乡*
小 计	6	5

续 表

州、县	屯	社
肃宁县	东泊屯　感惠屯　迎福屯　丰庚屯　膏庚屯　甘河屯	务青社　游艺社　务勤社＊　里仁社　阜民社＊　坊市社　名信社　广智社＊　淳化社＊
小　计	6	9
任丘县	福民屯　勤耕屯　养民屯　人和屯　安乐屯　成功屯　永屯　居宁屯　咸淳屯　居安屯　万安屯　镇城屯　淳厚屯　香城屯　勤民屯　绥宁屯	在坊社　新庄社＊　保民社＊　卢张社　河口社　陈王庄社　郝家庄社　翟城社　同梨社　李公窝社　礼义社＊　八方社＊　蔡村社　长丰社＊　梁台社　大务社　黄垡社
小　计	16	17
交河县	新安屯　新店屯　寺门屯　豆庄屯　新庄屯　永屯　崇基屯　兴富屯　盛富屯	孝志乡一图至三图　马家乡　原福乡一图至二图　吴孝乡
小　计	9	7
兴济县	兴福屯　长兴屯　岁稔屯　辑熙屯　雍熙屯　顺昌屯　广昌屯　集贤屯　智化屯　窑子口屯	范桥社
小　计	10	1
景　州	在城屯　里厢屯　小留屯　崇信屯　乐善屯　善庆屯　永善屯　常泰屯　永兴屯　向化屯　顺政屯　宁远屯　节用屯　树德屯　景福屯　崇志屯　安宁屯　广备屯　留智屯　乐育屯　常乐屯	清和乡　顺政乡＊　从教乡＊　嘉谷乡＊　孝义乡　常乐乡＊　清和二乡
小　计	21	7
东光县	安乐屯　永寿屯	人得乡＊　新得乡＊　永寿乡　顺城乡　安宁乡　新安乡　顺德＊
小　计	2	7
沧　州	淳善屯　致和屯　庆原屯　善政屯　广义屯　崇兴屯　全宁屯　智慧屯　井登屯　时序屯　宜乐屯　感化屯　子来屯	孝友乡一图至三图　丰润乡一图至三图＊　忠孝乡一图至三图＊　慈惠乡一图至二图　将相乡一图至二图　赞善乡一图至三图＊
小　计	13	16
故城县	劝农屯	坊市乡　务本南乡　清和南乡　清和北乡　永昌乡＊　新义北乡＊　新义南乡＊
小　计	1	7

续表

州、县	屯	社
青县		吴召里 盘古里 流河里 运坊里 靳家里 南柳里 永平里* 和顺里* 砖河里 会川里 安化里*
小 计	0	11
静海县		阜民里* 子牙里 新兴里* 归德里* 政化里* 永丰里* 独流里 广福里* 保和里* 常乐里 呼家庄里 曹家庄里 贾家口里 羊粪沟里 德化里* 新口里* 稍直口里 大直沽里 秀麦里
小 计	0	19
宁津县		固宁乡一至六图* 庶富乡一图至七图* 迁善乡一图至六图 里仁乡一图至五图 坊市一里
小 计	0	25
吴桥县		仁和乡 孝义乡 丰乐乡* 安陵乡 定原北乡 顺政乡* 顺义乡* 安得乡* 定原南乡 新得乡* 新安乡 归仁乡* 归厚乡* 崇德乡*
小 计	0	14
南皮县		坊市里 烟村里 姚村里 苑村里 董村里 唐务里 任务里 师村里 蔺谷里
小 计	0	9
庆云县		居仁坊 钦贤乡一图至四图* 庆云乡一图至三图 归德乡一图至三图*
小 计	0	11
盐山县		坊廓里 大里 岩佐里 闵贯里 新庄里* 归宁里* 大留里 马留里 海丰里 赵顺里 马村里 安都里 张村里 褚村里 杨寨里 常郭里 郭村里 贾象里 韩村里 留舍里 程村里 新兴里 孙村里 居仁里* 由义里* 孝弟里 忠信里 明德里* 新民里* 集贤里*
小 计	0	30
合 计	111	220

资料来源：嘉靖《河间府志》卷8《财赋志》。

有几个问题需要讨论：

其一,关于屯和社的混淆。由于表6-3中列举了各县的屯、社的名称,使我们有可能通过屯、社名称的含义探索其代表的人口的身份和性质。我们注意到,上列这些屯名大部分取材于安居、丰康、顺昌、淳善、勤耕、信义、礼德以及招远化来之意,反映了移民定居新地时期望安居乐业以及与土著居民和睦相处的美好愿望。原始的土著里大多以地名作为称呼,如河间县的东南隅、西北隅、青陵乡,献县的高门乡、马颊乡等。我们将表中与移民有关的里名用"＊"注明,共得94个。只有南皮县的里名没有此类名称,多以姓氏为称,故难以判别。但这绝不意味着南皮县没有移民,只是移民屯的命名标准不同而已。从带＊号的地名中可以看出,除了南皮县以外,其他所谓的无屯县实际上都是有屯的,只是屯与乡里混淆了。这种分析也有可能会把一些土著里划入移民屯之中,但两相抵消,结果应大致相近。

故城县的情况可以作为证明。光绪《故城县志》卷4《乡村》中说:"故县旧志载劝农屯及新南、新北皆山西、江西民户迁徙填实。"所称的"新南""新北"即表中所列"新义南乡"和"新义北乡"。在劝农屯和新南、新北乡之间还有一永昌乡,也极可能是移民所构成的。另外,下引康熙《吴桥县志》则明确无误地证明该县顺政乡、顺义乡、安得乡、新得乡、新安乡、归仁乡、归厚乡和崇德乡皆为洪武十四年以后增设。所谓增设,当由安插移民所致。

再看阜城县。明代人回顾洪武年间的情形时说:"洪武元年,天兵下河间,始定县治,编里甲人户仅三百有奇,以故疆土视旁邑仅三之一耳。我太宗文皇帝修建北都……乃诏移他郡邑民补辏之,为里共二十有六。"[1] 该志的《徭役志》则说:"原明朝洪武初年土民三百三十户,人稀差简,永乐以后迁民下户共得二千九十八户。"从这两条资料看,表6-3中阜城县的五个乡中,大概只有孝志、义门和顺城三乡为洪武初年的土著里,而永宁和迁乐两乡则无疑是移民所建,从名称上说,这两乡也是典型的移民地名。

---

1 倪诰:《重修厅堂廨舍记》,康熙《阜志》卷下《艺文志》。

其二,关于时代。商传认为,河间府移民屯的设立是永乐年间发生的事,是"靖难之役"后移民的结果[1]。我们却认为上引嘉靖《河间府志》的社、屯资料记载的起始年代为洪武,所记含有洪武至嘉靖以来的屯或社。对于本书的研究来说,鉴定资料的年代是十分重要的,它涉及我们对于这场大移民一些最基本的评价。

以交河县为例。万历县志作者在追溯移民情况时说洪武初年有迁民十屯,以后"有九屯不及大里之一甲"[2]。嘉靖《河间府志》中记交河有九屯,比洪武初少一屯,可能是洪武年间调整后的结果,而所记之屯社的原始起点显然是洪武而不是永乐。

再看阜城县。上引康熙《阜志》中的资料说明洪武初年的土著人户只够编3里,而表6-3中有5里,其中孝志、顺城和义门3里可能就是洪武初年的土著里,而另外的永宁和迁乐2里则应该是后来增加的移民里。可见,表6-3中的里是从洪武时代始建的,永乐年间始设的移民屯至嘉靖年间也大大地缩减了。

康熙《吴桥县志》卷1《舆地志》中对表6-3中吴桥县各里的设置情况有一个详细的说明:

> 洪武初年编户五里,曰仁和,曰孝义,曰丰乐,曰安陵,曰定原;十四年复增四里,曰顺政,曰顺义,曰安德,分定原为二,曰定原北,曰定原南。永乐十年复增一里,曰新得。景泰三年复增一里,曰新安。天顺六年复增二里曰归仁,曰归厚。成化八年复增一里,曰崇德。共为十四里。

从这段文字中可以看出,嘉靖年间的里数是洪武而不是永乐以来里数变化发展的结果,更不是某一年代的里屯数。当然,自洪武至嘉靖,也不是所有的县份的里数都发生了变化,有些县有变化,有些县可能没有变化。没有变化的县份并不意味着其人口的数量没有变化,而是里的设置没有随人口的变化而变化;由于缺乏足够多的分县资料,所以我们尚不能对洪武至嘉靖年间各县里的变化作一个完整的

---

1 商传:《永乐皇帝》第八章,北京出版社1989年版。
2 万历《交河县志》卷1《地理志》。

说明。

需要指出的是，河间府的一批县虽然保留了洪武时代以来的里社名称，但是我们不能认为直至永乐时期，洪武时代的土著仍生活在这些里社中。如我们在论述永乐移民时会发现，在永平等府，当永乐移民迁入后，重新划分过社、屯。永平等府的社屯是以永乐为起点的，其社、屯的人口意义相当清楚，互不混淆。而在河间，洪武时代的里社并未在永乐年间因为土著的死亡或散失而重新进行调整。所以，在吴桥所见只有永乐移民村而几乎没有洪武移民村，就是这个道理。

兹根据交河县和吴桥县的记载来推测洪武年间河间府属县土著与移民的比例。我们已经确切地知道，洪武年间交河县有迁民10屯，而据表6-3，另有土著里7个，移民占全县人口的近60%。而吴桥县，假定洪武五年所设5里皆为土著，洪武十四年增设之4里皆为移民，则移民占人口的比例为45%。二县合计，移民占人口的比例为54%。由此，我们可以说，河间府洪武时代的移民与土著人口的数量是大体相当的。

"靖难之役"中河间府所受之伤害甚于永平。在表8-4中，我们从南皮等七县中抽取了455个村庄进行统计[1]，其中仅有17个元末以前建村的土著村庄，另有1个元末以前建村的山东籍村庄。元末以前古老村庄的比例大大低于永平府。在这455个自然村中，洪武时代建村的村庄仅有12个，内有5村为山西籍，3村为山东籍，1村为南方籍。这12个村庄仅占洪武时代村庄的25%，比上述根据屯、社比例作出的估计要低得多。

同样，在表8-4中，我们见到的军籍移民只有来自永乐年间的，没有迁自洪武时代者。永乐时代河间府地（不包括天津）驻扎的军卫少于永平府地，而河间府地却大于永平府地，故统计中河间府永乐移民中军籍移民之村庄仅有7村，远少于永平府，这一比例也是恰当的。

虽然在自然村统计中，洪武时代河间府的外来移民来自山东和山西，但这可能是由于永乐移民迁入后，洪武移民从众所致。从前面

---

[1] 这里的河间府各县，不包括今天津市及其辖县，因为天津市没有类似的地名资料可供统计分析。

的论述中可以知道,洪武年间,山后来的移民有大约14万人可能迁入北平府以南的地区,而河间府就是最有可能接纳的地区。

洪武二十六年河间府的人口大约38万。若其中约有半数为移民,则有人口约19万。河间属县为18个,也是每县万人的规模。假定有10万山后移民迁入,则迁自山西和山东的移民各为5万和4万。由于河间府人口在"靖难之役"中大多死亡,由此而引发永乐年间一次新的移民运动,洪武移民成果荡然无存,以至于今天我们很难找到他们的踪迹。

四 保定府与真定府

历史文献中几乎没有关于洪武年间保定府(治今保定市)接受移民的记载。但从目前所见不多的资料而言,可以肯定这场移民运动确实地发生过,只是其规模略比北平和河间两府为小。

万历《保定府志》记载了各县的社、屯名称,其中有些县有社有屯,也有一些县有社无屯。各县记载屯、社似乎没有一个统一的标准。最突出的如祁州(治今安国市),在万历《保定府志》中祁州三县有社62个,无屯;而在康熙《祁州志》中除了62个社以外还有56个屯。不知何以这么多的屯在府志中没有记载。

因此,我们只能就有社有屯的县进行分析,以期得出有关移民规模的正确估计。

安州(治今保定市东)原有社屯22个,万历《安州志》却说原有30里,嘉靖十一年省并成7社9屯。

社曰:在城、西马、民乐、归信、迎秀、迎銮、常宁。

屯曰:申教、富储、众多、普种、温和、义和、延寿、永昌、亿乐。

万历《安州志》卷2指出并掉的屯为好义、忠信、时昌、万亿、顺城等;又说:"安土经宋元兵燹之余,流亡荒落,城市多荆榛,泻卤少稼穑,弊亦甚矣。永乐初迁民实之,社以居土民,屯以居迁,是故州县有乡,乡有社,社有长。"这说明屯的设立是永乐移民所为,并且屯名的词义都是特定的移民地名。然而值得注意的是，在社名中，也有类似的地名出现，所谓的民乐、归信、迎秀和常宁极可能是移民组成的社。若是，则移民社占全部社的 57.1%。

为什么在社名中也会出现移民地名呢，社名中的移民地名与屯名中的移民地名究竟有什么关系呢？合理的解释是，这是不同时代的移民所造成的。这 5 社极可能是洪武移民所建，而 9 屯则为永乐移民设立。

再来看看蠡县的例子。29 个社名如下：

在城、刘陀、小陈、郑村、东和、麟德、桑园、于八口、万窝、南宗、北宗、南许、郭丹、百尺、福兴、玉田、绪口、刘氏、马家、五夫、鲍墟、孟常、高晃、洪善保、张齐、在坊、高迁、洪迁、鲍迁。

嘉靖《蠡县志》卷 1 中指出："洪武初编二十四社，永乐间增迁民为鲍迁、高迁、洪迁三社。成化十八年又增在坊、张齐、阜城三社，弘治五年归并阜城。"显然，在蠡县，永乐移民所建的社因为被称为"迁"而特别引人注目，问题是此三迁之前的社中是否全是土著呢？请注意这些社名，如鲍墟、孟常、高晃、洪善保，他们是典型的人名，类似于永乐年间建立的高、洪、鲍三迁和成化间的张齐。类似的可能还包括刘氏、马家、五夫和郭丹。如是，这些以人名命名的社应当是洪武移民所建。移民社占全部社的 27.6%。

还有雄县的例子可以为证。该县 12 社 7 屯之名称如下：

社曰：人和、义和、利人、太平、进福、庆丰、丰乐、众安、进贤、宾兴、福顺、安宁。

屯曰：民歌、保宁、礼义、定安、辑睦、致福、殷富。

嘉靖《雄乘》卷上《疆域》指出："社为土民，屯为迁民，迁民皆永乐间迁南人填实京师者。"从这些社名中可以发现，这些所谓的土民可能不是真正意义上的土著，而是相对永乐移民而言的土著，他们可能是洪武时代的迁入者，否则不可能采用这么一些极富移民意义的词汇充当社名。

洪武二十六年保定府有人口 38 万。由于保定府的大部分县中没有与上述三县类似的移民地名,故无法推测移民的份额。假设其中20％为移民,约有移民7.6万人。尽管从自然村统计中来看,这些移民自称来自山西,但我们却认为其中相当一部分来自山后地区。从前面的叙述来看,山后民迁入北平府以南的约为14万人。前文又设迁往河间府地为10万,迁往保定府约4万人,其他的移民应主要来自山西。

再谈谈真定府(治今正定县)。

以新河县为例,民国时人说:"本地居民多于洪武、永乐间来自山西。"[1]只是不知根据何在。唯有《明太祖实录》卷193中有一条涉及移民真定:"洪武二十一年,迁山西泽、潞人民往彰德、真定、临清、归德、太康诸处闲旷之地耕种。"人数不详。在以后关于东昌等七府的移民报告中,没有片言只语提到真定府,可见当时的真定府并不是移民的重点,至少不是像东昌等七府那样的移民重点。洪武年间的河北地区,以真定府人口最为密集,前引《明太祖实录》中有移真定府民人往凤阳的记载,而在山东的许多地方,也见有大批的枣强人迁入,所谓枣强人可能是真定人的代名词,犹如洪洞人之于山西人。迁入真定府的山西移民在这样一个人口稠密的地区难以实现自己的梦想,就有可能经真定府之东部向山东一带迁移,这可能也是日后在真定府难以发现洪武时期山西移民的缘故。

洪武时期有真定卫驻于真定府地,在明初军卫创设之时,当时人口稀疏处的军卫战士大多由外地籍军人充任,而人口密集区如浙江、福建、山西等地的军卫其军士来源多为当地土著。因此,真定卫军士并不作移民处理。

五 广平府和大名府

之所以将广平府(治今邯郸市永年区)和大名府(治今大名县东北)并在一起论述,是因为在《明太祖实录》记载的移民活动中,河北地

---

[1] 民国《新河县志·地方考》。

区的广平和大名两府总是连在一起的。有关洪武年间移民广平和大名两府的资料,见于第五章中与东昌府有关章节所引。广平两府辖县与东昌府相当,故认为其移民数量也大致与东昌府相当。洪武二十二年两府有山西移民约6.2万人;至洪武二十五年,两府有移民合计约6.6万人。洪武二十八年,广平、大名及东昌三府的移民人口有了较大的增加,增加的幅度约在一倍有余。从人口数上说,广平及大名两府共有移民人口约14.5万。

洪武二十六年广平府人口约为21万,而大名府人口约为34万,合计55万。其中6.6万移民人口只占总人口的12％。洪武二十六年至二十八年间,移民人口增至14.5万人,因此洪武二十八年的总人口就达到近62.9万人的规模,移民人口占其23.6％。

再从明代地方志中记载的屯里数的比例来看看洪武年间的移民。

我们依照上文中采用过的方法,将含有移民含义的社归入移民社一栏中一并列出,如表6-4所示。

表6-4 广平府九县的土著社与移民屯(社)

县 别	土 著 社	移 民 社	移 民 屯
永 年	在城 关厢 南中 井家 周村 阎村 中堡 阎胡 下乡 辛庄 大由 孙陈 郑西 柳村 七方 刘营 辛寨 双陵 茹佐 李固 杜村 阳天 石碑	惠民 永康 时雍	东家 大由 张西 丰稔 辛安 刘家
小 计	23	3	6
曲 周	在城 新寨 东中曲 东朱保 马逯店 张绰 香城固 凌头 曲周 河南疃 程孟 来村 第八疃 崇安 和宁 杨固 郑村 仁义		安儿寨 水下疃 河道 仁义 第五疃 第三疃 军寨疃
小 计	17	0	7
肥 乡	在坊 支村 寨中 唐家 陈固 原固 长桥 常家 北高 东章 刘家 旧店 辛安 西高 李兴 关厢		在坊 任家 杜齐 白乐 思儿 魏村 顺义 翟固 东章 原固
小 计	16	0	10

续表

县别	土著社	移民社	移民屯
鸡泽	在城 八家 浮图 三陵	屯庄 新增 余庆	在城 义礼 兴济 惠民
小计	4	3	4
广平	在坊 关厢 孟固 宋固 董村 张固 金原 张村 蒋家 王封 丁家 平固 张孟 坊厢	从义 兴仁	宋固 小留
小计	14	2	2
邯郸	在城 西南 刘村 西留 三堤 崔曲 望逮 孟忤 百家 柳林 屯子 开固 河沙 泊子 杜家 堤西 代召 城东 上宋 胡家 户村 郝村 吕固 三家 来马	新兴	孟忤 郑村 招贤 上宋
小计	25	1	4
成安	在坊 关厢 可疃 阎固 乡方 张河 亦村 王即 姚家 辛庄 重村 南阳 堤西		西马 吕彪 甘罗 野庄 路固 阎村 杨寺
小计	13	0	7
威县	在坊 盖村 陈村 张召 章华 飞鸟 经镇	新召 德化 安仁	
小计	7	3	0
清河	在坊 东社 西社	新兴	永安 丰盛 孝义 忠义
小计	3	1	4
合计	122	13	44

资料来源：嘉靖《广平府志》卷6《版籍志》。

  统计的结果是，在广平府的179个社、屯中，有44个屯；在其他135个社中，有13个与移民有关，或者由移民屯改名而来，或直接命名为社。总而言之，移民屯、社占全部社、屯总数的32%，高于上文23%的估计值。

  自洪武以来，广平府的社屯有了变化。以清河县为例，民国《清河县志》卷3说:"明洪武创编黄册,以一百一十户为一里,清河六里,只六百六十户耳。广平府属二万一千有奇。"到嘉靖年间,清河县有4社4屯,比洪武间多出了2里。严格地说,土著减少了2—3里,而移民增加了4—5里。洪武年间广平府的21 000户可编成191里,而嘉靖年间广平府只有179里,与洪武里数相差仅12里。由此可见,尽管自洪武至嘉靖广平府的里社数有了变化,在一些县变化还是比较大的,但对于整个府而言,这种变化的幅度却是有限的,即广平府总的里社数大体不变,土著社有所减少而移民屯有所增加,这反映了永乐移民迁入后,广平府的移民份额在总人口中的比重要比洪武时期更高,所以根据表6-4所作统计得出的移民屯比文献记载的移民比例要高。

从第八章有关永乐年间广平府移民研究中可以发现,在今天的自然村统计中,广平府属县中已经很难见到洪武时代的移民村,充斥其中的是大量的永乐移民村。尽管文献中记载的洪武大移民是如此清晰确切,为什么今天的自然村统计中却很少发现他们的踪迹呢?我们推测,洪武移民大多在洪武后期乃至洪武末年才迁入,定居未稳,靖难战火就起,来自山西的移民很可能回到了山西老家以避战乱,战后才重新迁回广平。否则我们很难理解,为什么广平府在"靖难之役"中并非主要战场,却不见洪武移民反而到处可见永乐移民这一事实。"靖难之役"结束后,土著有所减少,移民却增加了。

第五章中已经指出,除了政府组织的移民以外,还有相当数量的自由移民在政府移民之前或之后迁入了。这批人口既不可能在洪武户口中反映出来,也不可能在屯社资料中反映出来。只是具体的人数到底有多少,已经无法了解了。洪武移民迁入不久,即为"靖难之役"所驱赶回原籍,对这批人口数量的研究就显得无关轻重了。

再看看大名府的屯社记载。

康熙《魏县志》卷1中说:"明洪武三年,县为漳水冲没,迁今五姓店。原旧土民九里,因土旷人稀,永乐间迁山西襄垣、高平、黎城三县,泽、沁二州五处人民实之,人各给地一百亩,征税粮五石三斗五升,编户三十六里。后增为五十里,正德十四年减并四里,后又减并一里,存四十五里。"据此,魏县的移民主要是永乐年间迁入的。

但洪武时代的移民确实存在过。在《明太祖实录》中我们已经见到过许多记载,由于该书在记载洪武移民时大名府和广平府往往并称,故处于两府交界处的魏县不可能不接受来自山西的移民。顾炎武《天下郡国利病书》卷5《北直隶》引《大名府志·田赋志》云:"国家洪武初,承金元之后,户口凋耗,闾里数空,诸州县颇徙山西泽、潞民填实之。予过魏县,长老云:'魏县非土著者什八,及浚、滑、内黄、东明之间,隶屯田者什三',可概见矣。"[1] 在上引康熙《魏县志》中,来自山西的移民实际上来自泽(治今晋城市)、潞(治今长治市)、沁(治今沁县)三府州,而顾炎武所引资料称为泽、潞两府,与县志所称相差不大。只是时间上,县志说是永乐年间,府志说是洪武年间。我们推测这一时代上的差异与广平府大体相似,即洪武移民迁入后,定居未稳,河北地区就卷入了"靖难之役"的战乱当中,大名府虽未成为战场,但移民可能受惊逃回原籍,战后才返回移居地。

在康熙《魏县志》中,移民占全部人口的75%,所谓"编户三十六里"是指全部人口编里数,应包括土著九里,因为在正统《大名府志》中魏县共有36里。在顾炎武所引府志中,移民占人口总数的80%,与县志所载的比例差不多,因此,我们认为这一比例大致是可信的。

仍以洪武二十六年为标准时点,是年大名府人口34万,由于魏县移民比例高达80%,其他诸县移民比例超过30%,综合评估,以50%为移民计,则有移民人口17万。

六 小结

洪武时期北平的移民人口构成可见表6-5。

洪武时期的大移民尽管规模很大,但对于整个北平地区而言,仍只是一次人口补充式的移民。分府而言,北平府、永平府和河间府属于人口重建式的移民区,其他地区则属于人口补充式的移民区,真定

---

[1] 顾氏所引的《大名府志》不知是什么年代的版本,经查正统和正德年间的府志中均未见到这一记载。《续修四库全书》第595册,第563页。

表6-5 洪武时期北平地区接受的各类移民　　　　单位:万人

府　名	人口	土著	比例(%)	民籍移民	比例(%)	军籍移民	比例(%)
北平府	63.0	8.5	13.5	29.9	47.5	24.6	39.0
永平府	10.9	4.6	42.2	3.0	27.5	3.3	30.3
河间府	38.0	19.0	50.0	19.0	50.0	0	0
保定府	38.0	30.4	80.0	7.6	20.0	0	0
广平府	21.0	10.1	48.0	10.9	51.8	0	0
大名府	34.0	16.3	48.0	17.7	52.1	0	0
真定府	71.7	71.7	100.0	0	0	0	0
顺德府	17.0	17.0	100.0	0	0	0	0
合　计	293.6	177.6	60.5	88.1	30	27.9	9.5

府和顺德府几乎没有大规模的移民迁入。

据上文,北平地区各府的移民来源可见表6-6。

表6-6　洪武时期北平地区外来民籍移民的原籍分布

单位:万人

地　区	山　后	山　西	山　东	合　计
北平府	29.9			29.9
永平府	3.0			3.0
河间府	10.0	5	4.0	19.0
保定府	4.0	3.6		7.6
广平府	0.0	6.7		6.7
大名府	0.0	17		17.0
合计	46.9	32.3	4.0	83.2
百分比（%）	56.4	38.8	4.8	100

在洪武时期北平地区的所有外来的民籍移民中,以来自山后的移民最多,主要分布在北平的北部诸府。次则为来自山西的移民,主要分布在南部的广平和大名两府。山东移民仅在河间府有所分布。

据此,洪武时期北平地区移民迁入的方向和规模大体如图6-1所示:

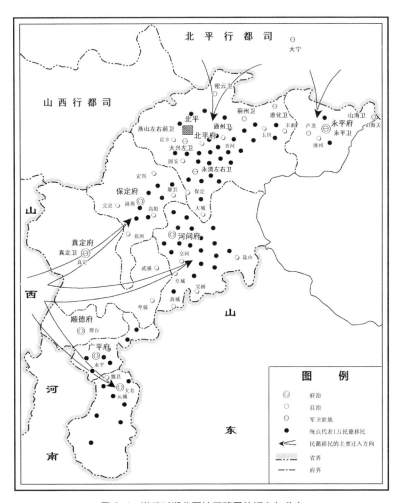

图 6-1 洪武时期北平地区移民的迁入与分布

第二节

河南的山西移民

洪武时,都督府左断事高巍在他的一份上疏中说到河南洪武初年的情况:"臣观河南、山东、北平数千里沃壤之土,自兵燹以来,尽化为榛莽之墟。土著之民,流离军伍,不存什一。地广民稀,开辟无方。"[1]河南与山东、北平并提,说明洪武初年的河南的确相当荒芜,移民运动就在这样的背景下展开。

兹分府论述如下。

一 彰德府、卫辉府和怀庆府

1. 彰德府

彰德府(治今安阳市)的移民,在论述山东东昌府的移民运动时已有论及。彰德府有州一县六,洪武二十五年(1392年)占彰德等7府[2] 90个县的7.8%,其移民若也占这90个县的7.8%的话,则应有移民2.5万人。

据成化《河南总志》,洪武二十四年彰德府民籍人口13.2万,经考订后,实为24.4万。加上彰德卫,总人口应为26.1万,根据本卷第五章中的测算,彰德府接纳政府组织的移民共约2.5万,与军籍移民合计为4.2万人,移民占总人口的16.1%。

在磁县的中岔口、白土、南开河、申庄、讲武城、都党等六个乡镇和涉县的一些乡镇中,共抽取了43个明初及明初以前的村庄进行考察,其中洪武迁入的有10村,"明初"迁入的有7村,皆称为从山西迁入。

---

[1] 宋端仪:《立斋闲录》卷1。
[2] 见第五章所引《明实录》资料,七府包括彰德、卫辉、广平、大名、东昌、开封和怀庆。

由于没有永乐年间的移民,所以,所谓"明初"迁入者也就是洪武迁入者。26个土著村庄只有2村是明初建立的,余24村则是元代及元代以前建立的古老村庄[1]。用自然村标准化的方法进行处理,即从人口来说,一个古老村庄等于明初村庄人口的2.2倍,所以,移民人口占两县人口总数的23%。这一计算结果较文献记载为多。

假定政府组织移民之外,还有大量自发移民,移民人口占彰德府总人口的23%,有移民人口6万,其中包括军籍移民1.7万。

2. 卫辉府

卫辉府(治今卫辉市)属于洪武华北七府移民的一个组成部分。卫辉辖6县,仅占7府90个县的6.7%,洪武年间接纳的政府组织的山西移民大约为2.2万。

有关卫辉府洪武年间的移民史实,最著名的莫过于汲县郭全屯结义庙的迁民碑,内载:"山西泽州建兴乡大阳都为迁民事。系汲县西城南社双兰屯居住。里长郭全,下人户一百一十户。"并开列户主姓名[2]。该碑立于洪武二十四年仲秋,与前引《明太祖实录》中的有关记载颇为吻合。

再如胙城县。顺治《胙城县志》卷1称:该县王排屯、尹大户寨等屯寨,"皆明初移民",只是不知是洪武年间还是永乐年间移民。新乡县的记载如田芸生在《张氏族谱序》中说:"吾新自元末兵燹后,遗黎仅七族耳。明初迁山西洪洞民实河北,故徙吾新者多洪洞籍。"刘统勋在《黄冈令敬修畅君墓志铭》中说:"先世山西阳城县,明初奉诏乐迁河南卫郡之新乡。"[3]皆以含糊的"明初"称之,不明具体年代。

也有一批族谱记载说是永乐年间迁入的。如张缙彦在《先考别驾公行述》中就说过:"先世家庐太行洪洞下,文皇帝时,移右族以实河朔,有得山公者,择新中之送佛村居焉。"[4]田芸生在《本支宗谱序》中

---

1 《河北省磁县地名资料汇编》,1983年,抽样率17%;《河北省涉县地名志》,1984年。由于该志没有按乡镇排列村庄,所以采用等距抽样的方法,等距抽样是每pp.1—2,pp.11—12,pp.21—22……即每十页取其第一、第二页中的村庄。抽样率20%。
2 此碑藏汲县(卫辉市)文化馆。
3 民国《新乡县续志》卷3《艺文》。
4 张缙彦:《录居文集》卷2。

说:"明永乐三年,迁山西洪洞民实河北,吾田氏自此迁于新。"[1]

民国《获嘉县志》卷8《氏族》记载了该县几十个氏族的由来。兹将各族的迁徙情况列为表6-7。

表6-7 河南省获嘉县氏族的迁入时代和原籍　　　单位:族

时代	河南		山西	安徽	江苏	浙江	河北	辽东	其他	合计
	本区	其他								
元末以前	5	2	1	—	—	—	1	—	1	10
明初	3	4	30	—	1	—	—	—	—	38
洪武	2	2	16	4	1	1	2	2	2	32
永乐	—	1	16	—	—	—	2	—	2	21
合计	10	9	63	4	2	1	5	2	5	101

资料来源:民国《获嘉县志》卷8《氏族》。

从表6-7中可以看出,在获嘉县,来自洪武的移民和来自永乐的移民大体是差不多的。而属于"明初"迁入的移民,则应半属于洪武,半属于永乐。

从氏族的构成比例上说,永乐移民暂不考虑,将土著氏族进行标准化,由于获嘉县的氏族类型与醴陵、益阳两县相似,所以每个元末以前的古老氏族相当于两个洪武移入的新氏族,土著仅相当于移民迁入后的总人口的42%,而移民则占58%。

这一比例可以从自然村的统计中得到印证。详见表6-8。

表6-8 河南省卫辉市自然村建村时代和原籍　　　单位:村

时代 \ 原籍	本区	山西	合计
元末以前	33	—	33
明初	1	57	58
洪武	—	28	28
合计	34	85	119

资料来源:《河南省卫辉市地名志》,1990年。
说　明:该志中行政村所在的自然村记由来,而一般的自然村则不记由来。本表仅统计该市所有的行政村所在地的自然村。

---

[1] 乾隆《新乡县志》卷27《丘墓下》。

将洪武以前的自然村依山东例作一标准化处理,可知卫辉土著占46%,洪武移民占54%,其比例与获嘉县几乎完全一致。从获嘉和卫辉的例子中可以知道,根据族谱和自然村建村史所作研究表明,卫辉府洪武时代的移民数量大致与土著相当。

根据成化《河南总志》,洪武二十四年,卫辉府民籍人口有10万,修正后为14.4万,与军卫合计16.1万。据《明太祖实录》中的记载,卫辉府接纳的洪武移民只有2.2万,至多也不会超过3万,只占民籍人口的20%,远不足50%。这究竟是怎么一回事呢?

这就使我们首先想到军籍移民的问题。在上引《获嘉县志》卷8《氏族》中,我们发现有6族移民自称为军卫战士的后代。该卷的作者说:"迨明太祖迁民山右,广置屯田,经数百年休养生息,户口始渐繁滋耳。然考旧志,明初户三千六百八十,口二万九千七百一。明初迁民与屯田并举,迁民之数不可考,而屯田有十八百户所,每百户所领一百一十二人,则十八百户所即几有二千户也。"获嘉一县屯田的军士就达到三分之一个卫的兵力。军人的原籍分别为辽阳、凤阳、山东、河北和湖北等地,隶属于宁山卫。宁山卫虽属于河南都司,总部却驻于山西泽州,但从上引资料中知道,卫辉府是其一个重要的屯田区域。在获嘉县屯田的2 000户军士和家属计为6 000人,与民籍移民合计也不过万人左右。当时获嘉县的民籍人口近3万,加上军卫人口为3.6万左右。民籍和军籍移民合计仅占总人口的28%,与根据《获嘉县志》之《氏族》统计的结果仍不相合。

《氏族》的作者也发现了这一问题,他继续指出:

> 何今之族姓,其上世可考者,尚有千百户之裔;其不可考者,每曰迁自洪洞,绝少称为旧日土著及明初军士……盖自魏晋以来,取士竞尚门户,谱牒繁兴,不惜互相攀附,故虽徙居南方,其风未泯。而中原大地,则以异类逼处,华族衰微,中更元明末世,播窜流离,族谱俱付兵燹。直至清代中叶,户口渐繁,人始讲敬宗收族之谊,而传世已远,祖宗渊源名字多已湮没,独有洪洞迁民之

说,尚熟于人口,遂致上世莫考者,无论为土著、为军籍,概曰迁自洪洞焉。

他认为土著凡不清楚自己的家世者,皆以洪洞迁民以称之,以此表明自己家族之根底。然而,这一情况发生在移民力量占绝对多数的地方,或许可以这样说,但在土著力量与移民势均力敌或土著人口甚至多于移民的地方,出现这样的攀附就很难说得通。

这就让人们怀疑洪武二十四年卫辉府的人口中是否还有我们未知的移民人口。万历《获嘉县志》卷5《官师志·宦绩》中叙述洪武三年县太爷上任时"城社未立,户口土著不满百,井间萧然"。众所周知,元末战争在这一带并未作过多的纠缠,卫辉府人口的大量死亡或散失,显系宋金以来长期社会动乱和自然灾害造成的结果。因此,洪武年间不存在大量逃离土著回归家乡的问题。另外,我们也很难想象,在洪武初年至洪武二十五年的二十多年中,这一区域虽然没有政府组织的移民,却不无发生自发移民运动的可能性。尤其是卫辉府距山西移民的集中输出地潞州和泽州仅隔一山,缺少土地的山西人不可能在这漫长的岁月里听任这里的土地一直荒芜。

从屯、社的资料来看,明代初年的获嘉县有27里,至万历年间已经裁并为18里。其中有丰乐、永兴、辛丰、忠和、安仁和兴福等6里极可能为移民里[1]。仅按这一比例进行估算,民籍人口中,移民应占三分之一,加上军籍人口,移民在总人口中的比例为44%,与我们所作自然村的统计相差不多。

新乡的情况可能也是如此。上引田芸生氏在族谱序中所说,洪武时期新乡土著仅遗7族而已,而洪武二十四年该县人口却多达2.7万人。这么多的人口中除了一部分是《明太祖实录》中记载的屯田移民外,也可能有大批自发的移民在洪武二十五年之前或之后迁入了。万历《卫辉府志·里甲》记载了新乡县的乡、社名称,当时共五乡,即新中乡、嘉善乡、南嘉平乡、归德乡、贵贤乡,都是与移民有关的地名,或许这反映了新乡人口的绝大部分是由移民构成的这一事实。

---

[1] 万历《卫辉府志·里甲》。

有意思的是,洪武初年人口最少的获嘉县和新乡县,在洪武二十四年的卫辉府中人口最多,分别为 2.71 万和 2.97 万;而淇县和辉县的人口分别为 1.53 万和 1.91 万,汲县和胙城县人口仅 0.65 万和 0.30 万。洪武初年人口最少的县份尔后人口最多,很可能是自发的移民大量迁入并被编入户籍造成的。

另外,由于汲县和胙县至洪武二十四年人口仍然很少,所以这二县接受的山西屯田移民肯定不会达到每县 0.37 万人的平均规模。尽管我们已见有汲县洪武二十四年的迁民碑,但迁入屯民最集中的地方应该是新乡和获嘉。为此,我们需要从府的角度来考察洪武年间的移民运动。

获嘉县的军卫战士多达 2 000 人,设新乡的情况大体如是,加上其他几县,则卫辉全府驻有军人约为五六千人,约合一卫兵力,如是则有军籍人口 1.7 万。这样的话,在洪武时期卫辉府境的 16.1 万民籍和军籍人口中,移民为 3.9 万,占 24%。如果考虑到有自发的移民在屯田移民迁入之前即已迁入的话,移民的比例达到总人口的 50% 是不成问题的。如此,《氏族志》与自然村统计中得出的移民比例则可以获得合理的解释[1]。

实际上,卫辉府境内并无卫的驻地,但是其北有彰德卫和宁山卫,其西有怀宁卫,其南则有宣武卫、睢阳卫、归德卫、武平卫和陈州卫,军卫密集。尤其是驻于山西泽州的宁山卫,在山西本土不可能有可屯之田,若要屯田,只能来河南。在河南诸府中,只有卫辉府无卫驻扎,所以我们估计宁山卫实际上是一个驻扎于卫辉府的卫。合计民籍移民 9.6 万,军籍移民 1.7 万。

3. 怀庆府

怀庆府(治今沁阳市)是前引《明太祖实录》中论及的洪武时期移民华北 7 府之一。怀庆府辖 6 县,其接纳的山西移民当与卫辉府大体相同,约为 2.2 万人口。

---

[1] 需要说明的是,至今我还没有找到证据说明洪武二十四年的人口数字之外还存在一批山西移民。所以,在进行移民人口的估算时,仍以成化《河南总志》中记载的洪武二十四年分县户口数作为分析的基数。除南阳府外,河南其他各府情况大体如是,不另说明。

地方文献对这次移民有不少记载,王兴亚在他的论文中多有引述[1]。如该县现存刘大观撰的一篇墓志铭中说:"公始祖春,于洪武初造,自洪洞迁河内(县)……遂居于街北丁兰巷。"民国《杨氏家乘》上卷记:"杨克成,配布氏,明洪武初年,自洪洞迁河内之柏乡镇。"又如《孟县志·大事记》中说:"洪武三年徙山西民于河北,而迁至孟州者,十九皆山西洪洞籍。"在温县,明人何永庆撰《朱裳墓表》称:"其先山西洪洞人,国初占籍温东十里许,曰平皋。"[2] 侯重喜在《参议张公墓表》中也说:"其先洪洞人,永乐初迁温。"[3]

从上引的资料来看,似乎洪武年间的移民要远远多于永乐年间的移民,这一点,可以从孟县的自然村统计中得到证明。在《河南省孟县地名志》中,我们抽取了城关、东小仇、南庄等三个乡镇的75个自然村,明初及明初以前的村庄有41个。在这41个村庄中,"明初"及洪武时期迁自山西的村庄达到30个,不见有永乐年间迁入者。元末以前的土著村庄也极少,仅有10村,另加洪武年间建立的一个土著村,合为标准村也仅有23个,占总人口的43%,与卫辉府的土著比例差不多。

洪武二十六年怀庆府人口为24.5万。加上怀庆卫,共有人口约为26.2万,军籍移民、民籍移民合计为3.9万,只占当时全部人口的14.9%。这一估计值与根据自然村统计所作的推测比较相差甚远。

因此,我们估计在政府组织的移民进入怀庆府之前,亦即屯田的移民进入怀庆府之前,已有山西移民迁入了怀庆府。如果孟县代表了怀庆府的一般状况的话,按照上述土著与移民的比例估算,在政府组织移民迁入之前,自发迁入的人口大约有7.4万。合计民籍移民9.6万,军籍移民1.7万。

二 开封府

开封府(治今开封市)幅员广大,洪武时期所辖州县达43个。由

---

[1] 王兴亚:《明初迁山西民到河南考述》,《史学月刊》1984年第4期。
[2] 乾隆《温县志》卷6《地理》。
[3] 乾隆《怀庆府志》卷31《艺文》。

于开封府属于《明太祖实录》中移民七府之一,依照比例,至洪武二十五年有山西民籍移民近 16 万人迁入该府屯田。依据资料及地形,将开封府大致分为黄河沿岸和颍水上游两个地区分而叙述之。

1. 黄河沿岸

黄河沿岸区的移民状况可见民国《封丘县续志》的记载。各族的迁入情形见表 6-9。

表 6-9 河南省封丘县氏族的迁入时代和原籍　　单位:族

时代＼原籍	本区	山西	南京	合计
元末以前	28	—	—	28
明初	—	18	—	18
洪武	3	61	2	66
永乐	—	1	—	1
合计	31	80	2	113

资料来源:民国《封丘县续志》卷 3《氏族志》、卷 4《氏族别录》。

封丘县的氏族类型与醴陵和益阳相似,土著氏族的标准化系数也定为 2。对元末以前"世居"于此的氏族进行标准化处理,土著占人口总数的 42%左右,与获嘉一带相似。

再如延津县,王兴亚引明进士屈可伸在《重修大觉寺记》中的记载:"高皇帝定天下,籍民占田,而土著止数十家,卒移泽、潞以西洪洞、长子一带诸郡民来其地。"尽管到洪武二十四年,延津县只有 545 户 3 282 人,但仍未作为移民的重点地区,类似于卫辉府的汲县和胙城县。

延津县虽非移民重点,但移民比例却不低。1989 年的《延津县地名志》所载该县现存的 18 个乡镇 400 个自然村,几乎所有的村庄都自称明初从山西迁入的。这一说法虽然无法验证,但是,洪武二十四年延津县的人口是如此稀少,现有村庄的村民们说他们的祖先来自山西,又怎能轻易否定呢?

在归德州(治今商丘市),康熙《商丘县志》卷 1 引万历旧志记载该县的 23 个乡中,14 乡为居民,9 乡为迁民,迁民占总人口的 37.5%。

当然，这是以洪武至万历年间的乡社屯里没有变化或土著、移民乡社按同一比例变化为前提的。恰好有今商丘县自然村的统计可资佐证。详见表6-10。

表6-10　河南省商丘县自然村建村时代和原籍　　　单位：村

原籍 时代	本区	山西	山东	江苏	安徽	军人	其他省	合计
元末以前	18	—	—	1	—	—	—	19
元　　末	2	—	—	—	—	—	—	2
明　　初	1	—	—	—	—	1	—	2
洪　　武	7	42	2	2	1	3	1	58
永　　乐	11	—	1	1	—	9	—	22
合　　计	39	42	3	4	1	13	1	103

资料来源：《河南省商丘县地名志》（初稿），1990年。抽样乡镇：王坟、冯桥、临河店。抽样率为15%。

对商丘县的自然村进行标准化以后，我们发现洪武时代的移民占全体人口的50%，这一比例与卫辉府的获嘉和卫辉两地的同类比例非常接近，又比根据乡的比例测算出来的同类比例为高，这是由于自然村中含有大量军卫人口造成的。

和获嘉县一样，反映在商丘县自然村中的军籍人口比实际上的军籍人口也少得多。如前所说，在开封府的西部和北部聚集了5个卫的兵员。商丘县即明初之归德州，为归德卫之所在，假若该县集聚有半个卫的兵员，就有军籍移民0.8万。这么多的军人反映在自然村中，当然会引起自然村中移民比例的增加。

洪武二十四年，归德州有民籍人口2.8万人，若移民占其中37.5%，则有移民人口万人左右。加上0.8万军籍人口，总人口共3.6万。其中1.8万为移民人口，则移民人口占总人口的50%。这一比例与自然村统计所得比例是吻合的。

按照平均值计算，洪武时期开封府平均每县接纳的移民不足4 000人。由于存在大县和小县的区别以及移民的重点县和非重点县的区别，移民的人口实际上不会平均分配。在归德州的附近，就存在一些小县,如考城县,洪武二十四年仅有2 682人,柘城县2 390人,宁陵县4 801人,夏邑县8 022人,可以说是一些明代初年人口最少的县份。有些县的人口甚至不足3 000人,所接受的山西移民必然达不到平均值。相反,归德州所接受的山西移民会比均值多得多,达到每县万人也是完全可能的。更何况,这一区域同样存在山西移民在洪武初年即迁入的可能性。

2. 颍水上游

在禹州、许昌、襄城、临颍、鄢陵等市、县的自然村统计中,我们发现这一带也是洪武移民的密集区,具体情况可见表6-11。

表6-11 河南省禹州等五市、县自然村建村时代和原籍

单位:村

原籍 时代	本 区	山 西	其他省	合 计
元末以前	80	1	—	81
元　　末	—	1	1	2
明　　初	14	203	2	219
洪　　武	1	42	—	43
合　　计	95	247	8	345

资料来源:《河南省禹州市地名志》,1988年。抽样乡镇:文殊、梁北、郭连、浅井。抽样率为17%。《河南省许昌县地名志》,陕西人民出版社1989年版。抽样乡镇:灵井、长村张、尚集、陈曹。抽样率为26%。《河南省襄城县地名志》,1987年。抽样乡镇:十里铺、颍阳、范湖。抽样率为21%。《河南省临颍县地名志》,长城出版社1988年版。抽样乡镇:皇帝庙、王岗、大郭。抽样率为11%。《河南省鄢陵县地名志》,1988年。抽样乡镇:马坊、只乐、陶城。抽样率为25%。

对元末以前建立的古老村庄进行标准化处理,土著也是占当地人口的48%,移民则占当地人口的52%。这一比例也和卫辉府的情形类似。

民国《重修襄城县志》卷9《氏族》中说:"襄城民族,明初自山西洪洞迁襄者,约居十之五六,自他处迁来,亦约十之二三,其宋元旧族,约十之一二而已。"将土著氏族进行标准化,他们约占当地人口的30%左右,比根据自然村统计的土著、移民比例还要低一些。单独按襄城自然村进行统计,土著比例高达46%,由于修志之人的判断过于粗

略,无法确定孰是孰非。

大致说来,开封府的土著与洪武移民的比例各占50%。洪武二十六年开封府共有人口139.5万。移民人口当达69.8万余人。而如果按照《明太祖实录》的记载,该府接受民籍移民不过16万人左右,加上军籍移民,也只不过为24万人左右,余近46万移民中的大部分应当在政府组织移民之前就已经迁入了,他们中的一部分在洪武初年或洪武二十六年的户口统计中即已计入当地户籍。但鉴于开封府,尤其是所属陈州一带明代中期的流民问题非常突出,估计洪武移民中仍有少部分因为未能获得迁入地的户籍而成为流民。

三 河南府

王兴亚的有关论文中没有关于河南府(治今洛阳市)移民的论述。我们在这一区域也没有获得太多的资料。但民国《新安县志》卷9的记载说明洪武大移民也曾经波及过这里,并且留下深刻的痕迹。

该志称:"新安率为汉族,其氏族之来咸云迁山西洪洞,然多无可考。"故列出有谱牒记载的40余族。其中仅4族为旧族,若将南宋时代迁自山西的1族和洪武时迁自邻县的2族计算在内,则有土著7族;而于元末或洪武时从山西迁来的氏族就达到29族;另有2族分别从陕西和山东迁入。又有永乐年间迁自山西的3个氏族。根据氏族统计的结果,新安县明初土著的比例仅为当时人口的26%。这一比例如果还有讨论的余地的话,那就是由于其中包括了一些军籍人口,使移民的比例增加了。河南府驻有河南卫、弘农卫和潼关卫,新安县有可能驻有半卫兵士,则有军人及其家属0.8万。洪武二十四年新安县有民籍人口共1.7万人,加上军籍人口则为2.5万人。军籍移民仅占当时人口总数的32%,与根据氏族资料作出的分析差距甚大。为此我们估计至少在河南府的北部或东北部地区,洪武初年就有相当数量的山西移民迁入,仅以民籍人口中移民占其50%进行估算,新安县的民籍移民就有近0.9万。在河南府东北部的巩县、偃师、登封、洛阳、孟津和宜阳县,只要移民的数量达到新安县的规模,则河南府至少接受民籍移民约 7 万人。

四　南阳府

1. 汝州和裕州

正德《汝州志》卷 1 记载：本州分四乡，在城、东关及官庄保等十一保，"俱迁民散处"；鲁山县来安里等二十一里，"俱迁民散处"。在这一地区，我们在 1989 年编撰的《河南省郏县地名志》中抽取了薛店、王集和李口三乡作为样本。三乡共 140 个村庄，元末以前的土著村庄仅有 7 个，明初或洪武时期建立的土著村有 6 个，明初及洪武时期来自山西的移民村有 22 个，永乐移民村只有 2 个。从自然村的角度看，汝州（今汝州市）的迁民主要是来自洪武年间的山西。

《明太宗实录》卷 18 中有一条移民裕州（今方城县）的记载：永乐元年（1403 年），"河南裕州言：本州地广民稀，山西泽、潞等州县地狭民稠，乞于彼无田之家，分丁来耕。上命户部如所言行之"。从自然村的统计来看，有对本次移民的时间加以讨论的必要。

明初的裕州辖叶县和舞阳两县。在 1985 年编印的《河南省舞阳县地名志》中，我们抽样调查了九街、马村、大尉和姜店等四乡，对这四乡共 198 个村庄进行统计，其中元代以前的土著村庄只有 12 个，而号称"明初"迁入的村庄达 29 个，洪武村庄有 4 个，其中并无永乐年间的迁入村。由此我们推测所谓的"明初"移民村基本上都是洪武年间迁入的。这一记载看起来与《明实录》的记载相矛盾，其实则不然。

在前面有关开封府移民的论述中，我们已经知道，洪武大移民相当密集地聚集在裕州北面的邻县如临颍、襄城、许昌和禹州等州县中，很难想象这批移民会画地为牢，不进入人少地多并与之相邻的裕州。只是由于他们未获得洪武时期的民籍，致使这批人口迁入了裕州，却没有在当地的户籍中反映出来。永乐元年裕州地方官的申请，实际上仅仅是对既定事实的一个追认，以便为这批移民求得一个合法的身份。

按照自然村中的统计，洪武年间的舞阳县，移民占总人口的

58%,居然也与卫辉府相同。

有些论者根据洪武年间裕州人口数字的变化推测这次移民的数量。基本的根据是：洪武二十四年裕州有户824,有人口4 802;至永乐十年,户数升至2 161,人口升至12 324[1]。户口增加了2.5—2.6倍。由于同期河南全省的人口几乎没有增长,裕州的人口增长不妨近似地看作是人口的迁入引起的机械增长。以此计算,迁入的人口达7 500人之多,移民比例占总人口的60%,我以为这所谓的迁入,并不在永乐年间,而是对洪武移民迁入的一个追认。

同样的分析在舞阳和叶县似乎行不通。因为以人口计,洪武二十四年,舞阳人口为1.7万,叶县1.8万;永乐十年舞阳为2.2万,叶县为2.1万,户数增加的幅度远不及裕州,说明两县洪武年间的人口数字中已经包括了相当多的移民人口。

为此,我们将裕州在永乐十年的人口当作洪武年间的户口来处理,裕州三县就有人口4.7万,加上汝州人口12.9万,合计人口为17.6万。洪武时期汝州和裕州皆无卫所设立,但在洪武以后,新设了汝州卫,只是我们怀疑这个卫的军士很可能洪武时期即驻于此屯田,正如卫辉千户所的设立一般。如此,两州就有人口19.3万,其中约半数为移民,有人口约9.7万。

另外,在我们所统计的舞阳县自然村中,还有107个村自称明代从山西迁入。类似的情况在别的地区不曾见到,可能是由于地旷人稀,明初以后继续有山西人口移入的结果。顺治《舞阳县志》卷1引嘉靖志说:"土著之民寡,流徙之民半。"这里的土著之民应当包括洪武年间迁入的移民,而所谓的流徙之民则极可能就是这百余个"明代"的山西移民村。从舞阳的自然村比例来看,"明代"的山西村多于"明初"或"洪武"迁入的山西村与古老土著村的总和,但若对"明代"以前的村庄进行标准化处理,则二者的比例差不多,嘉靖《舞阳县志》的作者所作分析与自然村的统计是吻合的。

2. 南阳地区

《古今图书集成·职方典》卷465《南阳府部》引《邓州志》:"明洪

---

[1] 成化《河南总志》卷6《南阳府》。

武二年命金吾卫镇抚孔显至邓,招抚流民,置邓州。"这批流民可能加入了当地户籍,只是人数不详。

《明宣宗实录》卷42宣德三年(1428年)条下提到南阳等地一批未入户籍的迁入者:"李新自河南还言:'山西饥民流徙至南阳诸郡不下十万余口,有司军卫及巡检司各遣人捕逐,民愈穷困,死亡者愈多,乞遣官抚辑,候其原籍丰收,则令还乡。'"从自然村的统计来看,大量的山西移民村是在洪武时期进入了这一区域的。因此,宣德三年报告的南阳诸府的移民极可能在洪武年间已经迁入。自然村建村情况见表6-12。

表6-12 河南省南阳等四市、县自然村建村时代和原籍

单位:村

时代\原籍	本区	山西	江西	南京	山东	其他省	合计
元末以前	39	—	—	—	—	—	39
元末	8	—	—	—	2	—	10
明初	13	101	2	1	—	2	119
洪武	—	29	2	2	—	—	33
永乐	2	3	—	—	—	—	5
合计	62	133	4	3	2	2	206

资料来源:《河南省南阳县地名志》,福建地图出版社1990年版。抽样乡镇:溧河、新店、陆营。抽样率为15%。《河南省新野县地名志》,河南人民出版社1990年版。抽样乡镇:五星、施庵、上庄。抽样率为21%。《河南省唐县地名志》(油印稿),1988年。抽样乡镇:城郊、毕店、桐河。抽样率为16%。《河南省邓州市地名志》(初稿),1990年。抽样乡镇:城郊、文渠、赵集、构林。抽样率为15%。

对南阳等四县自然村进行标准化处理的结果是,移民占洪武时期人口的53%,土著占47%。这一比例竟然也与开封府及卫辉府的情形相似。

据成化《河南总志》,洪武二十四年,南阳府(不包括裕州、舞阳和叶县)有人口共8.7万。从分县人口看,这一数据还有些问题。各县人口如表6-13所示。

表6-13 洪武二十四年南阳府分县户口

县 名	户	口	户均人口	县 名	户	口	户均人口
南 阳	1 756	18 080	10.3	泌 阳	806	4 417	5.5
唐 县	920	5 161	5.6	镇 平	527	2 943	5.6
邓 州	1 266	6 363	5.0	新 野	847	22 860	27.0
内 乡	3 293	18 150	5.5	合 计	9 415	87 389	9.3

资料来源：成化《河南总志》卷6。

南阳县洪武时期户均口数达到10.3人之多，而永乐十年户均人口为4.9人。同样，新野县洪武时期户均人口为27人也是不正常的，该县永乐十年户均人口为8.5人。可见，南阳县和新野县的人口数有误。以户均人口5.5人修正，洪武二十四年南阳府人口约为5.2万。加上南阳卫的1.7万名军士及其家属，合计有人口近7万人。

显然，这些户籍人口中虽然已经包括了洪武初年入籍的移民，却未包括以后迁入的"山西饥民"。这些饥民在南阳等府有十数万之多，扣除人口的自然增长，洪武年间其人口应在10万左右，其中在南阳地区至少应有近5万。他们可能是正统年间入籍的。

移民的85%左右来自山西，余来自江西、山东和南京等地。只是在南阳府西部镇平、西峡等县的自然村中，我们没有发现明初移民迁入的痕迹。

洪武二十六年南阳府（包括汝州与方谷州）人口32.4万，其中移民人口约占50%，则为16.2万。

五 汝宁府

洪武四年（1370年）汝阳县县令杨补之上任之时，该县"荒残未辟，人民稀少，城无烟火，野多骸骼。侯（指杨补之）斩荆榛，铸刓斸，画村疃，流徙渐次来集。三年间瓦屋得百四十楹，茅屋万五千架。牛羊牧于野，鸡犬鸣于境，车马驰于道，士庶始见太平之风"[1]。杨氏在招

---

[1] 顺治十七年《汝阳县志》卷7《宦绩》。

抚移民方面做了许多工作,但县志中的言词有所夸大,如以每二间茅屋安排一户人家计算,汝阳县就有7 500户,而实际上洪武二十四年汝阳县只有1 179户。

是否在这一带存在着类似南阳府的情况,即大批移民并未入籍,因而在文献中没有反映出来呢?顺治十二年《汝阳县志》卷4《食货·里甲》称:"洪武初汝阳编户三十三里,成化间增十六里,弘治末割属真阳,仍存三十三里。"关于这33里的里名,县志中逐一罗列,最令人感兴趣的是其中有15里并无自己的地域,而是"散居"在其他里中。这些里的名称分别是:来安、新增、招恤、抚绥、安和、兴城、乐业、怀德、循礼、平居、时丰、沾化、感应、春和、秋城。这些是典型的移民地名。因此,我们肯定,无论这些移民里是洪武年间还是洪武以后设立的,移民里没有自己的地域这一点是可以肯定的。由于弘治年间割给真阳的16里是按地域划分的,其中有地域里,也有散居里,既应有土著里也有移民里。按照比例,其中至少应有7个移民里。所以,汝阳县这15个移民里中有部分是洪武年间设置的,也有部分是成化年间设置的。成化年间设置的里中的人口仍可能有部分是明代初年迁入的。

洪武二十四年汝阳县的33里,合计应有3 630户,与成化《河南总志》中的记载相差很多,原因不详。

1990年出版的《西平县志》的作者说:"洪武年间,山西、陕西、河北、山东等省及河南西部人迁至西平者最多。"[1]具体情况见表6-14。

表6-14 河南省西平县氏族迁入时代和原籍　　　　单位:族

时代\原籍	本省西部	山西	山东	河北	江西	南京	合计
元初	—	—	1	—	—	—	1
元末	1	1	1	—	1	—	4
明初	2	1	—	—	—	—	3
洪武	1	10	1	1	—	1	14

---

[1]《西平县志》第三编"人口·姓氏",中国财政经济出版社1990年版。

续表

原籍 时代	本省西部	山西	山东	河北	江西	南京	合计
永乐	—	1	—	—	—	—	1
正统	—	1	1	—	—	—	2
明末	—	2	—	—	—	—	2
合计	4	16	4	1	1	1	27

资料来源：《西平县志》，中国财政经济出版社1990年版，第三编"人口·姓氏"。

外来人口主要来自山西，明初最多，中后期仍有之。这一份统计大体反映出汝宁府北部的人口来源，也可看出洪武大移民对这一区域的影响。

在《河南省淮滨县地名志》中我们对期思、张里、淮滨和栏杆四乡进行抽样，抽取了417个村庄进行统计，抽样率达15％。结果只发现16个明初及此前的村庄，其中有5村称明初自山西迁来，1村自山东迁来；另有1村称于洪武年间来自山东，不见有永乐年间的迁入者。由此比例可知移民人口不多，只占总人口的25％左右。

所谓山东的移民来自山东枣林庄，他们在凤阳府西部有相当广泛的分布，迁入淮滨一带的山东移民人口不多，属于迁往凤阳府大移民的余波，在汝宁府也没有普遍的意义。

1991年我在河南从事移民历史的调查时，正阳县的地名志还处于草修阶段，在该县的兰青乡、皮店乡和傅寨乡的自然村中，很少看见有来自山西的村庄，而来自湖北麻城县的村庄却有不少。他们大多数称自己的祖先是明代迁入的，只在皮店有若干村庄详细记为洪武或永乐年间，而在兰青乡多自称为永乐元年和永乐十八年。由于这部地名志当时尚未成形，不便多作评述或征引。

在汝宁府（治今汝南县）的南部，至少在信阳和商城，我们没有发现明初大移民的痕迹，而这两县也很少有明代以前的古老村庄，似乎在明代初年以后，天灾或者人祸将古代的村庄一扫而光。唯有在明清时其大部属于商城县、民国时划归安徽省的金寨县，情况有些不同。

在当地，我有幸获读了41种氏族资料，载明明初及明初以前迁入的有22族，除1族由宋代自赣北迁入外，其余皆迁自元末明初，其中由江西迁入10族，徽州迁入9族，山东迁入1族，余为其他。不少家族并非一步到位，而是通过湖北黄安或安徽六安辗转。金寨氏族的这个比例，与我们在安庆和巢湖一带所闻大体相同。

光山的情况与商城颇为相似。在光山民间，也有关于光山人来自江西的传说，如光山县的老人爱说："光山人散步、走路，常常爱两手偏向背后，那是我们祖先被绳捆索绑由江西押到河南来'插标为记'的见证。"[1]这一传说与我们在苏北、安徽及湖北等地所闻相似。只是迁入的年代并未得到有力的证明。民国《光山县志约稿·沿革志》中这样说道："旧族百无一二，及朱元璋定鼎，然后徙江西之民以实之。今考阖邑人民，大概原籍是江西，其明证也。"光山县志办公室的汤世江为此出示了两部族谱以证明之，一部为《汤氏族谱》，记载了汤氏于宋代末年由江西余干县瓦屑坝迁入光山，这类人口迁入安庆府和黄州府地甚多，前几章已有明证，只是不曾说他们是从瓦屑坝迁入的；另一《黄氏族谱》则记载祖先明末由江西德安县迁来。尚不见有明初迁入的记载。

洪武时期的汝宁府地驻有信阳卫和汝宁卫，有军籍3.3万人口。关于汝宁府洪武时期的民籍移民数量，在洪武二十四全府24.3万人口中，至少应有十分之一为外来的移民。

六 小结

洪武时期河南各府的移民可见表6-15。

必须承认，由于我们对河南府洪武二十四年户口数字以外的移民数量认识不清，对河南省移民人口的估计也是偏低的。从这一偏低的估计数来看，虽然洪武时期的大移民仍是一个人口补充式的移民，但至少在卫辉、怀庆、开封和南阳府是人口重建式的。河南西部

---

[1] 汤世江：《光山人的祖根在江西》，江西省地方志办公室：《修志文丛》1986年第11—12期。

的山区可能属于一个空白区,而东南部可能也是一个近似空白的地区。

表6-15 洪武时期河南地区接受的各类移民　　单位:万人

地　区	人口总数	土著	百分比(%)	民籍移民	百分比(%)	军籍移民	百分比(%)
彰德府	26.1	20.1	77.0	4.3	16.5	1.7	6.5
卫辉府	16.1	8.0	49.7	6.4	39.8	1.7	10.6
怀庆府	26.2	14.9	56.9	9.6	36.6	1.7	6.5
开封府	139.5	69.7	50.0	58.0	41.6	11.8	8.4
河南府	63.7	50.0	78.5	7.0	11.0	6.7	10.5
南阳府	32.4	16.2	50.0	11.2	34.6	5.0	15.4
汝宁府	24.3	18.9	77.8	2.1	8.6	3.3	13.6
合　计	328.3	197.8	60.2	98.6	30.0	31.9	9.7

　　河南地区接纳的移民成分是相当简单的,大部分的民籍移民来自山西,只有少部分的移民来自江西、山东和其他地区。由于山西移民在各个府、州都是主体移民,所以我们不排斥有其他地区的移民假托自己的祖籍为山西的可能性。由于来自江西的移民受阻于汝宁府一线,来自山东的移民很少有越过安徽界外的,因此,即使有假托山西移民的其他籍移民,其人口必定不会很多。

　　河南地区的军籍移民比较复杂。在《明史·兵志》中记载的河南都司所属的各卫所中,至少有宁国卫、安吉卫及河南左护卫、河南中护卫、河南右护卫不知所在。后三个护卫以后并于彭城卫。但是在洪武以后的河南都司条下,有"旧有洛阳中护卫,后并汝州卫"一句,这所谓的"洛阳中护卫"极可能就是"河南中护卫",因为在洪武二十六年定天下卫所时,河南都司并没有什么"洛阳中护卫"。另外的几卫因不知驻地,无法分而论述。由于关于各府移民的估计,均采用就低不就高的原则,所以这一误差对结论并无影响。

　　据此,洪武时期河南地区接受的各类民籍移民如图6-2所示。

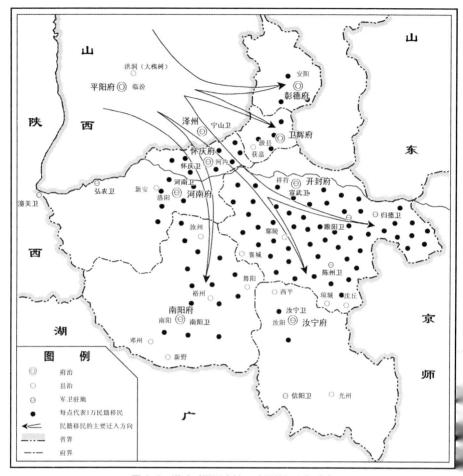

图 6-2 洪武时期河南地区移民的迁入与分布

第七章

洪武大移民：边疆篇

洪武时期的边疆移民主要指北方边疆和西南边疆地区由于军事戍守所引发的军籍人口迁移，所涉及的区域为沿边卫所。

顾诚指出："从东北到西北以至西南，这些大约构成半个明帝国疆域的地方在明代（特别是在明初）一般不设行政机构，而由都司（行都司）及其下属卫所管理。"[1] 如辽东都司所辖范围为今天的辽宁省的一部分；大宁都司和万全都司所辖为今辽宁西部、河北省北部和内蒙古部分地区；山西行都司则管辖今天的山西北部和相邻的内蒙古地区；至于陕西行都司，则管辖今甘肃省的大部分地区。一般来说，这些地区只有军卫，没有州、县。云南、贵州在洪武及永乐年间虽然已经设置了行政系统的机构，但如顾诚所说，这两个省都有浓厚的边卫特色，如云南的某些卫所不仅管辖卫所的人口，而且管辖部分州县。总之，明代的边卫不仅是疆域的一部分，而且往往构成边境地区唯一的政区单位，所以辟此章专门加以论述。

在边疆地区，军人和他们的家属成为移民的主体，戍守和屯垦成

---

[1] 顾诚：《明帝国的疆土管理体制》，《历史研究》1989年第3期。

为移民的主要形式。由于军卫的设置和调防是一个长期延续的过程，因此，本章对洪武以后边疆地区的军事移民也会有所涉及，以保证区域移民论述的完整性。

另外，由于沿海卫所一般建立于经济比较发达、人口比较密集的地区，他们虽然也是一种政区单位，但所辖面积很小，在各章论述军籍人口时已有论述的，就不再专论，而对于一些上述各章中未涉及地区的卫所移民，仅作一简单的叙述。

第一节

辽东都司（附北平行都司）

一 辽东军卫

洪武元年（1368年）八月，明军攻占大都，标志着元朝的统治的结束。但是以太尉纳哈出、平章高家奴、知院哈剌张和丞相也先不花等为首的一批故元残余势力，仍拥兵辽东，"彼此相依，互为声援"[1]，奉元为正朔，反对明王朝。明朝为了统一辽东，积极遣使"诏谕辽阳等处官民"[2]。

洪武四年二月，故元辽阳平章刘益派右丞董遵、合院杨贤以辽东州郡地图和兵马钱粮册籍，奉表归降。明廷为"表嘉其诚"，在得利嬴城（今辽宁瓦房店市北）"置辽东卫指挥使司，以益为指挥同知"[3]。这是明政府在辽东所设的第一个军卫，军卫的兵员则是故元的将士。

同年五月，刘益被叛将洪保保等杀害。于是明廷命马云和叶旺率

---

1 《明太祖实录》卷66。
2 《明太祖实录》卷56。
3 《明太祖实录》卷61。

兵从山东登州渡海,"自金州而抵辽阳,设定辽都卫。既而分设定辽左等五卫并东宁卫,金、复、盖、海四卫于沿边,已而改设都指挥使司而统筹之,招降纳附,开拓疆宇。复于辽北分设沈阳、铁岭、三万、辽海四卫于开原等处,西抵山海,分设广宁,及左、右、中卫,义州,宁远,广宁左、右、中、前、后五屯卫于沿边,星分棋布,塞冲据险,且守且耕",构成"东逾鸭绿而控朝鲜,西接山海而拱京畿,南跨溟渤而连青冀,北越辽河而亘沙漠"[1]的漫长边防线。以刘益部众为主体组建的辽东卫更名为定辽后卫,迁治辽阳城。

在大量设置军卫的同时,洪武十一年,辽东的州县全部被撤[2],土著居民转为军卫士卒或为军卫管辖。"壬子(1372年)复设辽阳府州县,以千户徐便统署府事,安集人民,柔来绥附,众咸得所。已而罢州县,籍所集民为兵。"[3]到底有多少土著居民被纳入卫所系统,而辽东的军人又到底有多少,这是本节所要解决的问题。让我们先来看一看卫所设立的具体过程,以便明了移民的过程和土著的去向。

在辽东的25个军卫中,宁远卫设于永乐年间,暂不考虑。义州卫是洪武二十二年从金、复、盖三卫中分5所而设立的,其军士不是来自外地,也暂不考虑,其千户所数计入金、复、盖3卫中。洪武年间的辽东实际上只有23卫的兵力。这23卫中,有些军卫的设置是很奇特的,如定辽左卫、定辽右卫和定辽前卫等3卫,洪武四年设置时,各仅有3个千户所。洪武十年升为卫,由所升卫,兵力必须大大扩充,但此3卫仍只有9所,离标准配置有很大的差距。

在辽东北部的开原城,驻有三万卫和辽海卫。这是两个拥有千户所最多的军卫,共有17个千户所,相当于3个多标准卫的兵力。洪武二十一年设卫时,设置兀者、野人、乞列迷和女直军民万户府于开原城中,次年废府,迁卫于开原城中。可见三万卫的设置对于控制辽东北部的各少数民族部落有着重要的作用。这可能是两卫所领所远远超过其他军卫的原因。

---

1 毕恭:《〈辽东志〉书序》。
2 《辽东志》卷1《沿革》。
3 《辽东志》卷8《杂志》。

东宁卫类似三万卫。洪武十三年在此置5个千户所,名曰东宁、女直、南京、海洋和草河,"各领所部夷人"[1]。洪武十九年置卫时,并此5所为左、右、前、后4个千户所,此外再置中及中左两个千户所,"以谪戍者实之",达到6个所的兵力。可见,东宁卫辖所超出标准也是因为有较多的少数民族人口杂于其中所致。

所以,沈阳卫在初设置时有5所,不久又设抚顺千户所于抚顺地,目的似是要加强东部的防御,以对付日趋活跃的建州女真。以后又将定辽右卫迁于今日丹东地区,只设2个所的兵力。因为丹东与朝鲜接壤,是整个辽东地区最为平静的一段边界。

而地处辽东半岛南端的盖州、复州和金州3卫,初设时有15个千户所,正合标准,但在洪武年间,调出5所于辽西北边境设义州卫。辽东半岛少有发生军事冲突的可能,所以就有调所入辽西的举措。

由此可知,明代政府关于辽东的防卫大体是根据敌我力量的对比而决定军卫的设置和每卫兵力的多少。据表7-1中的统计,洪武年间的23个军卫共有115所,平均每卫有5所,正好是标准配置,合于明初军制,只是到了义州卫设立之时,这一标准配置才被破坏。

表7-1 洪武年间辽东卫所的设置

卫所名称	千户所(个)	设置时间	治所	所撤州县
定辽中卫	4	洪武十七年	辽阳	辽阳县中
定辽左卫	3	洪武四年设所,洪武十年升卫	辽阳	
定辽右卫	2			
定辽前卫	4			
定辽后卫	4	洪武四年	辽阳	
东宁卫	6	洪武十三年设所	辽阳	
		洪武十九年置卫		
广宁卫	5	洪武二十三年	广宁	广宁、望平、闾阳
广宁中卫	4	洪武二十七年	广宁	
广宁左卫	5	洪武二十八年	广宁	

---

1 《辽东志》卷1《沿革》。

续 表

卫所名称	千户所（个）	设置时间	治所	所撤州县
广宁右卫	3	洪武二十八年	广宁	
广宁右屯卫	5	洪武二十六年	广宁	
义州卫	5	洪武二十二年调金、复、盖3卫5所设立	义州	义州
广宁后屯卫	5	洪武二十五年	宜州	
广宁中屯卫	6	洪武二十四年	锦州	锦州
广宁左屯卫	6	洪武二十六年		
宁远卫	5	永乐初割广宁前屯、中屯卫设	宁远	
广宁前屯卫	5	洪武二十五年	宁远	瑞州
三万卫	8	洪武二十一年	开原	兀者、野人、乞列迷、女直军民万户府
辽海卫	9	洪武十一年	开原	
铁岭卫	5	洪武二十一年	铁岭	
沈阳卫	6	洪武二十年		乐郊、章义、辽滨、进城
海州卫	5	洪武九年	海州	海州
盖州卫	3	洪武九年	盖州	盖州
复州卫	2	洪武十四年	复州	复州
金州卫	5	洪武四年	金州	金州

资料来源：《辽东志》卷1《地理》；《明史·地理志》；《全辽志》卷1《沿革》。

二 辽东军人

那么，辽东的卫所到底有多少军人呢？按照每千户所1 120人、每卫5 600人的标准配置，洪武二十八年的辽东卫所应有近13万兵员。《全辽志》卷1《山川》称："国初置辽东，即发兵数万戍辽。"没有说明具体的兵数。由于洪武年间的辽东卫所是逐渐设立的，所以，在卫所全部设置完毕以后，兵力可能不止数万，而可能达到十几万人。除了军人以外,事实上还有大批谪戍的犯人充实卫所,如上引东宁卫中有2个千户所就是他们组建的;《明史·兵志三》中称"初太祖沿边设卫,惟土著兵及有罪谪戍者"即此意。当然,充实于其他卫所的罪犯还会有一些,但是人数不详。

有论者根据嘉靖年间的卫所人数来论述辽东军卫人数的特殊性。其基本思路是:嘉靖年间辽东各卫兵力即是洪武年间辽东卫所的兵额。嘉靖年间多数卫所兵员不足额反映出洪武年间辽东卫所兵力的额度不足。辽东卫所兵员的额度不足在洪武年间也是一个特殊的现象,是辽东卫所与原有州县结合的产物[1]。

讨论这一问题之前,先来看看嘉靖年间各卫的兵员配置情况。

从表7-2中可知,据《辽东志》,军额总人数为8.8万人;而在《全辽志》中,军额总人数达到10.6万。《辽东志》修于正统八年(1443年),重修于嘉靖十六年(1537年);而《全辽志》修于嘉靖四十五年(1566年)。《辽东志》中的军额可能是正统八年的,也可能是嘉靖十六年的。两相对照,可见所谓的军额并不是不变的。也就是说,将嘉靖年间的各卫军额作为洪武年间的各卫军额是缺乏根据的。

表7-2 嘉靖年间辽东各卫的兵员和人口数

卫 名	辽东志军额	全辽志军额	增减百分比(%)	辽东志人口	全辽志人口	增减百分比(%)
定辽中卫	2 993	3 439	+14.9	8 936	8 930	-0.7
定辽左卫	3 731	4 374	+17.2	7 013	8 115	+15.7
定辽右卫	3 341	3 645	+9.1	6 137	8 715	+42.0
定辽前卫	2 769	3 442	+24.3	7 592	6 052	-25.4
定辽后卫	3 324	3 862	+16.2	8 477	8 113	-4.1
东宁卫	3 064	3 252	+6.1	15 434	19 352	+25.4
海州卫	9 514	6 695	-42.1	18 200	15 828	-15.0
盖州卫	4 794	7 865	+64.1	25 534	35 340	+38.4
复州卫	2 177	3 054	+40.3	7 648	12 472	+63.1

---

1 丛佩远:《试论明代东北地区管辖体制的几个特点》,《北方文物》1991年第4期。

续 表

卫 名	辽东志军额	全辽志军额	增减百分比（%）	辽东志人口	全辽志人口	增减百分比（%）
金州卫	4 633	19 677	+324.7	46 625	32 115	-45.2
广宁卫	1 240	1 617	+30.4	5 968	5 096	-17.1
广宁左卫	3 506	2 539	-38.1	10 313	11 800	+14.4
广宁右卫	1 981	1 868	-6.0	16 013	41 051	+156.4
广宁中卫	1 466	1 196	-22.6	5 497	3 933	-39.8
义州卫	3 621	3 645	+0.7	8 324	11 800	+41.8
广宁后屯卫	1 980	1 980	0	5 811	7 230	+24.4
广宁中屯卫	4 083	4 128	+1.1	14 602	4 520	-223.1
广宁右屯卫	957	1 020	+6.6	3 297	14 602	+342.9
广宁左屯卫	3 373	3 382	+0.3	7 412	7 412	0
广宁前屯卫	4 829	5 142	+6.5	12 193	2 967	-311.0
宁远卫	6 557	6 557	0	9 670	2 757	-250.7
沈阳中卫	6 691	6 695	+0.1	5 643	4 964	-13.7
铁岭卫	4 561	4 564	+0.1	9 260	7 304	-26.8
三万卫	1 276	1 276	0	7 487	7 487	0
辽海卫	1 418	1 418	0	8 455	8 455	0
合 计	87 879	106 332	+21.0	281 541	304 542	+8.2

资料来源：《辽东志》卷3《兵食志》；《全辽志》卷2《赋役志》。

实际上，《辽东志》和《全辽志》中关于军人数的记载也是有出入的。《辽东志》卷3《兵食志》在论述卫所兵员总数时提及辽东都司定辽左等25卫、2州户口275 155，马队额军52 282名，步队额军37 495名，招集军13 627名，屯田军18 603名，煎盐军1 174名，炒铁军1 548名。招集军不计，其他五类军人在分卫统计中皆已列入，合计为111 102人。若加上招集军则为124 729人。招集军人以外的五类军人总数与分卫统计数相差达2万—3万人之多。在《全辽志》卷2《兵政》中，辽东都司所辖25卫、2州招集马军70 318、步军37 495、屯军18 603、盐军1 174、铁军1 548，总数为129 138人。与《辽东志》对照，《全辽志》将招集军和马军合并，其人数比《辽东志》中的招集军和马军合起来的人数要多4 364人。其他各种兵员的人数与《辽东志》相同。

可见除招集军外,《辽东志》和《全辽志》中各类兵员数是相同的。据此我们可以作出这样一种判断,即分卫兵员数是一个变动很大的值,随军人逃离、死亡、脱籍或勾补的情况而发生变化,总值却比较稳定,两个年代几乎没有差距。由此可知这所谓的总值是以前辽东地区的额定兵员数。由于在补充了招集军之后,这一数值已经很接近标准兵员数,所以我们推测招集军外的兵额数是洪武以后某一年代的一个数值,与洪武年间兵员的差额即为招集军的人数。可以这样说,直到明代中期,辽东军政首脑也仍在努力恢复洪武的旧额,或以洪武旧额作为军卫建置的标准。由于各种社会原因,这一努力并未成功,但对于我们的研究来说,这一信息是有价值的,据此可知洪武时代的军额是按标准建置配置的。在洪武二十八年的辽东军卫中,约有军士约13万人,合家属约39万[1]。

《明太祖实录》卷179中记载洪武十九年十月,"辽东定辽等九卫官军吏胥,其屯军不支粮者万八千五十人,余四万七千四百五十人支粮五万五千四百石",合计有65 500名屯军。按照表7-1中的统计,洪武十九年十月时已设立的定辽等九卫共有46个千户所,包括以后从金州、复州和盖州3卫调入义州卫的5所。东宁卫虽然在这一年设立,但时间可能晚于十月,尽管如此,构成东宁卫的5个千户所却于洪武十三年时已经设立。至设东宁卫时,这5所改为4所。所以在洪武十九年十月时,辽东应有9卫,合计50或51个千户所。如以每千户所1 120人计算,应有兵力56 000人或57 120。所以,就洪武十九年的辽东卫所看,辽东军卫不仅不是缺额,而是超额。因为当时的辽东正处于军卫扩充的时代,即使洪武十九年以后,辽东卫所仍有较大幅度的增加,超额的部分以后均转入新设的卫所之中。辽东军卫出现缺额应是洪武末年的事。

辽海东宁分守道右参议张邦土在提到辽东军卫士卒的补充一事

---

[1]《明太祖实录》卷9,记载洪武七年秋七月,脱列伯于朔州等处召集旧部故元士卒1 360人,家属3 460人,一个军人带家属2.54人。附录一中数据截止于洪武二十六年,只有20个军卫,只有军人11.2万,合家属39.6万。如将时间截止于洪武二十八年,军卫23个,军人13万,合家属46万。本文以40万为准。另外,本文仍以户均3口作量军人家属的标准值。

时说:"照得洪武年间因辽东二十五卫军士不敷,故于天下十三省编发填实。间有逃者,递年造册送部,转行清勾。"[1] 张氏称洪武年间辽东有 25 卫并不准确,实际只有 24 卫。但所称勾补军士一事说明,对于辽东卫所的军卒缺额,中央政府并非不闻不问,而是组织谪戍者填补,对于其中的逃亡者,则组织力量予以清勾追补。所以说,洪武年间辽东军卫出现大量的缺额是不可想象的。

三 辽东军人的构成

这近 13 万军士中,大概包括了四个部分的人口,一是由土著转成的军人,二是征服辽东的明军战士,三是谪戍的充军罪犯,四是故元将士。故元将士构成了辽东军卫中一个很重要的部分。

1. 故元将士

上引资料中有元将刘益的部众,降明以后,留在辽东戍守,兵力约为一卫之数。另外一批大规模的故元士兵加入辽东地区卫所应当是洪武二十年(1387 年)八月纳哈出及其部下 20 余万人的降明。关于他们的投降和安置,《明太祖实录》中有如下记载:

> [洪武二十年]六月……纳哈出所部妻子将士凡十余万,在松花河北,闻纳哈出被伤,遂惊溃,余众欲来追(冯)胜。遣前降将观童往谕之,于是其众亦降,凡四万余。并得其各爱马[2] 所部二十余万人,羊、马、驴、驼辎重亘百余里。[3]

关于这批降民的安置,朱元璋是这样考虑的:

> 纳哈出入营,大事既定,惟在处置得宜。其本管将士,省令各照原地方居住,顺水草以便牧放,择膏腴之地以便屯种。如北平潮河川,大宁、全宁、口南、口北旧居之人立成卫分,与汉军杂处,若沈阳崖头间山,愿居者亦许与辽东军参住,从便耕牧。务令人

---

1 张邦土《条议》,《辽东志》卷 5《艺文·上》。
2 蒙古语 aimak 音译,意思是部落。见[日]和田清:《明代蒙古史论集》上册,商务印书馆 1984 年版,第 97 页。
3 《明太祖实录》卷 182。

心安乐,不致失所。[1]

朱元璋的意思有两层,其一,纳哈出的本管将士,即原属纳氏所辖的元军将士因其族原本为蒙古族,理当安置于草原游牧。而原居住于口之南北的人口,由于他们不是纳氏的本管将士,可能是纳氏掳掠北上的汉族或蒙古族农民或牧民,则应当加入卫所,在辽东戍守。这一安排由于信息传递的延误而有所改变。《明太祖实录》的记载这样说:

> (洪武二十年八月)乙卯,命左军都督金事耿忠于永平抚安降附达达酋长、军士,及给赐纳哈出妻子米五百石,达达将校军士男女四万四千一百七十九人,布十七万六千七百一十六匹,绵袄二万七千五百五十二领,皮裘五千三百五十三领,冬衣及色绢衣三万二千二百四十余袭。丙辰,遣使赍诏谕来降达曰:"……且闻尔等将人口、头匹而来,远涉道途,甚为艰辛。朕初命辽阳、海州、盖州、复州、金州、崖头(今辽阳市地)、大宁旧省口内之人,各照原所居住。不意文书到迟,总兵官将尔等往程迁远。若已入迁民镇,可留彼暂住;若未入口,到瑞州(今绥中县北)、间山(今锦州医巫闾山)左右,朕见命官运布一十七万匹给赐彼等,且就彼关领。"[2]

在朱元璋的命令到达之前,主持此事的官员已将这批降民南迁了。其中一部分已经迁入了迁民镇。迁民镇位于山海关内侧的永平府境。未入口内的降民在此命令到达之后则不可能再进入口内居住了。

这20万人口中一部分原是辽东和大宁一带的居民。在元军北遁时被掠而北迁,此时随元军的投降而南下。大宁在元代为大宁路,故称为大宁旧省。只是这里的"大宁旧省口内之人"一句很难理解,因为大宁路的辖境是在口外而不在口内。结合全部的文意以及上引资料来看,此处"口内"应为"口内外","外"字脱漏。朱元璋的命令本意是:此批降民照原籍居住。原居于口外的,不必入关。已入关的可以暂住,未入关的则在口外停下,等待安排。这一命令与上引其他几条资

---

[1] 《明太祖实录》卷182。
[2] 《明太祖实录》卷184。

料的意思也是一致的。

已入关的人口仅仅是暂住而已,很有可能在以后迁回关外老家。所以在有关永平府的移民论述时,没有把这批人口计算在内。原籍为口内土著的降民人数不多,也不必计算。按照上引第一条资料的记载,这次招降的元军人口至少有20多万,但从朱元璋所赐17万匹布料来看,似有夸大之嫌,应当为17万人左右。元军的族属主要为蒙古人,但在第三条资料中,由于有原居住于辽东半岛,尤其是辽东半岛南部的居民,可能其中有一些是汉人,只是具体的人数已经无法明了。

纳哈出部官员将校依上引资料约为4000余人,而按《明史·鞑靼传》的记载只有3300余人。关于他们的安置,《明太祖实录》卷185中有记载说:"纳哈出入见……毋怠其所部官属,悉赐衣服冠带有差,第其高下授以指挥千百户,俾各食其禄,而不任事,分隶云南、两广、福建各都司以处之。"明太祖安置这批蒙古人的做法很聪明,给他们官职,却不给他们权力,并且将其分散到南方边陲地区,这就排除了他们可能作乱或反抗朝廷的可能。由于是官员将校,以每家10口计,合计有4万人左右,所余部众还有13万左右。

按照我们在前面章节中的分析,蒙古军人入降的,多在边境安置,不作深入内徙。这次的安置也是如此,他们中的大多数被安置在辽东和大宁地区,部分充实此地的军卫,部分可能过着游牧的生活。

同月,朱元璋于大宁旧地置大宁卫。"九月分置左、右、中三卫,寻又置前、后二卫。"[1]《明太祖实录》洪武二十年八月条中称:"置大宁卫指挥使司,以将士有罪者往戍焉。"九月条下又有:"置大宁都指挥使司及大宁中、左、右三卫,会州、木榆、新城等卫悉隶之。以周兴、吴汧为都指挥使,调各卫兵二万一千七百八十余人,守其城。"据《明史·地理志》,会州、木榆和新城三卫都是洪武二十年九月设立的,所谓"隶之",实为设立。连同大宁前卫和后卫,这一段时间在大宁地区设立的军卫达到8个之多。周兴带来的各卫将士只够4个卫的配置,其余军士中的一部分可能为纳哈出的降民。此后,这一区域连续设立营州左、右、

---

1 《明史》卷40《地理志一》,北平行都司条。

中、前、后5个屯卫,而在与大宁毗邻的辽东西部地区,即医巫闾山地区,除义州卫外,从洪武二十三年至二十八年的几年中,连续设立了9个卫。其中有很大的一部分也应是纳哈出的部下。也就是说,原来洪武年间安置在大宁地区及医巫闾山地区游牧的纳哈出部下,至此可能已陆陆续续地被征集入伍了。如此,在辽东和大宁地区,故元将士加入明军卫所的大约可达8—9个卫之多,其中在辽东地区约有5个卫左右的兵力(包括刘益部众),与家属合计则有10万人口($5 \times 5\,600 \times 3.5$)。

从上引朱元璋的诏令中可以看出,这批所谓故元将士,也是当地的土著。对于辽东地区而言,《明史·兵志》所说"初太祖沿边设卫,惟土著兵及有罪谪戍者"中的土著实际上具有两个方面的意义,一是指当地的老百姓,一是指原居住于此后又加入元军的士卒。就数量而言,辽东的土著更多地是指后者。关于洪武以前辽东土著主要是蒙古人的观点,下面还有进一步的说明。

除这两次较大的蒙古军队的归降以外,历年还有招抚的故元军人被充实卫所,只是其人口无法估计。由于洪武年间建立的军伍,其军卒也在不断逃亡之中,所以以后招抚的军人充其量也不过是补充逃亡的军人而已。

2. 高丽和女直

除了东宁卫中的五所主要由高丽人和女真人组成以外,三万卫也主要由少数民族人口组成。据李鸿彬的研究,三万卫之名源于元代合兰水达达路下属的斡朵怜、胡里改和桃温三个军民万户府。三万卫分设于松花江和牡丹江会合处一带,至洪武初年,南徙至图们江、珲春河一带以及朝鲜境内的庆源、镜城、吉州和阿木河等地居住。洪武二十年的三万卫的卫治设于朝鲜境内。设卫时,"史家奴领步骑二千",前往朝鲜地面立卫。次年以粮饷难继,迁卫治于开原[1]。以2 000战士设卫显然太少,其余军士的来源主要应当是女直人。根据《三万卫选簿》的官员成分进行统计,在166名官员中,汉人70名,女直人91名,蒙古人5名[2]。当然这只是隆庆年间的统计,从洪武至隆庆,三万

---

[1] 《明太祖实录》卷189。
[2] 引自李鸿彬:《简论三万卫》,《社会科学战线》1990年第1期。

卫一直在招抚女直人和高丽人，因此洪武时代女直人的官员比例可能没有这么大，但无论如何，作为一个有如此多女直人居住的三万卫，其军士中的大半是女直人大概是没有什么问题的。该卫辖 8 所，估计其中约有 5 所兵力为女直人。其余士卒中还有谪戍的罪犯，三万卫是罪犯谪戍的一个重要场所。

3. 谪边罪犯

关于谪戍辽东的犯人，除了东宁卫的集中迁入外，其他卫所迁入人口无法估计。宣德年间人称"辽东军士，多以罪谪戍"[1]，可知以罪谪戍的人口的确不少。根据东宁卫的情况，我们假定洪武年间辽东地区迁入的谪戍犯人约为 2 万，恐怕也不是一个过高的估计。

这样，在洪武年间近 13 万军人当中，故元士卒约为 3 万，谪戍犯人约为 2 万，东宁卫、三万卫中至少有女直、高丽族士卒人口 1 万，而由当地的民籍百姓转为军卫战士的至少也应有 2 万。如此，从内地迁入的军籍人口约为 5 万。这可能就是上引资料中数万明军戍守辽东的真实含义了。

四　辽东土著

《辽东志》和《全辽志》中均有辽东各卫户口的记载，从表 7-2 中可以看出，大多数卫的口数在两志中的记载是不相同的。但是累计总数的差异却不是很大。再看人口总数与分卫人口数的差异，在《全辽志》中，"辽东都司定辽中等二十五卫，安乐、自在两州，招集、永宁监"共有户 96 441、口 381 496。而在分项统计中，除了表中所列的各卫人口外，安乐（今开原市北）、自在（今辽阳市）两州只有 1 853 人，招集军 14 027 人，永宁监 9 920 人，与军卫人口合计为 33 万，与总数相差达 5 万人之多。在《辽东志》中，人口总数仅为 27.5 万。由此可见，这些所谓的户口数绝不是实际的人口数，而仅仅是在册的赋役人口。

那么，洪武年间辽东地区的民籍人口到底有多少呢？在讨论这个问题之前，先要指出这里的"民籍"是一个很特殊的概念，它是指卫所

---

[1]《明宣宗实录》卷 107。

带管的"民籍"人口。原有的土著居民在撤销州县以后一部分转入军卫系统的军籍,成为卫所战士,另一部分虽然也归军卫系统管辖,但他们本身不是军人,也不是军籍系统中的"军余"或"舍丁"。表现在行政管理上,就出现军籍管理系统与民籍管理系统的混杂。证据之一,以学校为例,辽东各卫都设有卫学,军人子弟及"舍丁""军余"等军籍人口的子弟均就读于卫学。卫学之外,各卫还设有"社学"[1]。卫为军,社为民,社学即民籍人口就读的学校。这说明各卫均有一批不属于军籍的人口。以后在宣府镇和宁夏也发现过同样的社学[2]。证据之二,辽东各卫设置管理民籍的行政官员,如设置吏、户、礼、兵、刑、工六房,也称六科。各房配有令吏、令典、典吏等1—2人或3—5人不等。卫之较小者,则或并吏、户、礼为一房,或并兵、刑、工为一房,或并兵、刑为一房[3]。它们所管理的就是各卫所辖的民籍人口。在纯粹的边卫地区中仍然有民籍人口,这在西北地区也有所见,辽东并非孤例。

《辽东志》卷1《地理·风俗》中称:"国家再造寰区,始以四方之民来实兹土,未几悉更郡县以为军卫,华人十七,高丽、土著、归附女直野人十三。"这里说的是明代中期的情形。因明初以来不断有女直人和高丽等少数民族人口前来投附,可能他们的比例较之明初已有所增加,但由于他们大多数被安置在三万卫等北部卫所及安乐、自在两州,所增最多为万人左右。最让人纳闷的还是这一有关人口的比例中,未见到关于蒙古人的叙述。结合上引《明太祖实录》中的有关记载,看来故元将士大多是作为原居于此的土著来看待的。《明太祖实录》卷181在洪武二十年三月条下还记载了一件事,从中同样可知辽东的土著中有大量的蒙古人。记载说:"至是高丽因送所市马,遂以辽沈流民奈朵里不歹等户四十五,口三百五十八来归。"奈朵里不歹是蒙古人姓氏,元末逃往朝鲜,至此被朝鲜当局解送回国。他们在朝鲜作为流民,在辽东则应作为土著。如是,这批投降的故元士卒被列入了土著之

---

1 《辽东志》卷2《建置》。
2 《古今图书集成》卷159《宣化府部》佚名文《增置宣府镇城社学记》记载了嘉靖三十八年(1559年)在宣府镇城设立社学一事。由于未见宣府镇属卫中设立社学,估计宣府镇的民籍人口仅集中于宣府镇城中,并不像辽东民籍多且分布广泛。
3 《明代辽东档案汇编》上册《职官》部分的有关文件。

列。由于"华人"是单列的,所以,故元军队中的汉人就不会被列入土著之中。从《明太祖实录》中的一系列记载来看,故元军队中的汉人可能不多。另外,由于这里的"土著"一词具有专指性,所以,洪武年间所撤辽东州县中的汉人就不被计入土著之中。

如上述,故元士卒加入辽东军卫的约为3万人左右。其中的汉军姑且不析出,合家属可能达到10万人口。这批被称为"土著"的元军士卒和他们的家属应视作上引资料中"高丽、土著、归附女直野人"三类人口中的主体,即土著占全体人口的20%,其他二类人口合占10%,则辽东地区的总人口就有50万。在洪武年间,已知军卫人口约为13万,合家属当为40万人口。若辽东地区的总人口为50万,则有10万为非军卫人口,也就是当年由州县民籍转为军卫带管的人口。从军卫人口与所带管的民籍人口的比例来看,这一估计是合乎情理的。

如果说辽东的蒙古人约有10万之数,根据明代中期的比例,女直人和高丽人仅有5万人口,而回溯至洪武时期,女直和高丽人仅为4万左右。这和我们在前面所分析的约有万名女直士卒居住在三万及东宁两卫是一致的。一万名女直士卒合计家属有3万余人。在女直和高丽人口中,女直人要大大多于高丽人。如在三万卫中,有大量的女直籍军官,却没有高丽籍军官,可见高丽族人口的稀少。

五　北平行都司

在上述安置纳哈出17万人口的同时,即洪武二十年八月,明政府设立了大宁卫,治所位于今内蒙古赤峰市宁城县。大宁卫的设立与安置纳哈出部是同时的,那么,朱元璋所说关于将纳哈出部的蒙古人编入卫所,与汉人杂处是否意味着将部分蒙古人编入了大宁卫呢?

回答是肯定的。就在大宁卫建立的第二个月,将大宁卫分置左、中、右三卫,不久又置前后二卫。所谓的分置,无非是由于大宁卫兵员过多,或者是由于这一区域存在着大量可以补充军卫的人口,所以将一卫分置而成四卫。一个卫在设置的第二个月即分而为四,不能说是设卫时政府的考虑欠周,而是纳哈出部的大量降兵,事实上给这一区域带来了大量兵员。按照朱元璋的指示,这批降民又必须安置在卫所之中,并与汉人杂处之,所以分立时增加的三卫兵员,就应该是故元降兵了。只是降兵不可能单独组成三卫,而是混于四卫之中。即便如此,故元降民也过于集中了,因而以后大量增设军卫,将蒙古人稀释。

也就在这个月,置大宁都指挥使司,会州、木榆、新城等卫悉隶之[1]。次年改为北平行都司。北平行都司的军卫逐年增加,至建文四年(1402年),大宁卫附近驻扎着营州前、后、右、中屯卫,并与会州、木榆和新城及大宁各卫构成一个军卫的密集分布区。在北平行都司的西部,"李文忠等取元上都,设开平卫及兴和等千户所"[2],又设兴州五卫,据朱元璋上引诏书,这一区域是安置纳哈出的降兵的区域,大量军卫的设立显然与安置纳哈出部有密切的关系。洪武年间北平行都司辖卫达到了25—26个之多,另加几个千户所,总兵力有15万。

从移民的角度考察,洪武年间北平行都司的军人和他们的家属中,约有15%是当地的土著,他们就是纳哈出部所辖的蒙古士兵和他们的家属。其他的军人及其家属在口外驻扎的时间也相当短。永乐元年(1403年)北平行都司改名大宁都司后南撤,大宁都司侨治于保定府,辖卫或撤或内迁。由于定居时间太短,并未构成本书定义的移民。反过来说,口外军人内迁并定居于口内,对于他们定居的顺天、保定等府来说,倒是一场真正意义上的移民运动,这在以后的章节中会有论述,此不赘言。

第二节

山西行都司

洪武年间设立的山西行都司辖境包括今山西北部、内蒙古部分

---

1 《明太祖实录》卷185。
2 《明史·兵志三》。

地区和今河北张家口地区。宣德五年（1430年）分山西行都司之河北所辖立万全都司，治所在宣府卫（今张家口市宣化区）。在论述中，我们将其分为万全地区（又称宣府地区）和大同地区两个部分来进行。

一　宣府地区

根据《明史·地理志》和《明史·兵志》的记载，万全都司的辖卫设置情况如表7-3所示。

表7-3　万全都司卫所设置的年代及其归属

卫　　所	设置年代	变动情况	原　归　属
宣府左卫	洪武二十六年	曾徙治保定	山西行都司
宣府右卫	洪武二十六年	曾徙治定州	山西行都司
宣府前卫	洪武二十六年		山西行都司
万全左卫	洪武二十六年	曾徙治蔚州、通州	山西行都司
万全右卫	洪武二十六年	曾徙治蔚州、通州	山西行都司
怀安卫	洪武二十六年		山西行都司
延庆左卫	永乐二年		北平行都司
延庆右卫	永乐二年		北平行都司
保安卫	永乐二年		
保安右卫	永乐十五年	后军都督府	
怀来卫	永乐十五年	后军都督府	
开平卫	洪武二年	宣德五年从开平迁入	北平行都司
兴和所	洪武三十年	永乐二十年从兴和入	北平行都司
龙门卫	宣德六年		
龙门所	宣德六年		
美裕所	永乐十二年		
蔚州卫、永宁卫、广昌所、四海所、长安所、云川所情况不明			

资料来源：《明史·地理志》《明史·兵志》。

说　明：关于宣府前、左、右三卫，万全左、右二卫和怀安卫的原归属，《古今图书集成》卷164《宣化府部·纪事三》中说是原属北平都司，与《明史·地理志》的记载不同。

在万全都司的 15 卫 7 所中，有 7 卫 1 所是洪武年间的建置，另有 2 卫设置年代和归属不详。洪武时代的 7 卫中只有开平卫不驻在宣府地区，即使认为蔚州卫和永宁卫在洪武时代都是驻在万全地区的，合计也只有 8 卫兵力。但据《明史》卷 91《兵志三》，"洪武时，宣府屯守官军殆十万"。嘉靖时人指出宣抚镇原额官军 126 329 员名，今存籍仅有 90 504 名，嘉靖二十四年（1545 年）给事中李文进等查盘册开实在官军 77 848 员名，嘉靖二十一年等年招募新军 8 599 名，通共 84 447 员名[1]。这一记载中的原额达到了 12.6 万人，是洪武以后增设卫所的结果。它又反过来说明洪武年间万全的十万军额是确实的。从后面所论述的陕西都司延绥卫兵力达到 2.2 万这一事实来看，在万全地区出现超出常规兵力配置的军卫也是能够接受的。明中期以后，宣府的官军数额呈历年减少的趋势，这与其他边镇官军的递减如出一辙。到嘉靖二十四年，宣府的军卫士卒数已由足额或超额转为不足额了。

因此我们判定洪武时期万全地区的官军人数大约为 10 万，与家属合计应为 30 万人口。洪武年间，这一区域的土著人口大多南迁，但依辽东以及西北之例，一定有相当一批土著人口被征入军伍。假定其中半数为土著，则外来的军人与家属合计有人口约 15 万。

由于万全地区的军卫人口超常配置，所以不能以此人口数作为推算其辖民籍人口的基数。若以正常的 6 卫兵力计，应有 3.4 万军人，合家属不过 10 万余人。若带管的民籍人口如辽东地区一样为总人口的 20%，则有 2.5 万人口。

万全都司的大部分军卫辖境没有民州、民县，只有蔚州卫、延庆左卫、永宁卫和保安卫设立于本州县，即与州县同治，其辖区也就与州县犬牙交错。这四个州县处于万全都司辖境的南界，构成对其北部纯粹边卫的一个支撑。

二 大同地区

洪武四年（1371 年），明政府在山西北部设立大同都司，四年以后

---

[1] 潘潢：《议勘宣府新军疏》，《明经世文编》卷 197。

更名为山西行指挥使司。初治于白羊城,洪武二十五年徙治大同府。

大同军卫所处与辽东都司和大宁都司不同,而与万全卫所相似。在辽东、大宁辖境中,基本上没有民州、民县,是较为纯粹的军事区域,万全地区的南部则有军卫与州县同治,构成与北部纯粹军卫不同的地理分野。大同军卫与州县的关系比万全地区更甚,其都司驻地设于大同府城,与民府共治,军卫与民州、民县的辖境呈犬牙交错之状态。表7-4显示了大同地区各卫所的设置与治所的情况。

表7-4 山西行都司大同地区卫所的设置与变化

卫 所	设置时间	治 所	撤州县	变 动 情 况
大同前卫	洪武七年	大同		
大同后卫	洪武二十五年	大同		
大同中卫	洪武二十五年	大同		
大同左卫	洪武二十五年	由大同旧镇朔城		
大同右卫	洪武二十五年	由大同迁旧定边卫城		
镇朔卫	洪武二十六年			永乐元年迁北直蓟州
定边卫	洪武二十六年			永乐元年迁北直通州
阳和卫		阳和卫城	白登县	
天成卫		天成卫城	天成县	
威远卫	正统三年	威远		
平房卫	成化十七年	平房	平地县	
云川卫	洪武二十六年	由云川卫城迁旧镇朔卫城		永乐元年迁北直隶,宣德元年迁还
玉林卫	洪武二十六年	由玉林卫城迁旧定边卫城		永乐元年迁北直隶,宣德元年迁还
镇房卫	洪武二十六年	由镇房卫城迁天成卫城		永乐元年迁北直隶,宣德元年迁还
高山卫	洪武二十六年	由高山卫迁阳和卫城		永乐元年迁北直隶,宣德元年迁还
宣德卫	洪武中		宣宁县	后废
东胜卫	洪武四年	今托克托	东胜州	
东胜左卫	洪武二十五年	由东胜卫中分出		永乐元年迁北直卢龙

续 表

卫 所	设置时间	治 所	撤州县	变动情况
东胜右卫	洪武二十五年	由东胜卫中分出		永乐元年迁北直遵化
东胜中、前后三卫	洪武二十五年	由东胜卫中分出		洪武二十六年废
朔州卫		朔州		
安东中屯卫		应州城		
宣府左、右卫和怀安五卫			改属万全都司	

资料来源:《明史·地理志》。

从表7-4中可见,大同地区的卫所中,除大同诸卫外,还有朔州卫和安东中屯卫与民州、民县同治。但是,如果我们对这一区域的州县与卫所的分布作一仔细分析,就会发现,卫所与民州、民县的分布仍然呈现相互分离的势态。大部分的民县分布在桑干河的两岸,尤其以河之南岸为多。换言之,民州、民县主要分布在这一区域的东南部。而军卫则分布在桑干河以北,也就是这一区域的北部和西北部。尤其是在西北方向,军卫的分布已经深入到长城以北今呼和浩特市以南的地方。如果我们仅仅考察洪武年间的军卫分布,大同诸卫与民州、民县的地域分野是非常清楚的。军卫密集地驻扎于桑干河以北的长城沿线以及远伸于西北部的长城之外,这一地区的民州、民县大部被撤,是相当纯粹的军事区域;桑干河以南几乎没有军卫的驻扎。从这个意义上说,山西行都司的大同部分与辽东都司和北平行都司的辖卫相似,具有边卫的典型特性。

大同境内除驻有山西行都司所辖卫所外,还有其他卫所介入。如洪武二十八年一月,敕发河南都指挥使司属卫官军34 000余人往塞北筑城屯田;同月,又敕发山西都指挥使司属卫官军26 600人往塞北筑城屯田[1]。具体地点不详。只是这类屯田,一般不会带家属前往,且有轮调的性质,似乎不具备本书中所定义的移民特征。

---

1 《明太祖实录》卷236。

关于洪武年间大同地区军卫的数量，《明史·地理志》称"（洪武）二十六年二月领卫二十六，后领卫十四"。从表7-4中的统计中已经找不到洪武年间的26个军卫，这是由于有些军卫的建立和撤销已无踪迹可寻。如《明太祖实录》卷231中提到的大同慰朔卫、雁门卫在《明史·地理志》和《明史·兵志》中就没有记载，这两个卫是怎样撤销的，并不清楚。从本书关于移民的定义来考察，这类旋立旋撤的军卫是可以不予考虑的。

元代设于大同北部的若干州、县被撤之后，原来的土著居民哪里去了呢？据《明史·太祖本纪》，洪武二十五年八月，"命冯胜、傅友德等分行山西，籍民为军，屯田于大同、东胜，立十六卫"。可见有一大批边地民人被籍入军卫。这与《明史·兵志》所说的"初，太祖沿边设卫，惟土著兵及有罪谪戍者"相互印证。其他民籍人口则可能成为卫所带管的人口。

洪武二十六年大同府每县人口平均仅为1.3万[1]。根据《明史·地理志》，洪武年间在大同北部设立军卫之时，共撤销了白登、天成、平地和宣宁4县，假定每县平均人口也是1.3万人，就有民籍人口5.2万余。若其中2万人籍入军卫，被军卫带管的民籍人口只有3.2万左右。如果洪武年间大同地区的民籍人口和辽东一样，也占总人口的20%的话，则这一区域有民籍人口约6.3万。大同县与大同诸卫同治，其所辖民籍人口不应由卫所带管，所以大同县的3.7万人口应予扣除，由卫所带管的民籍人口约为2.6万。两种估算结果相近。

由于人口不多，于是就有裁撤大同州县的议论。正统十四年（1449年）朱鉴在一篇上疏中对大同军卫长官欲罢并大同州县一事表示了不同的看法，他说："看得大同为京师之羽翼，马邑等县又为大同之羽翼。若并去马邑等县，是自折其羽翼也。倘或人去城存，被贼所据，绝其粮道，而大同、应、朔，岂能固守乎？迩者达贼犯边，不敢久停于此，因见大同州县数多，各处城中人马尚存，诚恐出兵夹击，以故不敢久留。"[2]以此说明马邑、浑源等大同州县对于军卫及边防的重要

---

[1] 万历《山西通志》卷9。
[2] 朱鉴：《请罢归并州县疏略》，《明经世文编》卷35。

性。的确,大同的情况与辽东和北平行都司一带有所不同。在大同,卫所与州县的相对分离造成了战略上的呼应之势,密集的州县犹如屯堡,可以和军卫互为犄角,互相声援,有利于边防的巩固。从这一事件中可知,大同地区军卫的力量超过了州县,以至于军卫长官敢于提出裁撤州县的要求。

根据表 7-4,洪武年间大同地区稳定的军卫共有 15 个,按照标准建置应有 8.4 万士卒。文献资料中记载的数字与此相符[1]。与家属合计,应有人口 25.2 万。洪武以后,虽有军卫调出,但也有新的军卫建立,因此,山西行都司的总兵力并未因此而减少。假设军人之半数为大同地区或山西其他地区的土著转来,则属于移民的军人及家属约为 12 万—13 万人。

附论山西都司。山西都司有 7 卫 5 所,共有兵员 4.5 万人,合家属约有 13.4 万人。洪武二十五年(1392 年),冯胜曾籍太原、平阳民为军,立卫屯田[2],可知山西都司的军人有相当一部分来自当地的土著。

第三节

陕西都司和陕西行都司

一 陕西都司

陕西都司比较复杂,所辖军卫部分属于边卫,部分属于内地卫所。内地卫所与州县犬牙交错,而边卫则孤悬边地,不设州县。

---

1 杨俊民:《边饷渐增供亿难继酌长策以图治安疏》,《明经世文编》卷 389。
2 《明史》卷 129《冯胜传》。

1. 宁夏诸卫

陕西都司的边境军卫中最引人注目的是宁夏诸卫。王越说："宁夏，即古朔方地。……元置行省，国初弃其地，徙其民于陕西。洪武九年，立宁夏等五卫。"[1]但据《明史·地理志》，洪武三年（1370年）曾设宁夏府，两年以后才撤销；宁夏土著的内撤应在此后。

明代中期的记载中有在宁夏招募土兵一事，弘治十一年（1498年）四月，"兵部复奏：请行巡抚都御史于庆阳、延安二府并绥德、延安、榆林、宁夏中等卫地方招募壮勇，宁夏、榆林各三千名，给之甲马器仗，有愿充正军者，编入卫所，役止终身。从之"[2]。说明在宁夏地面仍然有一定数量的民籍人口的存在。关于这批土著人口的来源，弘治《宁夏新志》卷2在论述灵州守御千户所时曾提及："洪武三年徙其民于关内，十七年以故城为河水崩陷，惟遗西南一角，于故城北七里筑城。编集原遗土民及他郡工役民夫之忘归者为瓦渠、枣园、苜蓿、板桥四里，属宁夏卫经历司。又以来王土夷四百有奇兼调宁夏前卫宋德等六百户共为之十百户，置守御千户所，直属陕西都司。"可见宁夏地方在民人内撤之后仍有少数人口留在当地，他们和以后服工役留下的民夫一道构成当地土著人口的主体。虽然境外归附的土达被编入了卫所，但仍有被编为民籍的。弘治十四年（1501年）刘宪、王质两人分往延绥、宁夏、陕西、甘凉四镇招募土兵，"所募兵不限汉、土、番、夷"[3]，土指土达，番指藏族，夷指回民。结果是"延绥得一万三百七十六人，宁夏得一万一千人"[4]。可见明代中期宁夏的土民已有相当的数量。

这批土民的相当一部分可能是境外的归附者。《明太祖实录》记洪武四年七月（1371年），"故元甘肃行省平章阿寒柏等至京师。先是，阿寒柏等官属兵民来降，陕西守臣以闻，诏阿寒柏与其官属四十四人入朝，其兵民留居宁夏"[5]。从其官员的人数来看，这次留在宁夏的

---

1 王越：《屯御疏》，《明经世文编》卷69。
2 《明孝宗实录》卷136。
3 《明孝宗实录》卷180。
4 《明孝宗实录》卷187。
5 《明太祖实录》卷67。

降民不会太少,只是不知具体数字。

永乐年间,由于朱棣的数次亲征蒙古,使得草原上来的归附者又多了起来。永乐元年二月,鞑官伯帖木儿等率家属自塔滩来归,安置于宁夏[1]。七年六月,朱棣遣使赴宁夏赏赐内附的北元国公阿滩卜及其所部军民。人数不详,但恐不在少数[2]。至七月时,鞑靼丞相咎卜等"各率所部来归,至宁夏,众三万,牛羊驼马十余万",朱棣派人予以赏赐[3]。这两次内附的达人可能总数达到4万人之多,以后再也没有成规模的了。

再论宁夏的军卫。上引王越所说的"洪武九年,立宁夏等五卫"一事在其他文献中也有记载。《明史·地理志》中的记载是这样的:

(1) 宁夏卫,建于洪武二十六年(1393年)七月,两年以后又撤销,永乐元年复置。

(2) 宁夏前卫,洪武十七年置。

(3) 宁夏左屯卫和宁夏右屯卫,洪武二十五年置,后废,建文四年(1402年)复置。

(4) 宁夏中卫,永乐元年置。

(5) 宁夏后卫,成化十五年(1479年)置花马池千户所,正德六年(1511年)改卫。

可见在《明史·地理志》中并没有建立于洪武九年的宁夏军卫。依该书的记载,洪武二十六年以前的宁夏地方没有军卫驻扎。这让人难以相信,因为洪武三年撤销宁夏府实际上就意味着土著的内撤,否则在撤府之后对百姓无法进行管理。

据《明史·兵志》,洪武二十六年(1393年),陕西都司中只见宁夏中卫和宁夏中护卫两卫;到以后定天下卫所时,旧卫中有宁夏卫、宁夏中护卫和宁夏前卫三个卫,后添的则有宁夏中卫、宁夏中屯卫、宁夏左卫、宁夏右屯卫和宁夏后卫。以宁夏命名的军卫达到8个之多,其中宁夏中护卫和宁夏中屯卫不见于《明史·地理志》的记载。

1 《明太宗实录》卷17。
2 《明太宗实录》卷93。
3 《明太宗实录》卷94。

《明太祖实录》洪武十一年四月条下所载"宁夏卫地震",与王越所说的洪武九年立宁夏卫一事颇合。洪武二十五年二月条下有"置宁夏左屯、右屯、中屯三卫"。洪武二十八年二月条下又有"置宁夏卫及前、左、中屯四卫"。在《明太宗实录》中,洪武三十五年十二月条下有"设宁夏左、右、中、前四屯卫",永乐元年正月条下有"改宁夏左护卫为宁夏卫,宁夏右护卫为宁夏中卫",而这两卫究竟是什么时候设置的,则不详。

由此可知,明代初年宁夏的军卫设置过程相当复杂,其中有多次撤卫和复卫、卫名变更等。洪武以后,又有新的军卫增设于此,但总的来说,洪武年间宁夏大致有4卫兵力,所以至成化年间,倪岳说:"宁夏之兵,至二万三千,而骑兵精勇者,仅六千人。"[1] 按标准配置,这些兵员确实只够充实4卫兵力。弘治十一年(1498年)四月,"协守宁夏副总兵都指挥使张安奏:宁夏等四卫原额旗军二万四千名,今逸其半,战守乏人,乞募敢勇以实行伍"[2],与倪岳所说基本相符。

按标准配置计算,宁夏的2.3万军人与家属合计为6.9万人。因无土著成为军人的记载,故认为这些军人和家属都是移民,可能有些军人来自陕西地区。设总人口中有20%的人口为军卫带管的土著民籍人口,就有人口1.7万[3]。这批人口除了安置在灵州的外,可能还有安置在其他地区的。

弘治《宁夏新志》卷1中记载宁夏有户41 474,口74 000。在卷3灵州条下记载:"军户口,具总镇。民户一千三百三十一,口一万一百四。"将民户与军户作了严格的区分。同卷又记载宁夏后卫有户3 180,口6 890,宁夏中卫有户6 280,口11 080。加上未有记载的宁夏其他几卫的户口,民籍户数难以达到4万之数。可见,卷1中记载的户数可能为军籍和民籍的混合。只是户口比如此之小,其含义并不清楚。大体说来,弘治年间宁夏各卫所辖民户可能已达2万左右,较洪

---

1 倪岳《论西北备边事宜疏》,《明经世文编》卷77。
2 《明孝宗实录》卷136。
3 设军卫带管土著民籍人口为 x,则有下式:$(6.9+x) \times 0.2 = x$,$x = 1.7$(万)。此式可简写为 $6.9 \times 0.2/0.8$。

武时期已有较大的增加。联想到永乐年间境外人口的大规模归附,对于民户的大量增加是不感到奇怪的。

2. 绥德卫

绥德卫设于洪武年间,地处今绥德县地,周围为一批民州、民县所包围,属于内地卫所的性质,却因临边,颇具边卫的特征。杨一清说:"绥德独以一面之险,遮千余里之冲,昔人谓之可守不可弃者。"又说:"绥德编氓,多散居乡落,城中居民,不数十户,比屋连巷,俱是卫所丁籍。"[1]以后从绥德卫中分析出榆林卫来,绥德卫城因此而迁往榆林,成为一个完完全全的边卫了。

王越说:"洪武二年定陕西,孔兴北遁,设绥德卫,屯兵数万守之,拨绥德卫千户刘宠屯治榆林。正统中,命都督王祯镇守延绥,始议筑榆林城及沿边十八寨,移镇于彼。成化七年(1471年)置榆林卫。"[2]榆林卫(治今榆林市)就是由千户所发展而来的。问题在于按照王越所说,绥德卫的兵力竟达数万之众,在明代的军卫中,的确是罕见的。

"数万"屯兵到底是多少呢?倪岳称"若今延绥之兵二万二千"[3],大概是洪武年间的军人数。至明代中后期,随着此线防务的加强,军人数量有增加的趋势。倪岳说:"往者因其战守不足,复调甘州之兵一万六千,兰县之兵五千六百,以戍延绥;复调庄浪之兵三千,凉州之兵三千,以戍宁夏。"来自甘州和兰县的兵力可能属于"客兵",很难肯定这批军士列入了延绥镇军卫名册。按照《明史·兵志三》的记载,正统年间榆林城筑成以后,"岁调延安、绥德、庆阳三卫军分戍"。延安和庆阳二卫的军士也可能属于"客兵"之列,因为他们是岁调而往的,具有轮调的性质。到明代后期,杨俊民称延绥镇主兵官军共36 230员名[4],较倪岳时代增加了60%。

延绥镇军人的增加,可能与榆林卫设立以后的防务有关。"成化元年(1465年)延绥总兵官张杰言'延庆等境广袤千里,所辖二十五营

---

1 杨一清:《论绥德卫迁改榆林城事宜状》,《明经世文编》卷118。
2 王越:《屯御疏》,《明经世文编》卷69。
3 倪岳:《论西北备边事宜疏》,《明经世文编》卷77。
4 杨俊民:《边饷渐增供亿难继酌长策以图治安疏》,《明经世文编》卷389。

堡,每处仅一二百人,难以应敌,宜选精锐九千为六哨,分屯府谷、神木两县,龙州、榆林两城,高家、安边二堡,庶缓急有备。"[1] 王崇古也指出兵力的不足,并提出兵员补充的方案如下:

> 题行户部将延庆二府属各州县抽取免粮土兵军各不等,原议各州县民户,有每粮二十石者,免其纳粮当差,抽土兵军一名,分发各堡,协同该镇老家兵马防守,所免粮银,充供军之需。每营堡每州县多者三五百名,少者一二百名,一时营伍充实,军民相安。后因近边开种赖字号屯田,每上军一名,再抽户丁二名屯种,领地一分,纳粮六石。至嘉靖三十二年(1553年),又因该镇挑选入卫兵多,地方空虚,督抚诸臣,议于各土兵户内再抽军一名,各堡防守,是原兵一名,累抽至三四名矣。[2]

以每营堡平均补充 300 名土兵计,共补充土兵 7 500 人。后因屯田事及土兵被挑选入卫,又补充了 3—4 倍的土兵,土兵人数共达 2.6 万人左右。假若以后仍有土兵被调入卫所的话,延绥镇的兵力就会大大增加。这可能是延绥镇军卫兵力大大多于常规军卫的原因之一。

上引文中还有"协同该镇老家兵马防守"一句颇令人注意。所谓"该镇老家兵马"应是指洪武年间建立军卫时从当地招募的土著。这说明洪武年间绥德卫的军人有相当一部分是从当地土著中征集的,和大同地方相似。所以在《明太祖实录》卷 115 中记载洪武十年(1377年)陕西延安、庆阳两卫,因"今军士有客居、土著之名"[3] 而待遇不同,朱元璋下令纠正。可见陕西地方的土著充军卫所是洪武初年的事。再如洪武七年"长兴侯耿炳文言:'巩昌、庆阳、平凉三卫土著头目石抹、仲荣等三十九人随征甘肃等处有功,请授以职。'从之"[4]。可见绥德卫军人中有相当一部分是从当地土著中招募的。以土著兵占全体兵员的半数计之,则当地的军籍移民约为 3.3 万。

作为绥德卫辖所的榆林千户所远离卫治,孤守千里边境线,推想

---

1 《明史》卷 67《兵志三》。
2 王崇古:《陕西四镇军务事宜疏》,《明经世文编》卷 319。
3 《明史》卷 67《兵志三》。
4 《明太祖实录》卷 87。

其军人的数量不会仅仅是一个千户所的配置。对于洪武年间绥德卫这样一个具有2.2万兵力的超级军卫来说,在榆林地区布置一个标准卫的兵力是可能的。

洪武年间这里的土著民籍人口应属延安府和庆阳府管辖。

3. 洮州卫、岷州卫与河州卫[1]

陕西都卫所辖的边卫还有洮州卫(治今甘肃临潭县东新城)和岷州卫(治今甘肃岷县),均设置于西南部,即今甘肃境内。虽然与陕西行都司相隔临洮府(治今甘肃临夏市),但临洮府位于吐蕃人居住区,是一种特殊的边府,基本无辖县,类似洪武时期在贵州少数民族地区所设的一些府。因此,从地理上讲,洮州卫和岷州卫以及驻于临洮府的河州卫可以说是和陕西行都司的边卫连成一线的。

元代对这一区域的统治主要是通过任命当地的少数民族首领来实现的。这些元代受封的少数民族首领,由于世居于此,且多为世袭,成为统领当地各少数民族部落的土官。元朝派往这一地区的官吏,由于长期生活于此,实际上也成为土官。如河州的何锁普南、岷州的后朵儿只以及以后属于陕西行都司的西宁卫地方的朵儿只失结、李南哥等。洪武四年(1371年)河州卫设立以后,明朝"以何锁南普为河州卫指挥同知,朵尔只,汪家奴为佥事。……仍令何锁普南子孙世袭其职"[2]。采取的似乎是和元代同样的管理办法,只是卫所的主要权力仍在明廷派出的官员手中。由此可见这几个卫所中,由元朝军队转来者当有不少。这所谓的元朝军队,实际上也就是当地的土著。

这三卫有兵力约1.7万人,合家属则为5.1万人口。然而,除了这些正规的军卫人口外,这一区域也有一批土兵。宣德元年(1426年),"镇守河州右军都督佥事刘昭言:'奉敕选平凉、临洮、巩昌、洮、岷、河州等卫府土军、土民如法训练以备用。缘土民素事耕稼,不习武艺,且敢勇者少,未见可用,请散遣归农,止以土军训练备用。'上曰:'古人寓兵于农,训练有时,但今边围无事,姑从之。'"[3]可见在刘昭选

---

[1] 在附录一中,河州卫人口在临洮府项下计算。
[2] 《明太祖实录》卷60。
[3] 《明宣宗实录》卷18。

练土军土民之前,土军即已存在。既然要将土军和土民一并训练,说明土军也不是卫所的正规军队。天顺元年(1457年)八月,户部尚书沈固奏:"沿边民丁多者宜选三丁朋当土兵一名,卫所带管,二丁供给。"明英宗认为此建议很好,指示说:"不分军、民、舍、余人等,有愿与朝廷效力者许其自报,收附近边卫寄管,令作土兵名色,赏银一两,给与鞍马器械,秋冬操练,支与口粮;春夏务农住支。……如有事故,不许勾补。军还为军,民还为民,粮差照旧。后有长成壮丁照例告报。有功者一体升赏。"[1]道明了土军的民兵性质。由于明代中期的土兵并非正式的卫所战士,所以在没有战事时,他们仍要务农以为生计。

尽管卫所军官往往将土兵转为正式的卫所军人,但这一做法遭到了批评。江宪指出:"弘治间曾行招募,颇得其用,后因官籍为兵,人不乐从。今宜谕以就募,有功者优赏,事宁之日,欲自便者听。"[2]"欲自便者听"意味着土兵在无战事时可为兵,也可为民。蔡汝楠在谈到大同镇招募土军时也说:"不可令勾补破其家,不可令役使妨其业,不可令入籍世其军。"[3]在一般情况下,我们并不认为这些边卫的军人中含有大量的土兵成分。这也就是说,尽管明初军卫设立之初,有相当多的土著被征集入伍,但在明代中期,土著却不怎么容易被征为正式的卫所军人了。明代中期西北边卫的土兵实质上是民兵。

至于陕西都司的靖虏卫,正统二年(1437年)以故会州地置,也成为明代的边卫之一。因不涉及洪武时期,此不详论。

岷州一带也有土著民人。宣德初年,"谕行在户部尚书夏原吉曰:'岷州临边疆,其土民旧令卫所带管者,盖欲使得安业。'……"[4]由于我们不知当地土著在总人口中的比例,只能根据辽东的情况作一类比,若带管民籍人口占总人口的20%,则有1.3万人口。

根据《明史·兵志》记载,陕西都司中至少还有16卫并不属于本章所说的边卫。合计应有9万兵员,合家属为27万人口。陕西在明

---

1 《明英宗实录》卷281。
2 王宪:《防御十事疏》,《明经世文编》卷99。
3 蔡汝楠:《摅愚个言边情赞修攘以光神武事疏》,《明经世文编》卷314。
4 《明宣宗实录》卷5。

代初年属于人口密集的省份,其卫所战士的主要来源可能为当地的土著,不属移民范围。

二 陕西行都司

洪武七年(1374年),明政府在河州卫设立了西安行都司,次年,改名为陕西行都司。洪武十二年将治所迁于庄浪卫城,洪武二十六年又西迁于甘州,即今甘肃张掖地。

陕西行都司所辖有12卫4所,各卫所建立的时间及其他情况见表7-5。

表7-5 陕西行都司所属卫所的设置

卫 所	设置年代	变动情况	卫 所	设置年代	变动情况
甘州左卫	洪武二十三年	洪武二十七年罢次年复置	甘州右卫	洪武二十五年	
甘州中卫	洪武二十五年		甘州前卫	洪武二十九年	
甘州后卫	洪武二十九年		肃州卫	洪武二十七年	
山丹卫	洪武二十三年		永昌卫	洪武十五年	
凉州卫	洪武九年		镇番卫	洪武中	原名临河卫
庄浪卫	洪武五年		西宁卫	洪武六年	
碾伯所	洪武十一年	本为卫,后废	镇夷所	洪武三十年	
古浪所	正统三年		高台所	景泰七年	

资料来源:《明史·地理志》。

最先在这一区域所置的军卫为东部诸卫,洪武后期才在河西走廊的西部设置一批军卫,表明明帝国的直接统治已达到嘉峪关下。再向西或向南就是明廷的羁縻卫所,著名的哈密卫就位于嘉峪关外。

关于军卫人口的由来,除了当地征募的土著以及故元降附的士卒外,随军征战的明军战士当占很大的比重。崔永红曾从史料中考察过这批人口的原籍[1]。如曾任西宁卫指挥佥事的魏寰,本人是"西宁

---

[1] 崔永红:《明代青海河湟地区屯田的分布和军户的来源》,《青海社会科学》1988年第6期。

人,始祖魏善,本泗州人,从明太祖起兵,攻克和州,从渡江……功授世袭千户,管西宁卫中左所副千户事,因家焉"[1]。又如贵德人王猷,"本江南宜兴籍,从明太祖起兵……洪武……十二年克洮州,以功除河州卫右所试百户,二十三年授昭信校尉,与世袭,四月调中左所。……子华袭官,永乐四年,拨贵德千户守御。今城西王屯即其苗裔也"[2]。再如湟中县总寨乡徐彦帮藏有《明太祖敕封徐勇诰命》,据载徐勇原籍为扬州府如皋县人,元至正二十六年(1366年)归附明军,充总旗,转战南北。洪武十八年(1385年)除昭信校尉,调西宁卫前所充流官百户,遂世居湟中,至徐帮帮已是第19代[3]。而在保安四屯,文献记载:"屯兵之初,皆自内地拨住,非番人也。故今有曰吴屯者,其先盖江南人,余亦有河州人。"[4] 由于征战留戍的士兵中江淮一带的人口较多,以至于民国年间,"今吾人于西宁附近所见妇女之弓鞋,犹存明代之遗风,甘肃临潭、岷县一带妇女亦着弓鞋,《洮岷志》称之曰凤阳婆。盖明初军队多安徽凤阳籍,开抵洮湟,移民屯田,淮上妇女随之俱来,故一部分女子服饰犹存故风"[5]。

谪戍者是边卫军人中的一个主要构成部分。崔永红引资料议及这批人,如洪武二十九年(1396年),"诏发安东、沈阳各卫戍军三千六百余人往戍甘肃,人赐钞锭五"[6],所谓"恩军",即"以罪谪充军者"[7]。至正统元年(1436年),"令山西、河南、山东、湖广、陕西、南北直隶、保定等府州县造逃户周知文册,备开逃民乡里姓名男妇口数军民匠灶等籍,及遗下田地税粮若干……如仍不首,虽首而所报人口不尽,或展转逃移及窝家不举首者,俱发甘肃卫所充军"[8]。故有人说:"甘肃等卫隶兵多谪戍之人"[9]。其中如弘治、正德年间官至鸿胪寺卿的李奈,

---

1 《西宁府新志》卷27《献征·人物》。
2 《西宁府新志》卷28。
3 《湟中县志》(送审稿)第十编第44章"文献辑录"。
4 嘉庆《循州志》卷4。
5 张其昀:《青海省之山川人物》,《西陲宣化公署月刊》1936年第一卷第四、五期。
6 《明太祖实录》卷244。
7 《明太祖实录》卷232。
8 万历《明会典》卷19《户部六·户口·逃户》。
9 《明太祖实录》卷236。

"其父李惠,楚府长史,籍本河南彰德,谪湟中,遂聚族而居"[1],就是一例。

在《明史·地理志》的记载中,我们还注意到在洪武九年凉州卫设立之前,曾于洪武七年设立过一个"凉州土卫"。凉州卫极可能由土卫改来。这说明当地的土著人民有相当一部分在洪武年间被征入军伍,充当卫所的士卒。

在陕西行都司的辖境中,已经没有民州、民县,却仍有民人的存在。梁材在论及当地的军屯问题时说:"可仿古人募民以实塞下之意,出榜招募附近陇右、关西一带人民,令其纳粮以资口食,而不当差,以足屯额之数。"[2]这说明在明代初年当地的土著被征集入军卫以后,残存的土著可能被军卫带管了,这和辽东的情况相似。

民籍人口中也可能包括内附的故元士兵。洪武年间对待内附之降人,有安置于沿边地带的,也有安置于边后地带的。如洪武十一年二月,"凉州卫奏:'所获故元官二十五人,甘肃降人一千九百六十口。'上曰:'人性皆可与为善,用夏变夷,古之道也。今所获故元官并降人宜内徙,使之服我中国圣人之教,渐摩礼义,以革其故俗。'于是,徙其众于平凉府,给粮赡之"[3]。这里的内徙也并不是深入内徙,只是安排在离边境稍远一点的地区而已。

永乐三年,"鞑官"把都帖木儿等归附,其部属五千余人、驼马二万匹,安置于凉州。朱棣并"给与牛羊孳牧。今以所给牛羊之例付尔观之。自今尔处有归附者,给与如例"[4]。这些人口可能成为类似宁夏地区那样的民籍土达,由卫所带管。只是未见有洪武年间的内附者,这里不多作讨论。

这类土著数量有多少呢?洪武二十五年凉国公蓝玉奏:"凉州卫民千七百余户,附籍岁久,所种田亩宜征其赋,令输甘肃。"[5]以每户5人计,合计人口仅0.85万。由于凉州卫离内地较近,民籍人口的数量

---

1 《西宁府新志》卷27《献征·人物》。
2 梁材:《会议王禄军粮及内府收纳疏》,《明经世文编》卷103。
3 《明太祖实录》卷117。
4 《明太宗实录》卷44。
5 《明太祖实录》卷216。

较多,其他卫所,尤其是西部的一些卫所,民籍人口的数量可能就没有这么多。

马顺平依据明代及清代的五种地方志,列举洪武年间各卫所的户数与口数。除甘州五卫外,其他洪武年间设置的各卫,户数均在 5 400—7 200 之间,甘州五卫合计只有 14 444 户,令人猜想洪武二十九年设立的甘州前卫和甘州后卫,是从甘州其他三卫中分拆而成的。凉州卫不计,其他各卫户均只有 2.3 口。以此计算,洪武二十六年的 9 卫共有军士 6 万,军籍人口 13.8 万[1]。

第四节

四川都司和四川行都司

一 四川都司

四川的西部与吐蕃为邻,西南部除吐蕃民族以外,还杂有其他少数民族,为加强控制,明政府于此设置了一批军卫,也具有边卫的性质。

四川西北部的松潘卫,元代为松潘宣抚司,属宣政院辖地。洪武十二年四月置松州卫,与松州并存。至洪武二十年正月罢松州,改卫为松潘等处军民指挥使司,属四川都司。嘉靖四十二年(1563 年)罢军民司,置卫。松潘地区由明初的民州与军卫共存,发展到后来的民州与军民合一,至明代中期则变成纯粹的军卫之地,与明王朝对付吐蕃人及蒙古人的日益加强的活动有密切关系。据嘉靖《四川总志》卷 15 的记载,松潘卫辖地有民籍编户 21 里,合计有人口 5 000 人左右。当然,这只是指在籍的民人,并不包括许多不在籍的少数民族人口。

---

[1] 马顺平:《明代都司卫所人口数额新探——方志中两组明代陕西行都司人口数据的评价》,《苏州科技学院学报》2000 年第 4 期。

在松潘卫的南部有一叠溪守御军民千户所。该千户所原属于茂州卫,洪武二十五年直属都司。该所领长官司二,这表明,四川的边卫已经开始对所在地区的少数民族人口实施直接的控制。

四川南部的泸州卫也应视作边卫。《蜀中广记》卷 36 说:"洪武初,调陕西长安卫军征云南回,使驻守泸州。成化初,以都掌之乱,迁于宋江渡,按在州南百里,城周三百丈。……其地东连罗罗(按:彝族)、羿子(按:布依族),北抵九支挫州,西通长戎九姓(按:九姓长官司)、马湖、建昌,南接东川、芒部、乌蒙、乌撒。"从上述记载来看,泸州卫至成化年间与泸州分治,迁卫治于永宁宣抚司境内,边卫的地理特征更为清楚。

二　四川行都司

四川行都司(治今西昌市)所辖大致为元代云南行省的罗罗斯宣慰司辖境。洪武十五年罢宣慰司,二十七年九月置四川行都指挥使司,领卫五、所八、长官司四。所领军卫大多在洪武二十一年至二十五年间建立,分属四川或云南两省,此时来属。当地没有民州民县,是个典型的边卫地区。

四川行都司辖有四个长官司,实际上就有了对当地少数民族人口的行政管理权。如果说,对奴尔干都司的少数民族人口实施的是一种羁縻政策的话,那么,四川行都司对辖境中的少数民族则进行直接的控制。

如建昌卫(治今西昌市),《明史·四川土司传》中说:"(洪武)十五年置建昌卫指挥使司。元平章月鲁帖木儿等自云南建昌来贡马……以月鲁帖木儿为建昌卫指挥使,月给三品俸赡其家。"在最初设立军卫时,是按照羁縻卫来设计的。洪武二十四年,月鲁帖木儿造反,"于是置建昌、苏州二军民指挥使司及会川军民千户所,调京卫及陕西兵万五千余人往戍之",同时增设盐井卫。由此确立汉族军人对这一区域的镇守。

在《明史·蓝玉传》中也有一段关于建昌地区设卫的记载。洪武二十四年,"会建昌指挥使月鲁帖木儿叛,诏移兵讨之。至则都指挥瞿能等已大破其众。月鲁走柏兴州,(蓝)玉遣百户毛海诱缚其父子,送京师诛之,而尽降其众。因请增置屯卫。报可。复请籍民为兵,讨朵甘、百夷,诏不许,遂班师"。这说明四川行都司的部分士卒由故元将士转来。其地土著当由卫所带管。

其他如越嶲卫,《明史·四川土司传》说:"洪武十五年,置越嶲军民指挥使司于邛部州,命指挥金事李质领谪戍军士守之。二十六年,置越嶲卫。永乐元年,改邛部为长官司,隶越嶲卫。"这个军卫应是由汉人军队组成的。

以标准兵力配置计算,四川行都司的 5 卫 8 所共计 3.1 万兵员。鉴于边卫军人中有一大批可能来自当地,按照前面的计算方法,其中有 1.6 万为来自异地的移民。四川都司卫所移民在四川移民章节中已经计算,不再重复。

按前例估算,卫所带管的民籍人口为 2.5 万。嘉靖《四川总志》卷 15 记载四川行都司管辖的编户共有 67 里,至少有民户 7 370 户,有人口 3.7 万。这一里数并不一定是洪武年间的数字,但与洪武年间相差不会太大。可见根据辽东民籍人口的比例所作的估计是有一定的道理的。

第五节

云南都司和贵州都司

一　云南都司[1]

洪武十四年(1381 年)九月,朱元璋命傅友德、蓝玉、沐英等率军

---

[1] 参见江应樑:《明代外地移民进入云南考》,载田方、陈一筠主编:《中国移民史略》,知识出版社 1986 年版;方国瑜:《中国西南历史地理考释》下册,第六篇"元、明、清时期云南省地理考释",中华书局 1987 年版。

征云南。次年二月云南平,政府设军卫以屯戍之。

关于洪武年间云南都司的边卫性质,顾诚有详尽的论述。他指出:"作为地理单位的卫所在云南呈现其特异性,它们往往不仅管辖一般状态下的卫地及人口,还直接管辖部分州县。如澜沧卫,'洪武二十九年始于北胜州治之南筑城为军民指挥使司,领北胜、永宁、蒗蕖三州。永乐四年,升永宁为府。正统六年以北胜州改隶布政司。今所治惟蒗蕖一州'。……金齿卫也颇类似。……洪武十五年明朝接管之后设立金齿、腾冲两府和金齿卫。二十三年撤销两府,改金齿卫为军民指挥使司管理该地。腾冲府变成了腾冲守御千户所,到正统十四年升为腾冲卫军民指挥使司,与金齿卫同隶云南都司;嘉靖三年划出腾冲卫部分地方设立腾越州,转入行政系统,州辖民户八里。而金齿卫军民指挥使司下有'编户九里,领县一(按:永平县)、安抚司一(按:潞江安抚司)、长官司二(按:凤溪、施甸长官司)'。这两个例子说明,明朝接管云南以后,不仅有汉族军士及其家属组成的大批卫所,筑城开屯,构成一种军事性质的地理单位,而且还把本应归布政司管辖的少数州县划归卫军民指挥使司管辖。由于隶属关系不同,卫辖州县的土地、人口数自然不能包括在云南布政司和户部的册籍上。"[1]

云南卫所之数,明初以来,时有改变。在《明史·兵志》中,洪武二十六年云南有15卫1所。以后云南卫增至20个,其中只有4卫说明为"后设",证明洪武二十六年以前的设卫有16个。而"后设"的军卫中包括洪武二十六年至洪武末年所设。具体各卫的设立时间,依方国瑜的研究如表7-6所示。

从表7-6中的数字看,洪武年间云南设卫18个,含102所。另有其他"御""所"达15个之多。整个云南军卫的辖所共达117个。

若将时间截止于洪武二十六年,则有军卫16个,含92所,另有御千户所14个,合千户所共106个。以标准建置计算,应有近12万兵力。这一兵员数额需要从文献中找到证明。

---

[1] 顾诚:《明帝国的疆土管理体制》,《历史研究》1989年第3期。

表 7-6　洪武年间云南卫所的设立年代及分布

卫所名称	治所	设置年代	千户所	卫所名称	治所	设置年代	千户所
云南左卫	会城	洪武十五年	6	云南右卫	会城	洪武十五年	6
云南中卫	会城	洪武十六年	5	云南前卫	会城	洪武十五年	5
云南后卫	会城	洪武十五年	5	广南卫	会城	洪武二十九年	5
曲靖卫	曲靖	洪武二十年	6	平夷卫	沾益	洪武二十二年	2
越州卫	曲靖	洪武二十三年	3	陆凉卫	陆凉	洪武二十三年	5
临安卫	临安	洪武十五年	5	洱海卫	云南	洪武二十年	6
景东卫	景东	洪武二十三年	5	楚雄卫	楚雄	洪武十五年	5
澜沧卫	北胜	洪武二十九年	5	大理卫	大理	洪武十五年	10
永昌卫	永昌	洪武十五年	10	蒙化卫	蒙化	洪武二十三年	8
通海御	通海	洪武十五年	2	鹤庆御	鹤庆	洪武二十年	2
宜良所	宜良	洪武二十四年	1	安宁所	安宁	洪武二十四年	1
易门所	易门	洪武二十四年	1	杨林所	嵩明	洪武二十四年	1
木密所	寻甸	洪武十五年	1	马隆所	马龙	洪武二十三年	1
姚安所	姚州	洪武二十一年	1	中屯所	大姚	洪武二十八年	1
定远所	牟定	洪武二十四年	1	永平御	永平	洪武十九年	2

资料来源：引自方国瑜：《中国西南历史地理考释》下册，第 1136—1141 页。

洪武十四年入滇的明军数量，据洪武十五年二月云南平定后告天下臣民诏中所说为 30 万人。江应梁称："这个数字大概比较确实。在进军之前，朱元璋命诸将简练征云南的土卒，各给布帛纱锭为衣装之具，当时就有 249 100 人。此后沿途尚有地方军伍加入，如播州土酋就率兵 2 万从征，所以 30 万之数并未浮夸。"[1]

这批士兵在云南平定后只留下一部分戍卫地方，洪武十五年三月朱元璋谕傅友德等："云南既平，留江西、浙江、湖南、河南四部司兵守之，控制要害。"[2] 这就要解决两个问题，一是云南人传说祖先多自南京（即京师）迁来，但这四部司兵不可能都是南京籍军士；二是到底留下了多少兵员戍守云南。这都涉及云南的军事移民问题，值得

---

[1] 江应梁：《明代外地移民进入云南考》，载方、陈一筠主编：《中国移民史略》，知识出版社 1986 年版，第 64 页。
[2] 《明太祖实录》卷143。

讨论。

论者引用最多的资料是洪武十七年(1384年)三月傅、蓝班师后，七月，朱元璋曾谓户部臣说："今其地(云南)已平，悉入编籍，然兵多民少，粮饷不给。"[1] 我以为朱元璋所称的"兵"可能指卫所人口。欲与民籍人口相对比，首先就涉及对洪武年间云南民籍人口数量的估计问题。当然，这里所指民籍人口不包括大量不在籍的少数民族人口。

洪武二十四年云南有户75 690，有口354 797；而在洪武二十六年则有户59 576，有口259 270人。两个年代相差相当大，计户差1.6万，计口差9.6万。我以为造成洪武二十六年户口锐减的原因是洪武二十六年编定云南卫所时一部分民州民县归军卫管辖，其原因已如上引顾诚文章中所述。关于这批在卫所管理下的州县户口，顾诚在另一篇论文中说得更为详细："金齿卫(按：治今保山市)管辖的永平县有编户九里，九千八十五户，四万八千七十八口，官民田地三百五十二顷九十四亩零。又如北胜州(按：今永胜县)有编户十五里，官民田地三百五十二顷八十六亩零。"[2] 这一资料也来自正德《云南志》卷12《北胜州》。永平县的九里是为九十里之误，否则其人口不可能达到四万余人。永平和北胜两州县合计有人口8万—9万，与澜沧卫所辖蒗蕖县合计，人口当在10万以上。显而易见，洪武二十四年至二十六年的人口减少与此三州县划归军卫管辖有关。

这样，洪武二十六年云南卫所共有士卒约12万人，与家属合计，则应有36万人口。《明太祖实录》有关于云南戍守军人家属的记载：洪武二十年八月，"诏：'在京军士戍守云南，其家属均遣诣戍所。'"洪武二十一年三月，"命兵部：凡宫人侍女有父戍守云南者，悉取回给赏，仍以其女还之"。洪武二十四年七月，"赐云南、大理、陆凉诸卫士卒妻子之在京者白金人十两，钞十锭，仍给以官船，送往戍所"。洪武二十四年十一月，"复赐鞑军幼子钞锭。初，鞑军之戍云南者，诏遣其妻子与俱，其有幼子不能往者，至令其亲属送之，各赐钞十锭"。可见明廷十分重视将云南戍军的家属送往戍地。如果将由卫所带管的州

---

[1] 《明太祖实录》卷163。
[2] 顾诚：《明前期耕地数新探》，《中国社会科学》1986年第4期。

县人口合而计之，则属于军籍系统的人口可达45万，比民籍人口多出20万。

洪武二十年和二十一年两年内，为准备征讨麓川（今瑞丽市）思伦发，又不断调集各省军兵入云南从征或戍守。江应梁从《明太祖实录》中搜集的调兵次数有以下十次：

（1）洪武二十年派鞑靼官军往戍云南。

（2）洪武二十年八月，诏四川都指挥使司选精兵25 000人给军器农具，往云南品甸屯种。

（3）同年九月，调湖广军26 560人征云南。

（4）同年九月，令靖州五开及辰州、沅州等卫新军，选精锐45 000人往云南听征。

（5）同年十月，诏湖广常德、辰州二府民，三丁以上者出一丁，屯云南。

（6）同年十月，调陕西、山西战士56 000余人赴云南听征。

（7）同年十月，调楚府护卫兵6 000人赴云南听征。

（8）同年十月，诏长兴侯耿炳文率陕西土军33 000人征云南屯种听征。

（9）洪武二十一年二月，陕西都指挥同知马烨率西安等卫兵33 000人屯戍云南。

（10）同年六月，发河南祥符等十四卫骑军15 000人往征云南。

这十次调集的军队中，除第一、第五两次不详外，其余八次调来的人数，总计已达23万多人。这些调入的土卒是否全部在云南留住，从而成为移民，则是一个很大的问题。

先讨论云南卫所军额的数量。方国瑜有以下论述：

《明会典》卷一三一载，"云南卫军原额六万三千九百二十三员名，见在六万二千五百九十三员名"，此"原额"为洪武年之数，"见在"为万历年之数，与其他纪录大体相符。《明太祖实录》卷一九四洪武二十一年十月壬寅载南安侯俞通源报："云南都司所属：官计一千三百一人，军士六万四千二人。"又万历《云南通志》卷七

《兵食志》载:"云南都司军实:三分马步旗军二万七千八百三十八名,七分屯军三万四千五百九十一名。"则军数共六万二千四百二十九名,此为规定之正军。自洪武以来,云南军户正额约为六万三千之数,并未改变。[1]

仔细检讨方国瑜所依赖的资料,发现这一立论有些问题。俞通源所报的云南都司的军士额数,是洪武二十一年云南都司的军士数。而据表7-6,这一年云南都司只有11卫、3御、2所,以标准建置计算只有70 560名军士,与俞氏所报相当接近。这一差距当然可能与洪武二十一年云南卫所的设立仍属于草创阶段,不少军卫尚未足额有关。按照《明史·兵志》的记载,洪武二十六年才定天下卫所,卫所军额的配置只有在这时才可以说是基本确定。从洪武二十一年至洪武末年,云南卫所有相当规模的增加,由此,俞氏的报告只能够作为洪武二十一年云南的军人数,而不能笼统地作为洪武年间的云南军人数来看待。从俞通源的报告中也可以看出,云南的军卫基本是按照规定的额度配置兵力的,因此,关于洪武年间的云南兵力必须重新加以核算。

如果按照标准配置,洪武二十六年云南有16卫、3御(每御2所)、8所,合计应为94个千户所,与表7-6所载106个千户所相差12个千户所。可见洪武年间云南每卫配置的千户所呈超额状态。结合上引资料中洪武二十年至二十一年两年间有20余万外地军人调入云南征戍,多出的千户所极可能由他们所组成。

由此,我们可以对洪武二十年和二十一年两年间外地调入的军卒去向有如下看法:其一,这批军卒的一部分在军事行动完成以后可能调回原戍地,尤其如陕西土兵,没有必要也似乎不太可能在云南长驻。其二,一些邻近地区调入的军士于云南屯戍,其原有统辖关系不一定会改变,如四川的军卫在云南地面屯种,是很正常的事情。其三,一部分军人充实了云南卫所,其人口数量在有关云南军卫的统计中已经计算,实不必另算。

正统七年(1442年)右都御史丁璇说:"洪武时金齿屯守汉军不下

---

[1] 方国瑜:《中国西南历史地理考释》,第1134页。

二万余,今逃亡大半,仅余三千。"[1] 以金齿一卫之兵员,数额已达 2 万余,如果洪武年间云南卫所兵力只有 6 万余,则金齿一卫的兵力已占云南军卫兵力总额的三分之一,这当然是不可能的。所以,至明代中后期,云南军卫的兵额只有 6 万余,并不是说洪武年间至此时军额没有变动,而是云南的兵额从 12 万降至 6 万余,降幅几乎达到一半。卫所兵额下降的趋势与全国其他地区是一致的。嘉靖年间人称"天下卫所,额军逃绝者多"[2],即是此意。所以万历《云南通志》载"云南都司舍丁"为 18 386 人,"军余"为 254 610 名,合计 272 997 人。这些舍丁和军余也仅仅是指在籍的人数。

在未设卫所的一些地区,也仍然有军籍移民的分布。方国瑜指出,澂江府不设卫所,但开屯则甚多。广西府也是如此。除了一般的屯垦之地以外,还有大量的堡和驿成为军人的聚居之地。正德《云南志》卷 2 曰:"云南有驿无递,故以堡代之,有驿必有堡,堡主递送,领以百户,世职其事,实以军士,世役其事。官军皆国初拨定人数,环堡居住,有田无粮。"《明太祖实录》卷 187 记载洪武二十年十二月"遣前门郎石壁往云南,谕西平侯沐英等,自永宁至大理,每六十里设一堡,置军屯田,兼合往来递送,以代驿传"。堡军世守其职,环堡而居,垦田自给,久之成为军户聚居之乡镇,在各府、州、县皆如此也。

关于驿站。正德《云南志》卷 2 说:"云南铺舍,大抵与江南中州不同,江南中州铺兵俱民户轮充,一年一换;云南或以民户,或系国初调来军士,俱环铺居住耕种,子孙世役。"这些驿站中的一部分成为军籍移民的定居点。

云南的军人中有不少是谪戍的罪犯。据江应梁说,"充军云南"成为当时民间一句口头话。文献中的记载则有,洪武二十年曾命户部自四川永宁至云南沿途设堡,每堡储米 250 石,专供谪戍云南人犯的需用[3]。谪戍的罪犯中,包括官吏、军士和百姓,这和其他边卫的军士来

---

1 《明英宗实录》卷 92。
2 《明书》卷 70《戎马志》。
3 《明太祖实录》卷 183。

源相同。

军籍移民以外,云南地区可能还有一批民籍移民迁入。这是由商屯引发的移民。由于边地驻军多,军粮不给,屯田收入不敷,于是招募商人在指定地区用粮食换取盐引,凭盐引至产盐地去取盐。因此,商人出资招募内地农民到开中地区种植粮食,年久定居,成为移民。《明太祖实录》卷143记载:洪武十五年二月,"上以大军征南,兵食不继,命户部令商人往云南中纳盐粮以给之。于是户部奏定商人纳米给盐之例:凡云南纳米六斗者,给淮盐二百斤,米五斗者给浙盐二百斤,米一石者给川盐二百斤"。洪武二十年以岁给不敷,再招商人纳米。两年以后,重定盐米比例,减低纳米数,目的是为了增加商屯量。以后一再减少纳米数量,大力招募商人。到正统十四年(1449年)竟造成金齿地区米产过多,市场米价与开中米价悬殊很大的现象。这说明这一区域外地移民已达相当数量。即便以后商屯废除,但耕种的农民却不会因此舍弃土地回归原籍了。

《滇粹·云南世守黔宁王沐英传附后嗣略》中说:"(沐英)还镇(1398年),携江南、江西人民二百五十余万入滇,给予籽种、资金,区别地亩,分布于临安、曲靖……各郡县。……(沐)英镇滇七年,再移南京人民三十余万。"在军籍移民之外再组织如此众多的人口进入云南,不是一件小事,在其他文献上不应该没有反映,这一记载显然是不可信的。

有关洪武二十六年云南各地人口数字,不属于移民史内容,详见附录一。

二 贵州都司

洪武时期的贵州并未设省,却设有贵州都司。据《明史·兵志》,洪武年间的贵州都司下辖18卫和1所,其中包括属于贵州都司管辖但驻地却在四川的卫所。另外,在贵州建省后,设于贵州境内而属湖广都司所辖的还有6卫,分布在今黔、湘交界地区。他们分布在除今遵义地区以外的贵州境内。遵义当时为播州地,属四川辖区,清代才改属贵州。

兹将贵州各卫的设置及其治所列如表 7-7 所示。

表 7-7　洪武年间贵州地区各卫的设立年代及分布

卫所名称	设置时间	治所	辖所	辖长官司	辖州	变动情况	所辖都司
贵州卫	洪武四年	贵阳	5	0	1		贵州
贵州前卫	洪武二十六年	贵阳	5	0	0		贵州
威清卫	洪武二十三年	清镇	2	0	0		贵州
平坝卫	洪武二十三年	平坝	5	0	0		贵州
安庄卫	洪武二十二年	镇宁	6	1	0		贵州
安南卫	洪武二十三年	晴隆	5	0	0		贵州
普安卫	洪武二十二年	盘县	5	0	0	初属云南，寻改	贵州
普定卫	洪武十四年	安顺	5	6	3	正统属贵州，州及长官司割属贵州布政司	四川
兴隆卫	洪武二十二年	黄平	5	0	0		贵州
清平卫	洪武二十五年	清平	5	2	0		贵州
都匀卫	洪武二十三年	都匀	5	7	0	洪武十六年置都云安抚司，属四川	贵州
平越卫	洪武十四年	福泉	5	2	0	初属四川，寻改	贵州
新添卫	洪武二十三年	贵定	5	5	0		贵州
龙里卫	洪武二十三年	龙里	5	2	0		贵州
毕节卫	洪武十五年	毕节	5	0	0	初名乌蒙卫，置乌蒙府境，次年改，迁治	贵州
赤水卫	洪武二十二年	毕节	8	0	0		贵州
永宁卫	洪武五年	四川叙永	5	0	0		贵州
乌撒卫	洪武十五年	威宁	5	0	0	永乐改属贵州	云南
平溪卫	洪武二十三年	玉屏	5	0	0		湖广
清浪卫	洪武二十三年	岑巩	5	0	0		湖广
镇远卫	洪武二十三年	镇远	5	0	0		湖广
偏侨卫	洪武二十三年	施秉	5	0	0		湖广

续表

卫所名称	设置时间	治所	辖所	辖长官司	辖州	变动情况	所辖都司
铜鼓卫	洪武三十年	锦屏	5	0	0		湖广
五开卫	洪武十八年	黎平	16	0	0		湖广
普市所	洪武四年	四川叙永	1	0	0		贵州
黄平所	洪武八年	黄平	1	0	0	初属四川,二年后改属	贵州
合计			134	25	4		

资料来源:《明史·兵志》;弘治《贵州图经新志》卷1—卷17。

除贵州、贵前二卫之外,贵阳以西有威清、平坝、普定、安庄、安南和普安6卫被称为"上六卫";贵阳以东有龙里、新添、平越、清平、兴隆和都匀6卫被称为"下六卫";西北一隅有乌撒、毕节、赤水和永宁4卫被称为"西四卫";而隶属于湖广都司的6卫则称为"边六卫"。四个区域中,以"西四卫"建立的时间较长,其余各个区域在洪武初年或中期设立一个卫,在洪武二十年以后则有较多的军卫增设。明政府对贵州地区的经略,大体是以点带面,逐步扩大的。

在"上六卫"中最值得注意的是普定卫。弘治《贵州图经新志》卷14说:"洪武十四年,仍置普定府,领州三、长官司六,属四川布政司,筑城于今城东二十里,寻增置普定卫,徙今城。十八年,府废,以州、司附于卫。二十五年,改置普定卫军民指挥使司,仍属四川。正统三年,割所领三州六长官司隶贵州布政司,而本卫改属贵州都司,领千户所五。"依《明史·兵志》,该卫在洪武年间应属贵州,弘治《贵州图经新志》似乎有错。只是无论如何,普定卫带管三州六司,这在其他军卫实不多见。

"上六卫"共带管了7个长官司,而"下六卫"则带管了18个长官司。可见在贵阳东部,军卫作为边卫的性质更加明显。其他地区,这一情况则不多见。在"边六卫"地区,边卫的性质是通过另一种方式得以体现的。如黎平府,洪武十八年建五开卫于此,设千户所竟达16个之多,洪武三十年又设铜鼓卫于此地。当永乐十一年设立贵州布政司时,于此地设立黎平府,并置黎平府于卫城。黎平府并没有辖民州、民县,所以密布于此地的几十个千户所构成了当地汉人的主体,此外就是大大小小的土司了。可见在黎平府设立之前,这些土司也可能是由卫所带管的。

永乐十一年贵州布政司辖 8 府、1 州、1 县和 1 个宣慰司和 39 个长官司。从上述可知,洪武年间长官司的大部分属军卫带管。而各府基本无民州、民县可辖,由此可知军卫人口对于贵州人口构成所起的作用。

据表 7-7,洪武年间贵州都司及在贵州境内的千户所共有 134 个,除去四川境内的 6 所和云南境内的 1 所,还有 127 所。以标准兵力计,则应有 14.2 万名士卒,与家属合计有 42.6 万人口。在贵州,目前还未发现卫所士卒由土人充当的情况,所以,姑且认为这些卫所战士和他们的家属都是外来的移民。

洪武年间贵州地区民籍人口的迁入也与军卫有关,这就是商屯所引起的人口流入。洪武六年开始在播州等处募商人纳米中盐以来,先后在普安、普定、毕节、赤水、层台、乌撒、平越、兴隆、都匀、偏桥、镇远、清浪、铜鼓、五开等卫附近开中,外地农民可能因此而迁入承种。只是人数不详。

关于贵州立省时的人口情况,于谦指出:"永乐十一年,湖广布政司参政蒋廷赞具奏于贵州开设布按二司,将思南等三宣慰司地方改设六府,每府所管不过三四长官司,人民每司不过一二百户,官多民少。"[1]这里所谓的府,与内地的府很不相同,是为节制当地的土司而设立的。以每府平均辖一二百户民人计,民人总数约为千户左右,人口约 50 000 而已。弘治四年(1491 年),贵州在籍人口为 43 367 户,258 693 人。这些人口可能来源有三:一是洪武时期民籍人口的后裔,一是洪武时期由军卫带管的民籍人口的后裔,一是洪武以后历年流入者。在这 25.9 万人口中,假定其中的 5.9 万为洪武以后流入的移民,那么,以年平均自然增长率为 7‰作一回溯,则从洪武二十六年(1393 年)至弘治四年,人口增加了一倍。也就是说,洪武时期贵州的

---

[1] 于谦:《兵部为怀柔远人疏》,《明经世文编》卷 34。

民籍人口可能在10万左右。扣除府州所辖之人口，则约有9万民籍人口是由卫所带管的。按照以前的估算方法，贵州都司带管的民籍人口约为10万，与根据明代中期人口回溯的估计方法结果相近。

有关洪武二十六年贵州各地人口数字，不属于移民史内容，详见附录一。

第六节

东南边疆

一 两广地区

在有关洪武移民的论述中，几乎没有涉及这一区域的。因为就民籍移民而言，除了一部分福建人口向粤北地区移动以外，几乎没有规模性的人口迁移。而这批福建人口向粤北地区的移动，一直延续至明代中期，所以我们将在有关明代中期的移民章节中论述。

军籍移民的过程主要根据《明史·兵制》的记载。如广东都司，洪武二十六年有11卫13千户所。以标准兵力计算，约有士卒7.6万人，合家属约有23万。只是广东的军士是否含有当地的土兵，还不清楚。若按浙江等地情况推测，其中大多数为土著，外来移民是很少的，与洪武年间该省300余万人口相比，微不足道。也正是由于广东民籍人口大大多于军籍人口，所以广东虽处边疆，其军卫却并不具备边卫的特征。

广西也是如此，洪武二十六年定天下卫所之时，广西都司仅有6卫1所，全部兵力只有3.5万，合家属只有10万人口。对于洪武年间广西150万人口而言，军籍移民的比重也不算大。在广西西部的广大地区，少有甚至没有卫所的分布。明政府对于广西边地的开发远不及对云南及贵州的开发。

二　福建和浙江

福建都司拥有 11 卫，有兵力约 6.2 万，合家属计则有人口 18.5 万。福建都司的辖卫分布于沿海地带，如福州三卫、兴化卫、泉州卫、漳州卫、福宁卫等。此外还有福建行都司所辖 5 卫 1 所，它们分别是建宁左卫、建宁右卫、延平卫、邵武卫、汀州卫和将乐千户所，分布在福建西部的山地。

就上述各节所述，洪武年间所设的各行都司往往设于边境地区，如北平行都司、山西行都司、陕西行都司和四川行都司等。这些行都司担负着保卫和开拓边疆的责任，担负着镇压或管理少数民族地区的责任。福建西部山区，并不是边疆地区，因此，行都司之设立与边疆防务无关。唯一的解释则是，闽西山地是宋元以来当地土著畲人的聚集之所，明政府设行都司于此，就是为了有效地实施对这批少数民族人口的镇压和控制。

按照以前的论述和研究，我们知道，闽西山地的客家人是在元代以后形成的。但究竟在哪一个年代形成则不知其详。从洪武年间福建行都司的设立一事来看，我们认为客家人在洪武初年已经基本形成。因为，明政府于此设立行都司是为了对付非汉族的，这一带的非汉族只有畲族，此时畲人的活动已不见记载。因此，行都司所对付的只能是汉族与畲族融合后的新的人群——客家人。

或有人问，今日闽西客家人的分布仅仅在闽西南部山区，在邵武、建宁则不多见。洪武年间的情况可能与今日有所不同。永乐年间，邵武、建宁一带山区曾发生过一次规模很大的瘟疫，笔者疑为鼠疫。当地人口大部分死亡殆尽。灾后政府组织了一次军籍人口的迁入，才使得这一区域的人口有所恢复。有关论述见永乐移民之章节。正因为这次瘟疫和疫后的移民，才使客家人的分布区南移了[1]。

1　参见曹树基：《闽、粤、赣三省毗邻地区的社会变动和客家形成》，《历史地理》第 14 辑，上海人民出版社 1997 年版。

福建沿海边卫军士之来历,除了从北方南下的明军将士外,还有从当地招募的土著。《明史·兵志三》中称:"后三年(洪武二十年),命江夏侯周德兴抽福建福、兴、漳、泉四府三丁之一,为沿海戍兵,得万五千人。移置卫所于要害处,筑城十六。"土兵占福建都司总兵力的四分之一。但这批土兵并没有在当地长驻下来,同书又记载:"闽、浙苦倭,指挥方谦请籍民丁多者为军。寻以为患乡里,诏闽、浙互徙。"闽省土著籍士兵迁往浙江镇守,成为移民。而福建都司之卫所则大多由外来军士所戍卫。

福建行都司的军士应来源于北方南下的明朝军人。在洪武年间抽调当地土著入当地军卫的事件中,没有涉及福建行都司的士卒补充。

洪武年间浙江都司有16卫4所,有士卒9.4万,合家属约为28万。这些军士的来源据《明史·兵志三》中的记载:"洪武四年十二月命靖海侯吴祯籍方国珍所部温、台、庆元三府军士及兰秀山无田粮之民,凡十一万余人,隶各卫为军。"由此可知浙江都司辖卫中的大部分士兵来自当地,而非来自其他。由于浙江都司兵力与福建都司和福建行都司差不多,所以这种互徙可能是全面的。浙江卫所兵员之大部分应是福建人或是从福建调入的。

第七节

小　结

如上所述,洪武年间边疆地区的移民以军卫移民为主。在北方和西南地区,由于当地民籍人口较少,所以构成独特的军事移民社会。各区域的军卫人口与土著人口的数量关系见表7-8。同样,这里的土著人口也不包括不在籍的少数民族人口。

表 7-8 洪武时期边卫地区的军籍移民　　　单位：万人

地　　区	在籍总人口	卫所军人	军人家属	小　计	其中军籍移民	带管土著民人
辽东都司	50.0	13.0	27.0	40.0	20.0	10.0
山西行都司						
宣府部分	32.5	10.0	20.0	30.0	15.0	2.5
大同部分	27.8	8.4	16.8	25.2	12.6	2.6
陕西都司						
宁夏诸卫	8.6	2.3	4.6	6.9	6.9	1.7
绥德卫	6.6	2.2	4.4	6.6	3.3	0.0
洮、泯、河州	6.4	1.7	3.4	5.1	2.5	1.3
陕西行都司	18.8	6.0	7.8	13.8	6.9	5.0
四川行都司	13.0	3.1	6.2	9.3	4.7	3.7
云南都司	45.6	12.0	24.0	36.0	36.0	9.6
贵州都司	51.6	14.2	28.4	42.6	42.6	9.0
合计	260.9	72.9	142.6	215.5	150.5	45.4

　　在从辽东至云贵这样一片广阔的边境线上，驻守着 73 万卫所将士，连同他们家属合计有 215 万左右的人口，构成明代边境线上的主体居民。在这些边境卫所的辖境中，还居住着近 45 万民籍人口，他们属于边卫带管者，其户口不见于户部的统计。除此之外，还有大批不入户籍的少数名族人口。

　　尽管在这一片区域中有不少土著充当卫所的战士，但是外来的移民仍然是军卫人口的主体，占当地总人口的 53%。属于东部及南方边境地区的军卫尽管地处边境，却不是上文所指的边卫。在这些区域，人口稠密，民州、民县密集，卫所所辖地域狭小，其军籍人口在当地总人口中的比重也很小，所以另作统计。

　　如上所述，广东地区的军籍移民的数量不多，加上福建和浙江军卫互徙产生的移民，与家属合计约有 60 万人。与当地约 2 000 万左右的民籍土著人口相比，他们的数量的确是微不足道的。

第八章

永乐移民

洪武大移民结束以后,自金元以来形成的人口稀疏区大部分得到了有效的补充,大片的荒野得以垦辟,残垣断壁上冒出了炊烟。洪武移民运动的完成,标志着一个和平、繁荣时代的来临。

可惜的是,在华北,这样的一个时代并没有随着洪武时代的结束而到来,相反却陷入了又一轮战火的焚烧之中。这就是明初历史上最悲惨的事件"靖难之役",它摧毁了华北地区洪武大移民的相当一部分成果,重造了一大批新的无人区,战后不得不展开新一轮的移民运动。

"靖难之役"结束后,朱元璋第四子燕王朱棣成为明王朝的新主人。居于京城中的永乐皇帝对北方的局势越来越感到不放心,活跃于蒙古草原上的鞑靼、瓦剌等部落是他的心腹之患。虽然还在永乐元年(1403年),他就开始着手组织对北京的移民,以求得这一地区的繁荣,并为日后的迁都做好准备。但直到永乐十九年(1421年)正月,朱棣才正式将宫廷和百官迁到了北京,由此导致的一类特殊人口的大迁移,极似洪武初年建都南京所引发的移民运动。

北京成为明王朝的新首都,标志着明王朝政治中心由南方向北方转移的完成。不仅如此,为了拱卫京畿,并对付来自北方草原的蒙古部落的挑战,以及维护漕运以保证首都的粮食和财赋供应,一大批军队被调往北方,在军事要地和交通要道上,设置了一批新的卫所,这也构成永乐时代移民的一个鲜明特征。

第一节

"靖难之役"与人口死亡

虽然永乐时代是从"靖难之役"结束后开始的,但是要完整地叙述永乐时代,却又不得不从"靖难之役"开始。在华北的许多地方,永乐新移民几乎是踏着洪武老移民的尸骨迁入的。

历时三年的"靖难之役"过程漫长而复杂。撇开枝节,我们仅考察这场战争中几次重大战役[1]。唯有这种投入兵力众多、费时旷久的大搏杀才有可能造成战场所在地人口的大量死亡,才有可能引发战后的移民运动。

一 北平、蓟州、怀来战役

建文元年(1399年)七月初六,朱棣在燕王府中擒杀北平都指挥使谢贵和北平布政使张昺,开始走上了叛逆的道路。经过激战,当日晚,燕军基本控制了北平城,北平从此成为朱棣南征北伐的根据地和大本营。

北平地区政府军的有生力量并没有受到太大的打击,北平城周围驻军仍然很多,如马宣东走蓟州,都指挥俞瑱北走居庸,宋忠退保怀来,都构成对北平的威胁。为此,朱棣兵分两路,一路东取蓟州、遵化,一路北取居庸、怀来。两支部队均采取突然袭击的战术,迅速地攻陷

---

[1] 参见罗仑:《朱棣在"靖难之役"中的军事成就》,《南京大学学报》1988年第2期;商传:《永乐皇帝》第三章"奉天靖难",北京出版社1989年版。

蓟州和居庸,遵化、密云闻风降附;激战之后,怀来亦被攻克,宋忠军大部被歼。两天以后,永平府守将以城归附。这样,朱棣控制了从北平到山海关一带几乎全部军事重镇。

二 雄县、莫州、真定之役

鉴于北方局势的严重性,建文帝急忙调集 30 多万步军北伐平燕。并设置平燕布政使司于真定(今河北正定),作为平燕的大本营。八月,耿炳文所率的北伐主力抵达真定,徐凯的部队进驻河间,另一支部队则驻扎于莫州(今河北任丘辖镇)和雄县。

中秋之夜,朱棣亲率部队抵临雄县以北的白沟河畔,夜半时分到达雄县城下并对守军立即发动猛攻,黎明前攻克雄县县城,全歼守军 9 000 人。又布兵在莫州与雄县之间打援,歼敌万余。紧接着,燕军奔袭莫州,政府军仓皇应战,却不堪一击,万余将士在阵前很快兵败投降。一天之内,燕军就歼灭政府军达三万余人,由此揭开了真定之战的序幕。

先是朱棣率军到达真定东北部的无极县,并从此率军直奔真定。战斗在真定城外的郊野上进行,在燕军的攻击下,政府军惨败,三万将士被杀,二万堕河死亡,数万被俘。耿炳文部退守城中,拒不出战,燕军围二日不下,遂主动撤军,回师北平。

这一战役给当地居民带来的灾难可从后人的记叙中窥知一二。嘉靖《雄乘》中的记载是:"洪武末我雄有东门之变,枕骸蔽野,阴云鬼哭,野无居民,途者心悸。(胡)斌素仗义,扶危悯穷,悼屈一见,黄沙白骨,心甚恻然,荷荆筐往瘗之,虽被霜冒星月,亦所不惮,越六旬事竣,男女各为冢于西门外。"[1] 清代初年诗人马之霜的评价是:"燕南兵祸之酷,数百年来以此为最甚。"[2] 这些都反映了这场大屠杀的残酷。

从战争的过程看,雄县的战事属于速战速决一类,双方均未做过多的盘桓,投入的兵力也有限,战斗激烈的程度明显不及真定一役。

---

[1] 嘉靖《雄乘·官师志》卷下。
[2] 民国《雄县新志》第八册《故实略》。

因此我们可以想象真定战役对当地人民带来的巨大灾难。

三 永平、北平、郑村坝战役

政府军派李景隆率领50万兵马进驻河间,进围北平。此时,辽东的政府军正在围困永平,从东北面对北平构成威胁。

九月,朱棣带兵东出北平往援永平,政府军自知不敌,解围而退守山海关。其后朱棣率部奔袭大宁,成功地吞并了宁王的部众,力量大为加强,然后率兵火速返救北平。

北平万余守军面对几十万政府军的日夜攻打表现得镇定自若、胸有成竹,使攻坚战很快陷入了胶着状态。半个月后,朱棣率军回师在郑村坝一带与李景隆部展开决战,朱棣斩敌数万,俘敌数万。李景隆甚至不顾围城的将士,率残部逃往德州。朱棣继续攻打围城的政府军,北平之围遂解。

这次北平围城与反围城的战役投入的兵力众多,胶着时间长,战事激烈而残酷,无疑会给当地的人民带来巨大的灾难。与第一次北平之役相比,此次战役对民籍人口造成的损失要大得多。

四 白沟河、济南之役

建文二年(1400年)的初夏,朱棣开始从防守转为进攻。双方交战的第一个战场选择在雄县一带的白沟河畔。

这次战役政府军的兵力多达60余万,燕军的兵力也在数十万人。激战持续了两天,最后仍以燕军的胜利而告结束。政府军损失兵力十余万,燕军虽然获胜,损失也不轻。雄县及其周围地区又遭受一次大劫杀。

战毕,燕军南下至德州,直指济南。

在济南守臣铁铉指挥下,济南竟像铁桶一般牢不可破。燕军第一次遇到了真正有效的顽强抵抗。在围城三个月之后,燕军被迫放弃济南解围北去,实际上是兵败而归。

济南之战的影响在本卷第五章济南府黄河北岸若干县份的自然

村统计中已经可以睹其大概。在济南府,大致以今黄河为界,北岸多永乐移民,南岸几无永乐移民,反映了济南一役对黄河北岸诸县人口造成的损害。民国《盐山县志》的记载说:"燕军之战德州,攻济南,纵横出没,惟天津以南,济南以北,被祸最酷。"[1]

五 沧州、东昌之役

几个月后,燕军以出征辽东为幌子,奔袭沧州。沧州守军毫无准备,很快被燕军击溃。燕军再次挥师南下,进驻东昌府之临清。此后,燕军又驻军兖州府之汶上县,而铁铉则尾随至东昌。燕军决定回师在东昌与政府军展开决战。战斗以燕军的失败而告终。这是朱棣起兵以来一次最惨重的失败。败军在政府军的不断追杀下,从馆陶、威县、深州逃回北平。这已是建文三年(1401年)的正月十六日。

沧州一战给当地的老百姓带来了深重的灾难。上引民国《盐山县志》又称:"建文以盛庸驻德州,吴杰、平安夺定州,徐凯、陶铭筑沧州,互相犄角以窥。……燕兵四面攻之(沧州)……生擒凯等,余众悉降。燕将谭渊尽坑杀之,沧城由是破废,后乃移治长芦。沧城距盐山今治仅五十里,其时沧、盐居民争起义以抗燕军,燕军恨之,遂赤其地,畿南兵祸之惨,遂为亘古所仅见。"这一次人口大屠杀大大超过济南之役。

从聊城、临清、馆陶等地自然村的统计看来,永乐年间的移民村有相当数量,而茌平等县未受"靖难之役"的影响,故而永乐移民村极少。具体数据将在移民历史的论述中予以说明。

六 夹河、藁城之役

建文三年二月,朱棣在东昌战役失败后仅休整了40余天,便驱兵南下,抵达河北保定。朱棣为这一战役确定的策略是将战场选择在真定及德州之间,诱两城之敌离开坚城,以利于发挥燕军野外作战的长

---

[1] 民国《盐山县志》卷18《故实略·兵事篇》。

处。战役的发展果然如朱棣所设想的那样,盛庸部首先离德州于夹河与燕军相遇而战,燕军大胜,斩敌十余万。尔后诱真定之敌于藁城大战,燕军又获全胜,斩敌六万余。这一战役的特点是在真定、德州一线野外作战,战场的涉及面大,投入的兵力多,死亡的士卒也多。因此,遭受兵祸的老百姓当然不在少数。

七　征京师之役

建文三年十二月,朱棣接受谋士道衍"毋下城邑,疾趋京师"的策略,率军南下直取南京城。燕军战藁城,战衡水,进入山东,然后避强击弱,取道东昌、济南之间,席卷南下,攻克东阿、东平、汶上等州县,穿过鲁南,抵达苏北,攻占徐州。在今安徽省的淮北地区,燕军与平安率领的政府军有过较大的战斗,战场所在地主要在今灵璧县境。燕军获胜后,下泗州,攻盱眙,克扬州,夺镇江,最后于建文四年(1403年)六月在几乎没有抵抗的情况下,占领京师。"靖难之役"以燕王朱棣的胜利而告结束。

这一战役以攻占京城为目的,目标明确,途中没有作过多的盘桓,也没有发生旷日持久的攻坚作战,沿途人口没有发生大的损失。

由上述事实可知,历时三年的"靖难之役"主战场是在北平(顺天)、永平、保定、真定、河间及济南、东昌等府的辖境内。由于战争在真定、河间、济南及东昌一带多有相持和拉锯,这三府的老百姓成为这一场战争最大的受害者。战争结束以后,也就成为移民的重点区域。与此相邻的顺德府和广平府也大受惊扰,人口大量逃亡。

第二节

河北的再次移民

永乐元年(1403年),朱棣改北平为北京,并撤北平布政使司,将辖区直隶北京。又改北平府为顺天府,并开始修建北京宫殿,说是为朱棣北巡做准备,实际上却是在营建新首都。永乐十九年,朱棣正式迁都北京,改北京为京师,原北京辖区直隶于中央六部。就辖境而言,无论是迁都前的北京,还是迁都后的京师,都与河北(包括今北京市、天津市)相同,为避免名称的混乱,姑以河北称之。

战后的河北地区人烟稀少。永乐元年五月,北京行部给朝廷的报告这样说道:"顺天八府所属见在人户十八万九千三百有奇;未复业八万五千有奇,已开种田地六万三千三百四十三顷有奇,未开种十八万四百五十四顷有奇。"[1] 户口较洪武年间减少了将近一半,其中复业人户只占洪武时期人口的四分之一,开种的耕地也只占洪武年间的十分之一左右。由此可见,"靖难之役"后,河北地区洪武移民的成果大都无存,新一轮的移民活动就在这样的背景下展开。

一　北京城和顺天府

1.《明史》《明实录》中的移民史

作为首都的北京和作为京畿重地的顺天府,需要有众多的人口与繁荣的经济,因此移民垦殖是这一地区经济发展的前提。从政治的角度出发,首都的建立也意味着大量外地人口的迁入,这与洪武大移民中京师的移民情况极为相似。从《明太宗实录》和《明史》的记载看,永乐年间这一地区的移民大致包括以下几类:

第一类为各类罪犯及其家属。建文四年(1402年),刚刚取得政权的朱棣开始了整治社会秩序和打击敌对势力的工作。这一年九月,他把一批来自各地的罪犯及家属迁入北平[2],人数不详。十月,朱棣下令将"靖难"之初携印逃亡的北平布政司所属州县官219人入粟赎死,并发兴州充军屯守[3]。永乐元年八月,又有一批来自各地的罪犯

---

[1]《明太宗实录》卷20。
[2]《明太宗实录》卷12。
[3]《明太宗实录》卷13。

和家属被迁入顺天、永平二府[1]。次年五月和七月，分别有来自北京和其他地方的罪犯迁来顺天府[2]；七月迁入的为462人，其他人数不详。永乐四年正月，迁湖广、山西及山东的郡县官吏共214人往北京地区，是作为谪吏遣边的。永乐五年又从各地遣送免死因犯若干人至北京郡县[3]。还有一次见于《明实录》记载的是永乐十年从各地迁入北京良乡、涿州、昌平、武清、卢龙、山海、永平及小兴州等地的罪因及其妻子[4]，人数不详。从上列有记载的移民人数来估计，每次移动的人口不多，全部移民不会超过2000人，合家属不会超过1万人。

第二类为来自山西及山东的民籍移民。建文四年九月，一大批来自山西太原、平阳、泽州、潞州、辽州（治今左权市）、沁州、汾州（治今汾阳市）和山东的"丁多田少或无田之家"迁入了"北平各地"[5]，规模不详。永乐二年和三年，分两次迁山西民到北京州县，每次1万户[6]，约合10万人口。永乐五年，又一次较大规模地移山西及山东民入北京州县，迁入地是北京上林苑。上林苑的地域范围很广，南至武清，北至居庸关，东至白河，西至西山，迁入民户为5 000户，约合2.5万人[7]。假定上述建文四年迁入的山西及山东移民为2 000户，合计有人口13.5万。虽然，这14.5万人口迁入顺天府境。

第三类为迁自江南的富户和来自南京的工匠。如果说迁自山西或山东的移民身份是自由民的话，迁自江南的富户则是一类相当特殊的移民，户籍制度决定了他们身份的终身制和世袭制。永乐元年，朱棣徙南京、浙江等九省富民实北京，颇类似朱元璋徙江南富民实京师。《明会典》卷19中的记载是："永乐元年，令选浙江、江西、湖广、福建、四川、广东、广西、陕西、河南及直隶苏、松、常、镇、扬州、淮安、庐州、太平、宁国、安庆、徽州等府无田粮并有田粮不及五石，殷实大户，

---

1 《明太宗实录》卷22。
2 《明太宗实录》卷31、卷33。
3 《明太宗实录》卷72。
4 《明太宗实录》卷124。
5 《明太宗实录》卷12。
6 《明太宗实录》卷34、卷46。
7 《明史》卷67《职官志三》。

充北京富户,附顺天府籍,优免差役五年。"按照《明史·食货志》的记载,这批移民的人数为"三千",但万历年间顺天府尹王之垣给朝廷的报告中有"国初从浙江等处富民三千八百余户以实京师"[1]之语,似更精确,若是,合家属则有人口2万。这批富民分派在宛平、大兴两县寄籍,居住在北京城及城郊,编为厢户,史称"附籍京师,仍应本籍徭役"[2]。

李龙潜指出这一移民的过程并非在永乐元年结束。他引用明嘉靖《广东通志》卷7中关于永乐二年八月"诏徙广东富户实京师"的命令以资证明[3]。或许由于广东地处僻远,移民过程结束较晚罢了。

工匠的身份也是世袭罔替的。迁都后,又将南京的"民"和工匠2.7万户迁入北京[4],以应新首都的需要,与家属合计应有13.5万人。我们知道,南京城的全部工匠约为5 000户,从南京迁入北京的工匠最多不超过此数,其余的2万多户"民"当为洪武时期迁入南京城中的富户、力士和仓脚夫等类人口。

第四类为永乐朝廷的文武百官及吏员。按照第二章有关南京城移民的论述,这类人口及家属约为2万。永乐时的制度应与洪武时差不多,故不申论。

第五类为卫所移民。这类移民人口众多,最值得重视。《明史·兵志》有若干关于北京城驻军的记载,但语义不清,记载中互有矛盾,兹辨析如下:

《明史·兵志》称永乐年间京卫总数为72个,但在具体卫所的记载中却找不到这72个卫的名称。在洪武以后的卫所以及洪武年间的卫所中,我们共找到原属南京的22卫1所于永乐年间调入了北京,在未注明调入北京的南京卫所中,有原驻于南京城的上12卫因为是亲军而于迁都后调入北京,《明史·兵志》中有关北京城各门的守卫中就有这12卫的具体分布和职责的记载。另有长陵一卫,由南京卫改,也

---

1 《明神宗实录》卷69。
2 《明史》卷77《食货志一》。
3 李龙潜:《明初迁徙富户考释》,《中国社会经济史研究》1988年第3期。
4 顾炎武:《天下郡国利病书》卷14。

属亲军。这样,可以确定原驻于南京的35卫1所调入了北京。洪武时代南京城驻军有42卫,其中大部分调入了北京城。

除了从南京城调入军卫以外,还从河南调入了安吉卫、彭城卫,并从北平行都司调入了大宁中卫、大宁前卫、会州卫、富裕卫和宽河卫,其中安吉卫改名通州卫。此外,在亲军中,还包括一批以前属于北平都司的军卫,共达11个,又新设1卫。北平都司的军卫从北平府迁于北京城中,属于同一区域的人口移动,不作移民计。总而言之,北京城中的卫所一共只有54卫1所,与《明史·兵志》所称的72卫还有很大差距。在找不到具体卫所记载的情况下,我们只能以54卫1所作为北京城驻军数,其中外地移入的卫所为42卫1所,军籍移民的数量约为70万。

永乐元年,在北京城外顺天府的辖境中,也有一批卫所从外地调入,他们主要来自三个方面,一是来自山后地区的北平行都司,即大宁都司,有营州左、右、中、前、后5个屯卫和兴州左、中、前、后4个屯卫,共9卫;二是来自山西行都指挥使司的镇朔卫、定边卫和东胜右卫等3卫(同时迁入的云川、玉林和镇虏等3卫随后回迁山西,不计为移民);三是从河南都司迁入的宁国、宁山和潼关卫,宁国卫迁入后改名为涿鹿卫。此15卫合计有人口25万左右。

此外,从永乐年间开始,北京城成为蒙古降人及其他少数民族首领内附的居住地,这和洪武时代的京城颇为相似。然而,永乐年间夷人内附的规模还不大,在《明实录》中有记载的仅有5次,所附者多为达官头目以及他们的家属和随从。洪熙元年(1425年)一年中此类投附却有8次,最多的一次内附人口达572人。宣德年间,此类内附则达23次[1]。宣德年间进士李贤曾上疏谈到京畿的蒙古降人:"切见京师达人不下万余,较之畿民,三分之一。"[2]这所谓的达人大概是达户。假定从永乐至宣德年间历次内附的达人数量大体是一样的,以次数平均,则永乐时代迁入北京城中的蒙古降民约为2 000人左右。

总而言之,永乐年间北京城及顺天府境成为大规模的人口迁入

---

[1] 内附的具体过程详见本卷第十章的有关论述。
[2] 李贤:《达官支俸疏》,《明经世文编》卷36。

地。迁入的各类人口总计有127.2万。

尽管迁入的人口是如此之多,北京城内的民籍人口仍很有限。如前所述,洪武二年,北平府城中只有1.2万民籍人口,元时的居民在洪武初年大多被迁往汴梁。永乐年间迁入的民籍人口皆来自南京,除3800名富户以外,还有与工匠同时迁来的南京民人。只是这批民人与工匠同时迁入,令人怀疑他们的身份有可能改变成为匠户。《明宣宗实录》卷64记载宣德五年(1430年)三月"行在工部尚书吴中奏:'南京及浙江等处工匠起至北京,及于随驾各监上工者,俱未有定籍,请令附籍于大兴、宛平二县,庶有稽考。'从之。"似乎已将南京迁入者皆作为匠户看待。所以,上引资料中李贤所说的京畿中蒙古内附者仅万余人,却占了总人数的三分之一,推知京畿人口总数在5万左右。显然,所谓的"京畿"人口包括了内附的蒙古人、官员及其家属,却未包括那些未记入户籍的迁入者。由此可知,考虑到土著及移民人口的自然增长,宣德年间北京城中的各类非军籍人口约为20万。

2. 土著社与移民屯

据通州的情况可知,顺天府在永乐年间进行过一次屯、社的重新编审,这与第五章中提到的河间府的情况大不相同。康熙《通州志》卷1《乡屯》记载如下:

> 明永乐十年(1412年)编审州籍共二十七里,二十年增编发迁民九屯,为三十六里。宣德七年(1432年)再增迁民八屯,归并土民三里,为四十一里。正统七年(1442年)归并土民一里、迁民六屯,为三十四里。景泰三年(1452年)归并一里一屯,天顺六年(1462年)归并一里,为三十一里。弘治五年(1492年)归并四里一屯,为二十六里。万历初归并一里一屯,止二十四里。

在第五章中我们知道,洪武初年,通州曾设8屯以安置山后来的移民,在永乐编审中,这8屯移民被编入27里之中,永乐二十年将新迁入的移民编成9屯。对于永乐时期的移民来说,洪武时期的移民已经成为土著。

在上面已经讲到,永乐年间从山西等地迁民入顺天府基本发生在永乐初年,永乐二十年通州设屯实际上是将永乐初年迁入的移民编入屯的组织之中,并给予户籍。同样,宣德年间新增的屯也只能是将还没有编屯或编屯后新移入的移民再次编屯,这批移民迁入的时间极可能是永乐年间而不是宣德年间。众所周知,永乐之后,政府组织的移民活动即已停止[1],所以不可能在宣德年间出现有组织的人口迁移。

这样,在永乐移民结束以后,通州移民在民籍总人口中的比例为38.6%。至万历年间,由于长时期的多次归并社屯,里被并掉11个,屯被并掉9个,移民屯在社屯总数中的比例降至33.3%。在具体的乡、屯名中,也还有9屯仍存在于万历年间,它们是孝行一屯、孝行二屯、永富屯、永丰屯、永隆屯、永安屯、永盛屯、清安屯、高丽屯,而里数只有14个,可见上述引文在叙述历年归并里、屯的数量时有些差错。这样,屯在社屯总数中的比例为39.1%,与永乐时期的实际情形相差不多。另外,该志记载了永乐年间漷县的里屯数,计有12里8屯,可知永乐年间漷县的移民占全部民籍人口的40%。至弘治年间,归并里屯后仅余6里和4屯,屯在里屯总数中的比例不变。

再看平谷县,"明编户一十三里,曰辛寨社、鹿角社、独乐社、坊廓社、日勤屯、迁民屯、泰务屯、祖务屯、高村屯、安固屯、广成屯、负廓屯、广储屯",共有4社9屯,屯占里屯总数的69.2%,估计也是永乐年间编审的结果。到了成化八年(1472年)并为7里,土著4社依然保留,而移民屯只有3屯了,它们是泰务屯、日勤屯和负廓屯[2],平谷县的社屯归并的速度是不同的。这样,到了明代中后期就很难追溯永乐时期真实的移民比例了。

通州及丰润县(详下文)的例子告诉我们,永乐年间的顺天府属县有可能皆重新编审过社屯,因此,在处理顺天府属县的社屯时,可以永乐年间为他们的起始点,而不是像河间府那样以洪武为起始点。另外,从平谷县的例子中可见,永乐以后的社屯归并有两种可能,或者是社和屯以同样的速度减少,或者以不同的速度减少。因此,我们根据

---

1 《明史》卷77《食货志一》。
2 民国《平谷县志》卷1《建置沿革》。

后代的社屯资料推算永乐年间的社屯比例时应当特别谨慎。

例如康熙《蓟州志》卷1中记载了明代中期蓟州及属县的社、屯数及名称,蓟州11里5屯(清代由军卫转来的里屯不计,下同),玉田5社2屯,平谷4社4屯。但由于这些社屯都是历年归并的结果,而且我们又知道平谷县社屯的归并不是等比例进行的,所以这三县的移民比例可能是失真的。按这些数字计算,永乐年间蓟州3县的移民比例至少占民籍人口的35.5%。若将平谷县的9屯全部计入,移民则占44.4%。粗略估计,蓟州移民可能占人口的40%。

顺天府东部可以遵化和丰润两地为例。康熙《丰润县志》卷1《里社论》中说:"明永乐二年始编社屯。改革之后,人民鲜少,地广不治,招集流亡复业,并迁江、淮、浙江、江右之民实边,乃以土民编社,迁民编屯。"可见也是在永乐年间重新编审过社屯的。这里的土民当然也包括洪武时期的移民。可惜的是,该志没有留下当时的社屯数字,只知嘉靖十一年(1532年)并为13社,其中"民户编八里,灶户编五图",已经没有屯的编制。这些社图的名称是仁西、杏西、家南、坊市、岁丰、丰济、孝西、咸宁等8社和越支1至5图。从名称上分析,至少岁丰、丰济和咸宁3社是移民社,灶户是由移民组成还是由土著组成,抑或兼而有之,则不清楚。仅以社计,移民当占总数的37.5%,与通州一带的情况差不多。

顺治《遵化州志·坊里》称:"邑原额十五里,明嘉靖元年并入大安、庆安、普安三里,为一十二里。"到了顺治十六年(1659年)因为将军卫并入县属,增加了2个屯,这14个里屯的名称如下:坊厢里、温一里、温二里、温三里、兴一里、兴二里、崇德乡、太平乡、洪济乡、丰稔乡、宗本屯、众安屯、归安屯、忠义屯。归安和忠义两屯是清代由军卫转来的,略而不计。嘉靖年间并掉的大安、庆安和普安3里非常像移民屯的名称,如同众安、归安等屯名。最让人感到奇怪的是里、屯之外,还有乡的编制,且这四乡又是非常典型的移民地名,所以我们认为这四个乡极可能是洪武移民的聚居地,而宗本、众安及归并掉的大安、庆安和普安5屯则可能是永乐年间的移民屯。永乐年间遵化州的社屯编审保留了洪武移民的编制,这一做法在其他地区也时有发现。

还有 5 个顺天府属县的社屯值得一提。康熙《香河县志》卷 2 记载："明弘治间编户十里,后逃亡者多,并为六里,其迁发者,别为四屯。"康熙《良乡县志》卷 1 则说："里屯,初编里二十有五,继为二十二里者,犹百年前旧志也。"这 22 个里屯中有美化里、厚俗里、永丰里、永安里和重义里属于与遵化州类似的洪武移民里,而安化、鼓腹、福善和丰足 4 屯则应是永乐移民屯。康熙《三河县志》卷 1 记有 14 社、4 屯。康熙《固安县志》卷 1 记载当地 36 个乡屯,其中屯为 12 个。而在万历《保定县志》卷 1 中,记有 5 里 1 屯。合计此 4 县共有 55 个土著里、21 个移民屯,移民占总数的 27.6%。这 5 县的社屯已是万历或康熙年间的残存者,各自的比例和永乐间是否一致,无法判断。但有一点可以看出,顺天府南部的移民比重似乎比东部地区要低许多。

统而言之,笔者推测顺天府永乐时期的民籍移民约占民籍总人口的 40%,大约是合适的。

按照前面所引的资料,永乐元年顺天等八府有约 19 万户,另有 8.5 万户属于流亡在外者。假定流亡者全部能够复业,顺天等八府的土著人口约有 27.5 万户,约 137.5 万人。洪武时期北平府人口为河北地区人口的 14.4%,假定这一比例在永乐元年仍未改变,则顺天府的土著人口约为 20 万。这样,民籍移民人口就有 13.3 万。

在前面的论述中,我们已经知道从建文四年至永乐元年迁入顺天府地区的民籍人口约为 14.5 万,建文四年迁入的 1 万人口极可能在永乐元年北平行部给中央的报告中已经计入所谓的"见在人户"当中,这里不再重复计算,所以,永乐年间迁入的移民为 13.5 万,与我们根据社屯比例作出的估计一致。

3. 自然村与移民史

用自然村资料可以对移民的比例进行推测。由于今天北京地区缺乏类似的地名资料,因而无法用于与上述历史文献的记载进行对比。自然村的统计只能应用于今北京市以外的地区。永乐年间顺天府中南部的移民情况可以香河、安次、固安、霸县、文安及大城的情况为例(见表 8-1)。

表8-1　河北省香河等六县自然村建村时代和原籍　　单位：村

时代\原籍	河北 本区	河北 其他	山东	山西	南京	关外	合计
元末以前	69	—	1	—	—	—	70
元末	—	—	—	—	—	2	2
洪武	1	—	—	11	—	1	13
永乐	—	—	10	99	13	—	122
合计	70	—	11	110	13	3	207

资料来源：《河北省香河县地名资料汇编》，1983年，抽样乡镇为梁家务、东鲁家口、五百户、刘宋，抽样率24%。《河北省安次县地名资料汇编》，1983年，抽样乡镇为白家务、落垡、调河头，抽样率20%。《河北省固安县地名资料汇编》，1983年，抽样乡镇为大场先务、苏家桥、彭村，抽样率19%。《河北省霸县地名资料汇编》，1983年，抽样乡镇为信安、城关、杨芬港、东杨庄、煎茶铺，抽样率28%。《河北省文安县地名资料汇编》，1983年，抽样乡镇为新镇、大柳河、赵各庄、黄甫，抽样率15%。《河北省大城县地名资料汇编》，1983年，抽样乡镇为王文、白尚屯、大流漂、留各庄，抽样率22%。

东部的情况可以玉田、丰南二县为例，见表8-2。

表8-2　河北省玉田、丰南二县自然村建村时代和原籍　　单位：村

时代\原籍	河北 本区	河北 其他	山东	山西	河南	南京	关外	合计
元末以前	19	—	—	—	—	—	1	20
元末	3	—	—	—	—	—	—	3
明初	—	—	16	—	—	—	—	16
洪武	—	—	3	—	1	1	—	5
永乐	5	3	75	5	4	8	—	100
合计	27	3	94	5	5	9	1	144

资料来源：《河北省玉田县地名资料汇编》，1984年，抽样乡镇为珠树坞、郭家屯、韩家林、林头屯、孙各庄、邢庄、刘学庄、陈家铺、郭家桥，抽样率23%。《河北省丰南县地名资料汇编》，1983年，抽样乡镇为兰高庄、侉子庄、丰毫子、王兰庄、西葛各庄、辉坨，抽样率20%。

先谈谈移民原籍。

顺天府东部和中、南部之间存在的差异是显然的，即中、南部的移民以山西为主，东部的移民则以山东为主。由于东部的地域狭小，所以就顺天府而言，山东移民在移民群中并不占大的比重，但这一区域

与永平府的移民类型一致,从而构成一个规模相当大的山东人移民区。

隆庆《丰润县志》卷1记载了永乐二年迁江淮民入此地垦殖一事。今丰南县即明代丰润县的一部分,从表8-2中,我们所见却是大量来自山东的移民,自南京迁来的人口极少。这些来自山东的移民当年极可能是军屯的士兵,由于不属于民籍系统,故不为县志作者所注意。丰润、玉田二县,永乐间是兴州前屯卫和兴州左屯卫的驻地,移民中军卫士卒的成分颇多,就是所谓的南方人也不例外。如玉田县的刘学庄吴氏,其家谱称:"我吴氏乃南土实兴州左屯卫人也。自英方祖于明永乐二年编为军籍,戮力国家,綦勤綦慎,肇基玉邑,卜居刘学庄。"[1]

来自关外的移民大多来自小兴州。有记载称:"明洪武初,常遇春军进次大兴州,遂取开平,建衙于此。当时居民户口,殷然极盛。迨永乐之末,始废兴和守御所,徙大宁于内地,而开平孤县绝塞外,于时百姓纷纷内迁,至今京师故家谱牒往往称永乐时自小兴州来。"[2] 文中的"永乐之末"似乎应改为永乐之初。

再谈谈移民的数量。

根据不同原籍的自然村比例和数量来估计顺天府永乐移民所占的比例和数量,是一个很复杂的问题。在找不到更合适的方法之前,我们仍用自然村标准化的方法来处理。

以大城县为例,表8-1中抽样所得的32个永乐年间的村庄共有人口22 185人,平均每村人口为693人;现存的49个明代以前的古村共有人口54 844人,平均每村有人口1 119人。古村人口为永乐村人口的1.6倍。根据这一比例,在顺天府的中部和南部,永乐移民约占永乐年间人口50%。在顺天府的东部,我们也取1.6作为标准化值,永乐以前的土著要少得多,只占总人口的26%,永乐移民人口则占总人口的74%左右。顺天府东部各县移民的比重大于中南部各县,这一特点与根据社屯比例作出的分析是一致的。

该如何估计顺天府全府自然村中的移民与土著的比例呢?我们

---

1 《河北省玉田县地名资料汇编》,第260页。
2 朱筠:《笥河文集》卷12《外舅王舜夫先生墓志铭》。

知道,在"靖难之役"中,北平府的东部和北平府城的周围受到的战争破坏比起南部要严重得多,接受的移民也比南部多,如永乐初年从山后及山西等地迁入的卫所,就没有一个将本部驻于固安县及其以南区域。所以,东部地区移民的比例较高是有道理的。我们甚至相信,在今北京市的辖县中,移民村的比例极可能达到与东部丰润、玉田相当的水平。因此,顺天府的移民村在总村庄中的比例平均达到60%以上应该说是没有什么问题的。

由于自然村中已经包括了大量的军籍人口,所以,无论是在顺天府的东部还是在中、南部,移民比例都大大高于据屯社数得出的同类比例。永乐年间移入顺天府的军籍移民为25万,加上民籍移民13.5万,合计为38.5万。当时顺天府(不包括北京城)的全部人口约为58.5万,所以,移民占人口总数的66%左右,即占全部人口的三分之二。这与根据自然村来源作出的估计相当接近。

总之,官修史书中的记载与地方志中的屯社资料和自然村所反映的移民历史大体吻合,证明了顺天府地区的屯社资料和自然村统计的基本可靠性以及这一系列资料在历史研究中的适用性。

二 隆庆州和保安州

洪武时期曾经把居庸关外的居民迁入关南各地。永乐年间,出于对北部边防上的考虑,政府对这一区域采取了恢复和充实的政策。永乐十一年(1413年),朱棣在旧隆庆地视察后,重新设立隆庆州(治今河北延庆县),将各地的罪囚约1600余户迁入,大约有5000口。这1600余户分属隆庆州及所辖的永宁县(今延庆县地),编成14里,恰好约110余户为1里,正合编制。隆庆辖10里,永宁辖4里[1]。两年以后,又命设保安州(今河北怀来县地),"以有罪当迁谪者实之"[2],这批罪犯编成7里,人数约770户[3]。由于这几次移民以恢复设立旧州

---

1 嘉庆《隆庆志》卷1《疆域》。
2 《明太宗实录》卷160。
3 康熙《保安州志》卷1《舆地》。

县为目的,故而移入的罪因比较多,总人数为7 000人。合而计之,隆庆州迁入人口1.2万。

永乐十四年十一月,政府组织了一批民籍移民迁往居庸关外的保安州,这批移民主要来自山东、山西和湖广,人数约为2 300余户[1],约合12 000人。据嘉靖《隆庆志》卷1,这批移民实际上也迁入了隆庆。该志的"隅屯"一节云:"本州原编东南、西北、东北、西北四隅,红门、黄柏、白庙、版桥、富峪、红寺六屯,谓之前十里,谪发为事官吏等充之。榆林、双营、西桑园、泥河、岔道、新庄、东园、宝林、阜民九屯,连关厢谓之后十里,迁发山西等处流民充之。"从这一记载可见,隆庆州的民籍移民后于罪因移民迁入,即在永乐十二年以后迁入,其人数与罪因移民相当,为1 100户。实际迁入保安州的移民只有1 200户。在康熙《保安州志》卷1的记载中,永乐十六年编户1 900户。扣除其中770户罪因移民,还有1 130户,就是这次迁入的移民,与理论值仅存在70户的差距,可略而不计。从这一事例可以看出,《明太宗实录》中的有关记载大体无误,但仍有疏漏。

三 永平府

永平府地处长城沿线,扼守辽东与华北的交通道口,历来为军镇重地。此地的移民带有很强的军事移民的色彩。

永乐元年,大宁都司内撤时除了迁移大量的军卫至顺天府地外,还有兴州左屯卫和开平中屯卫迁于滦州府地,另有迁自山西行都司的东胜左卫也迁入滦州府地,合计共得外来军卫及家属约5万人。

滦州在永乐年间也接纳了一大批民籍移民。在滦州,永乐"二年编社屯,革除时州民为辽军残破,至是土民复业,江淮迁民亦至,始以土民编社,迁民编屯,社四十有一,屯二十有六;(乐亭)县社十有八,屯九"[2]。按此资料记载,永乐初年,滦州及乐亭外来移民的比例占当地

---

1 《明太宗实录》卷182。
2 万历《滦志·世编二》。

民籍总人口的近37％，土著占移民以后民籍人口总数的63％。

从这一记载中可见，滦州府地的屯社是在永乐初年重新编过的，因此，地方志中的屯社是永乐以来的产物，洪武移民则已经编入"土著"之中了。弘治年间各县的社屯数，列于表8-3。

表8-3 永平府属县的社、屯数　　　　　　　　　单位：个

县 别	土著社	移民屯	县 别	土著社	移民屯
卢 龙	7	4	滦 州	41	26
迁 安	10	6	抚 宁	12	5
昌 黎	16	11	乐 亭	18	9

资料来源：弘治《永平府志》卷1《里社》。

各县移民屯的命名都是典型的移民地名，如卢龙县的丰润屯、丰隆屯、丰稔屯、丰成屯，迁安县的丰廪屯、丰赡屯、嘉祥屯、嘉应屯、丰谷屯、丰登屯。另外，在乾隆《永平府志》卷2《屯社》中，还有临榆县的7个民社是清代由山海卫改成的，明代为卫地，所谓的7社皆是军人。军人的数量另外计算，这里就不列出。合而计之，该府有104个社，61个屯，屯占社屯总数的比例也是37％。

永乐年间社屯的编制是非常规范的，以社屯数推算人口，滦州和乐亭就有10 340户，51 700人[1]，每县平均有人口2.6万。由于滦州人口多于其他县，所以不能以此数作为全府属县人口的平均数。若以乐亭县人口作为除滦州以外的5县人口的均值看待，那么这5县共有人口7.4万，加上滦州人口，就有人口11万，其中移民占37％，约有人口4万。

关于移民的原籍，文献中的记载多称南方或江淮，如康熙《永平府志》卷5《风俗》中称："永平因靖难为东兵残伤，而四郊半墟，召南方殷实户就荒地而栖止，谓之屯，如古之移宽乡意也。"然而，在今天的自然村调查中，却看不到这么多的江淮移民。大量的移民虽然说是来自

---

[1] 议及永乐年间的滦州人口，有一数据需要提出来讨论。嘉庆《滦州志》卷3中有关于自辽代以来的历年人口，其中明代人口颇为详细，却大有问题。自洪武至成化，该州有4 900余户，85 000余口，多年来的户数变化只有几十个，口数变化只有几百人，是为明显的人工编造。而且，户口之比也极不合理，令人不敢相信。

"南方",也仅仅是就永平府的地理位置而言。从表8-4中的统计来看,山东籍的移民是永平府移民群中最重要的一支。

表8-4 河北省抚宁、迁安、迁西三县自然村建村时代和原籍

单位:村

原籍 时代	本区	山东	山西	河南	南方	军籍	其他	合计
元末以前	17	5	3	—	—	—	3	28
元　　末	—	1	—	—	—	—	—	1
明　　初	3	20	1	—	—	—	2	26
洪　　武	3	19	2	—	2	—	—	26
永　　乐	4	55	11	1	2	21	—	94
合　　计	27	100	17	1	4	21	5	175

资料来源:《河北省抚宁县地名资料汇编》,1983年,抽样乡镇为城关、义院口、驻操营、上庄坨、吕良峪、杜庄、北寨、西张庄、坟坨,抽样率20%。《河北省迁安县地名资料汇编》,1984年,抽样乡镇为城关、擂鼓台、建昌营、徐刘营、潘营、青山院、毛家洼、杨店子,抽样率19%。《河北省迁西县地名资料汇编》,1983年,抽样乡镇为兴城、上营、瓦房庄、洒河桥、渔户寨、南古刘庄,抽样率19%。

在不多的一些元末以前的村庄中,竟然有40%自称他们来自山东和山西,这到底是移民们将他们的迁入史往前追溯呢,还是老土著附会移民的原籍呢?我们并不清楚。将元末以前的古老村庄进行标准化,即1个老村相当于1.6个永乐村,结果是,永乐移民占当时总人口的60%。

在表8-4中我们还注意到在军籍移民的栏目中,没有洪武年间的迁入者,只有永乐年间的军人村庄。洪武以来一直驻守在这里的永平卫和山海卫,似乎在永乐年间已经换过了军人。"靖难之役"可能给这两卫以重创,战后有大量新军人调入以补充缺额。

永乐年间永平府有民籍人口11万余,加上5万外来的军籍移民和永平卫、山海卫的军人及其家属,共有人口约19.4万。其中,60%为永乐移民,共有移民人口11.6万;其中军籍移民5万至8万,民籍移民6.6万。也就是说,以社屯比例推测,永平府民籍移民只有4万;以自然村数据推测,永平府民籍移民为6.6万。

从自然村的统计看,文献中记载的南方移民变成了山东移民,山

西移民以及南方移民均寥寥无几。

四 河间府

在第五章有关洪武年间河间府移民的论述中,我们已经知道嘉靖《河间府志》记载的移民屯在永乐年间并没有经过重新编审,其中含有洪武年间的移民屯,所以河间府的社屯数无法用来进行永乐移民历史的分析。除了一些描述性的文献记载以外,定量的分析只能借助于自然村的统计资料。

民国《盐山县新志》的一篇文字记述了"靖难之役"后的移民:

> 燕王立,永乐二年始迁民以实之。迄今土人率云:"燕王扫北,此邦之民为化字军吞噬无遗。"当日燕军过此者,盖以化字为号。燕王即位,屠戮忠节之士。……山西李柳西者,永乐时始迁盐山者也,初至时白骨青磷,怵惊心目。[1]

山西移民迁入的似乎是一个无人区。再看有关青县的记载:

> 畿南之民多起义抗燕军者,燕军恨之,遂赤其地,至今犹呼燕王扫北云。邑之土著,问无元人,率以永乐二年迁此。邦之人为燕兵所屠戮,死无遗类,可想而知矣。[2]

永乐之前的土著几乎无存,交河县的资料也可以证明这一点:

> 成祖永乐二年迁大姓实畿辅,邑内居民多由外省迁至,土著甚少,诏开闲田,永不起科。[3]

让我们来看一看自然村建村史中所反映的移民情况。对河间府属县之南皮、盐山、孟村、河间、青县、吴桥、沧县7县的自然村所作抽样调查的结果如表8-5所示。

从表8-5中可以看出,永乐移民迁入之际,情况的确如上引《盐山

---

1 民国《盐山县新志》卷18《故实略》。
2 民国《青县志》卷12《故实志》。
3 民国《交河县志》卷10《杂稽志》。

县新志》所言,土著之人寥寥。在移民运动完成之后,土著在总人口中的比例约为10%;如果把迁自河北滦州一带的移民也算作河北土著的话,其土著比例约为20%。

表8-5 河北省南皮等7县自然村建村时代和原籍　　　单位:村

原籍 时代	河北			山西	山东	河南	南方	军籍	其他	合计
	本区	滦州	其他							
元末以前	17	—	—	—	1	—	—	—	—	18
明　初	—	—	—	7	2	—	—	—	—	9
洪　武	—	—	—	8	3	—	1	—	—	12
永　乐	16	48	3	221	87	13	18	7	3	416
合　计	33	48	3	236	93	13	19	7	3	455

资料来源:《河北省南皮县地名资料汇编》,1982年,抽样乡镇为店子、双狮赵、汤庄、王寺,抽样率21%。《河北省盐山县地名资料汇编》,1982年,抽样乡镇为边务、大傅庄、望树、韩集、刘集,抽样率22%。《河北孟村回族自治县志》(讨论稿)第一编《建置·村庄》。《河北省河间县地名资料汇编》,1983年,抽样乡镇为卧佛堂、南台、留古寺、榆林庄、时村、沙河桥,抽样率21%。《河北省青县地名资料汇编》,1983年,抽样乡镇为城关、马厂、王台庄、曹寺,抽样率21%。《河北省吴桥县地名资料汇编》,1984年,抽样乡镇为梁集、水波、楼子铺、城关,抽样率20%。《河北省沧县地名资料汇编》,1983年,抽样乡镇为姚官屯、马落坡、史楼、东纪家洼、黄递铺、穆官屯,抽样率20%。

尽管"靖难之役"中,河间府的人口受到了很大的损失,但是从自然村的统计中仍然可以发现洪武移民的残留。只是这类村庄并不很多,难以据此对洪武移民的比例作出有价值的推测。不过,据表8-5,可将永乐移民在全府人口中的比例定为80%。

在盐山县一带,有非常多的来自永平府滦州及顺天府丰润一带的移民,迁入的时间皆在永乐年间。他们的身份是什么,我们还不清楚,或许是由于永平府大量驻军而迁当地居民南下所造成的,也可能本身就是军队调防的结果。如郑庄,"明永乐二年,郑氏先祖名念祖者奉诏由永平府滦州大郑屯迁此立庄"。而刘洪宇村,也是建于永乐二年,"刘氏先祖名洪宇者,奉诏由永乐府昌黎县留守营迁此占产立庄"[1]。这两个村庄可能是调防的军人所建。自然村的这一统计结果可在地方志中找到印证,如民国《盐山县新志》卷27《故实略》中有几

---

[1] 《河北省盐山县地名资料》,1982年,第176—177页。

篇墓志,除一孙姓为"世居"外,其余皆为移民,且9个移民墓志中,有4人来自滦州,1人来自丰润,1人来自玉田。其中有1人是自山西洪洞迁往滦州,又从滦州迁往盐山的。在墓志中,来自滦州的移民比例似乎比自然村的统计中要多得多。

来自山西的移民似乎是分批迁入的。在南皮县,就留下了许多有关的村名。如张三拨村,据传,明永乐二年张氏由山西洪洞县迁居此地立村,因系第三批移民,故取名"张三拨"。同样的村庄有曹八拨村、朱八拨和姚九拨村,永乐年间由山东即墨迁入。还有类似的地名如季九拨、万九拨和白九拨村。当然,也不是说这一类的村庄都是永乐移民所建,如白九拨村,同治年间从别处迁来,因为周围村名大都带有"拨"字,遂改名,它以前的名字是小白村[1],但无论如何,以"拨"字命名的村庄其缘起与大规模的移民有关系则是没有疑问的。

朱棣迁都北京以后,天津的地位发生了重大的变化。它既是漕运的重要码头,又是首都的门户,因而格外受到中央政府的重视。永乐二年十一月设天津卫,次月设天津左卫,又调旧青州左护卫为天津右卫。天津三卫由此而得名。永乐二年开始筑城,最初的天津城是一个军事据点,以后逐渐发展成为一个都市。天津三卫的指挥中心虽皆设于天津城内,但有两卫驻沧州、静海、兴济、南皮等县,并各有屯堡,只有一卫官兵驻于城内。

另外,在河间府,还驻有沈阳中屯卫和大同中屯卫,与天津三卫合计共有5卫的兵力,与家属合计约有8.4万人口。这些自山东、山西等地调入的卫所士兵,尽管他们的原籍可能并不是山东或山西的,但被调入新驻地以后,就完全可能以原驻防地作为他们的新的原籍。这也可能是自然村统计中存在大量山东、山西移民村的原因之一。

假定河间府之18个州县共有土著约8万人口,即约为永平府人口的一倍,又知移民人口占全府人口的80%,该移民人口为32万,除去军人,尚有民籍移民约23.6万之众,每县平均约为1.3万。由于没有永乐年间河间府的人口数,上述仅仅为推测。

---

[1]《河北省南皮县地名资料汇编》,1982年,第136—140页。

五　保定府

嘉靖《雄乘》卷上记载："今县编户社有十二,屯七。王齐曰：'社为土民,屯为迁民。迁民皆永乐间迁南人填实京师者。'"这表明永乐时期雄县进行过社屯的重新编审。相似的记载也见于满城："洪武初满城编户二十里,永乐中并为十一里,土民八,迁民三,附于三社者也"[1]。明确地指出了永乐重新编审的事实。另一些县的情况与雄县和满城有所不同,在这些县,洪武时代的社、里在永乐年间基本没有变动,只是增加了永乐年间新迁的移民屯,如博野县,"洪武六年径隶保定,编户十八里。永乐二年迁山西夏县民,为三迁"[2]。"迁"的意思与"屯"相似,博野三迁的名称分别是滋河迁、东阳迁、东河迁。蠡县的情况与博野几乎是一样的,记载称："洪武初编十四社,永乐间增迁民为鲍迁、高迁、洪迁三社。"[3] 从蠡县和博野的例子看,这些县中永乐年间迁入的移民是有限的。

万历《保定府志》卷2在"满城"条下这样说："各属亦有迁民,或曰迁,或曰屯,俱永乐中迁山西羡户填实畿辅者。"这说明永乐年间的移民在保定府属各县都是存在的。但奇怪的是,在万历《保定府志》卷2中,却有一批县没有"屯"或"迁"的记载,究其原因,可能是志书中漏载了。试以祁州为例。在万历《保定府志》中,祁州有18里,深泽有15里,束鹿有29里,皆无屯。可是在康熙《祁州志》卷1的记载中,这三个州、县除了上述的里外,各有屯31个、8个和17个。显然,这众多的移民屯并不是万历以后,而是永乐至万历年间设立的,其中绝大部分是永乐年间设立的。在清代仍然存在的屯居然在万历《保定府志》中没有记载,其中的原因,我们并不知晓。

还有一些屯的失载是由于永乐以后的归并。如新安县(今安新县),万历府志中只记有5个里社,而实际上弘治以前有5社6屯,弘

1　万历《保定府志》卷2《疆域》。
2　康熙《博野县志》卷1《沿革》。
3　嘉靖《蠡县志》卷1《乡社》。

治以后,屯全部并入了社中[1]。再如安州,《保定府志》中只记了7社9屯,而在万历《安州志》卷2中则有关于社屯设置的详细说明:"安州社屯原有三十里,嘉靖十一年并为十六里,好义屯附温和,忠义屯附普种,时昌屯附延寿,万亿屯附永昌,顺城屯附亿乐。"所附皆为屯名。可知永乐年间安州屯数为14个,社数为16个。

高阳县属于另外一个类型。在万历《保定府志》中,该县有里社14个,但无屯。而据崇祯《高阳县志·舆地志》,这14社中有3个是以屯命名的,即敦信屯、重庆屯和隆盛屯。编于县志之前的《保定府志》居然弃屯于不记,可见记载的粗疏。嘉靖《清苑县志》卷1中,至少有沾惠和孜勤两屯,而在万历《保定府志》中这两屯都变成了社。

虽然在大多数的保定府属县,屯的名称是以特定的移民词汇命名的,但在祁州三县,屯的名称并没有什么特殊的含义。因此很难对万历《保定府志》中的里社名称进行有意义的辨析。因而,也就不可能简单地利用万历《保定府志》中所载的社屯数了,只能就上述各县明确的社屯数作一归纳,如表8-6所示。

表8-6 安州等12州、县的社屯数　　单位:个

州县	社	屯	屯占比例(%)	州县	社	屯	屯占比例(%)
安　州	16	14	46.7	蠡　县	24	3	11.1
新　安	5	6	54.5	博　野	18	3	14.3
雄　县	12	7	36.8	庆　都	7	13	65.0
满　城	8	3	27.2	祁　州	18	31	63.3
清　苑	24	2	8.3	深　泽	15	8	34.8
高　阳	11	3	21.4	束　鹿	29	17	37.0

资料来源:万历《保定府志》卷2《地理图志》,万历《安州志》卷2《乡社》;顺治《新安县志》卷1《舆地志》;嘉靖《雄乘》卷上《疆域》;嘉靖《清苑县志》卷1《沿革》;崇祯《高阳县志·舆地志》;嘉靖《蠡县志》卷1《乡社》;康熙《博野县志》卷1《沿革》;康熙《祁州志》卷1《舆地志》。

在保定府属的20个州、县中,有12个州、县的社屯数是比较清楚的,合计有187社、110屯,屯占社屯总数的37%;其余州县的情况不

---

[1] 顺治《新安县志》卷1。

明。如果按照里社中的移民词汇进行分析，似乎还可以找到一批移民屯。如涞水县，万历《府志》中记载涞水县有 25 个里社，没有屯，但其中的永安、永和、依仁、乐平、进德、兴贤、游艺、向义和归仁都可能由移民所建。容城县共 6 个里社，名为进德、归化、乐安、兴贤、王祥和迁民，除王祥外，都是非常典型的移民地名。实际上，由于移民屯往往以人名命名，所以王祥也极可能是由移民所建。涞水、容城、新城（今定兴县东）、定兴、唐县、完县、安肃（今保定市徐水区）和易州（今易县）等 8 个州县万历年间共有 177 个里社，其中有 21 个里社的名称含移民义，若这些里社是由屯所改，则占屯社总数的 11.9%，其中以容城和涞水的屯比例较高。遗憾的是目前还无法确定这些移民屯建立的时间。如果这 21 屯是永乐年间的移民所建，那么在这 8 县的 177 个里社中，屯的比例占 11.9%。从上引满城县的资料来看，保定府各属县都有永乐迁民，所以，这一估计是合乎情理的。如此，保定府合计有 343 社、131 屯，屯占社屯总数的 27.6%。如果这 21 屯不计，则保定府移民屯占社屯总数的 23.2%。

可以通过自然村的统计来检验。保定府属 8 县的自然村建村情况可见表 8-7。

表 8-7　河北省高阳等 8 县自然村建村时代和原籍　　　　单位：村

时　代	本　区	山　西	山　东	其　他	合　计
元末以前	159	5	—	—	164
元　末	2	6	—	—	8
洪　武	—	22	—	8	30
永　乐	11	63	1	34	109
合　计	172	96	1	42	311

资料来源：《河北省高阳县地名资料汇编》，1984 年，抽样乡镇为南蒲口、北晋庄、北于八，抽样率 20%。《河北省安新县地名资料汇编》，1984 年，抽样乡镇为端村、刘李庄、安州，抽样率 14%。《河北省新城县地名资料汇编》，1983 年，抽样乡镇为高碑店镇、车屯、辛立庄、辛桥、张六庄，抽样率 22%。《河北省深泽县地名资料汇编》，1983 年，抽样乡镇为城关、羊村、留村、铁杆，抽样率 33%。《河北省清苑县地名资料汇编》，1983 年，抽样乡镇为南大冉、白塔、大阳、何桥、南王庄、北马庄、王盘，抽样率 18%。《河北省满城县地名资料汇编》，1986 年，抽样乡镇为神星、西家庄、岱台、东马、江城，抽样率 20%。《河北省雄县地名资料汇编》，1983 年，抽样乡镇为北沙口、米家务、朱各庄、杨西楼，抽样率 24%。《河北省定兴县地名资料汇编》，1983 年，该县村庄不分乡镇排列，采取等距抽样，抽样率 20%。

据表 8-7，永乐移民和洪武移民累计所建村庄不敌元末以前建立的古老村庄，所以这一区域的移民显然属于人口补充式，因此采用 2 作为古村的标准化值。标准化后的计算结果为：永乐移民只占当时人口的 21.1％，比根据屯社比例作出的估计还要低。

屯社中的移民仅仅是民籍人口，并没有包括军籍人口，而自然村中的移民还应当包括一批军籍人口。永乐年间，大宁都司从口外迁于保定府，虽然没有军卫随迁，但新设的保定 4 卫不可能从保定的民籍中征发，应由原大宁都司内迁中撤销的军卫重组而成。因此，这 4 卫军人及其家属共 6.7 万人属军籍移民。在表 8-7 中列举的 8 县中，定兴、雄县、高阳 3 县有一批移民村自称为来自"山西洪洞县小兴州"或"小行舟"。小兴州与山西混杂，只能说明两地移民的众多，或者说两地移民人口达到了均势。如果加上这批军籍移民人口，根据自然村统计所得移民份额的估计就可能大大低于实际。

从定兴县可以看出保定府的移民村确实少于实际的移民比例。定兴县以永乐移民为主，永乐二年"移大宁民于内地占定兴者，倍土著之数，后多蔚为氏望"[1]。但在今天的自然村统计中，定兴县元末以前的古老村庄有 20 个，而明初迁自山西的仅 1 村，迁自"山西小兴州"的有 5 村。土著村是移民村的 3 倍多，哪里还有什么"倍土著之数"？不知是什么原因造成自然村统计中对移民人口的低估。

永乐十年(1412 年)，保定府有人口 38 万余人[2]。依上述根据屯社比例所进行的推算，移民比例约占 21％—27％。简言之，移民占 24％，就有人口约 9.1 万人。加上保定 4 卫的兵士和家属，有人口 6.7 万。合计移民人数为 15.8 万。假如以自然村的比例进行推算，移民合计只有 9 万余人。依据对移民人口的估计就低不就高的原则，我们认为永乐时期保定府移民人口约为 9.5 万。

---

1 康熙《定兴县志》卷 10《事故》。
2 弘治《保定郡志》卷 6《户口》。

六 真定府

永乐年间移民真定府的记载不绝于史。永乐七年,山东安丘县民邢义,以"本邑人稠地狭,无以自给,愿于冀州、枣强占籍为民",朱棣允准,命户部徙山东青州诸郡民往冀州凡800余户[1]。十五年,又有山西民申外山,"乞分丁于北京广平、清河、真定、冀州、南宫等县宽闲之处占籍为民"。获准后,从山西平阳、大同、蔚州、广灵迁民于上述府州[2],具体户数不详。

从各种资料的记载来看,各县接受的移民多为几百户或千余户。如上述冀州接受山东移民800余户,若加上永乐十五年的山西移民,则有千余户。洪武年间冀县户数为2 209户,"靖难"之后,户数只会减少,不会增多[3]。由此可知永乐移民在冀县人口中的比例是很大的。再如南宫县,嘉靖《南宫县志》卷1《里甲》在叙述完洪武时代的14个土著里之后,又接着说:

> 永乐初四方之民流寓于此,遂家焉,谓之顺民。其税有粮无草,以示优恤。凡二里:张马社、井村社。其民便宜定居,故散在各社。
>
> 永乐间云雷初定,榛莽弥望,迁山西高平、长子诸县民四百余家,听其开垦荒地以为永业,是谓迁民。凡四里:永丰社、永乐社、永安社、永登社。
>
> 成化中生养蕃息,新增六里。嘉靖初以消耗复减二里,谓之新析民。凡四里,实为二十四里。云永昌社、苏村社、新安社、李村社。合诸社之民为甲,故散在各社。

成化年间增加的里中至少有2社如永昌社、新安社可以作为移民看待,由于永乐以后没有规模性的移民活动,成化年间的移民社只不过

---

1 《明太宗实录》卷64。
2 《明太宗实录》卷106。
3 民国《冀县志》卷2中记载的永乐间户口数,实际上是嘉靖《真定府志》中记载的洪武间户口数。

是对永乐移民户籍的承认罢了。由此可见永乐年间南宫县至少接受了8社移民,合计不足千户。

至今我们没有查到有关真定府的里社数和里社名称,但在嘉靖《真定府志·图经》中有类似的记载。该志每县一图,图中标有各县的主要地名,仔细分析,有乡(或许是社、里、屯)名、铺名、坛名和堡名。仅就乡一级地名进行分析,可以发现不少移民地名。如赵州有永丰、乐业、新安、化洽、永安、新民、永宁、明达、人和和安宁;南宫县有永丰、永昌、新安、永乐、永安、永登和井村等地名,这些地名也都见于嘉靖《南宫县志》卷1《里甲》,是永乐年间的移民社,因此,我们可能根据这些地名在总地名中的比例进行移民比例的推测。当然,由于社屯命名中有许多我们并未认识的规律或者根本就没有什么规律,这种推测就可能存在一些误差,甚至可能会出现较大的误差。如冀州,据上述,永乐移民可能达到千户左右,但地图上只找到一个名为"安乐"的地名。如南宫,土民14里,可是在地图上仅能看清楚3里。另外,由于真定府在洪武时期是一个向外输出人口的地区,不大可能大规模地接纳外来的移民,所以这些移民里社只能是永乐年间的移民建立的[1]。只是由于嘉靖《真定府志》印刷质量不好,有许多地方漫漶不清,表8-8中所列是一个残缺的记录。又由于这种残缺是一个随机的过程,有可能残缺的是移民地名,也可能残缺的是非移民地名,所以对于各类地名的比例影响是不大的。

先看移民屯的分布。真定府的西北部,即元氏县以北的区域为移民稀少地区,如行唐、真定、无极、定州、新乐、平山(今灵寿县西)、元氏、晋州等县。东北部如安平和饶阳,移民人口也不多。南部如高邑、深州、赞皇、新河、赵州、武邑、柏乡、南宫、隆平(今隆尧县)等县,则为移民的密集分布区。这种移民分布的格局,从以下自然村的统计中可以找到印证。

---

[1] 康熙《冀州志》卷2《里社》中记载了冀州、南宫、枣强、武邑、新河五县的里社,并有洪武年间的里社说明,但是该志的记载是错误的。因为,以南宫县为例,该志将南宫县永乐年间迁入的6社全都作为洪武年间的里社处理,与嘉靖《南宫县志》的记载明显不合。

表 8-8　嘉靖《真定府志·图经》中的里社　　　　　单位：个

州　县	里社总数	移民里	移民比例（%）	州　县	里社总数	移民里	移民比例（%）
真　定	10	0	0	元　氏	7	0	0
无　极	6	0	0	灵　寿	6	1	16.7
定　州	22	1	4.5	饶　阳	4	0	0
柏　乡	9	7	77.8	赵　州	21	10	47.6
安　平	7	1	14.3	晋　州	12	1	8.3
武　邑	14	5	35.7	新　河	8	4	50.0
南　宫	10	7	70.0	冀　州	6	1	16.7
新　乐	10	0	0	行　唐	11	0	0
平　山	3	0	0	临　城	8	2	25.0
隆　平	9	4	44.4	赞　皇	7	6	85.7
宁　晋	14	1	7.1	深　州	24	8	33.3
衡　水	6	1	16.7	高　邑	9	9	100.0

说明：漫漶不清者不计入。原书中有8县缺载。

在这已知的24个县中，共有243个里社，其中移民里为69个，占里社总数的28.4%，与保定府的屯社比例大体一致。这一比例大致可代表当时全府社屯的比例。

根据上引嘉靖《南宫县志》的记载，永乐年间的移民有两类：一类是自发流民，一类是政府组织的移民。从有关资料来看，自发的移民是相当普遍的，以至于永乐以后他们的户籍问题引起了朝廷的注意。如宣德三年（1428年）七月"青州府民刘中等奏：'永乐中因岁欠徙至北京枣强县凡二百余户，居二十年，已成家业。今有司追还山东，乞就附籍枣强。'上谓尚书夏原吉曰：'彼此皆吾土，但得民安即已。'又曰：'唐宇文融检括流民，过期不首者谪边州，容庇者抵罪，州县承风劳扰，百姓愈弊，逃窜益多尔。其申饬有司，以此为戒。'"[1] 可见永乐年间真定府属县中存在的一批自发的移民，以后为政府所承认。尽管他们在迁入的当时没有在当地入籍。假如将这一批移民人口考虑进去，表8-8中的移民比例可能是一个偏低的估计。

---

[1]《明宣宗实录》卷45。

再来看看自然村统计中移民的分布和比例，见表8-9。

表8-9　河北省行唐等8县自然村建村时代和原籍　　　　单位：村

原籍 时代	本区			山西			山东			其他	合计
	(1)	(2)	(3)	(1)	(2)	(3)	(1)	(2)	(3)	(1)	
元末以前	53	37	21	—	—	—	—	—	—	—	111
元　末	5	—	3	—	—	—	—	—	—	—	8
明　初	1	—	7	6	2	13	—	1	—	—	30
洪　武	—	—	2	12	1	3	1	—	—	1	20
永　乐	—	2	7	7	25	133	—	—	11	—	185
合　计	59	39	40	25	28	149	1	1	11	1	354

资料来源：（1）《河北省行唐县地名志》，1983年，抽样乡镇为西安香、秦台、只里、上碑、上磁洋、西玉亭，抽样率21%。《河北省井陉县地名资料汇编》，1984年，抽样乡镇为北正、板桥、南张村、北防口、南王庄、南固底、南障城、测鱼、城关，抽样率21%。《河北省正定县地名资料汇编》，1983年，抽样乡镇为北早现、里双店、二十里铺、东权城、朱河，抽样率19%。
（2）《河北省赵县地名资料汇编》，1983年，抽样乡镇为北白尚、西封斯、南三相、韩村、双庙、北中马，抽样率21%。《河北省宁晋县地名资料汇编》，1983年，抽样乡镇为北鱼台、东南汪、白候、孟家庄、候口、百尺口、双井、高庄窠，抽样率21%。
（3）《河北省枣强县地名资料汇编》，1984年，抽样乡镇为臣赞、王常、王均、思察、张米，抽样率19%。《河北省武邑县地名资料汇编》，1985年，抽样乡镇为马回台、王薛庄、肖桥头、苗小庄，抽样率25%。《河北省武强县地名资料汇编》，1994年，抽样乡镇为小范、马头、留贯，抽样率21%。

真定府的这8个县可按地理位置分为三个片区：一是西北部各县，即行唐、正定、和井陉县；一是西南部各县，如赵县和宁晋等；一是东部各县，如枣强、武邑和武强3县。从表8-9中可以看出，真定府土著的数量从西到东呈递减的趋势。

具体地说，在西北部各县中，几乎没有永乐年间的移民，仅有的几个移民村也多是在洪武年间从山西迁入的。在南部2县，以2为标准对古老土著村庄进行标准化处理，移民只占人口总数的25%左右。而在东部3县，永乐移民占人口总数的71%左右。区别分析的话，枣强县为60%，武邑和武强两县达到85%。这样一种分布趋势与根据屯社比例作出的分析完全是一致的。

赵世瑜认为："仅凭地名来判断明代华北的社属土著或移民未必可靠。"他引隆庆六年《赵州志》卷1："隆平县编户十三里社……。按县自辽金以后戎马蹂躏,兵燹交驰,居民鲜少,其十三社止崇仁、乐业、魏家为土民。永乐间迁山西人填畿内者,遂以其地给之。"[1]于是,他认为:"以此三社而论,前两社的名称似乎应属移民社才是。"[2]其实,相对于永乐移民而言,洪武年间的移民亦为土著。至明代中后期,将洪武移民称为土民不足为奇。

显然,造成真定府移民分布这种格局的是"靖难之役"带来的人口死亡。战争在真定府城和德州之间进行,真定府的南部和东部人口大量死亡。真定府土著人口由西至东呈由多至少的格局,尤其是东部武强、武邑土著人口极少,也可以证明河间府土著稀少和战后移民众多这一事实。真定府和河间府的移民史可以互为印证。

统而计之,永乐时期真定府移民占有当时人口的40%左右。这一比例比根据屯社比例作出的估计要高。考虑到自然村中还包括一批军卫人口,所以实际上的差距会更小一些。

洪武二十六年,真定府的人口达到70万左右。如前所述,"靖难之役"使河北人口损失了近一半,相信真定府人口的损失会更多一些,可能同河间府一样,达到60%。这样,永乐初年的真定府仅有人口28万左右。据上述,永乐移民之后,移民人口占总人口的35%,就有移民15万人。真定府的民籍人口可达到43万左右。真定府驻有真定卫和定州卫两卫。真定卫为洪武年间的老卫,但"靖难之役"后军人应当更换。定州卫是永乐年间由山西改调而来,两卫军人及家属合计有人口3.4万左右。军籍移民与民籍移民合计,移民人口约占总人口的40%。

光绪《深州风土记》中记载的白沙庄刘氏,山后之兴州人,永乐年间迁入;郝村张氏,永乐初从大宁卫迁入,皆属来自小兴州的移民。由在真定府的其他县不见有小兴州移民,故我们认为小兴州南迁的军人主要集中在保定府境内。

---

1 隆庆《赵州志》卷1《地理》,《天一阁藏明代方志选刊》,1962年据明隆庆元年刻本影印本,1981年重印,第4页。
2 赵世瑜:《我是什么人?我是哪里人?》,《读书》1999年第7期。

七　顺德府

顺德府(治今邢台市)广宗县的例子相当典型。民国《广宗县志》卷1说:"明成祖永乐二年迁山西洪洞等县民于境内。今县内各村民谱牒记载暨父老传言,多云祖籍山西洪洞等县,明永乐二年迁县。"在该书卷2的《舆地志》中,又有关于里社的以下记载:

> 明代编户百十户为一里,县凡十三里。后又为十五社,曰南社、北社、塘疃社、旧店社、三周社、张固社、青村社、板台社、件只社、李磨社、在城社、原保社、李怀社、崇文社、仁义社,内惟南北二社为土著,塘疃以下九社中有记载则明永乐二年自山西迁来附籍者,曰迁民;原保、李怀二社则永乐四年自山东附顺者,曰顺民;崇文、仁义二社成化年间续增者,盖又迁民强半焉。清乾隆二年自山东冠县拨附南北寺郭、杨家庄三村曰东顺社,其籽粒、马场、屯粮地民户别为一社,曰额外社。北社又分上下二社,凡十八社。

从上引文中的记载来看,永乐年间广宗县人口共编13社,其中北社为上、下二社,实际是14社,其中土著仅3社而已。成化年间新编的2社中有一半以上为迁民,土著不足1社,这些迁民很可能在永乐年间即已迁入,所以永乐年间的迁民合计有12社,而土著只有4社。土著仅占当地人口的25%,移民占当地人口的75%。这一比例与真定府武邑、武强一带相似。

正因为广宗县的永乐移民人数众多,所以在当地表现得特别强悍。一份关于永乐年间广宗县知县丁直政绩的资料称:"山右迁民新附籍,无产资,强悍颇盛。直按籍给田,与之约,有不安业者罪无赦,于是境内晏然。直政声益以著闻。"[1]这众多的移民显然是政府组织的。由于不存在户籍方面的障碍,所以大都编入了里社。

又如巨鹿县,"永乐初,京师草创,乃迁山西洪洞县五百余家,听其

---

[1] 民国《广宗县志》卷11《政绩录》。

开垦荒地，以为常业"[1]。但我们仍然怀疑这一数据并没有包括移民的全部，这 500 余户仅仅是当年编入户籍的移民人口。从乾隆《顺德府志》卷 4 中可知，在巨鹿县的 17 社中，有德新、移民、崇礼、敬义、安居、居智、丰田、广业和忠信等 9 社为典型的移民地名，这些实际上可以看作是明代的移民屯。500 余户不可能编出 9 社来。

康熙《平乡县志》卷 2 说："成祖永乐二年甲申，诏迁山民来附籍。"可知平乡也是一个永乐移民区。广宗、巨鹿和平乡 3 县是顺德府最东部的 3 县，是否这暗示着顺德府的移民以东部最为密集呢？

让我们来看看乾隆《顺德府志》卷 2《疆域》中的记载。当然，清代的里社与永乐时代可能会有一些差距，但表现出来的分布趋势应该是差不多的。

表 8-10　乾隆《顺德府志》卷 2 中的里社　　　　　单位：个

县　别	总社数	移民社	移民社占比例（%）	县　别	总社数	移民社	移民社占比例（%）
邢　台	32	2	6.3	沙　河	20	0	0
任　县	15	0	0	南　和	17	4	23.5
唐　山	14	2	14.3	内　邱	19	4	21.1
平　乡	14	7	50.0	广　宗	16	12	75.0
巨　鹿	17	9	52.9	合　计	164	40	24.4

说明：1. 广宗县的记载据民国《广宗县志》卷 2《舆地志》。
　　　2. 移民社依据移民地名确定。

东部的广宗县移民人口最多，巨鹿县及平乡县次之，南和县又次之，顺德府城所在地邢台县及其周围的任县和沙河县几乎没有什么移民可言。任县以北的内邱和唐山县，因邻近真定府的南界，所以移民也有一定的分量。移民人口的分布呈现出很强的规律性。

在顺德府内只找到邢台和平乡两县的自然村资料。平乡县是移民密集区，而邢台县则是稀疏区。在平乡县共抽样 40 个永乐及永乐以前的自然村，元末以前的土著村庄只有 7 村，永乐移民村达 33 村，

1　光绪《巨鹿县志》卷 1。

其中30村迁自山西,2村迁自山东,1村迁自金陵[1]。标准化处理以后,可知平乡县的永乐移民约占全部人口的70%。而在邢台县抽取的59个村庄中,有19村是永乐以前建立的古老村庄,40村于永乐年间迁自山西[2]。对古村进行标准化后,永乐移民与土著的比例几乎各占50%。也就是说,虽然在社屯的记载中看不出移民的痕迹,但这里确实存在着规模不小的移民活动。

邢台与平乡合计,永乐移民约占人口的60%。这一比例明显高于移民屯的比例。由于顺德府的社屯是清代的记载,可能与永乐年间的情况有较大的差距,但无论如何,永乐移民在顺德府人口中的比例至少在50%左右,比真定府的比例还要高。这是由于真定府城的周围地区在"靖难之役"中得到了有效的保护,有一大片地区未遭受战争的侵扰;而顺德府则不同,无论是真定府东南部的战争还是发生在东昌府境内的厮杀,都给这一区域带来较大的影响,战后人口的补充因此就要多一些。

洪武年间顺德府有人口约15万左右,"靖难之役"中人口的损失比例可能与真定府相同,达到60%。剩余土著人口约为6万人,而永乐移民也有6万人。另有一所军人及其家属约合0.3万人。

八 广平府和大名府

嘉靖《威县志》卷4指出:"永乐间募民尽力开垦,不计亩起科。惟时朔方、山右迁民与土著人等各自开垦,任力之欠余,占地之多寡。在官止有定与征粮额数,在民原无开报占业顷亩,社、屯于是乎两歧,壤赋未见其三则,永袭既久,奸弊渐滋。"可知永乐年间的移民在威县有相当的势力,而土著与移民的区别在于社和屯。在广平府的清河县,民国时人指出:"今我邑居民凡有谱牒可考者,大抵明永乐自山东、山

---

1 《河北省平乡县地名资料汇编》,1983年,抽样乡镇:重义疃、冯马、田付村、常河。
2 《河北省邢台县地名志》,1983年,抽样乡镇:朱家庄、将军墓、白虎庄、石相、张尔庄、晏家屯、龙泉寺。

西迁来者。"[1]同时又说:"明初以元末饥馑兵燹,邑内居民鲜少。洪武、永乐间屡下诏徙民邑内,迁民皆此时自山西、山东迁来。"[2]从自然村的统计中看,永乐移民在广平府有相当广泛的分布,洪武移民则相当罕见。详见表8-11。

表8-11 河北省平乡等5县自然村建村时代和原籍　　单位:村

时代＼原籍	本区	山西	山东	军人	合计
元末以前	51	1	1	—	53
明初	—	53	—	—	53
洪武	—	8	—	—	8
永乐	1	123	2	3	129
合计	52	185	3	3	243

资料来源:《河北省广平县地名资料汇编》,1984年,抽样乡镇为东张孟、北吴村、蒋庄,抽样率25%。《河北省邯郸县地名资料汇编》,1984年,抽样乡镇为苏里、兼庄、河沙、大隐豹,抽样率20%。《河北省鸡泽县地名资料汇编》,年代不详,抽样乡镇为吴官营、贯庄、曹庄,抽样率30%。《河北省威县地名资料汇编》,1983年,抽样乡镇为七级、寺庄、潘固、侯贯、贺钊、固献、成志庄,抽样率22%。《河北省曲周县地名资料汇编》,1984年,抽样乡镇为河南疃、槐桥、南里岳、西呈孟,抽样率24%。

广平府5县的永乐移民比例为60%,与顺德府的比例基本相同,这反映了区域人口结构的一致性。问题在于,广平府在洪武年间就是一个移民接纳区,可是在表8-11中,洪武移民几乎不见了。笔者推测,广平府离"靖难之役"的主战场有一定的距离,战争不可能对这一区域构成直接的灾难,却使这些地区的居民如惊弓之鸟,那些迁入不久的洪武移民更是如此,他们中的大多数可能返回老家以避战乱。洪武年间由政府组织迁入的移民大多在当地已经取得了户籍,战后可能以逃亡土著的身份重新迁入。他们与其说是洪武年间迁入的,还不如说是永乐年间迁入的。只有在永乐之后,他们才算是真正地定居了下来,于是都把自己迁入的时间算作永乐年间了。我们可以通过对广平府的屯、里及户口的分析来验证这一推测。

---

[1] 民国《清河县志》卷3《户口》。
[2] 民国《清河县志》卷1《大事记》。

如第五章中所述,嘉靖《广平府志》卷6《版籍志》中称:"本府属永年等九县共一百七十九里。"志中并有分县的里、屯记载,分县里、屯数与总数相符。洪武年间广平府的21 000户可编成191里,与上述记载的总里数相比,仅相差12里。由于差距不大,暂不予以考虑。因此,我们可以这样说,广平府的179里应该视作洪武年间的编里数,只是其中的42屯则不一定是洪武年间的屯数了。在这样的情况下,自然村中几乎不见洪武移民,而只有永乐移民,说明永乐移民很可能是洪武移民逃散后的回归或补偿。表8-15不将他们作为永乐移民计算。

第三节

山东的新移民

山东涉及永乐移民迁入的地区主要为东昌府、兖州府、济南府、登州和莱州府。东昌府、兖州府及济南府的为军籍、民籍混杂,而登州、莱州的移民则多为调防的军人及其家属。山东人口外徙的区域主要为东三府,以莱州府为主,并多称自即墨县迁出。

一 东昌府和兖州府

如本章第一节中所述,东昌府和济南府是"靖难之役"的主要战场,人口大量死亡。在东昌府中,"靖难之役"死亡人口最多并在战后进行移民补偿的区域是位于与河北交界的一线及东昌城郊。然而,武城、馆陶与临清、聊城分属不同的类型,似乎作为东昌府城的聊城和作为商业城市的临清与一般县的移民情况还有所不同,详见表8-12。

在武城和馆陶,尽管有许多言明是明初迁入者,但说明为洪武年间迁入者几乎没有,所以,都不妨看作为永乐年间迁入的。嘉靖《武城县志》卷1《疆域志》称："乡为土民,屯为迁民,洪武初制则然,今无复辨矣。"说明洪武年间是有移民的,永乐年间的移民实际上是明代初年的第二次移民了。表4-1中曾引该志卷2所载武城县屯为18,土民里仅有3个,我们认为是"洪武初制",永乐移民的迁入也可能是对洪武移民成果的一个恢复或补偿。因此,从表8-12中的数据看来,永乐年间武城和馆陶的移民占当地人口总数的80%左右,与历史文献的记载并无冲突。

表8-12 山东省武城、馆陶、聊城和临清4市、县自然村建村时代和原籍

单位:村

时代\原籍	山东 本区		东三府		山西		河北		其他省		军人		合计
	(1)	(2)	(1)	(2)	(1)	(2)	(1)	(2)	(1)	(2)	(1)	(2)	
元末以前	21	35	—	—	—	—	3	—	1	—	—	—	60
元末	2	1	2	—	1	—	—	—	—	—	—	—	6
明初	16	16	19	—	57	57	2	—	2	3	—	—	173
洪武	—	8	—	—	—	71	2	2	—	—	—	—	86
永乐	—	7	11	3	63	71	—	—	—	4	—	1	160
合计	39	67	32	3	121	199	7	4	5	2	11	1	1	485

资料来源:（1）《山东省武城县地名志》,1983年,抽样乡镇为旧城、鲁权屯、滕庄、四女寺、祝官屯、梁庄、蔡庄、鸭营、大屯、郝王store,抽样率66%。《河北省馆陶县地名资料汇编》,1983年,抽样乡镇为王二厢、东马头、范庄、王桥、柴堡,抽样率25%。
（2）山东省临清市地名档案,1991年,抽样乡镇为石槽、朱庄、戴湾、老赵庄、潘庄、大辛庄,抽样率30%。《山东省聊城市地名志》(初稿),1991年,抽样乡镇为堂邑、斗虎屯、西旦、八甲刘、许营、大张,抽样率27%。

只是移民的身份有了变化。从下文有关德州卫屯田的分布情况看,武城是永乐时期德州左卫屯田的主要地区,接受的德州左卫屯田就达10屯之多,以标准计,就有1 100户。而在相邻的恩县,德州左卫设屯多达13屯。往南的高唐、清平、临清乃至堂邑,每县设屯仅有1—4个。这说明"靖难之役"对东昌府北部的影响大于南部。

再看看聊城和临清。作为地区政治中心和商业中心的这两个地区,洪武移民和永乐移民的数量几乎是同样的。"靖难之役"尽管使这两个区域蒙受了巨大的损失,却未像武城及馆陶一般造成大片的无

人区。战后新老移民共存,这一情形在北方诸省中是不多见的。

在临清市,来自山西的永乐移民多称自己为永乐六年迁入。如老赵庄中一本赵氏家谱记永乐六年赵北达、郝土志和陈光磊三人从山西洪洞县迁入立村。从下引《明太宗实录》中的记载看,来自山东东三府的移民多在永乐九年或十年间移入。另外,从武城县自然村的统计看,东三府的移民中,以来自莱州的为最多,又多称自己来自即墨县,或许即墨县是莱州府的一个移民集散地。

我们知道,永乐年间为了加强南北的联系,亦即保持漕运的安全和畅通,改兖州左卫入东昌,更名临清卫。由于临清卫在兖州的屯田并未改变,所以调入东昌的军人估计只有三分之一,这部分军人和他们的家属,合计有人口约 0.5 万。德州左卫在东昌府境内驻有 32 屯,计 3 520 户,以每户 3 口计,就有 1 万人左右。其他民籍移民至多为万人左右。如此,我们估计永乐年间东昌府接受的各类移民约为 2.5 万人。

洪武年间东昌府迁入民籍移民为 15 万人,永乐移民为 2.5 万人,仅及洪武时期的六分之一。其中 80% 以上来自山西,余来自山东东三府及其他省。

兖州府的永乐移民与东昌府的永乐移民为同一批。《明太宗实录》卷 116 中有如下记载:

> (永乐九年六月)甲辰,抚安山东给事中王铎言:"青、登、莱三府地临山海,土瘠民贫,一遇水旱,衣食不给,多逃移于东昌、兖州等府,受雇苟活。今东昌等府多闲田,新开河两岸亦有空地,若籍青州等三府逃民,官给牛具种子,命就彼耕种,俟三年后科征税粮,其原籍田地听从有力之家耕种,如此则田无荒芜,民得安业。"

《明太宗实录》卷 124 载:

> (永乐十年正月乙未)山东济宁州同知潘叔正言:"兖州、东昌等府,定陶等县,地旷人稀,青、登、莱诸郡,民多无田,宜择丁多者分居就耕,蠲免其役三年,庶地无荒芜,民不得失业。"从之。

回顾第五章有关兖州府移民的论述,有关自然村的统计已将永乐年间的移民包括其中。在兖州府,所抽样本中包括了定陶县,而根据上述资料,定陶县应是永乐年间兖州府移民的重点。因此,第五章中有关自然村的统计仍可用于对永乐移民的分析。根据第五章中有关各表,可知永乐移民村的数量大约为洪武移民村的四分之一,又由于样本恰好是永乐移民的重点区域,因此,这一比例偏高。假定这一比例定为五分之一或六分之一,则永乐移民的数量约为6万—7万人。

二　济南府

济南府黄河以北的地区在"靖难之役"中蒙受了巨大的人口损失。如第五章中所言,这一区域战后的人口补充可分为两个部分,一是德州、齐河一线的军屯形式的移民,一是东北部今阳信、沾化一带的民籍移民。齐河一带的永乐年间的移民在第五章中已有论述,德州的永乐移民主要是德州左卫的建立。

永乐年间,为加强对运河沿线的镇守,于德州再设一卫,称为德州左卫。左卫与正卫的关系,据资料称:"洪武三十年筑卫城,正卫俱在城之西北。西北有卫,东南无卫,故增置左卫以护城之东南。"[1] 由于德州境内的土地已多由民户与军户垦殖,新设的左卫之屯垦地多散在他县境,2卫111屯的分布可见表8-13。

表8-13　德州卫、德州左卫111屯的分布　　　单位:屯

地　区	德州卫屯	德州左卫屯	合　计
德　州	42	12	54
恩　县	5	13	18
夏　津	7	0	7
临　清	2	2	4
武　城	0	10	10
高　唐	0	2	2
清　平	0	4	4

1　乾隆《德州志·凡例》。

续表

地 区	德州卫屯	德州左卫屯	合 计
堂 邑	0	1	1
清 河	0	1	1
德 平	0	2	2
陵 县	0	2	2
禹 城	0	2	2
平 原	0	3	3
乐 陵	0	1	1
合 计	56	55	111

资料来源：乾隆《德州志》卷4《疆域》。

左卫之大部分兵力分布在东昌府境，另有1屯在清河县，其余10屯分布在德州周围的济南府5县境内。每县平均只有2屯。齐河县境内无德州卫屯，是由于齐河县地为青州左卫和济南卫的屯地所在。德州左卫分布在济南府的有22屯，合计为2 000余户、6 000余人。

据前引嘉靖《青州府志》卷11，"永乐四年移青州右卫戍德州"，永乐五年所设德州左卫当是由青州右卫移戍而来。只是在德州的自然村统计中，我们不见有自青州迁入者，而是从山西迁入的，或许青州右卫军人的原籍就是山西。

从第五章中的有关论述中可以知道，永乐年间德州形成了几个新的移民里。假定有5个里，则有移民人口近3 000人。阳信、沾化一带的民籍移民，由于有可能是洪武移民逃散后的再迁入，难以估计其数目，姑且认为其仅自永乐年间迁入的人口数量也为3 000人左右。

三　莱州和登州

第五章中已述，洪武三十一年莱州府和登州府增设了5卫1所，共计3万军人，他们的家属不可能当年随之调入，如在永乐年间迁入的话，应有人口约6万。

第四节

其他地区的移民活动

一 河南

河南没有经历过"靖难之役"带来的巨大灾难,洪武大移民的成果大都保留了下来,永乐年间的移民活动仅仅起了补充作用。所以,在永乐元年(1403年),复业之民302 230户,男女1 985 560口,未复业者尚32 050余户,男女146 020余口[1]。未复业人口仅为总人口的6.85%,与河北的情况有很大的差别。我们推测这些未复业的人口主要集中在与河北、山东交界的地区。然而,这一数据比洪武二十四年(1391年)的河南人口总数少了44万,令人怀疑这一年的河南人口总数是不确切的。

《明太宗实录》卷18中有关永乐年间移民河南的记载仅有一条,永乐元年,"河南裕州言:'本州地广民稀,山西泽、潞等州县地狭民稠,乞于彼无田之家,分丁来耕。'上命户部如所言行之"。根据第六章的有关分析,这只是对洪武大移民户籍的一个追认。

根据第六章中有关河南洪武大移民的分析,我们知道,永乐年间对河南其他地区的移民活动大都是零星的,并不成规模,故略而不论。

二 江西

在洪武时期的移民浪潮中,江西是作为人口的输出区而存在的。

---

1 《明太宗实录》卷25。

成千上万的江西人离开自己的家园,奔赴湖南、湖北、安徽等人口稀少的区域。尽管在元末明初的大战乱中,朱元璋和陈友谅的战争使江西北部的若干区域成为人口稀疏区,但是,在洪武时代江西人口外出的同时,似乎没有人来关注江西本土的移民问题。直到永乐时期,赣北仍有相当一部分地区处于地旷人稀的状态。移民充实一事由此而提上政府的议事日程。

永乐年间移民垦荒成为地方官员政绩考察的一个主要内容,以至于江西的地方官用欺瞒的手段谎报移民及垦荒的成果,引起了朝廷的不满:

> (永乐三年十一月)乙巳,抚安江西给事中朱肇昌先因九江、南康二府多荒闲田,令有司召致各府县有丁无田及丁多田少之民任便开垦。今南昌等府民自愿开垦者三千七百八十七户,实垦田千二百九十七顷三十七亩。上曰:"此未可遽信,或曰肇虚增其数以希进用耳,久当验之。"盖肇为人轻妄刻薄,其为此举也,威迫郡县,欺绐百姓以从之,其实不过二千人,岁余逃亡,几年皆如上所料云。[1]

我们从今天江西瑞昌、德安二县的地名档案中随机抽取了1 272个自然村以供考察,这些村庄中有400个村庄建于明初及明初以前,其中有320个村庄建于洪武或永乐年间,具体情况可见表8-14。

表8-14 江西省瑞昌、德安二县自然村建村时代和原籍 单位:村

时代\原籍	江西				湖北	其他省	合计
	本 区	吉 安	南 昌	其 他			
元末以前	33	—	3	1	4	2	43
明　初	14	20	2	—	—	1	37
洪　武	15	6	—	—	2	4	27
永　乐	190	32	34	6	28	3	293
合　计	252	58	39	7	34	10	400

资料来源:江西省瑞昌县地名档案,1984年,抽样乡镇为溢城、高丰、大桥、黄桥、范镇、横港、洪一。江西省德安县地名档案,1984年,抽样乡镇为河东、宝塔、米粮铺、金湖、杨坊、林泉、聂桥。

---

1 《明太宗实录》卷48。

在进行了村庄的标准化之后可知,明代初年的外地移民约占此二县人口的三分之一。其中绝大部分是在永乐年间迁入的。永乐年间大量移民村建立并保存至今,至少说明在九江府的辖境中,永乐移民并没有全部逃亡。或许在朱肇昌事件发生之后,政府又组织了新的移民活动。在南康府的属县中,却没有发现类似的情形。

在瑞昌、德安二县明代初年建立的移民村中,以吉安、南昌地区移民所建为最多。联系到我们在湖南、湖北一带所看到的吉安、南昌二地移民广泛分布的情况,很自然地会把赣北平原作为吉安、南昌人向西、向北的大移民区的一部分。只是由于没有政府的组织或其他什么别的原因,吉安人和南昌人并没有在此地作太多的停留。洪武年间停留于此的移民数量相当少,且都来自吉安。

鄱阳湖东侧的湖口、彭泽濒临长江,与安庆的宿松、望江和池州的东至为邻。安庆、池州一带在元末战争中破坏极重,同一地理环境中的湖口、彭泽自然难逃劫数。对湖口的流泗、张青、文桥、武山、舜山和彭泽的马当、襄溪、太平、黄花、乐观、湖西等11个乡镇的1 109个自然村进行抽样统计,发现明初及明初以前建村的自然村有299个,其中明初建村的有199个,但大多数是当地古村的分衍,外来的移民村庄仅有14个,都由吉安人所建立,说明大规模的移民运动没有对这一区域产生重大的影响,只留下轻微的擦痕。此地以南的各县皆不见移民的活动。

洪武二十四年九江府属五县有户15 020,人口为78 278[1]。永乐年间人口略有增加。这样瑞昌、德安二县人口近4万余人,若其中三分之一为外来移民的话,移民人口约1.3万人。

三 福建

关于永乐时期福建地区的移民资料甚少,仅在《明太宗实录》卷

---

[1] 嘉靖《九江府志》卷4。

111中记载着一件较为特殊的移民福建的事件。永乐八年(1410年),将各地的罪囚若干人发往福建邵武,以补充那里因瘟疫死亡的12 000户,其中半数当充实军卫。

这次瘟疫对邵武和建宁一带的影响相当大,几乎使这一区域的人口为之一空。道光《福建通志》卷52记载说:"永乐六年,令福建瘟疫死绝人户遗下老幼妇女儿男,有司验口给米,税盐粮米各项暂且停征,待成丁之日,自行立户当差。"永乐八年的移民就是在这一背景下进行的。至永乐十七年,"建安县张准言:'建宁、延平二府自永乐以来屡大疫,民死七十七万四千六百余口。巡按御史赵升已经核实其徭赋及各卫勾补军役俱未除豁。'仁宗监国,命户部、兵部悉除之。"可见永乐十七年的大疫更为严重,以至于本应由建宁、延平两府府级官员来汇报的疫情,却由建安县的张准来报告。另外,以福建八府平均计,建宁和延平两府在洪武末年约有百万人口,死于大疫者竟达77万人之多,死亡率达到80%。根据笔者的研究,这一瘟疫当属鼠疫。估计永乐十七年以后仍会有向建宁和延平等府移民的举措。由于今日邵武一带的方言为赣方言,笔者推测与之毗邻的江西地区是邵武一带移民的主要来源。

四 南京

徐泓指出永乐年间南京地区人口迁入的特点时说:"南京地区移入者主要为安南与鞑靼女真等边族领袖。永乐十九年以前南京仍为首都,边族领袖每愿归附后住居于首都,因此常有移入南京之事。而安南工匠与才德之士之赴南京,也是因为朝廷想加意绥怀之。"[1]《明太宗实录》中记载的鞑靼人及安南人迁入南京有如下几次:永乐四年,来自蒙古的鞑靼人共14名迁入。永乐八年,又有170名鞑靼人迁入。永乐九年九月至十一月,先后有三批鞑靼人迁入,最后一次迁入人数为8人,其余二次人数不详,但人数不会很多。永乐十八年迁入

---

[1] 徐泓:《明永乐年间的户口移徙》,(台湾)《人文及社会科学》第1卷第2期,1991年。

京师的鞑靼人数不详。

这里的口数应该看成为户,因为《明太宗实录》中记载的仅仅是投附者的名字,不包括他们的家属。正如本卷第十章"民族人口的迁移"一章中详加论述的,安置于北京的内附者多为部落头目,他们携带的家小不会太少。其中可能还包括仆役或其他宗族人口。因此,这一类家庭的平均人口就不会只有 5 口左右的规模。以未记明人数的三批人口平均每批 50 人计,合计不超过 400 人,即 400 户;以每户 10 人计,则有人口约 4 000 人。

安南古称交趾,自汉至唐,为中国属郡,五代以后,独立建国。建文时期,安南内乱,黎氏夺得陈氏政权。朱棣欲扶陈氏,为黎氏所拒绝。永乐四年,朱棣出兵攻打安南,五年征服之,置为交趾布政使司,改置州县,分设官吏,将安南国变成了明朝的一个省。永乐五年,交趾工匠 7 700 人迁入南京城[1]。次年,又有各种人才 9 000 人迁入南京[2]。他们中有些以后随朱棣北迁了。

五 辽东

永乐年间辽东地区的人口迁入,除了军队的调动以外,最值得注意的是女真人的内徙。徐泓在他的论文中指出了这种迁徙的背景和意义:

> 对外族来降者,明朝一向采取官属送京师,军民居之塞内的政策,永乐初年亦然。这是从战略和文化上的考虑,希望使外族散处于汉人之中,收分而治之的效果,同时用夏变夷,以革其俗。然而永乐六年以后,对于东北诸外族不再徙之内地,表面上原因是南方炎热,不适合外族居住,因此在辽东的开原,'置快活、自在二城居之,俾部落自相统属,各安生聚'[3]。实际上可能是要配合拉拢兀良哈的政策,在辽东边地建立一股支持明朝的力量,发挥

---

[1] 《明太宗实录》卷 71。
[2] 《明太宗实录》卷 72。
[3] 《明太宗实录》卷 78。

以夷制夷的作用。[1]

《明太宗实录》中的有关记载至少有十几次,有迁入专为女真人设置的安乐、自在二州的,也有迁入卫所的,但均未言明人数。也有一些迁入北京城的。就辽东而言,《辽东志》中记载的安乐、自在二州户口仅2 799,即使有户口的脱漏,估计两州人口不会超过5 000人。此外还有一批充实卫所的女真人,合计约万人左右。

第五节

小 结

至此,我们可以大致对永乐时期的移民运动作一简单的结论。

永乐时期各地接受的各类移民情况可见表8-15。

表8-15 永乐时期各地接受的民籍移民和军籍移民

单位:万人

地区	民籍	身份	主要迁出地	军籍	主要迁出地	合计
河北						
北京城	17.5	富户、工匠、官吏	南京	70	南京	87.5
	0.2	内附蒙古女直	内蒙古及东北			0.2
顺天府	14.5	农民和罪囚	山西及各地	25	山西	39.5
隆庆、保安州	2.2	农民和罪囚	晋、鲁等地			2.2
永平府	6.6	农民和罪囚	南方及各地	5	山东和山西	11.6
河间府	23.6	农民	山东及山西	8.4	山东和山西	32.0
真定府	15.0	农民	山西	3.4		18.4

---

[1] 徐泓:《明永乐年间的户口移徙》。

续 表

地 区	民籍	身 份	主要迁出地	军籍	主要迁出地	合计
顺德府	6.0	农民	山西	0.3		6.3
山 东						
东昌府	1.0	农民	山西及胶东	1.5		2.5
兖州府	6.5	农民	山西及胶东			6.5
济南府	0.6	农民	枣强	0.6		1.2
登州、莱州府		—		6.0	云南及四川	6.0
江 西	1.3	农民	江西吉安等			1.0
福 建	0.6	罪囚		0.6		1.2
南京城	1.7	工匠和人才	交趾			1.7
	0.4	内附蒙古	蒙古			0.4
辽 东	0.5	女真	辽东以北	0.5	南方及女真	1.0
合 计	100.4			128.3		228.7

由于永乐时期政治中心的北移，北京城和顺天府境成为移民的重点。军籍移民的数量大大超过民籍移民。

首都的北迁，使得南京城成为此次移民的一大输出地。又由于移民的重点移至华北平原，故而山西移民的活动显得特别活跃。

至此，我们可以将永乐时期近230万移民的活动图示如图8-1。

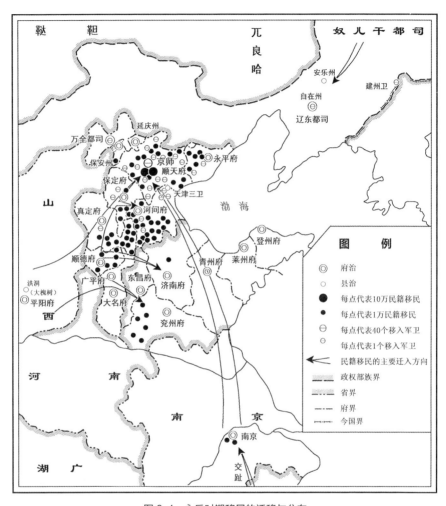

图 8-1 永乐时期移民的迁移与分布

第九章

流民与客民

明代初年的移民可以分为两类：政府组织移民和自由移民。政府组织的移民基本在迁入地入籍，成为土著。自由移民中的一部分却未能入籍，成为流民。明代中期，人口的自由流动又重新出现。至成化年间，在荆襄一带聚集的流民数量达到百余万，其中有明初迁入者的后裔，也有明中期迁入者，时人概称之为"流民"。所谓"流民"，按照《明史·食货志》的解释，即"年饥或避兵他徙者曰流民"。而按照我们的理解，那种未得到政府允许并且未编入迁入地户籍的流动人口都属于流民。

在荆襄以外的其他地区，流民人口的聚集相对要少些，也未造成严重的社会动乱，所以文献中的称呼多为"客民"。从户籍身份的角度考虑，他们与流民并没有什么不同，但由于"流民"一词所含的贬义，使得这一词汇的使用变得相当敏感。如杨浚在荆襄流民招抚之后，曾说"其已附籍者羞恶流民之名"，提议将附籍流民改称新民，土著之民称为旧民，只有那些奸顽辗转不肯附籍之人才被称为流民[1]。在我们的

---

[1] 杨浚：《题为议事疏·湖广事宜》，《明经世文编》卷 92。

论述中,无论是"流民"还是"客民"都没有褒、贬之意了。

还有一批流动人口,文献中常常称为"客商"。由于他们主要从事商业或工商业活动,所聚集的地点多为城市、市镇以及矿山。一般来说,他们的活动有利于地方经济的发展,因而受到当地政府的保护,他们的户籍问题也就没有像流民那么突出。

一些近距离的人口迁移活动因为迁入地离家乡太近,如邻县之间的迁移,迁入者就不存在着户籍问题。在明代或后代的文献中往往被称为"寄籍"者。当然,并不是所有的寄籍者都是近距离的迁居者。他们通常通过购买邻县的土地,从而取得在邻县居住的借口。由于这类人口不是很多,依本书的定义,并不在讨论之列。相反,另一些距离更近的移民活动,如乡村人口向城市的转移,则因居住区域性质的变化,本章也将予以简单的论述。

第一节

荆襄流民运动

荆襄山区是豫、鄂、陕、川交界处一大片区域的泛称。从地理上说,它包括秦岭南侧以及向东延伸的丘陵地带,包括武当山、大巴山和荆山山区;在明代,桐柏山一带也往往和荆襄地区混称。荆襄山区的核心部分,山体庞大,沟谷深,地貌复杂,林木繁茂,不少地方至今仍是人迹罕至的原始森林。按行政区划分,这一区域以湖广的荆州府、襄阳府为中心,包括德安府、随州及荆州府的一部分,陕西的汉中和西安府的一部分以及河南南阳府、汝宁府的部分区域。

一 流民的聚集

元代末年,南琐、北琐红军在襄阳起义。朱元璋"命邓愈以大兵剿除之,空其地,禁流民不得入"[1]。洪武二年(1369年),章溢"迁湖广提刑按察司佥事,溢以荆襄多废地,建议分兵屯田,以控制北方"。只是未及施行,东南吃紧,调章溢任浙东按察副使[2],屯田之议没有结果。荆襄之地,既禁流民迁入,又未设屯田防守,只剩区区8万战后残余的土著,平均每县不足1万人口。

河南南阳府人口稀少,按照第六章中的论述,洪武年间全府七县合计为5.2万人口,每县平均人口不足万人,与襄阳府的情况差不多。

汉中也大体如是。洪武年间陕西按察司佥事虞以文的一份报告说:

> 洪武七年(1374年)冬巡按至汉中,见其民多居深山,少处平地。其膏腴水田除守御官军及南郑等县民开种外,余皆灌莽弥望,虎豹所伏,暮夜辄出伤人。臣尝相视其地,本皆沃壤,若雉其榛莽,修其渠堰,则虽遇旱涝,可以无忧。已令各县招谕山民随地开种,鲜有来者。盖由归附之后,其居无常所,田无常业,今岁于此山开垦,即携妻子诛茅以居,燔翳下种,谓之刀耕火种,力省而有获。然其土硗瘠不可再种,来岁又移于他山,率以为常。暇日持弓矢,捕禽兽以自给。所种山地,皆深山穷谷,迁徙无常。故于赋税,官不能必其尽实,遇有差徭,则鼠窜蛇匿。若使移民平地,开种水田,则须买牛具,修筑堤堰,较之山地,用力多而劳。又亩征其租一斗,地既莫隐,赋亦繁重,以是不欲下山。今若减其租赋,宽其徭役,使居平野,以渐开垦,则益辟而民有恒产矣。[3]

说明汉中的荒凉的确是少见的。尽管政府采取了一些措施,也只不过是将山地的农民劝下山来,耕作平原的水田。山地的居民仍处于刀耕火种的落后状态。

洪武年间,江西移民及山西移民已经从东面、南面和北面逼近了荆襄山区,不可能不进入这一人口稀疏之地。宣德三年(1428年)的

---

[1] 高岱:《鸿猷录·开设郧阳》。
[2] 《明太祖实录》卷42。
[3] 《明太祖实录》卷100。

一份报告中说,山西"饥民流徙南阳诸郡,不下十余万口"[1]。在第六章中,我们提及洪武年间山西人已经进入了河南中部,并且有很大的数量。因此,我们怀疑这份报告中所提及的"饥民"实际上在此前的若干年就已经流入,只是未获得当地的户籍罢了。

几年之后即正统元年(1436年),另一官员李新在一份给朝廷的报告中再次提到这一区域的流民问题:"河南南阳府邓州、内乡等州县及附近湖广均州、光化等县,居民鲜少,郊野荒芜。各处客商有自洪武、永乐间潜居于此,娶妻生子,成家业者,丛聚乡村,号为客朋,不当差役,无所钤辖。"[2] 这说明在洪武、永乐年间,移民已经进入了这一区域,不过进入的只是荆襄地区的边缘。人口也不是很多,被称为"客朋"。

尽管这类流民的人数不是很多,但自由流动的行为本身却引起了政府的不安。李新在这份报告中继续说:"虑其为非,命都、布、按三司躬亲验丁入籍,拨与绝户荒田耕种,纳粮当差,仍移文原籍勘实。"结果"户部复奏,从之"。政府的这一举措着眼于解决业已存在的矛盾的现实:一方面,"客商"自行潜入禁区的做法不合法,另一方面,这一区域人口稀少,荒地很多,存在移民垦殖的需要;况且这批移民大都在洪武年间即已迁入,已安家立业。户部最后同意"验丁入籍",事实上承认了流民潜入荆襄的行为。洪武年间对这一区域的封禁,至此已打了一个大大的折扣。

正统以后,北方的自然灾害似乎有明显增加的趋势。一般说来,旱灾是当时主要的灾害,这与气候的转寒和变干有直接的关系。正统十年(1445年)"镇守陕西右都御史陈镒等奏:'陕西安、凤翔、扶风、咸阳、临潼等府州县旱伤,人民饥窘,携妻挈子出湖广、河南等处趋食,动以万计。'"这里的"湖广、河南等处"大概也是指这两省交界的区域,即上述资料所指的区域。这年,山东、陕西和山西等处进入荆襄的流民达到7万户之多[3]。

---

1 《明宣宗实录》卷42。
2 《明英宗实录》卷16。
3 《明英宗实录》卷132。

河南省的北部地区本身外流人口也很多。在明代中期,导致其人口外流的原因与黄河的频频改道有关。孙原贞在正统年间任河南参政时说:"查各处逃户周知文册,通计二十余万户,内山东、山西、顺天等府逃户数多。其河南之开封、汝宁,山东兖州,直隶之凤阳、大名,此几府地境相连,往时近黄河湖泺浦苇之乡,后河浅水消,遂变膏腴之地,逋逃潜住其间者尤众。近因河溢横流,此几处水荒,流民复散,间有回乡,多转徙南阳唐、邓,湖广襄、樊、汉、沔之间趋食。"[1]因水退黄河滩涂变为良田,以后又因水涨良田又重新沦为泽国,新迁入的人口失去了生活来源,不得不外徙他乡,直接构成荆襄地区流民的主要来源。

汉中地区的逃民主要来自四川。马文升说:"及访得四川缺食之人民流入陕西汉中者不下十数余万,而湖广饥民流来河南卢氏、永宁者亦不止此,其襄阳、竹山等处潜住者亦众。"[2]四川在明代初年乃至明代中期人口稀少,尤其是四川北部,似乎不可能向外输出人口,以四川一地向汉中输出十万以上的人口是难以想象的。对于此事,幸有马文升另一篇文章作出了进一步的解释。他在《添风宪以抚流民疏》中说:"切照汉中府地方广阔,延袤千里,人民数少,出产甚多。其河南、山西、山东、四川并陕西所属八府人民,或因逃避粮差,或因畏当军匠,及因本处地方荒旱,俱各逃往汉中府地方金州等处居住。彼处地土可耕,柴草甚便,既不纳粮,又不当差,所以人乐居此,不肯还乡。即目各处流民在彼,不下十万之上。"[3]四川流民只是汉中流民的一部分。马文升提到的湖广"饥民"流入河南卢氏、永宁等县,在正统年间,似乎湖北地区也不会有过剩的人口非得进入豫西山区去觅食不可。所谓的湖广流民仅仅是豫西山地聚集的流民的一部分而已。

从上引地方官员的各个报告中可以看出,明代中期流民的来源主要来自北方,南方的流民少有涉及;各报告中反映出的流民人口有增加的趋势,当河南、山东及河北一带黄泛区的流民向荆襄地区流动

---

1 孙原贞:《大戒》,《明经世文编》卷24。
2 马文升:《为思患预防事疏》,《明经世文编》卷62。
3 《明经世文编》卷62。

时,荆襄地区的流民急剧增加,人口达到百万人之众。

二 流民起义

流民迁入的最初几十年中,这一地区还是相对平静的。随着流民人口的增加,民事纠纷和冲突随之增加。对于一个缺乏政府有效管理的区域来说,就蕴含着社会动乱的潜在危机。成化元年(1465年)夏,"流民刘千斤倡乱,以其党石和尚为谋主,刘长子、苗龙、苗虎等为羽翼,居南漳,众至数万人,遂僭号改元"[1]。朝廷以尚书白圭为总帅,以朱永为平虏将军,率两京及各路兵马讨伐之。

白圭的讨伐是成功的。流民首领或被擒,或投降。古路山一战,"斩首万级",义军崩溃,"诸郡邑悉平"[2]。然而,战后对酿成乱源的荆襄流民问题并没有加以处理。白圭认为,由于正统十四年(1449年)襄阳、荆州卫所的官兵他调造成了地方防卫的空虚,导致了流民的骚乱,而防患的措施在于调回卫所官兵,并在远安县设千户所,再于各关键路口设立巡检司以及加强县政府的统治力量,县设县丞,州设同知,即可有效地阻止流民的再度起事[3]。

按照后来项忠的说法,白圭在剿平荆襄乱事之后,也曾"移文遣散,奈何有司虚文勘报,实无一人还乡"[4]。尽管如此,我们还不能认为白圭在战后已经认识到了安置流民的重要性。从《明实录》中的记载来看,白圭的这一做法与皇帝的旨意是吻合的。

正因为对流民问题解决不力,战后流民"日聚月猘,蝟起行劫"[5],刘千斤部下李胡子"复煽众作乱,流民归之者至数万人,势复猖獗"[6]。成化七年(1471年),政府派项忠督兵讨伐。项忠采取的是恩威并用的手段,他先"遣人持榜入山招谕,有能去贼自归者,禁勿杀。于是民

---

1 高岱:《鸿猷录・开设郧阳》,丛书集成本。
2 同上。
3 白圭:《处置荆襄疏》,《明经世文编》卷42。
4 项忠:《抚流民疏》,《明经世文编》卷46。
5 同上。
6 高岱:《鸿猷录・开设郧阳》。

多携老弱累累来归,贼势遂不振。然后纵兵击,负险不服者,斩首二千余级"[1]。李胡子为同党所杀,义军再次崩溃。项忠然后"发兵搜捕山谷,尽徙出之,发还乡者百十四万,编戍者万余人"。这只是高岱的说法,不可全信。问题就出在这些"发还乡"的流民身上。

项忠叙述这一过程时说:"永乐迄今,所在流移,岁集月聚,无虑百万。今臣奉敕抚捕,其有贯址、姓氏者,谨依诏旨省谕,遣散出山复业,陆续共九十三万八千余人。其余混处贼巢,无籍检查,四散奔走出山者又莫知其数。"关于杀人,项忠说:"首擒二贼(小王洪、李胡子),余多散亡,斩首一千二百五十二级,俘获党与族属二万八千九百三十二名口,欲即行戮,恐伤至仁,议欲户选壮丁一人,充戍湖广边卫,计可得军五千,并族属附籍收管,给田屯种。"[2]据这份报告,我们知道遣回原籍的流民数量多达近94万,自行奔走出山者不知其数。又根据项忠的另一篇文章《抚流民疏》中所说,"又散出者,五十一万",合计荆襄流民的总数当为"百五十余万"。

这150余万流民属于未附籍者,此外还有一批已经附籍的流民。项忠在《善后十事疏》一文中提到:"今奉命留其已附籍者,尽逐其未附籍者。恐班师后啸聚如故,昔英宗皇帝尝命处置流民,今宜申明榜谕,凡已获业,得复其家三年,悉蠲公私逋负。其再入前禁山者,执付三司枷示一日,全家谪戍。"然而,其他官员的奏章指出项忠所言之不实,说他及部下"所过州县,既遣捕无籍为盗者,而见在附籍者不论久近,亦概逐之。如房县编户初不过四里,自永乐以来,仕宦侨居流移附籍者增至四十余里,各安生业,而忠等逐之,十不存一。其余州县率皆类此。又纵兵驱逼,略无纪律,以致冤声震天,肝脑涂地。比之夷狄侵扰,惨酷过之"[3]。以后弘治初年修《宪宗实录》的官员也认为:"是役也,忠等虽奉敕行事,然流民所在,有自洪武以来住成家业者,亦多听抚当差,未尝为恶者。刀兵之加,无分玉石,驱迫不前,即草蓬薙之,死者枕藉山谷。"连已附籍的人口也当作流民一并驱逐,是做得太过分

---

[1] 高岱:《鸿猷录·开设郧阳》。
[2] 项忠:《报捷疏》,《明经世文编》卷46。
[3] 《明宪宗实录》卷103。

了。对于这一点，项忠本人也觉理亏，当然要作辩解，从项忠的辩文来看，大部分的已附籍人口并未驱逐，因为处于深山区的这类人口毕竟是少数。关于附籍的人口的数量，依白昂的说法，"今河南、荆襄附籍流民，已有六万三千余户，未附籍者，犹不知数"[1]。以每户5口计，共有人口约31.5万，真有驱逐的话，也仅仅是其中的一部分而已。

项忠所驱逐遣散回乡的90余万流民，是否真的回到了家乡，明代人对此颇有诘难。高岱说："初忠下令逐流民，有司乘兵威所在驱迫，盛夏道渴，疫疠死者不可胜计。"到底死亡的流民有多少呢？祭酒周洪谟说得非常详细：

> 成化七年，从检讨张宽之奏，流民聚此处者，械归故里。适值溽暑，因饥渴而死，妻女被掠，瘟疫盛行，船夫递解者惧其相染，故覆舟于江。后令都御史原杰招抚，计死者九十余万人。[2]

这就有一个问题，项忠自称遣回原籍的流民共94万人，而周洪谟说死于溽暑、饥渴和瘟疫的流民也是90余万人。项忠遣出的流民在周洪谟看来几乎全部死光了。这当然是不可能的，周洪谟所称的确是夸大其词了。

三 流民安置

无论周洪谟是否夸大其词，被项忠驱散的近百万流民中有大量的人口死亡应当是真实的，只是死亡的人口不像周洪谟所称那么多罢了。项忠处置流民的办法，与皇帝的初衷相悖。《明宪宗实录》卷19成化二年（1466年）条下记载了中央政府对处置流民的基本观点：

> 大学士李贤等言："荆襄贼寇虽已遣将往征，其间山林深阻，流民积聚众多，贼闻大军南下，必邀劫流民以为党助，流民亦恐官军一即剿戮，因而党贼偷生，如此则贼势益众，愈难扑灭。宜降圣旨榜文开谕流民，俾各安业，有能擒斩贼首出献者比官军倍加升

---

[1] 白昂：《灾异六事疏》，《明经世文编》卷80。
[2] 周洪谟：《安中国定四夷十事疏》，《明经世文编》卷44。

赏。"上是其言。

关于汉中地区的流民处置,朝廷的意见也是同样的。先是马文升在《添风宪以抚流民疏》中提出处置流民的办法:"已令按察司佥事孙逢吉前去彼处查勘,见数造册收照,行仰各该官司抚恤禁治,听其自在生理,候丰年省令回还。"[1]成化五年,皇帝的意见是"其有久住愿附籍者,从其附籍,或从便安置之,或设法渐发遣"[2],仍明确用安抚的方法。

尽管如此,项忠的捷报一度使成化帝欢欣不已,以为荆襄流民问题已获解决。不料"成化十二年,流民集复如前"[3]。这一年距项忠驱逐流民仅仅只有五年时间。于是右副都御史原杰前往荆襄,对流民进行招抚。

原杰在《处置流民疏》[4]一文中记载了这次清理流民的过程和结果:

> 查照宣德、正统年间以来,官司行过事迹,或编户籍附入州县,或驱遣复业,严立禁约……陕西、汉州等府,金州、商洛等县,俱与荆襄接境,系流民新聚处所,选委湖广、河南、陕西都布按三司官员王用等遍历山谷,取勘流民共一十一万三千三百一十七户,男妇共四十三万八千六百四十四丁口,审系山东、山西、陕西、江西、四川并本省军民等籍。随同镇守等官议得前项流民先因原籍粮差浩繁及畏罪弃家偷生,置有田土,盖有房屋,贩有土产货物,亦不过养赡家口而已,别无非为事端,若依前例一概逐遣,尚恐去而复来。或各处顽民,闻知地土空闲,纠集趋往,不数年必有甚如今日之众,执难尽遣。合将近年逃来,不曾置有产业,原籍田产尚存流民戴广等一万六千六百六十三户,男妇共四万五千八百九十二丁口,并平昔凶恶,断发原籍者,照例遣回。其本分营生流民张清等共九万六千六百五十四户,男妇共三十九万二千七

---

[1] 《明经世文编》卷62。
[2] 《明宪宗实录》卷78。
[3] 高岱:《鸿猷录·开设郧阳》。
[4] 《明经世文编》卷93。

百五十二丁口,仰遵圣谕编附各该州县户籍,应当粮差,仍严立禁条,用杜将来流徙。此非一时之安,亦有久远之计。

关于流民的认识,原杰较他的前任有了新的看法。对于流民离开家乡的原因,原杰不再仅仅归结于灾荒的影响,而是更多地强调造成他们流离失所的社会原因。流民也不尽是为非作歹之徒,而是良民百姓,所做一切不过是养家糊口而已。另外,驱逐流民只是权宜之计,因为此地空旷的田土对于其他无地或少地的农民会产生强大的吸引力,即使驱逐成功,也难以保证日后流民不会再来。基于这种认识,原杰将近年来新迁入的、尚未置有产业且原籍产业尚存的新流民尽行驱逐,其余流民则编入当地州县户籍,成为合法土著。

存在的问题是,张清等39万余流民既不是成化年间新近迁入的新流民,又不是正统年间已入籍的老流民。那么他们就应该是项忠所未驱逐干净的那批流民了。由于上引项忠的报告中对以后散出的50余万流民的处置闪烁其词[1],并称他们的原籍乡贯已经迷失,就知这批流民离开原籍已历几代人了。我们怀疑项忠是否真的将他们驱逐回乡了。从山中驱出是一回事,逐回原籍又是一回事,对于原籍乡贯已经迷失的这批流民而言,实际上他们已经不可能回到原籍了。也就是说,项忠撤兵之后,这批流民又回到山中,这可能就是近40万流民的由来。

按照原杰在《开设荆襄职官疏》[2]一文中的记载,荆襄流民的安置情况大致如下:

1. 湖广地区

湖广襄阳、荆州、德安和新设的郧阳共查出流民共24 039户,其

---

[1] 项忠在平息荆襄流民起义后曾有四篇奏疏,第一为《报捷疏》,称:"抚捕其有贯址姓氏者,谨依诏旨省谕遣,散出山复业,陆续共九十三万八千余人;其余混处贼巢,无籍检查,四散奔走出山者又莫知其数。"这批无原籍流民没有具体人口数据。第二为《善后十事疏》,未议及流民数量。第三为《抚流民疏》,对人们关于他在招抚流民时滥杀无辜一事进行自辩。项氏一改《报捷疏》中的说法,将后来自行散出的流民说成是他招出山来的。其文曰:"两月之间,散出复业者九十三万余人。贼见民散难遏,遂携余党入藏深山,仍行劫掠。金谓怙终,法当剿戮,臣犹以安抚为心,仍行招谕,又招出者五十一万有奇。余党犹负固不出,然后入剿。"既然已经四散奔走出山了,又如何要项忠来招抚呢?这是明显的自我粉饰。第四又是一篇《抚流民疏》,也是一篇对"杀人太多"的自辩文,干脆说"已遣回流民一百五十余万",就更难令人相信了。

[2] 《明经世文编》卷93。

中允许附籍的有 20 187 户,占 84%。从这一数据看,湖广地区的附籍流民只相当于三省附籍流民总数的 21%。从附籍流民的人数来看,湖广地区并不是这次人口迁入的重点区域。

尽管湖广地区的流民人数不算多,但由于这里地广人稀,山深林密,极易成为"盗薮",因此有必要加强这一区域的政治统治和军事防卫。如郧县"地接河陕,路通水陆,居竹、房、上、津、商、洛诸县之中,为四通八达要地,且去府五百余里,山深林阻,官司罕到,盗贼猝发,缓急无制"[1]。因而开设郧阳府,以原襄阳府所属的竹山、房县、上津、郧县来属,又新置竹溪县、郧西县属之。竹溪县设 7 里,郧西县设 7 里,其他县新增的里数不详。

2. 汉中地区

据原杰的报告可知,查出陕西西安、汉中两府流民 18 718 户,附籍 16 083 户。附籍流民占当地流民总数的 85.9%。汉中地区的附籍流民仅占三省附籍流民总数的 16.6%。在汉中之白石河置白河县,编户 8 里。又析西安府之商县地新置山阳县,编户 12 里。商南县的设置可能也与招抚流民有关。商南县于成化十三年析商县而设置,商县因此而升为商州,正是原杰招抚流民之时。总之,汉中的附籍流民可编成 146 里,白河县和山阳县只有 20 里,其余的 126 里则应分布在其他的各县当中。如汉阴县,以前只有 2 里,"后因招抚流民,增添九里"[2]。其他各县的具体情况无从得知。明代中期汉中府有 14 县,再加上商州的 4 县,共有 18 县,每县平均招抚流民 8 里,合计则为 146 里,似乎是可能的。汉中地区安置移民的规模与郧阳府相当,也合情合理。

3. 河南南部

据原杰的报告,聚集在南阳府和汝宁两府的流民数达 75 052 户,附籍流民 60 384 户,附籍流民占当地流民总数的 85.6%,占三省流民总数的 62.5%。可见明代中期荆襄地区流民人口的安置以河南南部为最多,这与流民起义、流民驱散的中心地并不一致。暴动的流民主

---

1 原杰:《开设荆襄职官疏》,《明经世文编》卷 93。
2 杨石淙:《为修复茶马旧制第二疏》,《明经世文编》卷 115。

要聚集在后来设置郧阳府的荆襄山区的深山之中,而安置流民则主要在河南南部地区,由此可见安置的流民和起义的流民并不完全是同一类人口。

正德《汝州志》卷1记载：本州分四乡,在城、东关及官庄保等十一保,"俱迁民散处";鲁山县来安里等二十一里,"俱迁民散处"。这表明流民人口众多。成化十二年为安置流民,析汝州地设伊阳县,编户31里,其中可能还有土著。值得注意的是,在此前一年,即成化十一年间,曾析汝州地置宝丰县,可能也与安置流民有关。短短两年时间里,这一弹丸之地竟设置两个新县,可见无籍人口之众多。

汝州地区的"迁民",并不都是在明代中期迁入的。关于这一推测,可以郏县自然村的资料为证。在1989年编撰的《河南省郏县地名志》中,随机抽取了薛店、王集和李口三乡作为样本,在这三乡共140个村庄中,元末以前的土著村庄仅有7个,明初或洪武时期建立的土著村有6个,明初及洪武时期来自山西的移民村有22个,永乐移民村只有2个。明代中后期迁入的村庄有20个。可知,明代初年的移民与明中期的移民在数量上相当。正因为此地存在大量的明代初年迁入而未取得当地户籍的人口,所以在成化十一年,即原杰编审流民之前,就析置了宝丰县。

在南阳府,原杰析南阳县新设南召县,编户16保;析唐县设桐柏县,编户14保。其他县也安置流民,如舞阳县,洪武年间设立了26保以后,正统十四年(1449年)增设5保,成化二年(1466年)增设5保,成化十二年(1476年)增设6保,弘治七年(1494年)增设2保[1]。舞阳县的流民安置是一个漫长的过程,从正统至弘治年间一直在进行着。其中与原杰安置流民有关的仅仅是成化十二年所增设的6保。

在第六章中,我们曾对舞阳县的自然村进行过抽样统计,在抽中的198个样本的村庄中,有151村迁自山西,其中迁自"明初"的有39村,迁自"洪武"的有4村,另有107村自称迁自"明代"。这里的"明代"究竟是指"明初"还是指明代别的时期,我们不清楚。但有一点可

---

[1] 顺治《舞阳县志》卷3《赋役·里甲》。

以肯定,那就是由于在自然村统计中没有出现有明确年代记载的明代中期迁入的移民村,所以,这些村庄中应有相当一批是明代初年迁入的,也就是洪武年间迁入的。

同样,在第六章中,我们还大致测算出舞阳县的洪武移民大致占当时人口总数的58％左右。以裕州的例子作一类比,似乎也可以说,正统及正统以后编入里甲的流民中,有相当一部分就是洪武年间迁入的。在永乐元年,裕州的地方官为外来的移民争得了土著户籍,而舞阳流民获得当地的户籍却经历了相当长的时间。

墓碑及族谱中的资料可以证实上述的推测。在《舞阳县地名志》马桥乡分册中,查到6个家族的资料,如庞店的《庞氏祖墓碑》:"庞公天章……粤稽其始,原籍山西。洪武迁民,移居于叶。"叶指叶县,为舞阳的邻县。太尉乡《张氏族派序》中说:"原籍山西洪洞县张氏,洪武年间迁居于此,迄今数百年。"而同一乡的《孙氏家谱》中说:"我始祖于明初自山西洪洞迁舞,居于石桥村,再迁于此。"另外的3碑或谱的主人不是洪武迁入的了。如北刘庄《刘公祠碑》:"刘公,讳继业,字绍绪,西省贡生。明世由洪洞迁居于此,因以姓名其村曰刘庄。"吴庄的彭氏墓志铭:"明成化间,如于江西迁裴,未几又卜居南里许吴村。"而姜店乡的李湾《李氏家谱》说:"始祖爵成、银城,明代自山西洪洞县迁舞,葬居于此,越明及清三百余年矣。"该谱作于道光七年(1827年),假定定居年代有350年,则恰好是在成化十二年(1476年)迁入的。从马桥乡的家族事例看,舞阳县的洪武移民与明中期的流民氏族的数量可能是相当的。

至今未发现南阳一带有可供利用的里甲或氏族资料,仅有一批自然村资料以资分析。如南阳县,在抽样的203个村庄中,洪武年间几乎没有移民迁入,但是记作明末迁入的山西籍村庄竟多达38个。明代末年怎么会发生一场来自山西的移民运动呢?是否流民的后代将明代中期误以为明代末年了呢?这一疑点需要更多的资料来解答。

在新野县抽样的293个自然村中,"明初"的移民村为38个,记载为"洪武"和"永乐"的移民村仅为3个,而弘治及弘治以前迁入的村庄为20个,弘治以后及明末迁入的移民村达到35个。明代中期的移民村庄超过了明代初年的移民村庄。从明代中后期移民与明初移民的比例关系上来说，新野和南阳同属一个类型。

唐河县即明代的唐县，成化十二年析出桐柏县。在抽样的491个自然村中，"明初"迁入的山西籍村有35个，洪武迁入的山西村仅有3个；"明代"迁入的村庄多达65个；"明末"迁入的村庄有17个。唐河县的各类村庄比例与舞阳县很相似。这表明所谓"明代"的村庄中有相当一部分是明代初年迁入的，当然也有一部分是明代中期迁入的。

唯有邓州很特殊，在286个样本村庄中，记载为"明初"或"洪武"从山西及江西等地迁来的村庄达到63个，却没有明代中后期的移民村。邓州与周围的县何以有如此大的差异，目前还不清楚。

另外，成化六年析内乡县设淅川县，这事发生在成化十二年原杰招抚流民之前，在设置该县时入籍的流民不应该包括在原杰报告的流民总数之中。

汝宁府位于河南东南部。在第六章中已知，洪武移民已经进入了汝宁府北部的西平和汝阳等县。至明代中期也有移民陆续迁入，但从西平县的情况看，明代中后期迁入的氏族明显要少于明代初年。

据《明史·地理志》，成化十一年四月析固始县地置商城县。又如信阳，洪武初为州，洪武十年降为县，至成化十一年九月复升为州。原杰于成化十二年前往荆襄招抚流民，这一年并设郧阳府和其他一批新县，而商城县和信阳州的设立却发生在这一年之前，说明这一带安置的流民并不包括在原杰报告之中。

根据原杰的报告，河南附籍流民总数可编549个里，以成化十二年南阳、汝宁两府（包括汝州）的31县平均计，每县安置的流民应达17里。新设的南召、桐柏、伊阳三县安置流民达到了这一规模，其他各县则不见有如此多的新里设置。可见移民安置并不都是以新立里甲的形式进行的，尤其在明初移民后裔集中的地区可能更是如此。

四 成化以后的流民问题

成化十二年原杰安置流民以后，荆襄地区的流民问题并没有因此而结束。几年以后，各地流民再次大规模流入。成化十八年抚治郧阳大理寺右少卿吴道宏指出："去冬以来，河南、陕西、山西、北直隶流民，扶老携幼入荆襄境内，潜奔入山。"朝廷的对策则是"宜行河南、陕西、山西、山东、四川、江西、南北直隶"的地方官，亲诣县司备查某乡、某里的逃户，差人到荆襄招回复业[1]。尽管朝廷一再申明处置荆襄流民的决心，并告诫各级官员不要玩忽职守，但这一工作进行得并不顺利，最后的结果是允许流民入籍。弘治二年（1489年）七月，抚治郧阳都御史郑时等上奏议及流民安置情况：

> 今流民在湖广郧、襄、荆三府已成家业、附籍五万八千八百二十四口，未成家业、愿回原籍者一万三千五百四十六口。在行都司已成家业、愿附籍者二千一百一十一口，未成家业、愿回籍者一千六百二十二口。在陕西汉中府，已成家业、愿附籍者五千二百四十六口。其愿附籍者，请照例存留抚驭三年之后，乃议差科。愿回原籍者，给与行粮发遣。不然，恐生意外之忧。[2]

朝廷同意。这一过程，几乎与成化年间原杰安置流民一事完全相同，只是时间相隔12年。上一次湖广地区只安置流民2万余户，而这次为6.6万余口，是12年前的3.5倍，可见流民规模之大。看来，成化年间原杰所做并不在于解决了当时荆襄山区的流民问题，而在于为此类问题的解决找到了一条有效的途径。

弘治以后，荆襄地区的流民运动有愈加扩大的趋势。正德元年（1506年）三月刑部左侍郎兼都御史何鉴的奏书提到了这一区域又一次流民的安置：

> 清查过荆、襄、南阳、汉中等处流民二十三万五千六百余户，七十三万九千六百余口。其愿附籍者，请各给户由，收入版籍；愿还乡者，量宽赋役。如有产业已成，既不还乡，又不附籍，两相脱漏影射者，勘明籍贯，将各丁产造册在官，一体给与户由，过税当差。原系军匠、灶户，填注卫所局场，仍查各原籍户丁，听继帮贴。

---

1 《明宪宗实录》卷226。
2 《明孝宗实录》卷28。

又编造黄册,奸敝多端,请令所司查照先年编排迁民里社,起科钱粮及今次清出顶补旧里;增编迁民,俱与土民里分一例造册。[1]

同年十月,提督抚治郧阳等处都御史孙需又上奏称:"续清出荆、襄、郧阳、南阳、汉中、西安、商洛等府、州、县流民一十一万八千九百七十一户,愿附籍者九万二千三百七十户。"朝廷的处理意见是"附籍者当给与户由"[2]。本资料所揭户均 3.1 口计,流民数达 37 万余人,其中愿附籍者是流民的 77.6%,约为 29 万。合而计之,正德元年荆襄地区的流民总数为 111 万余,设愿入籍的流民占流民总数的 77.6%,则安置流民为 86 万余人。

如与弘治二年的安置者合计,成化以后荆襄地区安置流民数量达到 92.6 万。此数正与成化年间项忠驱逐的流民数相同。这一数据的巧合让人产生联想,即成化以后新迁入的流民填补了被逐流民留下的空白,他们中也可能有被项忠驱逐回乡复返迁者。

第二节

荆襄附近地区的流民

《明宪宗实录》卷 160 成化十二年条下记载了当年原杰招抚荆襄流民一事,原杰的奏疏也出现在实录的记载中。原杰有关流民数量和安置状况的记载是相当清楚的,本应没有太大的问题。奇怪的是,在《明宪宗实录》卷 167 成化十三年六月条下,有记载说:"原杰改左副都御史,处置荆襄流民。奏设府、卫各一,州一、县八,以行都司总辖之。凡招流民以户计一十九万一百七十有奇,垦荒田以顷计一万四千三百有奇。"招抚的流民比原杰报告中多出 10 万户,合计达 50 万人。我

---

1 《明武宗实录》卷 11。
2 《明武宗实录》卷 18。

们无论如何不能想象,在原杰报告的次年,又有一倍以上数量的流民从同一个地区被招抚出来。所以,对这一数据不妨作以下两种假设:一是《明宪宗实录》编撰者的笔误,将原杰招抚的流民多抄出十万户;一是这一数据包括了原杰以后安置的流民。以原杰清理荆襄流民为契机,各地清理流民的工作都在展开。这10万户流民可能是在原杰清理荆襄流民的次年从荆襄附近地区招抚出来的。

让我们来看一看荆襄附近地区的流民招抚。

一　湖广地区

如荆州府枝江县《董氏族谱》序中说:"荆襄上游自元末为流寇巢穴,明主定鼎,以兵空之。厥后,流民麇集。至成化十二年,命御史原杰招抚之,听其附籍授田,赋则最轻,适逢当时江西催科甚急,逃赋者或窜入荆襄一带,原杰招抚,枝必兴焉,此枝民所以多江西籍也。"将枝江纳入原杰招抚流民的范围,而实际上,在原杰安置流民的报告中,并没有包括整个荆州府,仅仅涉及荆州府的西部山区而已。荆州府流民招抚,可能包括在《明宪宗实录》中提到的成化十三年的流民数字中。

从第四章中已经知道,明代初年江西移民就已进入了江汉平原,在武昌府及荆州府的东部地区已有较多的分布。明代中叶,来自江西的流民继续向这一区域流动,部分是由于明初移民来不及填补一些人口空白区,部分是由于地理环境的变化使得土地资源有了较大的增加,这就为移民的生存提供了基本的条件。

荆州府的西部平原有相当多的流民迁入。在枝江县档案馆所藏的11部族谱中,有6族是明代正统、成化和弘治年间迁入的。这与上引《董氏族谱》恰好相互印证。再往西部进入鄂西南山区,按照笔者在1987年的调查,则不见有明代初年或明代中期的流民迁入。

弘治年间,安陆州钟祥县新编迁民12里,京山县也增置11里[1]。

---

[1] 万历《承天府志》卷5《乡市》。

明代中期沔阳一带接受移民的基本条件与枝江和安陆并不相似。嘉靖《沔阳州志》卷8《河防》称："元季沔乘兵之后，人物凋谢，土地荒秽。明兴，江汉既平，民稍垦田修堤，是时法禁明白，人力齐一，堤防坚厚，湖河深广，又垸少地旷，水至即漫衍，有所停泄……故自洪武迄成化初，水患颇宁。"这是因为江汉平原在明代初年人口不多，移民有限，土地之争并不激烈。"其后佃民估客日益萃聚，闲田隙土易于购致，稍稍垦辟，岁月浸久，因攘为业。"沔阳一带的地理环境在明代中期发生了较大的变化，人称："沔，湖广八百六十里，为江汉渚水所汇，潴于太白湖，泄于沌口，设河泊所三十六以课鱼。成化、弘治以来，汉淤江溢，湖水停注，积滓所澄，洲沙渐起，佃民估客日集，因攘为业，而垦耕之，由是湖平强半矣。"[1]说的是由于长江和汉水两大水系的变动，导致太白湖的淤塞。太白湖的成陆又使外地流民有了可供开垦的土地，于是流民佃客蜂拥而至。据嘉靖《沔阳州志》的说法，"他乡之民萃焉，而江之右为甚"。这与现代的调查也是吻合的。

所以丘濬在《江右民迁荆湖议》中说："以今言之，荆湖之地，田多而人少，江右之地，田少而人多。江右之人，大半侨寓于荆湖。盖江右之地力所出，不足以给其人，必资荆湖之粟以为养也。"[2]丘氏是成化时代的人，正当清理荆襄流民和江西客民涌入江汉平原的时期，难怪他会发出如此的感慨。

客民以新垦土地没有税收和客民不负担迁入地的赋役而获得了经济上的优势。加上移民自身人口众多，从而在新地反客为主。在沔阳州，"又湖田未尝税亩，或田连数十里而租不数斛，客民利之，多濒河为堤以自固，家富力强则又增修之。民田税多徭重，丁口单寡，其堤坏者多不能复修。……夫垸益多，水益迫，水益迫，客堤益高，主堤益卑，故水至不得宽缓，湍怒迅激，势必冲啮，主堤先受其害。由是言之，客非惟侵利，且贻之害也。"[3]所以"客常浮于主，然客无定籍，而湖田又

---

[1] 陈全之：《蓬窗日录》卷1《湖广》。转引自李懋军：《明代湖北人口迁移研究》。
[2] 《明经世文编》卷72。
[3] 嘉靖《沔阳州志·河防志》。

不税亩,故有强壮盈室而不入版图,阡陌遍野而不出租耨者。民丁口单寒,田地污莱,则至于鬻妻子、死桎梏而不能免也"[1]。

土著的抱怨表明了土客关系的紧张。万历《承天府志》卷6中有记载说:"频年积荒,困于供亿,而土著之民,贫者或遘窜转徙物故,而司籍莫为损削……况在沮洳之乡,淤水成腴,而浮食奇民操其重赀,乘急贳贷,腾跃其息……故丁壮盈室,而藉口客丁,免于编列。夫已擅地利,长子孙矣,而客之也可乎?嗟乎,弊也。"客民的生活比之土著确实要轻松得多。

同样的事例发生在湖广常德府。常德府也是"土民日敝,而客户日盛矣。客户江右为多,膏腴之田,湖泽之利,皆为彼所据。捆载以归,去住靡常。固有强壮盈室而不入版图,阡陌遍野而不出租粮者矣"[2]。洪武民迁入常德府是中央政府同意的,不应当存在户籍问题,所以,这里的客民与洪武移民无关,是洪武以后的续迁者。洪武大移民迁入湖南中部地区,大多数在长沙一带停留了下来,还来不及向西部迁移。当时迁入西部的江西移民人数不多,为以后客民的迁入留下了足够的空间。由于政府严禁人口的自由流动,洪武以后的迁入者就未入当地户籍而成为客民。又由于客民有逃避赋税的优势,无籍者比有籍者要活得逍遥自在。

从本卷第四章表4-5中的统计来看,明代后期的移民氏族占江汉平原地区氏族总数的三分之一以上,然测算其人口,大约占总人口的20%左右。在长沙府和常德府,长沙府明代中后期移民氏族的比重约占当时氏族总数的15%左右。而在常德府,以桃源县为例,这一比重可能要占到30%左右。然而,两地明中期移民人口的比例要比各自的氏族比例低,测算结果显示,其人口大约占总人口的10%—18%。由于计算这一时期的迁入人口缺少一个准确的区域人口数值,所以我们不作人口数量的估计。

---

[1] 嘉靖《沔阳州志·食货志》。
[2] 嘉靖《常德府志》卷6《食货》。

二 四川地区

四川地区在洪武年间也是一个移民的重点地区。洪武移民结束以后，对于这一片如此广阔而人口稀少的地区而言，不会没有外地人口继续流入。在重庆府地，成化十七年（1481年）设安居县，十九年设璧山县，均紧邻重庆，而如以前章节中所说，四川人口集中的区域是以重庆为中心的。这两县的设立可能与洪武以来人口的继续增加有关系。如重庆府首县巴县地方，明代中叶称流入的楚民为黑册。再如重庆府江津县崖门关地方，在县南三百里，"关内地自洪武以来，民死兵戈，北乡为无人境。……正统中……地为流亡渊薮矣"[1]。这一带正是元末明初移民最集中的地方。这一情形，与河南南阳一带颇为相似。正统元年（1436年），"四川布政司奏：'重庆府武隆县民逃徙死亡，乡落空虚，乞补编户，以承租税。'事下行在户部议：'以四川、湖广所问罪因应徙流迁者，连家室迁往为民。'从之"[2]。武隆县位于重庆府的东部，应是洪武移民迁入较少的地区。地方政府提出了移民的申请，说明这一区域仍然存在移民开垦的潜力。

所以在夔州府之云阳县，"县治多集四方流民……惟邑山险，旷野杂以四方流民……若欲尽驱之，则深山穷谷，谁与辟易？自伤其赋税源"[3]。云阳县地方官反对驱逐流民的理由在于赋税，云阳山中的流民必须承担赋税，这和荆襄的情况很不相同。成化元年（1465年）设东乡县，可能与安置流民有一定的关系。

顺庆府营山县也是流民充斥，"按营俗旧虽近古，迩来侨寓半于土著，民情多不务实，健讼者时有之"[4]。往北的保宁府，正德十一年（1516年）设南江县，可能与安置流民有关。

---

1 《古今图书集成·职方典》卷608《重庆府部·关梁考》。
2 《明英宗实录》卷30。
3 嘉靖《云阳县志》卷下《保甲法》。
4 万历《营山县志》卷1《风俗》。

三 河南地区

正统四年(1439年),"于谦籍河南、山西、南北直隶流民已从抚定、寄籍者三万四千二百三十户"[1]。大概这次招抚是在上引白昂所说的招抚河南及荆襄6万余户流民之前。这3万多户流民中包括南北直隶,平均计之,所招抚的河南流民约为万余户。依我们以上的分析,正统年间安置的流民,其大部分应是洪武、永乐年间的迁入者及其后裔。

河南地区以陈州(今周口市淮阳区)一带的流民问题最为突出。正统十四年(1449年),"河南右布政使年富言:'陈颍二州逃户不下万余,皆北人,性鲁,为江西人诱之刁泼。请驱逐江西人,以绝奸萌。'都察院言:'江西人在河南者众,如即驱逐之,恐生变,宜但逐其逋逃者,其为商者勿逐。'从之"[2]。颍州的情况已经在第二章中有详细的分析,所谓的"北人"实为山东人,他们的迁入是在洪武年间,由于户籍关系,仍被视为"逃户"或"流民"。这里提到的江西人,依我们在第二章中的论述,只能是来自江西饶州的移民。江西人和山东人在陈颍地区有如此独特的关系,目前还无法理解。

叶盛也提到陈州一带的流民,他说:"窃照河南、凤阳等处流民数多,而尤莫多于河南;开封等府县俱有流民,而尤莫多于陈州……陈州流民,尤宜十分加意……臣切惟前项流民,俱系山东、山西、江西、湖广等处人民。"[3] 颍州山东人多,山西人少,而在陈州则可能以山西人为主,与开封府其他地区的移民来源一致。

颍州地区的山东人入籍从正统至弘治年间一直在陆续进行,而陈州地区于弘治十年(1497年)设立沈丘县,是否就是流民入籍的结果呢?顺治《沈丘县志》卷2记载了沈丘县设立的过程:"拨陈州一十五里,曰归善,曰务本,曰遵教,曰新太,曰大善,曰达顺,曰孝城,曰亲

---

1 《明英宗实录》卷63。
2 《明英宗实录》卷184。
3 叶盛:《提督军务疏》,《明经世文编》卷59。

贤,曰乐善,曰永安,曰智仁,曰迁善,曰遵化。拨颍州五里,曰沈三,曰沈四,曰沈五,曰河北二,曰河北三。拨项城二里,曰感化,曰富有;收集流寓,辏为三里,曰慕义,曰归仁,曰尚德。共为二十五里。"陈州拨来的15个里仅有13个里名,其中大部分是移民地名,如归善、务本、永安、迁善、遵教等;项城二里,也是移民地名;凑成的三里,更是典型的移民地名。由此可见,沈丘建县前的大部分里,本身就是由移民所组成,或许是洪武移民,或许是洪武以后的移民,绝不是弘治年间才收集流民编里设县。

陈州北面的杞县在正统年间也曾招抚流民。该县"洪武初通县为十保……正统中布政使年富招集流寓人户编曰向化,凡十一保,增里有二"[1]。

与山东和北直隶地区进行比较,荆襄附近地区的流民活动至少有以下几个特征:

其一,明代中期流民迁入的主要区域一般是明初虽有移民迁入但数量较少的区域,如荆州府西部平原、湘中平原的西部区域和四川东部地区,它反映了明时期长江中上游地区的移民活动,是由东向西方向展开的。明代中期的流民只是填补了他们的前辈留下的空白而已。

其二,明初以来长江流域和黄河流域地理环境的变化,导致了区域性的流民活动的增强。如沔阳州太白湖在汉水和长江作用下的淤塞就促使了江西客民的涌入。同样的情况也发生在黄河泛滥区。除了在上一节中所论述的黄河故道的流民以外,在山东西部和北直隶南部地区也频频出现类似的人口活动。如大名府临近黄河,黄河的泛滥与改道使得该府出现大片的无人区,从而给流民的迁入提供了条件。

如第五章中所述,正统十一年(1446年),因为曹县地广民稠,割曹县黄河南北岸土民17里,附籍逃民23里为曹州,其基本原因是黄河泛滥区中积聚了大量的人口。从里甲名称上分析,在这23个附籍

---

[1] 乾隆《杞县志》卷2《地理》。

逃民里之后，还有一批移民里，不知何时所建。然而从自然村的统计中可见，这一区域基本上没有明代中期以后的移民，可以推测曹州一带的逃民里中人口的迁入并不在明代中期。弘治三年（1490年）北直隶大名府东明县的设立，也是由于这一带水退陆成，且流民众多，必须设县以加强管理所致。然而从东明县的自然村统计中，却很难发现明代中期的迁入者，绝大部分的村庄都自称是明初或洪武年间从山西迁入的。东明的建县只是给他们提供了一个很好的加入土籍的机会而已。

其三，可以和上述的例证作一反证的是北直隶中部、北部的事例。如在前面的章节中所述，由于永乐年间在北直隶组织过大规模的移民活动，所以这一区域并不存在大量的明初移入而至明代中期仍未入籍的外来人口。虽然直到正统年间，静海县的地方官还在招集流民[1]，但毕竟是个别的例子。而且，也很难说这些逃民是正统年间才从他们的原籍迁入静海县的。在北直隶的中部和北部，明代中期并不见有大量的新里增置。相反，减并倒是这一区域里社变动的主流。

如顺天府玉田县，"旧编户一十八里，成化年间并为十一里，正德七年又并为五社二屯"。蓟州洪武间有25里，弘治五年因民多逃窜，并为15里[2]。在通州，永乐二十年增发迁民9屯，宣德七年再增迁民8屯。可是到正统七年、景泰三年、天顺六年、弘治五年和万历初年，旧里被不断归并减少。又如漷县，永乐十年编审县籍以后，至成化八年并掉了半数的里[3]。再如，平谷县于成化八年并里[4]，武清县于弘治十五年并里[5]。从所见资料看，似乎顺天府根本不存在明代中期增设的里甲。这说明，这一区域明代初年的移民完全在中央政府的组织下进行，至明代中期也就不需要以增里来整肃流民户籍。

真定府的情形与河间府似乎有些不同。如行唐县，洪武时有22

---

[1] 如《明英宗实录》卷139记载正统十一年"直隶河间府静海县奏：'钦遵敕谕及奉巡抚郎薛希琏答付，招集逃民附籍者七百户于本县居住。'"
[2] 康熙《蓟州志》卷1《里甲》。
[3] 康熙《通州志》卷1《乡屯》。
[4] 民国《平谷县志》卷1《建置沿革》。
[5] 康熙《武清县志》卷1《疆域》。

社,景泰间和成化间分别增设1社,名为段庄和东秀[1],不像为招抚流民所设。南宫县"成化中生养蕃息,新增六里","谓之新析民"[2]。可见新设里甲是人口自然增殖的结果。

第三节

辽东地区

在论述胶东半岛的人口问题时,曾议及该地大量人口的流失。由于相邻的辽东地区存在着大片的可耕土地,我们推测胶东半岛流失的人口可能进入了辽东半岛。这一假设并不是没有根据的臆测,在辽东地区,明中期存在大量的寄籍人口。各卫的寄籍人数见表9-1。

表9-1 明代中期辽东各卫的寄籍人口

地　　名	辽东志人口	全辽志人口	增减百分比(%)
定辽左卫	126	506	+301.6
定辽中卫	337	258	-30.6
定辽前卫	330	312	-5.8
定辽后卫	388	441	+13.7
东宁卫	122	315	+158.2
海州卫	513	513	0
盖州卫	519	1 301	+150.7
复州卫	382	482	+26.2
金州卫	496	496	0
广宁卫	43	122	+183.7
广宁中卫	50	270	+440.0
广宁左卫	174	340	+95.4

---

1 康熙《行唐县新志》卷2《地理志》。
2 嘉靖《南宫县志》卷1《里甲》。

续 表

地　名	辽东志人口	全辽志人口	增减百分比（%）
广宁右卫	66	202	+206.1
义州卫	747	747	0
广宁后屯卫	285	285	0
广宁中屯卫	580	580	0
广宁左屯卫	490	490	0
广宁右屯卫	37	37	0
广宁前屯卫	275	275	0
宁远卫	288	288	0
沈阳中卫	78	209	+167.9
铁岭卫	65	79	+21.5
三万卫	28	120	+328.6
辽海卫	31	91	+193.5
安乐州		73	
自在州	481	267	-80.1
合　计	7 111	9 279	+30.5

资料来源：《辽东志》卷3《兵食志》；《全辽志》卷2《赋役志》。

《辽东志》初撰于正统年间，补修于嘉靖十五年（1536年）；《全辽志》修于嘉靖四十五年（1566年），比《辽东志》的修撰或补修时间要晚。《全辽志》中记载的寄籍人口比《辽东志》记载得要多30%，这反映了随着时代的推移辽东的寄籍人口有增加的趋向。

辽东半岛南端的各卫寄籍人数最多，可能与山东流民从南部泛海而来有关。义州卫和自在州的寄籍人口众多则可能与接受北方归附的少数民族人口有关。万历《大明会典》卷155谈到一般卫所人口的寄籍问题时说："凡清查寄籍，景泰元年（1450年），令官军户下多余人丁，有例除存留帮贴正军外，其余俱许于附近有司寄籍，纳粮当差。"由于辽东只有军卫，并无民县民州，所以不存在军户多余人丁的寄籍问题。辽东军卫的寄籍者，只能是来自外地的流民。

寄籍人口的多少与实际的流民人口并没有一定的等量关系。时人指出："又访得辽东四方无赖之徒投报寄籍，入自在、安乐二州、都司各卫、经历司,一姓报名,数姓影射,一丁在册,数丁安闲。今此流民居辽东之地种田衣食,独不干辽东之事乎?"主张将流民编入军伍,否则逐其回乡[1]。实际的流民人口要比寄籍者多得多。

寄籍者必须承担辽东地方的赋役,如在《全辽志》中就有寄籍者交纳的均徭银数额的记载[2]。对于政府或军卫来说,多多接受寄籍者,对于自身的财政是有利的;而对于流民来说,尽可能躲避新地的赋役,对于家庭经济无疑是有益的。所以,尽管寄籍的人数在不断增加,但远低于流民人口的实际增加。辽东地方的流民构成严重的社会问题。

巡按御史胡文举曾议及辽东东南部的情形:"辽东汤站堡东地名九连城及夹江等处地土,虽广阔膏腴,实与朝鲜接界。先年边民私垦盗耕,随禁随弛。嘉靖年来,奸民周伟等将前田强占,又越开马耳山等岛共田一百九十余顷。朝鲜因见华夷之民住种混杂,交通行窃,地方受害,尊敬上国,难以禁治,咨行都司转呈巡按衙门,委官勘明查革,分立石碑三座,俱刻'辽东军民不许在此住种,朝鲜军民不许在此采取'。至嘉靖十六年周伟等将碑内'不'字改凿为'本'字,仍纠同积恶达官并刁民何仲信等群奸集计占种,陆续盗卖,并指称打点,诓收过住户陈通、徐钊等八十余名,得银一千一百余两。"[3] 流民已经深入中朝边界地区进行垦殖,并且已有一定的规模。这批流民当是未寄籍者。以后政府移定辽右卫于此进行管理[4]。

龚用卿等指出辽东半岛南部的情形:"今辽东金、复、盖、海四卫山氓亦各有船往来登、辽,资易度活。"[5] 这里的"山氓"一词并不像是对有籍人口的称呼,所指可能为无籍的流民。正因为辽南一带不系于军籍的流民人口增加,为了便于管理,嘉靖四十三年(1564年)在岫岩山城子设置岫岩抚民通判公署,并于辽阳城设岫岩通判行署[6],这是不领于卫所的地方基层行政机构。正是由于大量流民的活动,才使得辽

---

1 《翰林院修撰用卿户科给事中吴希孟会陈边务疏》,《辽东志》卷7《艺文》。
2 《全辽志》卷2《赋役》。
3 胡文举:《东南疆场》,《全辽志》卷5《艺文》。
4 《补议经略东方未尽事宜以安边境疏》,《全辽志》卷5《艺文》。
5 龚用卿:《使朝鲜回奏》,《全辽志》卷5《艺文》。
6 《全辽志》卷1《图考》、卷3《职官》。

东地区开始出现除自在、安乐二州之外新的与军卫并存的地方行政机构。

第四节

南方山区的流民

一　赣南山区

明代初年,赣南地区人口稀少,数量较南宋时代减少了三分之二[1]。所以,当吉安、南昌一带的人口大量向湖广地区迁徙的时候,赣南山区几乎没有人口流出,与"江西填湖广"的大浪潮毫不相关。

明代中期,福建和广东流民开始进入赣南。罗玘指出:"春耕闽粤者,彼曰良民也,秋入赣建,翼然而虎,巨寇也。"[2]赣指赣州府(治)今赣州市),建指建昌府(治今南城县)。此时的闽、粤流民还只是在农闲季节进入赣南,并未定居。

《明史·洪钟传》中提及成化年间赣、闽、粤三省交界地区的人口流动问题:洪钟"成化十一年(1475 年)进士,为刑部主事,迁郎中,奉命安辑江西、福建流民。还言福建武平、上杭、清流、永定,江西安远、龙南,广东程乡,皆流移错杂,习斗争,易乱"。三省的边境地区成为流民的聚集之所。

明代中期赣南的地方官开始对流入赣南山区的广东流民进行安插,王守仁说:"其初輋贼,原系广东流来,先年奉巡抚金泽行令,安插于此。"[3]金泽于弘治间任职,所以安插之事也当发生在弘治年间。

1　嘉靖《赣州府志》卷4《食货》。
2　罗玘:《罗圭峰文集》卷1《送都阃文君之江西任序》,四库全书本。
3　王守仁:《立崇义县治疏》,《明经世文编》卷130。

明代中期流入的部分闽人是佃耕者。在宁都县，康熙时魏礼说："阳都属乡六，上三乡皆土著，故永无变动；下三乡佃耕者悉属闽人，大都福建汀州之人十七八，上杭、连城居二三，皆近在百余里山僻之产。……夫下乡闽佃，先代相仍，久者耕一主之田至子孙十余世，近者五六世、三四世……久历数百年。"[1] 闽人原籍与上引《明史·洪钟传》相同，流入的时间也是在明代中期。

除了闽、粤人口的流入外，嘉靖初年巡抚赣南的右副都御史周用还指出有流民来自与赣南相邻的赣中地区。周用说："南赣地方，田地山场坐落开旷，禾稻竹木生殖颇蕃，利之所在，人所共趋，吉安等府各县人民每年常来谋求生理。"[2] 赣中盆地的过剩人口在向湖广大量迁移的同时，也在向赣南流动。

海瑞以赣州府兴国县的情况为例，说明赣南地区明代中期的土著流失及外来流民的问题，非常具体。海瑞说：

> 卑职自到任至今，县民每告称："近日赋役日增，民多逃窜。雩都里分虽少，田广粮轻，里甲富实，户户齐足。"本县犹以人各私己，将疑将信。查户口，则名虽五十七里，实则不及一半。嘉靖三十年以前犹四十四里，今止三十四里。卑职到任后，极力招徕，今亦止得四十里，其间半里、一分、二分、三分里分尚多。通十排年计之，该五百七十人，今止有四百三十二人。其间有有里长而无甲首者，有有甲首而止存一二户，户止存一二人者。以故去县二十里外，行二十里、三十里，寥寥星居，不及十余家。问其人又多壮无妻，老无子。今日之成丁，他日之绝户也。人丁凋落，村里荒凉，岭内县分似此，盖绝少也。[3]

人口的逃亡确实非常严重。也就在赣南人口外徙的同时，来自江西中北部的移民大量地迁入此地，海瑞指出：

> 昔人谓江右有可耕之民，而无可耕之地，荆湖有可耕之地，而

---

1 魏礼：《魏季子文集》卷8《与李邑侯书》。
2 周用：《乞专官分守地方疏》，康熙《西江志》卷146。
3 海瑞：《兴国县八议》，《明经世文编》卷309。

无可耕之人。盖为荆湖惜其地,为江右惜其民,欲一调停行之也。兴国县山地全无耕垦,姑置勿计,其间地可田而未垦,及先年为田,近日荒废,里里有之。兼山地耕植,尚可万人,岁入所资,七八万人绰绰余裕也。访之南赣二府,大概类兴国,而吉安、南昌等府之民,肩摩袂接,地不能尽之使农,贸易不能尽之使商,比比游食他省。是一省民也,此有余地,彼有余民,目亲睹,身亲历,听其固然,而不一均之也,可乎?即今吉、抚、昌、广数府之民,虽亦佃田南赣,然佃田南赣者十之一一,游食他省者十之九。盖远去则声不相闻,追关势不相及。

似乎江西北方各府都有迁入赣南种田者。只是按照海瑞所说,迁入者还太少,大量的人口迁入荆湖地区。为什么江西中北部,尤其是江西中部的人口要舍近求远作长途迁徙呢?如果迁入赣南,本省的移民会遇到什么问题呢?海瑞指出:

> 佃南赣之田,南赣人多强之入南赣之籍。原籍之追捕不能逃,新附之差徭不可减,一身而三处之役加焉。民之所以乐于舍近,不惮就远,有由然矣。

迁入赣南的流民被强迫入当地土籍,却又因离家乡太近,不能摆脱原籍的赋役,这就使得江西中北部的外流人口宁愿远徙荆湖而不愿迁入赣南。海瑞认为只有解决流民的户籍问题,并解脱原籍的赋役,并在迁入地给流民以土地,使之成为自耕农,才能解决赣南人口稀少的问题。

所以陆稳也说,(南赣两府)"有田者非土著之民,力役者半寄籍之户。缓则谓非亲管,或相抗拒;急则逃去原籍,追摄不前"[1]。可见赣南的流民问题已经引起了广泛的关注。

弘治、正德年间,岭南岭北的流民揭竿起义,数百里山区成为流民与政府军作战之场所。从王守仁一系列报告中可以看出,这一带流民运动的规模不能与荆襄相提并论。造反的农民多以千计,最多时也不

---

[1] 陆稳:《边方灾患恳免加派钱粮以安人心疏免南赣加派》,《明经世文编》卷314。

过几万人口[1]。按王守仁的说法，即使是将不属盗贼的平民百姓计算在内，也不过数万人而已。起义的流民包括广东流入的人口和赣中地区流入的佃耕者，其中心地带位于赣南西部今崇义县地。王守仁说："上犹等县横水、左溪、长流、桶冈、关田、鸡湖等处贼巢，共计八十余处，界乎三县之中，东西南北相去三百余里，号令不及，人迹罕到。其初輋贼原系广东流来，先年奉巡抚都御史金泽行令安插于此，不过砍山耕活，年深日久，生长日蕃，羽翼渐多，居民受其杀戮，田地被其占据。又且潜引万安、龙泉等县避役逃民并百工技艺游食之人，杂处于内，分群聚党，动以万计。始渐房掠乡村，后乃攻劫郡县。"[2] 万安和龙泉二县均属吉安府辖，与赣南相毗邻。结果是在桶冈地区设崇义县，招抚新民，人数不详。从地方官的报告来看，多属零星的安插[3]。这也说明流民人口并不是很多。

隆庆三年（1569年）和万历四年（1576年），赣南地区先后设置了定南县和长宁县（今寻乌县），从自然村的统计中[4]，我们知道，这两县的明代人口多从粤北地区流入，是赣南地区典型的客家县。

二　粤北和粤东山区[5]

地处岭南的粤北、粤东山区，明代前期人口稀少，成为外来人口集聚之所。

成化年间，梅州（今梅州市）"流移错杂，盖客户愈盛"[6]。迁入人口以闽、赣两地为主。正如我们在湖广及河南一带所见，成化年间的客民并不一定是成化年间迁入的，只是在全国性的整饬流民户口中，梅州无籍人口的问题才为地方政府所关注。至嘉靖年间，析程乡（今梅州市地）与兴宁置平远县，崇祯年间又析平远及程乡地置镇平县（今

1　王守仁：《申明赏罚以厉人心疏》，《明经世文编》卷130。
2　王守仁：《立崇义县治疏》，《明经世文编》卷130。
3　王守仁：《提督南赣牌行南安府抚辑新民》，《明经世文编》卷132。
4　关于赣南地区自然村的统计，详见本书卷六清时期的有关章节。
5　本节参见吴建新：《明清广东人口流动概观》，《广东社会科学》1991年第2期。
6　光绪《嘉应州志》卷8《礼俗》。

蕉岭县)。平远和镇平两县的名称是典型的移民地名,也是为安抚流民而设置的。

明代祝允明记载:"惠州壤邻汀赣,奸民实繁。"[1] 指的是流民众多。嘉靖年间,永安县(今紫金县)"山谷中多良田,流民杂居"[2],迁入者多自江西、福建来,也有从潮、惠诸县迁来的[3]。和平县建县时,有自福建来者,操客家音;也有自江西来者,操水源音;由此构成和平县的两大方言[4]。万历间,博罗县有来自本省的客家人迁入,也有来自闽漳的移民[5]。

从洪武、永乐到宣德、成化年间南雄府的数任知事、通判在任上都"徕流移,辟荒地"。永乐年间归籍人口达数万人[6]。万历年间,"客浮于主,至有强壮盈室而不入版图者矣"[7]。府属之通济镇,"天顺以来为无籍者占住"[8],始兴一县,江西人竟占了当地人口的一半,而福建人则占了20%[9]。这些江西人可能是从赣南流出的。

韶州府方面,正统年间韶州已是"主户少而客户多","而翁源、乳源尤甚",客户被准予"占籍编入户册"[10],前来占籍者,多为"江、楚、闽汀之民"[11]。到成化年间,流民又有进入,如英德县,成化以前人口不多,"成化间自闽、自江右前来入籍,习尚一本故乡"[12]。从上引资料来看,韶州的江西和福建移民从明初至明代中期一直在绵绵不断地迁入。

由此可见,明代是广东粤北和粤东地区外来人口大量迁入的时期。粤北地区的外地移民主要来自福建和江西,福建来自客家人居住之汀州,江西则是来自毗邻的赣南。以闽汀客家人为主的移民自宋末元初大量迁入以后,形成了广东梅县一带最早的客家人居住区;明代

---

1 道光《广东通志》卷93《惠州府风俗》。
2 《永安县三志》卷末《邑事》。
3 康熙《永安县次志》卷14《风俗》。
4 道光《广东通志》卷93《惠州府风俗》。
5 顾炎武:《天下郡国利病书》卷100《广东·博罗县》。
6 道光《广东通志》卷248。
7 乾隆《保昌县志》卷4《田赋》。
8 江璞:《通济镇记》,《古今图书集成》卷1324。
9 《古今图书集成》卷1323《南雄府风俗》。
10 道光《广东通志》卷248《滕员传》。
11 《古今图书集成》卷1320《韶州府纪事》。
12 道光《英德县志》卷4《风俗》。

闽汀人和赣南人继续迁入，赣南人遂融入客家人之中。明代新设的长宁、永安、连平（今和平县西地）、和平、大埔、平远和镇平皆为今天的纯客住县，加之以前的梅县、兴宁、龙川、河源、始兴、英德、仁化和长乐（今五华县）等县，构成近代广东东江、北江、韩江上游山区客家人集中分布的形势。

三　西南地区

西南地区主要指云南和贵州。从本卷前面有关的章节中，我们已知，云、贵地区在明代初年是以军人屯垦为主的军事移民区。虽有民籍人口迁入，但不成规模。至明代中期，情况发生了变化，大批民籍人口进入了这一区域，使云、贵地区出现流民问题。

按照江应樑的研究[1]，明初以后民籍人口大量迁入的动因之一是商屯所诱致。洪武十五年（1382年）和洪武二十年先后两次在云南发展商屯，以求解决军食。到正统初年，因出征麓川，军粮所需浩大，再次大力招募商屯，并减低纳米数额，以资鼓励。于是商屯大为兴盛，到正统十四年（1449年），竟造成了金齿米产量过多，市场米价和开中米价差距过大的现象。这说明正统年间的金齿地区田亩开垦相当多，也说明外来农民移入之众。虽然到弘治年间，随着政府有关商屯政策的变化，边商大都撤业归乡，但开垦的土地不至于全部荒废，因商屯而招入的人口大多数应定居成为当地居民。

自由流入的人口也有相当的数量。在云南腾冲之莫蛮地区，弘治十二年（1499年），"云南巡抚谢朝宣奏：'江西、云南大理逃之民多赴之。'"[2] 王士性在《广志绎》中对江西流民的原籍有明确的说明。王士性说："余备兵澜沧，视云南全省，抚（州）人居什之五六。"意指在云南的江西流民中，抚州人居多。

在江西填湖广的大浪潮中，吉安府、南昌府和饶州府的外迁人口最多，抚州人则几乎不见。据本卷第一章，抚州府在明代初年江西各

1　参见江应樑：《明代外地移民进入云南考》，《云南大学学术论文集》1963年第2期。
2　《明史》卷315。

府中人口较多,数量高达120万,仅次于吉安府。这就让我们产生这样一种联想,明代初年抚州人未能卷入外迁大潮,明初以后,人口压力迫使抚州人外迁,由于湖广地区已经成为吉安移民和南昌移民的天下,抚州人更多地向西南边疆迁移。

抚州流民还深入到四川等地,明代文献中有记载:"乞敕法司行移江西抚州等府查勘在外客商等及行四川巡按等官起发照依在前勘合,不许江西人前往云南、建昌夷地买卖,以除边患。……江西都、布、按三司各行所属府、卫所,今后军民人等告给文引往外生理,务要明白开写,将带是何货物,前去某处地面买卖,定限回缴,不许填写边夷地方及四川等处字样。"[1] 江西抚州人在边地的活动使得政府不得不出面采取限制的措施。

康熙年间曾官于云南的江西南昌人刘昆在《南中杂志》中说:"吾乡数十万人,捐坟墓,弃父母妻子,老死异域。"[2] 直至清代,江西籍流民仍在云南活动。江西人中当然以抚州人居多。

王士性在文章中提到抚州流民多以讼师为职业。此外,抚州人中还应当有大量从事其他职业者,只是由于讼师这一职业造成的影响较大,特别引人注目,也就为王士性所津津乐道。其实工商业者是江西流民的主要成分,如上引文中提到抚州商人在四川的活动;又如一条记载国境外伊洛瓦底江岸一个大城的情形,"江头城外有大明街,闽、广、江、蜀居货游艺者数万,而三宣六慰被携者亦数万"。这是属于缅甸的一个城市,其中却居住着来自江西等地的几万商人和手工业者,由此可见江西商人在云南的活跃。

贵州的情况与云南大体相似。除了明初迁入的大批军籍人口外,还有因开中而被商人招至的农民。今天贵州各地都有"其先来自江西"之说,反映贵州人口中江西籍移民居多这一事实。我们知道,军籍移民的来源是比较广泛的,并不限于江西一省,因此,大量的江西人可能是作为非军籍移民迁入的。如正德、嘉靖年间,在思南地区,"流民入境者络绎道途,布满村落,已不下数万"。他们往往"亲戚相招,缠属而至,日

---

[1] 《皇明条法事类纂》卷29《江西人不许往四川地方结交夷人许告私债例》。
[2] 引自江应樑:《明代外地移民进入云南考》。

积月累,有来无去",致使"蜀中、江左之民侨寓于此者甚众"。隆庆二年(1568年)贵州抚按官杜拯等奏:"其贵竹长官司所辖,皆流寓子孙,与夷不同",因而改司为贵阳县[1]。由于明代四川人口稀少,不可能有大量人口外移,所谓"蜀中、江左之民",当以"江左"为主,这里所称之"江左"即为江西,可见明代中期贵州地区的流民活动与云南属同一类型。

第五节

工商业移民

一 工商业者的迁移

明代的工商业者人口众多,分布广泛,构成明代移民的一个重要组成部分。从人口来源看,能够形成大的商人集团的大多数为明代的人口密集之区,如明代历史上著名的山西商人、徽州商人、江西商人和苏松商人。山西、徽州、江西和苏松地区正是明初人口外徙的四大区域。

1. 徽州商人

徽州商人是最具实力的商人集团,全国各地都留下了他们的足迹。关于这一点,万历《歙志·货殖》中有一段精彩的论述:

> 今之所谓都会者,则大之而为两京,江、浙、闽、广诸省;次之而苏、松、淮、扬诸府,临清、济宁诸州,仪真、芜湖诸县,瓜州、景德诸镇。……故邑之贾,岂惟如上所称大都会皆有之?即山陬海,孤村僻壤,亦不无吾邑之人,但云大贾则必据都会耳。

万历《休宁县志·风俗》则称:"藉怀轻赀遍游都会,因地有无以通贸

---

[1] 转引自史继忠:《贵州汉族移民考》,《贵州文史丛刊》1990年第1期。

易,视时丰歉以计屈伸。诡而海岛,罕而沙漠,足迹几半禹内。"徽商不仅活动于通都大邑,而且在一些穷乡僻壤也能见到他们的身影。徽商中的一部分还将家属带出,并在新地定居,从而成为移民。婺源一份《洪氏族谱》就这样说:

> 吾邑习俗每喜远商异地,岂果轻弃其乡哉?亦以山多田寡,耕种为难,而苦志读书者又不可多得。是以挟谋生之策,成远游之风,南北东西,本难悉数。而始而经商,继而遂家者,则有迁清江浦、湖南、广西、成都、金陵、繁昌、桐城、蔡田等处。[1]

这仅仅是洪氏家族的一个例子。实际上,"徽之富民尽家于仪扬、苏松、淮安、芜湖、杭湖诸郡,以及江西之南昌,湖广之汉口,远如北京,亦复挈其家属而去。甚且舆其祖父骸骨葬于他乡,不少顾惜"[2]。这段资料见于康熙十二年(1673年)的府志中,所述事实却涉及时人的三代以上,当为明代之情形。所以万历《歙志》称"九州四海尽皆歙客,即寄籍者十之五六",入籍他乡的徽商已经占徽商人口总数的一半以上。

王世贞则估计徽州外出的商人在总人口中的比例高达70%。他说:"大抵徽俗,十三在邑,十七在天下。其所蓄聚则十一在内,十九在外。"[3]假定王世贞的这一说法是确实的话,就可以对明代中期徽州府的外出人口进行以下估算:洪武二十六年徽州府在籍人口约60万,假定此时徽州人已有部分外移,并不包括在原籍户籍之内的话,明初以后徽州府至少应有30万人口外出经商,其中至少有15万—18万人落籍他乡。

在江浙地区,徽商的活动与这一带商业的兴盛和城市的发达密切相关。如扬州城,弘治年间,赴边开中之法破坏,商屯撤业,原先在边地纳粮中盐的徽歙盐商,纷纷徙家于淮南。他们在扬州求田问舍,安家落户。因行盐方便,主要卜居于扬州老城外的沿运河一线,即河

---

[1] 婺源《墩煌洪氏统宗谱》,转引自张海鹏等编:《明清徽商资料选编》,黄山书社1985年版。
[2] 康熙《徽州府志》卷2《风俗》。
[3] 王世贞:《弇州山人四部稿》卷61《赠程君五十序》。

下一带,形成早期的盐商聚落。徽州盐商的聚居地为井巷口,形成"乡音歙语兼秦语,不问人名但问旗"的格局。所以《五石脂》说:"徽人在扬州最早,考其时代,当在明中叶。故扬州之盛,实徽商开之,扬盖徽商殖民地也。故徽郡大姓,如汪、程、江、洪、潘、郑、黄、许诸姓氏,扬州莫不有之,大略皆因流寓而著籍者也。"而万历《扬州府志》在序中也说:"扬,水国也,聚四方之民,新都(新安)最,关西(陕西)、山右(山西)次之。"说明徽商是扬州城市人口中最主要的一支[1]。

淮安的情况与扬州相似。据王振忠的研究,在淮安西北濒临运河处,也有一河下镇,亦为徽商西贾聚集之区。当地盐商与扬州盐商多有姻戚关系,不少地名的命名方式也与扬州河下相同,如五字店巷、仁字店巷、亘字店巷、文字店巷等。据《淮安河下志》称,后二巷"皆徽商程氏顿盐之所,巷因此得名"。淮安城在明代的兴盛与盐商的活动有关。

临清是运河上一个重要的物资集散地。永乐迁都以后,临清在南北转输中的地位日见重要。尤其是在漕粮运输方面,"自淮安、清江经济宁、临清赴北京"[2],临清成为咽喉扼要之地。至景泰年间,政府在临清"开中",各地商人输粮临清换取盐引,四方商人纷至沓来,临清城市进入大发展的时期。至万历年间,临清"北起塔湾,南至头闸,绵亘数十里,市肆栉比"[3],俨然北中国的一大都会,而其中徽州商人的作用,按照《五杂俎》卷14中所说"十九皆徽商占籍",徽州商人是临清城中最主要的居民。

在长江三角洲地区,明代中叶以后兴起的各市镇中大都有徽州商人的活动。如南翔镇,"往多徽商侨寓。百货填集,甲于诸镇。比为无赖蚕食,稍稍徙避,而镇遂衰落"。在同一个县的罗店镇,"今徽商凑集,贸易之盛,几埒南翔矣"[4]。一些更小的集市因为徽商的活动而变得繁荣起来,如钱门塘市,万历时因所产丁村布名震一时,徽商前往收

---

[1] 参见王振忠:《明清两淮盐商与扬州城市的地域结构》,《历史地理》第10辑,上海人民出版社1992年版。
[2] 《明宣宗实录》卷107。
[3] 民国《临清县志·经济志》。
[4] 万历《嘉定县志》卷1《市镇》。

买,因而该市"俨然若小都市,几与南翔埒"[1]。再如苏州这样的古老城市中,徽州商人的影响也不可低估。如城中布店大多由徽州商人开办[2]。而在吴江的盛泽、震泽等市镇,更是徽商"汇集之处"[3]。

在浙江杭州一带,徽州商人的势力也很大。光绪《塘栖志》卷18引明末胡元敬的《塘栖风土记》云:"镇去武林关四十五里,长江之水一环汇焉。东至崇德五十四里,俱一水直达,镇居其中。官舫运艘商旅之泊,日夜联络不绝,屹然巨镇也。财货聚集,徽、杭大贾视为利之渊薮,开典顿米,贸丝开车者,骈臻辐辏。"再如杭州城,由于徽州商人的众多竟引起墓地纠纷,地方志记载说:"(杭州)南北二山,风气盘结,实城廓之护龙,百万居民坟墓之所在也。往时徽商无在此图葬地者,迩来冒籍占产,巧生盗心,或毁人之护沙,或断人之来脉,致于涉讼,群起助金,恃富凌人,必胜斯已。……此患在成化时未炽,故志不载,今不为之所,则杭无卜吉之地矣。"[4]杭州的徽州商人势力强大到与土著人口争夺坟场的地步,可见徽商势力的确不同寻常。

在长江中游,明代中叶,汉口等城市迅速兴起。"汉口镇,在郡城南岸……四方廛舍栉比,民事货殖。盖地当天下之中,贸迁有无,互相交易。故四方商贾辐辏于斯。……弘治以后,沔水于郭师口直冲入江,而汉口遂有泊船之所,乃市列渐盛矣。兹汉镇人烟数十里,贾户数千家,鹾商典库咸数十处,千樯万舶之所归,货宝奇珍之所聚,洵九州之名镇。然肇于明中叶,盛于(天)启、(崇)祯之际。"[5]汉口的商人中徽州商人应占很大比重。按照胡适先生的说法,汉口市场的开辟与绩溪商人的活动有关。他说:"如汉口虽由吾族开辟,而后来亦不限于北乡。"[6]暗示明代中期在汉口商埠开辟之初就有绩溪商人活跃其间。这一推理可以在黄陂县找到佐证:明代末年,"流寇六股围黄陂,令李

---

1 《钱门塘乡志·外冈志》。
2 《明清苏州工商业碑刻集》,江苏人民出版社1981年版,第53—54页。
3 同上书,第356—357页。
4 万历《杭州府志》卷19《风俗》。
5 范锴:《汉口丛谈》卷3。
6 《明清徽商资料选编》第215页。

鉴闭门坚守,城内半徽民,李令徽民出油米,黄民守陴"[1],县城中徽州商人居然占其半数,他们的迁入应当在明代中叶。由此可见明中期徽州商人在长江中游地区的活跃程度,作为小县城的黄陂如此,何况汉口?

黄陂县城依靠徽商力量抗击外敌的做法,实际上在明代中叶的东南沿海地区抗倭战争中屡见不鲜。明代大学士歙人许国指出:"徽民商游,无土业,名外富而实内贫。曩东南诸郡,缮兵筑城,所籍客户,十九皆徽。"[2]无怪乎在长江流域有"无徽不成镇"之谚了。

2. 苏州商人及手工业者

如前所述,在临清等地,苏州等地商人拥有较大的势力,以至于构成对某一行业的垄断。在明代,苏州商人及手工业者的外流形成很突出的社会问题。周忱说:

> 其所谓豪匠冒合者,苏、松人匠,丛聚两京。乡里之逃避粮差者,往往携其家眷,相依同住。或创造房居,或开张铺店……在南京者,应天府不知其名;在北京者,顺天府亦无其籍。粉壁题监局之名,木牌称高手之作。一户当匠,而冒合数户有之;一人上工,而隐蔽数人者有之。兵马司不敢问,左右邻不复疑,由是豪匠之生计日盛,而南亩之农民日以衰矣。[3]

这里说的是一批外流的工匠,假托在豪匠的名下从事官府派给的工作。其中最得利的当然是拥有户籍的"豪匠"了。另外,有一批寄名于卫所的工商业者,他们的足迹遍于四方。周忱说道:

> 其所谓军囚牵引者,苏、松奇技工巧者多,所至之处,屠沽贩卖,莫不能之。故其为事之人,充军于中外卫所者,辄诱乡里贫民为之余丁;摆站于各处河岸者,又招乡里之小户为之使唤。作富户于北京者,有一家数处之开张,为民种田于河间等处者,一人有数丁之子侄。且如淮安二卫,苏州充军者不过数名,今者填街塞

---

[1]《寄园寄所寄》卷9《罗他山记》。
[2] 许国:《许文穆公集》卷9《与林宪副》。
[3] 周忱:《与行在户部诸公书》,《明经世文编》卷22。

巷,开铺买卖,皆军人之家属矣。仪真一驿,苏州摆站者不过数家,今者连甍接栋,造楼居住者,皆囚人之户丁矣。[1]

以军籍冒称而谋求发展,这对苏、松地区的外流人口来说,不能不说是匠心独具。但从上述的记载中可以看出,与徽州的大商人集团相比,苏、松商人的势力略逊一筹。

3. 山、陕商人

北方最大的商人集团当首推山陕商人。据徐泓研究,由于西北边陲经常驻有重兵二十万,因气候寒冷,冬天需要供应大量棉布,陕西全省所产棉布,差不多全供本地驻军之用。民间所需之布,必须通过商人去江南购买,棉布贸易成为陕西商人的主要事业[2]。由于陕西布商以家乡作为市场,所以与家乡的联系相当紧密,因此他们在外定居的可能性较小。

山西商人大都出自山西南部的平阳、潞、泽等府。与陕西商人一样,由于地近北边国防重地,山西商人多从事边粮及布的供应。尔后又因政府采取开中法,他们遂从事盐的贩买贩卖。在上引万历《扬州府志》的序中,就已经提到了定居于扬州城的陕西与山西的商人,他们大都是盐商。在弘治年间盐政制度改革以后,他们多迁居扬州城。至嘉靖年间,山、陕商人在扬州已有相当大的势力。如嘉靖三十四年,倭寇侵掠扬州,造成扬州外城的一场大灾难。事后,在陕西榆林籍商人何城的建议下,知府石茂华借商盐银三万两,于旧城外环河增筑新城。嘉靖三十七年(1558年),倭寇再次进犯,西北商人征集500名子弟组成"商兵",借助新修的高大城池,使扬州免遭蹂躏。在今北河下的北端、东关南面,有一田家巷,就是成弘之际西北盐商的居住处[3]。据此可以看出山、陕盐商在扬州城中地位的重要性。

在上文所引资料中,我们知道扬州人口中以徽商为最主要。如果说,徽州地近扬州可以解释这一现象的话,那么,临清城中徽商居各地

---

[1] 周忱:《与行在户部诸公书》,《明经世文编》卷22。
[2] 徐泓:《明代后期华北商品经济的发展与社会风气的变迁》,《近代中国经济史第二次讨论会论文集》,台北,1989年。
[3] 王振忠:《明清两淮盐商与扬州城市的地域结构》,《历史地理》第10辑。

商人之首这一事实使人对山、陕商人的分布颇感迷惑。按理说,以山、陕商人如此巨大的财力,他们在北方城市中的分布应大大多于徽州商人,可临清的事例却恰恰相反。在天津、北京等北方大城市中,是否山、陕商人的数量要多于徽州商人,因资料缺乏,不敢下此断语。

江西商人在云南等地的活动在上文已有提及。有关回回商人的移民活动,在民族人口的迁移一章中将有详细的论述。

二 城市化移民

工商业者的迁移行为,从某种意义上来说也是和明代中后期的城市化过程相对应的,如徽州商人的原籍就是徽州乡村,他们在各地城市的定居或由于他们的商业活动而导致市镇的兴起,实际上也就是乡村人口的城市化。但本节所说的城市化移民与此仍有区别,它专指近距离的乡村人口向市镇的迁移。这是一种社会结构的转变,并不涉及户籍的问题。准确地说,由于明代的市镇化主要发生在江南地区,所以本节所论仅仅指这一特定区域中乡村人口的市镇化过程。

明代初年,朱元璋曾用行政手段推广棉花和桑树的种植,河北、河南、山东、两淮和长江三角洲地带普遍种植棉花,江南地区成为棉业和蚕桑业的中心。在这个基础上,棉纺织业和丝织业在江南获得了很大的发展,并形成许多专业化的新型市镇。

以松江府为例,松江府城、上海县城和青浦县城明代中期皆成为生产棉布的中心。就棉织品的加工而言,松江府城是制鞋和袜业的中心;松江、上海、周浦又是出产手巾的重要城镇;上海、朱泾和枫泾是染坊、踹布坊的集中地。还有专门从事缝纫加工的城镇,如南桥镇;又形成了生产纺织工具的城镇,如金泽、朱泾、吕巷、七宝和黄渡。此外,松江地区还有一批因产盐而形成的盐业市镇[1]。

以苏州、湖州和嘉兴三府的几个市镇为例,可见一般市镇的成长过程。如吴江县的震泽镇,"元时村市萧条,居民数十家。明成化中至

---

[1] 详见王文楚:《上海市大陆地区城镇的形成与发展》,《历史地理》第3辑,上海人民出版社1983年版。

三四百家,嘉靖间倍之而又过焉"[1]。湖州的菱湖镇,明代以前还是一个荒凉的地方,到了明代开始发展。"成、弘间,民欲濒西湖而居,……正、嘉、隆、万间,第宅连云,阛阓列螺,舟航集鳞,桑麻遍野,西湖之上无隙地无剩水矣,遂与归安雄镇"[2]。嘉兴府桐乡县的皂林镇,"旧时荒落,民居星散",明代中叶,"店肆蝉联,商槎蝟集,俨然成一雄市"[3],成为一个商业贸易中心。

据刘石吉和樊树志的统计,我们将明代江南地区各府州的市镇数列如表9-2。

表9-2 明代江南市镇的分布　　单位:个

地　区	镇	市	合　计
苏州府	45	50	95
松江府	42	20	62
常州府	51	49	100
镇江府	12	6	18
江宁府	16	63	79
杭州府	22	22	44
嘉兴府	31	11	42
湖州府	17	4	21
合　计	236	225	461

资料来源:刘石吉:《明清时代江南市镇研究》,中国社会科学出版社1984年版,第141—149页。樊树志:《明清江南市镇探微》,复旦大学出版社1990年版,第478—515页。

笔者将两份统计中数值最大者缀成表9-2。尽管这样,这份统计还存在一些问题,如关于松江府市镇数,王文楚在上引文中的统计为45个,比表列为多;张华对湖州府作统计比表中所列多出5镇。然而从总体上说,刘石吉、樊树志的统计数大概接近实际市镇数的。

由于这份资料缺少与明代以前市镇的比较,所以我还看不出江南市镇在明代的发展。但根据其他学者对江南地区若干府的研究,可

---

[1] 乾隆《震泽县志》卷4《镇市村》。
[2] 庞太元:《菱湖志序》,光绪《菱湖镇志》卷1。
[3] 正德《桐乡县志》卷1《市镇》。

以对这一发展作一推测。王文楚先生在上引文中证实，明代以前，上海地区（包括嘉定县地）只有凤泾、青龙和南翔三镇，至明代末年增至66镇，明末市镇是明代以前的22倍。如果我们假定市镇的规模是同样的，是否可以说，明代，江南地区的市镇人口较前代增加了约20倍，这不能不说是一个巨大的增长。但这一假设还不能说明江南地区市镇人口的比重，需要加以补充和完善。

明代江南各市镇的人口规模是多少，现在已无法一一得知。已知的几个市镇人口见表9-3。

表9-3 明代及清初江南若干市镇的人口规模

市 镇	所属府县	居民户数或人口数	时代	资 料 来 源
盛泽镇	苏州吴江	万家以上	清初	《盛湖志》补卷1
黎里镇	苏州吴江	二千三千家以上	清初	《黎里志》卷4
平望镇	苏州吴江	一千余家	明初	乾隆《吴江县志》卷4
同里镇	苏州吴江	一千余家	明初	乾隆《吴江县志》卷4
章练塘镇	吴江、长洲、青浦合治	数千家（吴江部分）	清初	乾隆《吴江县志》卷4
新杭市	苏州吴江	千家	清初	康熙《吴江县志》卷1
支塘市	苏州常熟	二千家	嘉靖	嘉靖《常熟县志》卷2
沙头市	苏州常熟	二千家	嘉靖	嘉靖《常熟县志》卷2
福山镇	苏州常熟	二千余家	嘉靖	嘉靖《常熟县志》卷2
梅李镇	苏州常熟	二千家	嘉靖	嘉靖《常熟县志》卷2
保 镇	太仓崇明	三千家	崇祯	崇祯《太仓州志》卷11
朱泾镇	金山县	数千家	明末	《朱泾志》卷1
乌青镇	乌程县	居民万户	清初	《乌青文献·序》
唐栖镇	德清县	二千余家	清初	《唐栖志》卷1
王江泾镇	秀水县	七千余家	万历	万历《秀水县志》卷1
濮院镇	秀水县	万余家	万历	万历《秀水县志》卷1
新塍城镇	秀水县	万余家	万历	万历《秀水县志》卷1
沈荡镇	海盐县	列廛五百家（民户当在千户以上）	明末	《嘉兴府志》卷4

资料来源：刘石吉：《明清时代江南市镇研究》，第130—134页。

这批市镇中人口最多可达万户,最少也在千户以上。若将其中记为"数千家"者视作3 000家,统计结果显示,平均每镇人口约为4 000户,以每户5人计,则有人口2万。然而从清代的情况来看,这不可能是一般镇的平均规模。考虑到可能还有一批较小的镇,将其均值降低一半,即每个市镇平均有2 000户,合计人口约万人左右大抵是适当的。由于上列户口数多来自苏州、嘉兴等地,常州、镇江和江宁等地并没有著名的大的工商业市镇,市镇规模理应小于苏、嘉地区,所以常州、镇江、江宁等府的市镇规模可以假定为平均500户的规模。

在市镇当中,称为"市"者,多为人口较少之居民点。即使人口不少,但商业活动相当微弱,非农人口比例很低,按照本书清时期卷中的论述,如果对市镇人口进行非农人口分析的话,"市"的人口是不可以计入的。可能有些"市"中的非农人口已经很多,和"镇"没有什么区别,但"镇"中也有类似于"市"者,非农人口的比例很低。两种误差相互抵消,我们只考虑"镇"的人口。

洪武年间松江府人口为120万。江南地区人口密集,人口的自然增长率当低于全国平均水平。根据笔者在本书第六卷第十章中的论述,江南人口的年平均增长率长期保持3.4‰的速度,并不受其他因素的影响。以此速度计算,至明后期(以1600年为限)苏州府有人口约240万。42个市镇和2个县城应有人口约45万,城镇人口约占总人口的19%。

洪武年间苏州府有人口236万(包括嘉定县),明代后期人口约达470万左右,此时苏州府共有45个镇(包括嘉定县),再加上5个县城(不包括吴县),共有镇50个。苏州府城是一个具有相当规模的中等城市,明代后期估计有10万人口大概并不过分。由此,苏州府的城镇人口约为70万,市镇人口占总人口的比例约为15%。

洪武年间常州府人口约为78万,至明代后期,约有人口160万左右。常州府有51个镇,合计约有10万人口,加上5个县城、府城,至少有人口10万,因此常州府的城镇人口共有20万左右,市镇人口占总人口的比例达13%左右。

在本卷第八章,已知永乐北迁以后,南京城人口从原来的100万降为20万—30万,其中约有17万军籍人口。他们中的一部分驻扎在南京城外,城区人口约有20万。至明代末年,由于人口自然增殖,南京城的在籍人口约有35万(包括民籍和军籍)。此外,另有大量外来人口流入南京,"其人或为流寓,或系邻封。此等通天下皆有,惟南都为最多"[1]。若有5万寄寓,明代后期南京城的人口就有40万人。用同样的方法计算,江宁府城镇人口在总人口中的比例约为18%。

以同样的方法估算,明代后期镇江府的城镇人口仅占总人口的5%左右。

合而计之,洪武年间,应天、镇江、常州、苏州、松江五府共有人口约600万人,至明代后期,其人口达到1 200万人左右,其中城镇人口约为180万,除去苏州和南京等大中城市的人口和十几个县城人口,余约70万为市镇人口,其中90%左右为明代新增市镇之人口,约合人口60余万,其中大部分人口应由市镇所在地的农村人口转移而来。在杭、嘉、湖三府的70个城镇中(不包括县城和府城),平均每个城镇以1万人口计,共有人口约70万,其中约60万人系由农村人口转化而来。总而言之,明代的江南地区约有130万左右的人口从农村转入市镇。

隆庆时松江人何良俊说:"昔日逐末之人尚少,今去农而改业为工商业者,三倍于前矣。昔日原无游手之人,今去农而游手趁食者,又十之二三矣。大抵以十分百姓言之,已六七分去农矣。"[2]何良俊认为松江一带乡村人口的60%—70%转营工商业,可能是根据个别例证发的感慨,但无论如何,都可以证明笔者上述是一个相当谨慎的估计。

由于江南地区城镇密布,这就决定了这一地区农村人口向城镇中的迁移不会是长距离的。一般说来,规模越大的城镇,吸收移民的半径就越大,反之越小。特别是江南地区的许多小镇,吸收外来移民的能力相当有限,在自然村向城镇转化的过程中,原有的村民逐渐转变成为城镇的居民,他们与移民无关。扣除就地转移的这批城镇人

---

1 佚名:《庄议》,万历《上元县志》卷12《艺文》。
2 何良俊:《四友斋丛说》卷13。转引自张华:《明代太湖流域农村专业市镇兴起的原因及其作用》,《明史研究论丛》第四辑,江苏古籍出版社1991年版,第43页。

口,明代江南地区城市化移民的数量不会太大。

在其他一些地区,如江西的景德镇、广东的佛山镇等地,虽然有大批人口从周围乡村进入城市从事手工业或商业,但无论从人口的比例还是从人口的数量上来说,都无法与江南地区的区域性的城市化移民过程相提并论。

第十章

民族人口迁徙

本章所述的民族人口迁移包括三个方面,一是明边境外少数民族部落的迁移;一是明边境外少数民族人口向明边境内的迁移;一是西方殖民者和传教士的活动。

明边境外少数民族部落的迁移,虽然迁移的范围并不在明朝的边境之内,但却在今日中国的疆域之中,且与今天这些民族的分布密切相关。明边境外少数民族人口的内迁则是指这类人口向明朝边境内部的迁移,迁移的方向与前者有所不同。

在明代边境外各少数民族部落的迁移中,最重要的当然是蒙古诸部的迁移。元朝败退蒙古本土后,继续称帝建元,设官置署。这就是历史上所称的"北元"。然而,中原蒙古帝室的逃归犹如给平静的湖水中投下一块巨石,草原从此不再平静。从洪武时代至永乐时代,明朝的军队多次蹂躏这块土地,大批的蒙古战俘因之南迁。随着成吉思汗黄金家族势力的式微,蒙古部落间的矛盾逐渐尖锐起来。蒙古部落与明朝政府之间的矛盾与冲突和蒙古部落之间的矛盾与冲突贯穿明代几百年的历史。这便是蒙古各部落迁移以及蒙古人内附的基本历史背景。

关于明代初年民族人口的内迁，如蒙古降卒的内附和交趾人的内迁，在前面的章节中我们已作了若干论述。但上述少数民族人口的内附或内迁大都是作为事件而存在的，虽然作为事件而存在的民族人口的迁移构成移民史的重要章节，但本章所要叙述的，却是在明代这样一个较长的时间里人口相对零散的民族人口的迁移，一次内迁的人口或可多至数千，或可少至一人。他们的迁移有集团性的，如以"卫"（也是一种部落单位）为单位的内迁，也有个人单独的或几个人联合的迁移行为，由于这类个人的迁移经常发生，且涉及整个边境地区，所以也就符合本书的移民定义。

推动边境之外的少数民族人口内迁的基本动力除了逃避战争和仇杀之外，还有的是出于自身的发展的需要。例如大量边境外的部落酋长要求定居于明朝之首都，以至于在明代中期北京城已入籍的民籍居民中，蒙古人的比重达到了三分之一。迁入首都的蒙古人明显受到了都市生活的吸引。另外，回回人的经商、交趾人的求学和求职都是他们内迁的原因。我们将民族人口的内迁与边境外民族部落的迁移区别开来，原因即在于此。

民族人口的内附和内迁是一个相当复杂的过程，不仅延续的时间长，而且涉及的地域广，移民的民族成分也较复杂。对所有的民族人口的内附或内迁都作出详尽的毫无遗漏的叙述，几乎是不可能的；即使是择其中荦荦大者，也难免挂一而漏万。因此，本章选择女真、蒙古、交趾和回回四个民族的内附或内迁作为叙述的重点，以求了解明代少数民族人口内迁之大概。

第一节

少数民族部落迁移

一 蒙古兀良哈部[1]

《明史》卷 328《兀良哈三卫传》关于蒙古兀良哈三卫的论述如下：

> 洪武二十二年置泰宁、朵颜、福余三卫指挥使司，俾其头目各自领其众，以为声援。自大宁前抵喜峰口，近宣府，曰朵颜；自锦、义历广宁至辽河，曰泰宁；自黄泥洼逾沈阳、铁岭至开原，曰福余。独朵颜地险而强，久之皆叛去。成祖从燕起靖难，患宁王蹑其后，自永平攻大宁，入之。谋胁宁王，因厚赂三卫说之来。成祖行，宁王饯诸郊，三卫从，一呼皆起，遂拥宁王西入关。成祖复选其三千人为奇兵，从战。天下既定，徙宁王南昌，徙行都司于保定，遂尽割大宁畀三卫，以偿前劳。

似乎还在洪武年间，三卫就已经割据了从京畿至辽东、辽西的一大块地方了。正因为《明史》的作者认为三卫在洪武年间已经南下，与明朝的边境线相接，尤其朵颜卫已经活动于喜峰口及宣府一带，所以永乐年间朱棣将大宁地给予朵颜三卫一说才显得顺理成章。

从明代其他文献的记载来看，洪武年间的兀良哈三卫的分布并不是如《明史》中所言。和田清指出：

> 嘉靖中，郑晓的《吾学编》(《皇明四夷考·兀良哈》)条里已经有记载：洪武"二十二年，分兀良哈为三卫于横水（潢水之误）水

---

[1] 本节内容参考[日]和田清《明代蒙古史论集》中的有关兀良哈三卫的章节（商务印书馆 1984 年版）。

之北,曰朵颜、曰福余、曰大宁(与泰宁同),处降胡"。《钦定热河志》的编者曾详细论证三卫创设当时的住地,远在北方的潢水即西辽河(西喇木伦)以北。《明史》的错误是由于沿袭了王世贞的《三卫志》、叶向高的《四夷考》等毫无根据的臆说。

实际上,比《钦定热河志》更早的如崇祯年间陈祖绶编的《皇明职方地图》就驳斥了《吾学编》中郑晓的说法。只是这部地图的印数有限,或由于清初的文字狱作祟,《明史》的作者似乎没有参考此图。陈祖绶的观点是:

> 福余、泰宁、朵颜三卫,已前地在潢水北,自怀山至东金山,其地界也。后分福余,自黄泥洼,逾开原止。泰宁縣锦义,渡潢河(即辽河)至白云山上。朵颜东起广宁前屯,历喜峰,近宣府。此后来之窃据;宣德以前,尚未敢入大宁境。

和田清认为陈祖绶的观点更进一步纠正了明中叶以后马文升的《抚安东夷记》、郑晓的《吾学编》等一般识者所确信的"三卫南下,在永乐初年"的谬说,断定其越潢水南下,大约在正统十四年(1449年)土木之变,英宗被俘以后。

之所以在这里我们要不厌其详地引征和田清氏的观点和考证,是因为由于《明史》的错误,兀良哈三卫永乐南迁京畿一事几乎成为定说。尽管早在1929年和田清对此事就有详尽的论述,但长期以来,国内学者中有许多人对此并无所知。和田清的著作也已于1984年翻译出版了,但近几年来论述兀良哈三卫的文章或著述,仍固守永乐年间兀良哈三卫南迁的说法。由于兀良哈三卫的南迁是影响明代历史的大事件,其迁移的本身也属于移民历史,故对这一事件的来龙去脉有必要作进一步的介绍。

满州的西邻、兴安岭以东地区是狭义的东蒙古。唐、宋时代这里是奚、契丹等民族的居住地。历金代至元朝,强大的契丹民族被蒙古本部的种族所同化。但是,当元衰明兴之后,明人仍然承认这里住有特殊部落,把它叫做兀良哈。兀良哈的语言似乎已和蒙古没有什么区别,但风俗却还有些特殊的地方。例如:蒙古是辫发索头,而从鲜卑、契丹以来，这个民族仍然保留髡发秃头的遗风；又如生产，蒙古专事游牧，而这个民族却经营一些农耕，由此而被明代的蒙古人看作是"蒙古的谷仓"。作为与蒙古本部不同的蒙古人，《明史》中专门列出《兀良哈三卫传》，与《瓦剌传》《鞑靼传》并列。

在洪武初年，兀良哈部的活动范围大致是在大兴安岭以东、今哈尔滨以东的嫩江流域。其南界今农安、扶余一带是元遗将纳哈出部的势力范围。纳哈出部降明以后，其众南迁。明政府与兀良哈三部之间出现了一个空白地带。

在洪武二十年（1387年）纳哈出部降明之时，故元嗣君脱古思帖木儿正在大兴安岭和贝尔湖一带游牧，部众达十多万人。洪武二十一年冬，明军击溃并缢杀脱氏，知院捏怯来率其部众投降明朝。洪武二十二年正月，捏怯来请求在大宁等处居住屯种，朱元璋令他们在口温、全宁、应昌等地居住。口温的方位不详，大约在今蒙古国的南境，全宁位于潢河和黑河交汇的地方，而应昌则在今克什克腾旗西部不足一百公里的达来诺尔湖畔。由于大宁当时已设置一批卫所，又安插了纳哈出部的大批士卒，就没有地方安置这批降胡了。于是，这年四月，便设置了全宁卫，任命捏怯来等为指挥使。全宁卫也是一个羁縻卫。

明廷在大兴安岭、贝尔湖、松花江流域和潢河一带长时间的征战及经营，就必定会与兀良哈三部蒙古人发生接触。作为这种接触的结果就是在设置全宁卫的第二个月，明政府在兀良哈地方设置三个羁縻卫，这就是朵颜、泰宁和福余三卫的由来。

明太祖本来还想在应昌地方设置应昌卫，似乎想让投降的丞相失烈门来担任卫指挥使。失门烈终于没有坠入明廷怀柔的圈套，反而杀了全宁卫指挥使捏怯来而叛逃了。不仅应昌卫没有建立起来，连全宁卫也因此而撤销。因此，在大宁都司和兀良哈三卫之间长期出现一个空白地带。

燕王"靖难"之时，由于兵力不足，遂将北平行都司、营州各卫南迁，用于抵挡南京方面的军队。而当时的三卫还远在北方的嫩江流域，根本不可能与朱棣发生接触，绝不可能为燕王所收买。相反，当燕王打垮建文帝以后，就着手控制三卫。洪武三十五年（1402年）九月，遣使赍诏,抚谕兀良哈大小头目。又于十月命兵部复设大宁、营州、兴州三卫。凡各卫官军,先调辽东等处及在京并有坐事谪戍边者,皆令复原卫屯田。令户部尚书王纯,驰驿往北平,与新昌伯唐云,经度屯种。同年十一月,因东北胡虏数入边境,明成祖令武安侯于千户寨、灰岭、庆州、神树、西马山、七渡河,皆设烟墩候望,有警即放炮,使屯守知备。仍令新昌伯以所领军,自小兴州至大兴州,东接牛岭、会州、塔山、龙山诸处屯种。这表明在"靖难"之时大宁都司南撤以后,兀良哈部乘虚而南下了。

大宁都司为何要南撤呢?按照叶向高的《四夷考·朵颜三卫考》中所说,则是靖难之后,宁王内徙之请求难以阻止,而麾下那些经过多次征战的将士们再也不能让他们负起镇守塞外的重任了。尽管如此,永乐帝仍希望有朝一日能够恢复大宁国境线,永乐八年(1410年)三月首次征战蒙古时,他曾说:"今灭此残虏,惟守开平、兴和、宁夏、甘肃、大宁、辽东,则边境可永无事矣"。其结果是在永乐元年(1403年)复置了三卫。不仅如此,在永乐八年、二十年和二十二年等年间,他曾几次试图捣毁兀良哈的根据地,但这些努力并未奏效。事实上,三卫夷人已经占领了全宁卫故地,永乐以后,就公然进入滦河流域游牧了。宣德三年(1428年)九月,正当皇帝巡边时,三卫部众窜入大宁,经过会州,逼近宽河。宣宗挑选轻骑,打败了三卫,并扫荡了附近地区。但这次征战只是稍稍挫败了进入到京畿地区的三卫部众。以后,三卫南下的势头时有收敛,时又嚣张,正统年间又逼近京畿地方。至景泰四年(1453年),"泰宁等三卫尽居大宁废城,不许,令去塞百里外居住",可见三卫已经相当稳定地活动于明边墙以北的地方了。

三卫蒙古人并未满足于京畿地方的游牧或农耕,而是不断沿明边墙西行至大同、延安等处。正统初年,兀良哈三卫的鞑靼千百成群陆续趋向延安、绥德边境。十二月,延绥都指挥同知王祯等言:朵颜、福余卫众入侵其地。次年也有不少类似的记载。也就在这同时,三卫南下对京畿地区以及辽西广宁一带的骚扰也日甚一日。此类事明代文献有许多记载。

三卫与明朝的矛盾终究没有进一步激化,这在很大程度上是由于三卫东侵女真所造成的。在受到女真人的有力打击以后,三卫蒙古人感到南侵明朝的力量有所不足,而在同时,三卫人又遭到了来自蒙古瓦剌部的压力。三卫在瓦剌的强暴下几乎是不堪一击,大批三卫部众在这一时期逃入明朝地界就是由于这一事件造成的。最典型的事件发生在正统十三年(1448年),《明英宗实录》卷163记载如下:

> 敕谕福余卫都指挥安出等曰:"比者千户王成还自西海,顺赍尔奏言:'去年为迤北贼徒抢杀,避于脑温江居住,乞朝廷招抚。'朕念尔等流离失所,特遣成赍敕,直抵脑温江,晓谕尔等即互相劝谕,率领人民,来辽东境内,选择水草便利宽舒善地,安插居住,给予粮赏。使大小老幼,各安生业,尔不可迟疑,有负朕恩待之心。"

同年夏四月和六月有诏谕将逃散在滦河流域的三卫部众安插于辽东的记载。

瓦剌部落崩溃以后,鞑靼本部的达延汗崛起,统一了蒙古部落。达延汗将属土分封,构成了以后的蒙古诸部。达延汗死后,其本部开始失去对各部的控制,在西部俺答部落的压迫下,作为达延汗本部的察哈尔部东迁至辽东边墙外,福余、泰宁两部土崩瓦解。同时代的朵颜部则从属于达延汗所分封的喀喇慎部。

明代末年,察哈尔的势力在辽东受到女真的威胁。他们不得不向西部寻求生存的机会。在西迁的过程中,察部灭掉喀喇慎大营,喀喇慎部残余南逃进入所属的朵颜卫地方。朵颜部因此而被称为喀喇沁。这就是今天分布在辽宁西部地区喀喇沁蒙古的由来。

二 蒙古瓦剌部

瓦剌部蒙古又称西蒙古,在很长的一段时期里,都蛰伏在蒙古高原的西北部。元朝衰亡退回漠北以后,西蒙古乘势崛起,展开与东蒙古争夺蒙古高原控制权的斗争。

斗争以瓦剌部的胜利而告结束,瓦剌部成为蒙古草原的统治者。但是,在明代前期,一个不是成吉思汗家族出身的人想要成为蒙古的大汗是不大可能的。于是,瓦剌的大酋顺宁王脱欢只好拥戴大元的遗裔脱脱不花王即汗位,自己则躲在背后掌握实权。脱脱不花王登位的时间为明宣德八年(1433年)。

瓦剌脱欢的势力很快就扩大到整个东西蒙古地区。就在这一二年间,脱欢死了,其子也先即位,瓦剌的势力得到了更大的发展。他西征中亚,东越满洲抵达朝鲜,南逼明朝的北部边境,几乎形成了元亡以后的最大势力。

东部蒙古是兀良哈三卫的势力范围,瓦剌视其为眼中钉,意欲夺而取之而后快。大约在正统十年以前,瓦剌的势力就到达了大兴安岭以东的地面,并与兀良哈三卫发生冲突。三卫部众被凶悍的也先所击败,部分余众在明廷的招抚下迁入辽东地面居住了。

在扫除了兀良哈三卫的障碍以后,瓦剌的目标就自然指向了明朝。正统十四年(1449年),在派遣贡使的数量上,瓦剌与明廷有了龃龉,瓦剌大举进攻大同边防。英宗亲征,结果被瓦剌所虏。这就是明朝历史上有名的"土木之变"。

在辽东方面,蒙古人展开征服女真的战争。脱脱不花借助兀良哈的力量对海西女真进行扫荡和蹂躏,大量的人口为脱脱所掳掠。这样就迫使女真人口向明朝境内迁移。只是由于脱脱不花与瓦剌相互间的仇杀,使得女真幸免于完全覆灭的灾难。

瓦剌与脱脱不花之间的仇杀,使得明朝的边境也安静了下来。景泰二年(1451年),也先灭掉了脱脱不花,俨然成为蒙古的独裁君主。于是,也先又展开对西部哈密等地蒙古地面的经略。只是好景不长,三年以后,也先为部下所杀。也先一死,瓦剌对蒙古的霸权立即消失,退居其西北旧巢,即今蒙古国的西北部以及俄罗斯境内。瓦剌部蒙古人在蒙古长达20余年的纵横捭阖也就宣告结束了。

三 蒙古鞑靼部

1. 察哈尔部

瓦剌部衰落以后,鞑靼部在达延汗时代崛起。达延汗大行分封,形成了以后的蒙古诸部。

达延汗本部分为五大营,其中一营名为察哈尔。察哈尔部最初的根据地是在今内蒙古的中央,包括今锡林郭勒盟的大部分和克什克腾旗。

达延汗死后,封于西部河套地区的吉囊部势力逐渐强大。嘉靖中期,吉囊死后,其弟俺答取代了他的势力,以倍于吉囊的强暴,对达延汗本部施以更大的压力。也就在此时,达延汗本部的蒙古人与俺答部发生仇杀,结果是达延部酋长打来孙挈所部东徙。

察哈尔部的东迁,对东蒙古地方的兀良哈三卫影响最大。关于这一点,在上文中已有交代。察哈尔东迁以后的驻牧之地,是在辽河河套地方,此后的一段时期,对明朝的辽东及京畿边界构成连绵不断的麻烦。到万历年间,察哈尔部在这里建造起喇嘛庙,说明他们已经稳定地居住下来了。

在东迁以后的一段时期里,察哈尔蒙古人成功地制服了女真人,并使他们充当攻打辽边的急先锋。女真力量的兴起很难说与察哈尔部东迁的刺激没有关系。随着女真力量的强大,察哈尔部内部也出现了分崩离析的局面。在强大的清兵的压力下,察哈尔部的林丹汗不得不向西部谋求生路。他们灭掉了企图阻挡他们西归的蒙古各部,如喀喇慎、土默特,并立即进逼明境的宣府和大同,直至占领河套地区。至崇祯二年(1629年),为清太祖率兵所击败。察哈尔部西行至今甘肃安西一带,林丹汗出痘而死。尾随而至的清太宗一路收降察部的溃众,并将他们安置在辽西义州边外地方。直到清康熙年间,察部中有人企图恢复林丹汗的霸业,结果一败涂地,察哈尔部丧失了自治的权利,变成了清朝直辖的八旗,并被迁到了宣化、大同边外。现在居住在内蒙古与山西、河北邻接处的察哈尔部蒙古人,就是这样来的。

2. 土默特部

瓦剌的势力退出之后,鞑靼诸部开始活跃起来。天顺年间,开始有蒙古鞑靼部落寇掠今陕西境内的河套地区。成化初年,鞑靼部的满都鲁等侵占河套,使之成为他们的根据地。到了亦不剌掌权的时代,达延汗的势力开始向这一区域渗透。正德四年(1509年),在与达延汗的斗争中败北，亦不剌退出河套，进入青海湖一带。取而代之的河套新主人是达延汗属下的土默特部。作为河套地区蒙古酋长的吉囊是达延汗次子之长子。

逃往青海的亦不剌部占据了青海湖地区，原来在此游牧的藏族部落被迫迁离，《明史》卷330《西番诸卫传》有详细的记载：

> 西宁即古湟中，其西四百里有青海，又曰西海。水草丰美，番人环居之，专务畜牧，日益繁滋，素号乐土。正德四年，蒙古部酋亦不剌、阿尔秃厮获罪其主，拥众西奔，瞰知青海饶富，袭而居之，大肆焚掠。番人失其地，多远徙，其留者不能自存，反为所役属。自是，甘肃、西宁始有海寇之患。

到嘉靖十一年（1532年），达延汗麾下的卜儿孩逃来西海，并与明朝边卫将领沟通，与亦不剌火并。就在嘉靖十二年二月，吉囊率领五万骑兵突出河套，直入西海，击溃亦不剌营，收其部落大半。此役之后，吉囊的势力达到顶峰。他的部落似乎并没有在青海长驻下来，亦不剌死了，卜儿孩一支却敛众自保。

在吉囊死后的嘉靖二十一二年前后，其弟俺答的势力日益膨胀。他从东面赶走了察哈尔部，西面威逼河套地区的吉囊诸子。他的人马东起辽东、蓟镇边外，西至甘肃、青海迤西，并深入寇犯中原，席卷宣府、大同、山西各边，并于嘉靖二十九年自古北口入侵，包围了北京城。俺答的凶猛势力丝毫不亚于往日的瓦剌和他的祖父达延汗，侵寇明边的次数已经远远超过了他们。俺答汗的势力实际上已经控制了全蒙古。

嘉靖三十八年，俺答携子宾兔、丙兔等数万众，袭击西海。卜儿孩逃走，俺答纵掠诸番。由于军队流行疾病，次年，俺答率军经凉州、庄浪退回，沿途大掠，而宾兔和丙兔部众却留了下来。

俺答将西海纳入了自己的势力范围，这是蒙古历史上的一件大事。万历年间，俺答汗率其子切尽黄台吉和永邵卜大成台吉等进入青海活动。万历四年（1576年），俺答汗派人去西藏敦请黄教领袖索南嘉措，又建仰华寺于青海。万历六年，俺答与索南嘉措相会于仰华寺，黄教开始在蒙古地区流行,从而取代原始的萨满教成为蒙古地区的国教。

俺答汗在青海的活动引起了明廷的不安。万历七年,明请索南嘉措劝说俺答汗东归河套。俺答汗答应回归,但其部属永邵卜等却留在了青海。永邵卜等和丙兔等联合起来,不断侵扰明的西北边境。万历十九年,明军对青海蒙古诸部展开了强大的攻势。蒙古部向青海湖西北部撤退,藏民"复业者至八万余人,西陲暂获休息"。明军退兵之后,永邵卜等复还西海,重与明军开战。万历二十三年(1595年),明军在西宁、甘州等地对青海蒙古部展开进攻。此役卓有成效,河套蒙古与青海蒙古的联系也被切断,青海蒙古从此一蹶不振。

战后,明政府在青海地方广泛招徕藏族各部。藏族、蒙古和回回构成了今日青海地区主要的少数民族。

再谈谈蒙古地方的人口迁移。

在俺答汗的统治下,蒙古人已不再作为俘虏或逃民南迁明朝境内,而是汉族人口大量迁入其管辖的区域。大约在嘉靖十二三年(1533—1534年),大同边卫发生变乱,残余的党羽逃往塞外,投靠俺答。俺答收留他们作为耳目,刺探明边情报。这批汉人叛民不仅从事军事方面的活动,而且在蒙古地面从事建筑和农耕,并大肆招徕汉族逃民,在蒙古地面专事农业生产。明人的记载这样说:

> 先是,吕老祖与其党李自馨、刘四等归俺答,而赵全又率渫恶民赵宗山、穆教清、张永宝、孙天福及张从库、王通儿者二十八人,悉往从之。互相延引,党众至数千,房割板升地家焉。自是之后,亡命者窟板升,开云田、丰州地万顷,连村数百,驱华人耕田输粟,反资房用。所居为城廓宫室,极壮丽。[1]

还有记载说俺答汗"岁掠华人以千万计"[2],看来不只是招诱汉人,掠夺汉人也是俺答汗地方农业人口增加的原因之一。这些被掠的汉人也经常有逃回明边的,在明代文献中常常被称作"归正人"。

---

1 《万历武功录》卷8《俺答列传》。
2 尹耕:《塞语·虏情》。

除了大量的农业人口迁入蒙古地方外，还有相当数量的工匠也北迁了。他们除了兴建大板升城外，还兴建了归化城，这就是今日呼和浩特市的由来。

土默特蒙古的强大势力在俺答汗死后逐渐萎缩。所以当察哈尔部西返故土之时，土默特部就不再是他有力的对手了。在察哈尔的打击下，土默特部土崩瓦解，甚至连河套地区也陷入了察哈尔的控制之下。不久，随着清兵的追剿，察哈尔部的残余势力被迫再次东迁，而土默特部则成为满清势力的附庸。

以归化城为中心的土默特是土默特蒙古的右翼，而在今宣化口外的丰宁地面则有一支土默特部落，是为土默特蒙古的左翼。在察哈尔部西迁的强大攻势下，土默特左翼一支在这里就待不下去了，迁入了今辽宁朝阳、阜新一带。

3. 喀尔喀部

明代前期相当活跃的兀良哈三卫在受到瓦剌和察哈尔部蒙古的打击后，已经一蹶不振，实力较强的朵颜卫虽然不像其他两卫那样土崩瓦解，但也只是鞑靼蒙古喇哈慎部的附庸而已。明人不承认喀尔喀蒙古人侵占两卫故地的事实，仍称辽东边外的蒙古人为泰宁、福余二卫，他们其实是喀尔喀蒙古人。

喀尔喀蒙古部落也属于达延汗分封之一部。他们的分封地大约是在内蒙古的北端或外蒙古境内。还在察哈尔部东迁之前，他们已经南下，而在察哈尔部东迁之后，他们就已进入辽东的边外之地了。

所以，明代后期辽东明军与蒙古人的战争，大多数情况下是与喀尔喀蒙古人的战争。万历二十二年（1594年）冬天，在明军强大的攻势下，喀尔喀蒙古的南侵势力稍稍受挫。但他们对辽东边外地区的控制却丝毫没有减弱。天启元年（1621年），喀尔喀蒙古诸部与清太祖订立攻守同盟，导致努尔哈赤与察哈尔部蒙古的决裂，并由此引发察部的西迁和清兵的追剿。

喀尔喀蒙古在清太祖死后，企图背叛与清的盟约，为此而遭到清太宗的镇压。喀尔喀部的残余居住在今天内蒙古的札鲁特和巴林一带。

四 蒙古其他部落

在蒙古人的传说中,元代蒙古有四十万户,被明军击溃以后,先后脱出六万人回到了蒙古草原。天命五年(1620年),清太祖致书察哈尔部的陵丹汗说:"我闻,明洪武取尔之大都,尔蒙古以四十万众,败亡殆尽,逃窜得脱者仅六万人。"所谓的六万人即六万户,可见这一说法在满州人那里也有流传。

简而言之,这六万户实际上就是上面所述的鞑靼蒙古的各个部落。兀良哈三卫、瓦剌都不属于这六万户之列。除兀良哈及瓦剌外,还有一些蒙古部落,也不属于鞑靼蒙古的六万户之列。

1. 科尔沁蒙古

明代初年,在大兴安岭西面的呼伦贝尔大草原上居住着蒙古科尔沁部,他们是成吉思汗弟弟的后代,不属于中央蒙古的系列。在达延汗崛起之前的乱世里,他卓然独立,并未参与鞑靼蒙古各部的纷争和扰攘。到达延汗初期,科尔沁部落似乎才有力量成为鞑靼左翼的强大伙伴。

达延汗的东迁,给科尔沁的发展带来了机会。但是,科尔沁在南下的途中,受到了喀尔喀蒙古的阻挡,于是他们谋求向东面发展,并在今吉林境内和努尔哈赤发生冲突。当时他们的根据地大约已经移到了今黑龙江南部的嫩江流域。

由于受到察哈尔部的压迫,科尔沁部转而与努尔哈赤结成联盟。因此,在明末清初的北方民族大冲突中,科尔沁部落并未受到大的损失。至清代初年以后,他们就逐渐南移到今吉林西部的通辽市了。今天在黑龙江及吉林一带分布的郭尔罗斯、杜尔伯特和札赉特等蒙古族部落,是科尔沁蒙古的别部。

2. 察合台蒙古

察合台汗国是成吉思汗的次子察合台的封国,位于今天新疆的天山南北路、吉尔吉斯、乌兹别克及哈萨克斯坦等国。明代初年察合台汗国分裂为东西两个部分。西部的主要势力范围在中亚河中地区,东部的主要势力范围在今新疆及哈萨克斯坦国境内。因东察合台汗国的首府所处地名不同而被分别称为别失八里和亦力把里。

东察合台汗国的歪思汗时期,正值瓦剌强盛。也先控制了哈密地方,并步步逼近别失八里(今新疆吉木萨尔)。歪思汗为摆脱来自瓦剌的压力,便于永乐十六年(1418年)率部西迁至伊犁河流域,建都于亦力把里(今新疆伊宁附近)。直至今日,仍有相当数量的蒙古人居住于此,他们的后裔构成今天伊犁河流域博尔塔拉蒙古自治州中蒙古族居民的基本成分。

五　女真部落

女真部落是后来满族的前身,长久以来一直居住在今松花江南北及黑龙江一带。11世纪时,完颜等部建立金朝,并从东北迁入黄河流域,后来被汉族同化。另一些部落仍留在东北,以后分为海西、建州和野人三部。

清朝的创始人努尔哈赤属于建州女真,他的直系祖先是元末女真三万户之一。三万户中的胡里改万户和斡朵怜万户居住于现在松花江和牡丹江汇流处的依兰县境内,元末明初时,因不堪"野人女真"的骚扰而向南迁移。

大约在洪武年间,胡里改部女真迁徙到绥芬河流域的凤州地区。永乐元年,朱棣以胡里改部设建州卫。建州卫在凤州地区设置了一段时间后,由于受到鞑靼骑兵的侵扰,永乐二十一年(1423年)向婆猪江(今浑江)流域迁移,为此引起朝鲜方面的不安。宣德八年(1433年),朝鲜军队袭击了建州卫。建州卫只得再次迁徙,定居在今辽宁省新宾县的烟突山。

斡朵怜部女真也在"野人女真"的压力下南迁。洪武五年(1372年)迁至斡木河今朝鲜境内会宁一带居住。永乐九年(1411年),在朝鲜方面的压力下,又迁徙到凤州地方居住。次年,明政府在其居地设立建州左卫,到永乐二十一年,因遭受鞑靼和兀良哈部的骚扰,又迁回斡木河旧地。此时建州左卫的人口正军1 000名,妇女小儿共6 250

名。估计建州卫迁移前的人口也大体如是。到正统五年(1440年),建州左卫迁徙到苏子河流域与建州卫同住。正统七年,明政府又分建州左卫,增设建州右卫。这倒不是因为建州左卫人口增多,而是明政府平衡建州左卫首领的矛盾所采取的措施。

建州卫、建州左卫和建州右卫合称为"建州三卫",三卫部众一起在苏子河流域农耕或放牧。这三卫部众后来成为满族的主体。这里也就是以后清朝的发源地。

第二节

少数民族人口内迁

上节我们叙述了蒙古各部落在明边境之外的迁移活动,这些迁移直接形成了今天中国北部边疆地区蒙古族分布的基本格局。本节将主要叙述明边境之外的少数民族人口向明边境之内的迁移,称之"内迁"或"内附"。他们之中,有蒙古族人口,也有非蒙古族人口。

有些地区少数民族人口的内附主要在洪武及永乐年间完成,且内附的数量也相当大,这在前面的有关章节中都有论述。由于永乐以后大规模的人口内附已不多见,因此,本节中不再予以申论。

一 北京城中的内附者

在第六章中,我们已经讲述了在洪武初年的军事行动中,北平成为安置蒙古降民最多的地区。除了其中部分人口定居于北平府之各县外,多数成为明廷卫所的战士。永乐十九年以后,北京成为明帝国的新首都,即成为中国的政治中心。不仅如此,由于周边民族部落和国家与明朝政府的外交往来以及以频频朝贡为形式的商业贸易活动,北京事实上也成为亚洲商业的中心。在这一背景下,北京也就成为各民族人口的迁居地。

洪武年间,由于北京城只是北方边境的一个府治城市,接纳的降民并没有什么特别的地方。翻检《明太祖实录》,涉及降民迁入的只有寥寥数条。如洪武六年(1373年)三月,"燕山卫指挥朱杲奏:'近领兵于山后宜兴、锦川等处搜获故元溃散军民九百余户,请以……老弱隶北平为民。'从之"[1]。洪武十四年(1381年)秋七月,"故元将校火里火真等四十一人及遗民一百七十七户自沙漠来归……其遗民命居北平,月以米钞给之"[2],人数也不是很多。就是在永乐年间,北京城接纳的移民人口仍然是有限的。《明太宗实录》中也只见有几条记载。永乐七年(1409年)夏四月,"木束河卫指挥众家奴、札肥河卫千户阿不列等九人自陈愿于北京、辽东居住,许之,命如例赐给"[3]。从这一记载中可知,迁入北京的不再仅仅是蒙古的降卒,还有来自辽东边外奴尔干都司的女真人。又从"如例赐给"一句中可知,在这一年以前,已经有女真人或其他少数民族人口迁入之事,且内附者能得到政府的帮助。类似的事例在《明实录》中有许多记载,如表10-1所示。

表10-1 明代北京城中少数民族人口的内附

时 间	原居地	民族及部落	迁入户口	身 份	赐 官
永乐七年	木束河等卫	女真	5户(1)	指挥及千户	
永乐九年	奴尔干都司	女真	7户	都指挥	
永乐十年	蒙古	鞑靼蒙古	1户	鞑官	所镇抚
永乐十四年	蒙古	鞑靼蒙古	3户		指挥佥事及百户
永乐十七年	蒙古	鞑靼蒙古	1户		
洪熙元年	奴尔干吉列迷	女真	1户	千户	
	蒙古	瓦剌蒙古	6户		百户
	蒙古	瓦剌蒙古	1户		百户
	辽东边外	兀良哈蒙古	1户	头目	千户
	蒙古	瓦剌蒙古	1户	使臣	指挥佥事

---

1 《明太祖实录》卷80。
2 《明太祖实录》卷138。
3 《明太宗实录》卷90。

续 表

时 间	原居地	民族及部落	迁入户口	身 份	赐 官
洪熙元年	西域沙州卫	蒙古	1户		所镇抚
	蒙古	鞑靼蒙古	1户		所镇抚
	奴尔干弗提卫	女真	572人		指挥同知
宣德元年	蒙古	鞑靼蒙古	3户		副千户等官
	蒙古	鞑靼蒙古	4户		千户、百户等
	泰宁卫	泰宁卫等	3户		千户等官
	奴尔察剌罕山	女真	1户	头目	
	东宁卫	女真	2户	舍人	千户等官
	蒙古	鞑靼蒙古	32人（2）	都指挥	
	蒙古和宁王部	东蒙古	1户		百户
	奴尔干葛林卫	女真	1户	头目	所镇抚
	泰宁卫	兀良哈蒙古	1户	指挥佥事	
	福余卫	兀良哈蒙古	1户		试百户
宣德二年	奴尔干建州卫	女真	1户	头目	
	蒙古	鞑靼蒙古	1户		副千户
	蒙古	瓦剌蒙古	1户		副千户
	奴尔干建州卫	女真	1户	头目	
	泰宁卫	兀良哈蒙古	2户	指挥佥事	都指挥同知
	福余卫	兀良哈蒙古	1户	小厮	试百户
	奴尔干秃都河卫	女真	1户	指挥佥事	
	四川永昌卫	不详	1户（3）	舍人	
	福余卫	兀良哈蒙古	1户	舍人	
	蒙古	鞑靼蒙古	1户		所镇抚
	蒙古	瓦剌蒙古	1户	试所镇抚	
	朵颜、泰宁	兀良哈蒙古	3户	头目	百户及试所镇抚
	西域赤斤卫	蒙古	1户	千户	
宣德四年	蒙古	鞑靼蒙古	1户		副千户
宣德五年	奴尔干爱河卫	女真	4户	指挥佥事	
	蒙古	鞑靼蒙古	1户		所镇抚
宣德六年	蒙古	鞑靼蒙古	1户		副千户所镇抚

续表

时间	原居地	民族及部落	迁入户口	身份	赐官
宣德十年	蒙古	蒙古	不详（4）	都督	
正统三年	奴尔干吉河卫	女真	1户		
	蒙古	鞑靼蒙古	1户		
	东蒙古	东蒙古和宁王	1户		
	东蒙古	东蒙古和宁王	3户	丞相	

资料来源：《明实录类纂·北京史料卷》，武汉出版社1992年版，第567—576页。
说　　明：1.（1）另有4户居辽东；（2）赐草场于顺天府；（3）舍人名为把木；（4）赐宛平县草场。
2. 有两个不同来源的移民并在一起叙说时，表中分别列出。

尽管《明实录》中记载了40次左右的少数民族入附北京城的事件，但仍然是不完整的。例如，在宣德二年（1427年）夏四月条中，就有"掌毛怜卫事都督同知莽哥不花家属留京师者奏请给俸，上谕行在户部臣曰：'留其家属于京者以系其心，而无以赡之，能得其心乎？其如京官例给之。'"[1] 关于莽哥不花的家属迁入北京一事，在上列诸条中就没有记载。如果不是有关其家属俸给一事惊动朝廷，这一家庭的迁移就失载了。

上引《明实录》中记载了女真人众家奴和阿不列等九人来居北京和辽东，但是我们从莽哥不花的例子来看，就不应理解为仅仅是九个人的迁移，至少应该看作是九个家庭的迁移。因而在表10-1中，我们将他们的迁移都处理成以"户"为单位的迁移。

这种"户"的单位有多大？我们并不清楚。但可以想象，这些内附者因其大多数为部落首领或头目，其家庭成员就不可能太少。在迁入者当中，有卫之千户及指挥、指挥佥事等，也有部落头目，最大的一批可能是奴尔干都司弗提卫的指挥同知"率妻子五百七十二人来归"。这就告诉我们一个信息，这些部落首领的内附可能带有一个庞大的家族或家庭，家庭成员中可能包括家中役用的奴婢或其他人等，绝不是一般的五口之家。

---

[1]《明宣宗实录》卷27。

这类移民安家的费用由政府供给，如洪熙元年（1425年）弗提卫指挥同知来归，请求在北京居住。获准后，皇帝赐以各种布料，又命有司依例赐给房屋器物。其他历次安置，均有如是说明。还有的有"月支薪米"的记载，就是所谓的俸禄了。正由于此类移民大多被赐官爵，使得福余卫的小厮也以"试百户"官之。百户是卫所中最小的官职，加以"试"称，类似今日的"实习"。有官即有俸禄，关于北京城中达人的俸粮一事，正统元年（1436年）李贤说："切见京师达人不下万余，较之畿民，三分之一。其月支俸米，较之在朝官员，亦三分之一，而实支之数，或全或半，又倍蓰矣。且以米俸言之，在京指挥使正三品，该俸三十五石，实支一石，而达官则实支十七石五斗，是赡京官十七员半矣。"[1] 在这种情况下，宣德十年（1435年），"更定在京鞑官月俸给米例，时行在户部、兵部奏：'在京鞑官俸有全给者，有半给者，今馈运困难，宜稍撙节。'于是命全给者减半，半给者减十之三四，新降附者自指挥而下亦递减之"[2]。无论如何削减，达官的实际俸禄仍然比汉官的要高出许多，这大概也是少数民族的部落首领或成员乐于迁居北京的一个原因。

从表10-1中还可以看出，所有任命的达官都是卫所军职。从当时其他的资料记载来看，归附的达人大多数是安置在卫所之中的。但依我的看法，这些只是闲职而已。大多数归附的部落成员或首领都在北京城中居住下来，成为北京城的民籍居民，否则就很难理解上引李贤所说京师中达人占三分之一了。迁入北京城的内附者实际上是由卫所带管的，如宣德元年（1426年）"赐行在锦衣卫带管归附鞑靼都指挥阿老丁等三十二人田地草场于顺天府"。既是带管，阿老丁的身份当然是民籍。只有这样，我们才能理解下引资料中所记载的正统七年间，将居住于北京城的内附达人迁于山东登州和莱州卫所中，"给与无粮田地，有愿效力者与军一体操练"。他们根本不是正式的卫所军人。

至宣德末年，北京城中居住的归附人口已经达到1.5万左右，如果以每户5人计，有户3 000左右；以每户10人计，有户1 500左右；

---

1 李贤：《达官支俸疏》，《明经世文编》卷36。
2 《明英宗实录》卷4。

以每户 20 人计，则应有达人户 750 左右。据表 10-1 中统计，从永乐至宣德年间只有 200—300 户塞外民族人口迁入北京，即使考虑到人口的自然增殖，《明实录》漏记的塞外人口之迁入也是相当多的。

  北京城中接受的塞外移民，以女真人和蒙古人为最多，蒙古人中以鞑靼部为最多。这类蒙古人中可能还夹杂有相当数量的回回，即元代军队中的色目人，只是记载不清，无法对他们加以区别。塞外部落人口的迁入，从时间上说，主要集中在永乐结束以后的短短几年中。这与当时的政治形势是密切相关的。永乐依靠武力多次征战草原鞑靼，巩固辽东，安定东北边疆。永乐帝死，实际上标志着明代初年以铁血政策处理民族矛盾时代的结束。永乐以后的仁宗以仁政自诩，自然会吸引众多的达人内附，加上明廷辅以优惠的招徕政策，更使达人趋之若鹜。宣德一过，瓦剌蒙古部猖獗草原，屡犯明边境，有土木之变；尔后俺答汗的土默特蒙古兴起，也屡屡破明之边墙，围北京数日而不撤；民族关系极其紧张，边外民族人口的内附就发生了一些变化。所以，正统七年（1442 年）七月间，"守备偏头关都督同知杜忠奏：'即今迤北虏人多以饥窘来归，恐有奸诈，宜送南方沿海卫所安插。'事下兵部议，谓：'自春至今来归者已五百余人，况俱留在京支给月粮，供亿甚费。除皮儿马里麻等特旨授官留京外，其余及以后来归者，宜送山东登州、莱州等卫所照例安插，给与无粮田地，有愿效力者与军一体操练。'从之"[1]。这是北京城不接受内附者的证明。可是到了天顺二年（1458 年），上"命兵部，凡来降达子，回回俱留在京安插"[2]，却是安排内附者居于北京。只是不知为何，以后《明实录》对这一类内附活动却不怎么记载了。明末谈迁《北游录》中提到北京牛街穆斯林礼拜寺乃"成化中赐额，西域回回降人诵经处"。这批西域回回的迁入就根本不见于《明实录》的记载。其他如福余卫众因避战乱而内徙入辽东明边之内，奴尔干都司的女真人因各种原因迁入明边，则时有发生，只是迁入北京城的已很少见了。

  从南方交趾来的归附者也有居住在京城的，由于以后没有形成

---

[1]《明英宗实录》卷 280。
[2]《明英宗实录》卷 275。

一个交趾或安南之类的少数民族,所以他们的事迹没有被《明实录·北京史料卷》所收录,但是从下文中可以看出,明廷对于这批交趾归附者的安置与对鞑靼归附者的安置是一样的,没有理由不把他们的内迁作为民族人口的迁移来加以讨论。

二 关西诸卫的内迁[1]

明代在嘉峪关以西设立了七个卫,即安定卫、曲先卫、阿端卫、罕东卫、沙州卫、赤斤卫、哈密卫。正统间沙州卫内迁,又于原沙州卫地置罕东左卫。所以,关西诸卫可称为"关西七卫",也可称作"关西八卫"。

1. 安定卫、阿端卫和曲先卫

这三卫又被称作撒里畏兀儿三卫,其主要居民为撒里畏兀儿人。撒里畏兀儿人是宋代史料中记载的黄头回纥,到元代才被称为撒里畏兀儿。

元代末年,元宗室卜烟帖木儿被封为宁王镇守撒里畏兀儿以后,蒙古族便成为撒里畏兀儿的统治者。可以想见,这时的撒里畏兀儿地方已有一定数量的蒙古人定居了。洪武七年(1374年),卜烟帖木儿遣使入贡,归附明王朝。次年,卜烟帖木儿献元所授金银字牌,请置安定、阿端两卫。明政府同意后,置两卫,封卜烟帖木儿为安定王,以其部人沙剌为指挥。当时安定卫的治所在若羌(今新疆若羌)。

两年以后,安定卫内部大乱,相互仇杀。又遭到朵儿只巴袭击,部众溃散。洪武二十九年,明廷派陈诚前往,复立安定卫,这说明洪武十年乱后,安定卫众虽散,但未远徙,多数部众仍在当地游牧,因而其卫尚能复立。至永乐四年(1406年),安定卫从若羌迁至苦儿丁地方,即青海境内的柴达木盆地的西沿。

正德七年(1512年),来自河套地区的蒙古部酋长亦不剌进入青

---

[1] 参见唐景绅:《明代关西七卫论述》,《中国史研究》1983年第3期;高自厚:《明代的关西七卫及其东迁》,《兰州大学学报》1986年第1期。

海后,扫掠安定地区,"安定遂破,部众散亡"。散亡的部众继续向东迁移,迁入了肃州管辖的八字墩草原。安定卫从此不再复置。

阿端卫的治所大约在今新疆且末一带。阿端卫设置不久,与安定卫同遭残破。永乐初年曾复立其卫,但于宣德初年又散亡,至宣德中再立。再以后,阿端卫的部众也往东迁进入了肃州地区。因为资料记载阿端卫在宣德初年散亡以后,曾依曲先卫杂处,尔后曲先卫迁入肃州,阿端卫部从亦可能杂处其间。另外,《明史·西域二》在曲先条下也说,安定、阿端、曲先诸卫"迁徙之众,又环列甘肃肘腋,犷悍难制"。由此而可知阿端部迁入了肃州南山。

曲先卫设置于洪武十年(1377年),治所大约在今罗布泊一带。设置不久,卫地就向东地迁徙,并入安定卫地。永乐四年,复置曲先卫,驻柴达木盆地的西沿。成化年间,迫于吐鲁番的压力,曲先卫不得不东迁,即完全迁入了青海境内。至正德七年,因遭亦不剌之乱,其卫遂亡,而其部众迁入甘肃南山一带。

三卫后裔构成了今日裕固族的主要成分。所居肃州南山,已是今日肃南裕固族自治县地。

2. 罕东、沙州、罕东左、赤斤卫

西部的安定、阿端和曲先三卫东迁以后,东部的罕东、沙州、罕东左和赤斤四卫便成为吐鲁番势力东进的必争之地。吐鲁番本来是东察合台汗国的一个重要城镇,但很早就以当地首领的名义向明朝进贡。15世纪60年代以后,已经信奉伊斯兰教的吐鲁番强大起来,开始东征。以至于关西诸卫,不克自立,纷纷东迁,以避战乱。

罕东卫置于洪武三十年(1397年)。关于明初罕东卫的地望,一说在西宁西北300余里处,一说在嘉峪关外。永乐以后的罕东卫地处嘉峪关外的今酒泉、安西、玉门及敦煌一带则没有什么问题[1]。吐鲁番东侵以后,罕东卫残破,但部众似乎还没有逃离,直到正德年间,亦不剌侵掠此地,其卫众才开始大规模东迁。上引《明史》的记载说:"正德中,蒙古大酋入青海,罕东亦遭蹂躏,其众益衰。后土鲁番复陷哈

---

[1] 《明史·西域志二》。

密,直犯肃州,罕东复残破,相率求内迁,其城遂弃不守。嘉靖时,总督王琼安辑诸部,移罕东都指挥枝丹部落于甘州。"其时为嘉靖七年(1528年)。罕东卫从此不再复置。

沙州卫位于今甘肃敦煌。元代为沙州王之封地,属蒙古部落。永乐二年,因酋长困即来、买住率众归附明朝,命置沙州卫。《明史·西域二》记载,宣德十年(1435年),"为哈密所侵,且惧瓦剌见逼,不能自立,乃率部众二百余人,走附塞下,陈饥窘状,诏边臣发粟济之,且令议所处置。边臣请移之苦峪,从之。自是不复还沙州"。苦峪在安西境内,地处嘉峪关外。至正统九年(1444年),沙州卫内乱,甘肃镇守臣任礼收其全部入塞,居之甘州,凡200余户1 230余人。卫亦不复设,卫众归甘州管辖。

罕东左卫。永乐年间罕东卫内部发生分裂,部分部众逃至赤斤,部分由俺章子班麻思结率领逃至沙州。洪熙、宣德年间,班氏从征曲先有功,于宣德七年被授予罕东卫指挥使,但仍居沙州。宣德中沙州卫东迁苦峪以后,沙州地面空虚,班麻思结遂占有其地。由于罕东左卫从罕东卫中分出,故其族属当与罕东卫相同。《秦边纪略》卷6记:"俺章之弟曰若木,皆阿卜尔加之子。阿卜尔加之父曰哥哥把势木,乌斯藏番僧也。俺章兄弟谋杀元之耳交王,领其部属,妄称鞑靼丞相之子孙,于永乐元年修贡,故兄弟分封于瓜州、沙州焉。"《敦煌杂抄》中也有类似的记载,说的是俺章的祖父为藏人,而祖母则为蒙古人。俺章兼有藏族和蒙古族的血统。又从他们混称达人一事中可以揣测,罕东左卫的部众中,仍是以蒙古族人为主,兼有藏人。由于罕东左卫是从罕东卫中分出的,故推测这两卫的族属可能相同。成化中,正当吐鲁番进逼安定、曲先、罕东之际,诸卫势衰,班氏乘机扩充势力。成化十五年(1479年),酋长请求在沙州故地置卫,明廷即于沙州故城置罕东左卫,以位于罕东卫之东而命名。置卫不久,吐鲁番继续东侵,左卫不支,于正德十一年(1516年)徙肃州塞内。其部众同后来东迁的曲先部众杂处,并未建卫。

赤斤蒙古卫部众由蒙古族和藏族构成。永乐二年(1404年),"故鞑靼丞相苦术子塔力尼等率所部男妇五百余人自哈剌秃之地来归,诏设肃州赤斤蒙古千户所,以塔力尼为千户"[1]。关于其部众之族属,《明英宗实录》卷145记载:"初,赤斤蒙古之先有苦苦者娶西番女,生塔力尼,又娶于达达,生锁合者及革古者,乃分所部为三:凡西番人居左帐,属塔力尼;达达人居右帐,属锁合者;而自领中帐。后苦苦者没,塔力尼及锁合者相继归来,永乐中始置赤斤蒙古卫处之。"所谓西番,即今西藏。赤斤千户所于永乐八年(1410年)升卫。治所位于今甘肃玉门境内的赤金堡。在关西七卫中,这是最东边的一卫,东距嘉峪关只有200多里。在吐鲁番东进之初,赤斤卫未遭其害;诸卫相继内迁以后,赤斤卫即首当其冲。成化十九年(1483年),吐鲁番、哈密大肆掠杀,赤斤遂残破。在明廷的扶持下,虽有恢复,但吐鲁番东进之势日盛,其部不能自存,遂尽内迁肃州之南山,与罕东左卫、曲先卫部众一道杂居于肃州塞内。

3. 哈密卫

哈密是元代宗室忽纳失里的封地。永乐三年(1405年),脱脱袭位,被明廷封为忠顺王。次年,设哈密卫。

哈密卫是进入甘肃的门户,控扼中西交通的咽喉,具有重要的战略意义。脱脱从小在明朝长大,朱棣封其为王,意在控制。不仅如此,还派周安作为忠顺王长史,刘行为纪善以辅助脱脱。这在关西诸卫当中是不曾有过的。可见哈密在明廷看来是多么重要。

哈密地区的民族成分大致有三,《明史·西域传二》中说:"其地种落杂居,一曰回回,一曰畏兀儿,一曰哈剌灰。"按照一般的说法,哈剌灰为瓦剌蒙古人的一支。弘治十年(1497年)陆訚奏疏中说:"哈剌灰头目拜达力迷失等家口一百九十人乃瓦剌种类"[2]。哈密北接瓦剌,部分瓦剌人南徙哈密是很正常的。如天顺年间,也先弟伯都王、侄兀忽纳"因也先乱后,俱依哈密住居"[3]。他们迁入哈密后居住于哈密哈剌灰地面,由此而得名。

成化八年(1472年),吐鲁番占领哈密,哈密部众退走苦峪,即今

---

[1] 《明太宗实录》卷31。
[2] 《明孝宗实录》卷131。
[3] 《明英宗实录》卷327。

瓜州县西部。其后哈密卫众一度夺回哈密,但不久又失。吐鲁番的活动引起了明廷的不安,于是明朝关闭商道,杜绝朝贡,并出兵与哈密卫众一道于弘治八年(1495年)收复哈密。

正德八年(1513年),哈密忠顺王拜牙主动放弃哈密,叛归吐鲁番。从此,哈密不复为明朝所掌握。吐鲁番在占据哈密后,连连寇犯肃州,明廷对此一筹莫展,从此不再过问哈密事务。

在长期的战乱中,哈密卫众大多逐渐迁入了嘉峪关内居住。如成化八年,哈密第一次失守,必剌牙失里和把的剌率二百人避居甘州,迁入关内。十年以后,以居住在苦峪的哈密卫人为主,联合赤斤和罕东两卫军一万人收复哈密,哈密本部兵马就有8 600多人[1]。可见此时居住在苦峪的哈密卫人至少应有几万人。弘治初年,哈密第二次失守时,哈密卫众大量迁入苦峪或关内的肃州、甘州、山丹、永昌、凉州等地,"老子长孙,久成家业"[2]。至正德以后,多迁入关内。

成书于嘉靖二十年(1541年)的《边政考》有关于哈密等卫部众迁入肃州一带人口较详细的记载。据高启安统计,大约有二千多名哈剌灰族人迁入肃州城内,畏吾儿人只有三百余人。可见哈密卫东迁的过程中,以哈剌灰人最为重要。而这批哈剌灰人构成了以后裕固族的民族成分之一[3]。

另外,吐鲁番部众也有内附明境边内者。如嘉靖七年(1528年),吐鲁番大头目牙木兰率众3 000帐入关归附[4],他们被安置于湖广鄂城[5]。

关西诸卫的东迁过程详见表10-2。

表10-2 关西诸卫的民族构成及其东迁

卫 名	民 族	建卫时间	东迁时间	东迁地点
哈 密	回回、畏吾儿蒙古	1405年	1472—1513年	苦峪、肃州等明境内
赤 斤	蒙古、藏族	1410年	1483年	肃州

---

1 《明宪宗实录》卷226。
2 《明孝宗实录》卷74。
3 高启安:《明代哈密卫的东迁与裕固族的形成》,《社会科学》(甘肃)1989年第4期。
4 《明世宗实录》卷89。
5 严从简:《殊域周咨录》卷15《撒马儿罕》。

续 表

卫 名	民 族	建卫时间	东迁时间	东迁地点
罕 东	蒙古、藏族	1397年	1528年	甘州
罕东左	蒙古、藏族	1479年	1516年	肃州
沙 州	蒙古	1409年	1444年	甘州
安 定	撒里畏兀儿、蒙古	1375年	1406—1512年	苦儿丁、肃州
阿 端	撒里畏兀儿、蒙古	1375年	成化至正德	青海肃州
曲 先	撒里畏兀儿、蒙古	1377年	成化至1512年	青海肃州

三 明代内迁的回回人口

在上述讨论中,已经涉及了回回人内附问题,但由于在内附的鞑靼人中,有相当数量的回回人夹杂其中,就使得辨析回回人的工作显得特别困难。再者,由于与回回同时内附的其他少数民族在与回回人长期生活的过程中,接受了伊斯兰教,也逐渐回回化,使得回回内附人口的估计更显复杂。

为什么要对明代内附的回回人口进行估计,因为这涉及回回民族的形成问题。一般学者都认为,中国的回回民族是在元代末年及明代初年这一段时间里形成的。近年来,和龚提出了不同的看法,他的基本依据是,明代是一个回回大量移居中国内地的时代,人数达到了15万人,以至于构成明代中国境内的回回人口的四分之一左右。明代的内附回回,对于回回民族形成所起的作用不可低估。换言之,回回民族形成的时间应该适当推后[1]。

和龚所作的论证是建立在大量资料基础上的,只是他对一些资料的理解发生偏差,由此导致了对于内附回回人数估计的差异。

其一,和龚认为,洪武二十二年(1389年)二月,朱元璋"命荆州左护卫并黄州、常德、岳州、沅州、蕲州、武昌诸卫各造营房三千间以居鞑

---

[1] 和龚:《明代西域入附回回人口及其分布》,《内蒙古社会科学》1990年第2期。又见林松、和龚合著论文集:《回回历史与伊斯兰文化》,今日中国出版社1992年版。

鞑靼军士"[1]。文中的鞑靼军士指明初归附的元朝军队,其中有相当数量的色目人,即回回。按照明制,每小旗辖兵丁十名,居一间营房,若以此计,这七卫共造营房2.1万间,应居军士20万以上,其中回回人数可以想见。

这一计算结果与卫所兵员的标准配置相差太大。如前述,明制每卫兵力5 600人,七卫兵力合计为4万人,无论如何也不可能达到20万之众。若以营房数来推算,以每卫5 600名的标准兵员,建造三千间兵营,也是根本不可能的。顾诚先生也曾引用过这条资料,但是他指出,"另一《明实录》抄本'三千间'作'三十间'可能是正确的"[2]。

即便如此,我们还必须指出,这批鞑靼军士之迁入是在明初的洪武年间,因此,用此材料来反驳回回民族形成于元末明初的观点,则适得其反了。

其二,明英宗时代,由于北京处于与蒙古势力对抗的前线,内附的鞑靼军士多被安置于南京城中。如上所述,归附者一般安置于卫所,且因归附者多部落头目,所以一般均赐以官职,但多为虚职,领取粮俸而已。因此,天顺元年(1457年)七月"南京锦衣卫指挥佥事吕贵奏:'本卫安插达官指挥、千(百)户、头目等二百五十八,虽称归顺,其心难测。'"[3] 和龚据此认为"若以明代军队官兵比例计算,仅南京锦衣卫达军人数当不少于六七千,其中回回自然不会少",就显得过于牵强了。就是从人数上看,锦衣卫之兵力不过5 600人,何来超过此数的达人。

其三,在上引资料中曾见天顺元年春天至七月间,因北部边境瓦剌蒙古势力的猖獗,蒙古人内附者众多,仅此几个月的时间里就达到500余人。和龚以这一归附的速度作为正统、景泰和天顺三朝二十几年间蒙古人内附的平均速度,并得出入附的瓦剌有四五万人,其中回回不会少于万数的结论,实在是太大意了。因为瓦剌蒙古的归附完全是当时的军事或政治形势所决定的,有可能一年内附者有许多,有可能若干年中并没有什么内附者,不会存在什么平均速度的问题。

---

1 《明太祖实录》卷195。
2 顾诚:《谈明代的卫籍》,《北京师范大学学报》1989年第5期。
3 《明英宗实录》卷281。

尽管存在上述的问题，但是和氏对于明代回回内附问题的分析仍有不少值得称道之处。他注意到明代西域回回内迁中一个最重要的因素，在于经商回回的滞留不归。明代制度，凡西域使团商队进入嘉峪关，须先在肃州换文登记，办理一应手续。西域贡使只许十分之一入京朝贡，其余皆须滞留甘肃以俟入京者归来同返。明代西域各地多聘回回为使臣，回回向以擅理财经名满西域。他们虽名为使臣，但多亦官亦商、以官兼商。

出于商业上的原因，入京使臣往往留居京师或内地，经商牟利，数年不归，甚或入附定居。时人指出："西域使客多是贾胡，假进贡之名，藉有司之力，以营其私。……自甘肃抵京师，每驿所给酒食刍豆，费之不少。比至京师，又给赏及予物值，其获利数倍。以此胡人慕利，往来道路，贡无虚月。"[1] 迨武宗正德中，对西域使臣商客更为优惠，"容令各处回夷在馆四五年住歇"[2]。于是各地回回滞留京师者更多。这样就给留居甘肃的那十分之九的使臣商客提供了常年居留经商牟利的借口。他们"藉口粮之给，贪互市之利，往往留寓甘肃"[3]。

事实上，留居的回回人并不局限于甘州或肃州等今甘肃西部地区，在今甘肃东部地区已有相当广泛的分布。正统元年（1436年）八月，"镇守陕西都督同知郑铭奏：'巩昌府迭烈孙巡检司在黄河东岸，回回、达达、土番杂居。'"[4] 其位置大致在今兰州市的东北方向。所以弘治十四年（1501年），明政府在延绥、宁夏、陕西、甘凉四镇募兵丁24 000人，"所募兵不限汉、土、番、夷"[5]，其中"夷"当指回回。

依明人陆深所称，陕西、甘凉两镇"多回回杂处"[6]之地，与宁夏、延绥两镇安置的土达有所区别。嘉靖七年（1528年）王琼视察平凉时，见有撒马儿罕、天方、吐鲁番、哈密等处回回自嘉靖元年入关，至此时已居留七年[7]。还在正统元年（1436年）六月，便"徙甘州、凉州寄居

---

1 《明仁宗实录》卷5。
2 严从简：《殊域周咨录》卷15《撒马儿罕》。
3 《明孝宗实录》卷214。
4 《明英宗实录》卷21。
5 《明孝宗实录》卷180。
6 陆深：《溪山余话》。
7 严从简：《殊域周咨录》卷15《撒马儿罕》。

回回于江南各卫,凡四百三十六户,一千七百四十九口"[1],所谓"寄居",就是没有获得当地户籍的居民。

至成化年间,西北边境吃紧,"兵部议上巡抚甘肃都御史朱英等处边七事:一移土著以除祸根。欲将甘州等处久住夷人迁徙河南、陕西地方,庶免交通泄漏,诚为思患预防之计。……一安流离以消后患。欲将先年哈密残破夷人随土鲁番使臣入境分寄甘肃一带者,暂送腹里陕西、河南地方,拨地给粮,以俟发遣"[2],连以前政府组织迁入的哈密等卫人口的一部分也向内地作进一步迁移了。

因此,陕西和河南等地也就形成回回人聚居点。以至于正德年间有人说:"陕西回回、土达与居民杂处"[3],具体的聚居地,从以下几例中可见一斑:弘治元年(1488年),陕西凤翔府扶风等县数千入附回回聚众造反[4];正德十一年(1516年)九月陕西岐山县入附回回聚众抗官,数达2 000[5];同年十月,陕西金州回回闹事[6];五年以后,陕西、山西和河南交界地区发生大规模入附回回起义,掳走河南济阳知县[7]。这一系列事例说明陕西关中地区是明代入附回回的一个聚居地。

上引资料证实,明代初年归附的蒙古降民中,有部分安置在固原南面的开城地区。成化四年(1468年)开城发生土达满四领导的大起义,聚众达数万人之多。和龚认为这是回回起义,但文献记载中多称其为土达,应是蒙古人。今天这一区域已不存在蒙古人,却是回回的聚集地。而据当地的回民称,他们中的大多数是在清代左宗棠剿回时从甘肃迁入固原的。这就使人产生联想,明代入附的达人可能是在清代后期大批回民迁入之后才逐渐融合到回回民族中去了。如下所述,这种融合在明代历史上并不少见。

---

1 《明英宗实录》卷227。
2 《明宪宗实录》卷141。
3 《明武宗实录》卷155。
4 《明孝宗实录》卷26。
5 《明武宗实录》卷141。
6 《明武宗实录》卷142。
7 《明武宗实录》卷197。

其他民族融合入回回民族中，其决定性的因素在于伊斯兰教的传播及其影响。和龚一文中指出，明代哈密、吐鲁番等地的蒙古族的统治者多以苏丹自称，读《古兰经》，过古尔邦节，表现出他们已成为虔诚的穆斯林。又据顺治《肃镇志》记载，入附肃州的哈密各族百姓到了清代初年，除去回回人本身以外，其他畏吾儿人及哈剌灰人也都已"不食猪肉，与回回同俗"了。[1]

以伊斯兰教作为纽带从而成为回回族一部分的还有山东德州北营回民的例子。永乐十五年(1417年)，来自菲律宾苏禄国的东王、西王及其家属群臣共300多人的使团访问中国，当年八月，东王一行返国，路经德州时，东王因感风寒而病逝。明成祖敕谕在德州安葬，并亲自撰写了墓碑；然后按照中国的方式，敕谕同来的三个王子中的长子继承王位。长子返国，而另外两个王子以及王妃并仆从十人留在德州为东王守墓，留居中国成为移民。由于苏禄国信奉的是伊斯兰教，政府专门为守墓的王子及其仆从派了三户回回同住，相兼守坟，优免繁杂差役。以后东王王子与回民互通婚姻，生齿日繁，以东王墓和东王祠为中心形成一个苏禄人血统和回民血统混杂的村落。大约在明崇祯元年(1628年)，在东王墓的西南面建立了一座清真寺。两个王子分别以温、安两姓命名，成为今天德州地区回族之大姓。至雍正年间，经东王长子的后人、苏禄国王苏老丹的奏请，以温、安二姓入籍德州，从法律上正式成为中国人口的一部分。

由此和龚估算出明代内附的回回人口约为十五六万，姑且认为是15.5万。

在讨论完和龚所依据的明代回回人口内附的资料之后，我们就可以来讨论其结论了。和龚根据《明史·食货志》提供的数字——洪武时期全国总人口为6 000万，明中期弘治中人口为5 300万，明后期万历时为6 000万，认为弘治、万历两个数字肯定有隐匿现象。明中期总人口当在七八千万之间。解放初全国约有5亿人口，其中回族约400万；1985年全国约有10亿人口，其中回族约800万。若以这个比

---

[1] 和龚：见《关于明代西域蒙古族伊斯兰教信仰的几个问题》，收入《回回历史与伊斯兰文化》，今日中国出版社1992年版。

例,利用数学中的"逆定理"来推算,再计入其他因素,明中期全国的回回人口总数当在五六十万之间,姑且认为是55.5万。那么对于明代中叶55.5万回回人口而言,15.5万内迁回回占其数量的27.9%,可见明代初年内迁回回的重要

据附录一,洪武二十六年中国人口多达7400余万,且明代人口增长,至明末超过2亿。即使按照和龚的所谓"数学逆定理"进行推算,即1949年后回族占总人口的0.8%,则明代后期回回人口可达160万。15.5万内迁回回只占160万回回的9.7%。这样一来,和龚对传统观点的质疑就变得没有什么意义了。

实际上,和龚这一人口的回溯分析并没有考虑到明代以来不同区域的人口增长的不平衡性。在从明末至民国的这一历史时期内,回族聚居区经历的战祸及战争对人口的摧残程度似乎大于一般的汉族居住区。如其间的太平天国战争对长江流域的破坏,作为回族人口集中居住区的南京受害最烈,回回人口死亡的概率当大于汉族人口,至少也与之相当。而19世纪后半叶发生在西北地区的回乱和"剿"回战争,表明同时代回族人口的死亡率要大大多于同时代的其他民族。考虑到这一因素,可以说,以20世纪下半叶中国回族人口在全国人口中的比例去推算16—17世纪回民在中国人口总数中的比例,只会对回族人口作出偏低的估计。

和龚对明代内附的回回人口的估算中也存在大量的低估现象。其一,既然存在大量的非回族人口皈依伊斯兰教的情况,这批人口就应当计入明代内附回回的人口中;其二,和龚对人口的分析并没有考虑到采用一个共同的时点,这就导致了对明代内附回回后裔的忽视。换言之,如果我们以1600年为时点进行回回人口的分析,就必须考虑到在此时之前迁入的回回移民的后代在这一时点上的数量。从这一角度进行分析,至1600年,明代(不包括明初)内附的回回人口(包括他们的后裔)数可能超过15.5万。尽管如此,目前仍没有充分的证据来证明回回民族形成于明初以后的某个时期,也没有证据证明明中期的入附回回对回回民族的形成有很重要的影响。

四 交趾人的内迁[1]

永乐年间朱棣征服安南以后,便在安南设立交趾都、布、按三司及十七州县,从此安南与内地同。永乐年间交趾地方官征集当地近二万能工巧匠至南京城,供朝廷役用。

明廷对交趾的统治,并没有维持很长的时期,到宣德三年(1428年),交趾内乱,明廷放弃交趾,文武官员及军民北返者达到了86 648人,其他死于内乱或留居于彼而未迁返者不可胜计。此后,交趾不再从属于中国。

除了被征用的大批工匠外,交趾人迁入中国内地,大致可以分为三种类型。其一是永乐年间作为中国之一省的交趾,其人民参加科举,加入仕途,充任军卒,谋求职业,有流入中国其他地区者。这在当时是一种十分正常的人口流动,类似中国内地甲省徙居于乙省。这类人口流动以单个人为单位进行,本不在本文的讨论之列。只是由于后来交趾的独立,多数迁居内地的人口不再返国,交趾人在内地,类似异族人口的内附。其二是明廷放弃交趾以后,交趾地方的土官多有举族内迁者。其三是永乐以后,仍有相当数量的交趾籍的士人陆续迁入内地,内附明廷。

由于加入仕途,许多交趾人在内地文献中便留下姓名。张秀民先生对交趾在内地为官者的相关信息,广为搜集,其结果如表10-3所示。

表10-3 明代交趾人移入内地职官表

姓　名	年　代	官　职	资料来源
丁必阅	永乐、正统	山西曲沃侯马驿丞	《明英宗实录》卷133
邓　明	永乐	行在工部尚书	嘉靖《江阴县志》卷14
王汝相	永乐	山东布政使左参政	《明太宗实录》卷78

---

[1] 见张秀民:《明代交趾人移入内地考》,《东南亚纵横》1990年第1期;《明代交趾人移入内地职官表》,《东南亚纵横》1990年第4期。

续 表

姓 名	年 代	官 职	资料来源
王瑾	永乐、景泰	太监	《明史》卷304
阮安（阿留）	永乐、景泰	太监	《见闻杂记》卷4
杨斌	永乐	太监	《福建市舶提举司志》
杨涟	万历、天启	常熟知县、左副都御史	《皇越诗选》
范弘	永乐、宣德	太监	《明史》卷304
阮均	永乐	北京行部左侍郎	《明太宗实录》卷76
阮宗甫	永乐	江西新昌县典史	康熙《新昌县志》卷3
阮噜	永乐	湖广指挥	《大越史记全书》
同彦翊	永乐	北京行部右侍郎	《明太宗实录》卷76
陈仕	永乐	锦衣卫百户	《明英宗实录》卷183
陈季喧	永乐	鸿胪寺官员	嘉靖《江阴县志》卷14
陈端	永乐、成化	太仆寺主簿，少卿	《明宪宗实录》卷37、卷41
武汴	永乐	颍川卫金事	乾隆《颍州府志》卷5
鱼有沼	永乐	左府都事	《万姓统谱》卷8
黄公剔	永乐	山西太原府知府	《明太宗实录》卷114
黎思凯	永乐	北京行部右侍郎	《明太宗实录》卷76
阮立	宣德	江西都昌县教谕	康熙《南康府志》卷5
阮迁干	宣德、景泰	山东青州府通判等职	《明宣宗实录》卷93
阮恩	宣德	南京六安州吏目	雍正《六安州志》卷12
阮浪	宣德	太监	《明英宗实录》卷278、卷281
陈全最	宣德	河南彰德府通判	《明英宗实录》卷8
陈澄	宣德	山东乐陵县丞	顺治《乐陵县志》卷6
苏文蔚	宣德	山东诸城县丞	康熙《诸城县志》卷7
范方	宣德	山西曲沃训导	康熙《曲沃县志》卷16
陶克敏	宣德、正统	山东昌邑县丞	《明英宗实录》卷77
裴士忠	宣德、正统	山西解州巡检	《明英宗实录》卷164
费师淹	宣德	福建龙岩县丞	康熙《漳州府志》卷10
邓民赖	正统	南京庐江县典史	嘉庆《庐州府志》卷10
王学右	正统	江西信丰知县	乾隆《信丰县志》卷3

续表

姓 名	年 代	官 职	资料来源
阮士寅	正统	湖广龙阳县典史	嘉庆《龙阳县志》卷4
阮宗琦	正统	鸿胪寺通事班	《明英宗实录》卷182
阮保吉	正统	锦衣卫百户	《明英宗实录》卷15
阮 衍	正统	江西瑞金知县	雍正《江西通志》卷65
张 实	正统	广西平乐府知府	嘉靖《广西通志》卷8
同 蠡	正统、景泰	福建邵武知县	弘治《邵武府志》卷10
来 住	正统	尚衣监左少监	弘治《八闽通志》卷30
宋 彰	正统、天顺	福建、广东左布政使	《明英宗实录》卷55 道光《广东通志》卷19
杜 晦	正统	山东沂水县主簿	康熙《沂水县志》卷4
陈世的	正统	福建光泽县驿丞	弘治《邵武府志》卷9
陈 和	正统	广东盐运司提举	成化《广州志》卷15
陈 缘	正统	河南长葛训导	乾隆《长葛县志》卷8
杨季琦	正统	陕西澄城知县	乾隆《澄城县志》卷10
段 骈	正统	湖广沅州知州	万历《辰州府志》卷4
黄元懿	正统	湖广随州及宿州知州	康熙《德安府全志》卷10
黎 驿	正统	河南长葛知县	乾隆《长葛县志》卷4
黎 庸	正统、天顺	湖广浏阳、大冶知县	《明宪宗实录》卷7
黎 琏	正统、天顺	江西、广东右布政使	《明英宗实录》卷53
黎 澄	正统	工部左侍郎、尚书	《明史》卷171
王 阳	景泰	广东增城县典史	成化《广州志》卷14
阮王番	景泰	浙江桐庐知县、南京太仆寺丞	乾隆《桐庐县志》卷11
关全周	景泰、天顺	河南睢州、山西泽州知州	光绪《睢州志》卷4,雍正《泽州府志》卷34
陈孝顺	景泰	神机营教演刀牌	《明英宗实录》卷190
武 横	景泰	福建邵武县驿丞	光绪《光泽县志》卷2
赵 煜	景泰	兵部员外郎太仆寺卿	《明宪宗实录》卷44
莫如迪	景泰	山东文登县主簿	道光《文登县志》卷3
阮文英	成化	广西柳州知府	嘉靖《广西通志》卷8
阮 安	成化	文思院副使	《明宪宗实录》卷257
杨 杰	弘治	山西盐运使	光绪《山西通志》卷12

续　表

姓　名	年　代	官　职	资料来源
阮　鹗	嘉靖	浙江福建巡抚工部右侍郎	《芝峰类说》
孙应鳌	嘉靖、万历	国子监祭酒郧阳巡抚礼部右侍郎	《芝峰类说》
陈　芹	嘉靖	江西奉新	《茶香室三钞》卷4

资料来源：张秀民：《明代交趾人移入内地职官表》，《东南亚纵横》1990年第4期。

尽管已经删除了已知的那些交趾移民的后代，但也不可以说表10-3中所列出的这些有功名的交趾人都是移民的第一代。因为到了明代的后期，表中所列大多数为移民的后代。只不过是他们的祖辈并没有获得功名者，或取得功名但本表并未能收录。所以，列出他们子孙的名字仍然是有意义的。如表中所列杨涟，万历天启间任常熟知县，又任左副都御史，其籍为应山，是明代前期交趾移民的后裔。

湖北的应山是交趾移民较为集中的地方。宣德九年（1434年），交趾土官阮世宁、阮公庭各率家属及部下300余人避难未归，先居广西。正统三年令于湖广随州及应山带支月俸，仍各给家属田地。十年命给应山县居住土官阮世宁、头目黄正等俸粮终身，其子孙令自种自食[1]。

到正统年间，又有交趾人阮粤等户挈家归顺，被安置于随州，拨田地十顷，令其自种自食，并未起科。至康熙时才归里甲一例当差[2]。另外，正统元年（1436年），"命优恤交趾归附官民。先是交趾谅山府广源等州县土官知州闭玄成、头目丁攒等率五百余人归附，上命广西布政司拨田给耕，而广西无闲田，奏言湖广民稀地方，宜于彼给田，造册籍，编里甲，二年后当差。上以远人来归，当加存恤，不必编里甲，免其徭役，仍给二年廪食"[3]。正统四年，上命湖广安陆县交趾归附土官知州闭玄成、黄元懿，判官岑德赴吏部选用。又迁交趾归附官民于随州，官五人：知州闭色新、黄元懿，同知黄铎，判官岑斗烈，吏目谭广

---

[1] 嘉靖《应山县志》卷上。
[2] 康熙《随州志》卷3。
[3] 《明英宗实录》卷36。

深;民百有十九口,给之世业,不征租庸。成化十三年,随州增归化里[1]。

交趾人也有居住于京城的。宣德三年五月,"交趾镇夷卫土官指挥同知武孝先等九十五人奏,愿在京居住。命赐金织袭衣、彩币、银钞、绢布、锦花、鞍马、房屋器皿等物"[2]。同年八月,"交趾土官知州阮得举、百户丁射及州判、县丞、吏典等及妻子家愿就京住。上命各与房屋,依品级支俸,无俸者月给食米一石,又赐银钞彩币绢布"[3]。从这一安置的做法中可知,明廷完全是按照安置边外夷人的规格及先例来安置交趾内附者的。我猜想他们也可能是由卫所带管的。如《明英宗实录》卷22中提到一名为潘铁成的交趾人,永乐中内迁,附籍于顺天府,在锦衣卫带管食粮,就是一例。

也就在宣德三年的八月,"交趾宣化府土官知府陶季容、主簿孔文塞、土吏陈孝宗、头目陶佃来朝,命赐银币衣物如武孝先例,俾居京师。季容等又陈愿居附近云南阿迷州,从之。仍令有司各给房屋田地,时加存恤"[4]。也有居住在湖南的,"天顺三年(1459年)二月,湘阴王贵奏:'故伯父湘献王内官白通已故,所遗家人,俱交趾人,乞发付臣府应用。'事下户部,以无例,令附籍有司,为民当差。从之"[5]。这些人成为王府的家庭仆役,当主人死后,他们也就成为政府的编户齐民了。从这一事例中可知,当时归附明廷的交趾人的确不在少数。

至于内附于两广地区的,则有嘉靖二十六年(1547年),"莫文明与宗人中正、福山率其家属百余人奔钦州避难","命(广东)韶州、肇庆二府,清远等处安插,给岁米有差"[6]。这是类似于以部族为单位的迁移。

《明英宗实录》卷12和卷14中有记载说大兴左卫军人200有奇,原系四川、交趾、云南、贵州土民,自陈老疾。正统元年二月给予越王、

---

1 《明英宗实录》卷36、卷60;康熙《随州志》卷3。
2 《明宣宗实录》卷42。
3 《明宣宗实录》卷43。
4 《明宣宗实录》卷44。
5 《明天顺实录》卷301。
6 严从简:《殊域周咨录》卷6《安南》,明万历刻本。

卫王、成都王府,每府 60 余户。由此可见胶州半岛上的诸军卫战士称其祖先来自云南或交趾,不是妄说。

第三节

殖民者和传教士

一 东南沿海的殖民者

15 世纪末至 16 世纪初,随着世界地理大发现,欧洲殖民者开始了大规模的海外扩张狂潮。首先来到东方的是葡萄牙、西班牙,其次是荷兰和英国。

正德五年(1510 年),葡萄牙人强占了印度西海岸的果阿。次年,又攻占了马来半岛的满剌加。正德十二年,葡萄牙遣使以进贡为名来华,开始同中国发生直接关系。

在这一段时间里,葡萄牙人在中国东南海面劫夺商旅,掠卖人口,贩运违禁物品,甚至动用武装袭击广东沿海地区。嘉靖二年(1523 年),与明朝军队在广东新会海面发生冲突。从这一年起,明朝政府严禁与葡人贸易,并封锁了全部通商口岸。

嘉靖三十二年(1553 年),葡萄牙人用欺骗贿赂的手段,买通明海道副使汪柏,佯言商船遭遇风暴,请求其在澳门居住,晾晒货物。不到十年,在澳门的葡萄牙人逐渐增多,1563 年,在澳门居住的葡萄牙人增加到 900 人,从非洲、东南亚等地掠买来的奴隶达到数千人,中国商民约有 4 000 人,人们形容这时的澳门为"筑室千区,人口万人"。

万历年间,荷兰殖民者的舰队来到东方。他们觊觎我澎湖列岛,但为明军挫败,于是就转向台湾。当时的台湾岛上只有今日称为高山族的土著居民以及不多的大陆逃民(或称为"海盗")。天启四年(1624

年),荷兰人便轻而易举地占据台湾岛。直到清康熙元年(1662年)郑成功将荷兰人驱逐出台湾,台湾成为荷兰的殖民地时间合计为38年。

葡萄牙人虽然获得了在澳门的居住权,并未能因此而顺利地进入中国本土。在这种情况下,传教士充当了先行者的角色,开始了进入中国内地的漫长路程。

二 传教士的进入

最初试图进入中国内地的耶稣会传教士是沙勿略。他于1541年从葡萄牙首都里斯本出发,于1549年进入日本传教。在日本传教期间,他感到中国文化对日本社会的强大影响,便试图来中国传教。但当时海禁甚严,他无法实现在广州传教的愿望,1552年死于广州西南海中上川岛上的一间茅棚中。

继沙勿略之后,三十年间,他的后继者络绎东来。据西方学者的不完全统计,从嘉靖三十一年(1552年)至万历十一年(1583年),前来中国、试图叩开中国大门的西方传教士计有50人之多,其中包括25名耶稣会士、22名方济各会士、2名奥古斯丁会士和1名多明我会士。万历六年,作为耶稣会远东教务观察员的意大利人范礼安到达澳门后,曾对隔海相望的中国大陆发出无限感慨之声:"呵,岩石呵岩石,你何时才能裂开?"反映了西方传教士急于想进入中国内陆的迫切心情。

范礼安在澳门总结了以往传教士的失败教训,认为要想在中国传教成功,就必须改变传教士在别的国家或地区通常采用的做法,主张学习中国语言和中国文化,采用适合中国情况的传教方式。为此,意大利传教士罗明坚被派来澳门。万历八年,罗明坚随前往广州贸易的葡萄牙商人来到广州,他彬彬有礼的谈吐博得了中国官员的好感,从而被获许在陆地上居住(葡商只能居住在船上),一住就是三个月。第二年,罗明坚已可在广州公开举行弥撒了。万历十一年,罗明坚和新来的利玛窦来到肇庆,在城东建立起中国内地的第一座西式天主教堂。

万历十六年罗明坚因教务返回欧洲并终老于意大利。罗氏离开后，利玛窦以新的面貌展开他的传教活动。他身着中式儒装，交游于中国士大夫阶层，并试图糅合儒学与天主教义，以实现天主教的中国化。他对中国文化与习俗表现出的理解和赞赏，博得中国知识界和士大夫们的好感，在肇庆、韶州、南昌、南京等地的传教也获得成功。最后他终于获得了去北京觐见中国皇帝的机会。万历二十九年（1601年）五月，利玛窦和庞迪我北上，明神宗召见了利玛窦，给赐优厚。耶稣会士达到了在北京居留的目的，他们的传教活动于是便合法化了。

此后，在中国传教的耶稣会士人数也增加了，经常维持在20人左右。大约华北有教士5人，华南有13人。到17世纪，传教士的数目略有增多。这些在中国各地进行传教活动的传教士们，其中有不少人最后都是老死于中国，成为事实上的移民。如利玛窦本人，万历三十八年（1610年）死于北京，万历帝赐地20亩作为墓地。利玛窦的后任就在这里建立教堂，并专门建立了传教士墓地。

由于耶稣会士坚持以学术传教的方针和策略，他们在中国的传教事业取得了成功。利玛窦去世时，全国已有教徒2万余人。一批中国著名的士大夫，如上海的徐光启、陕西的王徵等先后受洗皈依天主教。他们和这些传教士一起，为西方近代科学的传入做出了很大的贡献。关于这一点，我们在移民与文化一节中再来论述。

第十一章

移民与人口、经济和文化

明代移民的历史过程在前面的章节中已经论述完毕。本章的内容是探讨明代移民活动对明代社会的影响,并通过这一主题的研究,全面总结明代的移民运动,以加深我们对于明代历史的理解和把握。

明代移民活动规模是巨大的,持续时间是长久的,涉及的范围也是相当广泛的,因而对于明代社会各方面的影响也是非常深刻的。本章并不打算对这一内容作一面面俱到的论述,这不仅是不可能的,也是不必要的。本章主要就移民与明代人口、移民与明代经济以及移民与明代文化三个方面的内容进行简单的阐述,以期明了明代的移民活动是怎样影响明代社会的发展的。

第一节

移民与人口

明代移民活动是一个过程,从干戈扰攘的元明之际至明代末年,人口的迁移活动就没有停止过。然而以规模计,则首推洪武时期的大移民。为此,在论述移民活动的九章中,我们用了六章的篇幅来专门讨论洪武大移民的全过程。洪武大移民结束以后,较大规模的移民运动又有永乐年间的移民和明中期发生在荆襄地区的流民运动。从以上各章的论述中可知,永乐移民和荆襄流民运动都仅仅是洪武大移民的补充或余波,对明代社会所造成的影响都远远不及洪武大移民。因此,对洪武大移民中若干问题的研究也就成为本章的重点。

人口运动除了人口的机械迁移外,还应包括人口的自然增长。显而易见,移民史所研究的就是人口机械迁移的历史,即人口在空间范围运动的历史。但是,人口的机械迁移与人口的自然增长从来就不是可以截然分开的两种人口运动方式,它们之间存在密切的关系。作为完整的移民史的研究而言,当然要研究与这相关的人口的自然增长问题。

正是通过移民活动以及移民自身的人口增殖,才带来了明代人口分布的新特点和新格局。人口分布格局的变化不仅仅是地理景观的变化,它还构成了我们讨论明代经济和明代文化的前提和基础。

一 移民人口总数的分析

1. 明代历次移民人口数的比较

从移民运动涉及的区域来看,洪武时期的移民所具有的广泛性是明代历次移民运动所不可比拟的。表11-1显示了洪武时期非边卫地区移民分布的基本状况。

表 11-1 洪武时期非边卫地区移民人口的分布　　单位:万人

区 域	人口总数	土 著	百分比(%)	民籍移民	百分比(%)	军籍移民	百分比(%)
京师							
江苏	895.4	724.0	80.9	90.8	10.1	80.6	9.0
安徽	359.4	241.0	67.1	94.6	26.3	23.8	6.6
湖广							
湖南	250.7	171.6	68.4	57.8	23.1	21.3	8.5

续 表

区域	人口总数	土著	百分比(%)	民籍移民	百分比(%)	军籍移民	百分比(%)
湖北	198.4	90.4	45.6	91.7	46.2	16.3	8.2
四川	198.8	106.8	53.7	80	40.2	12.0	6.0
山东	608.9	428.5	70.4	164.9	27.1	15.5	2.5
北平	293.6	177.6	60.5	88.1	30.0	27.9	9.5
河南	328.3	197.8	60.2	98.6	30.0	31.9	9.7
合计	3 133.5	2 137.7	68.2	766.5	24.5	229.3	7.3

资料来源：本文各章及表2-7、表3-24、表4-6、表5-23、表6-5、表6-15，以及附录一。 本表分省人口总数与附录一之间如果有所差异，是因对于移民时间及户籍制度而产生。详各区域移民之论述。

从表11-1中可见，在明代的非边卫地区，军籍移民约有229万。据表7-8，可知洪武时期，边卫的军事移民约为150万，加上福建、浙江两省互徙的军籍移民，洪武时期的军籍移民约达440万。

洪武二十六年全国军籍人口大约620万，这是包括大量边卫人口在内的人口；这440万则是根据标准的卫所编制来计算的。因此，将时间统一到洪武二十六年，军籍移民的人数大约为400万，占全部军籍人口的78％。军籍移民中的非移民人口大体是山西、陕西及江西等人多地少地区的军人及其家属，以及边卫的土著军人。

据表11-1，洪武年间的民籍移民达到767万，其中含有部分洪武二十六年以后的迁入者，设其为27万，则洪武二十六年约有军籍与民籍移民1 140万(400＋740)。据附录一，洪武二十六年全国人口约为7 466万，其中移民人口占15.3％。换言之，在洪武二十六年，全国大约每6.5人中就有1人是移民。

永乐年间的移民人口大约为230万左右，其中民籍移民为88万，军籍移民为144万。由于"靖难之役"对北方人口的损害，可能使洪武末年的人口增长出现了减少或暂时的停滞，假定永乐年间的全国总人口仍为7 000万，则移民占全国总人口的比例仅为3.3％。如果永乐年间全国人口总数大于洪武时期，则移民比例更低，与洪武大移民的强度比较，相差很大。

明代中期的荆襄流民运动在高峰时聚集的人口达到150万人。诚如本卷第九章中所指出的,这150万人口中,有相当大的一部分是洪武年间迁入的移民后裔,只是由于没有获得当地的户籍,才在明代中期被视作"流民"。从洪武二十六年(1393年)到成化元年(1465年)的72年中,人口的年平均自然增长率大约为5‰,成化元年的中国人口就达1亿左右。荆襄流民在全国总人口中的比例仅占1.5%。即使考虑到明代中期还存在其他类型的移民人口,但是移民占全国人口的比例不会超过2%。这一人口迁移的强度小于永乐时期,更大大低于洪武时期。

2. 洪武时期移民人口的分布

从表11-1中还可以看出,京师、山东和河南是洪武年间移民人口最集中的区域。即使以今日的省区为界进行计算,山东、河南、江苏及安徽四省移民分布最为集中。四省之中,以山东接受的移民最多,次则江苏,再次则河南、安徽和北平,其余各省接纳的移民均不足百万。

从表11-1中看,移民在当地人口中所占比例最大的区域为湖北、四川和河南,其比值在40%—56%之间。这就是说,在明初的中部和西部区域,人口的入迁率最高;次则河北、安徽和山东,人口的入迁率达到了33%左右;再次则为湖南和江苏。在明初以前的中西部地区,河南、湖北及四川的人口破坏几乎是全局性的,几乎不存在幸存的人口密集区,有时并不太多的人口迁入也使得移民在总人口中的比例变得很大。东部地区则不同,如北平的真定府、京师的徽州府、山东的胶东半岛和兖州府的东部则是人口较为密集的区域,在明初的移民浪潮中,还有人口向外输出。至于今江苏地区,则可分为长江南北,除京城外,江苏南部一直是人口的密集区,元末的大动乱几乎对这一区域没有什么影响,故而成为明初移民的主要输出地。

如果不以省级行政区作为界线,洪武年间人口入迁率高的地区就可以合并为一个更大的区域(见图11-1)。

从图11-1中看出,虽然移民比例超过75%的地区未连成一片,但移民比例超过50%的人口重建式移民区却构成了一个巨大的区域:四川、四川以东的江淮平原、包括河南、北平大部分地区及山东部

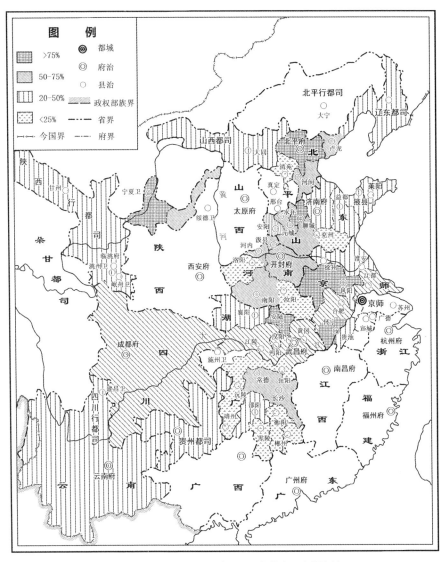

图 11-1　洪武时期各地移民人口在总人口中的比例

分地区的华北平原。移民人口的这一分布反映了自宋、金以来的长期动乱结束以后，明朝政府为了恢复这一广阔区域的经济所做的努力，也说明了明初大移民所具有的广阔而深远的历史背景是不容忽视的。这也是明初以后其他几次规模较大的移民运动所难以比拟的。

除了这一区域以外,边卫地区的人口入迁率也是相当高的。由于边疆防务的需要,陕西都司所辖的宁夏地区,其居民几乎全是外来的军人及其家属。只是这一区域过小,并不具备与其他地区进行比较的价值。在云南,军籍移民占在籍人口总数的51%左右,若加上自行流入的非军卫移民,移民的比重可能会更高。但是,如果考虑到未列入统计的少数民族人口,军籍移民的比例只占人口总数的30%左右[1]。贵州的情况与云南相似。洪武年间贵州的在册人口几乎全为军卫战士及其家属,但是,如果我们将不在户籍编审之列的少数民族人口计算在内,军籍移民可能只占人口总数的40%左右[2]。四川行都司的情况与云、贵相似。辽东都司和陕西行都司辖区基本不存在户籍之外的人口,其人口的入迁率高达35%—50%,也接近江淮之间移民区的入迁率。

虽然永乐时期的移民在人口迁移的数量上难以和洪武移民相提并论,但就河北一地来说,其人口迁入的数量已经大大超过了洪武时期。永乐时期河北地区迁入的人口超过200万,是洪武时期河北移入人口总数的一倍有余。这是由于引发永乐移民的特殊历史背景"靖难之役"和首都北迁所造成。表现在移民的类型上,永乐年间的军籍移民超过了民籍移民。

3. 移民输出区的人口数量分析

山西、江西充当了重要的移民输出地,其他如京师所辖的苏南及徽州地区,北平的真定地区,湖广的黄麻地区以及山东的兖州东部地区也都有移民的输出。对于遍布明朝边境及境内各地的卫所而言,其军籍移民的来源是相当广泛的。如云南以南京作为移民的故乡,实际上是包括今天的江苏、安徽两省和上海市在内的京师行政区;贵州卫所的军人则主要来自江西。在湘东地区的茶陵,戍守的军人自称多来

---

[1] 1953年人口普查中云南少数民族人口约占总人口的30%。考虑到汉族移民人口的高自然增长率以及清代汉族对云南移民这两个因素,洪武年间云南少数民族人口在总人口中的比例会大于30%。但是,由于洪武年间的人口统计中可能会包括一部分蒙、回等少数民族人口,因此,我们估计洪武时期未入籍的少数民族人口可能占人口总数的40%。据此测算洪武时期云南人口总数约为118万,军籍移民为36万,占30.5%。

[2] 1953年人口普查中贵州少数民族人口在总人口中的比例不足30%。考虑到与云南同样的情况,洪武年间贵州少数民族人口的比例当高于此数。假如占60%,则移民人口的比重为40%。

自南京；而在湘西地区，则以来自江西的军人为主。同样，在山东的胶州半岛上，我们也见到来自云南和四川的军人。可以说，似乎除了广东和广西之外，全国各地均卷入了这场规模浩大的移民运动之中，或为移民迁入地，或为移民迁出地。比较而言，永乐移民涉及的区域主要为华北一地，而荆襄流民所涉主要是陕西、湖广和河南三省的交界地及山东等地。

下面讨论几个重要的移民输出地的人口问题。

山西。在洪武大移民的浪潮中，山西人口的外出最引人注目。在前面各章中，我们已知山西一省向京师输出的民籍移民约为8万余，向河北输出的民籍移民约为35万，向河南输出的民籍移民约90万，而向山东输出的民籍移民最多，高达121万左右。合而计之，洪武时期山西向外输出的民籍移民达到了230余万。如果考虑明代军籍移民中山西籍移民的成分，洪武时期山西向外输出移民的总量可能高达300万之众。如此巨量的人口的输出，究竟会给山西人口带来什么样的影响呢？

《明太祖实录》和《明史·地理志》中记载的山西人口分别为：洪武十四年为403万，洪武二十四年为441万，洪武二十六年为407万。洪武二十六年的人口明显有误。据万历《山西通志》卷9，洪武二十四年山西总人口约为438万。

尽管如此，却并不意味着已经在外地作为移民或者流民的300万山西人口是从这438万人口中迁出的。我们已知在洪武二十六年之前，山西人口已经大量外出，其中由政府组织的移民已经在迁入地获得了当地的户籍。从迁入地的区域进行划分，迁入凤阳、北平府及山东东昌，河南彰德、卫辉、开封、怀庆，河北大名、广平等府的应属于政府组织的移民活动，这些移民已在当地获得了户籍，编入屯社。因此，他们不会再编入原籍的户口统计数了。洪武年间的北平、河南和山东交界地区的七府中，政府组织的屯垦移民约为40万左右，其中绝大部分是山西移民。此外，凤阳府的8万余山西移民也应当编入当地的户籍了。这类山西籍移民合计约有50万人。

东昌府的例子也已经证明，非官方组织的自由移民中的一部分，洪武年间也有部分可能在迁入地入籍。这就意味着,在其余250万左右非官方组织的山西籍民籍移民中,有一部分已经入籍迁入地,他们的户口不再为山西原籍所统计。据以前各章的研究,这批自由迁入的山西移民在山东和河南分别有20万—30万和30万—40万人,合计应有60万人左右。他们主要居住在有山西移民分布、但是在明代中期没有流民问题的区域,如山东的东部地区、河南的北部及中部部分地区。

其余190万左右的移民人口,需扣除50万军籍人口,余140万民籍人口也不完全是从原籍迁出的,即是说,他们不完全是有迁移行为的人口,其中包括了第一代移民的后裔。移民后裔的数量到底有多少,让我们先回顾扬州府的例子。

如第二章中所述,从洪武九年至二十六年,扬州府的人口从51万增加至74万,年平均增长率达22‰。作为人口的自然增长率未免太高,如果假定这17年间扬州府的人口自然增长率为10‰,至洪武二十六年扬州府人口仅为60万。余14万当为洪武九年至洪武二十六年间新增的移民。问题在于,扬州府从洪武九年至二十六年增加的近9万人口中,包括有移民的后裔约6万人。洪武九年至二十六年迁入的移民中也会有新的人口出生,这批在扬州出生的移民后代与原籍并不会有多大的关系。因此,就一般情况而言,我们假定从洪武二年至二十六年的25年间移民是均匀迁入的,且移民人口的自然增长率设为10‰,移民后裔的计算可见下式:

$$\sum_{i=1}^{n=25}(1+0.01)^n$$

计算结果显示,在这25年间,移民人口中自然增殖的人口为人口总数的12%。上述140万左右的山西民籍移民中至少包括有近17万移民后裔。

换言之,以每年从山西迁入1万人口为例,25年后,山西人不只是25万,而是28.5万,这多出的3.5万人就是直接来自山西的移民所生育的人口。如果我们假定洪武年间的这一人口自然增长速度还要高些或者低些,其增殖的人口会略有增加或减少,他们在总人口中的比例大致在10%—15%之间大概是没有什么问题的。

总而言之,在洪武二十六年各地共约 300 万的山西移民中,有约 180 万左右的人口并没有登记在同年山西的户籍上。登记于山西原籍户籍之中外出移民约有 120 余万。

这样的话,洪武二十六年山西在籍人口为 438 万左右,但实际居住在山西的人口约有 310 万。大量人口的外出造成了山西生存空间的相对宽松,可能刺激山西土著人口自然增长率的提高。这样也就造成山西人口的始终不见减少,有明一代山西始终处于人多地少的窘迫状态。

江西。洪武二十六年,京师(京城除外)和湖南地区各接纳江西籍移民 57 万;湖北约有 55 万,河南有万余。合计江西输出人口共有 170 万人。加上大量充军卫所的军籍移民,江西人口在外约有 220 万。这 152 万人口中包括 20 万左右的移民后裔,直接从江西迁出的约为 200 万人。如前所述,江西移民的绝大多数是由政府组织的,如江西人迁往湖南和迁往京师地区,作为流民存在的江西移民活动在湖北的一些区域,但人数不可能太多。因此,我们说,洪武时期江西的在籍人口几乎全都居住在江西境内,并没有像山西那么多的在籍而不在故乡的流动人口。

据附录一,洪武二十六年江西人口约为 816.4 万。这一数据之外,还向外直接输出了 200 万左右的人口。以下我们将以江西为例来证明,对一个区域而言,大量人口的输出将导致这一区域生存环境的变化,从而刺激人口输出区的人口增长。

元代的吉安路人口达到 222 万之多,洪武二十四年仍有 172 万之众,该地向湖南迁出几十万人口当不足为奇。南昌府在元代称为龙兴路,元代人口为 149 万,洪武时为 111 万,人口众多,也就成为江西人口输出最多的区域之一。

据宿松县的例子可知,饶州府移民占江西移民的 60% 左右。由此测算南京地区和湖广鄂东地区的饶州府移民约为 40 万人左右。除去移民增殖的人口,由饶州府外迁的人口总数约在 36 万人。洪武二十六年饶州府在册的人口只有 92.1 万,外迁人口占本籍人口的近 40%。据《元史·地理志》,饶州路人口多达 403 万之众,元末朱元璋与陈友谅鄱阳湖之战,导致该地人口大量死亡并外迁。

在洪武年间的大移民中，与饶州府毗邻的徽州府输出的人口达到 27 万左右。洪武二十六年，徽州人口约为 60 万。元代徽州路有人口达 84 万，元末明初的战争中徽州未当兵戈，人口不会有大的损失，所以洪武年间徽州府人口的外迁达到 20 余万，与自元至明该府人口的减少是相符的。

苏南和浙江地区，外迁人口的数量大约为 70 万—80 万。加上军籍移民，约有百万之众。对于这样一个人口相当密集的区域来说，这不多的人口外出，不会造成很大的影响。

二 移民人口的增长——以若干氏族为例[1]

在前面的论述中，我们已经多次地提到人口的流动与人口增殖之间的关系。一般说来，人口的机械流动会导致迁出地人口的减少，和缓迁出地人口的压力；同时又导致迁入地人口的增加，增加迁入地人口的密度。通过对若干氏族的事例我们可以更进一步知道，移民活动对迁出地和迁入地的人口所产生的影响并不这么简单，而是要复杂得多。

在这一研究中，氏族资料的获得的确是不容易的。在北方，多数家谱缺乏详细的世系记载，缺乏详细的家族人口的生卒年月的记载，使有关的统计分析不可能进行。而在南方，觅获完整的、较高质量的有明初以来的氏族人口记载的族谱也不是容易的，尤其是在本卷涉及的移民地区，想觅获这样的族谱相当困难。这就使本卷所依据氏族样本偏少，也就使得这一主题的研究显得有些薄弱。

然而，对同一主题的研究也将在下一卷中进行，相对说来，要寻找自清初至民国年间世系记载完整、谱主生卒年记载详细的族谱要容易得多，因此，本卷中的缺陷可以在下一卷中得到弥补。

移民迁入区以长沙地区为例，这是洪武时期大量接受江西移民的地区，其移民迁入的类型可以称为"人口重建式"。在湖南省社会科

---

[1] 参见曹树基：《明清时期移民氏族的人口增长》，《中国经济史研究》1991 年第 4 期。

学院图书馆所藏的几十种外来移民族谱中,明代以来世系完整并且记载完整的仅查得五种。族谱按"房"排列,其人口增长的速度如表11-2所示。

表11-2 长沙地区五个移民氏族人口的年平均增长率

年 份	年平均增长率（‰）	年 份	年平均增长率（‰）
1501—1525	13.1	1501—1550	12.9
1526—1550	12.7	1551—1600	-0.4
1551—1575	-4.6	1601—1650	3.6
1576—1600	3.7		
1601—1625	11.2	1501—1650	5.3
1626—1650	-4.1	1451—1500	5.2

资料来源：湖南省社会科学院图书馆藏1906年《宁乡萧氏五修族谱》文钰、支巨、支礼、支韶和支宝支系、1891年《中乡篁奇林贺氏三修谱》、1862年《长沙方氏支谱》、1895年《中湘沙塘周氏五修族谱》鉴宣、鉴瑾、鉴海、鉴渊、鉴濂支系、1910年《善化廖氏三修族谱》。

这五个氏族来自江西吉安、南昌和丰城等地。

在以25年为一段的时间序列中,16世纪上半期的人口年平均增长率为13‰左右,至16世纪下半期人口经历了下降又略回升的波折,至17世纪初期,人口的年平均增长率在经历了11‰左右较高速度的增长后,又出现负增长。在25年一期的人口增长过程中,起伏交替发生,规律并不明显。

试以50年为一期,人口发展的阶段性就清晰得多,在16世纪上半期,人口年平均增长率为13‰弱,至16世纪下半期则呈下降状,为-0.4‰,至17世纪上半期,呈3.6‰的微弱增长。

从明代中期至明末,这五个氏族的人口年平均增长率为5.3‰。

尽管这五个家族是从明代中期才迁入长沙地区的,但从其氏族人口增长的变化趋势来看,人口的增长率呈下降的趋势。由此推测,明代初年,那时的长沙地区人少地多,移民蜂拥而入,有大片的土地可供开垦,氏族人口的增长速度应当高于明代中期及明代后期。因此,洪武年间人口重建式移民迁入区的人口自然增长率至少高达15‰以上。以下的分析将表明,在14世纪的人口输出地江西中部,氏族人口的年平均增长率高达 27‰。作为人口迁入区的长沙地区，移入氏族的人口年平均增长率不应当比人口输出区低。同样，在第六卷清代卷中，我们证实，清代前期赣西北移民迁入区中，氏族人口的自然增长率高达 25‰左右。这都意味着 14 世纪的长沙地区，移民氏族的人口年平均增长率可能会有一个更高的值。

氏族人口增长率的这种变化反映了这样一个事实，即移民人口在迁入一个空旷区域之初，由于生存空间的扩大，人口自然增殖的速度加快。随着区域人口的密集化，人均占有的自然资源逐渐少于他们的前辈，人口自然增殖的速度就会降低。移民迁入区也因为移民人口的高速增长而迅速成为人口的密集区，一个朝代之初因战争、动乱造成的地多人少的景象很快就会被人多地少的情形所取代，新的社会危机在人口密集化的过程中重新累积。

再看看移民输出区的情况。

由于族谱资料的限制，仅以江西中部的清江县聂氏和新干县习氏为例。这两县地处明初输出移民最多的吉安府和南昌府之间的临江府，由于辖境较吉安、南昌两府为小，故在湖南地区的移民中所占比重不大。到明代中期，其人口向湖广方面的流入仍在进行。作为一个移民输出区，这两县仍然是相当典型的。

表 11-3 反映了明代聂氏和习氏二族人口的年平均增长率。

表 11-3　赣中地区聂氏、习氏二族明代人口年平均增长率

年　份	年平均增长率（‰）			年　份	年平均增长率（‰）		
	聂　氏	习　氏	合　计		聂　氏	习　氏	合　计
1401—1450	44.9	16.4	30.5	1401—1500	27.5	11.9	19.9
1451—1500	10.3	7.4	9.4	1501—1600	-0.5	1.0	0
1501—1550	4.7	5.4	4.9				
1551—1600	-3.7	-3.9	-3.6	1401—1650	10.6	5.3	7.9
1601—1650	-2.7	1.4	1.3				

资料来源：江西师范大学图书馆藏 1903 年《清江香田聂氏重修族谱》正谋支系、1875 年《新淦习氏四修族谱》。

聂氏和习氏都有人口输出。如习氏，宣德年间，就有五人外出，其

中一人往湖北荆州,一人往云贵,一人往四川,余不详。再如聂氏,也有两人在明代前期外出,其中一人迁居襄阳。

显然,在这两个氏族中,习氏的人口外迁要比聂氏为多,因此,习氏人口在本土的增长就不如聂氏。聂氏在15世纪的人口年平均增长率高达27.5‰,而习氏仅为11.9‰。16世纪以后至17世纪中叶,聂氏的人口大致稳定下来,并呈微弱的负增长趋势;习氏的人口发展也趋稳定,近似零增长。这两个氏族的人口增长速度在15世纪中叶趋于相同并不是一个偶然的巧合,而是某种规律的反映,即,至15世纪中叶,人口不再外徙,两个氏族各自在封闭的本土发展自己的人口,环境相同,增长速度也就相同。

通过聂氏和习氏家族的例子似乎可以证实,人口的大量外出确实会带来这一氏族人口在本土的减少,引起本氏族人口在本土自然增长率的降低,但这些人口的减少可能会被其他氏族人口的增长所取代。人口外出所带来的生存空间的相对拓展会刺激区域人口的增长,以弥补人口外出造成的空缺。

从这个意义上说,移民运动能够缓解移民输出区人口压力的观点并不全面。因为这种缓解是暂时的,留居土著的高速繁衍很快就可能使移民输出的成果化为乌有。在移民运动结束后不久,人口的压力就会变成为全局性的。

第二节

移民与经济

本节拟从明代移民与土地的开垦和土地利用,移民与区域经济的发展这两方面展开论述,以冀大致勾勒明代移民与明代经济关系的基本轮廓。明代移民与明代工业和商业的发展问题已在移民过程中叙述,此不重复。

一 移民与土地垦殖

1. 军籍移民与军屯土地

在明代移民史上,军籍人口的迁移构成其最大的特点之一。根据上文的研究,在洪武年间的1 100余万移民中,军籍移民人口达到了400余万,占当时全部军籍人口的78%,占移民总数的36%。所以,军籍移民的屯垦构成明代移民经济活动的重要内容。

明代的军屯是明代军事史上一个重要的课题,也是明代社会经济史上的一个重要课题。王毓铨先生曾作《明代的军屯》[1]一书,对明代军屯的制度和作用以及军屯上的生产关系和军屯的破坏等重要问题,都作了极其详尽的阐述。兹简述如下:

关于明代军屯的起源,王先生认为朱元璋用军屯种,最初采取的是营田方式。时间自1356年始,尚处于朱元璋正在进行的统一战争时期。明朝建立以后,朱元璋广开军屯,如洪武元年,命诸将分军屯种于滁州、和州、庐州、凤阳地方,开立屯所。又置北平都司于北平府,领燕山等卫;复置大宁都司,各置屯田。洪武三年,太原、朔州等处也有了屯田。四年,设永宁卫于贵州地,屯田533顷。到洪武四年十一月,河南、山东、北平、陕西、山西所属和直隶淮安等府,都发展了军屯。洪武六年,令夔州重庆卫兵于近城处屯种。七年,辽东定辽诸卫也已设了屯田。八年,山西大同卫屯田达2 649顷……

云南的屯田在讲述移民过程时已有涉及。至洪武二十一年九月,朝廷接到南安侯俞通源的报告,此时云南已有屯田4 350余顷。到洪武二十五年沐英去世以前,据《明史·沐英传》的记载,云南屯田的总额已经达到一万余顷。

关于辽东屯田,据王毓铨先生考证的结果,自洪武至永乐年间,屯田数量为25 300余顷;而在陕西行都司,洪武三十一年一月,都指挥使陈晖报告,凉州等卫11屯有屯军33 500人,屯田

---

[1] 王毓铨:《明代的军屯》,中华书局1965年版。

16 300余顷。

关于洪武年间军屯的记载还有许多,这里仅仅列出几例。详细的记载可以参见王先生的大著。与本节有关的问题并不在于屯田的过程和细节,我们将要讨论的是洪武时期军屯的规模以及军屯在全国耕地面积中的比例,只要弄清楚这两个问题,关于屯田与明初经济发展的关系便昭然若揭了。

首先得谈谈洪武年间全国的土地数。

所谓全国的土地数,指的是在政府册籍上登记的土地数,实际上也就是政府掌握的纳税田亩数。除《明太祖实录》卷140和卷214分别记载洪武十四年和洪武二十四年的"天下官民田地"数为366.8万顷和387.5万顷外,《诸司职掌》、万历《大明会典》、《明史》和《后湖志》记载的洪武二十六年全国田土数均在850万顷左右。在大多数的明代文献中,明代中期的全国田地数为400余万顷,比明初的记载要减少约400万顷。

具体分析可知,造成全国田地数如此之大的差异原因在于湖广和河南的田土数。在记载为800万顷的分省统计中,湖广为220余万顷,河南为140余万顷,而在记载为400余万顷的分省统计中,这两个布政司的田土分别比上面要少200万顷和100万顷。近代学者关于这些数字上的奇怪现象议论纷纭。顾诚就此问题发表自己的看法,他认为:

所谓"洪武二十六年"的田地数都是来自《都司职掌》,该书是朱元璋亲自指示编纂的重要法典,不可能出现湖广、河南等地虚额达数百万顷的大错误。如果真的是抄写错误,湖广、河南等地的地方官及其他衙门不会缄默不语或不进行纠举。地方志中记载的湖广田土为20余万顷,河南为40余万顷,两省的税粮又正好与此对应,说明有大量的田土不属于湖广、河南两布政司系统。

军卫土地是不属于布政司系统管辖的土地,也不在府、州、县版籍之内。它包括军队的屯田和军卫管辖的民籍人口所耕种的田地。由于卫所土地的数字具有某种保密的性质,所以不在统计中列出,而将其总数挂在湖广和河南等布政司的名下。有关衙门因事关机密,故心照不宣,随着时间的久远,至明代中期,人们就已经弄不清楚这些数据的内涵了。

永乐元年全国的赋税粮食为 31 299 704 石,屯田子粒为 23 450 799 石。卫所屯田子粒占是年行政、军事两大系统征粮总数的 42.8%,这说明卫所土地与州县田土数大致接近,约为 400 万顷[1]。

林金树和张德信对顾诚观点的批评主要有以下几点:

从黄册管理的情况看,屯田黄册由屯官按年攒造,解送后湖入库收藏;明代各都司的钱粮费用等都是由户部管理的,不存在户部所不知道的所谓"机密"。军屯的管理更是户部的日常工作,不存在所谓两大田土统计系统的问题。

永乐元年屯田子粒的较高份额并不是由于卫所土地较多造成的,而是由于卫所土地的租赋较高所引起的。一亩军屯土地的租额是一亩民田租额的 3—7 倍。

洪武二十一年,全国屯田子粒为五百余万石,按照军屯亩收一石的最低租额计算,也只有 50 余万顷屯田。按照洪武二十六年的全国军人总数 190 万计算,其中七分屯种,即 70% 屯种,每人垦种 100 亩,也只能垦种 130 万顷土地。这是一个估计的最大值,与真正的差额仍有太大的差距。况且在洪武二十六年,辽东等地的军屯还未全面展开[2]。

我则认为管理系统和统计系统并不一定是合一的。尽管屯军黄册已经呈入后湖库中,但并不意味着一定会计入总数中。即使会计入总数,我们也不知道是以何种方式计入的。如果说这些军卫的屯田都已融入了所在的府、州、县,那么辖地并无民府、州、县的边卫屯田该融入何处呢?如云南,洪武二十六年云南布政司没有田土记载,此时该地多达万顷以上的军屯该如何上报呢?再如贵州,该布政司直至弘治年间仍无田土数记载,贵州都司的军屯数又该如何上报呢?如果贵州

---

[1] 顾诚:《明前期耕地数新探》,《中国社会科学》1986 年第 4 期。在前引顾诚《明帝国的疆土管理体制》一文中也有相似观点。
[2] 林金树、张德信:《明初军屯数额的历史考察》,《中国社会科学》1987 年第 5 期;《关于明代田土管理系统问题》,《历史研究》1990 年第 4 期。

军卫的屯田从属于布政司系统,弘治年间贵州布政司系统何至于没有田地可以上报。可见,批评者目前提出的证据尚不足以动摇顾诚关于明代的田土统计存在两大系统的观点。

林、张两位对屯田子粒的论述以及对军屯土地数的估计却有道理。然而,仔细分析顾诚的论述,就会发现,他所谓的军屯土地中除了军卫战士及其家属们耕种的土地外,还包括边疆军卫管辖的民籍人口所耕种的土地。由于顾氏在论述中强调了这批人口居住区域的广阔,却未能证明这批民籍人口的数量以及耕地的数量,因而引起林、张两位的不满。他们认为边疆地区居民相当稀少,因而,"这类田地数额在洪武二十六年以前是有限的"。

在我看来,双方争论的最大难点在于军卫所辖民籍人口的多少。如果在边卫的管辖之下,存在一个数量庞大的民籍人口,且大大超过边卫人口本身,则军卫的土地可能会超过军屯的土地数。如果边卫所辖的民籍人口确实如林、张两位先生所估计的那样少,顾诚关于洪武二十六年军卫田土数达到400万顷的观点则不攻自破。

这一难点通过本书第七章有关边卫带管民籍人口的考证而获得解决。由于边卫带管的民籍人口不足50万人,约合10万户。边境地宽,假设每户平均有耕地250亩,也只有耕地25万顷,与军卫土地合计,也远达不到400万顷的规模。为此,特提出有关明代田土数据的新思路:

由于明代确实存在着军卫和民府、州、县两套田土统计系统(不是指汇报或管理系统),且由于军卫的田土在《诸司职掌》一书中未有单列记载,就说明军卫系统的田土数已经计入了布政司系统。正因为云南、贵州等地的边卫并无相应的布政司田土数可供挂靠,就存在所有卫所田土集中挂靠在某几个布政司名下的可能性。这一点,顾诚先生的思路极具开创性和启发意义。

然而,无论是说全国的军屯田土还是说军卫田土,都远不可能达到400万顷之巨。关于这一点无须太多的说明,只要在证明了边卫所管辖的民籍人口的大致数字以后就会非常清楚。因而,我认为林金树和张德信两先生对顾诚先生结论的质疑是有效的。尽管他俩对这

400万顷田土的产生及内涵还未能提出新的、有效的解释来。

我的解释是,问题不是出在资料的汇总和军屯管理的制度上,而是出在统计上。但这里的统计与制度密切相关。众所周知,田土的基本统计单位是亩而不是顷,而军屯的田土单位除了亩和顷外,还有一个独特的单位"分",一分可能是50亩,也可能是30亩,也可能更低,视各地田地的宽狭而有不同。在有关文献中,最后的汇总单位都统一为顷而不是亩。在造册汇总的过程中如果出现误差,将亩或分变成了顷,就会出现数目巨大的差异,从而造成错讹。在统一的系统中,这一错误很容易被发现,也容易得到纠正。这正如顾诚先生所说,湖广的地方官不可能容忍所辖田土有如此虚假的增加,其他布政司的地方官也不会对湖广田土多而赋税轻而不表示自己的不满与怀疑。只是因为军卫田土挂靠于布政司是一个人所周知的事情,因此,挂靠在某地有多少就并不为人所关注。也因为所挂靠的田土是民政以外的军卫土地数,《诸司职掌》中并没有分卫统计作为检查的依据,就使得这一错讹不可能与具体单位的赋税挂钩,因而不会受到追究。这一错误就一直延续了下来。随着时间的久远其内涵渐不为人知。

正德《大明会典》载有各地军卫的屯田细数,其总额为 896 350.40 顷。据王毓铨先生和顾诚先生的考辨,这一数额并不是正德年间的屯田数,而是更早时间的全国军屯数额。但这一数额存在问题,那就是四川都司田亩数出奇地庞大。

在正德《大明会典》的分项数据中,四川都司的屯田数达到了 658 344.71 顷,占全国军卫土地总额的 73.4%。显然,这一数据是有错误的。王毓铨先生据康熙《四川总志》,认为四川军卫的屯田原额为 6 930.46 顷,这几乎就是正德《大明会典》数据的百分之一。这也就是将"亩"误为"顷"所发生的错误。

在万历年间四川的屯田见额中,王毓铨先生也发现了另一计量单位的错误。据康熙《四川总志》记载:"万历六年四川各卫所屯田通共四万八千八百四分零一十亩三分五厘零……"而在万历《大明会典》中,却云:"见额屯田四万八千八百四顷一十亩三分五厘零。"《四川总志》中的"分"变成了万历《大明会典》中的"顷"。四川都司的一"分"约为 22 亩或 24 亩，分变成了"顷"，其数额扩大了 4 倍[1]。

类似的例子在北方也有发现。在本卷第五章中，我们曾经讨论过洪武年间彰德等七府的移民数额，在《明太祖实录》中，这七府移民只有 598 户，而据徐泓先生的考证，这里的"户"实为"屯"之误。

这些错误并不能简单地看作是《明实录》或《明会典》纂修者的笔误，它是修史者忽略经济统计单位造成的，也可看作是封建时代中国文人的一个通病。这些事例还说明，在明代，关于军屯或民屯的人口或田地，基层的统计上报数往往是"屯""分"等专用的单位，却很容易为人所误解，尤其易为那些不熟悉军屯或民屯的封建文人所误解，以致造成统计数额的巨大误差。

由于军卫屯田数额的变化相当大，所以记载中的屯田数额本身难以与实际的上交子粒挂钩。即使出现了上述种种错误，也没有订正的必要。四川都司的例子就是最好的证明。

在这一思路下再来讨论全国的军卫土地。如果将这 400 万"顷"田土认为是"亩"的误差，则洪武二十六年全国的军卫田土实际应有 4 万顷。这一数值显然太小，与实际情况不合。如果认为是"分"的差错，每分土地约为 30 亩到 50 亩不等，这一年全国的军卫土地约为 120 万—200 万顷。取其中值，则为 160 万顷左右。是年全国军人总数为 170 万左右，其中 70% 下屯，每屯平均如为 40 亩，可耕地 48 万顷。加上所辖民籍人口的耕地约为 25 万顷，全部田土则为 73 万顷左右，与总数相差还很大。由于边卫所辖民籍人口所种土地的上报并不是以"分"而是以"亩"为单位的，因此还存在"亩"误为"顷"的错误。

至此，我们可以大致推断洪武年间全国田土的巨大数额是这样产生的：

军屯田土主要是以"分"为单位上报的，由于各地"分"所含的"亩"数多少不一，就使得资料汇总者无所适从，不得已或不自觉地将"分"数作为最后的统计单位，于是便和民州县所上报的以"顷"为单位的田土数出现很大的差异。而边卫所辖的民籍人口之耕地仍以"亩"或

---

[1] 王毓铨：《明代的军屯》，第 105—106 页。

"顷"为单位，就使得军卫田土的统计更显得混乱。显然，这种由于统计单位上出现的混乱完全是技术性的，与军卫土地的统计制度或管理制度无关。

这种混乱的状况直到明代后期依然存在。由于某种我们目前尚不能完全知晓的原因，洪武二十六年主要以"分"或"亩"为单位的军卫土地数挂在了一些布政司的名下，至明代中期，由于这一统计单位与布政司系统统计单位的差异太大，故为汇总资料者所不取。由于军屯田土统计的改革是逐渐完成的，所以至明代中期的全国田土数额中，有时会出现 600 余万顷土地的记载。如万历《大明会典》记为：弘治十五年，十三布政司并直隶府州实在田土总计 6 228 058.81 顷。《明书》的记载也与此相同（而在《明史·食货志》中，弘治十五年的天下土田仅 4 228 058 顷）。最后，军屯的统计也统一采取"亩"或"顷"作为单位，也不再挂靠在某几个布政司名下了。但是，由于技术原因，仍有个别地区，如四川都司军卫田土的单位还会出现混乱，仍出现以"亩"或"分"误为"顷"的现象。由于军屯管理的颓败，明代中后期的军卫田土的数量已不能和洪武时期相提并论了。

《明实录》中记载的全国田土赋税的值一直在 3 000 万石（±200 万石）左右变化，说明明代全国的纳税田土是一个相对稳定的值。明代中期全国田土一直为 420 余万顷，由此可知洪武年间全国的民州县田土的数量大致如此。加上军卫土地 70 余万顷，洪武年间全国的纳税田亩不足 500 万顷。

如上述，军籍移民占军籍人口的 78%，由于大多数军籍移民居地空旷，耕种土地多于非移民的军人，因此，他们耕种的田土份额可能超过 78%。设这一比例为 80%，则军籍移民耕种的田地数达到 38 万顷，占全国纳税田土总数的 7.5%。这么多的土地垦殖对于明初经济的恢复和发展无疑有着重要的作用。尤其是军卫田土的相当一部分地处边境，对于边境区域的土地开发和经济发展更是影响深远。

明代中后期军屯土地大量流失，并不意味着这些土地重新抛荒或其他，只是大量的军屯土地为卫所官员所侵夺。也有相当一部分军屯土地为脱离了军籍的军士及其"军余""舍丁"们所占有。这方面的情况可以阅读王毓铨先生著作中的有关章节。

2. 民籍移民与土地垦殖

除了军籍移民以外，洪武年间数量达 700 万的民籍移民对于明初经济的恢复和发展所起的作用更是十分明显。从这 700 万民籍移民的分布地来看，可以毫不夸张地说，长江流域相当一部分和华北平原的大部分是洪武移民所开垦的，这一区域构成了明代中国的基本经济区。

洪武年间民籍移民的数量占全国民籍人口的 10.8%，如果他们所耕种的土地也占有同样的份额，就达到 45 万顷左右。考虑到移民迁入区的土地资源相对充足，人均占有的耕地面积多于人口输出区或非移民区，这一比例还会提高。与军籍移民合计，洪武时期移民耕种的土地至少达到 90 万顷，为全国纳税田土的 18%。洪武大移民对于明初经济的作用和意义则是不言而喻的了。

二 移民与土地利用和区域经济

明代移民人口多，迁移范围广，迁入的区域自然条件各异。自然条件的不同，必然导致土地利用方式的不同。移民在迁入新地后，或者将原籍的生产技术带入迁入地，或者采用迁入地原有的技术手段从事农业生产和土地的开发，以适应迁入地的自然条件。移民在各迁入地所进行的生产活动，促进了各区域经济的发展。

1. 长江流域

明代长江流域因移民的迁入而导致的土地利用方式的变化主要发生在长江北岸的沿江地区。其显著的特点是江堤的修筑和垸田的兴起。

如前所述，洪武时期，大批以江西人为主的移民迁入安徽、湖北等地，构成了这一地区人口的基本成分。来自江西的移民主要迁自南昌府和饶州府，这两府所处均为鄱阳湖平原，在长期的生产过程中，这些农民积累了丰富的治水经验。他们的迁入，不仅为这一区域的农业开发提供了基本的劳动力资源，并且提供了治水技术，导致了这一区域自然景观的较大变化。

江汉平原是个典型的泛滥平原,长江、汉水纵横,大小河汊交错,湖泊星罗棋布,汛期汪洋,枯期沼泽。尽管自南宋后期始,政府因设屯田于江汉平原,始有堤垸之设[1],但由于江汉平原地处宋金战争前线,战事频仍,民多亡徙,大规模地开发和筑修堤垸不可能进行。经元至明初,长江中游的许多地方甚至处于无堤防状态。至于江陵、松滋、石首、公安、潜江、监利六县,堤早已有之,但至宣德、正统间,已年久失修。宣德六年(1431年),石首县典史刘英奏:"本县旧有三堤,长一千九百四十余丈,比因江水泛涨,风浪冲激,颓圮其半,近堤之内,连岁被涝,禾稼无收。"[2] 旧堤已毁坏得相当厉害。

明代初年,随着移民的大量迁入,沿江之民普遍修筑沿江大堤。如在黄州府,所修"江堤,起广济盘塘,历黄梅、宿松、望江、怀宁,延袤五县……下抵黄梅杨家穴,计程七十里,堤属广济。明永乐二年遣部臣监筑"[3]。连亘五县的巨大江堤是永乐二年由中央政府组织施工的,而参与施工的劳动力则应是这一区域密集分布的江西移民。

移民大规模迁入江汉平原是在明代中期,所以堤垸的大量修筑也在这一时期。朝廷曾下令:"其堤内民田与荆州卫军士屯田利害适均,命军民并力筑之"[4];又"事下行在工部,覆奏请移文勘实修治"[5]。这表明朝廷对于这一地区堤垸的修筑相当重视。

在宿松、望江一带有不少湖泊是古彭蠡泽消亡后的遗迹;而江汉平原上大大小小的湖沼,则是古云梦大泽逐渐湮圮后的残留。由湖泊变为陆地,必定要经历一个沼泽化的过程。而化沼泽为良田,则需筑垸修堤以捍江湖之水,加快其登陆成田的进程。民国九年《潜山县志》记载该县的几十处堤堰的开凿时代都在明代初年。如纸糊陂、下楒陂、石塘陂、关林陂等六陂,天陂隔、百丈隔等四隔,开源涧、白玉洞、虾鸡塘、清溪塘十一塘以及魏家堰、石桥堰等二十二堰皆洪武时所开,主

---

1 石泉、张国雄:《江汉平原垸田兴起于何时》,《中国历史地理论丛》1988年第1期。
2 《明宣宗实录》卷84。
3 光绪《黄州府志》卷7《江堤》。
4 《明宣宗实录》卷84。
5 《明英宗实录》卷35。

其事者为监生姚敏。此外洪武间建设的水利工程还有韩家段等三段、天井湖等十湖,其中唐家圩湖,"地最低洼。明初召佃垦荒,钱粮准自立运户纳府仓库,至今尚存"。而所谓湖,"其实皆圩田也。有堤有闸,故列之水利中",与江汉平原的情况差不多。

尽管有将洪武间姚敏等人的作用夸大的嫌疑,但从以上的记载中可以清楚地看出,潜山县沿江一带的水利建设,皆得力于洪武末年政府的倡导和组织,并且也是明初召民垦荒的结果。民国十年《宿松县志》卷20《水利志》中也有相似的记载:

> 康公堤在县南百里,介归林、泾江二庄,上接湖北黄梅,中绕江西九江地界,下抵本邑坝头、西港,明初康茂才筑,续居民管业者叠修。

这里的康公堤是沿湖所修的大堤,不是江堤。堤内应是垸田。所谓康公是对康茂才之尊称,早在元至正十八年(1358年),朱元璋任其为营田使,负责堤防的修筑和营田的建设。是否此时康茂才的水利建设已经扩展到安庆地区,难以肯定,也可能为地方人士之假托。

此类事例还可见乾隆《望江县志》卷3《地理》中的记载:

> 西圩在邑东北六十里,圩周三十余里,岸三千九百七十余丈,基阔十丈,高二丈,包涵西湖、小陂、后湖,为田三万七千余亩。圩肇事不可知,相传李丞相筑,或曰三国吴时遣屯皖口,得谷数万斛,疑即此圩经始也。洪武间工部监生张文显、人才檀兴儿,曾董畚锸,有水门三通蓄泄。

关于洪武年间中央政府遣国子监生及人才分诣天下郡县督吏民修治水利一事见于《明太祖实录》卷234的记载。这里所称的工部监生张文显和人才檀兴儿应为其中的成员。

结合移民迁入的情形看,似乎可以说,安徽沿江平原及巢湖平原发达的水利系统和圩田系统,可能都是在洪武年间江西等地的移民迁入之后,由政府组织修筑而成的。而安徽与湖北相连处的漫长的江堤,如上所述,则是永乐二年修筑的。巨大的圩田系统和江堤,显示了移民在水利建设上的贡献和能力。

江汉平原腹心地带的沔阳,堤垸的修筑有较长的历史。宋元时代就有垸田出现。文献记载:"故民田必因地高下修堤防障之,大者轮广数十里,小者十余里。谓之曰垸。如是百余区。其不可堤者悉弃为莱芜,莱芜之地,常多于垸。"垸田的规模已经很大,但弃而未垸者更多。这与宋元时期江汉平原人口稀少的状况密切相关。资料又云:"元季沔乘兵燹之后,人物凋谢,土地荒秽。明兴,江汉即平,民稍垦田修堤,是时法禁明白,人力齐壹。堤防坚厚,湖河深广。又垸少地旷,水至即漫衍,有所停泄。……故自洪武迄成化初水患颇宁。"明代初年的江汉平原人口不多,移民有限,土地之争不甚激烈。"其后佃民估客,日益萃聚,闲田隙土,易于购致,稍稍垦辟,岁月浸久,因攘为业。又湖田未尝税亩,或田连数十里,而租不数斛,客民利之,多濒河为堤以自固,家富力强则又增修之。民田税多徭重,丁口单寡,其堤坏者多不能复修。……夫垸益多,水益迫,客堤益高,主堤益卑,故水至不得宽缓,湍怒迅激,势必冲啮,主堤先受其害。由是言之,客非惟侵利,且贻之害也。然大水骤至,泛滥汹涌,主客之垸,皆为波涛。虽曰主害,亦匪客便也。……故沔民之弊,始于成化,报于正德。"[1] 移民的迁入为明代垸田的建设注入了新的活力,他们吃苦耐劳,凭借迅速积累的经济力量,在垸田的建设上与土著展开竞争。其结果却是围垦过度,造成水系紊乱,两败俱伤。日本学者森田明在《清代湖广水利灌溉的发展》[2]一文中指出,垸田是随着明代江南移民大量迁入长江中游地区而出现的。

长江沿岸江堤的构筑和垸田的大量兴建,为这一区域成为明代中国最主要的粮食生产基地奠定了基础。据张建民先生的考证,至少在明代弘治年间,就出现了"湖广熟,天下足"的谚语[3]。在长江三角洲地区普遍种植棉花、粮田减少的情况下,湖广在全国粮食生产中的地位日趋重要。显然,湖广在明代中国粮食生产中的地位与移民的大量迁入以及洞庭湖及江汉平原的开发密切相关。

---

[1] 嘉靖《沔阳志》卷8《河防》。
[2] 《东方学》第20辑,1960年。
[3] 张建民:"湖广熟,天下足"述论,《中国农史》1987年第4期。

2. 边疆地区

大量军卫人口聚集于沿边地区,成为明代历史的特殊景观之一。如前所述,这批人口不仅仅是消费性人口,他们本身就是屯田上的生产者。大量屯田的开辟,给边疆的经济带来了活力。

在西北地区,以今青海河湟地区的屯田为例。大约在洪武十年(1377年),这一地区的驻军开始实施屯田。根据崔永红的研究,明代湟水流域的屯田总数在2 000顷左右,且大部分是水浇地[1]。为此,屯军于此修建了发达的沟渠系统。如"伯颜川渠,城西六十里,分渠有九",该渠灌溉田亩为547.09顷;"车卜鲁川渠,城西北九十里,分渠有十",共灌田597.77顷;"那孩川渠,城南五十里,分渠有五",共灌田235.70顷;广牧川渠,"城北八十里,分渠有四",共灌田150顷[2]。这些渠道以今西宁为中心,田地连片,土地肥沃,距城近便。另外在今海东市平安区、乐都区和民和县境内的屯田中,灌溉渠道纵横,大多数也是以主渠带支渠,合计灌溉田亩1 068顷。这种建有发达的沟渠系统的农田垦殖,类似江南农业的模式。而正如崔永红所分析的,这一带屯戍的军士中有相当一批来自东南地区。这一沟渠系统的建立,可能与江南移民的集聚有着某种程度的关系。

同样的情况在宁夏也有所见。洪武十二年宁正"兼领宁夏卫事,至则修筑汉唐旧渠。令军士屯田,引河水灌田数万余顷,兵食以足"[3]。宁正为安徽寿州人,督军宁夏,以水利为开屯之第一急务。只是这一记载有明显的浮夸,因为以一卫之兵力,不可能垦出"数万余顷"的土地,且当地的土著在此时之前已经内撤,也不可能有耕地在此。

在山西及陕北地区,或由于人多地少,或由于土地贫瘠,屯垦者的耕作要比青海及宁夏等地困难一些。明代中期庞尚鹏指出山西土地开垦情形时说:"照得三关平原沃野,悉为良田。若问抛荒,惟孤悬之地间有之,亦千百十一耳。其余山上可耕者,无虑百万顷。臣岭南人,

---

[1] 崔永红:《明代青海河湟地区屯田的分布和军户的来源》,《青海社会科学》1988年第6期。
[2] 顺治《西宁志》第一册《地理志·水利》。
[3] 《明太祖实录》卷245。

世本农家子,常叹北方不知稼穑之利。顷入宁武关,见有锄山为田,麦苗满目,心窃喜之。及西渡黄河,历永宁,入延绥,即山之悬崖峭壁,无尺寸不耕。彼皆长子老孙之人,岂浪用其力,无所利而为之耶?查得三关军士,除防秋外,凡调操按伏之事,岁能几何?余皆游惰苟安,掉臂闲步,竟不思为终岁计。……今宜督责副参游守等官,分率部伍,躬耕境上。凡山麓肥饶之地,听其自行采择,定为经界,议立章程。……"[1]由于人多地少,土地资源紧缺,垦田已上山冈,军队实行屯垦,所耕也很难有什么肥饶之地了。山麓之地的垦殖,在黄河中游地区极易造成水土流失,山西三关地区的军屯蕴含着潜在的危机。

这一生态危机在延绥地区就暴露得相当明显。庞氏在另一篇文章中提到这一区域的军屯。他说:"照得该镇东西延袤一千五百里,其间筑有边墙,堪护耕作者,仅十之三四。虏骑抄掠,出没无时,边人不敢远耕。其镇城一望黄沙,弥漫无际,寸草不生。猝遇大风,即有一二可耕之地,曾不终朝,尽为沙碛,疆界茫然。至于河水横流,东西冲陷者,亦往往有之。地虽失业,粮额犹存。臣巡历所至,不独军士呼号,仰天饮泣,而管屯官疾首蹙额,凛然如蹈汤火中。"[2]可见延绥军屯之地已极穷荒,甚至垦于沙漠之中。如此超量的垦殖引起了生态环境的变化,使这一区域的沙漠化现象更为严重。沙漠的扩展引起了区域的生态危机,军屯之地被沙漠吞噬,军屯之镇也为风沙所包围。

然而庞尚鹏对这一问题并没有清楚的认识。他说:"臣自永宁州渡河西入延绥,所至皆高山峭壁,横亘数百里,土人耕牧,锄山为田,虽悬崖偏陂,天地不废。及至沿边诸处,地多荒芜。臣召父老面语之,比云地力薄而虏患不可测,且每年牛种,无从称贷于人,是以力无所施。"显然,庞氏并不清楚沿边地带的薄田甚至不及他在延绥的路途上所见之山地,以为边地的抛荒皆是掳掠所致,遂提出筑边墙以捍屯田的主张。依他的见解,"照得该镇地方,高仰者冈阜相连,卑下者沙石相半。其间称为腴田,岁堪耕牧者,十之二三耳。且天时难必,水利不兴,雨阳或致延期,则束手无从效力。此米价之腾涌,边储之缺乏,职

---

[1] 庞尚鹏:《清理山西三关屯田疏》,《明经世文编》卷359。
[2] 庞尚鹏:《清理延绥屯田疏》,《明经世文编》卷359。

此故也。查得沿边东起黄甫川,西至定边营,千有余里,膏腴之地,无虑数万顷"。在修筑边墙之后,都可以安心耕种。而从黄甫川至定边营一带,是西北地区生态问题最为突出的区域之一。由于缺水、干旱以及耕作过度导致的沙漠化,今天仍然是困扰发展的最大障碍。庞氏的措施使得沿边土地的垦殖强度得以增加,这一区域的生态系统却更趋脆弱。

同样的情况在甘肃一带也存在。庞氏在另一篇关于甘肃地区屯田的奏疏中提及这一地区大量军屯田地被抛荒一事。他说:"查得该镇屯田,其抛荒者尝十之三四,或道路险远,或水利微细,或人力困乏,或征敛烦急。"[1]这些"道路险远"和"水利微细"的耕地,应该处于戈壁或沙漠的边缘。对这类土地的开垦,是一种危险的生态作业。毫无疑问,西北边疆军屯田地的耕作蕴含着相当严重的生态问题。

尽管西北沿边地区的军垦带来了生态方面的问题,但是,大量军屯的开辟毕竟使明朝北部边境地带的经济得到了发展。除军屯以外,还有商屯,作为军屯的补充。军队的驻扎和军屯的发展使得沿边地带的经济出现了崭新的面貌。如为军队及屯垦服务的畜牧业、为军用武器生产服务的手工业等都有相当程度的发展。另外,都司、卫治及千户所治往往成为各地文化和经济的中心,演变成大大小小的新兴城镇。由于军事的需要,驿站的修建使得边境地区与内地的交通变得便捷起来。这一切,为边境地区日后的全面发展奠定了很好的基础。

再看西南边疆。明代初年迁入云南和贵州二地的军人及其家属大约为80万人,这无疑会给经济发展注入极大的活力。由于西南地区的屯军大都来自长江中下游地区,先进的农业技术随之传了进来。最明显的事例就是牛耕的推广和普及。为了开展军屯,明政府把大量的耕牛和农具配给卫所,如洪武二十年右军都督金事孙茂受命率军屯田云南,明政府给钞二万锭,使之往四川买耕牛一万头[2]。虽然还在南诏时代,云南已有用牛耕的历史,但只局限于滇池及洱海地区一些较先进的民族中,自明代"开屯设卫以来,江湖之民云集而耕于滇,

---

[1] 庞尚鹏:《清理甘肃屯田疏》,《明经世文编》卷360。
[2] 《明太祖实录》卷184。

即夷人亦渐习牛耕技术"[1]。南诏时代采取的是"前牵、中压、后驱"的二牛三夫制,明代采用的则是不需要中压的江东曲辕犁,劳动效率大为提高。一些少数民族开始放弃"刀耕火种"式的耕作方式,采用牛耕或其他汉族军人所采用的农业耕作技术了。

诸如北方边卫地区因军人的大量聚集和军屯的开展所带来的社会经济方面的变化,在云南、贵州地区也表现得特别明显。如驿站的设立带来了西南边疆与内地交通的畅通;卫所的治所往往构成一个个新兴的市镇;军屯及边疆的防守刺激了以农具及兵器制造为主要内容的手工业生产;而大量汉族人口的定居更使这一区域的经济与文化具有汉族文化的特征,而西南的土著民族最终成为少数民族。

3. 汉中山区

如前所述,明代中期,汉中地区成为流民集聚的区域之一。与其他区域相比较,这一区域具有某些得天独厚的条件,故而成为流民思慕的乐土。

明朝用于边贸的最大宗的货物,当数茶叶和丝绸。丝绸的生产来自东南地区,而茶叶生产则成为汉中流民趋之若鹜的产业。

明代的茶马贸易肇始于洪武五年二月,"诏有司定税额,设茶马司于秦、洮、河诸州,自碉门、黎雅抵朵甘、乌斯藏行茶之地凡五千余里,于是西番诸部落之市马者悉至"[2]。洪武时期以川茶为主,至正统、景泰年间四川境内的茶马贸易点关闭。茶马贸易的重心转到了西北地区。这对于敏感的边地百姓来说,在一个离贸易点不远的地方开辟茶叶供应源,是很有诱惑力的。

明代初年的茶马贸易实行金牌勘合制度,即由皇帝发给金牌,上书皇帝圣旨,发给西番诸族,以此征纳马匹,酬以茶斤。这种贸易方式是通过以军事力量作为保障的强制征发来实现的,政府通过金牌的颁发控制贸易时间、贸易量和价格,茶马比价极不合理,遂使这种贸易成为一种不平等的封建贡赋性质的物品交换。

---

1 檀萃:《滇海虞衡志》卷7。
2 夏燮:《明通鉴》。

正是由于这种交换关系中存在的不平等关系,使得边境地区非官方的以茶易马变得十分有利可图。汉中地区作为私茶的渊薮在明代中期的茶马贸易中扮演了十分重要的角色。这一过程与流民的活动有关。流民进入汉中以后,民多开茶园,"而茶课仍旧,致令各处奸顽官舍军民,递年在山收买私茶,通番交易觅利。以此番人不乐官市……"另外,"按察司分巡关南道官覆勘未报,访得前项州县,所产茶斤,不假种植,随田而出,荒山茂林,耕治燔灼之余,茶从而萌蘖焉,民获其利。一家茶园,有三五日程历不遍者。有百余户所佃茶园,止帮一户茶课,其甚少者,亦多赢余。较之农夫终岁勤动而恐不赡,又称贷以输官者,难易不同。故汉中一府,岁课不及三万,而商贩私鬻至百余万以为常,是其明验也"[1]。茶叶种植与贸易成为汉中地区经济的一大特色。

杨一清还提出加强巡禁私茶制度。但随着杨一清等人的相继被贬,他所定下的制度也随之隳坏。以后,由于茶运事务由官营改为商营,私茶贸易便蓬勃地发展起来。汉中茶园始终是这种私茶贸易一个稳定的茶叶供应地。

尽管如此,汉中地区的人口仍然不多。有限的流民进入这一区域,大多集中在沿河地带垦殖茶园。只有到了清代,随着湖广一带流民的大量迁入,才出现人满为患的现象,土地的垦殖由河谷走向高山,甚至是高寒山地。作物的种类也由茶叶等经济作物转变为马铃薯等粮食作物了。

4. 华北平原

华北平原是中国传统的农业区、中国农业文明的起源地。洪武时期,随着大批移民的进入,这一区域的土地利用方式也发生了一些变化,以至于对以后的华北经济产生了深远的影响。

宋元时代中国内地已经有了棉花的种植,但种植不多。1365年,尚处于战争时期的吴国公朱元璋就发布命令:"农民田五至十亩者栽桑、麻、木棉各半亩,十亩以上倍之。其田多者率以是为差。有司亲临

---

[1] 杨一清:《为修复茶马旧制第二疏》,《明经世文编》卷115。

督劝,惰不如令者有罚,不种桑使出绢一匹,不种麻及木棉,使出麻布、棉布各一匹。"[1] 洪武二十七年,朱元璋下令天下种桑枣,用以备荒,"于是工部移文天下有司,督民种植桑枣,且授以种植之法。又令益种棉花。率蠲其税,岁终具数以闻"[2]。永乐时,朱棣继续发布命令劝农植棉,为此他让各州县张贴《教民榜文》,其中提及山东、河南两地的农民,不务农业,以致衣食不给。现要求各里分老人劝督,擂鼓下田,若不遵行,视如犯法;另外,每户要如法栽种桑株、枣柿、棉花,"敢有违者,家迁化外"[3]。这些命令对于华北平原而言,意味着一种新的土地利用方式的传入。华北平原很快发展成为一个新的棉花种植区。

按照从翰香的研究,明代华北的棉产区中,以山东、河南最为主要。明代的福建永春人都说,"两浙宜桑,山东、河南宜木棉"[4]。在山东六府中,以泰山山脉以西黄河流域的兖州、东昌和济南三府种植最多。以至于明朝政府每年向山东征收的棉花中,93%征自这三府。三府之中,东昌府的棉花生产地位相当突出,嘉靖《山东通志》卷8中写道:棉花"六府皆有之,东昌尤多。商人贸于四方,其利甚溥","江淮贾客贸易,居人以此致富"[5]。河南的棉花产区中,以黄河北岸与北直隶毗连的彰德府、卫辉府,豫西沿黄河西岸的河南府、豫中的开封府以及南阳府和汝宁府为重要。正德《延津县志·物产》中说,该县"多半种棉,半种五谷";万历时人钟化民在《赈豫纪略》中写道:"臣见中州沃壤,半植木棉。"而河北的产棉区则以毗邻河南、山东的一部分地区为主。谢肇淛在《五杂俎》中说:"今则燕鲁、燕洛之间尽种之矣。"又见万历《沧州志》卷3称:"东南多沃壤,木棉称盛。"因此,山东、河南各府和北直隶南半部遍种棉花,而以山东西北部、河南东北部、北直隶南部最为繁盛丰富。这个地区正当地势平坦的黄河冲积土带,最适宜棉花生长,是理想的植棉区[6]。这一区域又正好是政府组织移民之所,棉花

---

1 《明太祖实录》卷17。
2 《明太祖实录》卷232。
3 正德《大明会典》卷19《州县》。
4 嘉靖《永春县志》卷4。
5 万历《东昌府志·物产》。
6 从翰香:《试述明代植棉和棉纺织业的发展》,《中国史研究》1981年第1期。

的大量种植与移民活动当有某种关系。换言之，由于鲁、豫、冀三省交界区域的移民是洪武年间政府组织移民的重点区域，移民以民屯的方式组织起来，并委以屯官进行管理，因此他们的垦殖内容就容易受到政府的控制。中央政府提倡的植棉，在这里能得到不折不扣的执行。这和其他地区移民的生产活动有所不同。

华北地区棉花种植业的发展带动了棉纺织业的发展。在丛翰香的研究中，山东各植棉区域中，以兖州、济南等府棉织业的发展最为显著。定陶县所产的棉布，甚至远销到江西铅山县境。另外，山东还承担大量的军用棉布的上供任务。再如河北，河间府肃宁县所产肃宁布屡为明代文人所提及，甚至可与松江布比美，这在北方是很罕见的。而河南境内的棉布产区则在黄河沿岸的河南、开封及卫辉等府。大体说来，在华北地区，棉纺织业的兴起当与棉花种植业的兴起密切相关，棉纺织业的中心即是棉花种植业的中心，也即是明初移民集聚的中心。

总之，在众多的移民区域中，本节选择论述了长江沿岸、边卫地区、汉中山区和华北平原这四个区域。在这四个区域中，土地的利用方式都各有自己的特点。在长江沿岸，江堤的修筑和垸田的兴起表明明代的移民除了恢复为战争所破坏的农业区域外，还在大力开拓新的耕地，以适应人口增长和经济发展的需要。移民集中的湖广地区因此而成为明代中国一个重要的商品粮基地。在西北边地，军屯土地的开垦在干旱的区域中展开，水利的兴修成为屯垦的军人首先加以关注的问题。然而，在这一区域生态环境较差的地带实施过度的垦殖却导致了生态的危机。在西南边疆，牛耕的普及成为明代移民对当地农业生产影响最大的一件事情。而军籍移民的迁入所引起的交通、城市、手工业等各方面的变化，改变了明朝边疆地区的风貌。在汉中，由于其独特的地理环境，因边境茶马贸易而发展的茶叶生产成为该地区移民的主要产业。华北是政府组织移民集中的区域，明初政府关于大力植棉的政令在这一区域收到了明显的效果，棉纺织业也在这一区域获得了一定程度的发展。

第三节

移民与文化

移民与文化是一个很大容量的话题。为了叙述的简洁,我们大致将本节的文化分成为雅文化和俗文化两部分来论述。所谓雅文化,指的是学术、教育、科举等;所谓俗文化,指的是方言、民俗、民间艺术等。一般说来,这两种类型的文化都会随着人口的流动而流动。

当然,这所谓的雅文化和俗文化都是指中国的本土文化。明代后期,随着西方殖民者和传教士的东来,一种新的文化随之传入,这就是西方近代科学知识的传入。

一 雅文化的消长

众所周知,明代初年的移民可以分为两种类型,一种是政府组织的移民,如军事移民和有组织的民籍移民;一种是人民自发的迁移,这批人口中有相当一部分成为日后的流民。政府组织的移民在某种程度上具有暴力胁迫的特征,对于军籍移民是如此,对于部分地区的民籍移民也是如此。在洪武年间,移民输出最多的地区是山西、江西和苏南及浙北。这三个区域中,以苏南、浙北地区的文化水平为最高,次则为江西和山西。就移民的形式而言,苏浙地区的人口迁入京师或临濠,是暴力胁迫的产物;江西人民或山西人民外迁,大多数则是由于家乡原籍地少人多而引起的。苏南人民的外迁多是受罚,而江西、山西人民的外迁则是谋生。在江浙地区,尤其是在苏南和浙北地区,被暴力胁迫的外迁人口有相当一批是富户或文化阶层,这对迁出区域来说,向外的移民同时意味着本区域文化的衰落。当然,对于移民输入区而言,则意味着新的文化因子的输入和崛起。只是,在许多方面,这种文化的输入或崛起并不会产生一种即时的效应,人口输入对文化的影响,往往要经历一段长时间后才能够体现出来。

在江浙地区,陈建华以文学为例指出元代末年这一地区的文化风貌[1]:

> 14世纪中叶,在元朝最后的几十年里,江浙地区以苏州、杭州等城市为中心,文学上呈现相当繁盛的局面。长篇小说《水浒传》和剧本《琵琶记》这两部作品的产生,令人瞩目。在诗歌方面,杨维祯和高启的作品的思想价值和审美价值都带有鲜明的时代特征和个性特征。这种地区性的繁盛为同一时期的其他地区所不及,在文学史中,这是一种突发性的现象,有不容忽视的重要性。

具体地说,以诗人为例。以杨维祯为代表的"铁雅派",南北凡百余人,其中佼佼者有张宪、袁华、贝琼等;以高启为首的"北郭十子",包括杨基、张羽、徐贲、王行、吕敏、余尧臣等;不属于这两派的还有顾瑛、倪瓒、王冕等。

以戏剧为例。杭州是当时戏剧创作的中心,呈现异常繁盛的局面。戏剧和"说话"这类市民文艺发展很快。元代末年,北方剧作家纷纷南下,如钟嗣成《录鬼簿》所载,杭州籍作家约20人,原籍北方而迁居杭州的有十余人。

与这种文学的繁荣密不可分的是当时普遍爱好文学的社会环境。元末江浙地区的文士风雅相尚、文酒诗宴、唱和、交游之风极盛,出现一种崇尚文学的文化氛围。当时苏州的徐达左、松江的曹知白、无锡的倪瓒等都是著名的富豪,在他们周围,聚集着不少作家和艺术家,如同一个个文艺沙龙。最为士大夫称赏不已的则是昆山顾瑛所主持的文士雅集。从至正八年到二十年,在顾氏的园林中举行过大小集会50余次,有140余位各种文化人参加,他们中有诗人、古文家、书画家、乐师、鉴古家、歌姬舞女,乃至艺人、墨工等。他们的活动被后人称为"风流文采,照映一世"。

---

[1] 参见陈建华:《中国江浙地区十四至十七世纪社会意识与文学》,学林出版社1992年版。

这类文化活动与这一地区富商大贾的支持分不开。有时,这些文人雅士本身就是富商。如昆山的顾瑛,曾被荐为儒学教授,后经营田产兼商业,成为吴中巨富。另一豪富陈彦廉通过海外贸易成为富商,原居泉州,后迁居太仓,"交往多一时高流"。何良俊在《四友斋丛说》卷16中记载,仅在松江一地,"在青龙则有任水监家,小贞有曹云西家,下沙有瞿霆发家,张堰有杨竹西家,陶宅有陶与权家,吕巷有吕璜溪家,祥泽有张家,干巷又有一侯家"。以巨商为主体崛起的富豪阶层,往往成为文人艺术家的赞助者,新的文艺典范的影响者、参与者。这种竞争不仅是物质上的,也是精神上的,在当时已成为风气。他们对文化、文艺的爱好,使文人和艺术家得到发展才能的机会,同时又为他们提供生存的基础。而当时的文人对商贾的认识,也较少带有传统的偏见。

朱元璋在立国之初,即对苏浙地区进行全面的整饬。除了因为苏州地区的富民曾经支持过张士诚之外,还包含着更为深刻的文化背景。朱元璋力图铲除这一地区由于工商业带来的社会繁华与富庶,以恢复他理想中的古代淳朴风尚。迁移苏浙富户就是在这一背景下展开的。尽管在以往,关于迁出富户的数量有夸大的地方,但从本卷第二章中的有关叙述来看,被强制迁往京城及临濠的苏南及浙江人约达25万人之多。其中的富民应有相当数量。诗人高启的哥哥高咨也是其中的一个,高启的《送伯兄西行》一诗写出了离别的悲凉:

> 落日万人哭,征行出阊阖。
> 道路亦悲哀,而况骨肉亲?
> 我生鲜兄弟,提挈惟二人。
> 何辞一室欢,去作万里身?
> 北风吹衣寒,方舟涉河津。
> 出处有常役,欲从愿无因。
> 岂不知当还,忧思自难伸。
> 惟期善保爱,驰缄慰悁勤。

至于顾瑛,则在被迁往临濠之前,写下两首悲愤的诗句:

> 柳条折尽尚东风,杼轴人家户户空。
> 只有虎丘山色好,不堪又在客愁中。
>
> 虎丘城外髑髅台,无数红花带血开。
> 静听剑池池内水,声声引上辘轳来。

杨基作为张士诚的属官被遣送至南京,不久又被徙谪至临濠。他在《忆昔行赠杨仲亨》一诗中描写送别、途中及初至临濠的情景:

> 嗟我忆昔来临濠,亲友相送妻孥号。
> 牵衣上船江雨急,霹历半夜翻洪涛。
> 濠州里长我所识,怜我一月风波劳。
> 呼儿扫榻妾置酒,买鱼炊饭羞溪毛。
> 酒酣话旧各涕泣,邻里怪问声嘈嘈。
> 明朝府帖促盖屋,旋劚瓦砾除蓬蒿。
> 大竹为楹小椽楠,覆以菅草并索绹。
> 君时亦自长干来,为我远致书与袍。
> 密行细字读未了,苦语渫渫如蚕缲。
> 收书再拜问所历,灯影照夜吴音操。
> 异乡寂寞遇知己,欢喜岂止馈百牢。
> 藤牵萝绕互依附,濡沫相润脂和膏。

据谢肃所说,被迁谪到临濠的文士"冻馁疾殁不可胜数"。总之,洪武年间,吴中文士因政治原因致死的有顾瑛、陈汝言、申屠衡、高启、王彝、徐贲、张羽、杨基、王行、卢熊、王蒙等,其中有被后世誉为"明初四杰"的高、杨、张、徐。文士的非正常死亡对于这一区域文化的摧残是不言而喻的。

  苏浙地区的富户也受到沉重的打击。以通海致富的吴中大豪沈万三"尝伏法,高皇帝籍没其家"[1],沈万三本人也被谪迁云南边地了。王世贞在他的著作中提到某一富户唐氏的遭遇,"皇帝下吴郡,而唐氏以高资闻举。凤阳寝园赋已,又缮金陵廊舍,以是中落"。再如顾氏,

---

[1] 王世贞:《弇州山人四部稿》卷79。

"(顾)寿山,善治生,富埒吴中。明兴,法网渐密,豪猾易梗。有俞慎者聚而构乱,邑遭株染,父子逮系,虽获矜释,而门户倾圮矣。"吴中富户的外徙和贫民化,使这一区域文化的发展失去了经济基础。

直到近百年之后,到弘治、正德年间,苏、浙地区文学的生机才逐渐恢复。

需要说明的是,尽管洪武时期朱元璋对江浙,尤其是对苏南地区富户及文化人士的打击,使得这一区域的文化由此而衰落,但这仅仅是对自元代延续至明初的一些特定的文化类型而言的,如文学和艺术等。以下我们要说明的是,如果从科举这个角度进行考察,则会发现这一区域仍然是科举人口最多的区域,也是录取进士最多的区域。江浙地区在文化上这种独占鳌头的地位,在以后的几百年中一直保持着,并不为其他区域所动摇。

再来看看移民输入区。

苏南一带的富民迁入京师或临濠,是暴力强迫的产物。被迁的富户著"富户籍",与军户、匠户一样是世袭的,并规定如出现缺额要回原籍勾补。他们除了承担迁入地的徭役外,原籍的徭役也不能免除。坊厢徭役繁重,富户多逃回原籍或躲避他处。由于他们的身份低下及徭役负担的繁重,指望他们促进迁入地的文化发展是很难想象的。

洪武时代一般的移民输入区因长期战乱而残破,人烟稀少,当然也就没有什么文化可言了。于是,洪武"二十六年十月,擢监生六十四人为布政使等官。先是天下初定,以北方丧乱之余,人鲜知学,尝遣国子生林伯云等三百六十六人分教各郡,既而推及他省。择其壮岁能文者,为教谕等官"[1]。这里的北方应主要指华北地区,华北是洪武时期移民规模最大的区域,移民迁入以后政府组织办学,与政府组织移民应属同样的行为。在边卫地区,则设立卫学或社学,军士子女就读于卫学,民人子女就读于社学。政府通过在北方及其他各地的兴教办学,使得移民区有了读书声,移民地区的文化事业开始缓慢地恢复。

在封建社会中,学校教育最重要的成果反映在科举上。科举的成

---

[1] 《续文献通考》卷47《学校一》。

功率反映出学校教育的水平,一个地区教育水平的高低也就反映了该地文化水平的高低。从明代科举制度的演变历史来看,移民输入区的文化在整体上仍不及移民输出区。

由于举人录取的名额是按省份分配的,所以各省中举人士的多少并无比较的意义,唯进士的录取最初并没有实行名额分配制,其人数的多少很可以反映区域之间文化水平的高低。进士录取中的地域冲突在洪武年间是以南北榜的形式表现出来的。《明史》卷70《选举二》载:

> 礼制,礼闱取士,不分南北。自洪武丁丑,考官刘三吾、白信蹈所取宋琮等五十二人,皆南士。三月廷试,擢陈䢿为第一。帝怒所取之偏,命侍读张信等十二人覆阅,䢿亦与焉。帝犹怒不已,悉诛信蹈及信、䢿等,戍三吾于边,亲自阅卷,取任伯安等六十一人。六月复廷试,以韩克忠为第一,皆北士也。

这次南北榜之争,起因是刘三吾所取之士皆为南人,而三吾本人也是南方人。参考的北方举人声称"三吾南人,私其乡"[1]。似乎刘三吾在袒护同乡,而实际上,所谓的南方是一个地域相当广阔的概念,很少会有一个浙江人引湖南人或广东人为同乡的。所以,尽管朱元璋更换了阅卷官员,但结果并没有出现太大的差异,北方人仍旧榜上无名。张信等由此引来杀身之祸,刘三吾则被流放边疆。张信等十二人不是不知道这件事情的厉害,他们是为了纠正刘三吾的"错误"而重新阅卷的,但结果与刘三吾所阅结果无大异,这说明至洪武末年,北方应试举人的文才之粗劣实在无法与南方人相提并论。所以,即使在朱元璋的高压下重新阅卷,阅卷的官员也无法满足北方举子的愿望,从而激怒朱元璋,招来杀身之祸。

尽管如此,从洪武末年至永乐年间,仍未采用分地录取进士的办法。靳润成根据《明清进士题名碑录索引》一书对洪武年间各科进士的原籍进行过一个统计[2],洪武年间所取进士共867人,其中南人为

---

1 《明通鉴》卷11。
2 靳润成:《从南北榜到南北卷》,《天津师范大学学报》1982年第3期。

620人,占71.5%;在247个北人中,还包括了洪武三十年南北榜事件中取录的61名北方人。显然,如果按照正常的考试录取过程,南人进士的名额还会更多,所占比例还会更高。在建文各科进士106人中,南人有89人,占84%。永乐年间录取的1819名进士中,南方人为1519人,占83.5%。若以状元计,在明朝各科状元89人中,南人为75人,也占总人数的84.3%。可见,即便朱元璋对进士录取地域进行了干涉,洪武年间北方进士录取的比例也只有16%左右。

明代中期,在政府的干涉下,进士录取中南人独领风骚的局面被打破了。《明史》卷70《选举二》中写道:

> 洪熙元年,仁宗命杨士奇等定取士之额,南人十六,北人十四。宣德、正统间,分为南、北、中卷。以百人为率,则南取五十五名,北取三十五名,中取十名。……南卷,应天及苏、松诸府,浙江、江西、福建、湖广、广东;北卷,顺天、山东、山西、河南、陕西;中卷,四川、广西、云南、贵州及凤阳、庐州二府,滁、徐、和三州也。

这一记载比较粗略,据《古今图书集成·选举典》,辽宁、大宁和万全都司为北卷区,由此推测陕西行都司地方也应为北卷区。关于苏北地区,只知其中之徐州为中卷区,而扬州、淮安则不详。从滁州、和州也被列入中卷区的情况看,扬州和淮安两府应被列入中卷区。甚至处于长江北岸的安庆等府也可能属于中卷之列。这样,明代初年移民分布的主要区域大都划分在北卷区和中卷区。这一划分说明北卷区和中卷区的文化水平远不及南卷区,否则就不必作出这种区分。如果说移民的迁入对迁入地的文化水平的提高产生了积极作用的话,那在移民本身表现得并不明显。

由于南北卷的确立,移民区域的举人较明代前期更容易取得进士录取上的成功。这一进士录取名额的分配制对于北卷区和中卷区的读书人当然是一个很大的鼓励,可以看作是政府促进移民区文化水平提高的方法之一,也就直接刺激了这两个区域人口文化水平的提高。

在移民迁入较长时期以后,各地都有一批杰出人才脱颖而出。如明初迁入安庆地区的,是来自文化水准相对较高的徽州和江西籍移民。移民本身虽然没有产生突出的文化人物,却在二三百年后的明末清初造就了安庆地区一批杰出的文化人如方维仪(1585—1668年)、方以智(1611—1671年)等。到清代更是人才辈出,如方苞、方东树、姚范、姚鼐、姚莹、张英、张廷玉、戴名世、马其昶、吴汝纶等都是全国一流的文化人物。尽管其中的姚氏、方氏出自明代以前的土著家族,但这些学者赖以产生的环境却主要是由外来移民造成的。因此,清代宿松学者朱书认为安庆成为"神明之奥区,人物之渊薮"所依托的已不是古皖人的后代,而是元代以后江西移民的后裔了。

同样的例子还见于苏北地区。明代的苏北主要是苏南、浙江和江西人的移民区,移民原居地的文化水平明显高于移民迁入地。经过几代人的努力,移民后代开始在科举场上施展才华。嘉靖末年兴化县人李春芳夺得状元,其曾祖李秀乐明初从江南句容县迁入。宝应县的望族朱、刘、乔、王等均称自己为苏州阊门来的移民后代,朱氏家族中有朱应登于弘治年间中进士,其子嘉靖年间中进士,清代子孙中有探花1人、进士12人、举人21人,堪称文化家族,颇类似于安庆府桐城县的张英、张廷玉一族。

在湖北地区,明代最负盛名的公安派作家袁宗道(1560—1600年)、袁宏道(1568—1610年)、袁中道(1570—1624年),虽以出生地湖北公安得名公安派,查其原籍,却也是明初江西移民之后裔。

二 俗文化的传播

方言是俗文化中最具地域代表性的类型。方言随人口的大规模流动而流动。一般说来,甲地迁往乙地的人口由于数量多,居住集中,且乙地的土著人口相对较少,就会使迁往乙地的甲地人口在乙地仍然保留自己的家乡方言。如果上述条件发生改变,甲地的方言在乙地就不能够保持下来,或者说,不能够很纯粹地保持下来,由此而形成一系列与移民有关的方言问题。

本节不可能详细讨论各地方言包括语音、词汇等语言要素与明代移民的关系,仅仅就本卷描述的各地移民大势,谈谈因此而引起的方言变化。有些变化在今天的方言中可以找到证明,有些在历史文献中可以发现若干蛛丝马迹,有些既无现代方言可供证明,又无历史文献可供查找,则依据人口移动的方向、规模等要素进行拟测,希望能够得到语言学和历史学两方面的证实。

1. 官话区

京腔。京腔是指元明清三代北京的方言。一般认为,元代的大都话实际仍是辽金两代的中都音。由于蒙古人的大批进入,当时的中都音中掺有不少蒙古方言词。有学者认为,元代的大都音和中州音大体已发展到现代胶辽官话的程度。

明军攻占大都城后,曾将大都城中的人口悉数南迁至开封。大都周围的乡村人口也寥寥无几。按理说,所谓的"京腔"也就不复存在。以后,明政府组织了对这一区域的移民活动,其人口的来源主要是山后地区,即今河北省的北部和内蒙古的东南部地区。另外,有相当数量的元军降卒被安置在这一区域,或为明朝的军卫战士,或为民屯中的农夫。这样,虽然在洪武年间移民活动结束以后,北平府的土著只占北平府总人口的10%左右,但迁入人口的原籍与北平相邻,他们所讲的方言极可能仍是元代的"京腔"或与"京腔"接近的方言。

在北平地区的其他府,如永平府,移民来自相邻的瑞州,方言的冲击也不是很大。如广平、大名两府,移民来自山西,但移民在总人口中的比例甚低,难以改变这一区域原有方言的基本特征。

洪武年间的北京城已不再是帝国的首都,它只是一座普通的府城,人口仅数万而已,所谓京腔在这时应是指北平府及其附近地区的方言。永乐年间,随着首都的北迁,北京城的人口构成发生了巨大的变化,京腔也随之发生大的变化。

永乐迁都北京以后,从南京迁入北京的富户、工匠和官吏达18万人,迁自南京的军卫战士及其家属达54万人,合计有人口72万之多。他们的数量远远超过了北京城的土著,即洪武时代的居住者。显而易见,永乐时期的北京城当是以南京话或江淮官话作为其基础方言。尽管与元代的"京腔"相比,永乐迁都后的"京腔"仍然属于官话系统,但方言的地域色彩却有了很大的改变。

直到明朝后期,北京城中的南京方言仍在流行。利玛窦《中国札记》记载,1600年(万历二十八年),利玛窦乘刘姓太监的船再度进京,新来的庞迪我是他的助手。到达临清时,刘太监因故先行,于是"把他在南京买的一个男孩作为礼物留给了神父们,他说他这样送礼是因为这男孩口齿清楚,可以教庞迪我神父纯粹的南京话"。而学会了南京话,在利玛窦看来,则是学会了中国话。因此,现代语言学家分析,南京话就是明代官话的基础方言[1]。这也就是说,明代的"京腔"就是南京方言。满清入关以后,北京城市的居民结构发生了很大的变化,其内城居住满族,外城居住汉族。至此,内城方言才为之大变,京腔也因此而发生较大的变化。

中原官话。近代中原官话的基础来源于宋代的中州音。洪武大移民之后,中原地区的相当一部分为山西移民所充斥,晋方言对原有的中原官话影响最为重要。

洪武年间华北地区人口重建式的移民地区包括河南的卫辉、怀庆、开封和南阳诸府,山东的东昌府和兖州府西部,其移民的来源皆为山西。在这一区域中的不少地方,山西移民所构成的社区几乎是相当纯粹的,而这些社区中流行的应当是纯正的山西方言。这类似于永乐年间的北京城,人口重建式的移民往往重建迁入地的方言。

在长时间与其他地区的交往中,这些地区的山西方言渐渐转化,渗入中原官话中,形成若干与元代中原官话所不同的新的语音特征。只是因为在方言分析中,洛阳音一直是中原方言的代表音,然而洛阳地区在洪武大移民中接受的移民数量远不及东部诸府,因此,明初以来山西方言对中原官话的侵蚀并不能从洛阳音中得到很好的说明。要了解洪武大移民对中原官话的影响,还需对上述人口重建式的移民区方言进行细致的分析。

江淮官话。近代的江淮官话区包括苏北、皖北和鄂东地区。南京方言也属于这一系统。

---

[1] 鲁国尧:《明代官话及其基础方言问题——读利玛窦中国札记》,《南京大学学报》1985年第4期。

在洪武年间的大移民中,除鄂东地区外,苏北、皖北以及京师城都是人口重建式的移民区。迁入的民籍人口主要来自苏南、浙江、江西及徽州;迁入的军籍人口则来自全国各地。洪武年间江淮大地居民五方错杂,语言错综复杂,近代江淮官话迅速形成。

尽管这一区域是人口重建式的移民区,但由于移民的来源错综复杂,也没有形成某一地移民为主的局面,因此,就不可能出现某一移民迁出地的方言的主流地位。比如南京,尽管来自苏南及浙江的移民占有很大的比重,但是军籍移民的人口更多,就是在永乐年间大批军卫北迁之后,留下的军人及其家属仍然有相当大的数量;宣德年间在清查南京军政时,官员们查得永乐十九年分调北京官军,其户丁寄住南京者达四万人,其中丁少者悉迁往北京卫所,丁多者留其半数于南京[1]。由此可见,就是在清理军政以后,调往北京卫所的军人中仍有一批家属留在南京城中,苏南、浙江移民在人口数量上始终没有占到优势。再如凤阳,除了 20 余万来自江南的移民外,军卫人口也有相当的数量。由于凤阳为帝乡,又是中都所在,军卫将士和土著的地位较高,民籍移民中有相当一部分是强制迁入的,地位较低,因而吴语不可能成为当地的方言。在苏北,移民以来自苏南、浙江及江西为多,土著也有一定的数量,各类人口混合而居的结果只能采用官话作为交际的语言。

鄂东黄州地区和德安地区属于江淮官话区的一个部分。洪武大移民对这一区域人口的影响不及周围的其他地区,移民人口只占当时当地人口总数的四分之一左右。这类人口补充式移民在一般情况下不可能改变当地原有的方言。同样,在洪武年间的大移民中,迁往德安府的移民主要来自江西和黄州,德安方言由此与黄州方言连成一片,当然在情理之中。

西南官话。四川是西南官话最早的分布区。宋金时代及元代末年四川人口蒙受了重大的损失,至元末明玉珍入蜀后,洪武年间,鄂东地区的人口继续移民四川,其移民的数量大大超过四川的土著。由于

---

[1] 王骥:《请理军政疏》,《明经世文编》卷28。

鄂东地区本身就是官话区,所以,鄂东地区的人口大量入蜀并不会改变四川方言的官话性质。

云南和贵州在洪武年间接受了大量的军籍移民,这些移民来自全国各地,却以明代的南京地区以及江西地区为最主要。四方居民杂处的结果是在云南、贵州、湘西形成了一个新的官话区。

江汉平原区属于西南官话区。我们已知这一区域的洪武移民大多来自江西,在当地总人口中大约占40%左右,另有占总人口约20%左右的军籍移民。显然,由于江西移民在总人口中的比重不及半数,他们的方言很可能在迁入后逐渐为官话所吞没。明代中期迁入的江西人口是以陆陆续续的方式迁入的,他们的迁入对于当地的方言的影响应不及洪武移民。

尽管如此,江汉平原地区流行的西南官话中赣语的痕迹应当是非常清晰的。方言调查发现这一带的方言与京腔比较,突出差别是韵母[u]保留着较多的中古[t]尾入声韵和[k]尾入声韵的对立,这可能意味着历史时期赣语对这一区域方言的渗透。

除了上述几大官话方言区外,各地还有不少因军卫驻军而形成的官话方言岛。限于篇幅,这里就不一一叙说了。

2. 赣语区

唐代中期至五代,在北方移民的大量迁入的影响下,赣方言最终形成。由于形成时间较晚,赣方言成为与官话差别最小的一种方言。正由于赣方言具有这一特点,所以当明代初年江西人北迁时,赣方言就很容易为北方方言所融合,难以形成赣语的方言岛。只是在一些与江西相邻的区域,因其移民的类型为人口重建式,集聚的江西移民众多,才有可能在移民迁入地形成赣方言区。

今天在江西境外的赣语区有安徽西南的安庆地区赣语区、鄂东南赣语区、湘东湘赣边界赣语区和福建邵武一带的赣语区。这些赣语区的形成均和明代江西移民的迁入有密切的关系,但也并不是明代江西境外赣语区的全部。

在洪武大移民中,江西移民大量地迁入京师地区,迁入苏北的江西移民大抵经苏州阊门集散,因此而与苏南及浙江迁入苏北的移民相混淆。由于这一带各种移民混杂,赣语于此不可能形成当地的方言。迁入安庆府以北、凤阳府以南的江西移民数量非常多,他们至今仍以鄱阳"瓦屑坝"作为祖籍的代名词,加上其他地区的移民不多,明代这一区域可能为一个赣方言区。只是由于这一地区与江淮官话的中心区域京师和凤阳相距较近,赣方言因受到江淮官话的强大侵蚀而消失。

至安庆府界,赣语才成为当地的主要方言。从地理位置上分析,安庆府已经远离了凤阳、京师等官话区。安庆与江西有长江的阻隔,但江南池州府的一部分一直流行赣方言,故而安庆的赣方言区与本土的赣方言并未隔绝,这可能是安庆地区的赣方言能够长期保存的原因之一。另外,与安庆府相邻的鄂东南地区也是一个以赣语为方言的地区,这两个方言区连成一片,使之很难被其他方言所侵蚀,这可能是安庆地区的赣方言能够长期保存的原因之二。尽管如此,安庆地区的赣语已经受到北方官话的深刻影响,以至于在很长的一段时间里,方言学界都把它划入江淮官话区而不是赣语区。

与安庆隔江而望的池州府在明代也是一个赣语区。池州府城的贵池城里,明代前期流行的方言还是赣方言。直到明代中期,随着一批士绅中"京腔"的流行,官话逐渐取代了赣语而成为当地的方言。尽管如此,在当地方言的词汇中,赣语的痕迹相当明显,这一现象反映了官话对赣语的叠压关系。在离贵池城不远的东至县,赣语至今仍是当地的主要方言。由于池州与官话区相距较远,所以尽管官话楔入了贵池城中,但赣语成分仍得以大量保留。在与官话区相邻的庐州一带,赣语的消失就比池州地区要快得多。

由于安庆地区地处比池州偏北的地区,官话对安庆赣语区的侵蚀在词汇上表现得要比池州更为明显。在第二章中,我们将贵池、东至、宿松及舒城四县县城方言中的动词、形容词和江西南昌方言中的同类词汇进行相同率的比较,结果表明,东至和贵池与南昌方言的相同率高达46%,宿松为29%,舒城仅为7%。由南向北,与南昌方言词汇的相同率逐渐降低。这一结果不仅表明在明代中期北京话侵蚀贵池方言后,作为其原有方言的赣方言是如何在当地方言的词汇中保留了下来,也说明赣语是由北向南逐渐为北方官话所侵蚀的。

赣方言在湖北东南部有相当广泛的分布。这与洪武大移民密切相关。新修《武昌县志·方言志》认为,武昌县南部的江西方言属于南昌方言系统,这与洪武年间江西南昌府人移民湖北地区的大趋势是一致的。

湘赣边界的湖南一侧是赣语方言的分布区。在新近的方言报告中,湘北的华容也划入了赣语区。华容、临湘、岳阳属赣语大通片,与湖北大冶、通城、监利等地同属一片,并与平江、浏阳、醴陵、攸县、茶陵、酃县、安仁、永兴、资兴、耒阳、常宁、隆回(北部)、洞口、绥宁(北部)的赣语区构成了一个巨大的弯月形[1]。令人奇怪的是,这一半月形所怀抱的是湘中区,其中的长沙地区恰恰是明代初年江西人迁入最多的区域,长沙一带的人口几乎全部来自江西,所持方言理应为赣语。然而,今天湘中区流行的却是湘语,或称为新湘语。

由此可见,新湘语是赣语与老湘语混合,并不断遭受老湘语的侵蚀后形成的。在长沙地区西北面的常德府和西南面的宝庆府,洪武年间接受的移民人口并不多,是人口补充式的移民地区,移民对两府原有的湘语方言未构成冲击。由此看来,长沙府赣语方言所受的冲击应当来自常德和宝庆,从而在长沙一带形成新湘语。新湘语与老湘语的区别在于古全浊声母字一般仍多念浊声母,新湘语区则一般已念为清声母音字。方言学家认为新湘语的这一特征是受官话的影响而致,而我则认为明代长沙地区的赣方言中本身就没有了全浊声母。新湘语是老湘语侵蚀赣语而形成的。

由于湘北的临湘、岳阳和华容一带并不是明初移民的主要迁入地,其移民的类型特征为人口补充型而不是人口重建型,因此,其方言中的赣语成分应当追溯至更远的时代。安仁、耒阳一带的赣语形成也

---

[1] 鲍厚星、颜森:《湖南方言的分区》,《方言》1986年第4期。鲍厚星和李永明1985在《方言》杂志第4期发表的《一九八五年湖南省汉语方言分区图》却把华容方言划入西南官话中。鲍先生未对这一变化作出解释,这或许是华容方言具有官话和赣语两种特征的表现。

应如此。

赣方言的另一异省的分布区为福建西北部的光泽、邵武、泰宁和建宁等县。关于赣方言的这一分布区可能有多种的解释,但其实最简单和最明了的解释则是源于永乐年间这一区域发生大疫后的移民。永乐年间闽西北邵武一带曾连续发生过大瘟疫,至永乐十七年,邵武一带死亡的人口竟达77万之多。土著人口几乎为之一空。除了明朝政府组织过一二次规模不大的移民之外,其人口的补充应当来自毗邻的江西。这就是邵武一带赣方言的由来。

俗文化还应包括风俗、民间戏曲、民间信仰等内容。以风俗为例,王士性在《广志绎》卷3"江北四省"条中说:

> 郡邑无二百年耆旧之家,除缙绅巨室外,民间俱不立祠堂,不置宗谱,争嗣续者,止以殓葬时,作佛超度,所烧瘞纸,姓名为质。庶民服制外,同宗不相敦睦,惟以同户当差者为亲。同姓为婚,多不避忌。同宗子姓,有力者蓄之为奴。此皆国初徙民实中州时,各带其五方土俗而来故也。

移民杂处的结果是地方风俗的消失,这种消失的过程有时往往就是新的风俗产生的过程。

再以民间戏曲的传播为例,如弋阳腔,弋阳腔至迟在元代后期已经出现,明初至中叶已遍布南方诸省及北京,并衍变为当地声腔。这一传播过程可能与洪武大移民有关。线索之一,今天的赣剧唱腔直接源于弋阳腔,赣剧别名有两个,一名饶河班,一名广信班。弋阳旧属广信府,其名称由来自不待言。饶河班是指以鄱阳为中心的艺人班底。鄱阳县是洪武年间江西向安徽等地移民的中心区域,向外移出的人口多达40万左右。弋阳腔很可能由此向长江以北的安徽及湖北地区流传,形成以后安徽西南部和湖北东南部地区的地方唱腔。线索之二,根据戏曲调查的结果,明初贵州、云南的弋阳腔就是由迁自江西等地的军队传入的。另外,今天贵州"地戏"的形成地是安顺马家屯、蔡家屯等十几个村庄。"屯"显然是明初军队的驻扎或屯垦之地,民间传说也认为"地戏"由明初军人传入。

三　传教士与西方文化的传入

明代后期进入中国内地的西方传教士虽然不多,但他们对于中国文化的影响却非常深刻。他们对中国文化的影响,不仅在于为中国输入了天主教,更重要的是为中国输入了西方的科学和技术。仅就利玛窦一人而言,他在西方科学文化的传入方面就做了大量的工作。他与徐光启合译了欧几里得的《几何原本》前六卷,参与修订历法,多次译绘五大洲地图,对西方的绘画、音乐、建筑、测量等的介绍也起了媒介作用。他编译有《几何原本》前六卷、《同文指算》十一卷、《测量法义》一卷、《圜容较义》一卷、《乾坤体义》二卷、《西字奇迹》一卷及《坤舆万国全图》等,涉及的领域包括算术、几何、物理、历法、测量、地理、文字等许多方面。与利玛窦同时代或稍晚一些时候的传教士也遵循学术传教的思想,在传教的同时传播西方现代科学技术和思想。值得一提的是,1620 年,金尼阁从欧洲携带 7 000 余部西方书籍来华,于是,对西方科学著作的翻译成为西方科学技术传入中国的最直接的途径。兹就各门科学的传入简述如下:

物理学和机械工程学。熊三拔于 1606 年来华,追随利玛窦学习中文,著有《泰西水法》一书,全面介绍西方农田水利建设技术。徐光启《农政全书》的水利部分完全采用此书。另有邓玉函著《奇器图说》一书,是一部系统的机械工程学著作,由中国人王徵译为中文。

在西方科学著作的影响下,王徵根据西方机械原理设计了各种新式机械。方以智 1641 年刊行的名著《物理小识》,共十二卷,所采用的西方科学理论大多出自传教士的各种著作。

天文学和历法。鉴于中国传统历法不够精确,先后有利玛窦、龙华民、邓玉函、罗雅谷、汤若望等传教士和中国的徐光启、李之藻等人参与了西洋历书的翻译和新历的修订工作,成《崇祯历书》一书,该书系统地介绍了西方天文学原理和测量方法。

数学。《几何原本》和《同文指算》两书为欧洲数学传入之开端。

地理学和地图测绘。利玛窦自己所绘的世界地图在中国多次刊刻,影响很大。他也用西式的投影法绘制中国地图。他所著的《乾坤体义》一书涉及自然地理的许多方面。以后,意大利传教士艾儒略作《职方外纪》一书,介绍五大洲各国的风土、民俗、气候、名胜等,是一本人文地理学的著作。

生物学和医学。邓玉函著《泰西人身说概》二卷,这是一部人体解剖学的专著。而熊三拔则有《药露说》一书,介绍西药的制造技术。

另外,传教士们在语文学和伦理学,在建筑、绘画和音乐的传入方面都做了许多工作。

第四节

明代移民运动的特点

至此,我们可以对明代移民运动作一简短的总结。和前代的移民运动相比,明代的移民运动至少有以下几个特点:

第一,明代初年的移民规模宏大,达到了1 100万人之众,占当时全国总人口的15.7%。这一人口迁移的绝对数量和相对规模在明代以前的移民史上是绝无仅有的。清代前期及后期的移民在数量上可能达到或超过明初的规模,然其移民数量在当时全国总人口中的比重却远不及明代初年。从这个意义上我们可以说,明初大移民是中国历史上最大规模的移民运动。

第二,自秦汉以至宋元,中国移民的主流是北人南下。明代初年,情况发生了变化。在长江流域,人口的输出地主要是苏南、浙江、安徽徽州、赣北、赣中及鄂东地区,输入地主要是苏北、安徽(徽州除外)、湖北、湖南和四川,构成从东南向西、向北的扇形迁移。在华北,人口输出地主要是山西、河北塞外、山东东部地区,输入地主要是河北(塞外除外)、河南和山东西部,构成从东、西、北三面向中心地区的内聚性迁移。尽管与此同时,数以百万计的军人及其家属却从内地向东北、北方、西北及西南各边疆地区迁移,但从移民人口的数量来说,内聚性移民是这一时期移民的主流。

第三,从汉代至元代,汉人一般为躲避战乱而南下,移民的实质为难民。明朝建立后,蒙古贵族退出中原,汉族移民颇类似于收复失地的胜利者。明代以前的逃难者大多是自发的迁移,而明初移民的大部分却是在中央政府的严密组织下进行的。政府对移民的数量和分布区域等也有一定的规定。大约700万以垦荒者身份出现的明初移民集中分布在华北平原、江淮平原、四川盆地等地,重建了这一区域的人口,实际上也重建了这一区域的经济。因此,与以前的移民相比较,明初大移民对于中国经济的恢复和发展具有更为重要的意义。

第四,明代的军籍移民是一个相当特殊的移民群体。由于户籍制度的限制以及职业的特点,这类军籍移民难以融入土著人口,以至于在今天的湖南、福建、江苏、山东等不少地方,还存在着与土著多少有些不同的军籍后裔群体。需要指出的是,在从东北到西南边疆的广阔区域,军籍移民的迁入对于当地人口的影响甚大。他们不仅是边疆的保卫者,而且本身也构成边疆人口的一部分。在这一广阔边疆的大部分地区,军籍移民的迁入使汉人开始超过当地的少数民族人口。这就为中原王朝有效地实施统治奠定了基础。

第五,明初大移民主要是重建或补充中心区的人口,还未能充实所有的人口稀疏区,明初大移民结束以后,绝大多数山区依然空旷荒凉。明初以后的移民以山区为主要迁移目标,只是由于政府组织的移民已经停止,山区移民因无法获得迁入地户籍而成为流民,与政府的矛盾日益尖锐。尽管政府不得不允许部分流民入籍,并新设行政区域加以治理,但并没有就此开放山区。空旷的山区始终吸引着无地或少地的农民。随着明代后期人口压力的增加,这种吸引力也变得越来越强。对山区的移民便成为清代移民运动一个鲜明的特征。

附 录

一 洪武二十六年（1393年）全国分府人口

单位：千人

地 区	民 籍	军 卫	合 计
总计	67 934	6 728	74 662
北 平			
北平府	361	269	630
保定府	380	0	380
真定府	700	17	717
河间府	380	0	380
永平府	76	33	109
顺德府	170	0	170
广平府	210	0	210
大名府	340	0	340
合计	2 617	319	2 936
山 东			
济南府	1 130	33	1 163
东昌府	110	17	127

续 表

地　区	民　籍	军　卫	合　计
兖州府	1 050	15	1 065
青州府	1 880	37	1 930
莱州府	850	20	870
登州府	805	33	838
合计	5 825	155	5 980
陕　西			
西安府	1 358	134	1 492
凤翔府	240	3	243
汉中府	60	20	80
平凉府	195	17	212
巩昌府	252	33	285
临洮府	52	33	85
庆阳府	92	17	109
延安府	409	83	492
合计	2 658	340	2 998
河　南			
开封府	1 277	118	1 395
河南府	570	67	637
彰德府	244	17	261
怀庆府	245	17	262
卫辉府	144	17	161
南阳府	274	50	324
汝宁府	210	33	243
合计	2 964	319	3 283
山　西			
太原府	854	91	945
平阳府	1 848	37	1 885
潞州	644	17	661
汾州府	244	0	244
大同府	167	168	335
泽州	475	0	475

续表

地　　区	民　　籍	军　　卫	合　　计
沁州	95	3	98
辽州	83	0	83
合计	4 410	316	4 726
京师南			
应天府	1 401	706	2 107
苏州府	2 355	50	2 405
松江府	1 220	17	1 237
常州府	776	0	776
镇江府	544	17	561
太平府	290	0	290
池州府	199	17	216
徽州府	592	17	609
宁国府	532	17	549
广德州	276	0	276
合计	8 185	841	9 026
京师北			
徐州府	213	17	230
淮安府	744	50	794
扬州府	794	50	844
凤阳府	427	195	622
滁州	27	17	44
庐州府	431	33	464
安庆府	430	17	447
和州	77	0	77
合计	3 143	379	3 522
江西			
南昌府	1 114	33	1 147
饶州府	921	3	924
广信府	486	7	493
南康府	196	0	196
九江府	85	17	102

续表

地　区	民　籍	军　卫	合　计
建昌府	513	3	516
抚州府	1 202	3	1 205
临江府	546	0	546
吉安府	1 718	24	1 742
瑞州府	429	0	429
袁州府	383	17	400
赣州府	366	20	386
南安府	75	3	78
合计	8 034	130	8 164
湖广南			
常德府	243	50	293
岳州府	218	17	235
长沙府	537	33	570
宝庆府	148	17	165
永州府	427	17	444
衡州府	300	17	317
郴州	110	0	110
辰州府	180	33	213
靖州	100	17	117
永顺	35	0	35
保靖	8	0	8
合计	2 306	201	2 507
湖广北			
黄州府	740	33	773
襄阳府	86	17	103
沔阳州	71	17	88
德安府	70	0	70
武昌府	300	33	333
汉阳府	50	0	50
荆州府	354	50	404
安陆府	41	17	58

续 表

地　区	民　籍	军　卫	合　计
施州府	138	17	155
合计	1 850	184	2 034
福　建			
福州府	634	84	718
汀州府	291	20	311
邵武府	236	17	253
建宁府	690	54	744
兴化府	320	33	353
延平府	560	20	580
泉州府	530	33	563
漳州府	440	33	473
合计	3 701	294	3 995
浙　江			
杭州府	1 081	37	1 118
严州府	352	3	355
绍兴府	1 335	33	1 368
嘉兴府	1 638	20	1 658
湖州府	1 200	3	1 203
台州府	987	50	1 037
温州府	893	50	943
衢州	537	0	537
宁波府	923	67	990
金华府	1 280	0	1 280
处州府	731	17	748
合计	10 957	280	11 237
广　东			
广州府	1 168	107	1 275
韶州府	103	3	106
南雄府	87	3	90
惠州府	140	20	160
潮州府	448	20	468

续 表

地 区	民 籍	军 卫	合 计
肇庆府	565	24	589
高州府	142	3	145
廉州府	97	0	97
雷州府	291	17	308
琼州府	575	27	602
合计	3 616	224	3 840
广 西			
桂林府	520	50	570
柳州府	259	17	276
庆远府	82	0	82
梧州府	268	3	271
南宁府	53	33	86
浔州府	65	0	65
平乐府	10	0	10
思恩府	58	0	58
泗城州	131	0	131
田州	32	0	32
镇安府	47	0	47
太平府	49	49	98
思明府	4	0	4
龙州	3	0	3
江州	4	0	4
思陵州	3	0	3
合计	1 588	152	1 740
四 川			
成都府	273	141	414
保宁府	71	3	74
顺庆府	132	3	135
夔州府	80	17	97
重庆府	485	17	502
叙州府	242	17	259

续 表

地　区	民　籍	军　卫	合　计
潼川州	77	0	77
眉州	42	0	42
嘉定州	85	0	85
泸州	119	17	136
雅州	14	3	17
永宁	15	17	15
黎州	3	0.2	3.2
马湖府	22	0	25
乌蒙府	22	0	22
东川府	22	0	22
乌撒府	22	17	39
镇雄府	22	0	22
合计	1 748	240	1 988
贵　州			
贵州宣慰司	205	34	239
威清卫	0	7	7
平坝卫	0	17	17
安庄卫	22	20	42
安南卫	22	17	39
普安卫	22	17	39
毕节卫	22	17	39
赤水卫	22	26	48
普定卫	68	17	85
兴隆卫	0	20	20
都匀与清平	50	34	84
平越卫	27	17	44
新添卫	19	17	36
龙里卫	4	17	21
平溪卫	38	17	55
镇远偏桥清浪	19	51	70
五开卫	54	53	107

续 表

地 区	民 籍	军 卫	合 计
播州宣慰司	270	0	270
思南宣慰司	96	0	96
思州宣慰司	65	0	65
合计	1 025	398	1 423
云 南			
云南府	49	104	153
曲靖府	21	57	78
寻甸府	4	3	7
临安府	87	24	111
澂江府	40	0	40
广西府	19	0	19
广南府	33	0	33
元江府	17	0	17
楚雄府	21	20	41
者乐甸司	5	0	5
姚安府	6	3	9
武定府	14	0	14
景东府	61	17	78
大理府	93	94	187
鹤庆府	33	7	40
丽江府	78	0	78
蒙化府	19	27	46
顺宁府	7	0	7
孟定府	12	0	12
孟缅司地	5	0	5
大侯司	8	0	8
金齿司	50	17	67
芒市司	5	0	5
镇康州	3	0	3
湾甸州	8	0	8
干崖司	2	0	2

续 表

地 区	民 籍	军 卫	合 计
南甸司	5	0	5
陇川府	3	0	3
车里司	42	0	42
威远州	8	0	8
合计	758	373	1 131
东北地区			
辽东都司	104	396	500
奴尔干都司	500	0	500
蒙 古			
北元残部	150	0	150
兀良哈三卫	100	0	100
科尔沁	10	0	10
鞑靼	100	0	100
合计	360	0	360
北方军卫			
北平行都司	80	450	530
万全等卫	30	300	330
东胜等卫	8	67	75
陕西都司			
宁夏	17	69	86
洮州卫	8	20	28
岷州卫	20	20	40
合计	45	109	154
陕西行都司			
甘州三卫	25	31	56
山丹卫	8	13	21
永昌卫	9	15	24
凉州卫	9	39	48
临河卫	8	7	15
庄浪卫	9	17	26
西宁卫	9	16	25

续表

地 区	民 籍	军 卫	合 计
合计	77	138	215
新疆地区			
阿端卫	70	0	70
亦力把里	150	0	150
朵豁剌剔	80	0	80
合计	300	0	300
四川都司			
松潘卫	34	3	37
龙州卫	34	3	37
叠溪所	2	3	5
天全招讨司	8	3	11
合计	78	12	90
四川行都司	67	111	178
西藏	800	0	800
台湾	100	0	100

二 "瓦屑坝"移民:传说还是史实

1. 引言

近些年来,关于中国移民史的基本史实,学术界出现了相当强大的质疑之风。最初的质疑来源于华南。他们的研究表明,在珠江三角洲地区,"许多本地人迁徙的历史传说是值得质疑的",这些自称是宋代经南雄"珠玑巷"南下的汉人,其实是当地的土著居民,甚至有上岸的水上"蛋民"。他们通过修筑祠堂,编纂族谱,伪造族源,将自己贴上汉人的标记,不过是为了在珠江口沙田的争夺中获得有利地位的一种策略[1]。

---

[1] 刘志伟:《祖先谱系的重构及其意义——珠江三角洲一个宗族的个案分析》,《中国社会经济史研究》1992年第4期,第18—30页;萧凤霞、刘志伟:《宗族、市场、盗寇与蛋民:明以后珠江三角洲的族群与社会》,《中国社会经济史研究》2004年第3期,第1—13页。

从珠江三角洲出发，学者们开始质疑其他地区的移民传说。例如，赵世瑜在基本肯定移民史实的前提下，从墓碑与族谱中找到若干条证据，证明与山西洪洞"大槐树"相关联的移民传说，"和移民本身是两个完全可以不相干的独立部分"，并且，"传说的文本并不是在一个时间里形成的，它们经历了一个丰富、添加、黏附的过程"[1]。也就是说，遍布华北大地的"大槐树"移民传说，在很大程度上带有虚构的成分。

与"大槐树"相关联的移民虚构，可以从民国《获嘉县志》卷8《氏族》中找到更为细致的说明：

> 而中原大地，则以异类逼处，华族衰微，中更元明末世，播窜流离，族谱俱付兵燹。直至清代中叶，户口渐繁，人始讲敬宗收族之谊，而传世已远，祖宗渊源名字多已湮没，独有洪洞迁民之说，尚熟于人口，遂致上世莫考者，无论为土著，为军籍，概曰迁自洪洞焉。

所谓"异类逼处，华族衰微"，令赵世瑜"想到女真人和蒙古人在淮河以北的生活"，明代初年的华北有点"像魏晋南北朝那样的一个族群混杂的时代"；"明朝在重新确立汉族正统的过程中，对蒙古等北方少数民族采取了鄙夷甚至压制的态度"。因此，相当多的女真或者蒙古人就有了"一种寻根的需求"。淮河以北的"大槐树"传说就是这样创造出来的。

在中国移民史上，与"大槐树"同时代的移民传说，还有许多。例如，在苏北地区，有"苏州阊门"移民传说；在安徽及鄂东地区，有江西鄱阳"瓦屑坝"移民传说；在皖西丘陵，有山东"枣林庄"移民传说；在荆湖平原，有江西南昌"筷子巷"的移民传说；在四川，则有"麻城孝感乡"移民传说。以我们目前的知识，江淮之间乃至四川并不是"异类逼处"之区。这一区域不存在汉夷关系的紧张。由此看来，有关"大槐树"的理论新解，并不适用于"瓦屑坝"及其他移民传说。

---

[1] 赵世瑜：《祖先记忆、家园象征与族群历史——山西洪洞大槐树传说解析》，《历史研究》2006年第1期。

除此之外,关于"大槐树"移民传说的"大批制造",赵世瑜的解释为:清末民初,中国有了亡国灭种的威胁,近代"民族国家"概念也开始传入中国,一些地方的知识精英开始利用自己手中的文化权力,对传统的资源加以改造,"他们希望把大槐树从一个老家的或中原汉族的象征,改造成为一个国族的(national)象征"。这些传说的广泛传布,"一定与"清代中叶以后"知识精英的推波助澜有关"。

然而,以"瓦屑坝"移民传说作为对照,这一看似合理的解释也不能成立。在另外两篇文章中,我们已经证明,"瓦屑坝"移民传说的"大批制造",恰恰是在康熙年间甚至更早,而不是清代中叶及以后。移民后代寻访"瓦屑坝",也发生在清代中叶以前,而不是以后。围绕"瓦屑坝"移民传说,虽然地方精英发挥了重要的作用,但与"种族认同"和"国族认同"毫无关系[1]。

于是,本文的讨论,不再针对与"大槐树"相关联的理论展开,而专注于传说背后的制度与史实。赵世瑜指出,尽管存在宗族来源的大量虚构,"但是,这并不等于说所有记载其祖先来自山西洪洞的族谱在这一点上都是虚构的,也还有很多族谱记载其祖先来自山西其他地方或者其他省份。在历史上的许多时期,人口迁移是很频繁的,山西也是如此,甚至政府有组织的移民行为也是确定的事实,为什么就不能有洪洞来的移民呢?"在列举了两个迁自山西洪洞"羊獬"村和"柳子沟"村移民的事例后,赵世瑜认为:"问题在于这些在族谱中自称是洪洞移民的数量太大了,对此,已有学者表示怀疑,并认可洪洞作为移民中转站的说法,但这并无可信的史料依据。"

在这一相当委婉的表达后面,我们还是读出了以下几点不信任或不确定:其一,关于族谱记载的可信性;其二,关于是否存在移民中转站;其三,关于政府组织移民之过程。

关于族谱资料是否可靠,在本卷有关山东移民的研究中,我曾经将地方志与地名志的记载与《明实录》对勘,证明地方志与地名志资料的可靠性。在山东,20世纪90年代编撰之各县地名志,其实就是族

---

[1] 游欢孙、曹树基:《地方权势演变与康熙中叶鄂东大族的宗族实践——以黄冈靖氏为例》,未刊稿;游欢孙:《精英文本的流传与移民传说的演变:瓦屑坝移民传说的初步解析》,未刊稿。

谱关于族源记载之集合,可以当作族谱资料来运用。然而,这一做法并未扩大到淮河以南地区。关于移民中转站,由于"并无可信的史料依据",所以未加以专门的论述。关于政府组织移民之性质,在华北地区,由于《明实录》中存在大量记载,并不成为一个问题。而在淮河以南,由于史料缺乏,明初大移民是否为政府组织也是一个亟待证明的大问题。

鉴于此,本文将首先证明明代初年淮河以南地区移民的性质,即南方地区的移民是中央政府组织的移民;其次,本文将以"瓦屑坝"为例,对"移民中转站"的假说进行验证;最后,本文对于族谱中的"瓦屑坝"及其他移民原籍,给予新的假设与证明。

2. 族谱与《明实录》对勘

在淮河以南地区,关于政府组织移民的记载,大多出于族谱系列。地方志如有记载,也同样出于族谱,似乎不足以凭。张国雄曾引黄冈县若干族谱谱序,说明"洪武大移民"具有官方组织的背景与性质。

民国四年(1915)《许氏宗谱》卷首《始祖序》:

> 明定鼎初,始命徙江西大姓实江汉之地,吾祖遂依国令,偕妣李氏,同兄清浦公、妣,迁居楚黄。[1]

民国二十三年(1934)《魏氏宗谱》卷首《魏氏履历》(作于景泰六年,1455年):

> (洪武三年)部奏斯地(指江西省饶州府浮梁县)之民,当徙荆南、黄州等处,任土耕插落业……再题时,族人死亡固多,然所存者不少,惟素有名报官,不得不徙……此年四月,路邑催逼,遂各泛舟南渡。[2]

又民国二十四年(1935)《喻氏宗谱》卷1《喻氏受姓源流考》:"徐寿辉之乱,楚地榛莽千里,虚无人迹。洪武初,诏豫章各大姓从黄占籍。"民国三十四年(1945)《宗氏宗谱》卷首《创修原序》:"黄地昔经元

---

[1] 转引自张国雄:《明清时期的两湖移民》,陕西人民出版社1993年版,第110页。
[2] 同上书,第103页。

末之乱,几同瓯脱。明洪武初,命移江右于黄。"再如民国三十五年(1946)《方氏宗谱》卷首《始祖伯武公传略》:"明太祖定鼎金陵……湖北等地草辟荒烟,路无人迹。上下令召迁饶民于湖北。"还如民国三十六年(1947)《孙氏族谱》卷首《始祖传》:"前明定鼎,下诏抽迁江右士庶以实兹土。吾祖昆季四人偕家人父子过鄱阳,遇风涛,船几倾覆,许顾得免。抵冈邑登岸,兄弟分手,拟以傍河而居,取黄河源远流长之义。"[1]

上引民国四年至民国三十六年所修诸种族谱,皆有"命""令""诏"之言,似乎证明了明太祖下令迁民。然而,成于20世纪的族谱,本身就是民间传说之一种,不能作为信史来引用。即便是上引民国二十三年《魏氏宗谱》所载之《魏氏履历》,尽管成稿于景泰六年(1455年),距离洪武三年(1370年)只有85年,也不能当真,这是因为,族谱在历代修撰过程中,可能有所删改。谁能保证其中所载"部奏斯地之民,当徙荆南、黄州等处,任土耕插落业"是景泰六年之原文?

可以查一查官方文献中有关北方移民的记载。如《明太祖实录》卷197所载山西民迁北平、山东等地,是这样写的:

> 后军都督朱荣奏:山西贫民徙居大名、广平、东昌三府者,凡给田二万六千七十二顷。

又如《明太祖实录》卷216所载山东省东部人口移民本省西部:

> 监察御史张式奏徙山东登、莱二府贫民无恒产者五千六百三十五户就耕于东昌。

很显然,《魏氏履历》中的"部奏斯地之民"与《明太祖实录》所载北方移民程序可以对应,撰写者不是凭空想象。有趣的是,在长江以南的湖广省常德府,《明太祖实录》卷250中的记载,更可以作为中央政府组织南方移民的证明:

> (洪武三十年)常德府武陵县民言,武陵等十县自丙申兵兴,人民逃散,虽或复业,而土旷人稀,耕种者少,荒芜者多。邻近江西州县多有无田失业之人,乞敕江西量迁贫民开种,庶农尽其力,

---

[1] 转引自张国雄:《明清时期的两湖移民》,第87、103、110页。

地尽其利。上悦其言,命户部遣官于江西,分丁多人民及无产业者,于其地耕种。

这段记载中至少有 5 个要素值得重视。其一,事情发生在洪武三十年(1397 年);其二,有武陵县民提议;其三,常德土旷人稀,迁入者垦田;其四,明太祖命户部遣官于江西;其五,分丁多人民及无产业者移民。《明太祖实录》的这一记载在族谱中找到了对应。江西吉安王氏于洪武三十一年(1398 年)迁居常德,有人转引其族谱记载如下:

> 太祖悯常德子遗零丁,艰于服役,命下吉安等府遴选巨族析丁居住,族人多逃。八世祖继真公乃慨然与里胥诣县,宰壮其志,命为十长,率众即行,卜居武陵县牛桥,又召弟贵同来创业,共为牛桥始祖。[1]

吉安王氏迁入常德,发生在洪武三十一年,与上文之洪武三十年正好对应。"太祖悯常德子遗零丁"与"土旷人稀"正好吻合。吉安大族析丁外移,即是"分丁多人民"之意。这三条与上引《明太祖实录》之第一、第三和第五个要素完全对应。不仅如此,《王氏宗谱》的这一记载还增加了其他两个要素:其一,"族人多逃",说明政府组织的迁移具有某种强制性;其二,"命为十长",当是十人为队,王继真是队长,如同同时期北方移民中之屯官。一队之迁移,如同一甲之迁移。从逻辑上推断,在这一记载所包含的 5 个要素中,如果其中 3 个要素为真,其他 2 个要素做假的可能性是很小的。我们将"政府强制"和"编队而行"分别命名为第六和第七个要素。

这样的例子很多。如常德莲子冈欧阳氏,始迁祖立道公,号元泰,原居江西吉安府吉水县同水乡五十八都臻善里大夫团泉水口水南保圣宋团桑园三神冈庙,"洪武三十一年奉例徙楚,舟泊常德冲天湖,遂定居湖之南岸莲子冈"[2]。汉寿县军山乡胡氏,"明永乐二年(1404)奉(诏)开种楚省敕田,由江西吉水安插至汉寿军山乡"[3]。更为详细的

---

[1] 湖南图书馆编:《湖南氏族源流》,岳麓书社 2006 年版,第 42 页。
[2] 同上书,第 594 页。
[3] 同上书,第 710 页。

记载可见之于汉寿《胡氏宗谱》中：

> 元末倡乱，湖广诸地蹂躏殆尽，有武陵老人李德裕告准奏拨江西庐陵吉水永丰四县民按册抽丁，奉诏拨补南楚。该族始迁祖庭柏公，明洪武初携子子斌由江西吉安府庐陵县第七都洪慈乡敬居里枫树林鲤鱼塘迁居龙阳(今汉寿)东关外安乐里。[1]

上引《明太祖实录》中的"武陵县民"就是"武陵老人李德裕"。这一记载，与上引《明太祖实录》中的第二个要素是对应的。这一记载并不见于现存各种版本的《常德府志》及龙阳、桃源、沅江等县县志。或源于明代族谱，或源于民间口耳相传。另外，"按册抽丁"就是上引《明太祖实录》中的"分丁"，只是"分丁"的情节更为具体罢了。以我们对于洪武时期人口制度的理解，这里的"册"应该是户口册，亦即"户帖"册。如此，我们将此点作为重点讨论的第八个要素。唯有一点需要说明，《胡氏宗谱》错将洪武末年写成洪武初年。

就整体而言，在移民迁入时间上，族谱的记载与《明太祖实录》是一致的。在常德府属之龙阳县(今名汉寿县)，查《汉寿县人口志》，在其统计的59个迁自江西的氏族中，有3族迁自元末，20族迁自洪武，29族迁自永乐。我们相信所谓迁自"洪武"者，本来就包括了一批洪武末年的迁入者。而大批移民自永乐年间迁入，与朱元璋接受了"武陵县民"之言然后展开移民是有关的。据本卷表3-18，在同属常德府的桃源县，在永乐及永乐以前共142个迁自江西的氏族中，有1族迁自南宋，4族迁自元末，13族迁自"明初"，39族迁自洪武，85族迁自永乐。永乐年间的移民占明初移民的最大份额。邻近江西的长沙府则完全不同，永乐时期的移民数量是很少的。

这样一来，我们对于江淮之间移民氏族的"奉诏"传说与"分丁"传说，就有了相当的信心。如在黄冈，《敦本堂李氏宗谱》卷首《李氏墨谱序》称："邑中钟鼎旧家，多自洪、饶、鄱、吉分丁析姓而来。"[2] 如在随州，民国《陈氏祠壬子年碑文》："自大明洪武二年，湖广大乱，我祖奉旨

---

1 湖南图书馆编：《湖南氏族源流》，第710—711页。
2 张国雄：《明清时期的两湖移民》，第38页。

分丁,迁居随州县南乡圣四家焉。入境插草为标,挽草为记,遂落籍于陈家嘴。"[1] 由于这些传说在《明太祖实录》中可以找到对应的记载,因此,它们是信史,而不是什么野史趣闻。1941年之前,《明实录》一直以钞本的方式存在,所以,一般人哪怕是普通的知识分子也少有读到过本书的。无论如何,我们都不能相信,乡野草民有可能在阅读过《明太祖实录》以后再来撰写他们的家谱的。

行文至此,只有上引《明太祖实录》中的第四个要素,即"上悦其言,命户部遣官于江西"一句尚未在族谱中找到完整的对应。族谱中虽有"奉诏"迁移之说,但我们不知百姓如何"奉诏",诏书如何下达。在湖南湘潭,民国十一年(1922年)《龙泉罗氏族谱》卷4《一派齿录》称:"(湘潭罗氏)原籍江右吉水汽下。明洪武七年偕长、次二男领南京凭来潭,卜居梅林巷。"[2] 其中"领南京凭",就是从南京派来的官员手中领取凭证。

或有人问,湘潭属于常德十县吗? 其实,明初之常德府下辖四县,即武陵、桃源、龙阳与沅江,其他六县有可能包括相邻之长沙府属县。湘潭是否包括在"常德十县"当中并不重要,重要的是《明太祖实录》中的"派官遣民"之制度。

迄今为止,谁也没有见过所谓"南京凭"究竟为何物。没有见过,并不能说不曾存在。我推测是一种类似路条之类的凭证。到新地后,移民凭此落籍立户。当然,所谓"南京凭"也可能是"户帖"。例如,还是在湘潭,同治四年(1865)《湘潭高塘李氏七修族谱》卷首《自序》称本族:

> 发源洪都。胜国之初,奉户帖来居吾潭者,实始湖茫祥公。[3]

在《湖南氏族源流》中,查到湘潭高塘李氏始迁祖祥公,"世居江西丰城县",又在湘潭营鹏湾李氏条下,查到其先祖"明洪武初年自江西丰城县湖茫分支来潭"[4],知湖茫为丰城县地名,细查则知其为今天江西省丰城市段谭乡下辖的一个行政村。由此可知,移民对于原籍村庄的认知并未做假。

---

[1] 张国雄:《明清时期的两湖移民》,第167页。
[2] 同上书,第105页。"汽下"似乎是一个地名,但颇怪异。
[3] 同上。
[4] 湖南图书馆编:《湖南氏族源流》,第334—335页。

厘清以上问题后,我们来讨论这段记载提到的明代初年的"户帖"制度。洪武三年(1370年)冬,明太祖下令在他控制的区域内登记户口,登记的方法是每户颁发户帖,在户帖上记载户名、住址、应当何差、计家多少口,又分男女,男子项下又分"成丁"与"不成丁",妇女项下分"大口"与"小口",且各记年龄。由此可见,洪武时期的"户帖"制度是政府对人民以家庭为单位的人口与财产登记的制度,是政府管理人民的手段。

洪武三年十一月二十六日,朱元璋发布有关清查户口的告示,告示是用白话文写的,其文节录如下:

> 你每(们)户部家出榜,去教那有司官将他所管的应有百姓都教入官,附名字,写着他家人口多少,写得真着……我这大军如今不出征了,都教去各州县里,下着绕地里去点户比勘合。比着的便是好百姓,比不着的便拿来做军。比到其间有司官吏隐瞒了的,将那有司官吏处斩。百姓每(们)自躲避了的,依律要了罪过,拿来做军。钦此。除钦遵外,今给半印勘合户帖,付本户收执者。[1]

据此可知,所有的百姓都必须登记,颁给户帖;户帖为半印勘合,每户收执,以备查验;勘合户帖是军队的任务,逃逸者充军;官吏不可循私,循私者处斩。对于洪武时期的严刑厉法,从中可以窥其端倪。

如果"分丁"迁移,势必需要颁发新的户帖,如果全家迁移,则需携户帖前往,以备查验。洪武之后,户帖制度实际已不存在。由此可见,移民后裔对于明初制度的记忆能力确实是惊人的。

湖南北部的情况表明,族谱中有关移民细节的记载,可与《明实录》相对应。这让我们有信心依靠族谱记载,建构《明实录》等官修史书没有记载的移民史。

3. 地名志与《明实录》对勘

在《明太宗实录》卷48中,我们还见过一位户部官员在江西的移民举措,只不过,他参与组织的这次移民受到明太宗的严厉批评。有

---

[1] 中国社会科学院历史研究所编:《徽州千年契约文书》第一卷《宋元明编》,花山文艺出版社1995年版,第25页。

记载如下：

> 乙酉（永乐三年，1405），抚安江西，给事中朱肇昌先因九江、南康二府多荒闲田，令有司招致各府县有丁无田及丁多田少之民任便开垦。今南昌等府民自愿开垦者三千七百八十七户，实垦田千二百九十七顷三十七亩。上曰：此未可遽信，或肇虚增其数以希进用耳，久当验之。盖肇为人轻妄刻薄，其为此举也，威迫郡县，欺绍百姓以从之，其实不过二千人，岁余逃亡，几年皆如上所料云。

推测朱肇昌是来自南京户部的官员。户部官员来到九江、南康两府组织移民，是对上引《明太祖实录》中"命户部遣官于江西"一句的最好注脚。除此之外，这一记载中至少又有三个要素值得注意：其一，事情发生在永乐三年。其二，迁入的是南昌等府之民。其三，迁入之民多有逃亡，但没有全部逃亡。

仍然可以用族谱中的资料来加以证明。需要说明的是，本节证明所用资料并不是单一的族谱，而是族谱的集合体——地名志。20世纪80年代江西各县修撰的地名志，除了村庄名称、行政所属、人口、耕地、主要出产等内容外，还有村庄来源之记载。关于村庄来源，则大多采自族谱的相关记载。对于年代较近的，也采纳村民的口述。因此，江西各县地名志，就成为各县族谱关于氏族源流之汇编。本文采用的是当年正在编辑过程中的地名档案，其性质与地名志完全相同。

元末明初的战争对于长江中游沿岸的破坏相当严重，长江以南也不能幸免，只是受害程度相对较轻。康熙《九江府志》卷3《兵防》"漕船"条称："元末陈友谅据江州，明师攻伐日久，相持战斗，民无孑遗。"说的是战争对九江地区人口的破坏，只是在嘉靖《九江府志》卷8《兵防》"漕船"条下无此记载。由此可见，尽管嘉靖年间撰修的《九江府志》缺载，但这次战争的破坏对于当地人民的印象实在是太深刻了。直到康熙年间，修志者仍然不忘将此事书于《九江府志》。

为了了解明代初年这一区域的人口状况，在1989年完成的博士论文中，我曾抽取瑞昌和德安两县地名档案所记载的1 272个村庄进行统计,其中有 400 个自然村建于明初及明初以前,详见本卷表 8-14。

在这 400 个村庄中,元代及元代以前的自然村共有 43 个,明初建立的村庄多达 357 个。明初之后,没有哪一个时代新建有如此大量的村庄。由此可见元末战争对于这一区域的巨大影响。上引康熙《九江府志》卷 3《兵防》中的记载,在此得到印证。

在明初建立的村庄中,迁自吉安的共有 58 村,迁自南昌的共有 34 村,迁自江西其他地区只有 6 村,几可忽略。这一统计可与上引《明太宗实录》之第二个要素——"南昌等府民"基本对应。有所不同的是,《明太宗实录》只讲"南昌等府",而实际上,吉安府移民是当地最重要的移民来源。另外,从湖北迁入的村庄,主要迁入瑞昌县,瑞昌县与湖北毗邻。虽然是省际迁移,路途其实很近。

当然,在瑞昌与德安两县,最多的村庄还是从本县或九江府境迁入的。也就是说,新建村庄的很大一部分是从当地那些元代及元代以前就建立的村庄中分迁出来的。来源于本府及本县的人口,在我们的统计中,不算移民。

据本卷表 8-4,"明代初年"的记载形式共有三种,或曰"明初",或曰"洪武",或曰"永乐"。

在明初所建村庄中,建于洪武年间的只占 8.4%,建于永乐年间的占 91.6%。可见所谓"明初",几乎就是"永乐"。这一统计与上引《明太宗实录》的第一个要素完全对应。

或许是永乐皇帝对于朱肇昌的欺骗行为有了误解,或许是在朱肇昌案发生以后,中央政府对于两府移民采取了补救性的措施。总之,从这两县的数据看,永乐年间,九江、南康两府的移民垦荒确实扎扎实实地进行了。这一点,可与上引《明太宗实录》第三个要素相对应。

在黄州府和安庆府,我们没有发现永乐年间存在规模性人口迁移,因此,可以将九江、南康两府的永乐移民视作"瓦屑坝"移民结束后的移民活动。九江、南康两府的移民来自吉安府与南昌府,居然与隔水相望、交通便利的鄱阳湖东岸移民基本无涉。这令我们不能不作出这样的推测,鄱阳湖西侧的移民是由中央政府划定区域且精心组织的。确实,在上引《明太宗实录》中,"南昌等府民"是不包括饶州府民的。

在宋元时期的战争中,同属九江府之鄱阳湖东侧各县受到的破坏又是怎样的呢?在湖口县与彭泽县,我们从两县地名档案中随机抽取1 109个村庄进行统计,其中有100个明初以前所建村庄。另外,有199个村庄建于"明初"[1]。以此计算,在湖口与彭泽,明初以前所建村庄占明初及以前所建村庄的33.4%。而据本卷表8-14,在瑞昌县与德安县,这一比例仅为10.7%。很显然,在明初以前的战乱中,鄱阳湖东侧人口损失要比鄱阳湖西侧小得多。

所以,湖口与彭泽等地,就不是政府划定的移民区。在这两个县中,明初所建村庄中,大部分是从本地古村中分迁出来的。尽管如此,我们还是从中找到12个迁自吉安府的村庄,其中有10个村分布在彭泽县太平公社(乡),他们与鄱阳湖西侧的吉安移民同属一批。此外还有2个村明初自鄱阳迁来,人数太少,不构成我们定义的移民。

为了进行比较,我们还从江西南城、临川、丰城和上高四县各随机抽取了4个乡镇共1263个村庄进行统计,其中唐代村庄共79个,宋代村庄263个,明初村庄仅得134个。这些村庄之大部分是从本县本区的古村中分析出来的,来自江西其他地区或外省的村庄极少[2]。由此可见,移民输入区的村庄构成与移民输出区的村庄构成是不相同的。

总之,江西北部的情况表明,由大量族谱构建而成的地名志,其内容可与《明实录》相对应。这就意味着,根据族谱记载重建明代初年的移民史,是基本可靠的。至少在统计的意义上,利用族谱构建的移民史是基本可靠的。

4. 从"瓦屑坝"出发

上文指出,"洪武大移民"是中央政府组织的有规划的移民。细致

---

1 曹树基:《明清时期湘鄂皖赣浙地区的人口迁移》,复旦大学博士学位论文,1989年,未刊,第177—178页。
2 同上,第179—180页。

一点分析，移民可能是以府为单位进行的。某一地移民来自何处，有着严格的规定，逾越规定的现象虽然存在，但不普遍。来自鄱阳湖东侧的移民被相对严格地限定在江淮之间的安庆府、庐州府和黄州府。

饶州移民驾船出湖口后，沿长江上溯。长江左岸有高大雄伟的大别山，诸水自大别山奔流而入长江，由下往上，分别有蕲水、浠水、巴河、举水、东流河与滠水。饶州移民除了定居于长江边者，大多数溯各水而上，寻找自己的新家园。而在蕲水下游之武穴口，有富水自长江右岸注入长江。沿富水而上，有兴国州与通山两县，此两县虽有江西移民分布，却基本不见有来自饶州者。同样，在黄冈对岸的武昌、大冶等县，也少见"瓦屑坝"移民。

查《明史·地理志》，与黄州府相邻之德安府在战争中受到的破坏比其他地区更为严重。洪武初年，只有云梦县未被省废，其余各州县皆是洪武十三年复置的。洪武初年，德安府也降为州，从属黄州或武昌，直到洪武十三年才复为府。在这种情况下，洪武初年的江西移民有可能进入后来的德安府境。

来自饶州的移民出湖口后，见长江左岸，大湖与大江相连，水天一色。名为雷池的大湖实际位于湖口对岸，他们驾舟从长江入雷池，可轻易抵达沿湖的宿松与望江两县。再从陆路，或从怀宁，上溯马路河与潜水河，可分别抵达太湖与潜山。桐城距离长江与雷池皆远，但并没有影响鄱湖移民的迁入。他们经桐城而抵庐州府西境，展开移民史的另一篇章。

如果饶州移民出湖口后，顺江而下，则可从长江左岸之濡须水口，进入巢湖，并借此而进入庐州府城（即今合肥）周边的广阔平原。当然，他们也可能在抵达濡须水口之前登岸，进入无为与庐江。

有意思的是，就在鄱湖移民顺流而下之途中，几乎无人关注长江右岸之荒芜。根据我的调查，在长江右岸之贵池府与太平府，充斥其中者是来自宁国府和徽州府的移民。看来，中央政府对于饶州移民的迁入地有着相当严格的规定。行文至此，我们对于族谱中大量出现的"奉诏"迁移，带"户帖"迁移及"命为十长，率众即行"有了深刻的体会。图1展示的就是这一整齐而有趣的移民路线与移民过程。

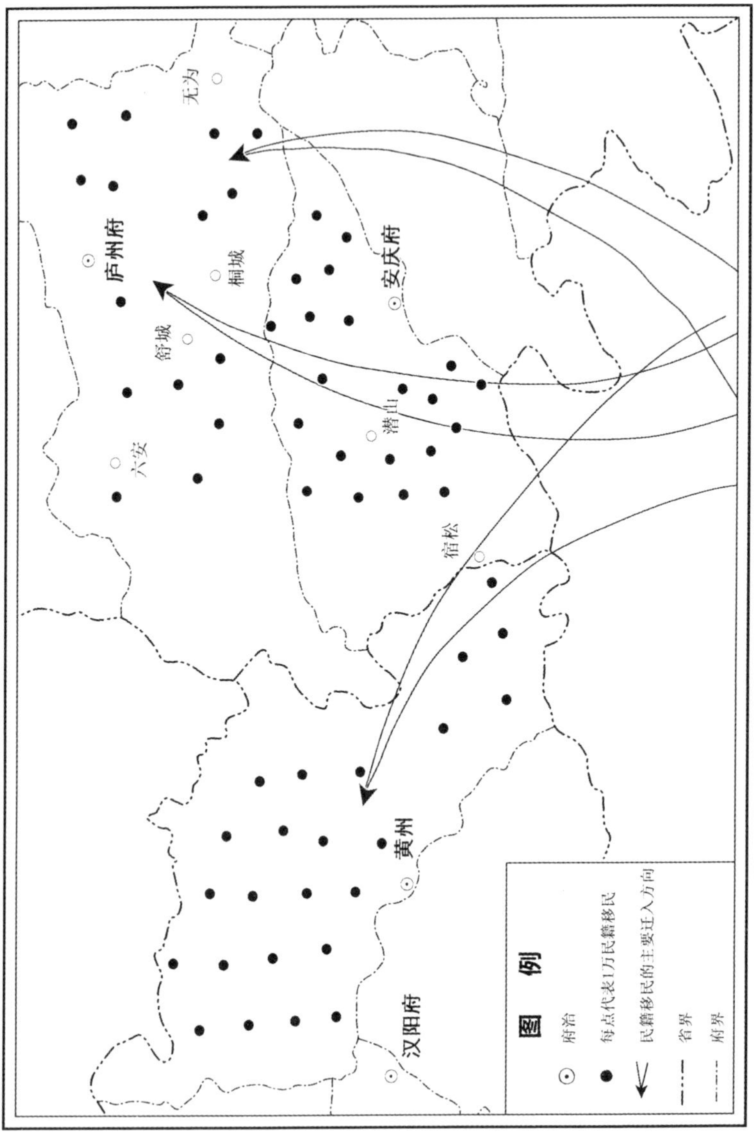

图 1 洪武年间饶州移民路线

来自饶州府的移民主要来自"瓦屑坝"。在安庆府所辖之太湖县，太湖县地方志办公室编《太湖百家姓》（第一辑）一书收录县境中52个氏族迁徙由来及历代名人。试举二例：

晋颐镇道光《张氏宗谱》："（文钦）公为荥阳教授，于前明洪武间，由鄱阳迁湖。"[1] 鄱阳是安庆府属县最为常见的移民原乡地名。本文所讨论的"瓦屑坝"就坐落在鄱阳县西鄱阳湖中的一个小岛上。

小池驿《李氏宗谱》：李茂实从布政使（中奉大夫）贬官至江西鄱阳湖碗屑坝，又于明永乐元年（1403年）奉诏徙迁皖太湖小池驿定居，为太湖李姓始祖[2]。将"瓦屑坝"写成"碗屑坝"，是仅见于太湖县的一种写法。

在安庆府境之北的庐江府南境之巢湖县，有研究者专门研究来自江西的移民民居，并提供了若干宗谱之由来：

笏山臧家村《臧氏宗谱》："第一世……公原籍瓦砾坝。""瓦砾坝"也是"瓦屑坝"的一种写法。

金家村《金氏宗谱》："我金氏一脉……古籍江西瓦西坝地方，继因前元扰乱，迁移沘水南乡。"[3] 将"屑"误写为"西"是"瓦屑坝"各种异名中最不合理的一种。

安庆府境之西为湖北黄安府境麻城县，江西移民以及"瓦屑坝"移民传说同样传播久远，流传广泛。举例有二：

西乡《江氏宗谱》："忆我始祖考讳千四公字巨川号上亭，妣张白李氏孺人，由明初原籍江西饶州府乐平县瓦屑坝入籍麻城，卜居邑之西乡，离城六十五里许岐亭祗方埠家焉。"将"瓦屑坝"写作乐平地名，相当常见，后文将有解释。

甘家河《甘氏宗谱》："即溯稽甘氏原籍江西瓦屑坝迁居麻邑甘家河后，再龙公复迁甑山区，嗣后瓜绵椒衍。"将"瓦屑坝"直接归在江西省名下，也是常见的写法。

---

1 太湖县地方志办公室编：《太湖百家姓》（第一辑），第26页。
2 同上书，第23页。
3 转引自张靖华：《九龙攒珠——巢湖北岸移民村落的规划与源流》，天津大学出版社2010年版，第19、11页。

由此可见，在上引各种族谱中，提到江西原籍最多的一个地名是"瓦屑坝"，虽然也有写作"瓦砾坝""碗屑坝"的，都可以看作"瓦屑坝"的同名异称。我们的研究发现，提到"瓦屑坝"最多的县名是"鄱阳"。"瓦屑坝"真的是在鄱阳吗？

20世纪80年代的交通不便，人民穷困。我没有能力到鄱阳去查访"瓦屑坝"。一日，在南昌市住所弄堂口，询及一位原籍鄱阳的老人，说似乎在鄱阳县城西面临湖的莲湖乡有一个相似的地名，叫"瓦屑坽"。查《江西省波阳县地名志》，果然在莲湖乡下，查得一地名为"瓦燮坽"。"坝"高地，"坽"为沟，"燮"为"屑"字之雅化。从地图上看，莲湖乡坐落在鄱湖之滨的一个小岛上，中间地势稍高，四周地势低平，洪水季节，低地多为大水覆盖，冬季枯水，则成大片草场。莲湖岛正对昌江入鄱阳湖口，"瓦屑坝"有宽大水道通向鄱阳湖，推测当年为一港口。据此，我在我的博士论文中"果断"地判断鄱阳县西之莲湖"瓦燮坽"即安徽皖西一带流传之"瓦屑坝"。

这一移民地名的确立，实在是过于"轻松"。要是知道早在清代前期，瓦屑坝移民后代为寻找"瓦屑坝"就已经付出过巨大的努力，今人断不可如此冒失。其实，稍微仔细一点查找，可以发现在同治《鄱阳县志》上就有县人史珥关于"瓦屑坝"源流的考证。而在当年，我并没有做这样的查寻工作。当年的"果断"可谓"歪打正着"。

明代初年的鄱阳湖又是一个怎样的情景呢？张修桂等证明，公元5世纪以前，今天汪洋浩渺的鄱阳南湖地区，是一片河网交错、田园阡陌、水路交通发达的平原地貌景观，因设有鄡阳县，而被后人称为鄡阳平原。随着南昌—湖口断层下陷自北向南的发展，处于凹陷过程中的鄡阳平原由河网交错的景观逐渐向沼泽化方向发展。刘宋永初二年（421年）鄡阳县的撤销当与此有关。

隋唐时期，中国进入了一个高温多雨的时期，长江径流量相应增大，尤其在洪水季节，更是如此。在长江中游，原来可以调蓄洪水的江汉平原的云梦泽，此时已经基本消失。长江北岸之彭蠡古泽，也大大缩小，蓄洪能力显著下降。于是，长江洪水倒灌入今鄱阳北湖，造成鄱阳北湖向南扩展。根据北宋初年乐史所撰《太平寰宇记》的记载，湖水已逼近鄱阳县城,故名为鄱阳湖[1]。实际上,在《全唐诗》的五代部分,"鄱阳湖"已经出现。

徐铉在《移饶州别周使君》一诗中这样写道:"正怜东道感贤侯,何幸南冠脱楚囚。晥伯台前收别宴,乔公亭下舣行舟。四年去国身将老,百郡征兵主尚忧。更向鄱阳湖上去,青衫憔悴泪交流。"[2]徐铉(916—991年),字鼎臣,广陵人。此诗写作的时间当为五代末或北宋初年。

在《太平寰宇记》饶州余干县条下已经有"康郎山在县西北八十里鄱阳湖中"之记载。然而,直到元代末年农历七月的洪水季节,朱元璋与陈友谅在鄱阳湖大战,即围绕康郎山进行大规模的水战时,鄱阳南湖仍然是湖水浅,水路狭隘。张修桂认为,此时的鄱阳南湖具有时令湖的特征,水域较浅。至元明清时期,随着鄱阳湖盆地的继续凹陷,今进贤北部的军山湖和青岚湖水面扩展成为鄱阳湖之汊湖。这令我们联想鄱阳南湖的扩展是由北向南渐次推进的。

这一过程令我们产生更多的联想,位于康郎山之北的鄱阳湖区形成的时间要比其南面的湖区还要早一些。同样,鄱阳湖北部的湖水深度甚于其南部。回到元末明初,昌江出口处的鄱阳湖水要比康郎山一带及其以南地区要深,水路航运因此更便捷。更何况,昌江水道流经当年赣东北的政治、经济与文化中心的饶州府城,亦即鄱阳县城。

昌江发源于徽州祁门,经浮梁、景德镇、鄱阳入鄱阳湖。流经鄱阳县城时,有婺水—乐安江经婺源、德兴、乐平来汇,又有余水接信江,又承姚源水,连饶州府辖之余干、安仁(今余江)、万年,又接广信府诸县。明代初年,信江在余干县分为两支,右支名余水,入昌江,左支名龙窟河,在康郎山南入鄱阳湖,比较而言,昌江口显然是一个更好的水运码头。来自饶、信两府的移民,大体是通过上述水系,经昌江而入鄱阳湖的。

"莲荷山"是一个鄱阳湖中的小岛,位于昌江入湖处,距离鄱阳县城只有20公里(见图2)。站在岛上,遥望鄱城,房屋街道,清晰可辨。

---

1 张修桂:《中国历史地貌与古地图研究》,社会科学文献出版社2006年版,第176页。
2 《全唐诗》增订本,第11册,卷754,徐铉,中华书局1992年点校本,第8663页。

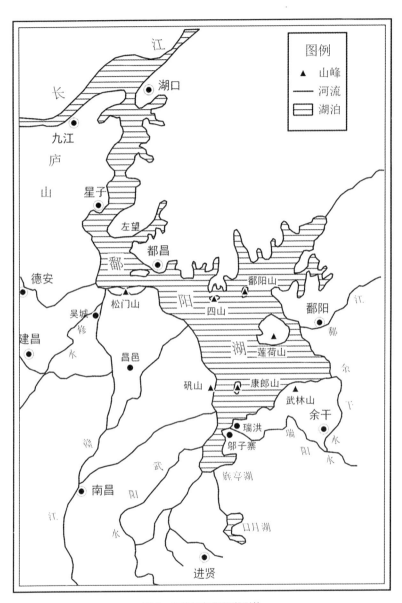

图2 明代初年鄱阳湖形势

在岛上之西端,有名"瓦屑坝"者,三面环水,留有大量瓦屑与瓦窑遗迹,初步勘测,连片的瓦窑遗址长达十几里,环半岛列布,俨然是一个规模庞大的古代砖瓦窑业工业园区。就时代论,虽然目前不能确认,但不会晚于宋代。

  这一事实令我们猜想,窑冶业集中的莲荷山西部,是五代以前赣东北地区砖瓦业制作的中心。另外,凭借便捷的水运,窑工从昌江上游获得烧窑的木材。再通过昌江水运,产品可以出湖口而至长江,或上溯昌江而至鄱阳或饶州或广信各县。五代时,鄱阳南湖形成,浩渺的水体逼近莲荷,莲荷成为孤悬湖中的小岛。现场观察表明,大洪水时,瓦屑坝窑址常被淹,这可能就是瓦屑坝窑群不得不废弃的原因。瓦屑坝因窑废遗遍地瓦屑而得名。

  鉴于此,就可以知道,只有鄱阳"瓦屑坝",而不会有余干"瓦屑坝"或其他地方之"瓦屑坝"。邻近区域政治、经济与文化中心,且位于昌江、鄱湖水运交通要道之"瓦屑坝",有着最合理的地理区位优势,可以也能够担负起鄱阳湖东部及南部部分地区向外移民的重任。

  迁入江淮地区的南昌府移民,可以顺赣江而下,直抵鄱阳北湖,出湖口而达大江。他们没有必要绕道鄱阳,在"瓦屑坝"集结。所以,在江淮地区南昌府移民区,我们可以听到南昌"筷子巷"与"朱市(石)巷"的传说,却听不到有关"瓦屑坝"的传说,原因即在于此。至于为什么会出现"丰城县瓦屑坝""南昌瓦屑坝"之类怪异的地名,下文将有解释。

  5. "瓦屑坝"的假托与粘连

  在黄州府,我们主要利用了张国雄著作中引用的一批族谱,其中以黄冈县族谱为主。另外,我们获得新洲县地方志办公室20世纪80年代抄录的几十份族谱谱序,新洲县1951从黄冈县分立,故可视作黄冈县的一部分。在麻城某氏手中获得160个氏族的族谱谱序汇编,命名为《麻城家谱提要》,另外,我们还获得一批麻城族谱谱序,姑且命名为《麻城族谱序录》。另有张际春编著的《红安百家姓氏源考》收录了100个人口较多的姓氏,含有百余个氏族的人口由来,其中包括了《黄安乡土志·氏族录》中收录的氏族。红安原名黄安,明嘉靖三十八年

(1559年)从麻城析出。在安庆府,我们获得宿松县石兵先生编著的《宿松宗姓》(稿),其中有181个姓氏及200余种当地族谱谱序资料。这一资料,可以看作民国十年《宿松县志》卷7《氏族表》的最新版。我们还获得太湖县地方志办公室编写的《太湖百家姓》(第一辑),其中有52个姓氏及大约83个氏族的氏族源流资料。

赵世瑜指出,"大槐树""传说的文本并不是在一个时间里形成的,它们经历了一个丰富、添加、黏附的过程"。对于"瓦屑坝"的移民传说,我们想用另外两个概念来界定:假托与粘连。失去原籍之记载而称"瓦屑坝"者为"假托",将真实原籍与"瓦屑坝"相连者为"粘连"。

在黄冈县,民国四年《董氏宗谱》卷1《董氏创修宗谱序》载:"……而光、黄间,实为陂要之地,自明太祖应运而兴,削平流寇,计及齐安之居民,殆无遗类矣,于是以江右之民,徙西陵之地,此俊公之所迁蕲安乡也。"[1] 迁江右之民徙西陵之地,成为移民地区普遍的说法。

在黄冈县,民国三十五年《黄氏宗谱》卷首《自政公传》:"元季,宇内鼎沸,齐安一带,诸郡尽为禾黍。有明定鼎,迁饶民于湖北等处。一时间各大姓接壤而居,类皆发源于江右焉。"[2] 在黄冈,江西饶州府民被认为是主要的迁入者。

在黄冈新洲,《周氏宗谱》卷1《序》:"阳逻□金台、毛集、余集、施岗等乡之周氏,乃明洪武初由江西省鄱阳鹳林里迁移而来者。"[3] 在今天鄱阳县,"鹳林里"这个地名已经不存,但据鄱阳县《板桥周氏宗谱》记载,周氏之先"自九江匡庐五老莲花峰下迁鄱阳五都二图之鹳林里",可见这一地名是真实的[4]。这个名为"老鹳"的村庄表明,与"老鸦"近似的村名不一定与"大槐树"有关。

在《麻城家谱提要》中,有记载称:"元初,周受六与胞弟周受七自江西饶州府鄱阳县板桥入籍麻城,各自卜地而居。受六居城南蕨淡山,受七居县西新店。"查《江西省波阳县地名志》,在很长时间里,"板

---

1 新洲县《董氏宗谱》,转见新洲县志办公室抄录《董氏宗谱》卷一《董氏创修宗谱序》。
2 转引自张国雄:《明清时期的两湖移民》,第16—17页。
3 新洲县《周氏宗谱》,转见新洲县志办公室抄录《周氏宗谱》卷一《序》。
4 本条资料系鄱阳县鄱阳文化研究会朱贵安先生提供,谨致谢忱。

桥"一直是一个不断有人口外迁且不断析出子村的移民"母村"。

除鄱阳县外,饶州府属其他县也有大量移民迁出。在黄冈县,民国三十六年《黄氏宗谱》卷1《文昭公传》:"公讳福四,字文昭……自恪公居饶之古楼埠,逮公凡六世,以俊秀补博士弟子员。明初奉功令迁居黄冈,时同迁者众。"[1] 古楼埠今名古埠镇,在余干县城东10公里处,与万年县相邻。顾祖禹《读史方舆纪要》卷85所记"古楼埠水"实为信江下游一小支流,距离信江的直线距离至少有5公里之遥,与余干县城距信江直线距离相似。然而,此水流入余水亦即信江右汊,汇入昌江而入鄱湖,交通上显然较余干县城更为便捷。

在黄冈县,民国二年《吴氏宗谱》卷首《乾隆乙卯世鉴公馨南谱序录存》记始迁祖吴胜公:"有明洪武初年……同龚老夫人、次子文三公、长孙世英公,自饶州府乐平县白马渡古楼埠断桥村,不惮险阻,经历山河,迁移于湖北黄州府黄冈县上伍乡。"[2] 也提到余干县之古楼埠。"白马渡"今日名为"白马桥",是乡级政府所在地,与古楼乡毗邻。吴氏关于原籍的记忆不假。只不过,吴氏将"白马渡"与"古楼埠"这两个相距大约有5公里的地名粘连了起来。

也有的移民即使能够记忆自己的母村,但仍将"瓦屑坝"挂在其母村名后。如红安县涂氏始祖涂俟质,"江西饶州余干县官协瓦屑坝人",洪武二年,"入明军籍,并分别授职兵指挥使,派遣在湖广楚北"[3]。在今天的余干县,已经找不到名为"官协"的村庄。居于今红安县八里斗山的徐氏,始祖徐宗岳,"洪武二年由江西饶州府乐平县天星坂瓦屑坝迁黄冈县柳子港"[4]。徐氏已知祖籍村庄为乐平县天星坂村,却仍在其后挂上"瓦屑坝"。虽然"天星坂"遍查不获,但"瓦屑坝"仍可断定为粘连。

最为可能情况的是,移民在丢失母村后,只能假托"瓦屑坝"。从这个意义上讲,"瓦屑坝"主要属于那些丢失原籍的饶州移民。试举

---

[1] 新洲县《黄氏宗谱》,转见新洲县志办公室抄录《黄氏宗谱》卷一《序》。
[2] 张国雄:《明清时期的两湖移民》,第109—110页。
[3] 张际春:《红安百家姓氏源考》,香港:中华国际出版社2010年版,第181页。
[4] 同上书,第136页。

数例：

咸丰九年《周氏宗谱》卷1《总叙》："祖籍原自江右饶州府，时避元乱，作者七人名以寿称，序以数别，之湖北齐安郡。寿一公家黄冈竹寺寨，三公家蕲水县，寿四公后仍返故里，守先人庐墓。寿五、寿六、寿七三公家麻城。"咸丰九年《前五世诸祖小序》："原籍江右，饶州府余干县瓦屑坝，洪武初年始迁湖北黄州府黄冈县北之庶安乡，区曰周余堡，村曰周家。"[1] 说的也是余干县瓦屑坝。

《靖氏宗谱》："世居黄冈，原籍江西饶州府浮梁县之瓦屑坝，缘元末红巾贼起蕲、黄、汝、颍，屠戮无孑遗，明洪武初徙江西大姓，以实淮西，故黄冈之著族，皆来自瓦屑坝。"[2] 浮梁县属饶州府不假，却没有"瓦屑坝"。

如在麻城，在《麻城族谱提要》中，我们至少读到6种"余干瓦屑坝"、5种"乐平瓦屑坝"、4种"丰城瓦屑坝"等，兹不一一列举。所以才会出现清代鄱阳县人史珥的《续瓦屑坝考》，就是从余干县"瓦屑坝"引发清代黄州与饶州两府的知识精英对于"瓦屑坝"的再三考证。

光绪十五年《萧氏宗谱》卷1《萧氏五分支谱序》："历唐宋文明大启，非元通谱之可稽，自元明鼎革相沿，当识本原之有自。及鹏祖之始于黄地，生于吴会，瓦屑坝是其故居，来至楚邺卽灌口于焉卜宅。"[3] 原籍县名已经丢失，萧氏后人以"瓦屑坝"代表原乡的一切。

并不是所有丢失村庄的移民都假托"瓦屑坝"。民国二十六年《左氏宗谱》卷首《清乾隆辛丑纂谱分支原序》："始祖必贵公，原居饶州余干县，有明徙于湖广齐安冈邑，居庶安乡柳溪河西文布寺之南，辟土田，剪荆棘，以立门户。"[4] 左必贵之后人，虽然不记得先祖在余干居住的村庄，但也未假托为"瓦屑坝"。

有些氏族丢失了先祖的原籍或由来，却毫不讳言。如民国二十六年《董氏宗谱》卷1《纂修谱序》："数千年来，散处于天下者，派别支分，

---

1 新洲县《周氏宗谱》，转见新洲县志办公室抄录《周氏宗谱》卷1《总序》。
2 新洲县《靖氏宗谱》，转见新洲县志办公室抄录《靖氏宗谱》卷1《族谱乞言引》。
3 新洲县《萧氏宗谱》，转见新洲县志办公室抄录《萧氏宗谱》卷1《萧氏五分支谱序》。
4 新洲县《左氏宗谱》，转见新洲县志办公室抄录《左氏宗谱》卷1《清乾隆辛丑原叙》。

难更仆数。即先世隶籍于黄,世系亦无可考。自元时敬中公由参政归田,家声始著,即以公为始祖,理固宜然。"[1] 这是一个典型的土著族谱,他们不需要附会,"世籍于黄"可以清楚地表明他们的身世与出身。

又例如,红安县典明游家村清乾隆五十七年(1792年)修《游氏宗谱》称:"余族来自江右,渊源甚远,不可午而详其迹……溯余族隶籍于此者有三祖,思聪、思恭、思敬是也。问其所自出不知,问其孰兄弟亦不知……余族皆为敬祖之裔。"虽然来自江西,但原籍不明,亦不附会。

最令人不可思议的是那些自称为来自"丰城县瓦屑坝"的氏族。丰城位于赣江之滨,移民驾舟顺赣江而下,经鄱阳西侧而入长江,似乎没有必要横渡鄱阳湖去瓦屑坝领证或集结。在《麻城族谱序录》中,查得民国三十四年(1945年)《王氏宗谱》所载同治六年(1867年)王如奎所撰谱序云:"我祖原籍江西饶州府丰城县瓦硝坪大塘霸(坝)……明洪武二年,通甫公子宣公奉旨掉镇齐安,入籍麻城。"其先祖实际上就是丰城县大塘霸村人。不过,究竟是不是丰城大塘坝村还要存疑。因为在湖南沅江县,有黄氏称"明永乐十八年由江西吉安府永丰县十八都大塘坝来湖南沅江"[2]。在丰城和永丰两地,名"大塘坝"之村庄今已不存,但以"大塘"为名者则不少见。这个村名本身也实在是太普通了一点。

不仅如此,在《麻城族谱序录》中还有一戴氏,来自赣江中游之泰和,却号称"乐平县瓦屑坝",令人称奇。民国三十七年《戴氏宗谱》载民国十年谱序,称戴氏出于江西泰和,古名西昌,此有"《戴氏开源表》以及《西昌勋源老谱》可据也,惜老谱遭明末兵燹,多为灰烬",但仍然记得原籍为"西昌信实乡之黄陂,仁善乡之源勋,吾华公历世旧籍也"。查"信实""仁善"为明初泰和县六乡之二,黄陂村至今仍存,源勋村则查获不得。可见麻城戴氏对先祖原籍县名与村庄记忆不误。该谱序又说:"至饶郡之乐平县瓦屑坝,则不过华公侨寓成迹耳,后人不察,乃以为世隶于饶,而不知叙之可考者曰信实,曰仁善,俱属西昌。"[3] 原

---

1 新洲县《董氏宗谱》,转见新洲县志办公室抄录《董氏宗谱》卷1《纂修谱序》。
2 湖南图书馆编:《湖南氏族源流》,第887页。
3 《麻城族谱序录》。

来,来自赣江中游的戴氏,为了与"瓦屑坝"粘连,不惜编造"华公侨寓"乐平的故事。只是他们还不知道,乐平其实没有"瓦屑坝"。只是由于"老谱"明末毁于兵燹,不知侨寓乐平的故事是否见于"老谱"。

在《麻城家谱提要》中,本戴氏记为"歧亭戴氏"。关于原籍村庄,则记为"饶州府乐平县瓦屑坝十八眼板仓里"。在民国三十七年《戴氏宗谱》中,则记为"我祖华公原籍江西饶州府乐平县,土名瓦屑坝十八眼板仓里"。至此我们已经明白,此为吉水移民的跨区域粘连,不可当真。另外,在《麻城家谱提要》中,还有一明氏宗族,自称:"元末自江西吉安府吉水县贡家巷瓦屑坝始迁大冶,复迁麻城。"同样为吉水移民之跨区域粘连。

同样的情况也见于"筷子巷"的传说中。据《麻城家谱提要》,麻城歧亭杨茂春,元代末年,朱元璋、陈友谅大战,杨运粮三千石助朱,被封为万户侯,茂春率兄弟子侄 18 人,随军征战至湖北,卒于军旅,其长子道泰定居麻城县今歧亭之南的横河口野猫港。杨氏原籍为江西丰城县石滩冲。在《红安百家姓氏源考》中记载称:"这支杨姓始迁祖名杨茂春,据传于明初由江西筷子巷始迁麻城歧亭龙口。茂春的第十一世孙名杨震,约于明万历年间迁居今红安太平上杨家湾一带。"[1] 这支杨姓,始迁之地为麻城歧亭,转迁之地为红安,时间相隔 200 余年,清代墨谱保存在歧亭,转迁者丢失原籍,便从众而以"筷子巷"作为其原籍家乡之指代。

总之,在黄州府与安庆府之族谱中,可以看出两点有意义的事实:其一,来自饶州府属县之移民,或因丢失原籍而假托"瓦屑坝",或将未丢失之原籍与"瓦屑坝"粘连。尽管丢失原籍的假托要远远多于未丢失原籍的粘连,但因为有了相当数量的粘连者的存在,才使得"瓦屑坝"的假托变得并不虚妄。据此,我们才可以说,"瓦屑坝"确实是饶州移民对于故乡的记忆,是移民原籍的符号。其二,来自赣中地区赣江两岸的移民,原籍村庄记忆清楚,也有可能粘连"瓦屑坝"。为了完成这一距离遥远的粘连,他们或者将原籍所在之县归属于饶州,或将先

---

[1] 张际春:《红安百家姓氏源考》,第 252 页。

祖假造为鄱阳之流寓。这种粘连，是非主流群体的移民进行氏族依附的一种策略。

元末明初以前的移民是如何记忆家乡原籍的呢？如在宿松，吴姓为宿松最大姓，全县吴姓共 21 个分支，以从江西迁入宿松时间前后计，最早为文通股，始祖吴文通，宋咸淳年间（1265—1274 年）由鄱阳仙坛乡迁宿松三塘里。仙坛为鄱阳地名，至今仍存。又如宋代末年迁入太湖的石氏始祖石云一，祖籍江西乐平县菱田村，时间为淳祐十年（1250 年）。有意思的是，太湖县志办公室的石庆元于 2006 年 6 月前往江西乐平探访祖籍，并将太湖宗谱与菱田同名老谱一一比勘，"解开了太湖谱中许多的疑点"[1]，族谱记载确实不诬。此外，我们还在《宿松宗姓》（稿）中查到宋元时期迁自江西的若干姓氏，如迁自浮梁郭源村的王氏，迁自鄱阳石田的王氏和迁自鄱阳芝山的许氏。郭源、石田和芝山，皆为至今仍然存在之浮梁与鄱阳两县之重要地名。

大体上说，宋元时代迁自江西饶州诸县之氏族，对于先祖的原籍与村庄，记忆深刻，族谱中记载清晰。他们构成元末明初大移民的先导，也是"瓦屑坝"移民迁入前即已定居的土著。在统计的意义上，这些宋元旧族，一般都是当地的望族或大族，人口众多，文宦荟萃，他们没有必要攀附"瓦屑坝"。所以，对于他们来说，粘连是不存在的。尽管也有个别宋元时代的饶州移民自称迁自"瓦屑坝"，但都可以理解为丢失原籍的小族的假托。从这个意义上说，"瓦屑坝"的时代性，反映的是"实体"的移民史，而不是与移民有关的"思想史"。

在移民迁入地，也有一些氏族出于种种目的编造自己的身世，名人之后与江西之籍，便成为他们的首选。民国三年《江氏宗谱》卷 1《入籍黄冈原录》称："鼻祖讳山，系宋名臣，官员外郎，拜右丞相，后殉元兵难，诏赠太师益国公，谥文忠，册名万里，与弟御史万年世居江右饶州府乐平县瓦砾坝，传至祥公，官籍黄冈，遂为冈邑始祖。盖祥祖于元文宁间任钦差湖广操江，管理钞税，后因乡平水，遂入籍黄冈中和里赤土坡，卜居焉。"[2] 自称其始迁祖为宋臣江万里之后。而据《宋史·

---

1 太湖县地方志办公室编：《太湖百家姓》（第一辑），第 235 页。
2 新洲县《江氏宗谱》，转见新洲县志办公室抄录《江氏宗谱》卷 1《江氏宗谱序》。

江万里传》,江万里与其弟江万顷死于元兵屠刀,其养子镐亦死于战事,哪里有名"祥公"的后代。《江氏宗谱》不仅将江万里当作自己的先祖,还要将"瓦屑坝"连在一起,因江万里死于鄱阳,所以,这一联系显得并不突兀。

6. 余论

鉴于湖南及江西等地族谱中记载的移民史实,不仅可与《明太祖实录》或《明太宗实录》中记载的移民史实相对应,而且可与明代初年的典章制度相对应,因此,我们将南方地区的明初移民视为中央政府精心组织与规划的大移民。"瓦屑坝"移民是历史之真实,不是传说,更不是虚构。

从制度史的层面上推论,饶州府之"瓦屑坝"移民具备了以下九个要素:(1)从洪武二年开始,中央政府派户部官员赴江西饶州府组织移民;(2)多丁抽一,分家迁徙,移民具有某种强制性;(3)移民编队,以里甲为单位;(4)莲湖岛上的"瓦屑坝"是移民登舟之码头;(5)在"瓦屑坝"集散之移民主要来自饶州府属各县,也有少量来自信州府者;(6)移民携有政府发给之凭证——或为路引,或为户帖;(7)饶州府移民被安排迁入安庆、庐州和黄州三府;(8)移民在迁入地获得当地户籍;(9)移民在迁入地要求按照每里一村的规模建造样式统一的住屋与村落[1],犹如北方移民之屯。

我们在另两篇文章中,强调黄州府之靖氏与安庆府之张氏中的知识精英对于追寻"瓦屑坝"实体及整合"瓦屑坝"传说中的贡献。其实,由于文化传统以及其他因素,散布在江淮之间的"瓦屑坝"移民,对于祖先记忆的清晰程度,非北方移民后代所能相比。所以,华北地区"大槐树"有较多假托,但不像江淮之间,存在大量的原籍粘连。大量真实原籍的存在,从制度以外的另一侧面反映了一个真实的移民史,而较多假托的"大槐树",则几乎被人解构为思想史。

---

[1] 张靖华:《九龙攒珠——巢湖北岸移民村落的规划与源流》,天津大学出版社2010年版。

参考文献

一、古代文献

脱脱等:《宋史》,中华书局 1977 年点校本。
宋濂等:《元史》,中华书局 1976 年点校本。
张廷玉等:《明史》,中华书局 1974 年点校本。
《明太祖实录》,台北"中研院"历史语言研究所 1962 年校勘本。
《明孝宗实录》,台北"中研院"历史语言研究所 1962 年校勘本。
《明英宗实录》,台北"中研院"历史语言研究所 1962 年校勘本。
《明宪宗实录》,台北"中研院"历史语言研究所 1962 年校勘本。
《明武宗实录》,台北"中研院"历史语言研究所 1962 年校勘本。
《皇明条法事类纂》,《中国珍稀法律典籍集成·乙编》第 4—5 册,科学出版社 1994 年版。
《明会典》万历朝重修本,中华书局 1989 年版。
《明经世文编》,中华书局 1987 年影印本。
《明律集解附例》,台湾成文出版社 1969 年版。
《袁宏道集笺校》,上海古籍出版社 1981 年版。
范锴:《汉口丛谈》,湖北人民出版社 2019 年版。
高岱:《鸿猷录》,上海古籍出版社 1992 年版。
顾嗣立等编:《元诗选》,中华书局 2017 年版。
顾炎武:《天下郡国利病书》,《续修四库全书》本。

何瑭:《柏斋集》,《景印文渊阁四库全书》第1266册,台湾商务印书馆1982年版。

胡翰:《胡仲子集》,《丛书集成》本。

李昭祥:《龙江船厂志》,江苏古籍出版社1999年版。

陆深:《溪山余话》,《丛书集成初编》第2801册,中华书局2011年版。

陆友仁:《研北杂志》,中华书局1991年版。

罗玘:《圭峰集》,上海古籍出版社1991年版。

迺贤:《金台集》,《景印文渊阁四库全书》第1215册,台湾商务印书馆1982年版。

欧阳修:《欧阳文忠全集》,《四部备要》第74册,中华书局1989年版。

瞿九思:《万历武功录》,《续修四库全书》第436册,上海古籍出版社2002年版。

沈榜:《宛署杂记》,北京出版社2018年版。

沈节甫:《纪录汇编》,台北:民智出版社1965年版。

宋端仪:《立斋闲录》,《续修四库全书》第1167册,上海古籍出版社2002年版。

苏伯衡:《苏平仲文集》,《丛书集成》本。

王逋:《蚓庵琐语》,《续古今说部丛书》本。

王世贞:《弇州山人四部稿》,上海古籍出版社2020年版。

魏礼:《魏季子文集》,《清代诗文集汇编》卷114,上海古籍出版社2010年版。

许国:《许文穆公集》,《四库禁毁书丛刊·集部》第40册,北京出版社1997年版。

严从简:《殊域周咨录》,中华书局1993年版。

尹畊:《塞语》,中华书局1985年版。

于慎行:《谷山笔麈》,中华书局1984年版。

宇文懋昭:《大金国志》,崔文印校证,中华书局1986年版。

袁文新:《凤阳新书》,黄山书社2016年版。

张缙彦:《菉居文集》,顺治十年刊本,上海图书馆藏。

赵吉士:《寄园寄所寄》,黄山书社 2008 年版。

朱国桢:《涌幢小品》,上海古籍出版社 2012 年版。

朱书:《杜溪文集》,光绪二十年刻本,国家图书馆藏。

朱元璋:《明太祖御制文集》,台湾学生书店据明初内府刊本影印本。

朱筠:《笥河文集》,中华书局 1985 年版。

二、地方志

永乐《顺天府志》,《北京旧志汇刊》本,中国书店出版社 2011 年版。

成化《中都志》,齐鲁书社 1996 年版。

成化《河南总志》,《河南大学图书馆藏稀见方志丛刊》第 1—2 册,国家图书馆出版社 2016 年版。

弘治《保定郡志》,《天一阁藏明代方志选刊》第 4 册,上海书店出版社 2014 年版。

正德《江宁县志》,《中国地方志集成·善本方志辑》第 1 编第 48 册,凤凰出版社 2014 年版。

正德《桐乡县志》,清影抄本,上海图书馆藏。

正德《颍州志》,黄山书社 2017 年版。

嘉靖《常德府志》,《天一阁藏明代方志选刊》第 56 册,上海书店出版社 2014 年版。

嘉靖《池州府志》,黄山书社 2017 年版。

嘉靖《赣州府志》,《天一阁藏明代方志选刊》第 38 册,上海书店出版社 2014 年版。

嘉靖《九江府志》,中州古籍出版社 2019 年版。

嘉靖《蠡县志》,《天一阁藏明代方志选刊续编》本,上海书店出版社 2014 年版。

嘉靖《辽东志》,科学出版社 2016 年版。

嘉靖《隆庆志》,《天一阁藏明代方志选刊》第 8 册,上海书店出版社 2014 年版。

嘉靖《沔阳志》,《天一阁藏明代方志选刊》第 54 册,上海书店出版社 2014 年版。

嘉靖《南宫县志》,民国二十二年影印本,国家图书馆藏。

嘉靖《全辽志》,科学出版社 2016 年版。

嘉靖《惟扬志》,广陵书社 2013 年版。

嘉靖《应山县志》,《天一阁藏明代方志选刊》第 55 册,上海书店出版社 2014 年版。

嘉靖《永春县志》,嘉靖五年抄本,上海图书馆藏。

嘉靖《云阳县志》,《中国地方志集成·重庆府县志辑》第 31 册,巴蜀书社 2016 年版。

隆庆《赵州志》,《石家庄旧志集成》,中州古籍出版社 2014 年版。

万历《保定府志》,书目文献出版社 1992 年版。

万历《承天府志》,书目文献出版社 1991 年版。

万历《东昌府志》,《北京师范大学图书馆藏稀见方志丛刊续编》第 5—6 册,学苑出版社 2009 年版。

万历《杭州府志》,中华书局 2005 年版。

万历《嘉定县志》,《中国地方志集成·善本方志辑》第 1 编第 3 册,凤凰出版社 2014 年版。

万历《交河县志》,万历十六年刻本,上海图书馆藏。

万历《滦志》,《北京大学图书馆藏稀见方志丛刊》第 15 册,国家图书馆出版社 2013 年版。

万历《山西通志》,中华书局 2012 年版。

万历《上元县志》,《金陵全书·甲编·方志类》第 1 册,南京出版社 2010 年版。

万历《卫辉府志》,中州古籍出版社 2010 年版。

万历《兴化县新志》,《泰州文献》第 7 册,凤凰出版社 2015 年版。

万历《营山县志》,《天一阁藏明代方志选刊续编》第 67 册,上海书店出版社 2014 年版。

顺治《汝阳县志》,《稀见中国地方志汇刊》第 35 册,中国书店出版社 1992 年版。

顺治《西宁志》，青海人民出版社 2020 年版。

康熙《保安州志》，康熙五十年刻本，上海图书馆藏。

康熙《博野县志》，《清代孤本方志选（第一辑）》第 1 册，线装书局 2001 年版。

康熙《定兴县志》，康熙十二年刻本，上海图书馆藏。

康熙《阜志》，康熙十一年抄本，上海图书馆藏。

康熙《徽州府志》，康熙三十八年刻本，国家图书馆藏。

康熙《蓟州志》，康熙四十三年刻本，天津图书馆藏。

康熙《潜山县志》，康熙十四年刻本，上海图书馆藏。

康熙《四川总志》，康熙十二年刻本，四川大学图书馆藏。

康熙《随州志》，康熙六年抄本，上海图书馆藏。

康熙《通州志》，《中国地方志集成·北京府县志辑》第 6 册，上海书店出版社 2002 年版。

康熙《武昌府志》，武汉出版社 2011 年版。

康熙《武清县志》，康熙十四年刻本，上海图书馆藏。

康熙《西江志》，康熙五十九年刻本，复旦大学图书馆藏。

康熙《孝感县志》，武汉出版社 2015 年版。

康熙《新安县志》，康熙三十三年刻本，国家图书馆藏。

康熙《行唐县新志》，《清代孤本方志选（第一辑）》第 1 册，线装书局 2001 年版。

康熙《永安县次志》，广东人民出版社 2019 年版。

乾隆《凤阳县志》，乾隆四十年刻本，上海图书馆藏。

乾隆《德州志》，乾隆五十三年刻本，国家图书馆藏。

乾隆《新乡县志》，《中国地方志集成·河南府县志辑》第 12 册，上海书店 2013 年版。

乾隆《温县志》，《中国地方志集成·河南府县志辑》第 15 册，上海书店 2013 年版。

乾隆《怀庆府志》，中州古籍出版社 2013 年版。

乾隆《杞县志》，乾隆五十三年刻本，上海图书馆藏。

乾隆《保昌县志》,《中国地方志集成·广东府县志辑》第10册,上海书店出版社2013年版。

乾隆《震泽县志》,广陵书社2016年版。

乾隆《西宁府新志》,青海人民出版社2016年版。

乾隆《巴县志》,《中国地方志集成·重庆府县志辑》第2—3册,巴蜀书社2017年版。

嘉庆《滇海虞衡志》,云南人民出版社1990年版。

嘉庆《东流县志》,嘉庆二十三年刻本,上海图书馆藏。

嘉庆《东台县志》,《中国地方志集成·江苏府县志辑》第60册,凤凰出版社2008年版。

嘉庆《汉阳县志》,武汉出版社2018年版。

嘉庆《东昌府志》,《中国地方志集成·山东府县志辑》第87—88册,凤凰出版社2004年版。

道光《安陆县志》,《中国地方志集成·湖北府县志辑》第13册,南京:江苏古籍出版社2001年版。

道光《广东通志》,《中国地方志集成·广东省志辑》第4—10册,凤凰出版社2010年版。

道光《新都县志》,道光二十四年刻本,四川大学图书馆藏。

道光《英德县志》,道光二十三年刻本,广东省图书馆藏。

道光《永安县三志》,《中国地方志集成·广东府县志辑》第18册,上海书店出版社2013年版。

咸丰《云阳县志》,《中国地方志集成·重庆府县志辑》第31—32册,巴蜀书社2016年版。

同治《黄陂县志》,武汉出版社2015年版。

同治《咸丰县志》,《中国地方志集成·湖北府县志辑》第57册,江苏古籍出版社2001年版。

光绪《黄州府志》,《中国地方志集成·湖北府县志辑》第14—15册,江苏古籍出版社2001年版。

光绪《嘉应州志》,《中国地方志集成·广东府县志辑》第20册,上海书店出版社2013年版。

光绪《巨鹿县志》,《中国地方志集成·河北府县志辑》第 69 册,上海书店出版社 2006 年版。

光绪《菱湖镇志》,光绪十九年刻本,上海图书馆藏。

民国《广宗县志》,《中国地方志集成·河北府县志辑》第 73 册,上海书店出版社 2006 年版。

民国《桂东县志》,民国十四年重印本,上海图书馆藏。

民国《济宁县志》,《中国地方志集成·山东府县志辑》第 78 册,凤凰出版社 2004 年版。

民国《冀县志》,《中国地方志集成·河北府县志辑》第 53 册,上海书店出版社 2006 年版。

民国《交河县志》,《中国地方志集成·河北府县志辑》第 46 册,上海书店出版社 2006 年版。

民国《金乡县志》,民国二十五年稿本,上海图书馆藏。

民国《莱芜县志》,《中国地方志集成·山东府县志辑》第 67 册,凤凰出版社 2004 年版。

民国《莱阳县志》,吉林出版集团有限责任公司 2014 年版。

民国《醴陵县志》,《中国地方志集成·湖南府县志辑》第 14—16 册,江苏古籍出版社 2002 年版。

民国《临清县志》,《中国地方志集成·山东府县志辑》第 95 册,凤凰出版社 2004 年版。

民国《滦县志》,民国二十六年铅印本,复旦大学图书馆藏。

民国《牟平县志》,《中国地方志集成·山东府县志辑》第 55 册,凤凰出版社 2004 年版。

民国《平谷县志》,《中国地方志集成·北京府县志辑》第 7 册,上海书店出版社 2002 年版。

民国《平谷县志》,《中国地方志集成·北京府县志辑》第 7 册,上海书店出版社 2002 年版。

民国《钱门塘乡志》,《中国地方志集成·乡镇志专辑》第 4 册,上海书店出版社 2013 年版。

民国《青县志》,《中国地方志集成·河北府县志辑》第 46 册,上海书店出版社 2006 年版。

民国《清河县志》,《中国地方志集成·江苏府县志辑》第 55 册,凤凰出版社 2008 年版。

民国《清平县志》,《中国地方志集成·山东府县志辑》第 89 册,凤凰出版社 2004 年版。

民国《通山县志》,崇文书局 2016 年版。

民国《西平县志》,《中国地方志集成·河南府县志辑》第 46 册,上海书店 2013 年版。

民国《新河县志》,《中国地方志集成·河北府县志辑》第 71 册,上海书店出版社 2006 年版。

民国《新乡县续志》,《中国地方志集成·河南府县志辑》第 12 册,上海书店出版社 2013 年版。

民国《雄县新志》,《中国地方志集成·河北府县志辑》第 38 册,上海书店出版社 2006 年版。

民国《盐城县志》,《中国地方志集成·江苏府县志辑》第 59 册,凤凰出版社 2008 年版。

民国《盐山新志》,《中国地方志集成·河北府县志辑》第 43 册,上海书店出版社 2006 年版。

民国《宜章县志》,湖南人民出版社 2009 年版。

民国《重修莒志》,文行出版社 1980 年版。

《大冶县志》,湖北科技出版社 1990 年版。

《东至县志》,安徽人民出版社 1991 年版。

《肥东县志·人口志》,安徽人民出版社 1990 年版。

《官桥镇志》,1989 年版。

《河北省南皮县地名资料汇编》,1982 年版。

《河北省邢台县地名志》,1983 年版。

《河北省盐山县地名资料》,1982 年版。

《河北省玉田县地名资料汇编》,1985 年版。

《湖南省志》,湖南人民出版社 1982 年版。

《湟中县志》,青海人民出版社 1990 年。

《霍邱县志·人口志》,中国广播电视出版社1992年版。

《柳林社志》,柳林社志编写组1983年版。

《龙店区志·江西、麻城过籍资料》,1989年版。

《山东省崂山县地名志》,1987年版。

《山东省微山县地名志》,1988年版。

《武昌县志》,武汉大学出版社1989年版。

朱本恒:《山东省兖州县地名志》,兖州县地名委员会办公室编,1989年版。

二、近代以来论著

曹树基:《地理环境与宋元时代的传染病》,上海人民出版社1995年版。

曹树基:《明清时期湘鄂皖赣浙地区的人口迁移》,复旦大学1989年博士学位论文。

陈其南:《家族与社会》,台湾联经出版事业公司1991年版。

茌平县地名办公室编:《茌博乡音》,1990年版。

方国瑜:《中国西南历史地理考释》,中华书局1987年版。

韩光辉:《北京历史人口地理》,北京大学出版社1996年版。

何炳棣:《1368—1953中国人口研究》,葛剑雄译,上海古籍出版社1989年版。

湖南图书馆编:《湖南氏族源流》,岳麓书社2006年版。

翦伯赞:《中国史纲要》,人民出版社1979年版。

李广星:《滕州史话》,中华书局1992年版。

李懋军:《明代湖北人口迁移研究》,复旦大学1992年硕士学位论文(油印稿)。

李世平:《四川人口史》,四川人民出版社1987年版。

林松、和龚:《回回历史与伊斯兰文化》,今日中国出版社1992年版。

满志敏:《明崇祯后期大蝗灾分布的时空特征探讨》,上海人民出版社1988年版。

彭云:《海州乡谭》,江苏人民出版社1988年版。

商传:《永乐皇帝》,北京出版社1989年版。

苏州历史博物馆等编:《明清苏州工商业碑刻集》,江苏人民出版社1981年版。

太湖县地方志办公室编:《太湖百家姓》,2008年版。

谭其骧:《长水集》,人民出版社1987年版。

唐文基:《明代赋役制度史》,中国社会科学出版社1991年版。

田方、陈一筠主编:《中国移民史略》,知识出版社1986年版。

王毓铨:《明代的军屯》,中华书局1965年版。

吴定邦:《平江古今》,解放军出版社1988年版。

张国雄:《明清时期的两湖移民》,陕西人民教育出版社1995年版。

张海鹏、王廷元编:《明清徽商资料选编》,黄山书社1985年版。

张际春:《红安百家姓氏源考》,香港:中华国际出版社2010年版。

张靖华:《九龙攒珠——巢湖北岸移民村落的规划与源流》,天津大学出版社2010年版。

张修桂:《中国历史地貌与古地图研究》,社会科学文献出版社2006年版。

中国科学院编:《中国自然地理·历史自然地理》,科学出版社1982年版。

中国社会科学院历史研究所编:《徽州千年契约文书》,花山文艺出版社1995年版。

〔日〕和田清:《明代蒙古史论集》,商务印书馆1984年版。

Beattie, Hilary J., *Land and Lineage in China: A Study of T'ung Ch'eng County, Anhwei, in the Ming and Ching Dynasties*. Cambridge University Press, 1979.

Michael W. Dols, *The Black Death in the Middle East*. New Jersey: Princeton University Press, 1977.

鲍厚星、颜森:《湖南方言的分区》,《方言》1986年第4期。

曹树基:《湖南人由来新考》,《历史地理》第 9 辑,上海人民出版社 1990 年版。

曹树基:《闽、粤、赣三省毗邻地区的社会变动和客家形成》,《历史地理》第 14 辑,上海人民出版社 1997 年版。

曹树基:《明清时期移民氏族的人口增长——长江中下游地区族谱资料分析》,《中国经济史研究》1991 年第 4 期。

曹树基:《鼠疫流行与华北地区的社会变迁(1580—1644 年)》,《历史研究》1997 年第 1 期。

陈建华:《中国江浙地区十四至十七世纪社会意识与文学》,学林出版社 1992 年版。

从翰香:《试述明代植棉和棉纺织业的发展》,《中国史研究》1981 年第 1 期。

丛佩远:《试论明代东北地区管辖体制的几个特点》,《北方文物》1991 年第 4 期。

崔永红:《明代青海河湟地区屯田的分布和军户的来源》,《青海社会科学》1988 年第 6 期。

高启安:《明代哈密卫的东迁与裕固族的形成》,(甘肃)《社会科学》1989 年第 4 期。

高自厚:《明代的关西七卫及其东迁》,《兰州大学学报》1986 年第 1 期。

顾诚:《明帝国的疆土管理体制》,《历史研究》1989 年第 3 期。

顾诚:《明前期耕地数新探》,《中国社会科学》1986 年第 4 期。

顾诚:《谈明代的卫籍》,《北京师范大学学报》1989 年第 5 期。

和龚:《明代西域入附回回人口及其分布》,《内蒙古社会科学》1990 年第 2 期。

江应樑:《明代外地移民进入云南考》,《云南大学学术论文集》1963 年第 2 期。

靳润成:《从南北榜到南北卷》,《天津师范大学学报》1982 年第 3 期。

李鸿彬:《简论三万卫》,《社会科学战线》1990 年第 1 期。

李龙潜:《明初迁移富户考释》,《中国社会经济史研究》1988 年第 3 期。

林金树、张德信:《明初军屯数额的历史考察》,《中国社会科学》1987 年第 5 期。

林金树、张德信:《关于明代田土管理系统问题》,《历史研究》1990 年第 4 期。

刘志伟:《祖先谱系的重构及其意义——珠江三角洲一个宗族的个案分析》,《中国社会经济史研究》1992 年第 4 期。

鲁国尧:《明代官话及其基础方言问题——读利玛窦中国札记》,《南京大学学报》1985 年第 4 期。

罗仑:《朱棣在"靖难之役"中的军事成就》,《南京大学学报》1988 年第 2 期。

马顺平:《明代都司卫所人口数额新探——方志中两组明代陕西行都司人口数据的评价》,《苏州科技学院学报》2011 年第 4 期。

孟彦弘:《〈中国移民史〉的史料与史实问题》,《历史研究》2001 年第 3 期。

商传:《试谈明代民屯的几个问题》,《明史研究论丛》第 4 辑,江苏古籍出版社 1991 年版。

石泉、张国雄:《江汉平原垸田兴起于何时》,《中国历史地理论丛》1988 年第 1 期。

史继忠:《贵州汉族移民考》,《贵州文史丛刊》1990 年第 1 期。

汤世江:《光山人的祖根在江西》,江西省地方志办公室《修志文丛》1986 年第 11、12 期。

唐景绅:《明代关西七卫论述》,《中国史研究》1983 年第 3 期。

王文楚:《上海市大陆地区城镇的形成与发展》,《历史地理》第 3 辑,上海人民出版社 1983 年版。

王兴亚:《明初迁山西民到河南考述》,《史学月刊》1984 年第 4 期。

王振忠:《明清两淮盐商与扬州城市的地域结构》,《历史地理》第 10 辑,上海人民出版社 1992 年版。

吴必虎:《明初苏州向苏北的移民及其影响》,《东南文化》1987年第2期。

吴建新:《明清广东人口流动概观》,《广东社会科学》1991年第2期。

萧凤霞、刘志伟:《宗族、市场、盗寇与蛋民:明以后珠江三角洲的族群与社会》,《中国社会经济史研究》2004年第3期。

徐泓:《明代后期华北商品经济的发展与社会风气的变迁》,《近代中国经济史第二次讨论会论文集》,1989年。

徐泓:《明洪武年间的人口移徙》,《第一届历史与中国社会变迁研讨会论文集》,台北"中研院"1982年版。

徐泓:《明永乐年间的户口移徙》,台湾《人文及社会科学》1991年第1卷第2期。

姚思荣:《关于大丰县已发现的34种民间家谱和76处宗祠遗址的情况介绍——兼谈家谱移民史料在解决"苏迁之谜"中的作用》,中国谱牒学研究会第二届年会(太原)论文(油印稿),1991年。

游欢孙、曹树基:《地方权势演变与康熙中叶鄂东大族的宗族实践——以黄冈靖氏为例》,《学术界》2011年第11期。

游欢孙:《明清至民国宿松地方家族的始迁祖记忆》,《学术月刊》2016年第11期。

游欢孙:《祖先记忆与文献传播:"瓦屑坝"三考的来龙去脉》,《中国历史地理论丛》2013年第4期。

张华:《明代太湖流域农村专业市镇兴起的原因及其作用》,《明史研究论丛》第4辑,江苏古籍出版社1991年版。

张建民:《"湖广熟,天下足"述论》,《中国农史》1987年第4期。

张靖华:《九龙攒珠——巢湖北岸移民村落的规划与源流》,天津大学出版社2010年版。

张其昀:《青海省之山川人物》,《西陲宣化公署月刊》第1卷第4、5期,1936年。

张秀民:《明代交趾人移入内地考》,《东南亚纵横》1990年第1期。

张秀民:《明代交趾人移入内地职官表》,《东南亚纵横》1990年第4期。

赵世瑜:《祖先记忆、家园象征与族群历史——山西洪洞大槐树传说解析》,《历史研究》2006年第1期。

赵振绩:《山东半岛人(蓬莱赵)氏的由来》,《第二届亚洲族谱学术研讨会会议记录》,台北国学文献馆1984年版。

卷后记

一

在有关明代移民历史的研究中，前辈学者做了大量的工作，奠定了本卷的研究基础。如关于明代初年移民历史的区域研究，1932年谭其骧先生发表的《湖南人由来考》一文显得特别重要。虽然谭文研究的对象包括了湖南地区不同时期的移民活动，但研究的结果表明，元末明初的大移民是湖南历史上规模最大的移民运动，对今日湖南人口的构成影响极大。这篇文章的研究方法在当时也是值得称道的，它以若干部地方志中的氏族志为基本资料，统计各志中记载的氏族由来及迁入时间，从而得出结论。尽管这项研究运用的统计方法尚嫌粗糙，但它在研究方法上的创新直到今天仍给我们许多教益和启迪。

随后出现了一批关于明代移民的专题论文，讨论的大多是区域性的移民问题（这些论文有些在本卷中得以引述）。这些研究虽然扩大了明代移民史的研究区域，拓宽了研究的视野，但是就总体水平来说，仍然存在明显的不足。大致说来，在区域性移民资料的搜集方面，尚嫌用力不足，发掘不够，以至于我们看不到有关区域移民历史的详细论述。直到最近，一些作者关于明代区域移民历史的论述，仍然停留在简单描述的阶段，所据资料仍以官修史书为主，辅以若干地方志。另外，几乎所有的研究都忽视定量分析，使人无法明了所述移民运动的规模；而且，关于移民运动的过程，亦所述甚少，遑论那些尚未被研究者涉及的区域。

对于明代移民的总体研究，以近年来徐泓先生的工作最为出色。1982年和1991年，徐泓发表了关于明代洪武、永乐年间人口迁移的两篇论文，对明初大移民进行全面系统的研究。他对有关记载最丰富的《明实录》作彻底的清理爬梳，尔后对所有记载进行移民时间、移民人口、移民方向和移民动因等项目的统计分析，并辅以地方志以及其他资料论证之。只是，徐泓的研究并未以区域研究作为基础，许多不见于历史文献记载的移民为其忽略。

何炳棣将这类不见于历史文献记载的移民称为"自发的移民"，而研究这类移民的最大困难在于资料的不足。何炳棣指出："由于资料太零散，复原明代自发移民历史的工作已很难进行。"这是一些怎样的资料呢？徐泓先生认为这应当包括官修史书之外的乡土文献，如"谱牒、方志、调查报告和文物资料"。然而，这些资料虽然品质极佳，只是"由于数量的关系，无法作为主要的资料"。看来，乡土资料的不足是影响我们复原"明代自发移民"最主要的障碍。

对于居住在美国的何炳棣和居住在中国台湾和香港的徐泓来说，这种障碍几乎是不可逾越的。他们没有条件在中国内地长时间地从事乡土资料的搜集和调查。而根据我们的经验，乡土资料的最大宗当属族谱（又称宗谱或家谱），除了图书馆收藏了不多的一部分外，大量的族谱尚散于民间。对于研究者来说，收集如此大量的散藏的民间文献，确实是个工程浩大的工作，但这又不是不可能的。只要我们能够收集到足够多的族谱或其他地方文献，就能够复原明代初年所谓"自发的移民"。

二

在前人研究工作的基础上，尤其在徐泓工作的基础上，本卷的研究从搜集官修史书之外的各种乡土资料开始。在近十年的时间里，我在江西、浙江、湖南、湖北、江苏、安徽、山东、河北等地的近200个市县进行资料的搜集工作。对于本卷中使用的各种资料,兹说明如下。

1. 族谱资料

谭其骧先生的评价是"谱牒之不可靠者,官阶也,爵秩也,帝王作之祖,名人作之宗也。而内地移民史所需求于谱牒者,则并不在乎此,在乎其族姓之何时自何地转徙而来。时与地既不能损其族之令望,亦不能增其家之荣誉,故谱牒不可靠,然惟此种材料则为可靠也"。他还以湖南安化县田头萧氏等族的迁移史为例以说明之。如萧氏,萧氏族谱序中自称本族之先"出于宋大夫萧叔大心,至汉文终侯何以功第一封于鄼……其居吾邑之田头,盖昭明太子之后。有讳俭者,观察湖南,遂家焉。后因马氏之乱,迁于江西。宋神宗时开梅山,置安化县。其孙国清乃由泰和转徙于此"。谭其骧先生评价这一资料说,前面所称是昭明太子后代的说法不一定可靠,但萧家是萧国清之后,是宋神宗时从江西泰和迁来的这一点却是没有理由否定的。因为萧国清并非名人,江西泰和也不是萧氏郡望所著之地,如果真要做假,那么作为昭明太子后代的观察使萧俭已经在湖南安了家,又何必造出宋神宗时又从江西迁回来这一段呢?[1]

以后,谭其骧先生对这一问题有了更深的认识。1939年谭其骧发表《近代湖南人中之蛮族血统》[2]一文,对族谱所载内地移民史实的可靠性提出怀疑。他在列举一批唐宋时代湘西土著的酋豪显姓之后,对他们明清以来又为各该地及其附近之望族一事颇觉奇怪。这批望族大都说他们系唐宋后自他方移来,而适与当地往日之蛮姓相合,天下哪有这么巧的事情。尽管他们有谱牒为据,"殊不知谱牒本不可轻信,而此诸姓之自言其所从出,尤属荒谬无稽,断不可信"。最典型的如湘西彭氏,本湘西蛮族首领,却偏偏要说成是五代江西吉州刺史彭玕之弟的后裔,实风马牛不相及。这批蛮族,"实为蛮族之已经归化者",他们是当时政府借用来征剿"生蛮"的"熟蛮"。这批"熟蛮"的后代,为隐去自身的蛮族血统,往往假托其祖籍为江西,这也是因为湖南人口中以江西移民后裔为最多的缘故。

---

1 谭其骧:《湖南人由来考》,《长水集》上册。
2 载《长水集》上册。

依湘西的情况类推,在云南、贵州等地,其土著、移民的关系与湘西相似,土著假托移民的现象也应大量存在。最近,刘志伟在一份关于珠江三角洲宗族的报告中指出,从明代后期开始,珠江三角洲有相当多的疍民通过修谱杜撰本家族的迁移历史,以南雄珠玑巷作为始迁地,以求得汉族的认同,从而获得对沙田的合法占有权[1]。看来,这样一种极其功利主义的文化现象,在汉族拓展的边疆地区是相当普遍的。

那么,在内地,在明代移民聚集的长江、黄河中下游地区是否也存在着同样的情况,即存在土著在族籍上向移民认同呢?根据我们的研究,这一现象同样也出现在一些移民人口占绝对优势的地区,但在移民人口不占优势或移民、土著人口势均力敌的地方,绝不存在这一现象。即使在移民人口占绝对优势的地区中,也并非各地皆有假托。另外,在一些假托盛行的地区,口碑的谬误远甚于族谱。这一点,我们已在本卷所涉的各个章节中予以论述。因此,我们说,族谱对于移民历史的复原,尤其对于明代移民历史的复原,有着极其重要的作用。各地族谱为我们的研究提供了丰富的资料来源。

2. 地方志中的氏族志资料

从清代章学诚等倡修氏族志以来,中国地方志中氏族志的撰修渐成风气,民国年间蔚为大观。氏族志资料的直接来源为族谱,主要摘录族谱中有关氏族的原籍、迁入的地点和迁入的时代这三个内容,有些还有现存氏族人口的记录。大多数氏族志并不记载氏族迁移的原因,却也有一些特殊的家族,如士宦、军籍等会有迁移原因的记录。一般说来,县志中的氏族志收录的氏族数量从数十至数百不等,大多在200个左右,可以说涵盖了一县氏族的大部分,这对我们的统计分析是很重要的。清代末年修撰的一批乡土志中的氏族志,内容简单,所收氏族多不过数十,少则只有几个,一般为十几个而已。这十几个氏族,皆为一县之显族,对于移民史的研究而言,显然缺少统计的意义,但仍可作为分析时的参考。

---

[1] 刘志伟:《祖先谱系的重构及其意义——珠江三角洲一个宗族的个案分析》,《中国社会经济史研究》1992年第4期。

地方志中的氏族志资料以湖南省为最多,计有二十几种,且质量也高。因此,湖南地方志中的氏族资料便成为我们从事湖南移民历史研究的主要资料。在江西、安徽、浙江、山东、河南等省的地方志中,也各有一种或数种质量较佳的氏族志,弥足珍贵。乡土志中的氏族内容绝大多数极为简略,唯有湖南的《浏阳乡土志》一书中之氏族内容却非常丰富。这本乡土志在台湾所出的铅印本长达 323 页,氏族内容就占了 52 页的篇幅,即全书之六分之一,共记载了 196 个姓氏的由来、支系和聚居地[1]。该志仅见台湾收藏,笔者在美国、中国香港的一些图书馆中也未曾觅获,故本卷未及利用,颇以为憾。

此外,一些地区的地方志撰修者从事新方志氏族志的编修,已取得一些成果。这一批新旧氏族志资料为我们的研究提供了极大的便利。

3. 地名资料

地名志作为地方志书的一个特殊品类,其内容并不为一般意义上的地方志(省志、府志、州志、县志等)所包括。在 1949 年以前所修的地方志中,往往设"疆域"或"里社"等栏目罗列一地之村里名称,但与今日之地名志不可同日而语。近些年来,有些省份编成的地名志,所记载的内容相当丰富,包括县属各自然村的人口、耕地、产业、地形、建村时间、人口由来、特产和名人等。其中建村时间和人口由来不失为研究移民历史的好资料。编撰这二项内容的根据是地名调查员所访得的各种族谱、墓碑、祭祖牌、生辰簿等,当然,也还包括大量的传说。在这许多资料中,以族谱最为大量也最为重要。可惜的是,全国地名志中仅江西、山东、河北及河南的一部分有此项内容,其他各省所修地名资料多以地名录的形式出现,没有与移民历史有关的内容,无法利用。即使在上述各地的地名志中,也有相当一批志书的质量较差,没有足够的历史资料作为根据;或因调查员素质不高,工作粗疏,造成了许多错误,留下了不少空白,使所修志书不堪引用。另外,这批资料多以内部印行的方式发行,海外学者对这批资料的应用存在很

---

[1] 陈其南:《家族与社会》,台湾联经出版事业公司 1991 年版,第 240—241 页。

大的困难。

徐泓曾不无遗憾地说:"如果能遍搜族谱,就其中资料加以分析、统计,应可得到坚实的结论。然而本文涉及区域甚广,以现有的时间和精力,无法做到。"[1]实际上,大陆的学者也没有可能"遍搜族谱",但是,大陆学者的条件要比海外学者好得多。近十几年来,一批县级地方志和地名志的纂修为我们创造了条件。他们的作者除了将他们已成的志书借给我们阅读外,还慷慨地为我们开放他们的档案,甚至热心地提供他们的工作笔记,并不厌其烦地为我们解答疑难。没有他们成年累月的调查作为基础,没有他们慷慨而无私的帮助,我们就很难获得这些区域移民历史的真相,我们的研究就很难超越前人从而取得今天的进展。

尽管我们的研究已经有了比前人好得多的条件,但是在有些区域的研究中,仍然存在资料不足的困难,或者由于乡土文献的缺乏,或者由于时间和精力的不足,即使在一个不大的区域中,遍搜族谱仍然是不现实的。从另外一个方面说,我们也不可能穷尽现存于世的各种族谱,一方面有旧谱的新续,一方面又不断有谱在丢失,天灾人祸也在不断地毁灭一些尚存于民间的族谱,所以,穷尽现存族谱不仅不可能,也毫无意义。依据概率统计的观点,只要在一个地区获得一定数量的族谱,或者说一定数量的家族历史,而这些家族所含人口又达到一定的数量,我们就能够运用统计的方法对这一地区的人口或氏族迁移作出较为准确的估计。这样一种推论的前提是:其一,我们假定所获的族谱存留至今本身是一个随机的过程,即不为人们的主观意志所左右,如1991年的华东大水对灾区的扫荡完全是不可选择的,哪一本族谱得以存留则完全是随机的、偶然的;其二,各家族必须是相互独立的,举例说,如果在一个区域中,A家族包含于B家族之中,即A家族仅仅是B家族的一个分支,A家族就不能作为一个独立的统计单位。因此,本卷与前面几卷在研究方法上有较大的差异,即本卷更偏重于用现代统计方法处理各种不同的资料,以期完整地揭示这一时期移

---

[1] 徐泓:《明永乐年间的户口移徙》。

民运动的全貌。这一方法也将在清时期这一卷中运用,因为,就研究资料的性质而言,明清时期大体相同。

历史的发展犹如江水的流淌,后浪推动前浪。一个大浪过后,或有泥沙沉淀,或者空空如洗。明代初年的大移民之后,他们的后裔在大部分地区生存至今,但在另一些地区,则因受到以后战争的破坏几荡然无存,战后的新移民取代了老移民而成为这一地区的新主人。这就造成了移民历史的重叠,老移民的历史就可能被湮没。因此,仅凭族谱的记载进行判断是十分危险的。也就是说,除了民间资料以外,我们对官修史书的记载应予以充分的注意。在这方面,徐泓做了大量的工作,尤其在搜集《明实录》的资料方面,徐泓的工作最为全面和细致,这为本卷的研究提供了极大的便利。

在明时期的历次移民中,洪武时期的移民最为重要。这一时期正值明朝制度的初创时期,由于经济恢复和边境军事的需要,所导致的移民规模之大、移民分布之广都是以后历次移民所不能比拟的,因而,这一运动所产生的影响也是以后历次移民所不能比拟的。基于此,本卷辟出相当大的篇幅对洪武大移民进行分区论述。笔者相信,只有在扎实的区域研究的基础上,才可能得到全面和正确的认识。

总之,本卷有关明代移民历史的研究是在前人研究的基础上进行的。除了官修史书以外,本卷尽力发掘和利用包括族谱、氏族志、地名志在内的各种乡土资料,尽力运用各种新的方法和手段处理这些资料,从而使本卷的论点建立在新的资料水平上。另外,本卷还尽力对移民运动影响的各个区域进行细致的研究,使我们对明代移民历史的新认识建立在区域研究的基础上,以使本卷的研究达到超越前人的新水平。

三

1993年春天,承蒙黄宗智教授的邀请,我曾在美国洛杉矶加州大学(UCLA)历史系作过题为《明代初年的人口迁移——以地方志、地名志、族谱为主要资料》的学术演讲,主要是报告在研究洪武时期南京、湖广和山东三地的移民历史时,运用官修史书以外的乡土资料的一些体会和心得。就资料的可信度和处理的方法问题,与会的美国同行提出了不少宝贵意见,既给我肯定,也留下质疑。除了当时所作的回答外,我想,本卷可以看作我们之间讨论的进一步延伸。我仍期望听到来自大洋彼岸同行们对于本卷的意见和批评。

我感谢台湾大学的徐泓教授,承蒙他寄赠和面赐有关明代移民历史的大作。他的两篇宏文构成了本研究的一个坚实基础。

我感谢为我的研究提供资料和方便的各地的朋友们,特别是那些在各县方志办公室、地名办公室、文物办公室以及其他部门工作的朋友们。正是他们在各县基层长年累月地收集资料,并慷慨地赠予,才使本卷所依据的资料丰富多彩,许多难点迎刃而解。

曹树基

1995年元月于上海梅陇

再版卷后记

2013年,我着手修改《中国人口史》第四卷和第五卷。最初我只是想将这两本著作写成一个简本,以应对英文出版的需要。由于种种原因,这一计划半年结束的工作居然拖拉了五年,比原书写作的时间还要长。所谓简写,在很大程度上演变为新撰。

2018年春,在编辑的不断催促下,我开始进行本卷的修订。概括地说,本卷修订涉及以下几个方面的问题。

一、数据问题

1. 基础人口数据

20世纪80—90年代写作本卷时,《中国人口史》尚在酝酿之中,明清时期各个标准时点的人口数据尚未成型,故《中国移民史》第五卷的附录中收入两篇有关明代人口的论文,作为移民人口推算的基础。随着《中国人口史》的出版及修订,明代人口的基础数据发生了变化,因此,本卷的修订就涉及移民人口数据的全面调整。

在《中国人口史》中,洪武年间的分府人口数据有两个,一是洪武二十四年(1391年)的民籍人口,一是洪武二十六年的军卫人口。如统一至洪武二十六年,则为全体人口。由于许多地区存在对女性人口的忽视,故修正后的分府人口一般比文献所载为多。又因《中国人口史》将明代初年人口的标准时点严格定为洪武二十六年,而本卷则不严格,有时将军卫人口延至洪武三十一年,以符合"洪武大移民"之定义,所以,军卫数据亦不相同。本卷修订时统一采用《中国人口史》的人口数据,作为移民人口计算的基础。这样一来,本卷中的各个统计表格均有相应的调整。正因为如此,本卷将原书中的两个附录一并删除,各地人口的基础数据参见新的附录一《洪武二十六年(1393年)全国分府人口》。这一数据源于修订后的《中国人口史》。

2. 人口增长速度

检索 1997 年本卷出版后的各种评论,评论者对人口增长速度的意见最多。确实,在没有交代且没有论证的情况下,本卷旧版武断地将一个地区较低的人口年平均增长率定为低于 4‰,较高的人口年平均增长率定为低于 7‰;超过 7‰ 的人口增长,则认为不再是自然增长,其中一定有较大规模的人口迁入。在完成《中国人口史》的研究后,这一观点已经定型。例如,在《中国人口史》中,我证明在明代南方的大多数地区,人口年平均增长率为 3‰—4‰,而在北方,则为 5‰—7‰。本卷即依此标准修订。例如,笔者曾将洪武九年至洪武二十六年扬州府通州一带人口年平均增长率设为 4‰,而将同期扬州府人口年平均增长率设为 10‰,本卷修订时统一改为 7‰。

3. 户均人口

中国人口的家庭规模,户均 5 口是一个比较确定的值。所有偏离这个值的数据,皆认为存在问题。由于军卫人口以青年为主,故以户均 3 口推算其总人口;如果是当地居民转为军卫,仍以户均 5 口计算。马顺平依据明代后期及清代初年的五种地方志,列举了洪武年间甘州五卫的户数与口数。凉州卫不计,其他各卫户均 2.3 口[1]。考虑到甘州五卫所处的地理环境,本卷不改变军卫户均 3 口的假设。

4. 数据推论

在各种批评中,孟彦弘的观点在学术圈诸人意见中最有代表

---

[1] 马顺平:《明代都司卫所人口数额新探——方志中两组明代陕西行都司人口数据的评价》,《苏州科技学院学报》2011 年第 4 期。

性[1]。他关于引用资料版本的问题,颇有见地,本卷订正时一一采纳。此外,他的批评还涉及数据推论。他说:

> 作者将明代辽东的谪戍犯人视做移民的一种。关于其数量,认为"根据东宁卫的情况,我们假定洪武年间辽东地区迁入的谪戍犯人约为2万,恐怕也不是一个过高的估计"。为什么根据东宁卫一卫的情况即可概知整个辽东地区谪戍犯人的总人数呢?除非能证明谪戍各卫的人数大致相同。

从制度上讲,各卫兵力是相同的,实际上却千差万别。在缺少更多资料的情况下,采用标准制度进行估算是最可靠的方法。孟氏接着说:

> 作者分别考证了故元将士、高丽和女直、谪戍犯人三部分的人数分别为3万、2万、1万,但随之又说"由当地的民籍百姓转为军卫战士的至少也应有2万。如此,从内地迁入的军籍人口约为5万",根据什么说当地民籍转为军卫的战士至少应为2万?这个"2万"缺乏根据,则迁入的人数恐怕也就失去了根据。

在进行数据估算中,最不能接受的不是估算不准确,而是变量缺失。将当地民籍百姓转为军卫战士之人数设为2万,本来就是一个假设。将故元将士、高丽及女直、谪戍犯人,以及当地土著排除之后,才是从内地迁入的军籍人口。至于由当地民籍转为军卫的人口究竟有多少,并不特别重要。给一个大致合适的值,只是为了不高估军卫中的内地移民。

孟氏继续批评道:

> 关于"辽东土著",作者根据《辽东志》中更郡县为卫所时,"华人十七,高丽、土著、归附女直野人十三"的记载,在论证土著即故元士卒、故元士卒又在后三类人中占主体的基础上,得出了"土著占全体人口的20%,其他二类人口合占10%,则辽东地区的总人

---

[1] 孟彦弘:《〈中国移民史〉的史料与史实问题》,《历史研究》2001年第3期。

口就有 50 万之众"的结论。但是,即使土著主要是故元士卒,它在后三类人中也确是占主体地位,似乎也不能因此就确凿地说,后三类人占总体的 30％,其中因第二类是"主体",那么它就占总体的 20％,非主体的第一、三类人即为 10％;除非先已证明"主体"就是占 2/3(66.66％),而不可能是 60％、70％、75％或别的比例。再者,上述推论的前提是《辽东志》所记的"十三"就是准确的十分之三,即 30％,而不可能是 25％—35％之间的一个比例。

正是因为将《辽东志》所记的"十三"当作一个估计值,所以才将这一数据的置信区间设定为 25％—35％。也就是说,根据统计学原理,当数据处于这一区间之中,都是可以接受的。正是在这个意义上,本卷将三类人中的主体设为全体人口的 20％,而将其他两类人口合计设为 10％。这与孟氏所讲"事实上,古书中的类似记载,往往是个模糊的说法,大多只能起到划分'大部分'与'小部分'的作用",本质上是相同的。之所以要给定一个确切的百分比,是为了方便计算人口,总不能将本卷写成一部充满"大部分"与"小部分",或"大多数"与"少数"之类字眼的著作吧。

孟氏接着批评:

> 如果把这一估计仅用于辽东一地,那么即使与事实有些出入,影响或许还不至太大;然而作者却将此 20％的比例大胆地运用到了其它地区,如山西行都司的万全地区、岷州卫、陕西行都司。将远在东北的一个地区的假设比例,用之于社会与自然条件都有很大差异的西北;在很不可靠的假设的基础上再随意做进一步的假设,如何避免差以毫厘、失之千里。

在"有一分材料说一分话"的传统史学中,将没有把握的数据写成"大部分"与"小部分"、"大多数"与"少数",当然是可以的,或者,干脆"存疑"则更安全。这种稳妥的写法没有风险,不会招致批评,却也没有办法完成本卷设定的目标——尽可能准确地估计各地移民人口。窃以为本卷"露怯"式的写法,在某种程度上可以激励后来者寻找更多的资料、采用更准的方法,从而得到更为可靠的答案。用俗话说:

"没有最准确,只有更准确。"在数据库方法流行的今天,这一做法有了更多的合理性。

二、族谱问题

1. 族谱的真实性

关于中国移民史的基本史实,几十年来,学术界一直存在质疑之风。最初的质疑来源于华南,继而扩展到华北。在珠江三角洲地区,"许多本地人迁徙的历史传说是值得质疑的",这些自称是宋代经南雄"珠玑巷"南下的汉人,其实是当地的土著居民,甚至有上岸的水上"疍民"。他们通过修筑祠堂、编纂族谱、伪造族源,将自己贴上汉人的标记,不过是争夺沙田的一种策略。在华北地区,他们从墓碑与族谱中找到若干条证据,证明与山西洪洞"大槐树"相关联的移民传说,"和移民本身是两个完全可以不相干的独立部分",并且,"传说的文本并不是在一个时间里形成的,它们经历了一个丰富、添加、黏附的过程"。也就是说,遍布华北大地的"大槐树"移民传说,在很大程度上带有虚构的成分。

本卷附录二虽然是一篇关于江西瓦屑坝移民的单篇论文,却采用实证的方法,回答了移民史研究中族谱记载的族源是否可靠的问题。以湖南常德府移民为例,《明太祖实录》卷250有如下记载:

> (洪武三十年)常德府武陵县民言,武陵等十县自丙申兵兴,人民逃散,虽或复业,而土旷人稀,耕种者少,荒芜者多。邻近江西州县多有无田失业之人,乞敕江西量迁贫民开种,庶农尽其力,地尽其利。上悦其言,命户部遣官于江西,分丁多人民及无产业者,于其地耕种。

这段记载中至少有五个要素值得重视。其一,事情发生在洪武三十年(1397年);其二,有武陵县民提议;其三,常德土旷人稀,迁入者垦田;其四,明太祖命户部遣官于江西;其五,分丁多人民及无产业者移民。有意思的是,《明太祖实录》的这些记载居然在族谱中一一找到了对应。各种族谱中,最奇妙的则是汉寿县《胡氏宗谱》称"武陵县民"为"老人"李德裕。由于地方志却没有关于这次移民的片言只语,也就不存在族谱的修撰者从地方志中寻找族源的可能。

《明太宗实录》卷48有永乐三年(1404年)户部官员在九江、南康两府组织移民的记载,移民来自"南昌等府"。在瑞昌、德安两县明初及明初以前的400个村庄中,明初来自吉安府的有58村,来自南昌府的有39村,合计97村,占全部村庄的24.3%。这说明《明太宗实录》记载的移民确实发生过。在两县明初迁入的村庄中,明确记载洪武年间迁入的只有5村,永乐迁入的却有68村。这说明所谓"明初"实为永乐。

在本卷第五章,《明太祖实录》中记载的移民地区包括东昌府及其周边诸府,与其他地区合并,则有移民人口的多项记载。采用不同方法估算东昌府接纳的移民人口,并与地方志所载移民屯比勘,再与地名志所记载的移民村比勘,可以发现,三种资料所揭移民史是基本相合的。自然村的由来源自族谱,因此,可以认为至少在东昌府,族谱所载移民史是可靠的。

以上三个个案表明,族谱所载内容可与《明实录》相对应。这就意味着,在统计的意义上,根据族谱记载重建明代初年的移民史是可靠的。

2. 族谱的建构

近些年来,游欢孙采取不同的研究策略,从文献传播的角度探讨江淮之间的安庆与黄州两府有关始迁祖记忆的形成与流传的历史。

康熙十二年(1673年)《宿松县志》卷36记载:"洪武二年,诏徙江西饶州府鄱阳、乐平诸属县民来实宿松。松民来自饶者十居八九,衣冠言动,犹有饶风,屈指先代,土著不过数姓。"游氏认为,这条记载"可以代表清代康熙初年宿松人口来源与构成的基本认知"[1]。

游氏发现,其实,至迟到明代嘉靖初年,宿松《张氏宗谱》中已有始迁祖"洪武二年奉诏迁松"的故事。隆庆六年(1572年),宿松县另一

---

[1] 游欢孙:《明清至民国宿松地方家族的始迁祖记忆》,《学术月刊》2016年第11期。

张氏创修族谱,序文中称始迁祖仲四公"宋元时江西瓦屑坝人,家鄱阳县",元末官于江淮间,后遂定居。至乾隆五年《张氏宗谱》中,始迁祖仲四公的事迹愈发饱满,定居时间确定为明初。这是宿松族谱中第一次出现"瓦屑坝"。康熙二十三年(1684年),宿松县清代第一个进士朱书在其创修家谱《序》中,第一次将"洪武二年奉诏迁松"与"瓦屑坝"合二为一。《朱氏家谱》也就成为宿松全县修谱的楷模,被各族竞相仿效。于是,在民国《宿松县志》卷7记载的全县295个始迁祖中,标明迁自瓦屑坝的氏族共有50个之多。

由此,游欢孙认为,宿松地方各族始迁祖记忆从口头传颂到文字书写,从民间族谱到官方志书,复由官方志书上至民间族谱,最后经由名人文集的刊刻流行,以及康熙以后民间族谱的大量修纂和相互袭引,展开了一个文献传播的复杂过程。这一研究揭示了族谱中的祖先记忆,是编纂者面对民间谱牒、地方志书、文人著述,甚至是国家正史所构成的庞大的知识系统,最终采取有选择的记忆的结果。

这一研究的新颖之处,是在庞杂的文献系统中找到相互之间的联系,即找到关键性的人物与时间,以揭示移民记忆形成的原因与传播的机制。只不过,关于始迁祖记忆与实体移民史之间的关系,作者的观点有点暧昧。

将研究的视野扩大一些,研究者居然在同时代同属江淮之间的黄州府发现了相似的过程。徐斌曾在黄冈《陈氏宗谱》中发现正德二年(1507年)陈道隆为本族始迁祖所立的传记,称洪武六年(1373年)迁自江西饶州府乐平县"瓦屑坝"。这一记载的时代比宿松县要早。不仅如此,游欢孙等发现黄冈靖氏在康熙三十四年(1695年)修撰了入清以后的第一版《靖氏宗谱》,至雍正年间,参加过修撰云南、贵州两省通志的康熙进士靖道谟又主持了宗谱的再次编修,且在宗谱中收入了黄安县康熙进士张希良所作《瓦屑坝考》,以及靖道谟学生史珥所作《瓦屑坝续考》。体例严明的《靖氏宗谱》成为黄冈境内许多大族编修家谱时的参考,许多家谱辗转抄引了史氏《瓦屑坝续考》。出自文化精英之手的移民传说得以广泛流传,并最终改变和规范了黄冈乃至鄂东地区许多宗族关于祖先移民历史的集体记忆[1]。

与宿松县不同的是,康雍时期黄州与饶州的文化精英对于明清时期广为流传的江西"瓦屑坝",孜孜于"瓦屑坝"确切地点的考证求索,并有"瓦屑坝"三考文字的产生与流传[2]。将宿松与黄冈的故事联系起来思考,可以有以下三点认识:其一,在明代的安庆府与黄州府,相同的始迁祖传说并不出自一个系统,反映了移民史的真实。其二,明代隆庆年间宿松张仲四在其族谱中所记鄱阳县瓦屑坝,与清代黄冈张希良及史珥所考结论一致,证明始迁祖外迁集散地确有存在的可能性。其三,两地文化精英撰修的地方志及族谱,对于始迁祖传说的定型意义重大。然而,所谓"定型",主要指移民时间与地点的精确,如"洪武二年"与"瓦屑坝",并不能据此认为人口迁移之基本史实亦为"建构"。

三、关于族谱的几点讨论

这样,就可以将准确的时间与小地名的出现视作族谱建构的两个标志,以此为标准检查其他地区的移民始迁祖传说。

1. 移民史的有限建构

江淮之间的黄州、安庆与庐州三府是江西"瓦屑坝"移民传说流播最广的地区。而其中,将"洪武二年奉诏"与"瓦屑坝"相联系,只有安庆府之宿松县最为典型。这是因为,这一传说的前半部分不仅收入了康熙《宿松县志》,并为后代各种版本的县志所继承,且在朱书的《朱氏宗谱》中又与"瓦屑坝"联系在一起。比较而言,在黄州地区,始迁祖的规范化只出现在地方文化精英修撰的族谱中,规范的力量弱于县志。因此,从附录二可知,庐州府与黄州府的始迁祖迁入的时间与地点并不整齐划一。在庐州府,当地一直称始迁地为"瓦砾坝"或为"瓦西

---

[1] 游欢孙、曹树基:《地方权势演变与康熙中叶鄂东大族的宗族实践——以黄冈靖氏为例》,《学术界》2011年第11期。
[2] 参见游欢孙:《祖先记忆与文献传播:"瓦屑坝"三考的来龙去脉》,《中国历史地理论丛》2013年第4期。

坝";在黄州府,"瓦屑坝"称呼亦有多种。除"瓦屑坝"外,还有许多其他地名,如鄱阳县鹳林里、板桥,余干县古楼埠,乐平县天星坂等,都是可以查到的真实的村庄名。即便是在宿松县,也存在许多与"瓦屑坝"相异的地名或其他地名。详细论述参见游欢孙之论文。总之,地方文化精英对于移民始迁地的建构可以称为"有限的建构"。

2. 无建构的移民史

在长沙府、常德府境,元末明初迁入的移民人数众多,构成本卷所称之"重建式移民"。然而,在这一地区,少见府名与县名,更不见有"瓦屑坝"之类小地名。这或许说明,明清时期,这一区域没有出现致力于规范始迁祖传说的有影响力的文化精英。另外一个可能则是,这一区域的江西移民主要来自南昌府与吉安府,两府辖县众多,通往长沙、常德两府的道路亦多且纷歧,政府不可能设立一个或几个集散中心。所以,永乐时期迁入九江府的移民也只知自己迁出的府名,没有县名,更没有"瓦屑坝"之类的小地名。

上引康熙十二年《宿松县志》之所以说洪武二年诏徙饶州府鄱阳、乐平等县民来实宿松,而不说从更近的九江、南康两县府移民,是因为上引《明太宗实录》卷48记载永乐三年户部给事中朱肇昌因九江、南康二府田多荒闲,请求从南昌等府移民充实一事。需要大量迁入人口的九江、南康两府,当然没有人口外迁。事实上,在瑞昌、德安两县的自然村统计中,没有发现一个村来自鄱阳湖东岸,即可证明"瓦屑坝"迁出的移民是在洪武时期,而九江府接受移民则主要在永乐年间。两个区域的移民,一为迁出,一为迁入,地点不同,时间亦不相同。这或可说明,明代初年的移民是政府组织的移民。

3. 合理的推测

在山东济南府与青州府北部,分布着大量洪武年间迁自河北枣强的村庄。相关数据参见本卷各相关章节。将始迁祖原籍称为枣强,而非大槐树,没有丝毫"民族国家"之意涵。相反,本卷从洪武年间枣强所属真定府之人口密集,证明北平布政司之辖府中只有真定一府具有人口输出之可能。又因枣强位于真定府之东,与山东毗邻,实在令人产生集散地之联想。与枣强县同时出现的武强县,位于枣强之北,亦与山东相邻。这说明,洪武年间真定府的人口由西向东迁移,形成潮流。外迁人口在真定府东部集散,并非牵强或虚妄。

山东莱州府的情况有点复杂。有名程皓者,收集当地新旧族谱凡60种,其中三分之二为民国及民国以前修撰之旧谱,余为近些年修撰之新谱。程氏在搜谱过程中发现,当地有许多宋元旧族之后人,皆称自己是明初四川移民之后代。实际上,这种情况,民国《莱阳县志》的作者已经发现,并明确指出有土著人口混入了其他人口之中。然而,从村庄统计的结果看,土著人口仍然是当地人口之主体,来自四川的村庄并不算多。奇怪的是,当地的山西移民仍有较大的数量,实在不能解释。相关研究请参看本卷第五章。总之,出于种种原因,莱州地区的族谱建构现象尽管存在,却仍然有限。看来,在河北、山东等地继续探究各地有关始迁祖传说之来龙去脉,仍是一项亟须开展的工作。

曹树基
2019年5月于松江颐景园

图书在版编目(CIP)数据

中国移民史. 第五卷,明时期/葛剑雄主编;曹树基著. —上海:复旦大学出版社,2022.1
ISBN 978-7-309-15225-8

Ⅰ.①中… Ⅱ.①葛…②曹… Ⅲ.①移民-历史-研究-中国-明代 Ⅳ.①D632.4

中国版本图书馆 CIP 数据核字(2020)第 138110 号

审图号:GS(2021)5078 号

中国移民史 第五卷 明时期
葛剑雄　主编　曹树基　著

出　品　人/严　　峰
责任编辑/史立丽
装帧设计/袁银昌

复旦大学出版社有限公司出版发行
上海市国权路 579 号　邮编:200433
网址:fupnet@fudanpress.com　http://www.fudanpress.com
门市零售:86-21-65102580　　团体订购:86-21-65104505
出版部电话:86-21-65642845
上海盛通时代印刷有限公司

开本 890×1240　1/32　印张 17.125　字数 477 千
2022 年 1 月第 1 版第 1 次印刷

ISBN 978-7-309-15225-8/D・1054
定价:80.00 元

如有印装质量问题,请向复旦大学出版社有限公司出版部调换。
版权所有　　侵权必究